戴庆厦文集 （第六卷）

庆祝戴庆厦先生八十华诞纪念文集

戴庆厦 ◎ 著

中国社会科学出版社

图书在版编目（CIP）数据

戴庆厦文集. 第 6 卷 / 戴庆厦著 . —北京：中国社会
科学出版社，2015.12
ISBN 978-7-5161-7109-7

Ⅰ.①戴… Ⅱ.①戴… Ⅲ.①少数民族-民族语言学-
中国-文集 Ⅳ.①H2-53

中国版本图书馆 CIP 数据核字（2015）第 282067 号

出 版 人 赵剑英
责任编辑 任 明
责任校对 朱妍洁
责任印制 何 艳

出 版 中国社会科学出版社
社 址 北京鼓楼西大街甲 158 号
邮 编 100720
网 址 http://www.csspw.cn
发 行 部 010-84083685
门 市 部 010-84029450
经 销 新华书店及其他书店

印刷装订 北京市兴怀印刷厂
版 次 2015 年 12 月第 1 版
印 次 2015 年 12 月第 1 次印刷

开 本 710×1000 1/16
印 张 31.25
插 页 2
字 数 572 千字
定 价 80.00 元

目　　录

景颇语的韵律与语法结构演变

【提要】景颇语是一种有丰富韵律特征的语言。本文从韵律共时特征的分析中，进一步探索景颇语的韵律与景颇语历史演变的关系。论文分两部分：一是简要介绍景颇语韵律的类型及特点；二是分析景颇语韵律影响语法结构的几个主要表现。

景颇语的韵律在语音形式上有六种形式：元音舌位高低和谐；音节前弱后强；双声、叠韵、谐韵；双音节化；重叠；延音。在语法结构上，韵律波及的范围有"词内韵律"和"句法韵律"两种类型。二者之中以"词内韵律"为常见。"句法韵律"多由"词内韵律"扩散而成。

景颇语的韵律对语法结构演变的制约，目前能看到的主要有以下几种：一是改变词的结构性质。例如：使双音节复合词按"前弱后强"的韵律构成"一个半音节"的"准复合词"。二是通过双音节化使短语变为复合词。三是通过韵律变化构成新的语法范畴。例如：通过重叠、双声、叠韵、谐韵的韵律变化构成名词的类别范畴。四是词序、语序、句序按韵律特征安排前后顺序，而摆脱语义的制约。例如：并列复合词、并列对比句的顺序出现韵律顺序。五是韵律特征制约词类的演变特点。例如：个体量词的演变、双音节复合个体量词的产生。六是韵律催生语法形式的转型。例如：韵律催生动词的后缀转为独立的虚词——句尾词。

【关键词】景颇语；韵律；语法结构；演变

景颇语属汉藏语系藏缅语族景颇语支。说这种语言的景颇族主要分布在缅甸、中国、印度三国。缅甸分布的人口最多，主要在缅甸北部的克钦邦、掸邦；有 200 多万人；在中国，主要分布在云南省德宏傣族景颇族自治州，人口有 12.56 万人（2000 年）。

景颇语在语言类型上属分析性的语言，但也有一些黏着、屈折的特点。本文从韵律共时特征的分析中，进一步探索景颇语的韵律与景颇语历史演变的关系，意在对韵律的研究提供一些新信息。

一　景颇语的韵律有六种语音类型

韵律是通过语音形式来表现的。景颇语的韵律主要有六种韵律形式。

（一）元音舌位高低和谐的韵律

主要用在并列复合词的构词中。韵律的规则要求并列复合词前后两个语素的元音必须和谐，这里所谓的和谐是指前一语素的元音舌位要比后一语素高。三音节词为一、三音节和谐，四音节词为二、四音节和谐。前后语序不能变换。例如：

tiŋ³¹man³³　　　　　　　　老实　　　tʃi³³　khai³¹　　　　祖父
直　老实　　　　　　　　　　　　　曾祖父　祖母

phun⁵⁵kǎ⁵⁵wa⁵⁵　　　　竹木类　　phuŋ³¹ʃiŋ³¹ka ŋ³¹　　威望
树　　竹子　　　　　　　　　　　威信　威风

lǎ³¹kuŋ³³ka³³mai³³　　炊具　　thiŋ³¹phut³¹ thiŋ³¹ʒa³¹　故居
锅铲　瓢　　　　　　　　　　　遗迹　房基

但短语的次序就不受此规则的制约，而且前后的次序可以变换。例如：

kǎ³¹pa³¹ai³³the ʔ³¹kǎ³¹tʃi³¹ai³³　　大的和小的
大　　的和小　　的

kǎ³¹ tʃi³¹ai³³the ʔ³¹kǎ³¹ pa³¹ai³³　　小的和大的
小　　的和大　　的

（二）音节前弱后强和谐的韵律

景颇语的双音节词，除了两个音节都是单纯词的复合词外，还有大量的是由一个半音节组成的。这类"一个半音节"词，在读音上是前一音节弱而短，重音在后一音节上。"前弱后强"的双音节词在景颇语词汇里所占比例很大，是一种特殊的韵律模式。但景颇语没有"前强后弱"韵律模式。

弱化音节的来源有多种：有的是由古代的复辅音声母的前一音节分立而成的，弱化音节没有实在的意义，整个双音节词是个单纯词。（元音上加ˇ的是弱化音节。下同。）例如：

mǎ³¹sum³³　　三　　　mǎ³¹ŋa³³　　　五
lǎ³¹ko³³　　　脚　　　lǎ³¹ku⁵⁵　　　偷

有的弱化音节是由实语素虚化或半虚化而成。母语人已感觉不到这种弱化有意义，在语感上是把整个词当单纯词来使用的。例如：

wǎ³³khje³³　　黄牛　　sǎ³¹lum³³　　　心脏
牛　红　　　　　　　心　园

（wǎ³³由ŋa³³"牛"弱化而成，sǎ³¹由mǎ³¹sin³¹"心"弱化而成。）

有的弱化音节是由单音节动词或形容词加表示使动态的弱化前缀构

成。母语人对这种弱化音节还能感到是表示使动义的音节。例如：

∫ă ³¹ʒot³¹　　　使起　　　∫ă ³¹pa⁵⁵　　　使累

使 起　　　　　　　使 累

t∫ă ³¹ pho²³¹　　使开　　　t∫ă ³¹then³¹　　使坏

使 开　　　　　　　　使 坏

"一个半音节"的双音节词，实际读音是后一音节比一般的音节长，补足前一个半音节的不足。即一个半音节的总长度，与一般的双音节词相当。

（三）双声、叠韵、谐韵的和谐韵律

用于四音格词的构造中。要求二、四音节之间在双声、叠韵、谐韵三项中要有一项或两项和谐。这种韵律构造的双音节词，在景颇语中大量存在。例如：

叠韵：　kă ³¹thoŋ³¹niŋ³¹t∫oŋ³³　　　　村村寨寨

寨子　（韵律配音）

双声加谐韵：lă ³³phʒo³³ lă ⁵⁵phʒa⁵⁵　　　落叶

落叶　（韵律配音）

双声加叠韵：pu ŋ⁵⁵phʒo³¹ pu ŋ³³lo³³　　　白发老人

白发　（韵律配音）

韵律配音音节有在词根后的，也有在前的。在后的称"向前和谐"，在前的称"向后和谐"。例如：

phun⁵⁵khjep⁵⁵phun⁵⁵khap⁵⁵　碎木片　　tsu̠ p⁵⁵ni³³ tsu̠ p⁵⁵naŋ³¹　　破布

碎木片　（配音）　　　　　　　　破布　（配音）

∫ă ³¹pʒi³¹ ∫ă ³¹pʒai³³　　报酬　　ka ʔ⁵⁵ ti̠ n³¹ ka ʔ⁵⁵pu³³　　小竹篮

（配音）　工资　　　　　　（配音）　小竹篮

a³¹kho³¹ a³¹khaŋ⁵⁵　　权利　　tiŋ³¹lo³¹ tiŋ³¹la³³　　　老头

（配音）权利　　　　　　　　　（配音）　老头

（四）双音节化的韵律

例如：单音节名词大多能加 a³¹ 构成同义的双音节词。例如：

na³³ /a³¹na³³　　　耳朵　　sai³¹/a³¹sai³¹　　　　血

wan³³/a³¹wan³³　　碗　　　mam³³/a³¹mam³¹　　谷子

为了适应双音节化韵律的需要，三音节结构复合词或短语，有的可以省去一个音节，构成双音节词。例如：

mă ³¹kui³³ + lam⁵⁵ = kui³¹lam⁵⁵　　　　野象

大象　　　逛　大象 逛

mă ³¹jam³³ + thot³¹ = jam³³ + thot³¹　　　换过主人的奴隶

奴隶　　　移　奴隶 移

ǎ^{31}pu^{31} + tʃaŋ^{33} = pu^{31}tʃaŋ^{33} 　　　　黑裤子

裤子　　黑　　裤子 黑

pǎ^{33}loŋ^{31} + tʃe^{55} = loŋ^{31}tʃe^{55} 　　　　破衣服

衣服　　破　　衣服 破

（五）重叠的韵律

单音节词重叠成双音节词，双音节词重叠成四音节词，也有成三音节词的。音节的重叠也是一种韵律。重叠是景颇语的一个重要语法手段，在13 种词类中有 11 种能重叠。重叠的方式有完全重叠、部分重叠和嵌缀重叠3 种。例如：

thi^{55} 　　读　　　　thi^{55}thi^{55} 　　　　经常读

kha^{55} 　　苦　　　　kha^{55}kha^{55} 　　　很苦

kǎ^{31}ʒa^{31} 　哪儿　　　kǎ^{31}ʒa^{31}ʒa^{31} 　　哪些地方

kǎ^{31}tai^{33} 　谁　　　　kǎ^{31}tai^{33}tai^{33} 　　哪些人

ʃa^{55} 　　吃　　　　ʃa^{55}mǎ^{31}ʃa^{55} 　　所有吃的

以上的五种形式，双声、叠韵、重叠 3 种形式许多亲属语言都有，只是出现频率多少不同而已。但景颇语使用元音舌位高低搭配律构成并列复合词和四音格词，这是亲属语言少有或没有的。这种韵律，是一种相异的元音和谐，即用相异搭配来表现和谐的韵律。这可算是景颇语韵律的一个特点。

（六）延音

为了适应双音节韵律的需要，三音节结构因为是奇数不符合双音节韵律，所以其中的一个音节要延长音节读音，补足双音节的长度。如n^{31}puŋ^{33}(风)"刮风"为三音节支配结构短语，后一音节puŋ^{33}（刮）的读音比一般音节长。三音节结构有短语、复合词，也有少量单纯词。三音节的短语、复合词，延长的音节放在其中能成词或能成词素的音节上。这种延长的音节有的在第一音节的位置上，也有在第三音节位置上的。延音实际上也是为了双音节律，可以看成双音节律的变体。例如：（音节后加":"的表示延长）

mǎ^{31}kui^{33}po^{33}: 　象头　　　ŋa^{33}: lǎ^{31}pu̠^{33} 　鳝鱼

大象　头　　　　　　鱼 蛇

n^{31}puŋ^{33}li^{33}: 　飞机　　　ka^{55}: lǎ^{55}si^{51} 　花生

风　船　　　　　　　土　豆子

mi^{31}wa^{31}kǎ^{31}: 　汉语　　　tʃa^{31}tʃǎ^{31}moi^{33} 　金粉

汉语　　　　　　　金　粉

二 景颇语的韵律在语法上有"词内韵律"和"句法韵律"两种

景颇语韵律若从语法单位的大小来分，可分为"词内韵律"和"句法韵律"两类。"词内韵律"又称词内型韵律；"句法韵律"又称词外型韵律。二者之中以词内韵律为常见。可以说，景颇语是以词内韵律为主的韵律语言。

（一）词内韵律

词内韵律是指韵律的变化出现在词的内部。主要有以下几种：

1. 通过重叠、双声、叠韵、谐韵的韵律变化构成类称名词。

景颇语名词有个称名词和类称名词的对立。个称名词是指一个个具体的事物，而类称名词是总称一类事物。类称名词是在个称名词的基础上通过韵律搭配构成的。韵律搭配主要是第三、第四音节与第一、第二音节构成重叠或双声叠韵的关系。例如：

nam³¹si³¹	水果	nam³¹si³¹nam³¹so³³	水果类
ʃat³¹mai⁵⁵	菜	ʃat³¹mai⁵⁵ʃat³¹mo³³	各种菜
tsi̱ ŋ³³jam³³	灾难	tsi̱ ŋ³³jam³³tsi̱ ŋ³³tam³³	各种灾难

2. 选用元音舌位和谐的语素构成并列复合名词。

双音节词中，前后音节的元音和谐，后一音节的元音必须低于前一音节的元音。四音节词中，二、四音节的元音和谐。第四音节的元音必须低于第二元音，例如：

kun³³phai³³	担负	tʃi ŋ³³pau³¹	锣鼓
背　抬		鼓　锣	
tʃum³¹mă ⁵⁵tʃap⁵⁵	调味品	sai³¹ʃan³¹	亲骨肉
盐　辣椒		血　肉	
lă ³¹ko³³ lă ³¹ta̱ ʔ⁵⁵	手脚	pau³¹ji³¹ pau³¹la³¹	锣
脚　手		母锣　公锣	

按双音节化的规律，单音节名词加前缀a、n构成同义的双音节名词。例如：

khum³¹	a³¹khum³¹	身体
mji ̱ʔ³¹	a³¹mji ̱ʔ³¹	眼睛
woi³³	a³¹woi³³	猴子
ʃu ̱ʔ³¹	a³¹ʃu ̱ʔ³¹	青蛙
nai³¹	a³¹nai³¹	芋头
po̱ t³¹	n³¹po̱ t³¹	根

文学语言用词双音节化倾向更为突出。许多单音节词能加后附音节或前附音节构成同义的双音节词。例如：

na^{33}	na^{31}khun^{33}	耳朵
wan^{31}	wan^{31}li^{33}	火
ŋon^{33}	ŋon^{33}sum^{31}	舒服
phʒo^{31}	phʒo^{31}tu^{31}	白
ka i^{55}	lǎ^{31}ka i^{55}	戴（花）
tum^{31}	mǎ^{31}tum^{31}	吹
ti^{ʔ31}	n^{31}ti^{ʔ31}	锅

3. 按"前弱后强"的模式搭配韵律，或组成双音节的单纯词，或组成前一音节半实半虚的复合词。例如：

wǎ^{55}kji^{55}	瘦牛		sǎ^{31}kʒi^{31}	胆
牛 瘦			心 胆	
wǎ^{55}thoŋ^{51}	斧背		n^{33}khje^{33}	红谷
（斧）背			（谷）红	
lǎ^{31}ta^{51}	手		mǎ^{31}li^{33}	四
mǎ^{31}khʒai^{33}	桥		kǎ^{31}pa^{31}	大

（二）句法韵律

句法韵律是指韵律的变化出现在词的外部。包括短语的构成，复句的呼应等。主要有以下几种：

1. 短语的组合有的受双音节化韵律的制约，缩减音节。例如：kǎ^{31}kat^{31}"跑"与tʃaŋ^{33}"快"组成补充短语时，适应双音节化的韵律省去kǎ^{31}，说成kat^{31}tʃaŋ^{33}"快跑"。

2. 宾谓短语中有一类音同韵律构成宾语与谓语同形的短语。若宾语是双音节词，谓语取后一音节。这种结构的谓语要延长读音，以便与前面的双音节宾语构成双音节节律。例如：

ka^{31}ka^{31}	说话	khai^{55}khai^{55}	种庄稼
话 说		庄稼 种	
tu^{33}koŋ^{31}koŋ^{31}	摆官架子	au^{33}khja^{33}khja^{33}	焖糯米饭
官架子 摆		糯米饭 焖	

3. 有的并列对比句，前后句的顺序按第一个名词的舌位韵律和谐排列，即前一句名词的舌位要比后一句的名词舌位高。特别是在诗歌中的表现更为突出。这是并列复合词的韵律扩散到句法结构的结果。例如：

nṳ^{51}ko^{31}tʃiŋ^{31}pho^{ʔ31}ʒe^{51}, wa^{51}ko^{31}mu^{31}wa^{31}ʒe^{51}.

母（话）景颇族　是　父（话）汉族　是

母亲是景颇族，父亲是汉族。

ʃoŋ³³e³¹kha⁵⁵，phaŋ³³e³¹ʃa⁵⁵.

先（方）苦 后（方）吃

先有苦，后才有吃。（即先苦后甜）

lă ³¹mun³¹tʃiŋ³¹khaŋ³¹e³¹lat³¹，lă ³¹tsạ³³a³¹laŋ³³e³¹mǎ ³¹jat³¹.

一 万 山岭（方）繁殖 一 百 山冈（方）繁衍

在一万个山岭上繁殖，在一百个山冈上繁衍。

4. 诗歌、谚语、成语等文学语言的前后句普遍存在双声、叠韵、谐韵等韵律。现从传统故事《孤儿渔夫的故事》中摘出几句：

tam³¹ŋa³¹wa³³a³¹la³³naŋ³³e³¹，　　　　渔夫男子啊，

渔夫 者男子 你 啊

ka ŋ³¹kum³¹tuŋ³³mǎ ³¹ʃa³¹naŋ³³ŋe³¹!　　　世上的人啊！

世上 人 你 啊

khau³¹li³¹n³¹sa²³¹khʒai³¹tan³¹，　　　　亲人的气被割断，

亲人 气 尽 割

tsǎ ⁵⁵sam⁵¹a³¹lai³¹khʒai³³lai³¹，　　　　坏人的伎俩施尽，

坏人 伎俩 尽 施

sin³¹tam⁵⁵a³¹sai⁵⁵khʒai³³sai⁵⁵.　　　　恶人的心意施尽。

恶人 习性 尽 施

phu⁵¹mǎ ³¹ʒit³¹ko³¹n⁵⁵tan³¹lu³¹n³¹ŋai³³，　对哥哥的惦念不能割断，

哥 惦念 （话）不割 能 （尾）

juŋ³³mǎ ³¹kji t³¹ko³¹n⁵⁵ʒan³¹lu³¹n³¹ŋai³³.　对兄弟的旧情不能分离。

兄弟 结交 （话）不分 能 （尾）

又如：谚语、成语的押韵：

ti²kʒụ ²³¹tʃun⁵⁵mǎ ³¹sum³³pʒum³³，ka³¹tsụ n³³mǎ ³¹ʒai³³mǎ ³¹sum³³khʒum⁵⁵.

锅架 立个 三 靠 话 说个 三 会合

锅架靠三只脚，出主意靠众人。

phun⁵⁵mǎ ³¹kọ²³¹na³¹thai³³ʃǎ ³¹tʃọ ²⁵⁵，mǎ ³¹ʃa³¹mǎ ³¹kọ²³¹sum⁵⁵pụ ²⁵⁵mǎ ³¹no²⁵⁵.

树 弯 犁 逗 人 弯 藤箱 掏

树弯了能做犁，心弯了会当贼。

三 景颇语的韵律对语法结构演变的制约性

景颇语的韵律对语法结构演变存在一定的制约性，从共时结构的分析和比较中能看到一些。主要有以下几种：

（一）韵律能够改变词的结构性质

景颇语的"前弱后强"双音节词，准确地说是"一个半音节"词，其

来源是古代藏缅语带复辅音声母的单音节词。由于存在双音节化的韵律，使得带复辅音声母的单音节词一分为二变为双音节词，这种双音节词不同于其他"双重"的双音节词。再由于有"前弱后强"韵律的作用，又使得这类双音节词变为"一个半音节"词。"一个半音节"词的前一音节，原是复辅音中的前一辅音，独立成音节后与后一音节逐渐分离，演变成类似于前缀的"准前缀"，而后一音节变成了能独立使用的词根。总之，韵律使得词的结构性质发生了变化，由单纯词变成了带"准前缀"的派生词。例如：

lă³¹（准前缀）：lă³¹ta⁷⁵⁵　手　　　lă³¹ko³³　脚　　　lă³¹pu³¹　裤子

mă³¹（准前缀）：mă³¹ko⁷³¹　弯　　　mă³¹ʃa³¹　人　　　mă³¹sum³³　三

后一音节由于具有了词根的特点，所以能与别的词根组成复合词。例如：

ta⁷⁵⁵手：ta⁷⁵⁵tʃo p⁵⁵　戒指　　ta⁷⁵⁵pom³¹　手榴弹　　loŋ³¹ ta⁷⁵⁵　袖子
　　　　　　　手　套　　　　　手　弹　　　　　　衣　手

ko³³ 脚：ko³³khyen³¹　裹脚布　　ko³³jot³¹　　跛脚　　ko³³sen³¹　　小脚
　　　　　　脚　裹　　　　　　脚　跛　　　　　　脚　尖

双音节复合词受"前弱后强"韵律的制约，前一音节转为弱化音节，构成介于复合词和单纯词之间的"准复合词"。这是景颇语复合词中特殊的一类。例如：

复合词	准复合词	
ka⁵⁵mut⁵⁵	kă⁵⁵mut⁵⁵	灰色土
土　灰	（半缀）灰	
ŋa³³khji⁵⁵	wŭ⁵⁵khji⁵⁵	牛粪
牛　粪	（半缀）粪	
ŋa⁵⁵ khje³³	wă³¹khje³³	黄鱼
鱼　红	（半缀）红	
mam³³n³¹nan³³ → n³³nan³³		新谷
谷子　新　　（半缀）新		

（二）韵律能够使短语变为复合词

景颇语中不少由三个音节构成的短语，由于双音节化韵律的作用，融为结构更紧密的复合词。（有的语音也发生变化）这是一种词汇化现象。例如：

短语		复合词	
ʃă³¹ʒo³³ tʃaŋ³³	黑豹	ʒoŋ³¹ tʃaŋ³³	黑豹
豹　黑		豹　黑	
ka⁷⁵⁵kă³¹tʃi³¹	小篮	ka⁷⁵⁵ tʃi³³	小篮
篮　小		篮　小	

pă̱³³loŋ³³lă̱³¹ta̱²⁵⁵　　衣服袖子　　　　loŋ³¹ta̱²⁵⁵　　　衣袖

衣服　手　　　　　　　　　　　衣　手

第一例复合词的 ʐoŋ³¹tʃaŋ³³"黑豹"的 ʐoŋ³¹，取自ʃã³¹ʐo³³"豹子"的后一音节，增加了ŋ韵尾，声调也发生了变化。第二例复合词 ka̱²⁵⁵tʃi³³ 的 tʃi³³"小"，取自kă̱³¹tʃi³¹"小"的后一音节，声调发生了变化。第三例复合词 loŋ³¹ta̱²⁵⁵的loŋ³¹"衣服"，取自pă̱³³loŋ³³"豹子"的后一音节，声调也发生了变化。

（三）通过韵律变化构成新的语法范畴

景颇语有许多语法范畴是通过韵律形成的。例如：通过重叠、双声、叠韵、谐韵的韵律变化构成名词的类别范畴。如：通过重叠、双声、叠韵、谐韵的韵律变化构成名词的类别范畴。（例见上）

（四）词序、语序、句序按韵律特征安排前后顺序，而摆脱语义的制约

如：并列关系的复合词、短语、对比句，并列成分的次序孰先孰后存在语义控制和韵律控制两个因素。其先后的顺序出现韵律顺序。有的语言是语义控制大于韵律控制，如哈尼语、阿昌语等；而景颇语是韵律控制大于语义控制。凡舌位低的都居后，不管语义是大是小或重要不重要。例如：

nu̱⁵¹wa⁵¹　　　　　　父母　　　　tʃi³¹woi³³　　　祖父母

母　父　　　　　　　　　　　　祖父祖母

lă̱³¹ko³³lă̱³¹ta̱²⁵⁵　　手脚　　　kă̱³¹tʃi³¹kă̱³¹pa³¹　大小

脚　手　　　　　　　　　　　小　大

上例的"父母"，"母"在"父"之前，是阴性词在阳性词之前；而"祖父母"是"祖父"在"祖母"之前，是阳性词在阴性词之前。"大小"，是"小"在前，"大"在后，不依大小排序。以上各例都按韵律规则排序。

但是在极少量词上，谐律规则与语义规则存在竞争。两个被组合的词的词序既有依据语义规则按语义的重要性排列先后的词序，也可以依据语音规则按词的元音和谐安排顺序。如果语音规则和语义规则"竞争"不相上下，就出现了"又读"，例如：

语音规则　　　　　语义规则

nam³¹lo³³nam³¹lap³¹　　nam³¹lap³¹nam³¹lo³³　　各种树叶

（配）　树叶　　　树叶　　（配）

kum³¹phʐo³¹tʃa³¹　　　tʃa³¹kum³¹phʐo³¹　　财富

银子　金子　　　　金子银子

前一例两种说法都用，竞争不分胜负；后一例的前一说法已不太用，即语音规则被语义规则所代替。

可以认为，在并列关系的结构中，景颇语的韵律规则大于语义规则，

是一个以"韵律为主"的语言。

某种韵律能否实现，受使用频率的制约。例如：sum³¹ʃi³³ "三十"由mǎ³¹sum³³ "三"加ʃi³³ "十"构成，因双音节化的需要减去前缀mǎ³¹。但为什么mǎ³¹li³³ʃi³³ "四十"、mǎ³¹ŋa³³ʃi³³ "五十"、mǎ³¹tsạt⁵⁵ʃi³³ "八十"等，又不构成双音节词而去掉前缀mǎ³¹？这与"三十"与后面的数相比较常用有关。

（五）韵律特征在一定程度上影响词类的形成和演变的特点

景颇语的名量词中，集体量词、度量衡量词是表量时不可缺少的，也就是说在表量时是强制性的。没有集体量词、度量衡量词的介入，就不可能表达集体量词、度量衡量词的意义。但个体量词则不同，不但贫乏，而且可用可不用。以不用的为多，不用也能表达个体量词的意义，是非强制性的。例如：

nam³¹si³¹lǎ⁵⁵ŋai⁵¹ ＝ nam³¹si³¹khum³¹lǎ⁵⁵ŋai⁵¹　　　一个果子

果子　一　　　　　果子　个　一

u³¹ti³¹sạ³¹nit³¹ ＝u³¹ti³¹khum³¹sạ³¹nit³¹　　　　七个鸡蛋

鸡蛋 七　　　　鸡蛋 个　七

为什么景颇语的个体量词不发达呢？我认为与双音节韵律有关。景颇语的基数词除"六""十"外，其余八个都是双音节的，双音节数词表义比单音节清晰，可以不用量词。正由于数词的双音节性，所以景颇语里有不少双音节量词，与双音节数词构成双数韵律。例如：

si³¹khap⁵⁵　　担（棉花）　　num³³po³³　　　个（妻子）

棉花 担子　　　　　　　女人 头

si³¹mjan³³　　根（线）　　thiŋ³¹ko³³　　　户

棉花 伸直　　　　　　　房　脊檩

双音节韵律抑制了个体量词的发展。

（六）韵律催生语法形式的转型

景颇语的语法形式是由黏着式、屈折式向分析式演变的。在这个演变过程中，韵律起到了催生的作用，促进语法形式的转型。

如：原始藏缅语动词人称、数、体、方向的语法形式，是以动词的后缀和前缀形式出现的，后缀和前缀附着在动词的前或后，与动词不构成韵律的制约性。但在景颇语里，由于韵律的作用，使得后缀与动词分离，变为独立的虚词——句尾词。句尾词和动词各有自己的韵律构造。句尾词大多是双音节的或四音节的，相互间存在韵律关系，有的双音节词还具有"前弱后强"的韵律关系。就虚词的性质来说，它是分析性的，但其内部还有人称、数的形态变化，又是屈折性的，所以句尾词是带有屈折特点的分析性虚词。动词由于与后缀分离，成为容易进入韵律变化的双音节词或单音节词。例如：

ŋai³³ʃat³¹ʃa⁵⁵să³³ŋai³³. 我吃饭了。（să³³ŋai³³，第一人称、单数、变化体、叙述式）
我 饭 吃 （句尾词）

ŋai³³n³³ sa³³ n³¹ŋai³³. 我不去。（n³¹ŋai³³，第一人称、单数、存在体、叙述式）
我 不 去 （句尾词）

nan⁵⁵the³³n³³ sa³³mă⁵⁵ni⁵¹？你们不去吗？（mă⁵⁵ni⁵¹，第二人称、复数、疑问式）
你们 不 去 （句尾词）

ŋje⁷⁵⁵ʃiŋ³¹ma³³ e³¹ muŋ³¹ kha³³ŋa³¹ a³¹toŋ³³？ 我的脊背上还有疤吗？
我的 脊背（方助）也 疤 有 （句尾词）（a³¹toŋ³³，第一人称、单数、疑问式）

作为虚词的句尾词，也同样具有韵律的特征，如有的三音节句尾词能够变读为双音节。例如：

să⁵⁵li⁷⁵⁵ni⁵¹ ～ li⁷⁵⁵ni⁵¹ 体现主语是第一人称单数，疑问句
mă³¹nu⁷³¹ni⁵¹～ nu⁷³¹ni⁵¹ 体现主语是第三人称复数，宾语是第三人称，疑问句

又如，分析式的使动态有逐渐增多的趋势。分析式使动态的语法形式，是由动词加虚词ʃã³¹ŋun⁵⁵“使”构成。但由于动词以双音节为主，所以ʃã³¹ŋun⁵⁵“使”也是双音节的，便于与动词构成节律。例如：

kă³¹lo³³ ʃã³¹ŋun⁵⁵ 使做   ʃã³¹tʃu t⁵⁵ ʃã³¹ŋun⁵⁵ 使追赶
做   使   追赶   使

四　对景颇语韵律性质的再认识

（一）景颇语的韵律是一种形态

景颇语的韵律通过语音手段为词和短语的构造提供规则，这是一种形态。它在景颇语结构中具有很强的影响力，对某些语法结构的存在、变化能起到一定的制约作用。语义也控制或约束语法结构，但在某些方面，韵律控制或约束语法结构大于语义。如上面所说的并列复合词中词素孰先孰后，主要服从于韵律原则而不顾语义如何。

（二）景颇语韵律演变存在逐渐扩散的流向

景颇语的韵律在演变中影响力不断在扩大。如经过对各种“前弱后强”韵律现象的对比分析，我们能够排列出这样一条演变链：“前弱后强”的韵律最初只出现在单纯词中，而且多是古复辅音演变的结果。例如：mă³¹sum³³“三”、lă³¹ku⁵⁵“偷”。而后，这种韵律又逐渐扩散到复合词上，即复合词的前一词素按“前弱后强”的韵律发生语音弱化、语义虚化，构成不同于双音节的“一个半音节”。例如：wă³³na³³“斧眼”、n³¹khʒut³¹“磨刀石”。又如，出现在并列复合词、四音格词上的元音和

谐律，后来又扩散到复句结构上，复句上下句首词的用词也受韵律制约。
（例见上）

（三）景颇语的韵律特点受景颇语分析程度的制约

一种语言的韵律特点如何（包括丰富与否、演变的特点如何），与这种语言的类型特点密切相关。

通过藏缅语族语言的类型学比较，能够看到藏缅语的类型特征是从屈折型（或以屈折为主，或屈折特点丰富）向分析型（或以分析为主，或分析特点丰富）演变。景颇语的类型特征经历了形态变化由多到少的变化。拿动词的演变来说，原来附着在动词上表示人称、数、体范畴的词缀（前缀或后缀）与动词词根分离，独立出来成为句尾词的虚词。动词的使动范畴也出现屈折形式逐渐减少、分析形式逐渐增多的趋势。分析性的特征，决定了景颇语有较丰富的韵律现象。

参考文献

冯胜利：《韵律句法学研究的历程与进展》，载《世界汉语教学研究》2011 年第 1 期。

冯胜利：《汉语的韵律、词法与句法》，北京大学出版社 2009 年版。

戴庆厦：《景颇语参考语法》，中国社会科学出版社 1992 年版。

（原载《汉语韵律语法新探》，中西书局 2015 年版）

景颇语弱化音节语音性质的实验研究

【摘要】语音实验证明，判断景颇语弱化音节特征的主要参考指标是时长而不是能量；音节弱化使元音央化；弱化音节的声调有高（4）、低（2）两类。语音实验能比较准确地抓住弱化音节的主要特征，弥补听觉的不足。

【关键词】景颇语；弱化音节；语音性质；实验研究

弱化音节①是景颇语一个重要的语音特征，其性质及来源、演变上都有其特殊性。以往的研究已经获知，弱化音节是景颇语双音节化的一个重要途径，是一个异常活跃的语音特征。学者们对景颇语弱化音节的功能、特点、历史来源和价值进行了探讨，凭听觉抓住了它不同于一般音节的特征，但对"弱化"的物理属性并没有认识。比如："弱化"到底是哪些声学参数在起主要作用，是时长还是音强；弱化后的元音音质、声调调值是什么；等等，这些问题都还需要用精密的语音实验进行验证。

本文在以往靠"口耳"判断语音的基础上，进一步通过语音实验对景颇语弱化音节的语音性质进行物理定性，从时长、能量和音高等声学参数入手，通过量化分析，弄清景颇语的弱化音节究竟是一种什么性质的语音现象，以弥补听觉的不足。

一 研究方法

1. 语料的提取：从"中国少数民族语言音档"景颇语部分提取 38 个含弱化音节的双音节词，称"假性双音节词"，30 个不含弱化音节的双音节词，称"真性双音节词"，作为基本分析的语料。同时，为了深入考察弱化音节的性质，还随机提取含有各类声母和韵母的 73 个假性双音节词作为

---

① 弱化音节的命名和概念的界定在学术界还不统一。多数从语音上命名，凭听感发现"弱"和"轻"两个特点，多称"弱化音节"，也有称"轻声音节"。有的依据其在词中功能的主次称为"次要音节"，认为它与"主要音节"相比地位是次要的。有的从词长上着眼，认为其音长只有主要音节的一半，称含有这类音节的双音节词为"一个半音节"。有的从弱化音节在词中的位置着眼，称其为"前置音""前置辅音"。有的根据弱化音节担负的语法功能命名，有"前加成分""词头""前缀"等称法。根据景颇语的语音特点，本文称"弱化音节"。

分析的语料。

2. 发音人的选择：景颇族基本上熟练掌握自己的母语，而且大多数都是兼用其他语言（汉语、缅语及别的支系语言等）的双语人或多语人。发音人选择的主要原则是：景颇语是第一母语，能熟练使用，发音清晰，具有汉语交际能力。

38 个"假性双音节词"和 30 个"真性双音节词"来自"中国少数民族语言音档"景颇语部分，发音人是云南省德宏州铜壁关区的杨清明，男，45 岁。73 个"假性双音节词"的发音人是岳麻腊，云南省德宏州印江弄章乡上芒桑寨人，男，49 岁。

3. 录音过程：发音人以自然语速朗读每个词，每个词以自然语速朗读 3 遍，共 219 遍。录音所用耳挂式麦克风型号为 SHURE，声卡型号为 MIDIPLUS，通过 CoolEdit 2.0 语音软件录音，直接在 ThinkPad 电脑中保存成 wav 文件，采样率为 22kHz。

4. 声学参数的提取：所有声音文件在 Praat 中用 Xu 的脚本文件对声带的振动周期进行手工校对，然后该脚本文件根据振动周期自动提取各音节的共振峰（F1—F5）、基频（F0）、音高最大值、音高最小值、音高平均值、时长和能量等，并存为文本文件，每个音节的边界也结合共振峰及声带振动变化进行手工标记。

二　实验结果

1. 时长分析

38 个"假性双音节词"的时长分布状况是：（1）弱化音节的时长约为非弱化音节的 1/4，约为总时长的 1/5。（2）"真性双音节词"内前后音节时长比例相差不大，约为 5:7。对 73 个弱化音节的时长进行分析（下文能量、音高、共振峰的计算方法同此），先把每个词 3 遍的时长进行平均，再把声母相同的弱化音节时长进行平均，结果见表 1。

表 1　　　　　　　　不同声母类型弱化音节的时长分布　　　　单位：毫秒

塞音	弱化部分	非弱化部分	塞擦音	弱化部分	非弱化部分
p	87.31467	735.59	∫	284.2309	600.108
ph	127.9263	348.56211	s	212.1222	640.6938
t	112.9339	581.3408	平均数	**248.1766**	**620.4009**
th	119.5709	757.43352	塞擦音	弱化部分	非弱化部分
k	120.057	696.8069	ts	140.1004	700.0816
kh	157.3228	624.31146	ʧ	160.8425	780.0806

续表

塞音	弱化部分	非弱化部分	塞擦音	弱化部分	非弱化部分
平均数	**120.8542**	**624.00746**	平均数	**150.4715**	**740.0811**
鼻边音	弱化部分	非弱化部分	元音	弱化部分	非弱化部分
m	159.5711	781.15788	w	130.6423	734.5322
n	274.1359	665.46097	a	156.5136	516.1421
l	186.3329	797.06015	平均数	**143.578**	**625.3372**
平均数	**206.68**	**747.893**			

　　根据表 1 数据，把声母发音方式相同的弱化音节时长进行平均，做出柱状图，见图 1。

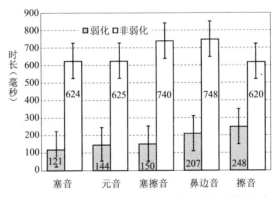

图 1　不同声母类型弱化与非弱化部分的时长关系

　　由表 1 和图 1 可见：（1）塞音中，送气音时长大于不送气音。（2）从弱化音节的声母发音方式着眼，弱化部分时长由小到大顺序为：塞音<元音<塞擦音<鼻边音<擦音。（3）弱化音节的平均时长约为非弱化音节的 1/4。其中，塞音声母的弱化音节时长比例最小，约为非弱化音节的 1/6，擦音最长，约为非弱化部分的 1/2。可见，时长是音节弱化与否的主要参考指标。

　　2. 音强分析
　　73 个词的弱化和非弱化部分的平均音强的分析结果见表 2。

表 2　　　　　　　各词中弱化和非弱化音节的平均音强分布表　　　单位：分贝

	p	ph	m	w	t	th	n	l	ʦ	s	ʃ	ʧ	k	kh	a	平均能量
弱化	66	64	64	65	69	67	67	67	63	61	58	64	67	60	61	64
非弱化	66	65	67	70	70	69	68	68	71	70	68	71	71	69		69

　　由表2可见，弱化和非弱化部分的平均音强相差不大（约5分贝），约为1:1。弱化音节与其后的非弱化音节能量相当（见图2）。

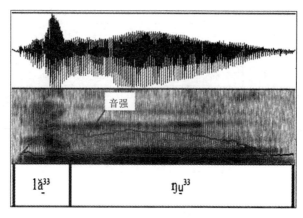

图2　含弱化音节的语图

3. 弱化音节元音音质

　　提取各词弱化音节的第一（F1）和第二（F2）共振峰，做出弱化音节的元音舌位图（见图2和图3）。其中图3是不同声母的弱化音节元音的舌位聚合。

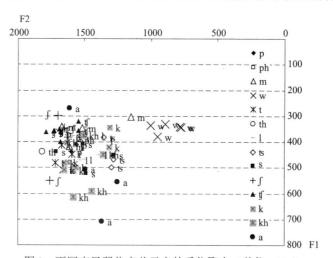

图3　不同声母弱化音节元音的舌位聚合（单位：Hz）

　　由图3可见，除w的韵母u之外，不同声母弱化音节的元音都集中在一个区域。为了准确定位这些弱化元音的舌位，把这些弱化元音的平均共振峰（u除外）和景颇语5个基本元音放一起做出舌位图，通过其在元音舌位图上的位置差异显示其音质状况（见图4）。

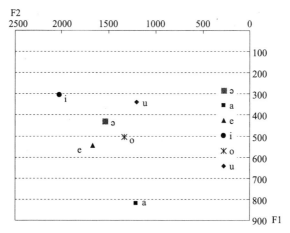

图4　景颇语弱化元音在基本元音舌位图中的位置（单位：Hz）

从图4可见，该弱化元音恰好位于5个基本元音的中间，结合听感，该弱化元音的音质可记为央元音/ə/。由图3和图4可见，辅音 t、k、s、l 的韵母央化程度更高。这可能与辅音本身的发音特点有关，受发音器官协同发音影响的结果。弱化音节中的元音 u，其舌位位置比非弱化的 u 稍靠后，与听感一致。

4. 弱化音节的声调状况

每个音节平均提取10个基频值，采用相对归一化的 T 值计算方法对这些基频值进行处理。声调 T 值的计算公式为 $T = 5 \times [\lg X - \lg(\min)] / [\lg(\max) - \lg(\min)]$

X 代表测量点，min 代表全部测量点平均值中的最小值，max 代表全部测量点平均值中的最大值。

把相同或相近弱化音节的词放在一个图中，每个音节提取10个点，每个点都是3次重复的平均值，图5是所选词的调值曲线。

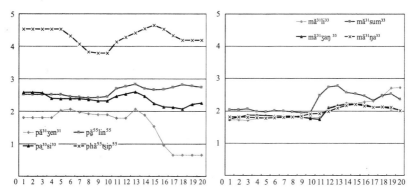

图5　含弱化音节词的声调曲线（一）

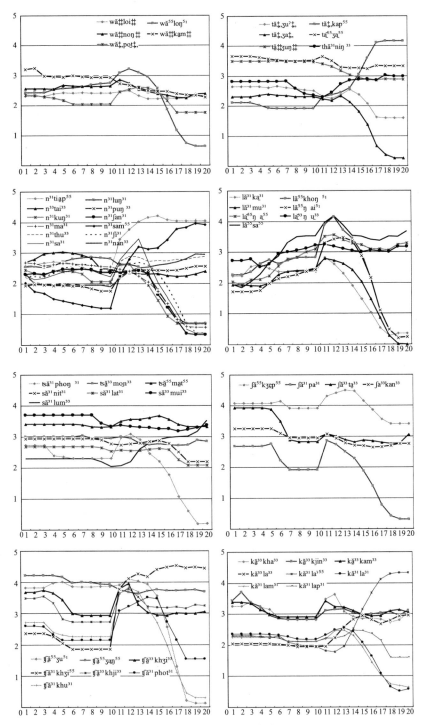

图 5　含弱化音节词的声调曲线（二）

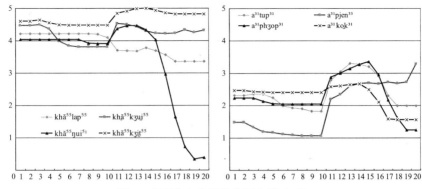

图 5　含弱化音节词的声调曲线（三）

由图 5 可见：（1）弱化音节的调值主要是高低两类，主要集中于 2—4 度。调型基本为平调，不受第二音节调值的影响。（2）弱化音节虽都属于平调类型，但其调值还是有高低差别的。这种差别主要受两种因素制约：一是松紧因素，弱化音节的韵母是紧元音时其调值高，是松元音时其调值低；二是送气因素，弱化音节声母是送气时其调值高，不送气时调值低。

为了进一步确定弱化音节的调值，把图 5 中相近调值的弱化音节数值进行平均，结果见图 6。

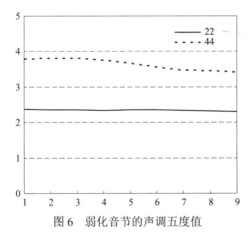

图 6　弱化音节的声调五度值

图 6 显示，弱化音节的调值主要有两个，根据听感和实验结果，可以记为 22 和 44。记为 44 调的弱化音节主要有两种情况，一是弱化音节的声母为送气音，主要是 ph 和 kh；二是弱化音节的韵母是紧元音。其余情况下，弱化音节的声调都接近 22 或 33，记为 22。由于弱化音节的时长非常短，只占总音长的 1/5，因此，弱化音节声调的实际音程也短，短暂停留就过渡到下一音节，类似于汉语的轻声。所以，44 调可记为 4（高调），22 调可记

为 2（低调）。①

总之，语音实验显示的景颇语弱化音节的发音特点可以归纳为以下四点：① 音节时长较短，约为词中音节总时长的 1/5；② 元音央化，接近 /ə/；③ 声调近似平调，分高调（4）和低调（2）；④ 弱化音节与非弱化音节能量相当。

三　几点新认识

通过对景颇语弱化音节的时长、能量、音质和声调的实验分析，可以得出以下几个认识：

1. 时长是判断弱化音节特征的主要参考指标

（1）真性双音节词前后两音节的时长比约为 5:7，假性双音节词内的前后音节时长比约为 1:4。两相对比，可看出假性双音节词的前一弱化音节时长比例不同于真性双音节词。假性双音节词中，塞音声母的弱化音节时长比例最小，约为非弱化音节的 1/6，擦音最长，约为非弱化部分的 1/2。这一实验结果说明，由弱化音节组成的双音节词不是听感的"一个半音节"（即弱化音节时长是非弱化音节时长的 1/2），弱化音节时长比非弱化音节短得多。

（2）弱化音节的音长受声母发音方式的制约。其时长由小到大的排列顺序为：塞音<元音<塞擦音<鼻边音<擦音。弱化音节声母为擦音时，时长最长，声母为塞音时，时长最短。塞音中，送气音时长大于不送气音。

在时长方面，语音实验的结果与听感一致的地方是，都认为弱化音节比非弱化音节短，但不同的地方是，语音实验显示弱化部分比例比听感更短。

2. 音强不是判断弱化音节特征的主要参考指标

从实验结果可以看到，假性双音节词内弱化和非弱化部分的平均音强相差不大（相差约 5 分贝），两者比例约为 1:1，统计不显著。弱化音节与其后的非弱化音节能量相当，音节弱化与否对音强的影响不大。可见，在能量方面，语音实验的结果与听感不一致。语音实验结果不显示音强（"强度"）上的差异，而听感上则有"弱"的感知，这可能与声音的"响度"有关。

3. 音节弱化使元音央化，即弱化音节的元音都集中在舌面的中间区域

实验中把弱化元音音质进行平均，发现该弱化元音位于 5 个基本元音的中间。结合听感，该弱化元音可记为央元音 /ə/。但由于弱化音节声母的不同，其所带元音的央化程度有所不同，辅音 t、k、s、l 的韵母央化程度更高。

---

① 景颇语声调有高平 55、中平 33、低降 31、全降 51 4 个调，弱化音节的声调标示，如何处理与这 4 个基本调的关系，可另作研究。

4. 弱化音节的声调有高（4）、低（2）两类

声母为送气音，主要是 ph 和 kh，或者韵母是紧元音时，调值较高，声调可记为 4。其余情况下，调值较低，记为 2。具体是：（1）弱化音节的调值大都集中于 2—4 度，基本是短暂的平调类型。（2）弱化音节虽都属于平调类型，但其调值还是有差别的。弱化音节的韵母是紧音，或者声母是送气都可以提高调值。（3）弱化音节声调的实际音程很短，短暂停留就过渡到下一音节，与一般的声调不同，类似于汉语的轻声。

总之，语音实验让我们比较准确地抓住了弱化音节的主要特征，弥补了听觉的不足。

参考文献

戴庆厦：《藏缅语族某些语言弱化音节探源》，载《民族语文》1984 年第 2 期。

肖家成：《景颇语的弱化音节》，载《民族语文》1979 年第 4 期。

Xu, Y. Time Normalize F0.praat, available from, http://www.phon.ucl.ac.uk/home/yi/tools.html, 2005-2010.

石锋：《天津方言双声调分析》，载《语言研究》1986 年第 1 期。

A Phonetic Experimental Study of Weakened Syllables in the Jingpo Language

Abstract: In this paper, acoustic analysis on weakened syllables in the Jingpo language has been conducted. It is found that, the dominant feature of weaken syllables is duration, not intensity. The vowels of weakened syllables have been centralized. Two kinds of tones of weakened syllables can be found, namely, high (4) and low (2). This study suggests that phonetic experiments are helpful to identify the dominant feature of weakened syllables, and to compensate for the lack of hearing only by ear.

Keywords: The Jingpo language; Weakened syllables; Phonetic features; Phonetic experimental Study

（原载《中央民族大学学报》（哲学社会科学版）2014 年第 5 期。本文与王玲合写）

景颇语弱化音节的历史来源

【提要】本文从共时上分析、描写了景颇语弱化音节的特征。还通过亲属语言比较，认为景颇语的弱化音节的来源是多源头的。并认为弱化音节最早来源于复辅音音节，在藏缅语复辅音向单辅音演化的演变链中处于"中介"的地位。

【关键词】景颇语；弱化音节；来源

景颇语重要语音特点之一，是有丰富的、使用频率高的弱化音节。从语音演变的角度看，景颇语的弱化音节在藏缅语复辅音向单辅音演化的过程中处于"中介"地位。因而，弄清弱化音节的性质、特点，有助于认识藏缅语的语音演变。本文在描写景颇语弱化音节共时特征的基础上，分析景颇语弱化音节来源的多种渠道，并论述它在藏缅语语音演变中的地位。

一　弱化音节是景颇语的一个重要语音特点

1. 就发音特点而言，发音轻而短是弱化音节的主要特征。这是与非弱化音节相比而言的。弱化音节只出现在双音节词上。双音节词的前一音节是弱化音节，后一音节为非弱化音节。由于含有弱化音节的双音节词前一音节较短，一些学者认为是半个音节，两个音节合起来为一个半音节，习惯称含有弱化音节的双音节词为"一个半音节"。

弱化音节"轻而短"的特征主要出现在元音上，但不是所有的元音都能出现在弱化音节上。景颇语有 i、e、a、o、u 五个元音，能弱化音节的元音只有 i、a 两个元音，其他元音不出现弱化现象。但 i、a 元音弱化时随前面声母的不同有多个不同的变体。变体出现的条件是：与舌尖音声母 ts、s 和舌叶音声母 tʃ、ʃ 结合的读为[-]；与声母 w 结合的读为[u]，与其余声母结合的都读为[ə]。例如：

tsă⁵⁵[tsɿ̆⁵⁵] mat⁵⁵	荨麻	să³¹[sɿ̆³¹] tiʔ³¹	注意
tʃă⁵⁵[tʃɿ̆⁵⁵] khji⁵⁵	麂子	ʃă³¹[ʃɿ̆³¹] ʒa³¹	地方
ʒa³¹[ʒɿ̆³¹] ka³¹ai³³	句尾词	wă³³[wŭ⁵⁵] ʒum⁵⁵	猪瘟
pă⁵⁵[pə̆⁵⁵] tuk⁵⁵	浮萍	phă³³[phə̆³³] ka³³	生意

mă ^{31}[pə̆ ^{31}] li ^{33} 　　四　　　tă ^{31}[tə̆ ^{31}] bak ^{55}　　摆满

thă ^{55}[thə̆ ^{55}] loʔ ^{55}　那么短　nă ^{31}[nə̆ ^{31}]poŋ ^{33}　一种耳病

lă ^{31}[lə̆ ^{31}] si ^{31} 　　廋　　　kă ^{31}[kə̆ ^{31}] pa ^{31}　　大

khă ^{55}[khə̆ ^{55}]tʃi ^{51}　珠子　　ŋă ^{31}[ŋə̆ ^{31}]ʒai ^{55}　地狱

2. 从音节上看，弱化音节只出现在部分声母、韵母上。

（1）景颇语的声母有 31 个，弱化音节的声母只出现在 17 个上。腭化声母、舌叶化声母都不能构成弱化音节，擦音 j、x 和借词新增声母 f、tsh 也不能构成弱化音节。（下列声母右上角带星号的是不能构成弱化音节的）

p　ph　m　w　f*　t　th　n　l　ts　tsh*　s

tʃ　tʃh*　ʃ　ʒ　　j*　k　kh　ŋ　x*　pj*　phj*　mj*

pʒ*　phʒ*　kj*　khj*　ŋj*　kʒ*　khʒ*

（2）景颇语韵母有 88 个，分单元音韵母、复合元音韵母、带辅音尾韵母三类。弱化音节的韵母只出现在单元音韵母上，不出现在复合元音韵母、带辅音尾韵母上。单元音韵母有 i、e、a、o、u 五个，只有 i、a 两个元音能构成弱化音节。

景颇语有高平、中平、低降、高降四个调。高降调主要出现在变调上。弱化音节不出现在高降调上。

3. 从出现频率上看，据《景汉词典》15245 条目统计，其音节总数是 2946 个，弱化音节有 55 个，占音节总数的 1.87%。虽然这个比例不大，但弱化音节在词典中出现的总数是 5370 次，占音节总次数 34336 次的 15.64%。[①]

再看弱化音节在话语中的比例。据《景颇语语法》附录的 11 篇话语材料分析，共有 8532 个音节，弱化音节有 788 个，占 9.24%。[②]

从以上统计数字看到，弱化音节在景颇语里是个出现频率较高、比较活跃的语音要素，它必然会对景颇语语音结构的存在和发展起到重要的作用。

二　景颇语弱化音节来源的多源性

景颇语的弱化音节究竟是怎么产生的？通过共时特点分析和亲属语言比较，能够看到景颇语弱化音节的来源具有多源头性。主要有以下两个来源：

1. 来源于古复辅音声母的前一辅音

藏缅语族语言中许多语言（特别是分布在北部地区的语言）有丰富程

---

① 徐悉艰等：《景汉词典》，云南民族出版社 1983 年版。

② 戴庆厦、徐悉艰：《景颇语参考语法》，中央民族学院出版社 1992 年版。

度不同的复辅音。景颇语带弱化音节的双音节词，凡与亲属语言存在同源关系的，大都与复辅音声母音节对应，而不带弱化音节的单音节词，则与单辅音音节对应。这条规则清晰地显示了弱化音节与复辅音声母音节在演变上的承接关系。下面是我从 1822 个词中找出的有对应关系的同源词：①

三：景 mă^{33}sum^{33}，藏 gsum，道孚 xsu，嘉戎 kə sam，羌 khsə

四：景 mă^{31}li^{33}，藏 bzi，错那门巴 pli^{55}，却域 bʒi^{13}，羌 gzə，阿侬怒 bɹi^{31}，独龙 a^{31}bli^{55}，达让僜 ka^{31}pɹai^{55}，义都珞巴 ka^{31}pɹɯi^{55}，道孚 ɣʐə

五：景 mă^{31}ŋa^{33}，藏 lŋa，道孚 nGVe，嘉戎 kə mŋo

桥：景 mă^{31}khʒai^{33}，木雅 ndzo^{24}

撑：景 mă^{31}tiʔ^{31}，藏 ɦdegs，羌 ҫtҫə

连接：景 mă^{31}tṳ t^{55}，藏 bstud，羌 zdə，独龙 sɯ^{31}tɔt^{55}

舔：景 mă^{31}ta̤ ʔ^{31}，藏 ldag

闻：景 mă^{31}nam^{55}，藏 snom，却域 sna^{55}

弯：景 ŋă^{31}ko̤ ʔ^{31}，藏（巴塘）ŋuʔ^{55}，独龙 dɯ^{31}goʔ^{55}

脚：景 lă^{31}ko^{33}，藏 rkaŋ，道孚 ʂko，却域 ʂko^{55}

蛇：景 lă^{31}pŭ^{33}，藏 sbrul

七：景 lă^{31}nit^{31}，道孚 znɛ，扎坝 ʂnɛ^{55}，羌 ҫtҫə，嘉戎 kə ʃnəs，却域 sna^{55}

八：景 lă^{31}tsa̤ t^{55}，藏 brgjad，道孚 rjɛ，扎坝 Jje^{55}

庹：景 lă^{31}lam^{33}，藏 ɦdom pa，错那门巴 klam^{35}，嘉戎 kcҫam，

偷：景 lă^{31}ku^{55}，藏 rku，道孚 ʂkə

擦：景 kă^{31}tsṳ t^{55} 藏 ɦdom pa，

炒：景 kă^{31}ŋau^{33}，藏 rŋo，嘉戎 ka rŋo，道孚 rŋə，扎坝 kə^{55}ŋu^{55}

头发：景 kă̠ ^{55}ʒa^{55}，藏 skra

肋骨：景 kă^{31}rep^{31}，藏 rtsib ma

拖：景 kă^{31}ʒot^{31}，藏 drud

胆：景 ʃă^{31}kʒi^{33}，藏 mkhris，道孚 skrə，扎坝 ʂtʂʌ，羌 xtʂə

水獭：景 ʃă^{31}ʒam^{33}，藏 sram，道孚 ʂsəm，却域 ʂsɛ，普米 skhẽ

月亮：景 ʃă^{33}tă^{33}，藏 zla ba，却域 slə^{55}mnə^{33}，独龙 sɯ^{31}la^{55}

星星：景 ʃă^{33}kă ň^{33}，藏 star ma，羌 ʁdzə，却域 skar^{55}ma^{55}，扎坝 ʂtʂə^{55}

九：景 tʃă^{31}khu^{31}，藏 dgu，道孚 ngə，扎坝 ngʌ^{33}，羌 zguə，嘉戎 kə ngu，普米 zgiɯ，木雅 ŋguə^{55}，贵琼 ŋgui^{55}，吕苏 ŋgɯ^{35}，独龙 dɯ^{31}gɯ^{55}

麂子：景 tʃă^{55}khji^{55}，藏 rgja，普米 stʃə^{55}

上面例词显示，景颇语同一个弱化音节在亲属语言里与多个声母对应，

---

① 独龙语有弱化音节，上列例词独龙语若有弱化音节与之对应的也列上。

对应情况比较复杂。一种可能的推测是，原始藏缅语的复辅音转为景颇语的弱化音节时经历了类化（及归并）的过程，即由多个不同的声母类推为一个弱化音节。如 mǎ 这个弱化音节，可能由 p、b、m 双唇音，k、kh、g、x 舌根音等归并而成。当然，要证实这个论点还要等待原始藏缅语语音构拟的支持。

2. 来源于"前弱后强"型的类推

景颇语的弱化音节，有大量是由双音节词的前一音节按"前弱后强"型类推而来。这从词义对比分析中就能看到。

"前弱后强"型的类推有以下两个特点：

一是层次性。指弱化过程有先有后，有多有少。表现在声母上，不同声母能弱化的频率存在差异。下面列出《景汉词典》5370 个音节出现弱化音节的比例（按声母的发音部位排列）。[①]

p	115	ph	50	m	1310	w	209
t	89	th	7	n	1	l	735
ts	27	s	271				
tʃ	414	ʃ	1001	ʒ	3		
k	1023	kh	112	ŋ	3		

上表显示，m 声母最高，有 1310 次，其次是 k 声母，有 1023 次，再次是 ʃ 声母，有 1001 次。不送气声母比送气声母出现频率高，如 k 有 1023 次，kh 只有 112 次。声母出现的比例多少大约与其来源有关。

不能弱化的声母有：腭化声母 pj、phj、mj、kj、khj、ŋj，舌化声母 pʒ、phʒ、kʒ、khʒ，还有因借词而新增的新音位 f、tsh、、tʃh、x。不能弱化的韵母是带塞音韵尾的音节，塞音韵尾有 p、t、k、ʔ 4 个。

同一音节的弱化也存在层次性：有的弱化了，有的不弱化。其差异与两个词素结合的松紧度有关，结合紧的易弱化。例如：

弱化的		不弱化的	
nǎ ³¹[nŏ ³¹] poŋ³³ 一种耳病		na³³khu³³ 耳孔	
耳　　　□		耳　孔	
wǎ ⁵⁵[wŭ ⁵⁵] lai³³ 鲫鱼		ŋa⁵⁵sau⁵⁵ 鱼油	
鱼　　　□		鱼　油	
（wŭ ⁵⁵来自 ŋa⁵⁵ "鱼"，ŋw）			
kǎ ³¹[kŏ ³¹]tʃa ŋ³³ 黑土		ka⁵⁵kui³¹ 狐狸	
土　　黑		土　狗	

① 参看戴庆厦、杨春燕《景颇语两个语音特点的统计分析》，载《民族语文》1994 年第 5 期。

（kǎ³¹来自ka⁵⁵ "土"，发生变音）

有的复合词，前一词素在共时上存在弱化与非弱化两读，反映出弱化过程不是一次到位的。例如：

kǎ³¹[kɔ̌³¹] khʒaŋ³³ 　∼　kin³¹khʒaŋ³³　　　徘徊

sǎ³¹[sɔ̌³¹] teʔ⁵⁵　 　∼　sin³¹teʔ⁵⁵　　　　句尾词（命令式）

sǎ³¹[sɔ̌³¹]phuŋ³³　 ∼　sin³¹phuŋ³³　　　　大棉

sǎ³¹[sɔ̌³¹]tʃap³¹　 ∼　sin³¹tʃap³¹　　　　豪猪膻味

弱化音节语音变异程度存在大小的差异。也就是说其差异小的，只按弱化规则改变元音的音值，母语人能感觉到它的来源。比如：

khã³³[khɔ̌³³] noi⁵⁵　　门楣　　　khã³³[khɔ̌³³] tun⁵⁵　　门槛

门　　　吊　　　　　　　门　　　地面

（khã³³来自tʃiŋ³³kha³³ "门"的后一音节）

sǐ³¹[sɿ̌³¹] phʒa³³　　棉花地　　si³¹[ʃɿ³¹] phoʔ³¹]　　绽开的棉花朵

棉花　　地　　　　　　　棉花　　开

（sǐ³¹来自pǎ³³si³³ "棉花"的后一音节）

差异略大的，有带有韵尾的音节。这类音节弱化后有的既改变元音的音值，又省去韵尾，这就与原来的读音差异略大，母语人一下子难以联系到原词。例如：

lǎ³³[lɔ̌³³] mo³³　　大路　　　（lǎ³³来自lam "路"）

路　　大

sǎ³¹[sɿ̌³¹] lum³³　　心脏　　　（sǎ³¹来自mǎ³¹sin³¹ "心"）

心　　园

差异大的弱化音节弱化后，不仅韵母的读音发生变化，声母的读音也发生变化。这样的弱化音节，母语人就难以与原词联系起来。例如：

wǎ⁵⁵[wǔ⁵⁵] khji⁵⁵　　牛屎　　（wǔ⁵⁵来自ŋa³³ "牛"，ŋ变w）

牛　　屎

wǎ⁵⁵[wǔ⁵⁵] lai³³　　鲫鱼　　（wǔ⁵⁵来自ŋa⁵⁵ "鱼"，ŋ变w）

鱼

wǎ⁵⁵[wǔ⁵⁵]phʒa³³　　玉米地　（wǔ⁵⁵来自khai⁵⁵nu³³ "玉米"的nu³³，n变w）

玉米　　地

lǎ³¹[lɔ̌³⁴] pjě n³³　　耳垂　　（wǔ⁵⁵来自ŋa⁵⁵ "鱼"，ŋ变w）

耳　　垂

mǎ³¹[mɔ̌³⁴] ʃe⁵⁵　　岔路　　（mǎ³¹来自lam³³ "路"，l变m）

路　　岔

这种类推力量不仅制约固有词的语音变化，而且还波及近代的外来借词。景颇语的外来借词主要来自汉语、傣语、缅语等，这些语言没有弱化音节，景颇语借入这些语言的双音节词时，按景颇语语音规则改造为"前弱后强"式。例如：

汉语借词

lă³¹[lŏ³⁴]tse³¹　　　李子　　　să³¹[sŏ³⁴]tse³¹　　　席子

tʃă³¹[tʃŏ³⁴]khui³³　　　石灰

傣语借词

pă³¹[pŏ³⁴] tʃi t³¹　　　泥鳅　　　phă⁵⁵[phŏ³⁴] kji⁵⁵　　　香菜

phă³³[phŏ³³] ʒŏ³³　　　蒜　　　ŋă³¹[ŋŏ³¹] ʒai⁵⁵　　　地域

缅语借词

kă³¹[kŏ³⁴] ti³¹　　　亿　　　phă⁵⁵[phŏ⁵⁵]ʒa⁵⁵　　　菩萨

să⁵⁵[s-⁵⁵] lik⁵⁵　　　香烟　　　tʃẽ⁵⁵[[tʃẽ̆] nan⁵⁵　　　电报

我们要进一步探讨，以上两个来源究竟谁孰先孰后。我认为前一来源是先发生的，后一来源是随前一来源的模式类推的。为什么？这可从复辅音的音理上得到解释。

从音理上说，两个相连的辅音与后面的元音结合在一起存在强弱的差异。后一个声母因为与元音靠近，所以音质强一些；而前一个声母因为离元音远，所以音质弱一些。当两个声母分离为两个音节时，前一声母就会因音质弱而弱化为半个音节。

这种"前弱后强"型的语音模式在音系中形成后，会扩散到其他的双音节词中，使语言大量出现带弱化音节的双音节词。

三　景颇语弱化音节在藏缅语语音演变中处于重要地位

藏缅语语音研究已为我们提供了这样一个认识：原始藏缅语有丰富的复辅音声母，后来出现了简化的趋势，但不同语言发展不平衡。这个认识是我们观察、判断景颇语弱化音节性质、来源的重要依据。

通过亲属语言的比较，我们看到复辅音简化的结果在现代藏缅语里出现了三种不同的类型：一是有的语言还保留了丰富的复辅音声母，如嘉戎语、道孚语、羌语、普米语等；二是有的语言复辅音声母已全部或大部分消失，变为单辅音声母或以单辅音声母为主的语言；如哈尼语、傈僳语、缅语、载瓦语、阿昌语等；三是有的语言虽变为单辅音声母或以单辅音声母为主，但有丰富的带有弱化音节的双音节词，如景颇语、独龙语等。

这几种类型存在内在的衔接关系，构成了一条藏缅语语音演变链。我曾在《藏缅语族某些语言弱化音节探源》一文中用下表来显示这条演

变链：①

　　复辅音声母音节─→弱化音节+单辅音声母音节─→单辅音声母音节
　　（复辅音结合松化，分离）　　　　　（弱化音节丢失，单音节化）

　　在这条演变链上，景颇语处于中介地位，或称处于"承上启下"的地位。我不敢说藏缅语复辅音的简化都要经过带弱化音节的双音节词的阶段，但至少可以认为部分语言是要经过弱化音节这个阶段的。有没有从复辅音声母音节直接向单辅音声母音节过渡的？目前还没有证据来证明。但也有可能是，它曾经经历过弱化音节阶段，但没有历史文献可考，或目前的研究不够，还没有找到痕迹。

　　不管怎样，景颇语的弱化音节对藏缅语复辅音的历史演变的研究是有重要价值的。此外，它对语音的分化、整合、类化以及韵律特征的研究都会有价值。

参考文献

　　肖家成：《景颇语的弱化音节》，载《民族语文》1979 年第 4 期。

　　戴庆厦：《藏缅语族某些语言弱化音节探源》，载《民族语文》1984年第 2 期。

　　戴庆厦：《景颇语双音节词的音节聚合》，载《语言研究》1993 年第 1 期。

　　戴庆厦、杨春燕：《景颇语两个语音特点的统计分析》，载《民族语文》1994 年第 5 期。

　　（原载《庆祝梅祖麟先生八十华诞学术论文集》，首都大学出版社 2015年版）

---

① 该文原载《民族语文》1984 年第 1 期。

语言接触与浊音恢复

——以缅甸语的浊音演变为例

【提要】本文通过缅语古今对比、缅语与亲属语言比较，认为缅语的浊塞音、浊塞擦音在历史上已几近消失，现代缅语浊塞音、浊塞擦音在音位系统中的恢复，主要是语言接触借用外来词而引起的。还认为缅语浊塞音、浊塞擦音的演变有两种因素在起作用：一种是固有成分的"浊音清化"；另一种是外来成分的借用。后者与缅语残存的浊音成分结合一起构成浊音音位"东山再起"的创新因素。①

一　问题的提出

藏缅语族语言历史比较研究表明，古代藏缅语的塞音、塞擦音都有过清浊对立，但后来的演变主要出现两种不同的类型。一种是有的语言仍然保留这种对立，甚至是严整的对立，如彝语、哈尼语、傈僳语、拉祜语、纳西语等语言，塞音、塞擦音都分清浊两套。另一种类型是有些语言出现了浊音清化的演变，浊的一套在音位系统中都消失了，如阿昌语、载瓦语、勒期语、浪速语等语言，塞音、塞擦音只有清音没有浊音。

缅语的情况比较特殊，不同于上述两种类型。虽然其塞音、塞擦音在音位系统里仍保留系统的清浊对立，但在古老的基本词中原先是浊音的都变为清音。这种现象提出了一个值得研究的问题：现代缅语的浊塞音、浊塞擦音究竟是从哪里来的？是古音的留存，还是与语言接触有关，还是与二者都有关？

为了弄清这个问题，必须把握好清浊对立在缅语语音系统中的分布情况，还要把缅语与亲属语言进行比较，从不同语言的对应关系中窥视缅语浊塞音、浊塞擦音历史演变的特殊轨迹。

---

① 本文经北京大学汪大年教授审阅，特此致谢。现代缅语仰光话的材料使用我与傅爱兰 1986 年的记音材料。带鼻音尾的韵母因不同地区、不同人、不同元音读法不完全一致，有的读为元音的鼻化，这里统一标注为-ŋ。

二　现代缅语清浊对立的分布

考察某类语音的特征，要从两方面进行。一是从音位系统考察其特征，即看某一类音在音位系统中是否出现，有无对立；二是从具体词上考察其特征，看这一语音在具体词中出现的情况如何，是多还是少，有无发生变化。

从音位系统上看，现代缅语（以仰光话为例）存在清浊对立，清浊对立是缅语音位系统的一个重要组成部分。

现代缅语的语音与同语族的亲属语言比较有以下几个特点：① 声母比较多，有 38 个。即 p、ph、b、m、m̥、pj、phj、bj、mj、m̥j、t、th、d、n、n̥、l、l̥、tθ（dð）、s、sh、z、tɕ、tɕh、dʑ、ȵ、ȵ̥、ɕ、j、k、kh、g、ŋ、ŋ̥、x、kj、khj、gj、w。② 清浊对立严整。除了塞音、塞擦音、擦音分清浊两套外，鼻音、边音也分清浊（即清化和非清化）两套。③ 在双唇音、舌根音上有腭化和非腭化的对立。④ 有齿间音和送气擦音 sh。⑤ 韵母有 40 个，分单元音韵母、复合元音韵母和带喉塞音-ʔ韵尾的韵母三套。⑥ 韵母有鼻化和非鼻化的对立，没有带鼻音尾的韵母。⑦ 塞音韵尾只保留一个-ʔ，无-p、-t、-k 韵尾。复合元音也能带-ʔ韵尾。⑧ 元音没有松紧、长短的对立。⑨ 声调只有高平、中平、低降三个，带-ʔ韵尾的音节只出现在高平调上。

从以上分析中看到，缅语不仅塞音、塞擦音分清浊，鼻音、边音也分清浊（严格说是清化和非清化）。下面举些例词：

清音：	pja⁷⁵⁵	断	pjo³³	融化
	tɕa⁵⁵	掉	tɕi⁵³	大
	tu⁵³	焦	ku⁵³	九
浊音：	bɛ⁵³	鸭子	du⁵³	膝盖
	dauŋ⁵³	孔雀	ka⁵⁵du⁵⁵	蓑衣
	gu³³	山洞	dzouŋ³³	小麦
清化：	m̥ei⁷⁵⁵	眨（眼）	ŋ̥ɛ⁷⁵⁵	鸟
	n̥a⁷⁵⁵	裁	l̥ɛ⁵³	躺
非清化：	mue³³	蛇	nei⁷⁵⁵	按
	ŋo³³	哭	lo³³	欠（钱）

缅语塞音、塞擦音、鼻音、边音分清浊的特点可以追溯到 12 世纪的缅语（缅文反映的缅语语音，可称为"中古缅语"）。这就是说，在 12 世纪缅语就有清浊对立。

据缅甸语专家汪大年教授研究，中古缅语的语音系统有以下一些特点：① 声母系统比现代缅语复杂得多。共有声母 100 个，其中单辅音声母 32 个，复辅音声母 68 个。② 声母分清、送气、浊、浊送气四套。如：p、ph、 b、bh、t、th、d、dh、k、kh、g、gh 等。③ 鼻音、边音有清化和非清化的对立。如：m、hm、n、hn、l、hl 等。④ 有带-r 的复辅音声母。如：pr、phr、br、mr、kr、khr、gr 等。⑤ 辅音韵尾丰富，主要有-p、-t、-k、-m、-n、-ŋ 6 个，还有出现频率较少的-s、-l、-r 韵尾。⑥ 声调不及现代缅语发达，到 16 世纪才形成稳定的三个声调的系统。

中古缅语的语音系统与现代缅语相比，虽然发生了一些变化，但在清浊对立上则大同小异。在塞音、浊塞擦音的对应上，主要是清对清，浊对浊；在鼻音的对应上也是如此。这就是说，从中古缅语到现代缅语虽然经历了 800 多年，但清浊声母在音系中的分布格局并没有太大的变化。但如果把缅语塞音、塞擦音的清浊与藏缅语其他语言进行比较，则看到另一番景象。这就是同源词中其他语言的浊塞音、浊塞擦音在缅语里大都读为清音，这说明缅语的浊音词已大部转为清音词。详见下节分析。

三　从亲属语言比较看缅语的清浊演变

藏缅语的研究成果已经证明，原始藏缅语在塞音、塞擦音声母上有过清浊对立，但后来出现了浊音清化的趋势，在有的语言里浊音变成了清音。[①]但由于演变的速度不同，现代藏缅语塞音、塞擦音声母的清浊分布情况有着不同的特点。大致存在两种不同的类型：一是"清浊对立型"；二是"有清无浊型"。这两种类型的清浊特点虽然有很大的差异，但相互间则存在严格的对应关系。

属于"清浊对立型"的语言有彝语支的彝语、哈尼语、傈僳语、拉祜语、纳西语等。这一类型的语言，塞音、塞擦音的清浊对立严整，在具体词上浊音词虽有不同程度的消失，但在音位系统上清对立的系统仍然保留着。缅语与这些语言的对应，存在以下两种超越常规的现象：一是二者虽然在音位系统中都有清浊对立，但在具体词的对应上，没有相同浊音的对应，即彝语支的浊声母词不与缅语的浊声母词对应，而与缅语的清声母词对应。二是缅语的浊声母词在彝语支语言里很难找到同源词。看下列的对应：

彝语	傈僳语	哈尼语	纳西语	拉祜语	缅语	汉义
bu³¹di³¹	buɯ³¹di³³	by³¹za³¹	bi³³di³¹	pɯ⁵³mɯ³¹	po⁵³ei³¹	虫
dʑi³¹	bi³³	bjɔ³³	şər⁵⁵	bi⁵³	pji²⁵⁵	满
dʑi³³	dʒɛ³¹	bja³¹	mbæ³³	pɛ³¹	pja⁵³	蜂
dɔ³³	dɛ̠³³	da̠³³	ndɔ³³	ta̠³³	tɛ²⁵⁵	上（去）

①　参看戴庆厦《彝语支语言的清浊声母》，载《中央民族学院学报》1981 年第 2 期。

dʑʐ̩³³	dʑi³¹	guɯ³¹	ər³³	kuɯ⁵³	tɕe⁵³	铜
guɯ³³	pa³³dʒa³¹	ga³¹	kho³³mi³³	thu³³ka⁵³	kja⁵³	听见
gu³³	ku³³	ɣy³¹	ŋgu³³	qɔ⁵³	ko⁵³	九
dzuɯ³³	dza³¹	dza³¹	ndzʐ̩³³	tsa⁵³	sa⁵³	吃
ndzo³³	dzᴇ³³	dza³³	ndə³³	dza̠³³	tɕa²⁵⁵	滴（动）
la³¹gu³¹	go³¹	ɣu³¹	gu³¹	qɔ⁵³	kau²⁵⁵	弯

以上例词都是基本词，都是同源的。在语音上，彝语支语言大多是浊音，而缅语是清音。这说明缅语的浊音在基本词上都已演变为清音了，完成了浊音向清音转化的全过程。彝语支语言虽大多仍是浊音，但也有一些词背离浊音系统变为清音，如上述拉祜语的 pᴇ³¹ "蜂"、ṭa³³ "上（去）"、tsa⁵³ "吃"、qɔ⁵³ "弯"，傈僳语的 ku³³ "九" 等。

藏文反映的 7 世纪藏语语音也有清浊对立，而且与彝语支语言同样存在 "浊与浊" 对应的同源词。如上面的彝语支浊音例字，藏语读为 ɦbu "虫"、sbraŋ "蜂"、go "听见"、dgu "九"、za "吃"、ɦdzag "滴（动）"、gug "弯" 等浊音。

我又查看了《藏缅语族语言词汇》的 1811 个词（均是常用的基本词），只发现少数几个缅语浊音词与其他亲属语言似有同源关系，但难以确定。如："梳子" 一词，缅是 bi⁵³，载瓦是 pje²¹，怒是 pɹe⁵⁵，哈尼是 phe³¹thɔ³¹，基诺是 phi⁵⁵ɕi⁴²。"小麦" 一词，缅是 dʑoun³³，藏文是 gro，独龙是 a⁵⁵dʑuŋ⁵⁵，达让僜是 gluɯ⁵³，纳西是 dze³³。这几个词在语义上不像上面那组例词一样是最古老的基本词，所以要证明它们之间是同源词还缺乏足够的证据。

由此看来，缅语在音位系统中虽在塞音、塞擦音上有清浊对立，但在具体词（特别是古老的基本词）上浊的塞音、塞擦音大都已转为清音词，完成了浊音向清音的转化。这个特点既与彝语支语言不同（彝语支的音位系统塞音、塞擦音有清浊对立），也与缅语支其他语言不同（缅语支语言的音位系统除缅语外，塞音、塞擦音只有清的没有浊的）。

我们还要进一步追究，缅语的浊塞音、塞擦音在基本词里都已变清，那么这些浊音音位存在于缅语的语音系统中又是靠什么词来支撑的呢？为此，我翻阅了《缅汉辞典》的浊音词部分，看到的是缅语浊音词的分布大量是外来语借词，其中以巴利语的借词为多。《巴利文借词字典》共收巴利语词条 3559 条，包括实际生活中所需要的各方面词汇。[①]此外，还有印地语、马来语、梵语、英语等语言的借词。

缅语中的巴利语浊音借词如：

---

① 吴吞敏：《巴利文借词字典》，大学出版社 1968 年版。

gar-wa	尊敬	gahat	谬论	gon	特性
gu	山洞	geinman da	夏季	g-na	奶食品
d-na	财富	da-tu	元素	duli	尘土
biza	种子	beitdan	天花板	boutda sakhu	佛眼
byatta	智谋	b-ya	灾难	buta	现实的

英语借词如：

giya [gear]	齿轮；排挡	geit [gate]	出入口
bi ta min [vitamin]	维他命	b-rigeidiya [brigadier]	旅长
biya [beer]	啤酒	bi l-yet [billiard]	台球
bawda [boarder]	寄宿生	bains-ke [bicycle]	自行车

印地语借词如：

gon	麻	b-rahsat	老板

　　这些借词是怎么进入缅语的呢？缅语为什么会如此大量地吸收外来借词呢？这需要看看缅甸过去的社会历史状况。缅语吸收外来语借词时间早、数量多、分布广泛，有其民族关系、宗教传播、地理条件等因素。古代缅甸深受印度佛教的影响，佛教进入后为缅人广泛接受，深深扎入这块沃土。1044 年建立的缅甸第一个统一国家——蒲甘王朝，就规定以佛教为国教，寺院教育以佛教经典为教材。还规定僧侣研究经典必须掌握巴利文，因为小乘佛教经典都是用巴利文写成的。巴利语与缅语的接触，使得缅语出现了大量巴利语借词，这是很自然的。1824 年至 1885 年，缅甸沦为英国殖民地，在文化教育、科学技术等方面深受西方的影响，后来又随着世界一体化的进程，缅甸与其他国家的联系不断加强，由此缅语出现了大量的英语、法语、日语等借词。缅语大量吸收外来词，是彝语支、缅语支等亲属语言所没有的一个重要特点。

　　缅语吸收的外来语借词，大部分是浊音声母词。外来借词的浊音词进入缅语时都读为浊音，从而填补了"浊变清"的空缺，巩固了浊音在音位系统中的地位。除了外来语借词支撑了浊音音位的存在外，固有词中早先遗留下的浊音词也起到一定的作用。另外，缅语双音节词的连音音变多音节词后一音节由浊变清，也对浊音音位的稳定起着一定的作用。例如：

$$\text{t}\textipa{\c{c}}\text{he}^{33}\text{dau}^{755}$$ 　　脚（后一音节的 d，文字是 th。）

$$\text{ta}^{55}\text{dau}\eta^{33}\text{si}^{755}$$ 　　肘（后一音节的 d，文字是 th。）

$$\text{dã}^{53}\text{gau}^{755}$$ 　　弯刀（后一音节的 g，文字是 k。）

　　但缅语鼻音、边音清浊的演变则与塞音、塞擦音不同。缅语鼻音、边音的清浊对立不仅在音位系统里存在，而且在固有词中也保持着，并与鼻音、边音分清浊的亲属语言存在相同的对应关系。例如：

缅语	阿昌语	彝语	汉义
ŋaŋ⁵³	ŋam³¹	ŋi̠³¹	闻
ŋa̠³³khauŋ⁵³	ŋ̥ɔŋ⁵⁵	ŋa³¹bi⁵⁵	鼻子
na⁵³	nɔ³¹	nɯ³³	停、休息
mjau²⁵⁵	ŋu²⁵⁵	a³³ŋu⁵⁵	猴子
lɔ³³	lə⁵⁵	lu³³	炒
l̥aŋ⁵³	l̥ap⁵⁵	li⁵⁵	晒
lɛ²⁵⁵	lɔ²⁵⁵	lo⁵⁵	手
le⁵³	li³¹	a³⁴l̥³³	重

再看缅语与"有清无浊型"类型语言的对应关系。缅语支属于"有清无浊型"的语言，有缅语、阿昌语、载瓦语、浪速语、勒期语等，它们与缅语的亲缘关系最近。二者的差异主要是：在音位系统上，缅语的塞音、塞擦音有清浊对立，阿昌语等语言没有。但在同源词里，阿昌语等语言的清塞音、清塞擦音在缅语里也读清音。例如：

缅语	阿昌语	载瓦语	浪速语	波拉语	汉义
pauŋ⁵³	poŋ³¹	puŋ²¹	pauŋ⁵⁵	pauŋ³¹	蒸
poŋ³³	kɔŋ⁵⁵	pum²¹	pam³¹	pam⁵⁵	（一）堆
pe⁵³	tsi³¹	pji²¹	pjik⁵⁵	pi³¹	给
pja²⁵⁵	pzat⁵⁵	pit²¹	pjik³¹	pjɔt³¹	断
tɕa⁵³	kʐua⁵⁵	kjo²¹	kjɔ⁵⁵	kja³¹	听见
a⁵⁵tɕɔ⁵³	a³¹kʐə³¹	ʃŏ²¹kji²¹	ʃɔ⁵⁵kji³¹	ʃã⁵⁵kji³¹	筋
tɛ²⁵⁵	tɔ²⁵⁵	to²²¹	tɔ²³¹	ta²³¹	上（去）
a⁵⁵tauŋ³³	a³¹tuŋ⁵⁵	tuŋ⁵¹	tauŋ³¹	tauŋ⁵⁵	翅膀
ku⁵³	kʐɔ³¹	ku²¹	kau³⁵	ku³¹	渡（河）

而缅语的浊音词在阿昌语等语言中大都找不到同源关系。这种现象只能解释，这类意义相同的词是后来各自产生的，而不是早期共同有的。这也证明，缅语这些浊音词不是在原始缅语支共同语阶段就有的。下面举几个例子：

缅语	阿昌语	载瓦语	浪速语	波拉语	汉义
bu²⁵⁵jaŋ³³	xuan³¹ti⁵⁵	voŋ²¹	khɔ³⁵kham⁵⁵	khɔ³⁵kham⁵⁵	皇帝
dɔŋ⁵³	luk³¹zuŋ⁵⁵	ǔ⁵⁵toŋ⁵⁵	au³⁵toŋ³³	tě³¹kjau²⁵⁵	孔雀
gu⁵⁵	toŋ³¹	toŋ²¹	tuŋ⁵⁵	tuŋ³¹	洞
a³¹dɔ³³	pa²³¹	a⁵⁵nu²¹mo⁵⁵	mji⁵⁵mo⁵⁵	a⁵⁵ma	姑母

缅语与"有清无浊型"类型语言的对应关系说明，缅语与这些语言一样都经历了浊音清化的过程。但缅语不同的是，其浊音又有了新的回转，

仍在音位系统里保存下来。

四 缅语浊塞音、浊塞擦音历史演变轨迹的启示

通过以上的语言分析和语言对比，我们看到缅语浊塞音、浊塞擦音的历史演变有其不同于其他亲属语言的轨迹。本文试图根据这些具体的语言事实做些理论概括和提升。下面谈几点认识：

1. 现代缅语塞音、塞擦音上的清浊对立是一种"死灰复燃"现象，其主要动力是语言接触而引起的外来词借用。

现代缅语与有的亲属语言一样，在塞音、塞擦音上都经历过浊音清化的过程。浊塞音、浊塞擦音在与亲属语言有同源关系的早期词汇里已消失殆尽，都转为清塞音、清塞擦音。但它又靠新成分而得以"死灰复燃"，新成分主要是外来语借词和固有成分创新的新词。由此可见，语言接触会使即将消亡的语言现象得以复生。

语言接触是人类语言的普遍现象，对语言的发展、演变起着重要的制约作用和推动作用。它能使目的语得到丰富发展，包括增加新的语言成分、新的语言规则，还能使语言中已趋消亡的成分"死灰复燃"，得到新的发展。缅语清浊的"死灰复燃"，是语言接触演变的一种创新实例。

语言接触虽然能使语言的演变发生较大的变化，甚至会改变某一语言的演变方向，但外因总是要通过内因起作用的。没有内因的条件，外力是难以附着的。外来借词之所以能使缅语的浊塞音、浊塞擦音"死灰复燃"，是因为缅语内部还有浊塞音、浊塞擦音的"死灰"，所以才能"复燃"。

我们知道，语音系统中音位的消失、增加或转移，反映在具体词上是一个由少到多、逐渐扩散的过程，不会是一次性爆发式的新旧取代。所以，缅语在演变中当浊音词尚未完全消失之时，新的浊音成分进来后通过大量的浊音借词扶植了浊音音位的再生。

2. 语言演变往往有内部规律和外部影响两种因素在起作用。两种因素既有互补、促进的一面，又有矛盾、竞争的一面，二者在协调中求得平衡。

缅语浊音声母的演变有两种因素在起作用：一种是固有成分"浊音清化"的趋势，它使得大量的早期浊音的基本词逐渐变为清音。这一趋势的力量是强大的、不可阻挡的。另一种是外来的语言接触力量，它与缅语内部浊音的残存成分结合在一起成为浊音"东山再起"的创新因素。

3. 同一语音形式在不同时期有时会有不同的内容、不同的特点，还会有不同的演变规律。所以，对不同时期的语音特点不能简单地等同视之。

具体说来，现代缅语的浊塞音、浊塞擦音与原始藏缅语的浊塞音、浊塞擦音所负载的词语已不相同，也就是其功能存在差异。原始缅语的浊塞音、

浊塞擦音主要出现在固有词中，固有词支撑着清浊的对立。但到了后来，绝大多数固有词的浊音逐渐演变为清音，浊音音位的功能受到削弱，与此同时（或先后）由于浊音音位主要承担外来语借词的语音形式，使其得以复活，不像同语支其他亲属语言那样，浊塞音、浊塞擦音在音位系统中已完全消失。所以，现代缅语音位系统中的浊塞音、浊塞擦音已不是原始母语遗留下来并由大量基本词负荷的音位，即不同于原始缅语的浊塞音、浊塞擦音。

参考文献

北京大学东方语言文学系缅甸语教研室：《缅汉词典》，商务印书馆 1990年版。

戴庆厦：《彝语支语言的清浊声母》，载《中央民族学院学报》（哲学社会科学版）1981 年第 2 期。

黄布凡主编：《藏缅语族语言词汇》，中央民族大学出版社 1992 年版。

贺圣达：《缅甸史》，人民出版社 1992 年版。

贺圣达、李晨阳编著：《缅甸》，社会科学文献出版社 2009 年版。

西田龙雄：《缅甸馆译语的研究》，中西印刷株式会社出版部 1972 年版。

Language contact and "Resurging" of Voiced Obstruent

Abstract: Through the contrast of ancient and modern Burmese, and the comparing between Burmese and the related languages, this article thinks that the voiced stops and voiced affricates of Burmese had nearly vanished in the history. The existence of the voiced stops and voiced affricates in modern Burmese phonological system is a kind of "resurging" phenomenon. The linguistic borrowing which caused by the language contact is the motive force. We also think that there are two kinds of factors that affect the evolution of voiced stops and voiced affricates of Burmese. One is the inherent ingredient which is the devoicing of the voiced initials； another one is the borrowing ingredients which from the other languages. The latter one combined with the remaining voiced elements in Burmese staged the Burmese voiced phoneme a comeback.

（原载《民族语文》2011 年第 2 期）

A Study of Lax/Tense Vowels in Tibeto-Burman

Abstract: The lax/tense distinction of vowels is an important phonological feature for some Tibeto-Burman languages. This paper describes the modern phonetic representations of lax/tense vowels. How the lax/tense distinction is related to tone, ending and tongue position has been pointed out. Through comparisons among dialects and related languages, the origin and evolution of lax/tense distinction have been figured out. Lax/tense vowels of Tibeto-Burman have multiple sources. Some are from voiced/voiceless initials, and some are derived from unchecked/ checked finals. There appears a tendency to change from tense to lax vowels in some modern Tibeto-Burman languages. The paths and detailed features of this change have been analyzed.

1   Lax/tense vowels and studies on them

1.1   Lax/tense vowels indicate the phonemic contrast between lax vowel and tense vowels. Lax/tense is associated with vowels. In the articulation of tense vowels, the larynx is constricted and the sound is loud and clear, while lax vowels do not constrict the larynx. The general method to mark tense vowels is to underline them. For example: (Lahu) na53 'stop', na̱53 'black'; ɣa53 'buckwheat', ɣa̱53 'chicken'[①]. For diphthongs or VC finals, the underlined symbol will be marked only on the main vowel. For example, (Jingpo) tai33 'that', ta̱i33 'succeed'; kaŋ33 'pull' , ka̱ŋ 33 'tight'[②].

1.2   The lax/tense distinction of vowels is an important phonological feature for some Tibeto-Burman languages. As far as we know, these languages include Yi, Hani, Lahu, Lisu, Kucong, Jingpo, Zaiwa and Bai, etc. For instance, there are 20 vowels in Hani, consisting of 10 tense vowels (i̱ e̱ a̱ ɔ̱ o̱ u̱ ɤ̱ ɯ̱ y̱ ʅ̱)

---

① This is the Lahu language spoken in Nuofu County, Lancang Prefecture, Yunnan Province.

② This is the Jingpo language spoken in the Tongbiguan District, Yijiang County, Dehong Prefecture, Yunnan Province.

and 10 lax vowels (i e a ɔ o u ɤ ɯ y ŋ̩)①. There are 14 vowels in Yi, 7 of them are lax (i e ɛ a o ɤ ɯ) and 7 of them are tense (i̠ e̠ ɛ̠ a̠ o̠ ɤ̠ ɯ̠)②. The lax/tense distinction bears the function of distinguishing different lexical items in Tibeto-Burman languages. Many words are differentiated from one another based on this lax/tense distinction. Here are some examples from Hani:

1.3

de31 'push'	de̠31 'living, alive'
dɔ33 'wear'	dɔ̠33 'very'
mo31 'horse'	mo̠31 'want to'
zu31 'walk'	zu̠31 'rub'
dzɿ31 'ride'	dzɿ̠31 'weave'
bi31 'overflow'	bi̠31 'give'

Some examples from Zaiwa③:

ne51 'red'	ne̠51 'stirfry'
ŋo21 'five'	ŋo̠21 'borrow'
tui21 'move'	tu̠i21 'rope'
pan51 'complete'	pa̠n51 'unripe'
lai51 'wind'	la̠i51 'ship'

In Zaiwa, lax/tense distinction is also used to distinguish between verbs and causative verbs. Such a phenomenon is special in Tibeto-Burman languages. For example:

lɤŋ51 'turn'	lɤ̠ŋ51 'make…turn'
tso21 'eat'	tso̠21 'make…eat'
ku21 'cross'	ku̠21 'make…cross'
taŋ21 'fly'	ta̠ŋ21 'make… fly'
mju21 'float'	mju̠21 'make… float'
lui21 'swing'	lu̠i21 'make… swing'
kjo21 'listen'	kjo̠21 'make… listen'
kjuʔ21 'fear'	kju̠ʔ55 'make… fear'
tsuŋ51 'sit'	tsu̠ŋ51 'make… sit'

---

① This henceforth is the Hani language spoken in Dazhai, Lvchun County, Honghe Prefecture, Yunnan Province.

② This henceforth is the Axi Yi language spoken in Mile County, Yunnan Province. All the Axi Yi materials are provided by Prof. Wu Zili. The author is appreciative of his help.

③ The Zaiwa language is spoken by the Ziwa branch of the Jingpo people, which is quite different from the Jingpo language spoken by the Jingpo branch.

There are a few similar examples in Jingpo. For example, ʒoŋ33 'be (somewhere)', ʒoŋ55 'make...be (somewhere)'. However, in general, lax/tense vowels morphologically are hardly used in Tibeto-Burman languages. Their main function is to distinguish lexical items.

1.4   It is the late professor Ma Xueliang who first identified these lax/tense vowels. In Ma (1948), he revealed this phonological distinction, and pointed out that two categories of finals in the Luquan Yi should be classified, namely, laryngeal constriction vs. laryngeal non-constriction. In his words, "When articulating a laryngeal final, the larynx is constricted somehow. I underline it to indicate laryngeal constriction. For example, lu55 'tiger', lu̲55 'enough'. " In that early stage, he first recognized the existence of lax/tense vowels in Yi, and attributed the lax/tense distinction to vowels. His study initiated studies on lax/tense vowels.

1.5   If we review the phonetic studies before Ma (1948), it will be found that Chinese scholars ignored lax/tense vowels in Tibeto-Burman languages. In the description of lax/tense vowels, some did not realize the distinction, and some attributed them to other phonetic features. The Principles of the International Phonetic Association published in 1949 did not include a lax/tense distinction, though lots of other complex and rare sounds were noted. It is really a pity.

1.6   After 1949, with extensive investigations on minority languages in China, Chinese scholars found more cases of lax/tense vowels in many other minority languages. The features of lax/tense vowels have been well recognized overt time. Rich data has also been accumulated. Therefore, the importance of lax/tense vowels has become salient. In the decades, besides many descriptive papers on lax/tense vowels in modern languages, some papers focusing on the investigation of lax/tense vowels have been published in China. All these studies pave a way for further understanding of lax/tense vowels[1].

1.7   Lax/tense vowels are a new topic in phonetics. Because lax/tense vowels take important positions in the phonetic structures of some Tibeto-Burman languages, and they are closely related to other phonetic elements like initial consonants and tones, it is crucial to make extensive studies of the characteristics of lax/tense vowels and their development, so as to

---

[1] See Ma Xueliang and Luo Jiguang 1962 Woguo hanzang yuxi yuyan yuanyin de changduan, Zhongguo Yuwen 5; Hu Tan and Dai Qingxia 1964 Haniyu yuanyin de songjin, Zhongguo Yuwen 1; Dai Qingxia 1979 Woguo zangmian yuzu songjin yuanyin laiyuan chutan, Minzu Yuwen 1.

recognize principles in the phonetic development of Tibeto-Burman. Such research is helpful in understanding the phonetic status and genetic relationship of Tibeto-Burman languages, to do historical comparison of Tibeto-Burman, and to create or reform writing systems for minority languages.

2　Characteristics of lax/tense vowels

2.1　Every phonetic phenomenon represents its complex features through certain forms. The articulation feature of lax/tense vowels mainly depends on whether the larynx is constricted or not, and it is the diagnostic feature of lax/tense vowels. However, lax/tense vowels are always intertwined with other phonetic elements like initial and tone. Thus the difference between lax and tense often causes some differences of initial, tone or tongue position, etc. It is helpful for understanding the nature of lax/tense vowels to recognize the characteristic of lax/tense vowels and to distinguish their major features from accompanying features. Meanwhile, some clues of phonetic development may be found.

2.2　In some languages tone values of the same tone category may be different due to the difference of laxness and tenseness. In general, tones of tense vowels are higher than lax vowels. For instance, for the middle-level tone of Lisu, tense vowels are associated with a 44 contour, but lax vowels with a 33 contour. Similarly, for the low-falling tone, tense vowels are associated with 42, while lax vowels with 31. Here are some examples: ma̠33 'feminine', ma33 'full'; ma̠31 'cheat', ma31 'not'[①]. In Lahu, the low-falling tone of a tense vowel is 42, while that of lax vowel is 31； the high-falling tone of a tense vowel is 54, while that of lax vowel is 53. Here are some examples: ma̠31 'war', ma31 'teach'; ma̠53 'love', ma53 'many'. The high tone in Jingpo appears as 35 in lax vowels while 55 in tense vowels and 54 in tense vowels with consonantal endings. For example: po55 'put out', po̠55 'cheap', ka̠p55 'paste'. In combination with tones, tonal categories with tense vowels are generally less than those with lax vowels. For instance, there are four tones in Lisu, high level, middle level, low falling, and high rising. Lax vowels can be associated with all the four tones, while tense vowels are only allowed in the mid level tone and the low falling tone. In Hani, there are three tones: high level, mid level, and low

---

① They are from the Lisu language spoken in Liwudi, the third district of Bijiang County, Yunnan Province.

falling. All three tones allow lax vowels, while only the mid level and low falling tones allow tense vowels. In the Xinping Yi language, there are high level, mid level, mid falling, and low falling. The lax/tense distinction only appears in mid level tones. High level and low falling only allow lax vowels, while mid falling only allows tense vowels. For the four tones of Lahu (mid level, low falling, high falling and high rising), lax vowels can appear in any of them, while tense vowels are restricted to low falling and high falling tones. The close relationship between lax/tense vowels and tones is common in Tibeto-Burman languages. The lax/tense distinction has great impact on tonal evolution, and vice versa. In the study of lax/tense vowels, much attention should be paid to their interaction with tones. It is a way to find the characteristics of lax/tense vowels via tonal changes[1].

2.3   Referring to the tongue position, tense vowels have lower tongue position than their lax counterparts in some languages. For instance, the phoneme o in Biyue Hani is [o] in the lax mode, while [ɔ] in the tense mode. Here are some examples: kho31 'bitter', kho̠31 'dig (ears)'; mo31 'many', mo̠31 'lick'[2]. However, there exists counter examples. That is, there are also cases where the tense vowels have higher tongue positions than their lax counterparts. For example, (Jingpo) po33 'head', po̠33 'born'; tu33 'officials', tu̠33 'grow'. Such behavior is very rare.

2.4   The difference between lax and tense may influence the articulation of initial consonants in some languages. Generally speaking, initials followed by tense vowels are 'harder' than those followed by lax vowels. For example, in Hani z and dz in zu̠31 'rub' and dzɹ̠31 'weave' sound harder than those in zu31 'walk' and dzɹ31 'ride', respectively. In some languages like Jingpo, stops or affricative initials may be accompanied by some degree of voicing when followed by lax vowels, but without such voicing when followed by tense vowels. For example, pai55 'again', pa̠i55 'left'; tʃa33 'full', tʃa̠33 'apply (medicine)'[3]. In their combinations with initials, lax/tense vowels are often

---

① Lax/tense vowels are closely related to tones. It is meaningful to investigate them in Tibeto-Burman studies.

② This is the Hani language spoken in the Biyue Village, Caiyuan District, Mojiang County, Yunnan Province.

③ This is probably due to lax/tense vowels in Jingpo originating from the voicing of initials, see Chapter 3.

associated with an aspirated/unaspirated distinction. In some languages, unaspirated initials are only followed by tense vowels, not by lax vowels. Whereas, aspirated initials are just the opposite. For instance, unaspirated initials in Hani like p t k tɕ only combine with tense vowels, while aspirated initials like ph th kh tɕh are only followed by lax vowels. The contrast of laxness/tenseness only appears after voiced initials or voiceless fricatives. In Meiluo Hani, unaspirated initials like p pj t k ts tɕ preceding tense vowels can freely change into their aspirated counterparts. For example, pa̱31 'a piece' can be pronounced as pha̱31; ta̱31 'chisel' as 'tha̱31'. Tense vowels in Jingpo do not follow aspirated initials like ph th kh pʒ khʒ phj khj s and ʃ. Tense vowels in Zaiwa do not follow ph phj th kh khj tsh tɕh f ɕ and x.

2.5　Moreover, tense vowels sound shorter than lax vowels, and some of them end with glottal stops in some languages. For instance, in Yi, tense vowels under the low falling tone have the glottal ending ʔ, and are shorter than their lax counterparts, e.g., ni̱31 'hungry', ni31 'two'; dzo̱31 'pricklyash peel', dzo31 'eat'. In Hani, tense vowels under the low falling tone are also followed by a glottal stop ʔ and are also shorter than their lax counterparts, e.g., le31 'chase', le̱31 'dip'; sa31 'meat', sa̱31 'vapor'. Syllables with tense vowels are shorter than those with lax vowels.

2.6　Because the distinction between tense and lax is accompanied by other phonetic differences, linguists have expressed different viewpoints regarding the nature of this distinction. Some linguists regard such a distinction as other phonetic phenomenon ignoring the contrast of lax/tense vowels. People abroad may regard lax/tense vowels as different voicing statuses of initials (in the case of Jingpo), or take them as having a glottal ending or not (in the case of Lahu). In China, lax/tense vowels are sometimes seen as different tone durations, that is, tones of tense vowels are short, while those of lax vowels are long[1].

2.7　It is true that lax/tense vowels in Tibeto-Burman languages are closely related to tones. Mainly, tense vowels are shorter and higher than their

---

[1] In the book Axi Minge ji qi Yuyan (Folksongs and the language of the Axi Yi), the author regarded lax/tense vowels of the Axi language as long/short tones, thus different tones are used to describe this distinction. For the short high-level tone, it is said: this tone is quite short and relative high and includes a glottal stop (ʔ). The laryngeal muscles are very tight and constricted, which can be seen as an accompanying feature of this tone, and it is thus not marked. Therefore, this book includes five tones, high level 55, middle level 44 or 33, low level 22, short middle 44 and low falling 21 (or short low tone 21), instead of three tones, 55, 33, and 31. Please see Yuyanxue Zhuankan (Special Issue of Linguistics) 5, June1953.

lax counterparts, and tense vowels are allowed by fewer tones than lax vowels. In documenting languages, it is fine for convenience sake to use different tone categories to represent differences of lax/tense vowels. However, it should be noted that the major distinctive features should be attributed to lax/tense modes of vowels, not to tone duration. The lax/tense modes determine the property, and different tone durations are only secondary. In those languages with a lax/tense distinction, although the degree to which the larynx is constricted in tense vowels varies, some are stronger, and some are weaker;   some accompanying features are obvious, and some are not, but the larynx must be constricted. Otherwise, the distinction between lax phonemes and tense phonemes could not form. For speakers mastering the languages with lax/tense vowels, if the larynx is not constricted, no matter how short the tone is, native speakers cannot feel those sounds as tense vowels. On the contrary, if the larynx is constricted, even though the tone is long, the tense vowels are recognizable as such. Those accompanying features are not stable. Moreover, they have different appearances under different conditions in different languages. Thus it is difficult to use them to define lax/tense modes. For instance, the accompanying feature of short syllable plus glottal endings with tense vowels mainly appear under the low falling tone in Hani, and are not obvious with the mid level tone. In Jingpo, short syllables with tense vowels are mainly restricted to vowels without endings. For vowels with endings, they are not significantly short. In the Axi Yi, tense vowels accompanied by glottal endings are mainly restricted to low falling tones, and there is no such accompanying behavior with the mid level tone. All in all, lax/tense vowels should be regarded as a fact in some Tibeto-Burman languages. They should not be seen as other phonetic features. In defining this feature, the relationship between lax/tense vowels and other phonetic features inside a language system should be figured out to see which one is the dominant feature. Moreover, it is also important to compare the representations of lax/tense vowels among the languages of the same language family.

3   Origins of lax/tense vowels

3.1   Some more issues are worthy of further investigation. How did lax/tense vowels in Tibeto-Burman languages emerge? Which phonetic features are they derived from? Through comparisons of languages and observations of all kinds of characteristics of lax/tense vowels, we find that lax/tense vowels of

Tibeto-Burman languages show different patterns of correspondences, though they share the common articulation characteristics. In some languages, lax/tense vowels match well. In some languages, lax/tense vowels of a language do not correspond to lax/tense vowels of another language, but to different phonological categories like voicing of initials or checked/unchecked finals. These complex correspondences show the multiple origins of lax/tense vowels of Tibeto-Burman languages. According to materials at hand, there are at least two types of sources for lax/tense vowels.

3.2　Yi, Hani, Lisu, Lahu and Kucong share one pattern. Among them, lax vowels of one language correspond to those of another language in general, and the same is true for tense vowels.

Lax vowels vs. lax vowels, e.g.:

Yi	Lisu	Hani	Lahu	Kucong	Meaning
a31	ma31	ma31	ma53	ma31	'not'
mu31	mo31	mo31	mɔ53	mu31	'old'
dʑo31	dza31	dza31	tsa53	tsa31	'eat'
no33	na33	na55	na31	na31	'ill'
tsho33	tshɯ33	tshu55	tshu33	tshv33	'fat'
tu33	do33	do55	dɔ31	do31	'drink'
ni33	ɳi33	nɔ33	ni33	ni33	'day'
kɤ33	ku33	ɣy31	qɔ53	ku31	'nine'

Tense vowels vs. tense vowels, e.g.:

Yi	Lisu	Hani	Lahu	Kucong	Meaning
tʂhu̱31	tʃho̱31	ku̱31	khɔ̱31	kho31	'six'
ne̱31	nɛ̱31	na̱31	na̱31	na̱31	'early'
khu̱31	kho̱31	xu̱31	qho̱31	kho̱31	'year'
tɕhi̱31	a55tʃhi̱31	a31tsi̱31	a55tshe̱31	tshɳ31	'goat'
vi̱33	ve̱33	ze̱33	ve̱33	vi̱33	'blossom'
dzɛ̱33	dzɛ̱33	dza̱33	dza̱53	dza̱33	'drop(v.)'
nu̱33	no̱33	a55nu̱33	nɔ̱53	no̱33	'bean'
a33nu̱55	mi̱31	a55mju̱31	mɔ̱31	mjo̱31	'monkey'
a33gu̱55	go̱31	ɣu̱31	qɔ̱31	ko̱31	'curve'

There are a few examples of tense vowels corresponding to lax vowels.

However, such correspondences are very regular, and can be explained by conditioned changes. The general pattern of these corresponding languages strongly suggests that those lax vowels change from tense vowels. For instance, most tense vowels of Hani correspond to tense vowels in Lisu, but a few tense vowels of Hani correspond to lax vowels in Lisu, and among these examples, they have their own types of tonal correspondences. Tense vowels under the low falling tone of Hani not only correspond to tense vowels under the low falling tone of Lisu, but also to lax vowels under the high level tone. For example:

Hani	Lisu	Meaning
mu31	mo31	'weed'
a31ɣa31	a55vɛ31	'pig'
ku31	tʃho31	'six'
xu31	kho31	'year'
ko31	kho31	'bite'
tɕa31	tʃa55	'boil'
Lu13	lo55	'graze'
tsa31	tsa55	'connect'
tɕi31	ku55	'be good at (sth)'
Lo31	le55	'dry in the sun'

Based on the above comparisons, it can be found that these languages share the common features of lax/tense vowels and show regular correspondences. Therefore, lax/tense vowels in these languages should share a common source.

3.3　However, if the lax/tense vowels of Yi, Hani, Lisu and Kucong are compared with those of Jingpo and Zaiwa in the same language family, the former four languages do not share the same pattern with the latter two with regards to the lax/tense contrast. But lax vowels and tense vowels of the former four languages are respectively corresponding to unchecked finals and check finals of Jingpo and Zaiwa (Note that the former four languages do not have checked finals). Hani is taken as the example to compare with Jingpo and Zaiwa, as below:

Lax vowels		Unchecked finals	
Hani	Jingpo	Zaiwa	Meaning
ŋa55	ŋai33	ŋo51	I
sa31	ʃan31	ʃo21	meat

continued

Lax vowels		Unchecked finals	
Hani	Jingpo	Zaiwa	Meaning
xa31	kha55	kho21	bitter
dza31	ʃa55	tso21	eat
du31	thu31	tu21	dig
phju55	phʒo31	phju51	white
a31ŋu31	ŋa33	no21	ox
a31khɯ55	lă31ko33	hkji51	foot
a55si31	nam31si31	a21ʃi21	fruit

Tense vowels		Checked finals	
Hani	Jingpo	Zaiwa	Meaning
mja33	mji231	mjo231	eye
sa31	n31sa231	so255	air
a31ɣa31	va231	va221	pig
u31no31	nu255	u21nu255	brain
su31	sip31	sip21	reduce (swelling)
zu31	jup55	iup55	sleep
ɣo33	khʒop55	khjop21	crisp
se31	sat31	sat55	kill
ne31xa31	nat55	nat21	ghost
ɕe31	mă31tsat55	ʃit55	eight

3.4　If Yi and Hani are compared with Tibetan, it can also be found that lax/tense vowels in the former two languages correspond to unchecked/check finals in the third language. (Tibetan vowels can be differentiated as being either long or short, but not lax or tense. There are checked finals with endings like -b, -d, -g.[①]) For example:

Lax vowels		Unchecked finals	
Hani	Lisu	Tibetan	Meaning
ŋa55	ŋua33	ŋa	I
ma31	ma31	ma	not
dza31	dza31	za	eat
sa31	xua31	ɕa	meat

---

① Written Tibetan and the Latin transliteration are used here.

continued

Lax vowels		Unchecked finals	
ŋi31	nɯ31	ŋe	near
ɣy31	ku33	dgu	nine
xy31	khu31	rku	steal
ŋy53	ŋu33	ŋu	cry
nɔ33	ŋi33	ŋi	sun
phɔ33	phe35	phje	open
sɔ55	sa33	gsum	three
di31	dɯ31	rduŋ	hit
sʅ55	ʃi33	ser	yellow

Tense vowels		Checked finals	
Hani	Lisu	Tibetan	Meaning
na̠33	nɛ̠33	nag	black
dza̠33	dzɛ̠33	ɦdzag	drop
a31la̠31	lɛ̠31phɛ35	lag	hand
ku̠31	tʃho̠31	drug	six
se̠31	se̠31	bsad	kill
tsu̠33	tʃhi̠31	ɦdzib	suck
a31ɣa̠31	a55vɛ̠31	phag	pig
za̠31	zɛ̠31	zags	down
ɕe̠31	he̠31	brgjad	eight
a31ɣo̠31	wo̠31	khab	needle
ɣu̠31	go̠31	ɦgug	curve
du̠31	do̠31	dug	poison

3.5   Putting Yi and Hani together with Burmese, a similar pattern is found. That is, the tense vowels of Yi and Hani correspond to Burmese checked finals with -ʔ endings, while lax vowels correspond to unchecked finals, e.g.:

Lax vowels		Unchecked finals	
Hani	Lisu	Burmese	Meaning
phɯ55	phɯ33	phji11	untie
la55	la33	la11	come
thɯ55	thɯ33	thu11	thick

continued

Lax vowels		Unchecked finals	
Hani	Lisu	Burmese	Meaning
ŋy55	ŋu33	ŋo11	cry
ŋa55	ŋua33	ŋa11	I
no55	nu33	ñi11	You
tɕhi55za31	tʃhi33	tʃhi11	barking dear
sɔ55	sa33	tθũ33	three
phju55	phu33	phju11	white
mu33	mɯ33	mu33	dizzy
nɔ31	ne55	nɛ53	few
mja31	miɛ31	mja53	many
gɯ31	dʒi31	tʃi53	copper
ba31	ba31	pa53	thin
sa31	xua31	a11tθa53	meat

Tense vowels		Checked finals	
Hani	Lisu	Burmese	Meaning
ko̠31	kho̠31	kai?55	bite
se̠31	se̠31	tθa?55	kill
a31la̠31	lɛ31phɛ35	lɛ?55	hand
a31ɣa̠31	a55vɛ31	wɛ?55	pig
ɕe̠31	he̠31	ʃi?55	eight
a31ɣo̠31	wo̠31	a?55	needle
a55mju̠31	mi̠31	mjau?55	monkey
da̠33	dɛ33	tɛ?55	up
ɕo̠31	he̠31	ja?55	stand
a31tsi̠31	a55tʃhi31	se?55	goat
sɹ31	ʃi31	a31tθi?55	new
dza̠33	dzɛ33	tʃa?55	drop

3.6 The tense vowels of Hani and Yi not only correspond well with checked finals of languages like Jingpo, Zaiwa and Burmese, but they also share the common feature of tonal behavior. Tense vowels of languages like Hani and Yi mostly appear under two tones, and checked finals of Jingpo and Zaiwa are also restricted to two tones, whereas the checked finals of Burmese are restricted to only one tone. Their tones strictly correspond to each other. For instance, the mid level tone and the low falling tone associated with tense vowels in Hani correspond to the high level and the low level tones in Zaiwa, respectively. Under the high level tone in Zaiwa, most initials are voiceless, while under the low level tone most initials are voiced, e.g.:

Hani Low falling Middle level	Zaiwa High level Voiceless initial	Meaning
se̱31	sat55	kill
sa̱31	so?55	air
tsa̱31	tsho?55	connect
sʅ31	a31sik55	new
tsʅ31	tshik55	pinch
ta̱33	tho?55	sharp
pɯ̱33	phut55	burn
pu̱33	phu?55	plough
ku̱33	khup55	stall

Low falling Middle level	Low falling Voiced initial	Meaning
me̱31	mut21	hungry
na̱31	no?21	early
a31ɣa̱31	va?21	pig
a31la̱31	lo?21	hand
na̱33	no?21	black
mja̱33	mjo?21	eye
dze̱33	tʃe?21	rot
da̱33	to?21	up

3.7   The above regular correspondences suggest that the lax/tense vowels of languages like Yi and Hani are probably derived from unchecked/checked finals. It may be supposed that in the earlier stage of Yi or Hani, finals contrasted in terms of being either unchecked or checked, and consonant endings of checked finals disappeared by and by. Meanwhile, the checked finals turned into tense vowels without consonant endings.

This hypothesis is plausible in sound change. Phonetically, the probability of the change having been from checked finals to tense vowels is high. When articulating checked finals, the airflow may be obstructed by the consonant ending, thus articulators like the larynx and pharynx often keep a tense mode to some degree. When the endings of checked finals disappear, the mode of the constricted larynx may remain and change into a dominant feature from an accompanying feature. Checked finals accompanied by a constricted larynx can be found in some modern Chinese dialects. For instance, checked finals in Xianyou Min only retain a ʔ ending, and sound tenser than unchecked finals, e.g., tɔʔ54 'poison', kɔʔ32 'country', teʔ32 'drop', ɬɛʔ32 'color', tsɔʔ54 'kindle', laʔ54 'six', teʔ54 'flute', tsɛʔ54 'hot', and khɛʔ32 'sculpt'.

3.8　A group words in languages like Hani and Yi are similar to Chinese (It is unclear whether these words are native or borrowed, but are very likely to be cognates). Among them, there are also examples showing a relationship between tense vowels vs. checked finals. This is another kind of evidence to prove the relationship between lax/tense vowels and unchecked/checked finals, e.g.:

Hani	Yi	Lisu	Lahu	Chinese	Middle Chinese
mja̠33	nɛ33sa31	miɛ33sʅ31	mɛ53si31	mu51（目）	Wu rhyme –k
ku̠31	tʂhu31	tʃho̠31	khɔ31	liu51（六）	Wu rhyme –k
tsa̠31	tsɛ55	tsa55	tsa35	tie55（接）	Ye rhyme –p
tsʅ31	tsi55	tsʅ55	tsʅ53	tie35（节）	Xie rhyme –t
ɕe̠31	xi̠31	he31	xi35	pa55（八）	Xia rhyme -t

3.9　Lax/tense vowels in Jingpo and those in Zaiwa should be classified into the same category. Their correspondences are relatively complex, and not a few exceptions exist, but the basic rule is lax to lax and tense to tense. Some examples of lax vowels to lax vowels are given below:

Jingpo	Zaiwa	Meaning
mji?31	mjo?21	eye
tʃɔ55	tʃeʔ21	rot
khji31	khjui21	blow one's nose
khʒu55	kji21	satisfied
mã31koʔ31	koi55	curve
sat31	sat55	kill
waʔ31	vaʔ21	pig
nuʔ55	u21nuʔ55	brain

continued

Jingpo	Zaiwa	Meaning
n31sa?31	so?55	air
ni55	ŋji55	sun
phʒiŋ55	pjiŋ55	full
li33	lai21	heavy
phʒan31	phji21	untie
lă31ko33	khji21	foot
mu31	mjaŋ21	see

Tense to tense, e.g.:

Jingpo	Zaiwa	Meaning
tʃup31	tʃup55	suck
ŋja31	ŋjọm55	soft
tai33	te31	alone
a31tʃin31	tʃiŋ51	stuff
kă31pọ31	pu?55	implosive
tsat55	tʃap55	plant (flower)
tʃat55	tʃap55	tight

There are examples of lax vowels corresponding to tense vowels. Such correspondences partially have something to do with the combination of initials and finals. For instance, in these two languages aspirated initials or voiceless stops do not allow tense vowels, but allow lax vowels. Therefore, once the unaspirated initials or voiceless fricatives followed by tense vowels in one language respectively correspond to aspirated initials or voiceless fricatives in another language, the corresponding finals in the other language have to be lax vowels, e.g.:

Jingpo	Zaiwa	Meaning
khʒi33	tʃin51	sour
kha?31	kaŋ21	leave
khʒo?55	kju?55	dry
kʒu?55	khju?55	six
tsap55	jap21	stand
tai33	tho?55	sharp
ʃă31tʃut55	khat55	chase

3.10　In the previous paragraphs it was noted that tense vowels of languages like Hani and Yi correspond to checked finals in languages like Jingpo and Zaiwa, not to their tense vowels. So, it is curious to find the counterparts of Jingpo or Zaiwa lax/tense vowels in Hani or Yi. The comparative results say that the lax/tense vowels in Jingpo or Zaiwa are represented by voiced/unvoiced initials in Hani or Yi. Roughly, lax vowels correspond to voiced initials, while tense vowels to voiceless initials. (Only fricatives bear the voiced/voiceless contrast in Jingpo or Zaiwa). Here are some examples:

Lax vowels	Voiced initials			
Zaiwa	Hani	Yi	Lisu	Meaning
kji21	gɯ31	dʑi31	dʑi31	copper
kau21	ɣy31	kɤ33	ku33	nine
a21tʃum21	dzɔ31	i33dzɛ31	dzʅ31	uncooked(meat)
pjo21	bja31	ḍo31	dʒɛ31	bee
tso21	dza31	dzo̰31	dza31	eat
tsam51	lɔ55dzɔ55	tsi33	kho31dze33	bridge
pjiŋ55	bjɔ33	d̥ɛ33	bi33	full
tuŋ21	a31dɔ55	to33lḛ31	du̱33lɛ33	wing
koi55	ɣu31	a33gu̱55	go̰31	curve
to?21	da̱33	de33	dɛ33	climb(tree)

Tense vowels	Voiceless initials			
Zaiwa	Hani	Yi	Lisu	Meaning
tʃup55	tsu̱33	tsi̱55	tʃhi31	suck
tʃo?55	tɕa31	tɕe55	tʃa55	boil
tʃap55	tsu̱33	te̱55	tʃhɯ35	plant(flower)
kju?55	ku̱33	a33fu33	tʃhɯ35	dry
tʃɿn51	tɕhe55	tɕi33	tʃɯ33	sour
pju21	xu33phi31	po33	pu33	hedgehog
po̱21	xa31pha31	a33po55	o55pa33	frog
tʃɿn51	tshy31	tsi55	tshŋ31	stuff

Here are some exceptions. Lax vowels following aspirated initials or voiceless fricatives in Zaiwa (Note these initials do not allow tense vowels) are represented by voiceless initials in Hani, Yi, etc., e.g.:

Zaiwa	Hani	Yi	Lisu	Meaning
tshik55	tsղ31	tshi31	tsɯ55	pinch
khju?55	ku31	tʂhu31	tʃho31	six
phu?55	pu33	pu33	pho35	plough
thu?55	tu33	tu33zi31	to35	withstand
phoŋ55	phɔ33	phu33	phe35	unlock
phju51	phju55	a33tho33	phu33	white
tʃhui21	tɕhu55	tʂhi33	tʃhi33	sweet
sui21	sղ31	si31	sղ31	blood
ʃo21	sa31	pa33xo31	xua31	meat
se55	sղ31	sa55	sɯ55	know
sat55	se31	xo31	se31	kill
sum21	sɔ55	si33	sa33	three
ʃit55	ɛe31	xi31	he31	eight

3.11 If Zaiwa is compared with Tibetan, similarly it will be shown that the basic rule is for lax vowels to correspond to voiced initials and for tense vowels to correspond to voiceless initials. Here are examples of lax vowel-voiced initial correspondences:

Zaiwa	Tibet	Meaning
koi55	ɦgug	curve
kau21	dgu	nine
tso21	za	eat
a21tʃum21	rdzen	uncooked(meat)
vo55kjo21	go	hear
pau21	ɦbu	worm
tsam51	zam-pa	bridge
pji21	sbyin	give

Tense vowel-voiceless initial correspondences:

Zaiwa	Tibet	Meaning
tʃo?55	btsos	cook
tʃap55	btsugs	plant (flower)
kju?55	skam-po	dry
tʃin51	skyur-mo	sour

3.12　Notably, lax/tense vowels following nasal or lateral initials correspond to the lack or presence of devoicing of initials in Burmese and the Xide Yi[①]. That is, lax vowels correspond to normal nasals or laterals, while tense vowels to devoiced ones. For example:

Tense vowels	Devoiced initials		Meaning
Zaiwa	Burmese	Xide Yi	Meaning
n̥o21	ŋ̊a53	hɯ33	borrow(things)
mjiŋ55	m̥e?55	m̥i33tshṳ33	name
n̥o51	n̥ăllkhõ53	n̥a31bi55	nose
m̥o?55	tθ̥ĩll	m̥o55	teach
l̥ai51	l̥ell	l̥33mo34	boat
l̥o21	põ53pill	l̥a55	trousers
l̥am21mo55	la?55	l̥o31bo31	moon
l̥ap55	l̥ã53	l̥i55	dry by sunshine

Lax vowels	Non-devoiced initials		Meaning
Zaiwa	Burmese	Xide Yi	Meaning
no21	na53	nɯ33	stop
mjaŋ21	mjĩ53	mu33	horse
ŋo21	ŋa53	ŋɯ33	five
mjo21	mja53	a34ɲi33	many
ŋau51	ŋoll	zi33ŋo34	cry
naŋ51	nĩll	nɯ33	you
ŋo51	ŋall	ŋa33	I
lai21	le53	a33l̥33	heavy
lo?21	lɛ?55	lo55	hand

3.13　The close relationship between lax/tense vowels in Zaiwa and voiced/voiceless initials in languages like Hani and Yi can be attested in the alternative forms of autonomous/causative verbs in these languages. Autonomous /Causative verbs in Zaiwa alternate mostly between lax and tense vowels, sometimes between aspirated and unaspirated initial consonants or between a semivowel and voiceless fricatives. The major means of

① The Hongma speech of the Xide Yi in Liangshan, Sichuan.

causativization in Yi is the alternation between voiced/voiceless initials. Autonomous verbs are marked by voiced initials, while causative verbs by voiceless initials. The different kinds of phonetic alternations for causativization in the two languages match each other obviously from the perspective of cognates. Autonomous verbs with lax vowels in Zaiwa correspond to autonomous verbs with voiced initials in Yi, while causative verbs with tense vowels in Zaiwa to those with voiceless initials in Yi. For example:

Zaiwa	Yi	Meaning
kju?21	dʐu33	afraid
ku?21	tʂu33	make…afraid
pui51	bi21	move
pui21	pi55	make…move
tso21	dzo31	eat
tso21	tʂo55	make…eat
tsiŋ21	dʐi31	assemble
tsiŋ21	tʂi55	make assemble
tap55	do31	burn
tap55	to55	make…burn
tsum55	dzi33	pair
tsum55	tsi33	make…pair
leŋ21	lɛ33	roll
leŋ21	la31	make…roll

This kind of sound correspondence between cognates with the same syntactic function should have much weight as evidence.

3.14   Therefore, it is deduced that stop or affricative initials in Zaiwa contrasted in voicing in the early stage as modern Hani, Yi and Lisu now do. Voiced initials of Zaiwa disappeared later and caused the distinction of lax/tense vowels. Voiceless initials produce the tense mode of vowels, while voiced initials retain the lax mode of vowels. Moreover, nasals and laterals in past Zaiwa may be differentiated terms of having been either devoiced or non-devoiced, just as is observed in modern Yi and Burmese. The devoicing is not used later, and this distinction in initial consonants thus transfers to the tense/lax contrast of vowels. Devoiced initials cause tense vowels, while non-devoiced nasals or laterals produce the lax mode of vowels. This is how the lax/tense vowels of modern Zaiwa have come into being.

3.15 Tonal alternations of autonomous/causative verbs in Zai can also provide us with some clues as to the voiceless/voiced contrasts among initials in the past. Why is this? In tonal correspondences between Zaiwa and languages like Yi, Hani and Lahu, there exists such a rule that a tone of Hani or other languages is reflected by two tones conditioned by voiceless/voiced initials. For instance, the low falling tone of Hani and the high level tone of Luquan (for the tense vowels) split into two in Zaiwa, the high level corresponding to that under voiceless initials of Hani and Luquan, and the low falling tone corresponding to that under voiced initials of Hani and Luquan, e.g.:

	Hani	Luquan Yi	Zaiwa	
	Low falling	High level	High level	Meaning
	tsa̱31	tsa̱55	tsho?55	connect
	tsʅ31	tshi̱55	tshik55	pinch
Voiceless initials	ku̱31	tɕho̱55	khju?55	six
	tɕa̱31	tʂa̱55	tʃo?55	boil
	sa31	sa̱55	so?55	air
	ɕe31	hi̱55	ʃit55	eight
	se̱31	si̱55	sat55	kill
	Low falling	High level	Low falling	Meaning
	a31ɣa31	va55	va?21	pig
	dʐo31la31	dze̱55	tʃap21ʃi21	prickly ash berry
Voiced initials	bi̱31	dze̱55	pji21	give
	na̱31	na̱55	nik21	deep
	na̱31	na̱55mɯ31	no?21	early
	a31la̱31	la̱55pha33	lo?21	hand

Now look at the tonal split of causative verbs in Zaiwa, and its condition of sound change coincides with that of the above tone split due to voicing of initials. For example:

Autonomous verb		Causative verb	
Low falling		High level	
pup21	rot	pup55	make…rot
pjit21	break	phjit55	make…break

continued

Autonomous verb		Causative verb	
Low falling		High level	
pjuʔ21	disappear	phjuʔ55	make…disappear
tap21	stick	t̠ap55	make…stick
leʔ21	lie	l̠eʔ55	make…lie
kjuʔ21	afraid	kj̠uʔ55	make…afraid

3.16   The current phonetic status of Zaiwa follows this trend, for instance, in Zaiwa aspirated initials and voiceless fricatives are never followed by tense vowels, but by lax vowels. This is just because lax/tense vowels are derived from voiceless/voiced initials. For this reason, only the lax/tense contrast under unaspirated initials is possible. Moreover, alternations between autonomous and causative verbs in Zaiwa contain semivowels/fricative and aspirated/unaspirated contrasts in addition to a lax/tense vowel contrast. These multiple alternations relate to the origin of lax/tense vowels from voiced/voiceless initials. The alternation between semivowels and fricatives in fact derives from a voiced/voiceless contrast because semivowels are derived from voiced initials. The alternation between aspirated and unaspirated are a further development of a lax/tense contrast, because tense vowels make the unaspirated initials change into aspirated ones. Similar examples can be found in other languages. For instance, aspirated initials followed by tense vowels in Luchun Hani can be pronounced as aspirated ones freely in Qidi Hani[1], and they have changed into aspirated initials in Biyue Hani, e.g.:

Luchun	Biyue	Qidi	Meaning
k̠u31	khu̠31	ku̠31—khu̠31	six
t̠ɕa31	tsha̠31	tsa̠31—tsha̠31	boil

3.17   It is a general rule that the contrast between voiced/voiceless initials tends to disappear in Tibeto-Burman languages. There are only voiceless stops and affricatives, without their voiced counterparts, but a whole set of voiced initials did exist in old Tibetan. This contrast often causes a split of tone. Most dialects of Hani have voiced and voiceless initials, but voiced initials begin to

---

[1] This is the Qidi speech of Mojiang County, Yunnan Province.

vanish in some dialects, such as Biyue, Kaduo and Haoni. Among them, the disappearance of voiced initials has pushed the original voiceless initials to change into aspirated ones, but without any tonal changes. The whole sets of voiced/voiceless initials are kept in Lisu and Lahu, but initials of some words are devoiced and tonal changes are induced accordingly. Zaiwa follows a similar path. The significant difference is that lax/tense vowels are selected as compensation.

3.18   Although there are also lax/tense vowels in Bai, it is not easy to find correspondences between lax/tense vowels in Bai and those in the languages mentioned above. Bai has some different characteristics. For instance, tonal categories allowing tense vowels are equal to those allowing lax vowels, and in this case it involves all four tones. Tense vowels under the low falling tones in Bai are accompanied by voiced aspiration, e.g., pã31 'hoof' [pɦã31], ko31 'love' [kɦo31], tsɯ31 'jackel' [tsɦɯ31]①. The Bai language has been classified into the Yi branch of Tibeto-Burman by many scholars in the past. However, such genetic recognition is probably problematic and calls for further studies. According to the behavior of lax/tense vowels, it is quite different from languages of the Yi branch.

4. The development of lax/tense vowels

4.1   Everything may go through the process from emergence to development and then to disappearance. So may phonetic phenomena. Through comparisons of languages and dialects, it has been found that tense vowels in some languages (dialects) of Tibeto-Burman begin to change into lax vowels. That is, the systematic contrast between lax vowels and tense vowels change into non-systematic contrast, further to no contrast at all. This trend develops in different languages at different paces. For instance, all or most tense vowels lose their distinctive features in some languages, while only a portion of tense vowels get lost in some languages, or only the tense feature disappears in some words in some languages, sometimes with a free-variation stage between tense and lax.

4.2   Looking at Hani at first, two types of lax/tense contrast can be identified for these dialects. One is of systematic contrast, that is, lax vowels are equal to tense vowels as in the Luchun variety and the Jiayin variety. The Jiayin

---

① Please refer to Xu Lin and Zhao Yansun (1964.4), A brief description of Bai.

variety contains 10 vowels, ɿ i e a ɔ u v ɣ ɯ y, and all of them bear lax and tense modes. The other type is of partial contrast, that is, lax vowels are greater in number than tense vowels. For instance, the Haoni variety has 11 vowels, i e ɛ a ɔ o u v ɣ ɯ ɿ.　However, a lax/tense distinction only falls on three vowels, i ɿ v, and all of the remaining vowels are lax due to the change from tense to lax[①]. From a comparison of the articulation of these vowels, it can be found that the tongue positions of tense vowels tend to become lower after the tense mode disappears, but the initials and tones often have no change. See the correspondence between the Luchun and the Haoni varieties:

	Luchun	Haoni	Meaning
a~ɔ	na55	nɔ55	ill
	la55	lɔ55	come
	xa31	xɔ31	bitter
	sa55	ʃɔ55	beg
a̱~a	tɕa̱31	tʃha31	boil
	sa̱31	sa31	steam
	ka̱33	kha33	rake
	ɣa̱31	ja31	weave
o~v	lo31	lv31	boat
	no55	nv55	you
	dzo55	tsv55	study
o̱~o	do31	tv31pɔ31	speech
	a31ɣo̱31	ɣo31	needle
	ko̱31	kho31	bite
	so̱33	so33	touch
	do̱31	to31	wear(bracelet)

Generally speaking, low tense vowels are prone to change, while high vowels tend to keep the tense mode longer. As shown in the Haoni variety, lax/tense distinction are only retained by the three high vowels, i ɿ v. As for the tonal constraints, tense vowels are relatively stable under the low falling tone, while those under the mid level tone are easier to become lax. For instance, the vowel a in the Biyue variety is still tense under the low falling tone, but some

---

① The Haoni variety is spoken in Shuigui, Mojiang County, Yunnan Province.

have become lax under the mid level tone. Here are some examples:

	Biyue	Luchun	Meaning
Low falling	na̠31	na̠31	deep
	j̠a̠31	ɣa̠31	weave
	sa̠31	sa̠31	steam
	va̠31	a31ɣa̠31	pig
Middle level	kha̠33	ka̠33	comb
	sa̠33	sa̠33	weigh (sth)
	tsa̠33	dza̠33	drop
	tha33	ta̠33	sharp

Although tense vowels have become lax, their tones still retain the earlier feature. Tense vowels in Hani are restricted to the mid level tone and the low falling tone, and never appear under the high level tone. But lax vowels are allowed in all three tones. After some tense vowels became lax, they were still restricted to the two tones as other unchanged tense vowels. For instance, the three vowels, a o ɤ, in the Haoni variety are derived from tense vowels, and now they are still restricted to the mid level tone and the low falling tone, without being allowed by the high level tone.

4.3　There are three kinds of status for lax/tense vowels in Yi dialects. First, the quantity of tense phonemes is the same as that of lax vowels. Second, tense vowels partially change into lax ones. In some languages, such change occurs phonemically, or it may only occur lexically. Third, tense vowels do not exist, and there are only lax vowels. If Luquan Yi, with systematic lax/tense vowels, is compared with Xide Yi, it can be seen that some tense vowels became lax in Xide, but it did not cause any tonal change. For example:

	Luchun High level	Xide High level	Meaning
Tense to tense	lɯ̠55	l̩55	take off
	kho̠55	khu̠55	year
	tʂhi̠55	tʂh̩55	goat
	tɕho̠55	fu̠55	six
	dzɯ̠55	gu̠55	sew
	ɕi̠55	a34ʂ̩55	new
Tense to lax	he̠55	hi55	stand

continued

	Luchun High level	Xide High level	Meaning
Tense to lax	sa55	so55	air
	va55	vo55	pig
	ni̠55	mi55	hungry
	de̠55	di55	put on (shoes)
	ɣɣ55	zi55	needle
	hi̠55	hi55	eight

4.4   In Lishu and Lahu, only some words saw change from tense vowels to lax vowels, and there is no phonemic loss. This change is often conditioned by initials. Those changed words mainly involve unaspirated or aspirated voiceless initials, and rarely involve nasal or lateral initials. There is no evidence of tense vowels becoming lax following voiced stops or voiced affricatives. After tense vowels became lax, tones change accordingly. For example:

	Hani	Lisu	Lahu	Meaning
	Low falling	Low falling	Low falling	
Tense to tense	a31ɣa31	a31vɛ31	va̠31	pig
	mu̠31	mo̠31	mu̠31	weed
	pe̠31	phe31	phe̠31	spit
	se̠31	se̠31	(ti53)	kill
	Low falling	High level	High level	
Tense to lax	tɕa31	tʃa55	tsa35	boil
	tsa̠31	tsa55	tsa35	connect
	tɕi31	ku55	pɯ35	capable
	na̠31	nɛ55	na35	deep

4.5   Naxi is close to Hani, Yi, Lisu, etc. They share some basic phonological characteristics, such as the distinction between voiced and voiceless initials, single vowels as the majority of finals, no nasal endings, and no checked finals. The major difference of Naxi from the others is not having a lax/tense distinction in vowels. However, several hints suggest that Naxi went though the stage of lax/tense vowels in the past.

In the comparison between Naxi and languages like Hani, Yi and Lisu, it can be found that their tonal correspondences are conditioned by lax/tense vowels. For instance, lax vowels under the mid level tone or the low falling tone in Hani mostly corresponded to the mid level tone in Naxi, but tense vowels under the same condition in Hani are matched by the low falling tone under the voiced initials or the high level tone in Naxi under the voiceless initials. For example:

Hani (Lax) Middle Level/ low falling	Naxi	Meaning
phɔ33	pho33	unlock
bja33	mbo33	bright
ma33	me33	female
nɔ33	ɲi33	day
ɣy31	ŋgu33	nine
nɔ31	nɯ33	few
bjo31	mbe33	tasteless
dza31	ndzɻ33	eat
xy31	khu33	steal

Hani (Tense) Middle Level/ low falling	Naxi Low falling (Voiced)/ high level (Voiceless)	Meaning
na̱33	na31	black
a55nɯ̱33	nu31	bean
a55je̱33	ba31	flower
a31ɣo̱31	kɔ31	needle
za̱31	za31	down (hill)
dzo̱31la̱31	dzy31	prickly ash berry
mu̱31	ʐoa31	weed
me̱31	ʐo31	hungry
tsu̱33	tʂho55	insert
xu33tsa̱31	fu55	mouse
so̱33	sɻ55	wipe
tsu̱33	tshɻ55	build (house)
xe31tse̱33	tʂhoa55	deer
pe̱31	phy55	spit
a31tsi̱31	tshɻ55	goat
ku̱31	tʂhoa55	six
xu̱31	khu55	year

continued

Hani (Tense) Middle Level/ low falling	Naxi Low falling (Voiced)/ high level (Voiceless)	Meaning
ɕo̱31	xy55	stand
se̱31	sy55	kill

Such tonal splits in correspondences is perhaps related to the existence of a lax/tense contrast in the past. When the lax/tense contrast gets lost, the trace remains in the tones.

From the perspective of Chinese loanwords, some Old Chinese words of the entering tone and unaspirated initials are borrowed into Naxi and have become aspirated. For example, kho33 'horn', tʂhu33 'read' and khv33 'cut'. What is the cause for unaspirated initials to become aspirated? It is perhaps due to the past lax/tense distinction of vowels. In languages with lax/tense vowels, the earlier Chinese loanwords with the entering tone are often read as tense vowels, for example, (Hani) du̱31 'poison' and tu̱33 'peck'. Tense vowels often cause unaspirated initials to change into aspirated ones (examples are given in the previous text). From the correspondences between Hani and Naxi, it is obvious that many unaspirated initials followed by tense vowels in Hani are represented by aspirated initials in Naxi, e.g.:

Hani	Naxi	Meaning
pe̱31	phy55	spit
ta̱33	tha55	sharp
tsu̱33	tshŋ55	build (house)
tse̱33	tɕhər33	break
tsu̱33	tʂho55	insert

4.6 In summary, a tendency exists in some Tibeto-Burman languages (dialects) for tense vowels to become lax, but the pace of change varies by language. In some dialects of Hani, some tense phonemes have lost their tense modes, but the lax/tense distinction is still kept for some phonemes. In languages like Lisu and Lahu, the tense vowels of some words have changed into lax ones, although the whole contrast between tense and lax vowels remains. The paths from tense to lax may be different. At least there are two different ways as far as we know. First, the disappearance of lax/tense vowels causes differences in tongue positions, i.e., it is compensated for by vowels of different tongue positions. Second, the loss of the lax/tense distinction causes tonal splits.

All in all, the lax/tense distinction is one of the important phonological phenomena of some Tibeto-Burman languages. This distinction should be attributed to vowel features. But it has a close relationship with initials, tones and codas, and its existence and development have been influenced and constrained by these phonological elements, and vice versa. Lax/tense vowels are derived from multiple sources. Some are due to the voiced/voiceless distinction in initial consonants, and some come from the contrast between unchecked/checked finals. In some modern Tibeto-Burman languages (dialects), tense vowels tend to change into lax ones. Its natural path of development is from systematic contrast to partial contrast, and finally to no contrast at all. This is also an important rule in the evolution of lax/tense vowels in Tibeto-Burman. It is crucial to study features of lax/tense vowels and their evolutionary patterns in the studies of Tibeto-Burman languages.

(From: *LINGUISTICS IN CHINA*, Editor: Shi Feng, Zhang Hongming; Translated by Wang Feng)

语言接触与数词衰变

——绿春哈尼语数词的 50 年变化

【提要】作者通过对绿春哈尼语数词 50 年变化的观察，指出绿春哈尼语固有的数词发生了衰变。表现在"五"以后的基数词被汉语词代替；复合基数词都使用汉语数词表达。并认为形成这一变化的内因是：汉语的数词和哈尼语一样都是单音节的，哈尼语的结构特点容易适应汉语的基数词；哈尼语早已借用汉语"第、初"序数结构，有助于借用汉语的基数词。

【关键词】语言接触；数词衰变

一　解题

语言接触引发的语言影响是一个很复杂的并难以认清的问题。语言影响所散发的能量、范围究竟有多大，其形成的结果是由什么因素决定的，其中内因和外因的关系如何，这些都是需要弄清的问题。①

20 世纪 50 年代下半叶，我有幸参加中国科学院少数民族语言调查工作队到云南省做哈尼语调查和哈尼文设计的工作。当时，选了绿春县大寨做哈尼文的标准音点，所以我多次到绿春调查哈尼语，并深入哈尼人中学习他们的语言。一去就是 4 年。之后 50 多年，我没有再去绿春。2001 年 8 月，我领着"985"工程语言国情系列研究项目，重返了阔别 50 多年的绿春县做调查。我怀着激动的、好奇的心情，想研究一下 50 年后的绿春哈尼语究竟发生了什么变化。进入绿春县一接触哈尼人，我就立即发现绿春哈尼语在词汇上有两点变化：一是部分数词衰变了，被汉语数词所取代，许多青少年的数词用母语只能数到"五"；二是部分亲属称谓词衰变了，被汉语词所代替，如"爸爸、妈妈、爷爷、奶奶"等。

我在想，数词、亲属称谓词是哈尼语中最常用的词，但在语言接触中则容易发生变化。这是为什么？

本文就绿春哈尼语数词的 50 年变化做些具体分析。

---

① 本文承中央民族大学副教授李泽然（哈尼族）审阅，特此致谢。

二　哈尼语数词的特点及变化

哈尼语的单纯基数词都是本语固有的。如：

tɕhi³¹ 一　n̠i³¹ 二　sɔ⁵⁵ 三　ø³¹ 四　ŋa³¹ 五
ku³¹ 六　sɿ³¹ 七　ɕɛ³¹ 八　ɣø³¹ 九　tshɛ⁵⁵ 十

这 10 个基数词与藏缅语的亲属语言如藏语、彝语、傈僳语、缅语、载瓦语等存在同源关系，都是原始汉藏语的后裔，是原始藏缅语就有的。而且大多还与汉语有同源关系，应该也是原始汉藏语就有的。例如：

	哈尼语	藏文	景颇语	彝语	缅语	载瓦语
一	tɕhi³¹	gtɕig	lă⁵⁵ŋai⁵¹	tshn̠³¹	ti²⁵⁵	ʒa²¹
二	n̠i³¹	gn̠is	lă⁵⁵khoŋ⁵¹	n̠i³¹	n̠ i²⁵⁵	i⁵⁵
三	sɔ⁵⁵	gsum	mă³¹sun³³	sɔ³³	tθouŋ⁵³	sum²¹
四	ø³¹	bʑi	mă³¹li³³	l̥u³³	le⁵³	mji²¹
五	ŋa³¹	lŋa	mă³¹ŋa³³	ŋu³³	ŋa⁵³	ŋo²¹
六	ku³¹	drug	kʒu̠²⁵⁵	fu⁵⁵	tɕhau²⁵⁵	khju²⁵⁵
七	sɿ³¹	bdun	să³¹nit³¹	sɿ³¹	khu⁵³n̠ i²⁵⁵	ŋit⁵⁵
八	ɕɛ³¹	brgjad	mă³¹tsa t⁵⁵	hi⁵⁵	ɕi²⁵⁵	ʃit⁵⁵
九	ɣø³¹	dgu	tʃă³¹khu³¹	gu³³	ko⁵³	kau²¹
十	tshɛ⁵⁵	btɕu	ʃi³³	tshi³³	ti⁵⁵shɛ³³	tshɛ⁵¹

这些基数词是古老的，一直沿用至今，直到近几十年才发生变化。

哈尼语的合成基数词是十进位的，是由两个或两个以上的单纯基数词合成的。其组合方式与亲属语言大致相同。例如：

tshɛ⁵⁵n̠i³¹ 十二　　tshɛ⁵⁵ŋa³¹ 十五　　n̠i³¹tshɛ⁵⁵ 二十
十　二　　　　　　十　五　　　　　　二　十

sɔ³¹tshɛ⁵⁵ 三十　　ku³¹ tshɛ⁵⁵ 六十　　ɕɛ³¹ tshɛ⁵⁵ 八十
三　十　　　　　　六　十　　　　　　八　十

n̠i³¹tshɛ⁵⁵n̠i³¹ 二十二　ŋa³¹tshɛ⁵⁵ŋa³¹ 五十五　ɕɛ³¹ tshɛ⁵⁵ n̠i³¹ 八十二
二　十　二　　　　五　十　五　　　　八　十　二

20 世纪 50 年代末，几乎所有的哈尼人，包括男女老少都使用自己的固有数词和合成方式来表示数量。只是由于哈尼语没有表达"第""初"概念的序数词，借用了汉语的"第"字结构和"初"字结构。这两种结构不仅借入了"第、初"字，还借入了汉语的基数词。"第"字结构如果需要量词，还连同汉语的量词一起借入，即便是本语里已有表示这一概念的量词。例如：

ti²⁴ji³¹　　　第一　　ti²⁴wu⁵⁵　　　第五　　ti²⁴pa³¹　　　第八
第　一　　　　　　　第　五　　　　　　　第　八

tshu⁵⁵ji³¹　　初一　　tshu⁵⁵wu⁵⁵　　初五　　tshu⁵⁵pa³¹　　初八
初　一　　　　　　　初　五　　　　　　　初　八

ti²⁴ji³¹ko²⁴　第一个　ti²⁴wu⁵⁵ko²⁴　第五个　ti²⁴pa³¹ko²⁴　第八个
第一个　　　　　　　第　五　个　　　　　第　八　个

但是到了 21 世纪初，仅过了半个世纪，数词的使用特点就发生了重大变化。主要是：固有词衰变了，逐渐被汉语借词所代替。具体有以下几种表现：一是"五"以下的固有基数词还稳固保留，而"五"以上的在青少年中大多被汉语借词所代替。说成 lu³¹ "六"、tɕhi³¹ "七"、pa³¹ "八"、tɕu³³ "九"、sɿ³¹ "十"。从红河哈尼族彝族自治州首府蒙自市到绿春县的路上，一位来接我们的年轻哈尼族司机对我们说，他的哈尼语数字也只能数到"五"，"五"以后就只会说汉语了。他是一位土生土长的哈尼族，很少出远门。

我们从绿春县 5 个寨子随机抽出 18 位 6—19 岁哈尼族青少年做测试，表 1 即统计表。1—18 为被测试者的编号，姓名参见表 3。A、B、C、D 四级为：A 级为能熟练脱口而出的；B 级为想一想才说出的；C 级为提示后才知道的；D 级为提示后也不知道有这个词的。

表 1

数词\对象	tɕhi³¹ 一	ni³¹ 二	sɔ⁵⁵ 三	ø³¹ 四	ŋa³¹ 五	ku³¹ 六	sɿ³¹ 七	ɕe³¹ 八	ɣø³¹ 九	tshe⁵⁵ 十
1	A	A	C	C	C	C	C	C	C	D
2	A	A	C	C	C	C	C	C	C	D
3	D	D	D	D	D	D	D	D	A	D
4	D	D	D	D	D	D	D	D	D	D
5	A	A	A	D	D	D	D	D	D	D
6	A	A	A	A	A	A	D	D	D	D
7	A	A	A	A	A	A	A	D	D	D
8	A	A	A	A	A	C	C	C	C	A
9	A	A	A	A	A	A	A	A	A	A
10	D	D	D	D	D	D	D	D	D	D
11	A	A	A	A	A	D	D	D	D	D
12	A	A	A	A	A	C	A	A	B	B
13	A	A	A	A	A	A	A	A	A	A
14	A	A	A	A	A	D	D	D	D	D
15	A	A	A	A	A	A	A	A	A	A

续表

数词 对象	tɕhi³¹ 一	ni³¹ 二	sɔ⁵⁵ 三	ø³¹ 四	ŋa³¹ 五	ku³¹ 六	sŋ³¹ 七	ɕɛ³¹ 八	ɣø³¹ 九	tshɛ⁵⁵ 十
16	A	A	A	D	D	D	D	D	D	D
17	A	A	A	A	A	C	C	C	C	C
18	A	A	A	A	A	A	A	A	A	A

表1四个等级的分布情况见表2：

表 2

汉语 等级	一	二	三	四	五	六	七	八	九	十
A	15	15	13	11	11	5	5	4	5	5
B	0	0	0	0	0	0	0	0	1	1
C	0	0	2	2	2	5	4	4	4	1
D	3	3	3	5	5	8	9	10	8	11

统计结果显示了以下几个情况：

1. 这 10 个基数词，只有 4 人能用哈尼语从"一"熟练完整地数到"十"，分别是 9 号、13 号、15 号和 18 号。 9 号、13 号、18 号三位青少年来自离城较远的广吗组和车里组，哈尼文水平优于城镇或靠近城镇的。15 号坡头青少年白云福（17 岁），在所测试对象中年龄较大，文化程度也最高（高二），除在学校外，其他场合都使用哈尼语，这可能是他数词掌握得较好的原因。

2. "一"至"五"比较熟练。达到 A 级的，"一"和"二"有 15 人；"三"有 13 人；"四"和"五"有 11 人。都在 70% 以上。但 "五"以后就不同了，能力急剧下降。达到 A 级的，数字"六"和"七"有 5 人，"八"有 4 人，"九"和"十"也是 5 人。都不超过 27%。

"五"以后是 D 级（完全不懂）和 C 级（提示后才知道）的，都在 12 人以上，都超过 66%。这说明这些数词已处于他们的记忆边缘，如久而不用，则可能从他们的词库中消失。

被测试者的文化、数字和母语的使用能力见表3：

表 3

编号	姓名	年龄	性别	文化程度	数词使用情况	400 词测试结果
1	白黑峰	6	男	幼儿园	1—2A，3—9C，10D	一般
2	白媛惠	7	女	小学	1—2A，3—9C，10D	一般

续表

编号	姓名	年龄	性别	文化程度	数词使用情况	400 词测试结果
3	陈普云	8	男	小学	9A，其余均为 D	一般
4	陈祖玉	9	女	小学	1—10D	差
5	白秋瑾	10	女	小学	1—3A，4—10D	良好
6	白三保	11	男	小学	1—6A，7—10D	良好
7	白元昊	11	男	小学	1—5A，6—10D	差
8	白永梅	11	女	小学	1—5、10A，6—9C	良好
9	杨柳仙	12	女	小学	1—10A	优秀
10	白伟梭	13	女	小学	1—10D	良好
11	普来秋	13	女	小学	1—5A，6—10D	良好
12	李普梅	13	女	小学	1—5、7—8A，6C，9—10B	良好
13	白保强	16	男	初中	1—10A	优秀
14	白秋仙	16	女	初中	1—5A，6—10D	优秀
15	白云福	17	男	高中	1—10A	优秀
16	马阿修	18	男	高中	1—3A，4—10D	良好
17	李普嘎	19	女	高中	1—5A，6—10C	优秀
18	李普车	19	女	高中	1—10A	优秀

可见，单纯基数词在青少年中大多已出现衰变趋势。

再看复合基数词的变化。哈尼人复合基数词已普遍改用汉语借词。20 世纪 50 年代我在绿春县时，问老乡的年龄、土地面积、收入等有关的数字，他们都用本语的基数词回答。例如：

问：no^{55} je^{31}nɔ^{33}xu̱^{31} xa^{55}mja̱^{33}xu̱^{31}bjɔ^{33}a^{55}la^{31}?　　　今年多大年纪？

　　你　今年　　多少岁　有（语气）

答：je^{31}nɔ^{33}xu̱^{31} sɔ^{31}tshɛ^{55}xu̱^{31}bjɔ^{33}.　　　三十岁。

　　今年　　三十　岁　有

问：no^{55}ja^{33}pu̱^{33}kha^{31}tsho^{55} xa^{55}mja̱^{33}ɣa^{31}dʑo^{55}a^{55}la^{31}?　　寨子有多少人？

　　你们　寨子　人　多少　个　有（语气）

答：sa^{31}nɛ^{33}ku̱^{31}tshɛ^{55}ɲi^{31}ɣa^{31}dʑo^{55}.　　　共有六十二人。

　　总共　六十二　个　有

甚至"百、千"以上的数字也用本语词表达。例如：

问：ça^{55}dɛ^{33} xa^{55}mja̱^{33}nɛ^{33}dʑa̱^{33}?　　有多少水田？

　　水田　多少　　有

答：ɕa⁵⁵dɛ³³tɕhi³¹ja⁵⁵ sɔ³¹tshɛ⁵⁵ŋa³¹mu³³dʑa³³.　　　有 135 亩。

　　水田　一　百　三　十　五　亩　有

问：pu̠³³kha³¹a³³tsho⁵⁵xa⁵⁵mj a³¹dʑo⁵⁵?　　　寨子里有多少人？

　　寨子　里　人　多少　　有

答：pu̠³³kha³¹a³³tsho⁵⁵ni³¹thɔ⁵⁵ŋa³¹ja⁵⁵ɣa³¹dʑo⁵⁵.　　寨子里有两千五百个人。

　　寨子　里　人　两千　五　百　个　有

但是，经过 50 年的变化，复合基数词大多都使用汉语借词，而且还借入了汉语的量词，虽然本语里已有表达这一概念的量词。例如：

ŋa³³je³¹nɔ³³xu̠³¹ wu⁵⁵sɿ³¹sø²⁴bjo³³.　　　　　我今年五十岁。

我　今　年　　五　十　岁　有

sa³¹nɛ³³lu̠³¹sɿ³¹ɣ²⁴kɣ²⁴dʑo⁵⁵.　　　　　　总共有六十二人。

　总共　六　十　二　个　有

还有一个现象值得重视：现在许多哈尼人都使用手机，而且手机报号都用汉语，不用哈尼语，即使遇到本族人也是这样。如：13522660711 报成ji³¹sa³³wu⁵⁵ɣ²⁴ɣ²⁴lu̠³¹lu̠³¹li³¹tɕhi³¹jo³³ jo³³，而不说tɕhi³¹sɔ⁵⁵ŋa³¹ni̠³¹ni̠³¹ku̠³¹ku̠³¹li³¹sɿ̠³¹tɕhi³¹tɕhi³¹。问哈尼人为什么不用哈尼语，他们回答说用汉语方便。

语言接触产生的影响在词语上有两种不同的情况。一是本语里没有的概念和词语，通过语言接触将另一语言的概念连同词语借入。如哈尼语借入汉语的"政府、县长、镇长、公司、银行"等新词术语。二是有的概念哈尼语里原来就有，也有相应的词语表达，但又借入了汉语相同概念的词，形成了固有词和借词并存的同义词。上面说的就属于这一类。

三　哈尼语数词使用变化的成因及启示

为什么哈尼语有自己的数词又要借用汉语？为什么在短短的 50 年中哈尼语的数词竟发生如此大的变化？其成因是什么？

1. 从外因上说，主要是哈尼族与汉族有长期的民族影响和语言影响的关系。特别是新中国成立后，哈尼族为了适应社会的迅速变化，从汉语里吸收了大量的词汇来丰富自己的语言。这 50 年，哈尼语吸收了大量的汉语借词，其中名词最多，其次是动词，其他词类也有一些，包括虚词。

在借用的汉语词汇中，大多是自己原来没有的词语，但也有少量是本语里有相同概念的词语。如："妈妈"一词，哈尼语几十年前都说 a³¹ma³³，但现在的青少年普遍用汉语借词ma⁵⁵ma⁵⁵。"当时"一词，哈尼语说thø⁵⁵tha³¹，但现在许多人用汉语借词 ta⁵⁵sɿ³¹。又如，"窗户"一词，哈尼语是 tsha³¹bø³³，但现在都用汉语借词说成tshua⁵⁵xu⁵⁵。其原因是汉语有较强的影响力，但也有哈尼语内部适应力这一条件。

2. 从内因上观察，我认为哈尼语借用汉语的基数词主要有以下几点原因：一是数词使用频繁，每天都离不开数字，越是使用频繁的越容易借用。二是从语音结构上看，汉语的单纯基数词和哈尼语一样都是单音节的，哈尼语的结构特点容易适应汉语的基数词。三是哈尼语原先没有表达"第""初"概念的序数结构，后从汉语里借用了这一结构，在借用时连同汉语的数词一起借入，这就为后来借用基数词提供了基础。

3. 由此看来，语言的影响必须要有内部条件的适应性，光有外部条件还不能使外来成分在目的语中站住脚。而且，外来成分进入目的语时往往会有一个过程，需要先期条件的"垫底"。

4. 借词和同源词难以区分，是汉藏语系语言比较中的一个症结。比如壮侗语的数词和汉语的数词有无同源关系至今仍存在分歧。哈尼语数词变化的个案，也许对解决这个问题会有一定的参考价值。

（原载《大江东去——王士元教授八十岁贺寿文集》，香港城市大学出版社 2013 年版）

汉藏语并列复合词韵律词序的类型学特征

——兼论汉藏语语法类型学研究的一些认识问题

【提要】既往的汉藏语类型学研究多集中于句法，构词方面特别是复合词的研究，是个薄弱环节。汉藏语并列复合词数量众多、能产性强、词素顺序基本固定，是汉藏语构词的一个重要手段，成为区别于其他语系语言的重要特点。汉藏语控制并列复合词词素的顺序有语音和语义两个因素。其中，语音规则是形态标记，具有韵律和谐的显著特点，是由汉藏语语音结构的类型学特征所规定的。汉语和藏缅语的并列复合词在构造上、语言标记上、演变上都普遍存在相同或相似的特点，通过汉藏语与非汉藏语的比较，能为语言类型关系的研究提供一些旁证材料。

【关键词】汉藏语；并列复合词；韵律词序；类型学

1 引言

语言类型学（languige typology；linguistic typology）是语言学的一个分支。它基于人类语言存在共性和类型的前提，以其新的视角和分析方法，通过蕴含共性以及语言个性的比较，揭示语言的特点和规律。这是语言研究的一种有效的、可行的理论和方法，已被多年的语言研究实践所证明。

语言类型学自进入中国汉藏语系语言（以下简称"汉藏语"）研究领域，语言学家们使用它进行了汉藏语内部和外部的类型学比较，揭示了汉藏语共时和历时的规律，取得了不少新的突破。但类型学研究过去多集中在句法上，而构词方面的研究，特别是复合词方面的研究，所见不多，是一个薄弱环节。

本文主要以汉藏语并列复合词的类型学特征为个案，谈谈汉藏语并列复合词的类型学特点，以及如何运用类型学理论和方法来深入分析并列复合词的特征，并兼论汉藏语语法类型学研究的一些认识问题。①希望本文的研究对语言类型学的研究，以及汉藏语构词法的教学会有一些帮助。

---

① 汉藏语系属分类目前意见不一。本文所指的"汉藏语"，主要是汉语和藏缅语。

2　并列复合词是汉藏语的一个有特色的构词手段

使用两个词根并列构成的复合词，与非并列的复合词（主从复合词、支配复合词等）具有不同的构词特点，是汉藏语构词的一个重要手段。从跨语言的角度看，阿尔泰、印欧等语系语言的并列复合词，在数量上都不及汉藏语多，而且特点迥异，因此汉藏语的并列复合词成为区别于其他语系语言的一个重要特点。

具体说来，汉藏语并列复合词可以归纳出以下几个特点：

2.1　汉藏语并列复合词数量多，能产性强，其构成是词汇丰富发展、增强语言表达能力的一个重要的构词手段。

2.2　汉藏语并列复合词的词素顺序基本固定，前后顺序一般都不能变动。如：汉语的"黑白"不能说成"白黑"，"天地"不能说成"地天"。景颇语的"父母"是 nu⁵¹（母）wa⁵¹（父），不能说成 wa⁵¹（父）nu⁵¹（母），"祖辈"是 tʃi³³（祖父）woi³³（祖母）不能说成 woi³³（祖母）tʃi³³（祖父）。颠倒了就不成复合词。尽管有极少数的词能改变词序，但都有其特殊的条件和原因。不同语言的顺序有相同的，又有不同的，原因种种。

2.3　汉藏语控制并列复合词词素的顺序有语音和语义两个因素。语音规则是形态标记，其功能主要是词素之间的语音和谐，属于构词韵律，是一种形态特征。

同一语言内部，普遍是两种因素并存。如：绿春哈尼语的"手脚"，说成 khɯ⁵⁵（脚）la̠³¹（手），受语音规则控制，即高元音 ɯ 在低元音 a 之前；"叔婶辈"说成 da³³da³³（叔）a³¹mɯ³³（婶），受语义规则控制，即阳性词素在阴性词素之前。但不同语言之间，两种规则的运用比例不同。有的语言，语音规则强些；有的语言，语义规则强些。

2.4　汉藏语语言并列复合词的大量存在及其韵律和谐的显赫特征，其产生的土壤与汉藏语普遍存在分析性特点有关。分析性的特点，决定了汉藏语在构词和句法结构上要采用韵律手段。这是一个值得深入研究的语法类型学特征。

3　制约汉藏语并列复合词词序孰先孰后的因素

制约汉藏语并列复合词词序孰先孰后主要受语音和语义两个因素的制约。但在不同语言里，语音和语义这两个因素的比例存在差异，有的以语音因素为主，有的以语义因素为主。分述如下：

3.1　语音因素

至今为止发现的语音因素有两种类型：一是声调因素型，即不同声调的固定配合；二是元音型，即不同舌位的元音固定配合。

3.1.1　声调因素型

声调因素型指的是复合词前后词素按声调组合规则排列。这一类型的复合词在汉藏语里目前发现的只有汉语、白语两种语言。

3.1.1.1　汉语并列复合词的词素顺序，绝大多数都是由不同声调的固定配合而成，由语义制约顺序的少。声调的顺序，多是按平上去入的顺序排列。如："天地"，"天"是平声在前，"地"是去声在后；"耳目"，"耳"是上声在前，"目"是入声在后；"等待"，"等"是上声在前，"待"是入声在后。

纵观汉语史，可以看到这种组合模式已有很长的历史。张博在《先秦并列式连用词序的制约机制》一文中，对先秦五书中双音节同义连用、类义连用和反义连用的1819个并列式结构做了量化的、微观的、系统的统计和分析，得出了如下的结论："先秦双音节并列式连用中词序的主要制约因素是调序；意义与调序双重制约而形成的异调顺序连用数量极少，绝大多数异调顺序连用纯然是调序制约的结果；在意义关系产生矛盾时，意义制约力并不绝对起决定作用。"文中还提出了一些有价值的理论思考问题，如"各种因素制约力度的强弱之比怎样？在语言发展过程中的消长趋势如何？汉语声调的演变对于调序制约力产生了什么影响？所有这些问题都还有待于进一步研究才能探明"。①

3.1.1.2　大理白语的并列复合词的词序主要也是由声调因素决定的。赵燕珍在《大理白语的并列复合词》一文中指出："大理白语并列复合词的词素顺序主要受音高制约。若是两个平调相结合，一般是调高的词素在前，调低的词素在后。"例如：②

| xɛ⁵⁵pha⁴⁴ | 菜 | | tsʰ⁴⁴tɕhu³³ | 尺寸 |
| 菜 菜（汤里） | | | 尺　寸 | |

"一般是升调、降调在前，平调在后。"例如：

| to³⁵mo³³ | 父母 | | ŋɯ²¹mɛ³³ | 牛马 |
| 父　母 | | | 牛　马 | |

"升调与降调结合时，是升调在前、降调在后。"例如：

| kuo³⁵mɯ²¹ | 锅灶 | | ki³⁵te⁴² | 鸡猪 |
| 锅　瓮 | | | 鸡　猪 | |

值得注意的是，大理白语的并列复合词如果两个词素的调值相同，词

---

① 张博：《先秦并列式连用词序的制约机制》，载《语言研究》1996年第2期。
② 赵燕珍：《大理白语的并列复合词》，载《百色学院学报》2012年第2期。

序则由元音舌位高低并列排列，一般是前一词素的主要元音舌位高于后一词素。这就是说，若声调相同无法作为区别性特征，则以不同的元音舌位作为制约条件。例如：

ti^{33}mɔ^{33}　　爹妈　　　　　　tɕu^{33}me^{33}　　迟早

爹　妈　　　　　　　　　　迟　早

3.1.2　元音因素型

元音因素型指的是复合词前后词素按元音舌位高低排列。一般是"前高后低"，即元音舌位高的在前，元音舌位低的在后。这一类型在藏缅语里比较普遍，有景颇语、哈尼语、拉祜语、纳西语等语言。

3.1.2.1　景颇语的并列复合词是一种严格按元音舌位"前高后低"搭配的语言，绝大部分并列复合词都按这一规则排列顺序。复合词是三个音节的，是第一和第三音节和谐；复合词是四个音节的，是第二和第四音节和谐。从韵律的角度看，"前高后低"的搭配是一种韵律和谐。但这种和谐，不是相同、相近的元音和谐，而是相异的元音和谐。[①]例如：

nṳ^{51}wạ^{51}　　　　父母　　　　　ku^{33}mọ i^{33}　　公婆

母　父　　　　　　　　　　公　婆

kun^{33}phai^{33}　　　担负　　　　　tɕi ŋ^{33}pau^{31}　　锣鼓

背　抬　　　　　　　　　　鼓　锣

tʃum^{31}mǎ^{55}tʃap^{55}　调味品　　　tʃṳ^{55}pǎ^{55}la^{55}　子弹和箭的总称

盐　辣椒　　　　　　　　　子弹　箭

若两个词素的元音相同（元音松紧的对立不计），词素的顺序则根据意义的性质排列前后。一般是，两个词素中与整个复合词的意义较近的词素或更重要的放在前面。例如：

ŋaŋ^{31}ka ŋ^{33}　　　结实　　　　　ʃan^{31}ŋa^{55}　　荤菜

牢　绷紧　　　　　　　　　肉　鱼

上例的"牢"与"结实"接近，"荤菜"中"肉"比"鱼"重要。

此外，少量的词还与词素是否是借词有关。若其中有一个词素是借词，这个借词词素大多放在本族语的词素之后，而不受"前高后低"的搭配规律的制约。例如：

lǎ^{31}khon^{55}khan^{33}si^{33}　苛捐杂税　　mǎ^{31}kan^{55}a^{31}mu^{55}　工作

捐　　　税（傣语）　　　专业　工作（缅语）

3.1.2.2　拉祜语也是一个按元音舌位高低安排词序的语言，但其强度不及景颇语，语义的作用较大，有不少词按语义规则排列。李洁在《拉祜语

[①] 戴庆厦：《景颇语并列结构复合词的元音和谐》，载《民族语文》1986年第5期。

的并列结构复合词》①一文中指出："拉祜语并列复合词的词序主要受语音因素的制约。"语音因素是："元音舌位高的居前，舌位低的居后。"例如：

vi^{53}la^{53}	猛兽	a^{35}tɕu^{33}khɛ^{53}	碗筷
豹 虎		筷子 碗	
xi^{35}be^{31}	哄骗	z^{31}ŋe^{33}	长短
骗 哄		长 短	

3.1.2.3 哈尼语也是一种由语音、语义两个原则安排词序的语言。戴庆厦、李泽然在《哈尼语并列复合名词》②一文中指出："制约哈尼语并列复合词词序的条件是什么呢？我们认为是语音、语义两个原则。复合词中有的词按语音条件安排先后，有的词按语义条件安排先后，形成两个不同的系统。语音原则是指元音舌位的高低，即元音舌位低的在后，元音舌位高的在前。"如：

khɯ^{55}la^{31}	手脚	da^{33}ma^{33}	父母
脚 手		父 母	
ɔ^{31}tɕi^{31}ɔ^{31}so^{31}	早晚	mɛ^{31}si^{33}nɔ^{55}xɔ^{33}	前后
晚上 早上		前 后	

3.2 语义因素

所谓"语义因素"，就是以语义关系排列词素的顺序，而不顾前后的语音是否和谐。语义关系排列的顺序大多是：凡语义重要的、正面的、阳性的、与整个词的意义更靠近的词素，居于另一词素之前。

3.2.1 景颇语有极少数词的词素顺序违反"前高后低"搭配规律，而受语义制约。如下面两个例子的词素顺序都按语义排列，其中语义重要的或与复合词整体意义更近的居前，而不按元音"前高后低"的规则排列。例如：

tʃa^{31}kum^{31}phʒo^{31}	财产
金 银	
tʃã^{31}then^{31}ʃã^{31}lun^{31}	破坏（前一语素的意义比后一个更贴合复合词的意义）
毁坏 拆开	

前一例的"财产"，因财产中"金子"比"银子"更为重要，所以"金子"居前；后一例的"破坏"，前一语素的"毁坏"在意义上比后一个"拆开"更贴合复合词整体的意义，所以居前。

3.2.2 拉祜语也有一些复合词根据语义来排列语素顺序，违反了元音

---

① 李洁：《拉祜语的并列结构复合词》，载《民族语文》2004 年第 4 期。

② 戴庆厦、李泽然：《哈尼语并列复合名词》，载《中国哈尼学》，云南民族出版社 2000 年版。

舌位高的居前、舌位低的居后的构词原则。语义规则是：“表示正面、肯定、突出、强调意义的词素居前”，“雄性居前，雌性居后”，“辈分高、地位高的前置，辈分低的、地位低的后置”，“基数词按由小到大的顺序排列”[①]。例如：

da²¹lv³¹　　　　　　好坏　　　na⁵⁴phv³³　　　黑白
好　坏　　　　　　　　　　　黑　白

la²¹mε³¹la²¹sa³³　　左右　　　ɔ³¹na³³ɔ³¹xɔ³⁵　上下游
手　左　手　右　　　　　　　　上　　下

ɔ³¹phv³³ɔ³¹ma³³　　公母　　　ɔ³¹pa³³ɔ³¹za³³　父子
公　　母　　　　　　　　　　　父　　子

3.2.3　制约哈尼语并列复合词的两个词素的顺序，除了靠元音舌位规则外，一部分词还靠语义规则安排。并列复合词的两个词素的语义，“在哈尼人的观念中存在主次之分，即一个词比另一个词更重要，或更值得强调。这当中被认为更重要的词素在组成并列复合名词时，在语音相同或不违背语音条件的情况下，大多放在另一词素之前。若语义原则与语音原则发生矛盾，大多是放弃语义原则而采用语音原则，但也有少数按语义原则排列而排斥语音原则的”[②]。例如：

ma³³mo³¹ma³³ɲi⁵⁵　亲后妈　　　a³¹kha⁵⁵nɔ⁵⁵xɔ³³　　以后
亲妈　后妈　　　　　　　　　　以后　　后面

上例“亲后妈”一词，“亲妈”比“后妈”重要，放在“后妈”之前，违背了元音舌位“前高后低”的排列原则。“以后”一词中的“以后”词素，与整个词“以后”一样，所以放在“后面”之前。

综上所述，制约汉藏语并列结构复合词的词素顺序是以语音因素为主的。语音规则有声调高低、元音舌位高低两个，但不受元音松紧、带不带韵尾的限制。但语义因素也不同程度地起到一定的作用。语音、语义力量的强弱，不同语言的比例不同，构成不同的层次。

4　汉藏语并列结构复合词类型学研究的理论价值

从上述语料的分析中能够看到，汉藏语并列结构复合词的语音、语义结构，不同语言之间既有共性又有个性。“麻雀虽小，五脏俱全”，并列结构复合词的研究，对于类型学的研究可以增添一些新的、有价值的内容，并具有一定的理论价值。下面提几个问题与大家讨论。

① 李洁：《拉祜语的并列结构复合词》，载《民族语文》2004 年第 4 期。
② 戴庆厦、李泽然：《哈尼语并列复合名词》，载《中国哈尼学》，云南民族出版社 2000 年版。

4.1　怎样认识汉藏语并列复合词特点形成的原因？

汉藏语普遍存在大量的、丰富的并列结构复合词。胡坦经过藏语共时和历时的分析，在《藏语复合词研究》一文中指出[①]："复合词的逐渐增多是藏语发展的明显趋势之一。现代藏语里，复合词的数目已远远超过单纯词。构成复合词的方式多种多样，并列式是其中比较能产的一种。"并列复合词这种构词方式，古代已有所见。从早期藏文文献，尤其是宗教典籍和宗教用语中可以找到不少例证。例如：

rgyu-vbras	因果	sdig-nyes	罪孽
因　果		罪　孽	
dge-sdig	善恶	lha-vdre	神鬼
善　恶		神　鬼	

如同藏语一样，汉藏语普遍存在并列式复合词。

那么，从类型学的角度如何解释汉藏语并列结构复合词大量产生的原因？我认为，词根性强、分析性强是汉藏语的一个普遍的特点，正是这个特点为大量产生复合词提供了良好的土壤。因为，词根性强、分析性强的语言，蕴含着单音节词根占优势的特点，而单音节词根的组合必然成为丰富词汇的便利手段。相反，多音节词丰富的语言，词素不易固合成音节数量少的复合词，也不易赋予复合词的韵律特征，容易组成不受音节数量限制、没有韵律特征的短语。

如果我们把视野扩大到形态丰富的非汉藏语语言，就会容易看清汉藏语并列结构复合词为什么会大量产生。拿汉藏语与形态丰富的语言如阿尔泰语系、印欧语系的语言，还有系属未定的朝鲜语相比，能够清楚地看到，这些形态丰富的语言，并列复合词少，多是并列式短语，而且并列成分多按语义规则排列，不大受韵律规则制约。据王远新研究：阿尔泰语系哈萨克语并列复合词的词序孰先孰后"以受语义规则制约为主，同时受语音规则制约，词源规则基本不起作用"。语义规则主要是："表示正面、肯定、明显、突出意义的语素一般居前。""由表示事物大小、高低或长短特征、时间顺序的词素构成的复合词，按照由大到小、由高到低、由长到短、由前到后的顺序"排列。[②]

又如：朝鲜语没有"宽窄、深浅、长短"这种结构的复合词，"宽窄"在朝鲜语对应为"宽（名词）"，"深浅"对应为"深（名词）"，"长短"对应为"长（名词）"。但值得注意的是，朝鲜语中的一些汉字词，与汉语

---

① 胡坦：《藏语复合词研究》，载《民族语文》1986 年第 6 期。

② 引自王远新《哈萨克语土耳其语并列复合词词素顺序的特点》，载《民族语文》1996 年第 6 期。

并列复合词词序相同。这说明，语言接触语言影响对并列复合词的构成能起到一定的影响作用。[①]例如：

pu mo（汉字词）父母　　　　　　　tɛ so（汉字词）大的和小的

父　母　　　　　　　　　　　　　大　小

huuk pek（汉字词）黑的和白的

黑　　白

两相映照，能够说明汉藏语并列复合词之所以如此丰富，大约与汉藏语语言分析程度的强弱、韵律的强弱有关。分析性强的语言，容易滋生韵律，要靠韵律来增强语言的表达能力。对这个问题，目前学术界还认识不够，是一个有待今后继续探讨的课题。

过去，研究汉藏语语言类型学多注意句法、语序，现在看来，构词法的语言类型学研究需要加强，像并列复合词的构造就有大量的资源可以开采。

4.2　怎样认识制约汉藏语并列复合词词素顺序的条件？

已有的研究成果证明，制约汉藏语并列复合词词素词序的条件是声调高低、元音舌位高低。那应该如何解释这两个手段呢？对汉语，多数学者都持发音省力说，认为声调从高到低比较省力。但马清华持"联合作用"说。他在《论汉语并列复合词调序的成因》一文中，认为虽不排除调序成因中有省力的因素的参与，但发音省力说至少是十分片面的。从更广泛意义上说，并列复合词的调序应是语音地位、受关注程度、频率、典型性、节奏等联合作用所致，背后则隐藏着更为深刻的功能动机。陈宏持"音域大小"说。他在《现代汉语同义并列复合词词性、词序分析》一文中，认为："根据四声发音的生理基础，去声的音域最大，因而难度最大；上声是拱调，且调值较低，次之；阳平是高升调，又次之；阴平是高平调，发音最为省力。我们认为：同义并列复合词内部的排列规律为音小的在前，音域大的在后。"

这里有个问题值得我们去思考：声调高低和元音开口度的大小是否与音域大小有内在的联系？如果用音域大小来解释声调的高低，是否也能解释舌位的高低，即舌位高的音域相对小，舌位低的音域相对大？如果可以，那就能把藏缅语的两种语法标记统一起来，看成同一现象的两个不同变体。

4.3　怎样认识制约汉藏语并列复合词构造语音因素的性质？

汉藏语并列复合词主要是按韵律规则（不同声调或不同元音）组成的，

① 朝鲜语的例子是吉林大学黄玉花教授（朝鲜族）提供的。特此致谢。

但非并列复合词（主从、支配等）和并列式短语的构造都不受韵律特征的制约。所以，韵律规则成为并列复合词区别于非并列复合词和并列式短语的特征。如景颇语：

并列复合词：nu⁵¹wa⁵¹　　　父母　　tiŋ³¹man³³　　老实
　　　　　　 母 父　　　　　　　　　直 老实
非并列复合词：khʒai³³noi⁵⁵　 吊桥　 man³³ju³³　 镜子　tʃan³³kʒi³³ 旱天
　　　　　　　 桥 吊　　　　　　 脸 看　　　　 太阳 旱
短语：kǎ³¹nu³¹theʔ³¹ kǎ³¹wa³¹ ＝ kǎ³¹wa³¹ theʔ³¹ kǎ³¹nu³¹　父亲和母亲
　　　 母亲 和 父亲　　　父亲 和 母亲

上例的并列复合词词素是按元音和谐规则组成的，词序不能变；而后面的非并列复合词和并列短语没有韵律要求，并列短语的词序还能移动。

制约并列复合词词序的韵律特征，应该是并列复合词的语法标记，是一种形态特征。这种形态特征，是由汉藏语语音结构的类型学特征所规定的。

4.4　怎样认识制约汉藏语并列复合词词序语音因素和语义因素的关系？

汉藏语并列复合词构成的因素既有语音因素又有语义因素。这两种因素共同存在于同一的语言系统中，必然会出现互补和竞争的关系。这是汉藏语并列复合词存在和演变的一个特点。所谓互补，是指在构词中两种因素各在一方起作用，在有的词上，使用语音因素构词；在有的词上，使用语义因素构词。两种因素相互配合增强语言的表达能力。但在人们的语言行为中，这两种因素在使用中必然会出现竞争，即争夺它自己的使用范围。语音和语义出现竞争时就会出现词的"两读"。比如：景颇语的并列复合词语音原则要求以元音和谐规律来构词，要求语义服从语音；而语义原则则强调语义领先，不顾语音和谐，违背"前高后低"的语音搭配，竞争的过程出现了"两读"。例如：nam³¹lap³¹（叶子)nam³¹lo³³（配音）"叶子的总称"的词素按语义原则排列，意义实在的在前，配音在后；但也可按语音规则排列，读为nam³¹lo³³（配音）nam³¹lap³¹（叶子）。phot⁵⁵ni⁵⁵（明天）phot⁵⁵tin³¹（后天）"明后天"也可读为phot⁵⁵tin³¹（后天） phot⁵⁵ni⁵⁵（明天）。

又如哈尼语，也存在部分词的"两读"，也是语音和语义二者竞争的结果。如：

a⁵⁵go³³a³¹tshu³³　 又读　　 a³¹tshu³³ a⁵⁵go³³　　　　哥嫂
哥 嫂　　　　　　　　　 哥 嫂
ga⁵⁵ma³³ga⁵⁵tshɔ⁵⁵　又读　　 ga⁵⁵tshɔ⁵⁵ ga⁵⁵ma³³　　岔路
路 岔路　　　　　　　　 路 岔路

4.5 复合词构造的类型学特点，能为确定语言关系提供一些旁证

类型学关系能为语言关系的研究提供一些旁证材料。

汉语和藏缅语的并列复合词在构造上、语言标记上、演变上都普遍存在相同或相似的特点，比如语序固定、主要靠语音标记组合词素等。这不是偶然的，而是有其亲缘关系的内在原因。由此，这一类型学共同特点能不能为确定汉语和藏缅语之间的亲缘关系提供一个证据？

为什么同是汉藏语语言，有的语言的复合词词素的顺序，受声调因素制约，有的则受元音因素制约？总的看来，汉语主要受声调因素制约，藏缅语主要受元音因素制约，这是什么原因造成的？是否与二者之间声调产生的早晚有关？已有的研究成果初步证实：汉语的声调至少在上古汉语中就已产生，而藏缅语的声调产生较晚，藏缅语有的语言和方言至今还没有声调，如门巴语、道孚语、藏语安多方言、羌语北部方言等，有的语言声调正处于萌芽阶段，如嘉戎语。

白语的系属问题——是属于藏缅语还是接近汉语，一直是一个未取得一致认识的难题。有的认为靠近藏缅语，而有的认为靠近汉语。但在复合词词素的顺序上，白语则不同于藏缅语，而接近汉语。这是为什么？过去有的学者认为白语靠近汉语不是完全没有道理的。

参考文献

陈宏：《现代汉语同义并列复合词语义语用分析》，载《天津大学学报》2008 年第 4 期。

戴庆厦：《景颇语参考语法》，中国社会科学出版社 2012 年版。

戴庆厦、李泽然：《哈尼语并列复合名词》，载《中国哈尼学》，云南民族出版社 2000 年版。

胡坦：《藏语复合词研究》，载《民族语文》1986 年第 6 期。

李洁：《拉祜语的并列结构复合词》，载《民族语文》2004 年第 4 期。

王远新：《哈萨克语土耳其语并列复合词词素顺序的特点》，载《民族语文》1996 年第 6 期。

张博：《先秦并列式连用词序的制约机制》，载《语言研究》1996 年第 2 期。

赵燕珍：《大理白语的并列复合词》，载《百色学院学报》2012 年第 2 期。

周祖谟：《汉语骈列词语和四声》，载《北京大学学报》1985 年第 3 期。

Typological Characteristics of the Rhyme Scheme and word order in Sino-Tibetan coordinate compound words-Questions of Understanding in Sino-Tibetan Typological Grammar Research

Qingxia Dai

Abstract: Using characteristics of the rhyme scheme and word order in coordinate compound words of the Sino-Tibetan Language family as an example, this paper will explore both the common characteristics of rhyme scheme and word order in coordinate compound words, and also the multidimensional differences in these patterns that came about because of the different evolutionary paths of the languages in question.In addition, through comparing Sino-Tibetan languages with non-Sino-Tibetan languages, this paper demonstrates that the rhyme scheme and word order of coordinate compound words is restricted by the level of analyticity in the languages involved.

Key words: Sino-Tibetan; coordinate compound words; rhyme scheme and word order; typology

（原载《吉林大学社会科学学报》2015 年第 3 期）

汉藏语的"的"字结构

【提要】本文根据 30 多种汉藏语"的"字结构的语料，对汉藏语诸语言"的"字结构的共性与个性，及其形成的动因进行了分析。认为：汉藏语"的"字结构的共性特征是类型学上的共性，而非发生学上的共性。"的"字结构的发达与否与语言的分析性强弱存在着蕴含关系，即分析性强蕴含着"的"字结构发达或趋向发达；反之亦然。此外，还对汉藏语"的"字的词源关系，以及汉语对少数民族语言"的"字结构的影响进行了探讨。

【关键词】汉藏语；"的"字结构；类型学

一 解题

在汉藏语系语言（以下简称"汉藏语"）里，定语助词"的"是一个使用频率高、句法特点多变的虚词。"的"字结构的研究，不仅关系到如何认识"的"字的变化和发展，还与句法结构的演变关系密切。由于它具有重要的理论意义和应用价值，因而一直是汉语语法学界研究的热点。

20 世纪 50 年代，朱德熙先生首次引入现代语言学中的结构主义理论和方法，对汉语的虚词"的"进行了系统、深入的探讨。他将汉语的"的"字看作其前面词语的后附成分，把"X 的"的不同分布看作"的"的不同功能，由此提出了著名的"三个语素"说。即"的 1"是副词性后附成分，整个"X 的"是副词性功能，只能做状语；"的 2"是形容词性后附成分，"X 的"具有形容词性功能，除了主语、宾语之外，其他句子成分都可以充当；"的 3"是名词性后附成分，整个"X 的"具有名词性功能。此后，学界关于"的"的属性和分类几乎都在此基础上展开。

汉藏语研究的历史告诉我们，研究一种语言的语法如果能够参照其他语言（包括亲属语言和非亲属语言）的语法，就有可能深入认识这个语言的语法特点。汉藏语的"的"字结构的研究也是这样，除了单一语言的描写研究外，还要有不同语言的比较、参照和反观。只有这样，才能看到语言中的深层次特点，看到单一语言研究所看不到的现象和特点，也才有可能从中求取不同语言类型上的共性和个性，真正认识到汉藏语"的"字结构的特质。近几十年，汉藏语研究的广泛开展和不断深入，已为汉藏语的比较研究提供了良好的条件。

汉语"的"字结构包括了副词性的"的"（做状语），但非汉语的"的"与汉语不同，即状语的"的"与定语的"的"大多为两套系统，用不同的词表示。以哈尼语为例，定语的"的"是 γ^{33}，如 ηa^{31}（我）γ^{33}（的）$a^{31}da^{33}$（父亲）"我的父亲"，状语的"的"是 ne^{33}，如 mja^{31}（多）ne^{33}（地）dza^{31}（吃）"多多地吃"。又如景颇语，定语的"的"是 na^{55}、a^{231}、ai^{33}，而状语的"的"用 $\int a^{31}$。我们这里所要研究的，是定中结构中的"的"。

本文使用的研究方法，主要是比较法和反观法，还采用"的"字的词源比较法。研究目的主要是探讨汉藏语"的"字结构的共性、个性，以及揭示汉藏语"的"字结构产生的语言机制。

二　汉藏语"的"字结构的共性与差异

从定语的语义类型上看，汉藏语各语言都有领属性、修饰性、限制性。但就具体语言来说，"的"字多少不一，定语的语序也因语义类型的不同而有所不同。

（一）汉藏语各语言间"的"的数量多少不一，有的语言没有"的"，有的语言只有一个"的"，而有的语言却有多个"的"

1. 没有"的"的语言

汉藏语中绝大多数语言都有定语助词"的"，但也存在个别没有"的"的语言，如嘉戎语。嘉戎语没有"的"字结构，靠前缀表示领属、修饰、限制的定中结构关系。这类语言，是形态比较发达的语言。表示领属的如：

| ŋa | ŋa- i | ndzi | wə- i | mbro. | 我朋友的马。 |
| 我 | （前缀）朋友 | （从属前缀）马 | | | |

| mə | wə - ktsa | na- kə - kte. | 他的鞋大。 |
| 他（前缀）鞋 | （前缀）大 | | |

| ŋə- i | ta - ma | mtça. | 我的活儿多。 |
| 我 的 （前缀）活儿 多 | | | |

表示修饰和限制关系的，也是在中心语名词前加从属前缀表示。例如：

| ŋa | ka- wa rne | wə-mbro tə | na | ŋa- ŋ. | 我爱红的马。 |
| 我 | 红 | （前缀）马（复指）爱 | | （后缀） | |

| mə | ka- khra wə- wɐ | tə | na | ŋa- u. | 她爱花衣服。 |
| 她 | 花 | （前缀）衣服（复指）爱 | | （后缀） | |

2. 只有一个"的"的语言

汉藏语中大量的语言只有一个"的"。但"的"字却存在功能大小差异。

（1）有的语言"的"的功能单一，只出现在领属性定中结构中，其他关系不用"的"。如藏语支、羌语支诸语言以及侗水语支中的水语。例如：

门巴语（错那）	ŋa¹³raʔ⁵³ tui⁵⁵ ko³¹ te⁵³	我们队的马
	我们　　队　的　马	
羌语（桃坪话）	qa⁵⁵ zo̞³³ ko⁵⁵ko⁵⁵	我的哥哥
	我　的　哥哥	
普米语	tʃɤ̩¹³ za̩⁵⁵ tsiõ̩¹³gui⁵⁵	小孩的衣服
	小孩　的　衣服	
扎坝语	ȵe⁵⁵ zə³³ tshu³³wa⁵⁵	我们的生活
	我们　的　生活	
水语	qa³ to² nu⁴ tsa⁵	弟弟的那些
	若干　的　弟弟　那	

（2）有的语言"的"的功能多样，可以出现在多种定中关系的语义结构中，又可用作句尾语气助词。如汉语、拉祜语、哈尼语、载瓦语、勒期语以及壮侗语、苗瑶语中的大部分语言。这些语言均属分析性较强的语言。例如：

哈尼语	ŋa³¹ ɣ³³ mjɔ³¹go³¹	我的东西
	我　的　东西	
	jo³³ sɿ³¹ ɣ³³ ba³¹dɤ⁵⁵	新的板凳
	新　　的　板凳	
	mi⁵⁵tɕi³¹ ɣ³³ tie²⁴ji³³	昨晚的电影
	昨晚　　的　电影	
载瓦语	ŋa⁵⁵ moʔ⁵⁵ eʔ⁵⁵ loʔ³¹	我们的手
	我们　的　手	
	tʃo̩ i³¹ tik³¹ eʔ⁵⁵ tʃa m⁵¹ka̩⁵¹pan³¹	美丽的白兰花
	美丽　极　的　白兰花	
	ja ŋ³¹ kai⁵⁵ to̩³¹ eʔ⁵⁵ tsaŋ³¹	他做的饭
	他　做（助动）的　饭	
	maŋ³¹ ʃi³¹ ma⁵¹ jaŋ³¹vom⁵⁵ʃi³¹	芒市的菠萝
	芒　市　的　菠萝	
侗语	ȶiu¹ tji⁶ ti¹tsa:ŋ⁴	我们的队长
	我们　的　队长	
	jən⁶joŋ⁴ tji⁶ jən²mjən²	英勇的人民
	英勇　的　人民	
	soŋ⁵ ȵa:u⁶ wu¹ ɕa:ŋ² tji⁶ uk⁹	放在床上的衣服
	放　在　上　床　的　衣服	

这类语言的"的"除能标识定语外，其功能还扩展到句子层面表示判断的语法意义。如拉祜语：

sɿ⁵⁴ tshi³³ ŋa³¹ ti³³ ta³¹ ve³³.　　　　　　这树是我栽的。

树　这　我　栽（助）的

又如哈尼语的定语助词ɣ³³，既能表示定语和中心语之间的领属、修饰、限制关系，还能位于动词之后做补语的助词。相当于汉语的"得"。例如：

a³¹jo³¹ e⁵⁵ ɣ³³ dɔ³³ mɯ³¹.　　　　　他说得很好。

他　说　得很　好

a³¹so⁵⁵ thu⁵⁵ ɣ³³ na³¹?　　　　　谁起得早？

谁　起　得　早

3. 有多个"的"的语言

汉藏语中有些语言存在两个或两个以上"的"，但其分工在不同语言之间存在一些差异。有的语言的多个"的"与不同的语义类型呈一对一的关系，分工明确。如景颇语、缅语都有三个"的"，三个"的"的用法独立，各司其职。例如：

景颇语　　ʃiʔ⁵⁵ aʔ³¹ pã̠³³loŋ³³　　　　他的衣服（aʔ³¹表领属）

他　的　衣服

phʒo³¹ ai³³ pã̠³³loŋ³³　　　　白的衣服（ai³³表修饰）

白　的　衣服

tai³¹niŋ³³ na⁵⁵ mam³³　　　　今年的稻子（na⁵⁵表限制）

今年　的　稻子

缅语　　ŋa³³ jɛʔ⁵⁵ sa³³ouʔ⁵⁵　　　　我的书（jɛʔ⁵⁵表领属）

我　的　书

mǎ ʔ⁵⁵ pjiʔ⁵⁵ tɛʔ⁵⁵ ou⁵³　　　　不满的瓶子（tɛʔ⁵⁵表修饰）

不　满　的　瓶

je³³ kã³³ tɛ⁵³ kaʔ⁵⁵ ŋa⁵³　　　　池塘里的鱼（tɛ⁵³表限制）

池　塘　里　的　鱼

但有的语言存在一对一、一对二的对应关系。如布央语有三个"的"（naŋ¹¹、han²⁴、ti³³），naŋ¹¹、han²⁴表示领属关系，ti³³表示修饰、限制关系。例如：

un²⁴ han²⁴ ma³¹²　你的妹妹　　　　çɛk¹¹ çu²⁴ naŋ¹¹ kɛ²⁴　他的一本书

妹　的　你　　　　　　　　　册　书　的　他

而有的则是多个"的"对应一种语义类型，如浪速语的三个"的"（ʒu³¹、ɛ³¹、nɔ̠³¹）都作为修饰性定语助词，例如：

lɛ̃³¹lɛ̃³¹ ʒu³¹ khjɔ³¹   宽宽的路

宽宽   的   路

vai³¹ ɛ³¹ kjɔ̃³¹la uŋ⁵⁵   买的蚊帐

买   的   蚊帐

ʃauk⁵⁵ nɔ̩³¹ ɣək³¹   喝的水

喝   的   水

波拉语有四个"的"（ɛ³¹、na̩³¹、ku³¹、mɛ̃⁵⁵），ɛ³¹、ku³¹都可做修饰性定语助词。例如：

kɔ̩³⁵ kɔ̩³⁵ᐟ³¹ ku³¹ᐟ³³ sak⁵⁵   大大的树

大 大   的   树

ɣɛʔ³¹ ɛ³¹ khui³⁵   叫的狗

叫   的   狗

总之，汉藏语的"的"字分布具有不平衡性。其不平衡性的形成，有各种因素的制约，其中语言类型的差异是一个重要的原因（详见下）。

（二）汉藏语"的"字结构的语序

"的"字连接定中结构的中心语和定语。在汉藏语里，中心语和定语的语序有些语言相同，有些语言不同。其语序有两种类型：一是定语在中心语之前；二是定语在中心语之后。以前一语序出现的频率高。在定中结构中，有的加"的"，也有的不加。不同关系的定中结构，语序情况不完全一样。

1. 领属性关系的语序

属于这种语义关系的语序有两种，一是定语在前，二是定语在后。属于"定语+中心语"语序的有汉语、藏缅语以及苗语等。例如：

景颇语   nu̩⁵¹ aʔ³¹ka³¹   母亲的话
                   母亲   的 话

羌语（桃坪话）   pe²²pe²² zo³³ tho⁵⁵la⁵⁵tɕi⁵⁵   伯父的拖拉机
                   伯父   的   拖拉机

阿昌语   ŋo⁵⁵ tʂai⁵⁵ a³¹ a³¹pzo⁵⁵   我哥哥的书
                   我   哥哥   的 书

哈尼语   a³¹jo³¹ ɣ³³ a³¹ma³³   他的母亲
                   他   的 母亲

苗语（矮寨）   bɯ⁴⁴ naŋ⁴⁴ pəŋ⁵³ də⁴⁴   他的书
                   他   的   本   书

属于"中心语+定语"的是壮侗语的多数语言。例如：

布央语   un²⁴ han²⁴ ma³¹²   你的妹妹
                   妹   的   你

傣语	kam² an²su¹tsau³ va⁶	你说的话
	话　的　你　说	
黎语	tshia¹¹kɯ¹¹ au⁵³	人家的书
	书　的　人家	

带"的"的领属性定语，"的"与定语结合的紧密程度不一。有的语言，当人称代词做领属性定语时，和"的"结合紧密，于是出现合音或者增音的现象。如：

景颇语	ŋjeʔ⁵⁵ aʔ³¹ pǎ³³loŋ³³ / ŋjeʔ⁵⁵ pǎ³³loŋ³³	我的衣服
	我的　的　衣服　　我的　衣服	
独龙语	a³¹pai⁵³ a³¹ ta³¹na⁵⁵ / a³¹pai⁵³ ia³¹ ta³¹na⁵⁵	爸爸的弯刀
	爸爸　的　弯刀　　爸爸　的　弯刀	

2. 修饰性关系的语序：属于这一语义关系的语序也有两种，一是定语在前，二是定语在后。在前的都要带"的"。在前的如：

景颇语	phʒo³¹ ai³³ pǎ³³loŋ³³	白的衣服
	白　的　衣服	
阿昌语	na⁵⁵na⁵⁵ sɿ³¹ u³¹suŋ³¹	红红的帽子
	红红　的　帽子	
波拉语	kɔ³⁵ kɔ³⁵˙³¹ ku³¹˙³³sak⁵⁵	大大的树
	大　大　的　树	
纳西语	ka³³ tsi⁵⁵ ge³³ ba³³la³¹	干净的衣服
	干净　的　衣服	
苗语（矮寨）	tsei³⁵ ŋa⁴⁴ naŋ⁴⁴ a⁴⁴ le⁵³	最矮的一个
	最　矮　的　一个	

在后的有带"的"，也有不带的。带"的"的如：

| 拉基语 | i⁴⁴ la⁴⁴lje⁵⁵ | 流的水 |
| | 水　的　流 | |

在后的不加"的"的，主要是壮侗语诸语言，还有藏缅语中的少数语言如彝语等。例如：

水语	ɣa² to² po⁴ laːu⁴	两只大黄牛
	两只黄牛大	
普米语	pɐ¹³tsə⁵⁵ nø⁵⁵	红花
	花　红	
彝语	tsɿ⁵⁵mo²¹ sɿ⁵⁵	新锄头
	锄头　新	

值得注意的是，藏缅语大多数语言形容词修饰名词时，语序有在前和

在后的两种。在前的，要加"的"，在后的不加。这两种语序中，形容词在后的常用，据研究是原始形式，而在前加"的"的，是后来产生的，特别是长修饰语都必须前置。从这里能证明，带"的"的前置语序，是后起的。如景颇语[1]：

n⁵⁵ tạ⁵¹ kǎ³¹pa³¹　　　　　　　　　大房子

房子　　大

kǎ³¹pa³¹ai³³ n⁵⁵ tạ⁵¹　　　　　　　　大的房子

大　　的　　房子

壮侗语有的语言的形容词也有前置、后置并用的，前置的加"的"，后置的不加。如仫佬语：

kjaŋ¹¹ nəŋ¹¹ nəŋ¹¹ ko⁴⁴ lək¹¹ tɛ⁴⁴　　　漂亮的小孩

漂亮　（后置成分）　的　小孩

hua¹ ḷa:n³ lo⁴　　　　　　　　　　　大红花

花　　红　大

3. 限制关系的语序：定语一般在前，有加"的"的，也有不加的。藏缅语有的语言有专门用于限制性关系的定语助词"的"，位于时间名词或方位名词之后。例如：

景颇语　tai³¹niŋ³³ na⁵⁵ mam³³　　　　　今年的稻子

　　　　今年　　　的　稻子

　　　　pe³¹ kji ŋ³³ na⁵⁵mǎ³¹ʃa³¹　　　　北京的人

　　　　北京　　　的　人

载瓦语　khě⁵⁵tsan⁵¹e⁵⁵ kuʔ⁵⁵　　　　今年的谷子

　　　　今年　　的 谷子

　　　　maŋ³¹ʃi³¹ma⁵¹tʃhin⁵¹　　　　　芒市的米

　　　　芒市　　　的　米

波拉语　jin³¹nan³¹ mẽ⁵⁵ pju⁵⁵　　　　云南的人

　　　　云南　　　的　人

苗语（矮寨）tɕu³⁵nəŋ⁴⁴ naŋ⁴⁴pə³⁵zə⁴⁴　　今年的玉米

　　　　　年　今　的　玉米

壮语限制关系的"的"字结构，是受汉语的影响产生的。其"的"也是借用汉语的。例如：

jo² ja:u⁵ ti⁶ ɣa:n²　　　　　　　　　学校的房子

学校　　的 房子

① 参看戴庆厦、傅爱兰《藏缅语的形修名语序》，载《中国语文》2002 年第 4 期。

　　由于受汉语的影响，壮语的结构形式也发生了变化，其语序类型和汉语逐渐趋同。

（三）汉藏语"的"字的词源关系

　　"的"字的词源关系，能够反映亲属语言"的"字的产生和演变。如果"的"字在不同语言里有同源关系，说明他们有共同的来源，也就是说，在它们未分化的时候就已出现，不是后来创新的。所以弄清汉藏语"的"字的词源关系，是研究"的"字结构的一把重要钥匙。下面按不同的语族，将"的"字列表分析如表1所示。

　　1. 藏缅语族的"的"

表1

语支	语言	领属性"的"	修饰性"的"	限制性"的"
藏语支	藏语	ki	—	ki
	墨脱门巴语	ga、ha	—	—
	错那门巴语	ko^{31}	—	—
	仓洛门巴语	ka^{31}	—	—
羌语支	羌语（桃坪话）	zʅ^{33}	—	—
	普米语	ga^{55}	—	—
	嘉戎语	-i	—	—
	道孚语	ji	—	—
	却域语	ji^{33}	—	—
	扎坝语	zʅ^{33}	—	—
	贵琼语	mɛ^{55}	—	—
	木雅语	ɣæ^{33}	—	—
	尔苏语	i^{55}, di^{53}	—	—
	纳木义语	i^{55}（复数），ni^{55}（单数）	—	—
	史兴语	ji^{55}	—	—
景颇语支	景颇语	a^{731}	ai^{33}	na^{55}
	阿侬语	ni^{55}, kha^{31}	—	—
	独龙语	a^{31}	dɛʔ^{55}/a^{31}	a^{31}
彝语支	彝语	vi^{33}	su^{33}	—
	傈僳语	tɛ^{55}	ma^{44}	—
	嘎卓语	pɣ^{323}	tɣ^{33}, la^{35}	pɣ^{323}
	基诺语	ɛ^{55}	mɣ^{44}	—
	怒语	e^{31}	a^{31}	gə^{33}

续表

语支	语言	领属性"的"	修饰性"的"	限制性"的"
彝语支	纳西语	$gə^{33}$	$gə^{33}$	γ^{33}
	哈尼语	γ^{33}/a^{33}	γ^{33}	ve^{1}
	拉祜语	ve^{33}	ve^{33}	γ^{33}
	桑孔语	——	e^{55}	e^{55}
缅语支	缅语	$j\varepsilon ?^{55}$	$t\varepsilon ?^{55}$	$ka?^{55}$
	阿昌语	a^{31}	$s\text{ı}^{31}$	$s\text{ı}^{31}$
	载瓦语	$e?^{55}$	$e?^{55}$	$e?^{55}$, ma^{51}
	浪速语	$n\text{ɔ}^{31}$	ʒu^{31}, e^{31}	ʒu^{31}, ε^{31}
	波拉语	$na̱^{31}$	ε^{31}, ku^{31}	$m\tilde{\varepsilon}^{55}$
	仙岛语	a^{31}, tou^{51}	su^{55}	tou^{51}
	勒期语	ta^{55}	ta^{55}	ta^{55}
语支未定	白语	——	no^{33}	no^{33}
	土家语	n̠e^{33}	ε^{33}	ε^{33}
	珞巴语	ka	——	——
	克伦语	a^{31}	——	——

表 1 显示，除景颇语、波拉语、缅语有三个或三个以上定语助词外，其他语言以两个居多。修饰性和限制性定语助词往往同形。

在词源关系上，有两个特点值得重视：一是属于同语支的语言，有些语言的"的"存在同源关系。如：藏语支的藏语ki、错那门巴语ko^{31}、仓洛门巴语ka^{31}、语支未定的珞巴语ka、墨脱门巴语ga与羌语支的普米语ga^{55}。羌语支的桃坪羌语$z\text{o}^{33}$与扎坝语$z\text{ə}^{33}$。羌语支的道孚语ji、却域语ji^{33}、史兴语ji^{55}。缅语支阿昌语a^{31}、仙岛语a^{31}、波拉语ε^{31}，以及语支未定的克伦语a^{31}。彝语支拉祜语ve^{33}、彝语vi^{33}。缅语支的浪速语$n\text{ɔ}^{31}$、波拉语$na̱^{31}$。

但不同语支之间大多数不同源，只有少数同源。缅彝语支与景颇语支、藏语支、羌语支之间找不出对应规律，可以证明语支之间不存在同源关系。

二是属于领属关系的"的"同源的比较多，而属于修饰、限制关系的"的"同源词比较少，异源的比例大于同源。说明这三者的"的"在起源上不是一个层次，领属性定语"的"可能在起源上先于修饰性定语"的"。

从词源比较上看，可以初步认为藏缅语的定语助词是后起的，并不是原始共同语所固有的。

2. 壮侗语族的"的"

表 2

语支	语言	领属性"的"	修饰性"的"	限制性"的"
侗水语支	布央语	nan^{11}/han^{24}	ti^{33}	ti^{33}
	拉珈语	in^3	ka^4	ka^4/ti^3
	侗语	tji^6	tji^6	tji^6
	水语	to^2	—	—
	仫佬语	$kɔ$	$kɔ$	$kɔ$
	毛南语	ti^6	—	ti^6
	佯僙话	$tɕi^2$	—	ni^4
	莫话	$tə^2$	tho^2	$tə^2$
	仡佬语	mei^{55}/li^{33}	—	mei^{55}
壮傣语支	壮语	duh	—	—
	傣语	$xoŋ^1/an^2$	$xoŋ^1/an^2$	an^2
	布依语	$ka:i^5$	$ka:i^5/ti^5$	ti^5
黎语支	黎语	$kɯ^3$	—	$ɯ^{11}/le:ŋ^{11}$

通过比较，我们看到壮侗语不同语支之间的"的"大多没有同源关系。在语支内部，有的有同源关系，有的没有同源关系。如表示领属性的"的"，壮语是duh，傣语是$xoŋ^1/an^2$，布依语是$ka:i^5$，黎语是$kɯ^3$，相互间没有语音对应关系。从词源比较上来看，壮侗语的"的"是后起的，是在分化为不同的语支后才产生的，汉语对这些语言助词"的"有较大的影响力，也从侧面旁证了这一点。

3. 苗瑶语族的"的"

表 3

语支	语言	领属性"的"	修饰性"的"	限制性"的"
苗语	黔东苗语	$paŋ^8$	$paŋ^8$	$paŋ^8$
	湘西苗语	$naŋ^{37}$	$naŋ^{37}$	$naŋ^{37}$
	川黔滇苗语	le^7	le^7	le^7
	滇东北苗语	pie^6	ku^{11}	ku^{11}
瑶语	勉语	$ȵei^1$	$ȵei^1$	$ȵei^1$
	布努语	ti^5	ti^5	ti^5
	畲语	$ŋjuŋ^4$	$taŋ^1/ŋjuŋ^4/tji^1$	$ŋjuŋ^4$

表 3 显示，苗瑶语不同方言、不同语言的"的"差异很大，大多不易求出语音对应关系，即使是在同一语言内部也是这样。如黔东苗语是$paŋ^8$，湘西苗语是$naŋ^{37}$，川黔滇苗语是le^7，滇东北苗语是pie^6，相互间没有语音对应关系。并且，部分语言的修饰性定语助词借自汉语。如布努语ti^5、畲语tji^1。由此可知，苗瑶语的定语助词大约也是在语支分化为不同的语言后产生的。

至于汉语和其他民族语言"的"字的关系，除了民族语言借用汉语的外，更难寻出同源关系的语音对应规律。总的结论是，汉藏语原始母语阶段还未出现"的"字。后来不同语族相继出现了"的"字，是语言表达的需要，也是结构系统演变的需要。其创新各自的语言特点采取不同的方式，相互间虽有共同的特点，但这是语言类型的特点决定的，并非发生学上的同源关系。

三 汉藏语"的"字结构产生的动因及机制

我们认为，汉藏语之所以普遍产生"的"字结构，原因是多方面的。既有语言结构系统特点的原因，又有外部语言影响的制约。内部原因主要有：

1. 分析性类型是产生"的"字结构的良好土壤。汉藏语是以分析性为主的语言，尽管形态变化的多少在汉藏语诸语言中有着不同程度的差异，但从总体上来看，词序和虚词（包括介词、连词、结构助词）仍是汉藏语表达语法意义的主要手段。虚词的丰富发展与句法结构存在一定的灵活性有关。在特定的语境下，当句子成分的排列违反常规语序时，就要借助虚词来指明各个成分的关系，从而实现特定的语义表达。如"中心语+修饰性定语"是藏缅语古老的倾向性语序，当修饰性定语提前时，打破了语序常规，这就需要有新的语法标志来重新标识定中关系，于是定语助词"的"就随之产生了。

汉藏语内部"的"字结构呈现出发达与不发达的差异，也是由语言的分析性强弱造成的。如藏语支、羌语支形态变化比缅彝语支丰富，分析性较弱，"的"字结构就相对贫乏，其中嘉戎语是形态变化最为丰富的一种语言，至今未产生定语助词"的"，其领属性定中结构关系主要靠前加词缀这一形态变化来体现。而缅彝语支的分析性强，定语助词不仅形式多样，而且表义类型丰富，当修饰性定语提前时，定语助词作为一种分析性手段而不可缺省。总之，汉藏语的分析性特点是产生和制约"的"字结构的重要的语言机制。

2. 认知表达的需求是"的"字产生的催化剂。定语的产生是为了描述、修饰、限制各种不同的事物。定语的类型反映了人类认识和理解客观世界的程度。随着人类在广度和深度上不断扩展，以及对事物认识的不断深化，定语的类型必定要由简单趋向复杂，由模糊趋向精确，在结构形式上随之表现为由单项定语转向多项定语，由单一修饰性关系转向多重修饰性关系。

定语助词"的"的出现，使定语与中心语得到分离，定中结合关系从而变得松散，这样就使定中结构能够容纳更多的内容，也为定语的延伸（如定语带限制语或补语）提供了条件。如哈尼语、景颇语的"的"字结构可在形容词之前或之后加状语或补语[①]：

du^{31}tɕhi^{55}　dza^{31} ɣ^{33} a^{55}je̠^{33}　　　　　　　特别美丽的花

特别　　美丽　的　花

lɔ^{33} si^{55} la^{33} ɣ^{33} mi^{55}tsha^{31}　　　　　　　热极了的地方

热　极　　的　地方

两个或两个以上的形容词构成修饰成分。例如：

xɯ^{31} ȵu^{55} ɣ^{33} a^{55}bo^{55}　　　　　　　又大又绿的树

大　绿　的　树

ȵu^{55} de̠^{31}ne^{33} dza^{31} ɣ^{33} xɔ^{55}the^{55}　　　绿郁郁而美丽的山冈

绿郁郁　　美丽　的　山冈

又如景颇语的长定语只能出现在带有"的"字的结构中。例如：

kǎ^{31}pa^{31} kǎ^{31}pa^{31} ai^{33} phun^{55}　　　　大树

大　　　大　　　的　树

mǎ^{31}nu^{33} kȝai^{31}kȝai^{31} tan^{31} ai^{33} khaʔ^{31} nu^{33} khaʔ^{31}ʃi^{31}　有价值的河流

价格　很　很　值　的　大河　　小河

an^{55}the^{33} laŋ^{33} ai^{33} n^{31}thu^{33}　　　　　　　　　我们用的刀

我们　　用　的　刀

因此，我们认为"的"的出现，突破了"名+形"这一固化的语序形式，有益补充了"形修名"的新语序。它是为了适应复杂定语类型的需要而产生的。

3. 汉藏语"的"字的分化情况，各语言存在着不同特点，这与"的"字的概括度不同有关。汉语的"的$_1$""的$_2$""的$_3$"共用一种语音形式，但在句中不混淆，说明虚词的概括度高，语义关系的控制力强。景颇语采用多种不同的语音形式表示"的"，说明它要靠不同的语音形式来体现不同的语义关系。

4. 从比较分析中能够看到，"的"字的不同语义类别存在不同的层次。其中，表示领属关系的"的"是出现最早的，所以大部分语言都有这一类

[①] 李泽然：《哈尼语形容词修饰名词的语序》，载《民族语文》2003 年第 2 期。

"的"。而表示修饰和限制语义的"的",不同语言差异较大,有的有,有的没有,即便是有,语音形式也相差很大,可以认为是出现较晚的。

5. 汉语的影响是许多语言提升"的"字功能的一个重要外部因素。我们从许多语言里看到,汉语"的"字对少数民族语言有一定的影响。有的语言借入了汉语的"的"来丰富自己,成为虚词系统里的重要的一员。有的从语音形式上就能判断"的"字借入的时间较早。"的"字的进入,丰富了一些语言的定中结构语序。这种现象在壮侗语、苗瑶语中表现得较为突出。

6. 从非汉语反观汉语的"的"字结构,可以看到汉语的两个特点:一是汉语的"的"字功能强,在多数句法结构中不可或缺;二是"的"字是隐性的,同一音节具有多种功能,要通过句法分析才能揭示其不同的类别。汉语同一个"的",在其他亲属语言里面有的有两个或两个以上,如景颇语就有三个不同的"的",不同的"的"职能界线清楚。

参考文献

1. 戴庆厦:《缅彝语的结构助词》,载《语言研究》1989 年第 2 期。
2. 戴庆厦:《景颇语的结构助词"的"》,载《语言教学与研究》1998 年第 4 期。
3. 戴庆厦、徐悉艰:《景颇语语法》,中央民族出版社 1992 年版。
4. 胡素华:《彝语结构助词研究》,民族出版社 2002 年版。
5. 黄国营:《"的"字的句法、语义功能》,载《语言研究》1982 年第 1 期。
6. 李洁:《汉藏语系语言被动句研究》,民族出版社 2008 年版。
7. 李泽然:《哈尼语形容词修饰名词的语序》,载《民族语文》2003 年第 2 期。
8. 陆俭明:《"的""的"分合问题及其他》,载《语言论丛》1963 年第 5 辑。
9. 吕叔湘:《现代汉语八百词》(增订本),商务印书馆 1999 年版。
10. 朱德熙:《说"的"》,载《中国语文》1961 年第 12 期。
11. 朱德熙:《关于"说'的'"》,载《中国语文》1966 年第 1 期。
12. 朱德熙:《语法讲义》,商务印书馆 1982 年版。

(原载《汉语学报》2011 年第 4 期,《语言文字学》2012 年第 5 期转载。本文与闻静合写)

类型学视野下的汉语"体"范畴

——兼谈必须充分利用我国语言资源发展语言学

【提要】本文认为，对汉语语法的深入研究除了汉语方言的视角外，还要有非汉语比较的视角，即要从类型学视野观察、反观、研究汉语。文章通过汉藏语不同类型语言"体"范畴的比较，反观汉语"体"的特点。并论述汉语和非汉语的结合研究是深化汉语研究的必由之路。

"体"是人类语言普遍具有的语法范畴，也是汉藏语的一个重要的语法范畴。对汉语"体"的研究，学者们发现可以通过汉语方言"体"差异的比较，来深入揭示汉语"体"的特点和规律。这是研究汉语"体"范畴的一个重要视角，值得今后继续做下去。

这里我再提出另一个视角：即从非汉语视野观察、反观、研究汉语。由于时间关系，主要以"体"范畴为例谈谈从非汉语反观汉语。

汉藏语的"体"范畴究竟有什么特点？语言事实究竟如何呢？通过语言比较，我们可以看到大致有以下几种情况：

一、汉藏语诸语言都是以分析式为主的语言，其中汉语的分析特点最为突出，都以助动词、助词表示"体"范畴。苗瑶语、壮侗语也是分析特点较强的语言，也是以助动词、助词表示"体"范畴。

靖西壮语：

kin⁴⁵ khau⁵⁵ kwa⁴⁴ ja¹³.　　　　　吃过饭了。

吃　饭　过　了

te⁴⁵ kam⁴⁵ θan²¹ tsəŋ²¹po²².　　　他拿着礼物。

他　拿　礼物　　着

te⁴⁵ pai⁴⁵ ʐun²¹ ja¹³.　　　　　他回家了。

他　去　家　了

湘西落潮井乡勾良村苗语：

wu²² naŋ⁵⁵ l̥hi³⁵ i /ɔ/a.　　　　他吃饭了。

他　吃　饭　了

qɔ²¹⁴ ntau³⁵ tɯ⁴⁴ paĩ⁵⁵ i /ɔ/a.　　　　　　　　　　树开花了。

(前缀) 树　　开　花　了

wu²² naŋ⁵⁵ tjẽ⁵⁵ l̥hi³⁵ i.　　　　　　　　　　　　他吃过饭了。

他　　吃　过饭了

wu²² naŋ⁵⁵ kwɔ³⁵ lhi³⁵ i.　　　　　　　　　　　　他吃过饭。

他　　吃　过饭 (语助)

　　（tjẽ⁵⁵只能用在生命度高的表人或动物的名词之后，不能用在生命度低的植物和其他无生命名词之后；kwɔ³⁵都可以使用。）

　　二、藏缅语中的南部语言如纳西语、哈尼语等，分析特点也较强，也是以助动词、助词表示"体"范畴。

　　如哈尼语：

a³¹jo³¹ɔ³¹bɛ³³a⁵⁵.　　　　　　　　　　　　　　　他做过了。

他　做过了

a⁵⁵go³³ba̠³¹zo³³a⁵⁵.　　　　　　　　　　　　　哥哥拿着了。

哥哥　拿着了

ŋa⁵⁵xo³¹dza³¹a⁵⁵.　　　　　　　　　　　　　　我吃饭了。

我　饭　吃了

　　再看载瓦语的情况。据朱艳华博士研究，载瓦语虽以分析特点为主，但还有少量屈折变化。"体"分为未行体、将行体、即行起始体、变化体、进行体、不间断体、完成体、曾行体等10种，分别由动词（或形容词）后相应的体助词来标记。载瓦语体标记的来源多由动词语法化而来，或由多个语法成分词汇化而成。例如：

ŋɔ⁵¹ əʔ⁵⁵ sǎ³¹ʒa⁵⁵ lǎ³¹xa⁵⁵ jɛ⁵¹ ʒa⁵¹.　　　　我将和老师一起去。

我和老师　一起去（将行）

ja ŋ³¹ tʃɔŋ³¹ tɔʔ⁵¹⁺⁵⁵ jɛ⁵¹ pǒ³¹ʒa⁵¹.　　　　他就要去上学了。

他　学校上　去（即行）

ŋa⁵⁵mɔʔ³¹ ʃaŋ³¹xai⁵¹ lɔ⁵⁵ ʒa⁵¹.　　　　　　我们要去上海。

我们　上海　去（将行）

mau³¹ wɔ⁵¹ pɔ⁵¹.　　　　　　　　　　　　　下雨了。

雨　下（变化）

ja ŋ³¹ mau³¹sau³¹ xjɛ⁵¹⁺⁵⁵ puk³¹ vaʔ³¹ tɔ̠³¹⁺⁵¹ ʒa⁵⁵.　　他拿着那本书。

他　书　　那　本　抬（持续）（实然）

　　载瓦语的体标记除了分析性形式外，还有少量屈折形式。在10种体范畴中，有7种是分析形式，只有变化体、即行体、将行体3种则随主语的人称、数的不同而有不同的形式变化。如即行体：主语是单数、第一人称复数及无生命体复数的，用pɤ̌³¹ʒa⁵¹；而主语是第二、第三人称复数的人或动物的，增加复数标记kɤ̩⁵¹，用pɤ̌³¹kɤ̩³¹ʒa⁵¹。这个特点可能是载瓦语古代代词化现象的残留。[1]

三、大部分北部、中部的语言，除了分析式外还有不同程度的黏着式、屈折式的特点，因而"体"范畴的语法形式除了分析式外还有不同程度的黏着式、屈折式。而且，黏着式、屈折式越强的语言，表示"体"范畴的黏着、屈折成分越多。例如：

据蒋颖研究，普米语动词的"体"可分为已行体、进行体、将行体、即行体、完成体、曾行体 6 种。不同的"体"根据人称、数、式的不同，有动词内部屈折以及后缀的变化。下面以dzɿ⁵⁵"吃"为例，列举动词"体"的变化形式：[2]

已行体：a⁵⁵ dzin⁵⁵ san³¹.　　　　　　　　我吃了。
　　　　我　吃　（缀，一单已行体）

进行体：a⁵⁵ dzɿ⁵⁵ zɤuŋ⁵⁵.　　　　　　　　我在吃。
　　　　我　吃　（缀，一单进行体）

将行体：a⁵⁵ dzɿ⁵⁵ ʃei⁵⁵.　　　　　　　　　我将要吃。
　　　　我　吃　（缀，一单将行体）

即行体：a⁵⁵ dzɿ⁵⁵ ʃei⁵⁵ʃɤ³¹zɤuŋ³¹.　　　我即将吃。
　　　　我　吃　（缀，一单即行体）

完成体：a⁵⁵ khɤ³¹ dzin⁵⁵ san³¹.　　　　　我已经吃了。
　　　　我（趋向）吃（缀，一单完成体）

曾行体：a⁵⁵ dzɿ⁵⁵ man²⁴ʹ⁵⁵sin⁵⁵ʹ³¹.　　　我吃过。
　　　　我　吃　（缀，一单曾行体）

在进行体、将行体、即行体、曾行体里，动词后缀随人称、数的变化而变化，动词词根没有屈折变化。

在已行体和完成体里，动词后缀随人称、数的变化而变化，而且，部分动词词根也会随人称、数的不同出现内部的屈折变化。以已行体为例：

a⁵⁵ dzin⁵⁵ san³¹.　　　　　　　　　　　我吃了。
我　吃　（缀，一单已行体）

a⁵⁵zɿ̩⁵⁵ dzin⁵⁵ si³¹.　　　　　　　　　　我们吃了。
我们　吃　（缀，一复已行体）

---

[1] 载瓦语的材料是朱艳华博士提供的。
[2] 普米语的材料是蒋颖博士提供的。

ni²⁴ dziu⁵⁵ si³¹.　　　　　　　　你吃了。

你 吃 （缀，二单已行体）

ni³¹ʐ̩⁵⁵ dzin⁵⁵ si³¹.　　　　　　　你们吃了。

你们 吃 （缀，二复已行体）

tə⁵⁵gɯ⁵⁵ dzɨ⁵⁵ si³¹.　　　　　　　他吃了。

他 吃 （缀，三单已行体）

tə⁵⁵ʐ̩⁵⁵ dzɨ⁵⁵ si³¹.　　　　　　　他们吃了。

他们 吃 （缀，三复已行体）

又如景颇语：景颇语的"体"范畴，有存在式和变化式的对立。存在式是告诉别人存在一件什么事，谓语说明主语有什么动作行为，有什么性质状态。这类句子相当于汉语"……的"或"是……的"的句型。另一类叫变化式，表示变化的语气，谓语说明动作行为或性质状态的变化，或发生了一件什么事，做了一件什么事，相当于汉语的句型"……了"。二者普遍要通过句尾词的语音变化指明谓语的人称、数。比较下列①②句：

① ʃi³ tʃe³³ ai³³.　　　　　　　　他懂的。

　 他 懂 （尾）

② ʃi³³ tʃe³³ sai³³.　　　　　　　他懂了。

　 他 懂 （尾）

① naŋ³³ kʒai³¹ ʃã³¹kṳt³¹ n³¹ tai³³.　　你是很努力的。

　 你 很 努力 （尾）

② naŋ³³ kʒai³¹ ʃã³¹kṳt³¹ sin³³tai³³.　　你是很努力了。

　 你 很 努力 （尾）

从以上不同语言的语料排列中，我们能获得这样一个类型学的蕴含关系：分析性语言或以分析性为主的语言，"体"标记都用或主要用助动词和虚词。带有黏着、屈折成分的语言，除了助动词和虚词外，还有语音变化的"体"标记。黏着、屈折成分的多少与"体"标记语音变化的多少形成正比。从比较的角度看，汉藏语汉语的分析性最强，"体"标记的分析性也随之最强。

从亲属语言比较中还能看到：汉藏语的"体"标记没有同源关系，即不是由原始母语的一个共同元素分化而来的。各语言的"体"范畴是后来各自产生的，各有自己的路子，各有自己的系统。如"体"标记有的来自语法化，有的来自词汇化，还有来自语言接触影响的。但由于亲缘关系的原因，他们之间自然会出现相同、相似的特点，但这属于类型学的性质，而非亲缘关系。

最后再谈几句汉语和非汉语结合研究的问题。过去80年来的历史进程已显示出汉语研究结合非汉语的必要性。汉语和非汉语结合研究，是深化语言研究的一个重要的、可行的语言研究方法，也是如何充分利用本土资源深化语言研究的一个必要方法。其好处主要有：① 有助于发现和解释汉语的新特点。② 有助于汉语的历史研究，包括发现、印证、解释汉语的历史演变规律。③ 有助于从宏观上认识、把握汉语的特点。④ 有助于检验过去结论的正确与否。⑤ 有助于语言学理论的建设。

　　总之，汉藏语是我国语言文化的一笔巨大财富，也是未被开发的丰富的语言资源，希望汉语学界和非汉语学界共同携手来开发这块宝地，为语言学的建设多做贡献。

　　［在"汉语方言时体系统国际学术研究会"（2012 年 11 月 11—12 日）上的发言。原载《汉语方言时体问题新探索》，中央民族大学出版社 2014 年版］

二十年来汉藏语系的语言类型学研究

【摘要】本文梳理了20年来汉藏语系的语言类型学研究的情况和经验。主要经验是：必须区分亲属型语言比较和非亲属型语言比较；亲属语言的类型学比较必须区分语言现象的同源关系和非同源关系；必须重视系统参照；必须谨慎判定语言接触现象。文中还对近年来汉藏语类型学研究的新动态做了介绍，并对汉藏语类型学研究的前景做了展望。

【关键词】汉藏语系；语言类型学；研究经验；新动态

语言类型学（linguistic typology），又称类型语言学（typological linguistics），是通过比较不同语言相同、相异的特点，从复杂的、无限的语言现象中，归纳出少量的、有限的类型，寻找人类语言的普遍现象（即共性），以深化对语言本质、语言特点的认识。

现代类型学始于20世纪60年代，是20世纪现代语言学理论发展的热点之一。中国是一个多语种国家，有极为丰富的语言资源，语言类型学理论与方法传入中国后很快就被一些语言学家所接受，用来研究汉语和少数民族语言，推动了中国语言的研究。如何运用语言类型学理论与方法研究中国的语言，近期已经取得了一些经验。

汉藏语系语言（以下简称"汉藏语"）的类型学研究存在两类不同的对象：一类是汉藏语内部语言的比较；另一类是汉藏语和其他语系语言的比较。两类对象性质不同，其方法也不同。

本文主要介绍汉藏语内部语言类型学比较研究的经验和方法，主要侧重在少数民族语言之间、汉语和少数民族语言之间的类型学比较。由于汉藏语究竟包括哪些语言学界尚未有一致的意见，本文使用的是"一语三族"的分类法，即汉藏语包括汉语、藏缅语、苗瑶语和壮侗语。

一 20年来汉藏语类型学研究的基本情况

20年来，汉藏语类型学的研究主要涉及语法、语音两个领域，以语法方面的研究为多。具体的内容主要有以下一些：

1. 语序类型研究。这是现代语言类型学研究的一个重要内容，包括指示代词修饰名词的语序、形容词修饰名词的语序、述语和宾语的语序、状语的语序等。如：黄不凡的《藏缅语"指代→名"偏正结构语序》，戴庆厦、傅爱兰的《藏缅语的形修名语序》，刘丹青的《语序类型学与介词理论》，唐正大的《与关系从句有关的三条语序类型原则》，潘国英的《汉语状语语序研究及其类型学意义》等。

2. 句法结构的类型学研究。包括被动句、疑问句、差比句、述宾结构、述补结构、连动句等。如：李洁的《汉藏语系语言被动句研究》，戴庆厦、李洁的《从藏缅语族语言反观汉语的被动句》，戴庆厦、傅爱兰的《藏缅语的述宾结构——兼与汉语比较》，戴庆厦、黎意的《藏缅语的述补结构——兼反观汉语的述补结构的特点》，戴庆厦、李洁的《藏缅语的强调式施动句——兼与汉语被动句对比》，戴庆厦、邱月的《OV 型藏缅语连动结构的类型学特征》，张敏的《汉语方言反复问句的类型学研究》，刘丹青的《汉语给予类双及物结构的类型学考察》《粤语句法的类型学特点》，沈家煊的《现代汉语"动补结构"的类型学考察》，王双成的《西宁方言的差比句》等。

3. 词类的类型学研究。包括量词、结构助词、指示词、语气助词等。如：蒋颖的《汉藏语系语言名量词比较研究》，戴庆厦、蒋颖的《萌芽型量词的类型学特征》，陈玉洁的《汉语指示词的类型学研究》，戴昭铭的《汉语语气助词的类型学价值》，吴福祥的《汉语语法化演变的几个类型学特征》，储泽祥的《汉语处所词的词类地位及其类型学意义》等。

4. 语法形式的类型学研究。包括重叠、黏着、屈折等形态手段及语法形式标记的研究等。如：孙宏开的《论藏缅语语法结构类型的历史演变》，李永燧的《论藏缅语黏着语素与语言类型学》，戴庆厦、孙艳的《景颇语四音格词产生的机制及其类型学特征》，戴庆厦、朱艳华的《景颇语的重叠及其调量功能》，陆丙甫的《从宾语标记的分布看语言类型学的功能分析》，陈前瑞的《汉语体貌研究的类型学视野》，张敏的《从类型学看上古汉语定语标记"之"语法化的来源》等。

5. 语音的类型学研究。包括语音的共时特征和历时演变的研究。如：胡坦的《藏语历史音变的几种类型》，彭建国的《吴语、湘语主元音链变类型比较》，焦立为、石锋的《汉语方言声调格局的类型学研究》等。

6. 理论性研究。包括汉藏语的共性和类型研究、汉语方言的类型研究等。如：瞿霭堂、劲松的《论汉藏语言的共性和类型》，李如龙的《汉语方言的类型学研究》，曹聪孙的《语言类型学与汉语的 SVO 和 SOV 之争》等。

20 年来的汉藏语类型学研究有两种研究角度。一种是从宏观到微观，即根据类型学已有的研究成果来观照具体语言在某一特征上的表现。如：

黄行的《我国少数民族语言的词序类型》①是较早运用语言类型学的研究成果对我国汉藏语系和阿尔泰语系的词序类型进行研究的论文。该文选取这两个语系有代表性的语言，分析了 O-V 型和 V-O 型两种不同类型的语言在词序类型分布、词序的蕴含关系、词序的类型分类以及词序的标记性等方面的差异。另一种是从微观到宏观，即根据汉藏语的语言事实，概括出有规律的共性特征，包括蕴含性共性和倾向性共性。如：戴庆厦、朱艳华的《藏缅选择疑问范畴句法结构的演变链》②，根据选择疑问范畴在 27 种藏缅语句法结构形式上的语言事实，归纳出重叠问句、有标记的正反问句、有标记的选择问句 3 种句法结构形式之间的蕴含性共性：重叠问句⊃有标记的正反问句⊃有标记的选择问句。这一蕴含性共性表明，一种语言如果存在重叠问句，就会存在有标记的正反问句，还会存在有标记的选择问句。

语言类型学分为传统语言类型学和现代语言类型学。传统语言类型学是根据构词形态把语言分为孤立语、黏着语、屈折语 3 种类型；现代语言类型学则是把语言放在一个由多种参项构成的、连续的类型等级序列中进行分类。类型学的这两种研究方法在国外的语言研究中都有充分的发展。在我国，由于汉藏语系语种丰富，语言特点多样，因此，在对不同的语言、不同的语言特点的研究中，传统语言类型学与现代语言类型学研究有不同的适用范围。一般说来，对汉语、壮侗语族、苗瑶语族以及藏缅语族南部语群等形态特征不丰富的语言，更多的是采用现代语言类型学的研究方法。如李云兵的《中国南方民族语言语序类型研究》③一书以中国南方 98 种民族语言（包括汉藏语系的藏缅、苗瑶、壮侗等语族及南亚语系、南岛语系）为研究对象，对这些语言在语序类型方面的重要参项进行了描写和跨语言比较。而对形态特征相对发达的藏缅语族北部语群的研究，传统语言类型学的研究方法有更多的用武之地。如孙宏开的《我国藏缅语动词的人称范畴》④对存在于独龙语、羌语、嘉戎语、普米语、木雅语、尔龚语、扎巴语、景颇语、载瓦语等语言中的动词人称范畴进行考察，认为这些语言的动词往往用添加前缀或后缀的方式（有的语言里把动词后面成音节的人称后缀处理成语尾助词）表达与该动词有关的主语或宾语的人称与数。

此外，从研究比重上看，以汉语为研究对象的研究成果多，而以非汉语为研究对象的研究成果少。这与非汉语研究的历史短、人数少有关。在语言结构中，以语法方面的研究成果为多，而语音、词汇方面的研究成果

---

① 黄行：《我国少数民族语言的词序类型》，载《民族语文》1996 年第 1 期。
② 戴庆厦、朱艳华：《藏缅选择疑问范畴句法结构的演变链》，载《汉语学报》2010 年第 2 期。
③ 李云兵：《中国南方民族语言语序类型研究》，北京大学出版社 2008 年版。
④ 孙宏开：《我国藏缅语动词的人称范畴》，载《民族语文》1983 年第 2 期。

少。这与现代语言学理论重语法研究有关。

二 20年来汉藏语类型学研究的经验

语言类型虽是抽象的、概括的语言规则，但它是从具体语言的研究中根据不同的特点归纳出来的。汉藏语的特点不同于其他语系语言，必然要有适合汉藏语特点的类型学研究。这需要在研究中进行积累和总结。20年来，学者们在汉藏语类型学的比较研究上苦苦探索，摸索了一些经验。

（一）类型学比较必须区分亲属型语言比较和非亲属型语言比较

语言关系有亲缘关系和非亲缘关系之分，所以语言类型学比较必须有亲属型类型学比较和非亲属型类型学比较之别。前者如汉语和藏语的比较，后者如汉语和英语、维吾尔语的比较。二者研究的目的、内容、方法有所不同，是不同质的。

拿比较目的来说，亲属型类型学比较的主要目的是通过寻求语言间的共性和个性，揭示语言历史演变的规律。亲属语言的共性，是由原始共同语的共同"基因"沿袭下来的，虽然后来的语言由于语言的分化产生不同程度的变异，但在共时上还存在其内部的联系。而非亲属型语言比较，由于语言间不存在语言亲缘关系，没有原始共同语的共同"基因"，也就不存在亲属关系性质的语言演变规律。其间虽存在共性但却是非亲属关系性质的，属于人类语言的共性。

在比较方法上，亲属型类型学比较总会带有"共同基因"的眼光看待不同语言的对应关系，把相互间的异同与"共同基因"的主线联系在一起；而非亲属型类型学比较则是"就事论事"的，或者说是就语言现状论事的，不必考虑它们的过去。

语言类型学比较中对语言异同现象的观察、判断，必须考虑有无亲缘关系的因素，不能笼统地就事论事。如：汉藏语内部有 SVO 和 SOV 两种截然不同的语序，汉语、苗瑶语、壮侗语是 SVO 语序，藏缅语是 SOV 语序。二者的差异是历史演变形成的，可以寻出其"演变链"。阿尔泰语虽与藏缅语一样也是 SOV 语序，但与藏缅语没有共同的来源；英语与汉语一样，也是 SVO 语序，但也没有共同来源，没有演变上的关系。

但现在所看到的语言类型学研究成果大多不区分亲属语言和非亲属语言，只要是不同的语言和方言，都可以放在一起来比较、研究。这一做法固然能够获得人类语言在共时平面上的共性和个性的认识，但却难以深化对语言特点由来的认识。

（二）亲属语言的类型学比较必须区分语言现象的同源关系和非同源关系

亲属语言的类型学共性有两个来源：一是原始共同语同一现象在不同

语言中的延续，这是同源关系；二是不同语言后来各自新增的现象，这是非同源关系。这两种不同的来源虽都与语言的亲缘关系有关，都受亲缘关系的制约，但在性质上、特点上是有差别的。

同源关系的语言现象，由于都是由一个"根"演化下来的，虽然后来不同语言都发生变化，产生了不同的特点，甚至面目全非，但还能找到其"血缘"上的联系，构成其类型学的共性和个性。如动词的使动范畴，这大概是汉语和藏缅语原始共同语的共同特征，有可能追溯、重构到原始共同语的语法形式上。通过汉语和藏缅语使动范畴的类型学比较，我们能够发现汉语和藏缅语使动范畴类型学的共性和个性。

非同源关系的语言现象，由于是不同语言后来各自并行产生的，没有"血缘"上的直接联系。其演变受各自语言系统的规则制约。其类型学关系不同于上述同源关系的语言现象。当然，由于不同语言存在亲属关系，所以在演变特点上会不同程度地受到共同"基因"的间接影响而出现某些共性。下面以声调为例来说明这个问题。

汉藏语大部分语言都有声调，但不是原始汉藏语延续下来的。现有的研究成果显示：汉藏语现存的一些语言或方言至今尚未产生声调，如珞巴语、藏语安多方言、羌语北部方言等；有的语言声调还处于萌芽状态，如嘉戎语；有的语言声调还不发达，如独龙语。从语言比较的角度看，有些语言的声调系统无法确定对应关系，如汉语和藏语，藏语和景颇语，景颇语和彝语。以上现象说明，汉藏语的声调不是原始汉藏语就有的，是后来分化为不同的语族后才各自产生的。这些各自分别产生的声调，各有自己的声调演变规律，相互间找不到系统的对应关系（即无法确立共同的"调类"）。但由于这些语言有亲缘关系，在声调的演变上会存在某些共性。如声调的分化遵循清高浊低、因舒促分类的规律。总之，不同语言后来各自产生的声调的类型学特征与由一个原始母语声调系统分化下来的类型学特征，在性质与特点上显然是不同的。

又如，藏缅语都有在句法结构中承担重要功能的结构助词，如宾语助词、定语助词、状语助词、工具助词、处所助词等。不同语言的结构助词虽然功能大体相同，但无同源关系，可以认为是后来各自产生的。所以在进行类型学比较时，不要把它们看作原始汉藏语的共同特点，想要构拟其原始母语的共同形式是不可能的。

（三）类型学比较必须重视系统参照

每个语言都有自己独立的语言系统，其各种语言成分的存在和演变都受该语言系统特点的制约。所以在做语言类型学比较时，要从语言系统上把握用来比较的语言材料，而不是孤立地、表面地认识语言材料。重视语言现象的系统特点，可称为"语言系统参照"。

　　比如，在做藏缅语的清浊声母类型学比较时，如果只摘取不同语言音系中的清浊声母进行对比，并依次做类型学特征分析，这就很不够，而且有可能搞错。下面以缅语的例子来说明这个问题。缅语浊的塞音、塞擦音在历史上已几近消失，所以现代缅语中基本词的读音都由古浊音变为清音，这从缅语与亲属语言同源词的比较中就能获知。在基本词中，彝语支语言的浊声母不与缅语的浊声母对应，而与缅语的清声母对应。如："上（去）"一词，彝语是 do^{33}，缅语是 tɛ^{ʔ55}；"听见"一词，彝语是 gɯ^{33}，缅语是 kja^{53}。这说明浊的塞音、塞擦音在基本词上已走向消失。但为什么缅语在现代音位系统中还保留浊的塞音、塞擦音呢？通过对浊音词词语来源的审视发现，缅语的浊塞音、浊塞擦音词大多是巴利语、印度语、英语等语言的借词。这又说明，现代缅语塞音、塞擦音上的清浊对立是一种"死灰复燃"的现象，其主要动力是语言接触而引起的外来词借用。也就是说，现代缅语的浊塞音、浊塞擦音音位是靠借词来支撑的，借词与缅语残存的浊音成分结合在一起构成浊音音位"东山再起"的创新因素。总之，现代缅语清浊声母与藏缅语其他语言在性质上已大不相同，是"旧瓶装新酒"，或是"相同的瓶装不同的酒"。针对这种现象，做类型学比较使用缅语的清浊声母材料时，不能只看表面特征，而应进一步了解其深层的内容。[①]

　　在类型学比较研究中，由于涉及语言多，研究者难以做到对每种语言的特点都有较深的了解，往往只停留在表层的比较上。这是有待改进的问题。

　　（四）类型学比较必须谨慎判定语言接触现象

　　由于语言接触的原因，语言的特点会发生某些变化，还会使语言的类型学的特点发生变化。所以在做语言类型学比较时，应当区分固有成分和接触成分。对是否是由于接触而新增的语言成分，往往不易判断清楚。特别是汉语和苗瑶语、壮侗语，由于这些语言的接触关系久远、复杂，固有成分和借用成分的关系有的很难区分，成为长期困扰汉藏语语言学家的一个难题。比如藏缅语的正反问句，许多语言只有有标记的正反问句 ["去呢，（还是）不去呢？"]，如景颇语、荣红羌语等；而哈尼语、彝语、载瓦语等语言既有有标记的正反问句，也有无标记的正反问句（"去不去？"）。如何解释哈尼语、彝语、载瓦语等语言有无标记的正反问句这一现象？是看成由于语言接触而突破藏缅语类型学共性的现象呢，还是从语言系统中找内部理据，看成内部自身发展的呢？有的认为是语言接触造成的例外，而我们

---

① 戴庆厦：《语言接触与浊音恢复——以缅甸语的浊音演变为例》，载《民族语文》2011 年第 2 期。

则认为是内部自身发展的，符合类型学共性。通过藏缅语疑问句的类型学比较，我们发现藏缅语的正反问句存在无标记的正反问句→有标记的正反问句→无标记的正反问句→重叠问句的演变链。哈尼语、彝语、载瓦语等语言在正反问句上的两种形式，分别处于这个演变链的第二、第三环，其进一步发展的方向是演变为重叠问句（去去？）。这种演变链的形成，受语言类型特点（屈折性、分析性程度的高低）的制约。凡形态特征比较发达的语言，如景颇语、荣红羌语，是通过动词的词缀来表示疑问，动词不能独立出来构成正反问句，所以只能是带有疑问标记的句法形式。而分析性较强的语言，如哈尼语、彝语、载瓦语等，动词缺乏形态变化，表达疑问时，动词可以独立出来，构成无标记的正反问句，这是由语言自身系统的特征决定的，而不是外来的语言接触原因造成的。

所以，在类型学比较中既要重视语言接触引起的语言变异，又不能扩大化，把固有的语言现象当成语言接触引起的。

三 近年来汉藏语类型学研究的新动态及前景

（一）近年来汉藏语类型学研究的新动态

近年来，我国学者在类型学已有研究的基础上，根据本土语言实际，重视探索新的研究方法和路子。其中有两个新的研究动态值得重视：一是从只关注语言现象的共时表现转向既关注共时现象又关注历史演变；二是从关注语言结构形式转向关注语义范畴在不同语言中的各种表现形式，以及语义范畴内部关联的差异等。与此相关的理论方法主要有两种：一是语义地图模型理论，二是语言库藏类型学。下面简要地做些介绍。

1. 语义地图模型

语义地图（semantic map）模型是建立在跨语言比较基础上，研究语言中多功能形式的关联模式。这一理论的基本思路是："某个语法形式若具有多重意义/用法，而这些意义/用法在不同语言里一再出现以同一个形式负载的现象，则其间的关联绝非偶然，应是有系统的、普遍的，可能反映了人类语言在概念层面的一些共性。"[①]语义地图研究最早是由 L.B.Anderson（1982）开创的，他在研究世界语言里完成体标记的共性特征时，将当时仅用来分析词汇语义的"语义场理论"加以改造，用来考察语法标记和语法结构所负载的语义之间的关联。但直到 20 世纪 90 年代中后期，这一理论才逐步受到类型学界的重视。最近几年，语义地图模型在类型学界形成了

---

① 张敏：《"语义地图模型"：原理、操作及在汉语多功能语法形式研究中的运用》，载《语言学论丛》第 42 辑，商务印书馆 2010 年版。

一个研究高峰。部分中国学者从国外吸收了类型学研究的这一新成果，并将之介绍到国内语言学界。如张敏的《"语义地图模型"：原理、操作及在汉语多功能语法形式研究中的运用》，王瑞晶的《语义地图：理论简介与发展史述评》，陆丙甫、屈正林的《语义投影连续性假说：原理和引申——兼论定语标志的不同功能基础》等。还有一些学者尝试运用这一理论来进行汉语研究。如潘秋平的《从语义地图看<广东省土话字汇>中的"俾"》，翁珊珊、李小凡的《从语义地图看现代汉语"掉"类词的语义关联和虚化轨迹》，郭锐的《以补充义为核心的副词语义地图》《从语义地图模型看量词功能的扩张》等。

语义地图模型理论引入中国的时间还很短，从应用的范围来看，这一理论目前还只是应用于汉语研究领域，民族语学界尚未见到相关研究成果；从研究的对象来看，国际语言学界的研究，基本取样于欧洲语言，而我国语种异常丰富的少数民族语言（涉及汉藏、阿尔泰、南岛、南亚、印欧等5个语系）尚未纳入这一研究领域。因此，在我国的民族语学界开展语义地图的研究，对推动我国民族语研究的发展，以及丰富和深化语言类型学研究，都有着重要的价值。

2. 语言库藏类型学

语言库藏（linguistic inventory）是指一种语言或语言的某一方面所拥有的语言手段（包括语音及韵律要素、词库、形态手段和形态要素、句法手段）的总和。语言库藏类型学是在跨语言考察的基础上，总结人类语言在语言库藏方面的共性和类型差异的语言研究理论。刘丹青在2010年北京语言大学召开的"类型学视野下的汉语与民族语言研究学术论坛"上阐述了这一理论。库藏类型学关注哪些范畴在人类语言中普遍进入库藏，哪些范畴只在少数或个别语言中进入库藏，哪些范畴从不进入库藏，而借助标示其他范畴的手段。库藏类型学研究各范畴所用库藏手段的显赫度，并根据相关范畴的跨语言入库能力和显赫度将不同的语义语用内容排出等级序列。①

语言库藏类型学提出的时间还很短，目前研究的人还不多，只有个别学者在这方面有研究成果问世，研究对象主要涉及汉藏语及英语。如刘丹青的《语言库藏类型学》、强星娜的《上海话过去虚拟标记"蛮好"——兼论汉语方言过去虚拟表达的类型》。

语义地图模型和库藏类型学理论，与过去的类型学研究有较大的区别。

① 刘丹青：《语言库藏类型学》，2010 年北京语言大学主办的"类型学视野下的汉语与民族语言研究学术论坛"论文。

过去的类型学研究更关注的是语言的结构形式，如语序、语法手段等，而这两种理论更关注语义范畴在不同语言中的不同表现形式，语义范畴内部关联的差异等。此外，过去的类型学研究一般只考察共时平面上不同语言的共性与差异，而不考虑历时平面上的来源与发展，而语义地图模型则开创了类型学研究中由共时差异观照历时演变的新路子。从这两个角度来说，汉藏语的语言类型学研究又有了一个新的进展。

（二）汉藏语类型学研究的前景

语言类型学理论从开始建立，到后来蓬勃发展，成为语言学中的一门"显学"，其迅猛发展的态势彰显了这一理论在语言研究领域的普适性及生命力。然而这一理论在语言事实的运用上出现了一个弱点——对汉藏语语言事实重视不够。这就导致所提取的类型学规则有许多并没有包括汉藏语的语言事实。如关于名词修饰语与中心名词的语序，Geenberg（1996）所提出第 20 条共性只总结了"指示词+数词+形容词"（前置于名词或后置于名词）或"形容词+数词+指示词"（后置于名词）两种，其中没有涉及量词进入结构后的语序变化。[①]汉藏语系语言多数都有丰富的量词，量词进入后会引起句法结构的一系列变化，这需要从类型学的角度进行新的归纳。其他如语音研究中的韵律问题、声调问题、语音和谐问题，语义研究中的多义分合问题，都是未被认识，有待开垦的领域。总之，汉藏语的类型学研究大有可为。

（原载《云南民族大学学报》2011 年第 5 期，2012 年第 1 期全文转载，《高等学校文科学术文摘》2011 年第 6 期转摘。本文与朱艳华合写）

---

① 戴庆厦、傅爱兰：《藏缅语的形修名语序》，《中国语文》2001 年第 4 期。

汉语的特点究竟是什么？[①]

【提要】本文认为，从宏观上把握汉语的特点，比较切合实际地认识到究竟有哪些特点是汉语独有的，或起关键作用的，这样在汉语的教学、研究中就会减少主观性、片面性、盲目性，防止局部"摸象"或"一叶遮目"。作者通过汉语与非汉语的比较，认为汉语在宏观上至少有四大特点值得重视：一是汉语属于超分析性语言；二是汉语属于隐性特点丰富的语言；三是汉语的语义属于具有超强伸张力的语言；四是汉语是特别注重韵律的语言。还认为，准确把握汉语的特点必须进行语言比较，要深入挖掘汉语的微观特点，从汉语本身提取切合语言实际的认识，要防止机械地用非汉语的眼光、标准去套用汉语的特点。

【关键词】汉语；非汉语；特点

我主要做藏缅语族语言的教学研究，也做过汉语和少数民族语言的对比研究。处于这种知识和工作背景，我常常不由自主地会去思考"汉语的特点究竟是什么"这样一个实际存在的但又难以回答的问题。本文主要讲以下三个问题。

一　思考汉语特点的必要性

做汉语教学、研究也好，做汉语与非汉语的比较也好，总会遇到这样一个问题——汉语的特点究竟是什么？这个问题的实质是指：应当怎样认识、捕捉、把握真正属于汉语的特点。在汉语的教学中，如果对汉语的特点能够把握得准确些，就能更有针对性，做到有的放矢；在语言研究中，如果对汉语的特点能够认识得贴近实际些，就能较快地发现问题，抓住实质性的特点。

人们虽然天天跟语言接触，但却不容易发现自己所说的语言或自己所研究的语言究竟有什么特点。对汉语也是这样。这似乎是普遍现象。所以

①　该文在"第一届汉字汉语文化国际会议"（2014年8月15—18日在美国俄克拉荷马大学召开）上宣读过。

做语言教学与研究，必须多思考自己所教或研究的语言究竟有什么特点，要从感性认识提升到理性认识。

每种语言的特点都有大有小。小的特点容易说出一些，如汉语的语法有"把"字句、"被"字句、介宾结构，语音有轻声、儿化、单音节性强等。这些都是不可忽视的特点。但其大的特点、能制约语言系统变化的特点又是什么，却难以认识到。

我虽然是研究具体语言的，也做过汉语和非汉语的比较，多年的实践使我对汉语和非汉语的特点能说出一些。但对自己所接触的语言的特点是否摸准了，究竟有哪几条特点是关键性的、能制约整个语言系统的特点，却感到没有把握，这成为我时时思考的问题。

汉语的特点究竟是什么？这是一个必须回答但又难以回答的大问题。过去，老一辈的语言学家已在不断地探讨汉语的宏观特点，对汉语的特点提出过"单音节性""孤立性""有声调""韵律强""话题优先"等各种认识，这些认识，为我们深入探讨汉语的宏观特点打下了一定的基础。

如果能够从宏观上把握汉语的特点，看到哪些特点是汉语独有的，或起关键作用的，汉语的特点中，弄清哪些是语言的共性，哪些是汉语的个性，就会对汉语的特点看得更深些、更准些，在教学、研究中就会减少盲目性、主观性、片面性，防止局部"摸象"或"一叶遮目"。

二　汉语的四个特点分析

我主要是做非汉语研究的（主要是汉藏语系语言，对景颇语、哈尼语比较熟悉），通过非汉语和汉语的比较，我认为汉语在宏观上有以下四个特点。现提出来与大家交流。

1. 汉语属于超分析性语言

根据语言类型学的分类，世界的语言可分为分析语、黏着语、屈折语和多式综合语等几类。分析型的特点是，形态不甚发达，主要靠语序和虚词来表示各种语法意义；黏着型和屈折型的特点是主要靠形态变化来表示各种语法意义。但每一类型的语言特点都不是纯粹单一的，都会在主要类型的特点上另含有别的类型的特点，而且在每一类型的内部都存在不同的类型层次。比如：分析型语言除了分析特点外，都会有不同程度的形态特点，通过语音变化表示不同的意义和语法范畴。黏着、屈折等类型的语言，也会有一些分析型的特点。

汉藏语的历史比较和类型学比较虽然还处于起步阶段，但不少专家都同意这样一条粗线条的演变规律——汉藏语是由黏着类型向分析类型演变的。如今，汉藏语系上百种语言，都是以分析性特点为主的语言，但不同的语言发展不平衡，分析性程度高低不一，存在不同的层次。如其中的藏缅语族语言，除具有分析性的特点外，还有程度不同的黏着性、屈折性的特点。大致存在三种不同的层次：第一类是分析性相对较强的，如彝、哈尼、傈僳、拉祜、白等语言，形态变化很少，语法意义主要靠语序和助词来表示。第二类是形态变化相对较多的，如嘉戎、羌、普米等语言，形态变化比较丰富，除了语序和虚词外，还靠形态变化表示各种不同的语法意义。第三类是景颇语，其形态变化处于上述两类之间，不及形态变化较多的嘉戎、羌、普米等语言，但又比分析性较强的彝、哈尼、白等语言丰富。其形态变化的强度，处于中间偏上的位置。这三种不同的类型，是藏缅语语法演变处于不同阶段在现存语言里的反映，反映了藏缅语语法从形态丰富到不丰富的演变过程。我们通过对比研究，可以从中构拟出一条由黏着类型向分析类型演变的演变链。

与藏缅语相比，汉语则是分析性发展最充分的语言，形态变化保留相对较少。汉语的分析性特点，接近藏缅语族语言中的第一类，而且分析性特点还比第一类强，可定性为"超分析性语言"。认识到这一点是非常必要的，它能使研究者从宏观的角度判断汉语的特点及演变规律。

汉语分析性强的特点主要表现在词类无形态变化上，词类的区别主要靠意义和句法功能。拿动词来说，藏缅语的动词大都有种类不同的形态变化（声母、韵母、声调的变化和加不同的前缀或后缀），表示"式、体、貌、态"等不同的语法意义；而汉语的动词则是"光杆"的，既无前缀或后缀，也很少有音变现象，主要靠分析手段（加助词、语序）表示各种语法意义。如动词中的使动形式，藏缅语除了分析式外还保留丰富多样的形态变化（声母、韵母、声调的变化和加不加前缀等），如：景颇语的 pja^{255} "垮"和$phja^{255}$ "使垮"，$mă^{31}laŋ^{33}$ "直"和 $mă^{31}laŋ^{55}$ "使直"，noi^{33} "挂着"和 noi^{55} "挂上"，$tʃoŋ^{31}$ "骑"和 $ʃă^{31}tʃoŋ^{31}$ "使骑"，kap^{55} "粘"和 $ʃă^{31}kap^{51}$ "使粘"，$pʒep^{31}$ "裂，碎"和 $a^{31}pʒep^{31}$ "打裂，拍裂，拍碎"。而汉语表示使动意义，几乎没有形态变化，使用词汇手段或语义内在的变化来表示。

又如，汉语的动词和形容词在形态上无区别性特征，而藏缅语许多语言能够通过形态变化来区别。如景颇语的形容词能加上a^{55}前缀构成副词做状语用；而动词不能。例如：

$a^{55}lă^{31}wan^{33}kă^{31}lo^{33}u^{231}$！　　你快做吧！

（前）快　　做　（尾）

$a^{55}tsoम^{51}ʃa^{31}ka^{33}mu^{231}$！　　你们好好地写吧！

（前）好　地　写（尾）

动词能通过加前缀表示"经常"义，而形容词不能。如：$mă^{31}ni^{33}$ "笑"

和 a^{55}mǎ ^{31}ni^{55} "经常笑"；ŋa^{31} "在" 和 a^{55}ŋa^{31} "经常在"。

汉语词类形态变化少，自然会伴随词类活用多的特点。相对而言，汉语词类活用的现象比较多，这与词类缺少形态有关。因为词类的形态标志，对词类的活用会有一定的制约力。如："添堵、添乱、给他一个爱、清爽感动世界、爱是天意、天气那叫一个冷"的"堵、乱、爱、清爽、冷"译为景颇语时，都要加上名词化标志构成名词才能进入句子。同一形式的词类活用，应该是语言富有表达力的表现，但也存在少数规范的问题。如近年来出现的一些四字格结构的短语，如"清洁北京、智慧人生、文明餐桌、创新科技"等，前一个词是形容词还是动词？"清洁北京"是"清洁的北京"，还是"使北京清洁"，"文明餐桌"是"文明的餐桌"，还是"使餐桌文明"，使人莫衷一是。汉语词类活用的现象似乎越来越强，如"很明星、大夏天的、非常父母、娱乐自己、文明北京、贪杯"等，已见怪不怪了。"病了弟弟，不病哥哥"的"病"也当使动词用了。汉语的数词"一"能当副词用，如"他一去就是三年"，这是藏缅语族语言所没有的。

汉语句子成分使用上的灵活性，不是字面上都能解释的。如"吃父母""你学什么习""我就奇了怪了""都局长了""都老夫老妻了"等，是亲属语言所没有的。这种灵活性，造成非汉族学习汉语的困难，成为长期以来汉语教学、研究的一个难点。

汉语"超强"的分析性，形态变化极少，使得它必须从别的方面寻找表达力，以实现语言表达的和谐、平衡。汉语为什么大量出现语序的多变性和多样性，为什么语义对句法有如此强大的制约力，为什么韵律变换如此复杂，为什么特殊句式的能产性特别强，为什么语音对语法有着超常的控制力等，这些都与汉语超强的分析性特点有关。汉语的"被"字句、"把"字句出现频率高、特点异常复杂，是非汉语人学习汉语的大难点；这些特点不但其他语系的语言（如印欧语系、阿尔泰语系、南亚语系）没有，就是与其相近的亲属语言（如藏缅语族语言）也没有，这不能不与汉语超强的分析性特点有关。总之，认准汉语的分析性特点，有助于从宏观上、本质上认识汉语的特点。

汉藏语由黏着类型向分析类型演变，不同语言分析性程度高低不一。在这一演变趋势中，要数汉语跑得最快，分析性超强。这是为什么？值得研究。

2. 汉语属于隐性特点丰富的语言

语言的形式，有隐性和显性之分。从总体上看，分析性语言隐性特点会多些，而黏着语、屈折语的显性特点会多些。认识具体语言的隐性、显性特点，对语言教学与研究很有帮助。

　　汉语与形态变化比较多的一些语言相比，隐性特点比较丰富。比如：景颇语在名词上有个体名词和类别名词的对立，通过形态变化构成类别范畴。这是显性的特征。但汉语也有这种语法意义，则没有显性的语法形式，个称和类称都是"光杆形式"。例如：

个称	类称	
nam³¹si³¹ 水果	nam³¹si³¹ nam³¹so³³	果类
ʃă⁵⁵kųm⁵¹ 墙	ʃă⁵⁵kųm⁵¹ʃă³³kap⁵⁵	墙的总称

　　"水果"一词，在"我吃一个水果"和"水果是有营养的"这两个不同的句子里，景颇语是不同形式，而汉语是同一个形式。但汉语是通过句法结构显示"个称"和"类称"这一语法范畴的对立的。

　　又如，汉语"的"字结构也是一个隐性特征。20世纪50年代，朱德熙先生首次引入现代语言学中的结构主义理论和方法，揭示了汉语"的"字的隐性特征。他把"X的"的不同分布看作"的"的不同功能，由此提出了著名的"三个语素"说。即"的₁"是副词性后附成分；"的₂"是形容词性后附成分；"的₃"是名词性后附成分。汉藏语各语言间"的"的数量多少不一，有的语言没有"的"，有的语言只有一个"的"，而有的语言却有多个"的"。多个"的"是使用不同的词，表示不同的语法意义。

　　类型学比较的成果显示，分析性语言是产生"的"字结构的良好土壤。汉藏语内部的"的"字结构存在发达与不发达的差异，其成因与语言的分析性强弱有关。如：藏语支、羌语支等语言其形态变化比缅彝语支丰富，分析性较弱，"的"字结构就相对贫乏。嘉戎语是其中形态变化最为丰富的一种语言，至今尚未产生定语助词"的"。而缅彝语支分析性强，定语助词不仅形式多样，而且表义类型丰富，当修饰性定语提前时，定语助词作为一种分析性手段不可缺省。汉语的分析性强，所以"的"字结构也发达。汉语的"的"字概括程度高，对语义关系的控制力强，同一个"的"字具有多种不同的语法意义、语法功能，"的₁""的₂""的₃"共用一种语音形式，但在句中不混淆，要通过句法分析才能揭示其不同的类别。景颇语则采用多种不同的语音形式表示"的"，体现不同的语义关系。景颇语有aʔ³¹、ai³³、na⁵⁵三个不同的"的"，是显性的形式。不同的"的"，职能界限分明。例如：

ʃiʔ⁵⁵ aʔ³¹ pă̠³³loŋ³³　　　　　　他的衣服（aʔ³¹表领属）
他　 的　 衣服

kă̠³¹pa³¹ ai³³ phun⁵⁵　　　　　　大的树（ai³³表修饰）
大　　　 的　 树

tai^{31}niŋ^{33} na^{55} mam^{33} 　　　　　今年的稻子（na^{55}表限制）

今年　　的　　稻子

汉语"的"字与周围的亲属语言无同源关系，可以证明"的"是在原始汉藏语分化之后产生的。"的"字的词源关系，能够反映亲属语言"的"字的产生和演变。如果"的"字在不同语言里有同源关系，说明他们有共同的来源，也就是说，在它们未分化的时候就已出现，不是后来创新的。所以，弄清汉藏语"的"字的词源关系，区分是同源还是不同源，是研究"的"字结构的一把重要钥匙。

再如，汉语动词也有自主范畴，区分自主和非自主，但没有显性的语法标记，不易被发现。马庆株教授揭示汉语动词的自主范畴，是通过藏语显性的自主范畴的对比发现的。藏语的动词有一套自主非自主的对立。这一语法范畴是通过显性的语音曲折变化表示的。如：自主的"看"（现在时）是 lta，非自主的"看见"（现在时）是 mthong。自主的有命令式，非自主的没有。马庆株教授在学习、研究藏语的语法时，对照、分析了汉语的动词，发现汉语"能单说'看'、'我看'、'看报'，不能单说'塌'、'房子塌'、'塌房子'，而非要说'塌了'、'房子塌了'、'塌了一间房'不可"。并在分析大量语料的基础上，提出划分现代汉语自主动词和非自主动词的语法标准和分类系统。他说："自主动词和非自主动词这一对术语是从藏语语法论著中吸取来的"，"找寻汉语自主动词和非自主动词的分类标准，缺乏可供参考的前人论著，只是可以从藏语语法中得到一些启发"。[1]他的这一发现，已得到学术界的认可，是从非汉语显性特点发现汉语隐性特征的一个范例。

吕叔湘先生在《说"胜"与"败"》这篇著名的论文里，解释了"胜"与"败"这一对反义词为什么在"中国队胜（败）南朝鲜队"这一句式中语义相同。从汉语隐性的特点看，是"胜"含有"使败"、"败"含有"使胜"的特点所致，这种隐性的语义特征是古汉语"败兵"使动基因的传承。

鉴于上述汉语隐性特点丰富，所以在汉语的教学、研究中要特别关注隐性的特点，对隐性现象要有敏锐性，善于从隐性特征中发现语法现象，解释语法现象。

3. 汉语是语义具有超强伸张力的语言

在多年的汉语语法研究中，语言学家经过困境的碰撞逐渐认识到语义与语法的密切关系，理解到大量的语法问题与语义有关，要从语义上去解释，从而出现了"语义语法"的方法论。这一认识，是符合汉语实际的，是深入认识汉语语法特点的重要一步。

---

① 参看马庆株《自主动词和非自主动词》，载《中国语言学报》第 3 期，商务印书馆 1988 年版。

但在汉藏语系语言中，语义的重要性是不相同的。语义控制语法的能力有强有弱，起作用的领域各有侧重。相比之下，汉语是语义具有超强伸张力的语言。语义对语法控制能力的大小，在词的义项多少上有反映。比较汉语和藏缅语，我们发现汉语的义项比别的语言丰富。如：汉语的"老"有十多个义项。年岁大（老人），老年人（徐老），以前就有（老厂），陈旧（老机器），火候大（煮老了），长久（老没见到他），很（老远），排行末了（老闺女），前缀（老三，老虎）等。而其他亲属语言则没有这样的义项扩张，多用不同的词表示。如景颇语的"年岁大"用 kum^{31}kai^{33}（女）、tiŋ^{31}la^{33}（男），"以前就有"用 n^{31}sa^{31}，"火候大"用 lai^{31}。不能引申出副词和前缀。

汉语语义变化多样，语用时在句法构造中尽量发挥语义多变的表现力，使语义的作用不断扩大。语义的超强伸张力使得某些固定的语序可以松动，而不至于改变意义。如下面的句子可以不加助词或改变词的形式就能改变语序，是许多语言哪怕是相近的亲属语言都做不到的。例如：

十个人吃了一锅饭　　　　　　　一锅饭吃了十个人

十个人坐一条板凳　　　　　　　一条板凳坐十个人

一天写了五十个字　　　　　　　五十个字写了一天

鲜花开遍原野　　　　　　　　　原野开遍鲜花

又如，汉语可以说"台上坐着主席团""床上坐着爸爸"的施事宾语句，而周围的亲属语言在表达同样的意思时，必须改为"台上主席团坐着""爸爸坐在床上"，"主席团"和"爸爸"只能当施事主语。"写毛笔"，汉语的"毛笔"是工具宾语，而亲属语言大多是当状语用。例如：

景颇语：wa̱ ^{51} jup^{31}ku^{31}ko̱ ʔ^{55}tuŋ^{33}ŋa^{31}ai^{33}.　　　　爸爸坐在床上。

　　　　爸爸 床　　 上　 坐　 在（尾）

　　　　mo^{31}pi^{31}theʔ^{31}ka̱ ^{33}.　　　　　　　　　　　用毛笔写。

　　　　毛笔　　用　 写

七河白语：ŋu^{55} mba̱^{33} ko^{42} ŋgɯ^{45} kho^{42}kho^{42} nou^{33}.　我的爸爸坐在床上。

　　　　我的 爸爸 坐 在　 床 张 上

　　　　ɳ̩ou^{42} mau^{42}pi^{45} vər^{33}.　　　　　　　　　　用毛笔写。

　　　　用　 毛笔　 写

靖西壮语：ke^{34}pa^{33}naŋ^{34}jou^{34}tɛŋ^{31}ta：p^{55}.　　　爸爸坐在床上。

　　　　爸爸　 坐 在 上 床

　　　　au^{45}ma： u^{31}pi^{31}ma^{31} ma： i^{31} θei^{45}.　　　　写毛笔（用毛笔写字）。

　　　　拿　 毛笔　 来 写 书

为什么有这种差别，究其原因，是因为上述汉语句中的动词语义，能够伸张出带施事宾语的语义，所以能出现不符合常规的语序；而其他语言无此语义变换能力，所以也就不能改变常规语序。

汉语的述宾结构的宾语类别复杂，这是亲属语言中少有的。除了对象宾语外，还有处所、结果、工具、目的、时间、等同、原因等宾语，后者是非汉语人学习的难点。藏缅语族语言的宾语主要是动作行为的对象，而且多数语言还要加宾语标记。汉语中的"吃大碗、去北京、等三天、（床上）坐着爸爸"等述宾句式，在译成非汉语时许多都要用状中结构表达。如景颇语：

汉语	景颇语
吃大碗	wan^{33}kǎ ^{31}pa^{31}theʔ ʃa^{55}ai^{33}
	大碗　　　用　吃（尾）
去北京	pe^{31}kji n^{33}teʔ^{31} sa^{33}
	北京　　（助）去
等三天	mǎ ^{31}sum^{33}jaʔ^{55} la^{31}
	三　　　天　　等
（床上）坐着爸爸	wạ ^{51}jup^{31}ku^{31}kọ ʔ^{55}tuŋ^{33}ŋa^{31}ai^{33}
	爸爸 床　　上　坐　在（尾）

汉语的一个"打"字引申出许多意义，这是许多语言所没有的。如景颇语："打" kǎ ^{31}jat^{31}，只表示用手击义；而汉语引申了许多相关的意义，在景颇语里都要用别的词表达。其他藏缅语大致也是这样。如：

打鼓 tʃi ŋ^{33}tum^{31}	打刀 n^{31}thu^{33}tup^{31}
打鱼 ŋa^{55}kham^{55}	打枪 sǎ ^{55}nat^{55}kap^{31}
打水 khaʔ^{31}tʃa^{31}	打包 ʃa ^{31}pon^{31}
打卦 tʃa ^{55}pa^{51}wot^{31}	打火 phai^{31}pọ k^{55}pọ k^{55}
打瞌睡 jup^{31}ŋa^{31}ŋa^{31}	打雷 muʔ^{55} kuŋ^{31}
打毛衣 sǎ ^{55}ku^{51}pǎ ^{33}loŋ^{33}thu^{55}	

又如"跑"一词，汉语义项意义丰富，有"跑官、跑关系、跑调、跑买卖、跑江湖"等配合关系。而其他亲属语言的"跑"，主要用在"用腿迅速前进"上。

非汉语母语人要学习、掌握好类似"打、跑"这一类多义项词，很不容易，容易出现错误类推。如："打虾、打裤子、跑留学"等病句。

汉语有丰富的、各种意义的宾语，大概是由动词语义具有超强的伸张力决定的。汉语动词的语义网络系统，能接纳的宾语比较丰富，在语用中能根据宾语的语义转换自身的意义。

汉语的述补结构发达，也与动词语义的强伸张力有关。以阿尔泰语系语言为母语的人，掌握汉语复杂的述补结构有许多困难，特别是程度补语和趋向补语。他们常把"爷爷说话说累了"改为并列结构，说成"爷爷说话，累了"。 把"这只鸡病死了"，说成"这只鸡病了，死了"。哈萨克族没有补语，用状语代替补语。如："扫干净"说成"干净地扫"，"做错了"说成"错误地做了"。特别是趋向补语用得不好，如把"过上了幸福生活"，说成"过上来幸福生活"。

4. 汉语是特别注重韵律的语言

世界语言普遍都会有韵律特征，但不同语言在韵律的多少、强弱、特点上存在差异。在汉藏语系语言内部，相比之下汉语的韵律是超常的。汉语的韵律在词、短语、句子的构造上都有反映，不仅在共时结构上，而且在历时演变上都起作用。

如，汉语的并列结构复合词或短语的词序排列都不是任意的，主要受韵律规则（声调）的制约。如："天地、牛马、猪狗、心肺、黑白、大小、酸甜苦辣、山清水秀、青红皂白、耳鼻喉"等。非汉语人学习汉语的并列结构复合词或短语存在很多困难，因为缺乏汉语韵律的语感，加上受到母语的干扰，常常把顺序搞错。如把"牛马"说成"马牛"，把"酸甜苦辣"说成"甜酸苦辣"。

汉语的"种花、植树"可以说，而"种植花、种植树"不能说，但"种植花草、种植树木"又能说；"打牢基础"可以说，而"打牢固基础"不能说。为什么？汉语这种双音节化的制约力是非汉语许多语言所没有的。

又如，为什么汉藏语普遍有四音格词，而非汉藏语的阿尔泰语、印欧语等则没有或者少有？就是在汉藏语内部，汉语的四音格词超常丰富、使用频率也是超常高的。汉藏语系诸多语言的四音格现象究竟是亲缘关系，即从原始共同语继承下来的，还是后来各自产生的，属于类型学关系？通过汉藏语诸多语言的比较，我们发现不同语言的四音格词找不到相互间的同源关系。总的看来，缺乏形态手段的分析性语言，一般比形态手段丰富的语言更易产生四字格词。由此可以推测，汉藏语普遍存在的四音格现象，并非来源于原始汉藏语，而是各种语言后来各自形成和发展的，是语言类型作用的结果。那么，汉语有丰富的四音格词其成因是什么？我们还看到，决定汉语有丰富的四音格词的因素是多方面的，韵律、双音节化、对称、重叠、类推和词汇化等因素，以及文学语言中讲究格律，是汉藏语四音格词形成和发展的动因。所以说，超分析性的特点、讲究韵律应该是汉语大量发展四音格词的重要原因之一。至于外族人学习汉语的四音格词，一般说来，母语有丰富四音格词的学习比较容易，因为有韵律节奏感，反之亦然。

汉语的句子成分搭配，大多讲究韵律，动宾、动补、修饰等结构都有这条规则在起作用。如：动词是单音节的，要求补语也是单音节；如果动词是双音节的，要求补语也是双音节。但说阿尔泰语的维吾尔、哈萨克等民族的学生学习汉语时，韵律的意识不太强，不会有意识地注意韵律搭配，因而常常会出现"写完成、说错误、喝足够、打扫净、调查清、发达国、落后国、大型会、优秀人"等不符合韵律的偏误。

三 怎样发现汉语的特点？

特点是相对而言的，是通过不同语言的比较才能发现、确定的。吕叔湘先生曾经说过一段非常中肯的话："一种事物的特点，要跟别的事物比较才显示出来，语言也是这样。要认识汉语的特点，就要跟非汉语比较；要认识现代汉语的特点，就要跟古代汉语比；要认识普通话的特点，就要跟方言比较。无论语音、词汇、语法，都可以通过对比来研究。"① 这就是说，光看一种语言，是不可能准确地提炼出其特点的。

"比较"是指通过别的语言的映照或参照发现目的语（所研究的语言）的特点。比较是认识事物的手段，目的是发现目的语的特点，因而不能简单地用参照语的眼光来看目的语，即用参照语的特点代替目的语的特点。

季羡林先生在《语言应用研究》2000 年第 1 期上说过："要进行认真的汉语与同一语系语言的比较研究，从而真正摸索出汉语的特点。"

这就需要有汉语的眼光。汉语的"眼光"，是指在非汉语的映照下，从汉语的实际出发，从汉语中提取真正属于汉语的特点。而不能用其他语言的眼光如印欧语的眼光，来套用汉语的特点。

朱德熙先生在《汉藏语概论》一书的"序"中说："现代语言学的许多重要观点是以印欧系的语言事实为根据逐渐形成的。采用这种观点来分析汉语，总有一些格格不入的地方。这是因为汉语和印欧语在某些方面（最明显的是语法）有根本性的不同。由此可见，如果我们不囿于成见，用独立的眼光去研究汉藏语系语言，就有可能对目前公认的一些语言学观念加以补充、修正甚至变革。"②

制约汉语的特点，还有使用人口多、历史的分化、融合情况复杂、汉文和汉文献的作用等。这些因素都还未认识清楚。

如同人类生活在地球上而对地球上的事情总说不清一样，对语言特点的认识包括对汉语的认识和非汉语的认识都要一步步往深处走。但这种认识，每前进一步，哪怕是小小的一步，都会感到无比的喜悦。我记得著名

---

① 参看 1977 年 5 月 5 日吕叔湘先生在北京语言学院题为"通过对比研究语法"的讲演。

② 参看马学良主编《汉藏语概论》。该书初版 1991 年由北京大学出版社出版，修订本 2003 年 10 月由民族出版社出版。

语言学家王宗炎老先生说过这样一句很有见地的话："做语言研究要背着干粮赶着马车走。"希望我们共同在这条长征的路上一步步地向前迈进吧！

参考文献

成燕燕等：《哈萨克族汉语补语习得研究》，民族出版社 2003 年版。

戴庆厦：《藏缅语族语言使动范畴的历史演变》，载《中国语言学学报》2001 第 29 卷第 1 期。

戴庆厦：《汉语结合非汉语研究的一些理论问题》，载《长江学术》2002年第 1 辑。

戴庆厦：《藏缅语的强调式施动词——与汉语被动句比较》，载《语言研究》2005 年第 3 期。

戴庆厦、关辛秋：《第二语言习得中的语法"空缺"》，载《语言教学与研究》2005 年第 5 期。

戴庆厦主编：《汉语与少数民族语法比较》，民族出版社 2006 年版。

戴庆厦、苗东霞：《论第二语言教学难点》，载《汉语学习》2008 年第 5 期。

吕叔湘：《说"胜"与"败"》，载《语法研究和探索》（四），北京大学出版社 1988 年版。

李方桂：《藏汉系语言研究法》，载《国学季刊》1951 年第七卷第二期。

马庆株：《自主动词和非自主动词》，载《中国语言学学报》第 3 期，商务印书馆 1988 年版。

马学良主编：《汉藏语概论》，民族出版社 2003 年版。

What are the characteristics of Chinese?

Abstract: To grasp the characteristics of Chinese from the macrospic perspective can help language teachers and learners understand what are the unique charactristics of Chinese, or what plays a vital role in it. Holding macrospic point of view can make teaching and study of Chinese more objective, comprehenvsive and purposive, and it can avoid the danger of having one's view of the important overshadowed by the trival. Though people use language every day, they are not acquainted with the characteristics of their native language. In addition they tend to apply mechanically the characteristics of their native language to the target language. By comparing the characteristics of Chinese and non-Chinese languages (mainly Sino-Tibetan languages), the author found that there are at least four characteristics of Chinese notable. Firstly, Chinse is a kind of super-analytic language; secondly, Chinese is a kind of language which is rich in implicit characteristics; thirdly, the semantics of Chinese is super-flexible; fourthly, Chinese is a language emphasizing on rhythm. Finally, the author holds the point that in order to precisely master the characteristics of Chinese, people need compare Chinese with other language, probe into the micro-characteristics of Chinese, pick up the linguistic facts from the language itself, and avoid to mechanically apply non-Chineses features to Chinese.

Key Words: Chinese; Non-Chinese; Characterictis

（原载《云南师范大学学报》2014 年第 5 期）

从非汉语反观汉语

今天讲三个问题：一是从非汉语反观汉语是汉语研究的方法之一；二是从非汉语反观汉语能得到什么；三是从非汉语反观汉语的方法论问题。

这次讲座希望达到的几个效果：一是使听者能够初步掌握汉语和非汉语结合研究的基本理论、基本知识；二是掌握"反观"专题研究的基本操作方法；三是在听者中能出现一些做汉语和非汉语比较研究的青年专家。

一 从非汉语反观汉语是汉语研究的方法之一

语言现象极为复杂，难以认识清楚。哪怕是像"鸡不吃了""一锅饭吃了十个人"这样的小专题，也不是容易认识清楚的。所以要真正认识语言的特点，除了下死功夫做语料搜集工作外，还要从不同的角度，使用不同的方法来研究语言。

汉语的研究，前人已经费尽心思地从不同的角度进行了包抄，取得了巨大的成绩。主要方法有：古今汉语、不同方言的比较，语言要素相互关系制约的分析，语言结构不同层面的比较，语言习得规律的分析，语言与文化、社会的结合，等等。

半个多世纪以来，一些先知先觉的语言学家又提出了汉语研究必须与非汉语相结合的新思想，为汉语研究的深化指出了一条新路。下面，摘录几位大师的讲话：

李方桂先生1939年12月29日在北京大学文科研究所的演讲中说："我并不希望，比方说，专研究汉语的可以一点不知道别的汉藏系语言。印欧的语言学者曾专门一系，但也没有不通别系的。就拿汉语来说，其中有多少问题是需要别的语言帮助的。""所以依我的意见，将来的研究途径不外是'博而能精'，博于各种汉藏语的知识，而精于自己所专门研究的系统。"李先生这段精辟的论述，奠定了汉语非汉语结合研究的基础。

季羡林先生在《语言应用研究》2000年第1期"卷首语"中强调说："要进行认真的汉语与同一语系的比较研究，从而真正摸索出汉语的特点。再走《马氏文通》的路子，已经不合时宜了。"

严学窘先生在《原始汉语研究的方向》（1988）一文中说："经过李方

桂、丁声树两位学者的指示，必须求助于汉藏语系的比较研究，才能把汉语的历史扩展得比上古汉语更古一些。"

我国有 100 多种语言，分属 5 大语系，语种丰富，特点复杂。几个语系中，汉藏语系语种最多。中国素有"汉藏语的故乡"之称。长期以来，汉语和非汉语相互接触，互相影响，"你中有我，我中有你"。我们有可能通过不同语言的对比，为语言学的理论研究和应用研究，提供大量有价值的语料和认识。汉语研究对少数民族语言研究来说具有特殊价值，我们从事民族语言教学和研究的人，都在关注、学习汉语的研究。少数民族语言研究，对汉语研究应该也有重要价值，现在关注少数民族语言研究的人越来越多。

半个多世纪的经验证明，通过非汉语来反观汉语是汉语研究的一个重要方法。汉藏语系语言（以下简称"汉藏语"）是我国特有的、无可替代的一大资源，也是我国的国宝。我们必须充分保护、开发、利用这一资源，但过去开发得很不够。

所以，必须打破汉语研究与非汉语研究相互隔绝、各自为政的状态。1987 年 8 月朱德熙先生在《汉藏语概论》一书的序中大声疾呼："为了加强汉藏语研究，就国内的情况来说，首先要清除汉语研究和汉语以外汉藏语言研究之间长期存在的隔绝状态。这种隔绝状态的根源在于高等学校和研究机构的学科设置上。汉语专业设在普通高校的中文系里，而汉语以外的各汉藏语言专业则设在中央和地区的民族学院里。再拿研究机构来说，社会科学院语言研究所则只研究汉语，而民族研究所只研究汉语以外的少数民族语言。高等学校和研究机构在学科设置上的这种不合理现象导致了双方面研究工作的脱节和研究者之间的隔阂。"

我认为，我国的汉语语言学专业和语言学专业的博士生，除了掌握汉语外，最好是要懂得一些少数民族语言的知识和研究情况，这两方面的知识结构都要有，这对大家的研究、成长，肯定会增添一双新翅膀。许多做汉语研究的人接触了少数民族语言后，普遍的反映是"大开了眼界"。我国语言学博士生的教学改革，应当包括这一内容。

二　从非汉语反观汉语能得到什么

（一）通过反观能够进一步认清汉语的特点

汉语的特点究竟是什么？有的说是分析性，有的说是语义性，有的说是文化性，至今都还说不清楚。光从汉语本身看汉语的特点，不容易看得清楚。如果从别的语言特别是亲属语言来看汉语，因为有相互映照，就容易看得清楚些。

例一，从非汉语的反观看汉语的"的"字结构。

20 世纪 50 年代，朱德熙先生首次引入现代语言。学中的结构主义理论和方法，对汉语的虚词"的"进行了系统、深入的探讨。他将汉语的"的"字看作其前面词语的后附成分，把"X 的"的不同分布看作"的"的不同功能，由此提出了著名的"三个语素"说。即"的₁"是副词性后附成分；"的₂"是形容词性后附成分；"的₃"是名词性后附成分。此后，学界关于"的"的属性和分类几乎都在此基础上展开。"的"字结构的研究，不仅关系到如何认识"的"字的变化和发展，还与句法结构的演变关系密切。由于它具有重要的理论意义和应用价值，因而一直是汉语语法学界研究的热点。

同样，在汉藏语系非汉语的语言里，定语助词"的"也是一个使用频率高、句法特点多变的虚词。所以，对比汉语和非汉语"的"字的共性和个性，并从非汉语反观汉语，能够进一步认识汉语"的"字结构的特点。我通过非汉语的反观，对汉语"的"结构的特点取得以下几点认识：

（1）汉语的"的"字功能强，在多数句法结构中不可或缺，这与汉语的分析性程度高有关。

汉藏语各语言间"的"的数量多少不一，有的语言没有"的"，有的语言只有一个"的"，而有的语言却有多个"的"。分析性类型是产生"的"字结构的良好土壤。汉藏语内部"的"字结构呈现出发达与不发达的差异，其成因与语言的分析性强弱有关。如藏语支、羌语支形态变化比缅彝语支丰富，分析性较弱，"的"字结构就相对贫乏。嘉戎语是其中形态变化最为丰富的一种语言，至今尚未产生定语助词"的"，其领属性定中结构关系主要靠前加词缀这一形态变化来体现。而缅彝语支的分析性强，定语助词不仅形式多样，而且表义类型丰富，当修饰性定语提前时，定语助词作为一种分析性手段而不可缺省。汉语的分析性强，所以"的"字结构也发达。

（2）汉语的"的"字概括程度高，对语义关系的控制力强。同一个"的"字具有多种不同的功能，"的₁""的₂""的₃"共用一种语音形式，但在句中不混淆，要通过句法分析才能揭示其不同的类别。

景颇语则采用多种不同的语音形式表示"的"，说明它要靠不同的语音形式来体现不同的语义关系。景颇语有三个不同的"的"，$a\text{ʔ}^{31}$、ai^{33}、na^{55}。不同的"的"职能界线清楚。例如：

$\int i\text{ʔ}^{55}\ a\text{ʔ}^{31}\ p\tilde{a}\_^{33}lo\eta^{33}$　　　　他的衣服（$a\text{ʔ}^{31}$表领属）

　他　的　　衣服

$k\check{a}\_^{31}pa^{31}\ ai^{33}\ phun^{55}$　　　　大的树（ai^{33}表修饰）

　大　　　的　　树

tai^{31}niŋ^{33} na^{55} mam^{33}　　　　　　今年的稻子（na^{55}表限制）
今年　　的　　稻子

（3）从比较中能够看到，表示领属关系的"的"是出现最早的，所以大部分语言都有这一类"的"。而表示修饰和限制语义的"的"，不同语言差异较大，有的有，有的没有，即便是有，语音形式也相差很大，可以认为是出现较晚的。这就是说，"的"字的不同语义类别，在来源上存在不同的时间层次。

（4）汉语"的"字结构包括了副词性的"的"（做状语），但非汉语的"的"与汉语不同，即状语的"的"与定语的"的"大多为两套系统，用不同的词表示。

以哈尼语为例，定语的"的"是ɣ^{33}，如 ŋa^{31}（我）ɣ^{33}（的）a^{31}da^{33}（父亲）"我的父亲"，状语的"的"是ne^{33}，如 mja^{31}（多）ne^{33}（地）dza^{31}（吃）"多多地吃"。又如景颇语，定语"的"是 na^{55}、a$^{?31}$、ai^{33}，而状语的"的"用ʃa^{31}。

（5）汉语"的"字与周围的亲属语言无同源关系，可以证明"的"是在原始汉藏语分化之后产生的。

"的"字的词源关系，能够反映亲属语言"的"字的产生和演变。如果"的"字在不同语言里有同源关系，说明他们有共同的来源，也就是说，在它们未分化的时候就已出现，不是后来创新的。所以，弄清汉藏语"的"字的词源关系，区分是同源还是不同源，是研究"的"字结构的一把重要钥匙。

以藏缅语为例，藏缅语内属于同语支的语言，有些语言的"的"存在同源关系。如表示领属关系的"的"，语支内部许多语言有同源关系。如：藏语支的藏语ki、错那门巴语ko^{31}、仓洛门巴语ka^{31}；羌语支的桃坪羌语zɿ^{33}与扎坝语zə^{33}；羌语支的道孚语ji、却域语ji^{33}、史兴语ji^{55}；缅语支阿昌语a^{31}、仙岛语a^{31}、波拉语ɛ^{31}；彝语支的拉祜语ve^{33}、彝语vi^{33}；缅语支的浪速语nɔ^{31}、波拉语na^{31}。但不同语支之间大多数不同源，只有少数同源。缅彝语支与景颇语支、藏语支、羌语支之间也找不出对应规律。而属于修饰、限制关系的"的"，语支之间同源词就更少，异源的比例大于同源。这些例词可以证明语支之间不存在同源关系，也说明这三个"的"在起源上不是一个层次，领属性定语"的"可能先于修饰性定语"的"产生。

例二，从藏缅语反观汉语的连动结构。

通过藏缅语与汉语连动结构的比较，可以形成以下几个认识：

（1）汉语与藏缅语都存在连动结构，而且存在诸多共性。如：二者都有不同的句法结构类型，都有语法化现象，都与认知规律有一定的联系。

这种共性是由二者的亲属关系的基因和类型学的因素所决定的。

（2）制约连动特点的因素是多方面的，但语序是最重要的，其中谓语的语序尤为重要。由于 VO 型汉语和 OV 型藏缅语的语序差异，使得连动结构的连用特点出现差异。汉语带宾语的连动结构，连用动词被宾语隔开；而藏缅语则不然，不管是两个动词带有同一个宾语，还是其中一个动词带宾语，都不影响动词的连用。例如：

景颇语　　an⁵⁵the³³ n³³kjin³³ sep³¹ ʃa⁵⁵ ka²³¹ ai³³.　　　　我们削黄瓜吃。
　　　　　我们　　黄瓜　　削　吃　（句尾）

傈僳语　　ɑ⁵⁵ɣɑ⁵⁵ ma⁴⁴ dzɑ³³ tho³⁵ dzɑ³¹.　　　　　　母鸡啄食吃。
　　　　　鸡　　母　食　啄　吃

彝语　　　ŋa³³dza⁴⁴ dzɯ³³ nbu³³ o⁴⁴.　　　　　　　　　我饭吃饱了。
　　　　　我饭　吃　饱　了

（3）连动结构的紧密度，汉语不如藏缅语。汉语在两个连用动词之间可以较灵活地插入宾语、连词和助词等成分；而藏缅语大多数则紧密相连，不易插入别的成分，凝聚力强。这就是说，汉语的连动结构具有一定的松散性，这个特点使得汉语连动结构包括的内容比较庞杂，被人称为"大杂烩"，在范围的划定上出现种种困难，以致长期争论不休。

（4）藏缅语和汉语连动的补语都容易出现语法化，其制约的条件也大致相同。其条件主要有三：一是从位置上看，居后的动词容易语法化。未见有居前的动词语法化。二是从使用频率上看，高频率的动词容易语法化，如"看""吃""来""去"等都是日常生活中最常使用的词。三是从音节上看，语法化的动词大都是单音节。

比如，动词"看"在藏缅语和汉语里，如果用在另一动词之后，大都虚化为"尝试"义，对另一动词进行补充。这是这些语言的共性。例如：

仓洛门巴语　　nan¹³ lok⁵⁵ ɲat¹³ kot¹³ tço⁵⁵.　　　　　你再听听看。
　　　　　　　你　再　听　看　（助）

基诺语　　　　nə⁴² pə⁴² te⁴⁴ pə⁴² tɛ⁴⁴.　　　　　　　　你打打看。
　　　　　　　打　看　打　看

阿昌语　　　　naŋ³¹ wut³¹ tçau³³ zɛ²⁵⁵!　　　　　　　你穿穿看!
　　　　　　　你　穿　看　（语助词）

动词"死"在汉语里用在另一动词之后，表示前面动作行为的极限程度，相当于"极"。藏缅语里也有相同的情况。例如：

景颇语　　ʃi³³ kǎ³¹pu³³ si³³ sai³¹.　　　　　　　　　他高兴死了。
　　　　　他　高兴　死　（句尾）

哈尼语　　　　　ŋa³³ ɣø⁵⁵ si⁵⁵ la³³ ja³³ .　　　　　　我高兴得要死。
　　　　　　　　我　高兴　死　来　（助）

藏缅语一些语言，"吃"用在另一动词之后，出现语法化，表示动作行为的"获取"。如景颇语的 ʃa⁵⁵，以及哈尼语的 dza³¹：

景颇语　　　　n⁵⁵ mǎ³¹tat³¹ jaŋ³¹ mǎ³¹ʒa³¹ khʒup³¹ ʃa⁵⁵ u⁷³¹！
　　　　　　　不　听　　　的话　罪　　　遭　　吃　（句尾）
　　　　　　　　　　　　　　　　　　　不听的话就任（你）遭罪吧！

哈尼语　　　　a³¹jo³¹ ṇu³¹ tshe³¹ ɣɣ⁵⁵ dza³¹ .　　　　　他买犁。
　　　　　　　他　犁　买　吃

藏缅语和汉语连动结构中表示"趋向"义的补语也都很容易语法化，表示前面动作的发展变化。例如：

白语　　　　　tsha⁵⁵ a⁴⁴ tsi⁵⁵ khɯ³⁵ lɔ⁵⁵ mu⁴⁴？　　　饭煮熟了没有？
　　　　　　　午饭　些　做　起来　了　没有
阿昌语　　　　tshɿ³¹ ku⁵⁵ sɿ³⁵ ŋa³³ ŋam⁵⁵ ta⁵⁵ la⁵⁵ kau³⁵ lə⁵⁵kɯ³³ .
　　　　　　　这　件　事　我　想　起　来　高兴　很
　　　　　　　　　　　　　　　　　　　　这件事我想起来很高兴。

景颇语中有一类助动词（又称"貌词"），专门做动词的补语，构成连动结构。这类补语数量很多，表示的意义丰富多彩。但由于它总跟在另一动词之后，容易语法化，而且存在不同的语法化层次。语法化程度高的，动词实在意义较少，语法化程度低的，则含有较多的动词实在意义。如naŋ³³，原是实义动词，本义是"跟随"，当助动词用时，语法化为"表示动作行为跟随他人进行"义。又如，khat⁵⁵原为实义动词，本义是"打仗"，当助动词用时，语法化为"表示动作行为是相互的"义。如景颇语：

naŋ⁵⁵the³³ thi⁵⁵ naŋ³³ mu⁷³¹！　　　　　　你们跟着读吧！
你们　　读　跟随（句尾）
an⁵⁵the³³ ʃǎ³¹ta⁷³¹ kǎ³¹ʒum³³ khat⁵⁵ ka⁷³¹！　　我们互相帮助吧！
我们　　互相　　帮助　　相互（句尾）

在藏缅语和汉语中，连动结构中的"来""去"容易语法化，而且语法化还具有不同于其他动词的特点。"来""去"语法化后，补充说明动作行为的趋向、结果、发展等。如勒期语：

tshɔn⁵⁵ xjɛ³³ pei⁵⁵ ke³³ ŋo⁵³ ɣə:⁵³ lɛ⁵⁵ tse⁵³ .　　这些菜是我买来的。
菜　　这　些　（话助）我　买　来　的

（二）从亲属语言的演变轨迹看汉语历史演变的线索

亲属语言之间的演变常常呈不平衡性。在某一特征上，有的语言发展快些，有的发展慢些；有的语言保存较早的特点，有的出现后来的特点。

因此，有可能借助亲属语言比较，把不同的特征串在一起，勾画出一条历史的演变链，并以此来认识不同语言的演变线索，包括汉语的演变规律。

例一，以汉藏语选择疑问句的演变为例，来说明亲属语言比较对汉语选择疑问句演变的启示。

属于汉藏语的藏缅语在选择疑问句的演变上呈不平衡性。共时的不平衡性反映了历时演变的不同进程。我们通过对 28 种藏缅语选择疑问句的比较，总结出以下的演变链：[①]

无标记的选择问句→有标记的选择问句→无标记的选择问句
　　　　↓　　　　　　　　↓　　　　　　　　↓
无标记的正反问句→有标记的正反问句→无标记的正反问句→重叠问句

而汉语的选择疑问句，从有文献可考的语料来看，其演变链是：

有标记的选择问句→无标记的选择问句
　　　　↓　　　　　　↓
有标记的正反问句→无标记的正反问句

无标记的选择问句：

玛曲藏语　ndə hgo kan hgo？　　要这个还是那个？
　　　　　　　这　要　那　要

汉语　行者合掌道："不知文洗，武洗？"国王道："文洗如何？武洗如何？"（《西游记》第四十六回）

有标记的选择问句：

西摩洛语　no^{55} ja^{33} tʃhv^{55} ŋjv^{55} lie^{55} ， mʌ^{55}sɿ^{55} khuɯ^{31} tʃhv^{55} ŋjv^{55} lie^{55}？
　　　　　　你　鸡　养　想（语助）（连词）　狗　养　想（语助）

你想养鸡呢，还是想养狗呢？

汉语　"且天下立两帝，王以天下为尊齐乎，尊秦乎？"王曰："尊秦。"（《史记·田敬仲完世家》）

无标记的正反问句：

仓洛门巴语　nan^{13} ka^{13} a^{55}pa^{55} la^{55}sa^{55} ka^{13}　te^{13}wa ma^{13} te^{13}wa？
　　　　　　　你　的　爸爸　拉萨（结助）去　没　去
　　　　　　　你爸爸到拉萨去了没有？

汉语　已下便即讲经，大众听不听？能不能？愿不愿？（《敦煌变文集·佛说阿弥陀经讲经文》）

有标记的正反问句：

_____

① 参看戴庆厦、朱艳华《藏缅语选择疑问范畴句法结构的演变链》，载《汉语学报》2010 年第 2 期。

景颇语 naŋ³³ sa³³ n̠³¹ni⁵¹，ʃiŋ³¹n⁵⁵ʒai⁵⁵ n⁵⁵ sa³³ n̠³¹ni⁵¹？　　你去还是不去？

　　　你　去（句尾）　　（连）　　不 去（句尾）

汉语 尊者赐之曰："其所取之者义乎不义乎？"（《孟子·万章下》）

重叠问句：

盐源彝语 sɿ⁵⁵ tsʰ̩³³ dʑi⁵⁵ nɯ³³ ndʐɿ³¹ ndʐɿ³¹？　　你相信不相信这件事？

　　　　事 这 件 你 相信 相信

　　汉语现存最早的文献，距今仅 3000 余年，但汉语的历史远不止 3000 多年。那么，在这之前的汉语究竟是一种怎样的面貌呢？恐怕很难做出准确的考证。但是，从与汉语的亲属语言藏缅语的比较中，我们还是可以做出如下两种可能的推断：

　　一是从藏缅语反观汉语，可以认为汉语选择疑问句的演变链应该还可以再向前延伸，其初始形式是无标记的选择问句和无标记的正反问句。理由有二：（1）汉语传疑标记（疑问语气词）和关联标记（关联词）的产生，一般认为在春秋战国时期。（2）上古文献中已有少量无标记的选择问句和无标记的正反问句。

　　二是如果将汉语方言纳入研究视野，则汉语选择疑问句的演变链还可以向后延伸，有可能发展出重叠问句，如"去去？"。现代汉语有不少方言存在重叠问句，如江苏淮阴方言、江西于都客家方言、湖北仙桃方言、山东招远方言、黑龙江宾县方言、福建连城客家方言等。这说明，重叠问句可能是无标记正反问句进一步发展的方向。

　　例二，从非汉语的使动范畴反观汉语。

　　在现代汉语里，使动范畴的表达大多是通过分析式手段，屈折式使动词已没有几个。但在非汉语里，则保留大量的屈折形式，其语音对应关系有浊声母对清声母、不送气声母对送气声母、松元音韵母对紧元音韵母以及不同元音、不同声调的对应。例如：

	怕	使怕
藏语	hdrog	dkrog
彝语	gu³³	ku³³
傈僳语	dʒɔ³³	tʃɔ³³
缅语	tɕau²⁵⁵	tɕʰau²⁵⁵
阿昌语	zo̠²⁵⁵	xzo̠²⁵⁵
载瓦语	kju²³¹	kju²⁵⁵

　　这些屈折形式虽然包含了各自语言后来的创新，但在总体上却是原始汉藏语特点的遗留，对我们研究汉语早期使动范畴的特点及其后来的演变会有重要的价值。据研究，古代汉语也有使用浊音对清音的交替形式表示

自动、使动，一般是浊音表自动，清音表使动。如："自败"为 b-，"使败"为 p-。这与藏缅语有对应关系。

通过语言比较可以看到，汉语和藏缅语的使动范畴，都是从屈折型向分析型转变的。这是共性。但不同的是，汉语走得快，屈折型的使动词大都已消失了，分析型表达形式大量发展。而藏缅语不少语言还保留着不同语音形式的屈折型使动词，相互间还有语音对应规律可循。在演变趋势上，不管是汉语还是非汉语，都存在屈折式向分析式发展的趋势。这种趋势，是受汉藏语整个语法体系由屈折式向分析式演变的共性制约的。

用非汉语反观汉语，至少可以形成两个认识：一是汉语的使动范畴可以推至原始汉藏语阶段，是整个语系语法特点的残留。二是汉语在更早的时候会有更多的屈折型使动词，可惜我们至今发现的词不多。这是一个值得进一步开采的深矿，有兴趣的学者可以在这方面留心，做些新的探索。做这个题目会有一定的难度，因为在汉藏语亲属语言里，没有与汉语特别接近的语言。藏缅语与汉语虽在亲属关系上确定无疑，但由于与汉语分化时间太长，不易提供数量较多的语料的支持。

（三）非汉语的反观能够证实汉语研究成果的可靠与否

汉语是个大语种，中外研究的人很多，而且进展很大。但要真正符合汉语的实际，绝不是一件容易的事。已有的结论中虽然对的多，但后来发现也有错的，还有不完善的。认识语言是无止境的。我们可以通过非汉语的反观，提取旁证来证明过去的结论是否可靠、是否合理。

例一，过去，汉语学界把汉语的"一锅饭吃十个人""台上坐着主席团"中的"十个人""主席团"，都看作施事宾语，对否？前几天陆俭明先生在"走向当代前沿科学的现代汉语语法研究国际学术研讨会"上，所做的《"构式—语块"句法分析法——一种新的句法分析思路》报告中，提出了"构式—语块"的新思路。他对"施事宾语"的提法提出质疑，而用"构式—语块"来解释上述句子。

藏缅语对主语宾语的认定，对汉语会有启示。汉语与藏缅语有亲属关系，这是一般公认的事实。藏缅语形态特征类型大致可分为两类：一类是分析性较强、保留形态变化较少的语言，如哈尼语、傈僳语、缅语等。这些语言由于主语、宾语没有形态标记，在句子成分的判断上也遇到了和汉语同样的问题。另一类是分析性相对较弱、保留形态变化较多的语言，如景颇语、独龙语、羌语、嘉戎语等。由于主语、宾语有形态标志，可以通过形态标志来判断主语、宾语。

"一锅饭吃十个人"，景颇语是这样说的：

ʃat³¹ ti²³¹ mi³³ mǎ ³¹ʒai³³ ʃi³³ ʃa⁵⁵ ka²³¹ai³³.

饭 锅 一 个 十 吃 （句尾词）

上例由第一人称多数的句尾词ka²³¹ai³³指明主语是 mǎ ³¹ʒai³³ ʃi³³"十个人"。"十个人"虽然在宾语后，但还是主语。主语确定后，ʃat³¹ ti²³¹ mi³³"一锅饭"自然就是宾语。

景颇语主宾语的身份可以用句尾词、结构助词、语序来标识。例如：

ŋai³³ ʃi³³ phe²⁵⁵ ja³³ n³¹ŋai³³. 我给他。

我 他 （宾助）给 （句尾词）

句尾词n³¹ŋai³³表示第一人称单数作主语，指明ŋai³³是主语； phe²⁵⁵是宾语助词，指明它前面的 phe²⁵⁵是宾语。

ʃi³³ phe²⁵⁵ ŋai³³ ja³³ n³¹ŋai³³. 我给他。

他（宾助）我 给 （句尾词）

虽然主语、宾语的位置改换了。但由于有句尾词和宾语助词的指示，其句子成分的身份不变。

ŋai³³ ʃan⁵⁵the⁵⁵ phe²⁵⁵ sa³³ kǎ ³¹ʒum³³ mǎ ³¹te²³¹! 我帮助他们！

我 他 们 （宾助）去 帮助 （句尾词）

ʃan⁵⁵the⁵⁵phe²⁵⁵ ŋai³³ sa³³kǎ ³¹ʒum³³ mǎ ³¹te²³¹! 我帮助他们！

他 们 （宾助）我 去 帮助 （句尾词）

上面两句的句尾词mǎ ³¹te²³¹是指示第一人称单数主语和第三人称多数宾语的句尾词。有了它，哪个是主语，哪个是宾语就一目了然，即使语序发生了变动也不会混淆。

从藏缅语反观汉语，我们认为上述汉语对主、宾语的这种确认方法有待改进。汉语周围有许多亲属语言，所以，在建立汉语句子成分的系统时，不能不考虑亲属语言。

例二，过去，汉语学界都把结构助词、时态助词、语气助词合成一类，称助词。用非汉语来反观，我们觉得不妥。

从非汉语看，这三类助词语法功能和语义特征都不相同。结构助词表示句子成分的结构关系，与各种句子成分关系密切；时态助词表示动词的时态，主要与动词发生关系；语气助词是与全句发生关系的。它们各自的来源也不一样。非汉语的语言在这些不同助词的归类上，是采取分类对待的。汉语怎么处理更好，值得商榷。

例三，汉语辅音韵尾的演变规律的分析，能够得到非汉语的验证。

汉藏语都有丰富的辅音韵尾，但发展不平衡。大致可分为两类：一类是塞音韵尾，如-p、-t、-k、-ʔ；另一类是鼻音韵尾，如-m、-n、-ŋ。还有少量的续音韵尾，如-r、-l、-s等。一般认为，中古汉语有-p、-t、-k、-ʔ、-m、

-n、-ŋ几个韵尾，而上古汉语呢？

汉藏语的辅音韵尾存在简化、脱落的趋势，这是共性，但不同语言还有一些不同于其他语言的个性。以藏缅语辅音韵尾的演变为例：古代藏缅语塞音韵尾有-p、-t、-k三个。但到了现代各语言或方言里，变化不同。藏语的阿力克话全部保留-p、-t、-k三个韵尾，而拉萨话只有-p和-ʔ两个，到了德格话只有一个-ʔ。从发展趋势上看，各个塞音韵尾都向-ʔ的方向发展。拉萨话的变化说明，部位靠后的-t、-k比靠前的-p变化快。古代缅语有-p、-t、-k三个塞音韵尾，到现代的仰光话都演化为-ʔ。景颇、载瓦、阿昌、独龙等语言，现在都有-p、-t、-k、-ʔ四个韵尾，这是因为其中的韵尾-ʔ是从-k韵尾分化出来的。当-k向-ʔ转化的过程中，有些词先期到达，成了-ʔ，还有部分仍保持-k韵尾不变，于是分化为-k、-ʔ两个韵尾。彝语支语言发展得最快，塞音韵尾全部丢失，转化为紧元音，出现了松紧元音的对立。

古代藏缅语辅音韵尾有-m、-n、-ŋ三个。到了现代藏语，阿力克话完全保留了下来；拉萨话只留有一个-m；德格话全部消失，转为元音的鼻化。缅语的变化比较快，几个韵尾都变为元音的鼻化。波拉话在部分词上演化为元音的鼻化，其他保留鼻音韵尾，所以形成了元音的鼻化和鼻音韵尾两套系统。彝语支语言的鼻音韵尾全部消失，都成为无鼻音韵尾的口元音。藏缅语鼻辅音韵尾向鼻化音方向演化，从音理上也是部位后移。

汉语的演变规律与藏缅语大致相同。古汉语的-p、-t、-k、-m、-n、-ŋ到现代汉语方言里，除了粤、客家、闽南等一些方言还比较整齐地保留这六个韵尾外，多数方言的辅音韵尾都出现了脱落、简化的趋势。特别是塞音韵尾的变化比辅音韵尾的变化更大。塞音韵尾的演变，也是向-ʔ转化。但在三个韵尾中，-p比-t、-k变化得快。据《古今韵会》（元人黄公绍写于12з²年以前）一书，入声韵尾只保存-t、-k两个，-p已并入-t中去了。鼻音韵尾的变化也是-m尾消失得比较快，其次是-n尾，比较稳定的是-ŋ尾。

从比较中可以看到：这两套韵尾的历史演变，汉语和藏缅语的共同点一是都出现脱落、简化的趋势，二是其演变都具有发音部位后移的特征。所不同的是哪个部位先变、哪个部位后变，存在一些差异。藏语先变部位靠后的-t、-k，而汉语先变部位靠前的-p。原因何在，有待进一步研究。

至于藏缅语中保留下来的续音韵尾-r、-l、-s，在上古以前的汉语里面是否也有，目前还未有定论。但许多人认为-s尾是有的，它出现在去声上。这是一个尚未投入研究的新课题，值得更多的人去做。

（四）从非汉语反观汉语有助于发现汉语需要研究的新课题

以量词研究为例。汉藏语都有丰富的量词，但不同语言量词的类别及功能不相同。汉语的量词很发达，成为表量结构的强制性因素。在非汉语里藏缅语的景颇语，量词则不发达，特别是名量词，在句法结构中存在用量词和不用量词两种形式，而且以不用的为多。要用的话与语用强调"量"有关（下例括号中的量词可用可不用）例如：

三匹马	kum^{31}ʒa^{31} （khum^{31}） mɔ^{31}sum^{33}
	马 匹 三
四张纸	mai^{31}sau^{31} （pa^{33}） mɔ^{31}li^{33}
	纸 张 四

但有的名词称量时，不能用量词。即便是强调"量"，也补不出量词。例如：

两张桌子	sɔ^{31}poi^{55} lɔ^{55}khoŋ^{51}
	桌子 二
三把刀	n^{31}thu^{33} mɔ^{31}sum^{33}
	刀 三

汉语和非汉语相比之下，有许多问题值得我们去探索。比如：

1. 为什么汉语的量词如此发达？在语言结构特点上有没有适合量词发展的因素呢？我曾经说到藏缅语有的语言个体量词的发展可能与数词的音节数有关。彝语支语言的数词都是单音节的，表数量义时清晰度不够，而且构不成双数韵律特征，所以要有单音节的量词来搭配，加强其清晰度，并构成双数韵律特征。景颇语的数词大多是双音节的，表数量义时有一定的清晰度，而且符合双数韵律特征，所以不需要量词。需要加量词的，量词系统中出现不少双音节量词。[①]如：

wɔ^{31}phoŋ^{33} 群（牛）	num^{33}po^{33} 个（妻子）
牛 群	妻子 头
thiŋ^{31}nep^{55} 块（楼板）	sin^{31}ta^{ʔ31} ka^{ʔ31} 半庹
房子 垫	胸 分开
mɔ^{31} kun^{55} 背（柴）	sum^{31} po^{ʔ31} 串（果实）
（前缀）背（用脊背驮）	（前缀） 累累状

2. 非汉语的语言有丰富的反响型量词，反响型量词的造词能力极强。如哈尼语：

| mja^{33}tɕhi^{31}mja^{33} 一只眼 | a^{31}la^{31}tɕhi^{31}la^{31} 一只手 |
| 眼 一 眼 | 手 一 手 |

① 参看戴庆厦、蒋颖《论量词的功能与演变——汉语景颇语量词比较》，载《汉语与少数民族语法比较》，民族出版社 2006 年版。

a^{31}ɳu^{31} tɕhi^{31}ɳu^{31}　　　一头牛　　　　a^{55}je^{33}tɕhi^{31}je^{33}　　　一朵花

　　牛　一　牛　　　　　　　　　　花　一　花

汉语的反响型量词主要存在于甲骨文、金文时期。如：

羌百羌（合集 32042）

俘人十又六人（合集 00137）

　　但后来基本不见了，其原因是什么？为什么汉语的反响型量词没有得到发展？这与什么有关？与语序有关吗？

　　3. 汉语的数量词修饰名词的语序是"数+量+名"，这种语序的生成有无其语言结构内部的原因？

　　4. 量词在上古汉语中就已出现，在两汉时期得到了快速发展。量词的产生和发展是由什么因素决定的？

　　5. 汉语的量词除了表量功能外，还有些什么其他的功能？比如语用功能、韵律功能。

　　量词的研究虽然前人已写了大量的文章，但在非汉语的映照下还有很多文章可写。

三　从非汉语反观汉语的方法论问题

　　提倡通过非汉语反观汉语已经多年了，并已取得一定的成果。但看来目前需要做些理论和方法论上的总结，以利于这项研究的发展。

　　（一）怎样认识从非汉语反观汉语的可行性

　　许多中文系专业的青年教师和博士生都问我："我们是学中文的，对少数民族语言一无所知。做这样的研究能行吗？"我都回答："行！"跟我读博士的学生大都也是来自中文专业，他们以前对非汉语也是一无所知，但他们进校后，学习了一些非汉语的知识，很快就能把汉语和非汉语的研究结合起来，有的不仅写出了论文，还出版了专著。如：《汉藏语系语言被动句研究》《汉藏语量词研究》《汉藏语差比句研究》《汉藏语四音格词》。这说明中文专业的学生经过一段培训后，也能从事汉语和非汉语的比较研究。

　　是不是一定要熟悉一两种少数民族语言？当然，能懂一两种少数民族语言是最好的，至少会给研究带来很大的好处。但目前这样要求是不可能的，因为要熟练掌握一门新语言谈何容易！目前的最低要求是研究者要学会使用已发表的语言资料，进行语言反观的研究。近期发表的一些有关反观的论文也都停留在这一水平上。但是随着研究的不断积累，自然也会对少数民族语言有较深的认识。

（二）从事从非汉语反观汉语的研究需要哪些知识和技能？

1. 有关非汉语的一般知识：包括地理分布、系属分类、系属关系、不同语系的主要特点以及和汉语的关系。

2. 专题研究现状：包括哪些专题已经有人研究过，哪些还没有；哪些专题的研究比较深入，哪些不深入，或还未有人涉猎。

3. 语言比较方法：有类型学比较和亲属语言比较两种。由于比较的目的不同，比较方法也不相同。类型学比较主要寻求不同语言的类型学共性和个性，寻找其特点形成的因素。亲属语言比较是寻求亲属语言的对应关系，理出其演变的先后。除认识共性外，还要探索亲属语言间分化后各自出现哪些创新，有哪些新规律。

4. 要学会国际音标。做"反观"，要看大量语料，不懂国际音标寸步难行。现在青年一代大多不会国际音标。我的博士生初次下去记音，准确率不超过30%。语言学青黄不接啊！一定要下决心学会。

（三）怎样选择"反观"的专题

建议大家根据自己的兴趣和材料占有情况，选择专题进行攻关。题目不宜太大，也不宜太小。初做研究的最好把题目选小一些。如果时间、经费允许的话，可选大一点的题目。在内容上，不外乎从语音、语法、词汇、语义几方面选择专题。用来反观的语言，可以是一种语言，也可以是一个语支或一个语族的语言。

我们过去已做过的题目有：《从藏缅语反观汉语的被动句》《从景颇语的类别名词反观汉语》《从藏缅语的疑问句反观汉语》《从非汉语的四音格词反观汉语》《从藏缅语的连动结构反观汉语》等。

选什么专题要考虑到当前语言研究中的热点问题。未能解决的问题，或有争论的问题。比如上古汉语的复辅音声母问题是一个大家关注的尚未解决的问题，究竟上古汉语或上古汉语之前有没有复辅音声母，两种意见对立鲜明。如果能通过非汉语的研究来反观汉语，证明早期汉语有或没有复辅音声母，会有重要的理论价值和创新价值。还有上古汉语有没有长短元音对立、有没有声调的问题等。

（四）"反观"研究的几个主要步骤

第一步是选题。把题选好是最重要的，因为题选得不好，不容易达到预定的目的，也不容易受到社会的重视。过去由于选题不好而半途而废的，不是个别的。

第二步是翻阅有关的文献资料。包括前人做了哪些事，解决了哪些问题。确定自己的主攻目标和方向。

第三步是设计研究方案和编写提纲。方案包括要解决哪些问题，突出什么重点，采用什么方法。提纲包括各章节的主要内容。还要根据内容的要求设计问卷。

第四步是在调查的基础上进行论文编写。

（五）"反观"研究中要注意的几个问题

1. 不要强扯、硬凑，也就是不要"拉郎配"。语言现象很复杂，亲属语言之间相似的东西不一定有关系，不同的东西不一定就没有关系。所以要从语言系统论上寻找二者的内部联系，对有关系的成分进行反观。这样做才有说服力。

2. 要区分亲属语言关系和非亲属语言关系这两种不同质的反观。

3. 要小题大做，在解释上下功夫，而不要停留在简单的对照、比较上。

4. 正确处理好理论与语料的关系。理论是需要的，但要把主力放在材料的分析和论证上。防止贴标签。

参考文献

戴庆厦、徐悉艰：《景颇语语法》，中央民族大学出版社 1992 年版。

戴庆厦：《景颇语的连动式》，载《民族教育研究（动词研究专辑）》1999年增刊。

戴庆厦、李泽然：《哈尼语的"来"、"去"》，载《民族语文》2000 年第5 期。

戴庆厦主编：《汉语和少数民族语言的语法比较》，民族出版社 2006 年版。

戴浩一：《时间顺序和汉语的语序》，载《国外语言学》1988 年第 1 期。

刘丹青：《语序类型学与介词理论》，商务印书馆 1992 年版。

吕叔湘：《语法学习》，中国青年出版社 1953 年版。

吕叔湘：《汉语语法分析问题》，商务印书馆 1979 年版。

沈家煊、吴福祥、马贝加主编：《语法化与语法研究》（二），商务印书馆 2005 年版。

石毓智：《语法化的动因与机制》，北京大学出版社 2006 年版。

吴福祥主编：《汉语语法化研究》，商务印书馆 2005 年版。

赵元任著、吕叔湘译：《汉语口语语法》，商务印书馆 1979 年版。

周国光：《现代汉语里几种特殊的连动句式》，载《安徽师范大学学报》（哲学社会科学版）1985 年第 3 期。

朱德熙：《语法讲义》，商务印书馆 1982 年版。

（原载《民俗典籍文字研究》2011 年第 8 期）

汉语和非汉语结合研究是深化
我国语言研究的必由之路

【提要】本文认为我国蕴藏有用之不竭、不可替代的语言对比资源；过去80年来的历史进程已显示出汉语研究结合非汉语的必要性。最后还对未来路子的发展提出一些建议。

【关键词】汉语和非汉语；结合研究；必由之路

汉语和非汉语结合研究，是指通过不同语言的反观、映照，加深对汉藏语的认识。这属于跨语言对比研究范畴。由于汉语在人类语言中的显赫地位，所以跨语言对比在中国主要是指汉语和非汉语对比。汉语和非汉语结合研究，是深化语言研究的一个重要的、可行的语言研究方法，也是如何充分利用本土资源深化语言研究的一个必要方法。

近20年我做了一些汉语和非汉语结合研究的个案，越做越觉得我国的语言研究必须加强汉语和非汉语的结合研究，认为这是深化我国语言研究的必由之路。本文先通过具体研究事例论述我国蕴藏着用之不竭、不可替代的语言对比资源；然后从过去80年来历史进程显示出的经验论述汉语研究结合非汉语的必要性；最后还对未来路子的发展提出一些建议。

一　我国蕴藏有用之不竭、不可替代的语言对比资源

发展语言学或深化语言研究，语言学家如果能够立足于本土语言，即重视开发、利用本国的语言资源，就能较好地建立自己的特色和优势。我国的语言资源取之不尽、用之不竭，对语言学的建设有着不可替代的价值。但是，人们对自己资源的丰富性往往认识不足，这就直接影响到对资源的开发和利用。怎么认识我国的语言资源的丰富性和复杂性呢？

1. 我国语言类型多，能为语言对比提供不同类型、不同层次的语言事实。

我国有120多种语言，近30种文字。中国语言分属汉藏、阿尔泰、南亚、南岛、印欧五大语系，这些语言中既有分析型，又有黏着型、屈折型。

尤其是世界上使用人口居第二位的汉藏语，主要分布在中国；中国是汉藏语的故乡，有着发展汉藏语得天独厚的资源。我国的诸多文字包含文字发展史上各个阶段文字的特点，通过不同文字的对比，能够深化对文字性质、演变特点的认识。

2. 我国的语言蕴藏着大量的对语言研究有价值的现象，这对通过语言比较认识语言本质、语言历史的演变，以及发展语言学理论，都有着重要的价值。

3. 我国的语言长期以来处于相互交融、相互影响的状态，许多语言"你中有我，我中有你"，这对语言比较、语言接触的研究能够提供大量新鲜的语言事实。

在世界经济一体化、人口流动增多的今天，我国语言影响、语言转用、语言兼用的现象不断增多，出现了许多前所未有的新现象、新规律、新问题，等待我们去研究、去比较、去认识。诸如语言兼用问题应当怎么认识，双语关系要如何处理才好，怎样摆好强势语言和弱势语言的关系，语言濒危现象在我国应当如何定位、定性，中国少数民族语言的走势如何等问题，都是大有研究价值的课题。研究好了，必将丰富语言学理论。

4. 跨境语言也是有待开发的一大语言资源。

中国有 30 个跨境民族使用 35 种跨境语言。跨境语言差异有其自身的特点和规律，是语言变异的一种特殊的模式。它不同于因年龄、职业等因素的差异而引起的社会语言学变异；不同于由于地域差异而出现的方言变异；也不同于由于正常的语言分化而形成的亲属语言变异。跨境语言研究的理论意义在于：从跨境语言的变异中，能够发现语言演变的新规律。而且，跨境语言往往或多或少地保留着古代语言的某些痕迹，有助于历史比较语言学的研究。

世界各国语言学发展的道路告诉我们：立足于本土发展语言学容易做出特色，能够做出别国做不出的特殊贡献。实践证明立足本土是必要的，大有好处的。这是一条经验。

二 过去 80 年的回顾

如果从 20 世纪 1939 年李方桂先生在为北京大学文科研究所所做的《藏汉系语言研究法》中提出"博而能精"的治学原则算起，近 80 年来语言学家在汉语和非汉语结合研究上做了不懈的探索，取得了许多令人耳目一新的成果。这一时期的对比研究证明，汉语研究与非汉语结合是必要的，也是可能的。显示出的好处主要有：

1. 有助于语言共时特征的发现和解释。发现和解释有价值的语言问题，是语言研究者必须具备的素质。但要走好这一步，有效的手段之一是通过跨语言比较。

举个例来说，分析性、单音节性是汉藏语的一个重要特点。但怎样认识这个特点，包括它是如何形成的，是否是由多音节变为单音节，由黏着性变为分析性？再有，分析性、单音节性的特点对语法结构的特点及演变有哪些制约作用，会使句法结构出现什么特点？这些都是有学术价值的问题。而我国汉藏语的不同语言，分析特点存在不同的层次，有些语言（如嘉戎语、普米语等）有不同程度的黏着特点，而且多音节词相对较多，而有的语言（如景颇语）还保留大量"一个半音节"的词，通过这些差异的比较有可能深化对汉藏语分析性、单音节性特点的认识。"一个半音节"，蕴藏着不可忽视的历史演变特点。

其他又如汉藏语的被动句、把字句、疑问句、差比句等句型，也只有通过不同语言的比较才能加深认识。

2. 有助于语言历史演变的研究，包括发现、印证、解释语言的历史演变规律。语言历史上的一些特点，往往会遗留在现存的一些语言中。所以，通过跨语言比较，能够发现、印证、解释语言的历史演变。

梅祖麟先生通过汉藏语诸语言的比较，认为"*使动化 s-的清化作用产生汉语的清浊别义，如'败'*b-'自破'/'败'*p- < *s-b'破他'，……""使动化*s-前缀在原始汉藏语中已经存在"[1]。

又如，潘悟云先生"通过'夜'、'死'等例子，论证藏文的部分ç-与z-对应于上古汉语带*l-的声母辅音，从而说明汉藏两语中发生过音变：l->lj->j->ẓ->z-与l̩ >l̩j>ç->s-"[2]。石德富先生通过帮组三等汉借词在黔东苗语中出现的不同表现形式的分析，认为"上古汉语重纽三等韵有*-r-介音"[3]。

其他又如汉藏语的互动范畴、人称范畴的历史演变，量词、结构助词、四音格词的产生和演变，复辅音声母、长短元音、松紧元音、辅音韵尾的起源及演变等，都可以从跨语言的比较中得到有用的信息。

3. 有助于语言学理论的建设。跨语言比较能够深化类型学、语言的共性和个性、语言认知、语言接触等理论的研究。

如吴福祥先生通过东南亚语言"居住"义语素的比较，指出东南亚语

---

① 参看梅祖麟《上古汉语动词浊清别义的来源——再论原始汉藏语*s-前缀的使动化构词功用》，载《民族语文》2008 年第 3 期。

② 参看潘悟云《藏文的ç-与z-》，载《民族语文》2008 年第 4 期。

③ 参看石德富《黔东苗语帮系三等汉借词的形式》，载《民族语文》2008 年第 4 期。

言的"居住"义语素具有高度平行的多功能模式，并认为"这种共时多功能模式的平行性源自历史演化过程的相似性，实则是语言接触导致的语法化模式区域扩散的产物，而其扩散源和模式语很有可能是汉语"[①]。

再如，汉藏语语序的研究同样需要跨语言比较的帮助。汉藏语中，有的语言是 VO 语序，有的语言是 OV 语序，甚至有的语言（如白语），这两种语序共存于一个语言中。在历史演变上，究竟是 VO 语序在前还是 OV 语序在前？这两种不同的语序对整个语法系统甚至语义构造有何制约作用？这些理论问题要通过语言对比才能弄清楚。

如何认识汉语的述宾结构，也需要跨语言的反观。与藏缅语相比，我们清楚地看到汉语述宾结构的一些特点，如类别多、特点复杂，既有受事宾语，又有工具、处所、时间、施事等宾语。如"吃大碗""去北京""等半天""坐着孩子"等。但藏缅语则不同。藏缅语的宾语，类别比较简单，主要是受事宾语，没有工具、处所、时间、施事等宾语。汉语的工具、处所等类的宾语，翻译为藏缅语时大多改为状语，也有改为主语的。说成："用大碗吃、北京方向去、半天等、孩子坐着"等。汉语与藏缅语的这种差异，与语法类型包括分析性程度、语序是 VO 还是 OV 等特点有关。

类型学的规则显示，汉语的语序有一些不符合一般语言的共性，出现异常。这从非汉语的反观中看得更清楚。如 Greenberg 归纳的 45 条人类语言的共性，其中第 2 条和第 24 条就不符合汉语事实。共性 2 是：使用前置词的语言中，领属语几乎总是后置于中心名词，而使用后置词的语言，领属语几乎总是前置于中心名词。但汉语的情况则相反，它属于前置词型语言，但领属语则前置于中心名词。这是为什么？有的学者依此就认为汉语是受各民族语言影响后形成的混合语，对吗？又如，分布在四川一带的"倒话"，词汇是汉语的，语法是藏语的，因此有的学者认为倒话是汉语和藏语混合而成的混合语。问题是，人类语言究竟有没有混合语，划分混合语的标准又是什么，这些问题语言学界都没有形成共识。底层理论能否成立，也有待于研究。

又如，为什么汉藏语普遍有四音格词，而非汉藏语的阿尔泰语、印欧语等则没有或者少有？我们还可以进一步追问，汉藏语诸多语言的四音格现象究竟是亲缘关系，即从原始共同语继承下来的，还是后来各自产生的属于类型学关系？用非汉语的四音格特征反观汉语，有助于认识汉语四音格，也有助于揭示汉语四音格形成的语言机制和演变轨迹。通过汉藏语诸

---

① 参看吴福祥《东南亚语言"居住"义语素的多功能模式及语法化路径》，载《民族语文》2010 年第 6 期。

多语言的比较，我们发现不同语言的四音格词找不到相互间的同源关系。总的看来，缺乏形态手段的分析性语言，一般比形态手段丰富的语言更易于产生四字格词。由此可以推测，汉藏语普遍存在的四音格现象，并非来源于原始汉藏语，而是各种语言后来各自形成和发展的，是语言类型作用的结果。我们还看到，韵律、双音节化、对称、重叠、类推以及词汇化等因素，是汉藏语四音格词形成和发展的动因。

4. 有助于单一语言研究的深化。单一语言或单一专题的研究，如果能参照别的语言，对其特征的判定就会更贴近事实。语言研究有了跨语言视野就会加深深度。

比如汉藏语的被动义表达，不同语言存在差异。有的语言有明显的被动义，还有被动语法标记，而有的语言则无被动义，也无被动语法标记。汉语究竟有没有被动范畴，意见不同。有的称被动表述，有的称被字句，有的称被动句等。藏缅语中的一些语言如彝缅语支、景颇语支等，就没有像汉语那样的被动句或"被"字句，但这些语言则有一种强调施事的施动句，即"强调式施动句"。汉语的被动句不同于这些语言的强调式施动句。从藏缅语反观汉语，能够看到汉语的被动句是很特殊的，与藏缅语这些语言挂不上钩，应该是汉语后来独自发展的特点。而藏缅语的"强调式施动句"，过去有的研究者模仿汉语也看成是被动句，现在看来是不合适的。因此在藏缅语的共时研究中，"强调式施动句"是要着力描写的。

汉语闽方言的"有字句"表示的是什么语法意义？我觉得与景颇语的存在式很相似。景颇语的谓语不仅有人称、数的变化，还有存在式和变化式的对立。存在式是告诉别人存在一件什么事，谓语说明主语有什么动作行为，有什么性质状态。这类句子相当于闽方言的"有字句"。另一类叫变化式，表示变化的语气，谓语说明动作行为或性质状态的变化，或发生了一件什么事，做了一件什么事，相当于汉语的句型"……了"。景颇语通过谓语后的句尾词的形态变化表示存在式和变化式的对立。如：第一人称的 $n^{31}\eta ai^{33}$ 和 $s\breve{a}^{33}\eta ai^{33}$，第三人称的 ai^{33} 和 sai^{33}，前一个是存在式，后一个是变化式。试比较下列①②句：

① $\int i^{33}k\breve{a}^{31}lo^{33}ai^{33}$．　　他做的；伊有做。

　　他 做 （尾）

② $\int i^{33}k\breve{a}^{31}lo^{33}sai^{33}$．　　他做了；伊做了。

　　他 做 （尾）

例①的 ai^{33} 是存在式；例②的 sai^{33} 是变化式，二者通过变换声母表示。而闽方言的"有"是个虚化的动词，表示存在式。

三　当前亟待做的几件事

80 年来，跨语言对比研究虽然取得了不少成绩，但与实际需要还有较大的距离。主要是：做跨语言研究的人尚少，还未形成一支强有力的队伍。而且比较的范围尚不平衡，早期语音比较较多，近期则是语法比较较多。在理论、方法上，还未形成一套切合实际的认识。为了使汉语和非汉语结合研究能得到较大发展，我提出以下两条建议。

一是要加强汉语和非汉语结合研究的理论方法建设，逐渐摸索出一套能够反映我国本土语言特点的语言对比理论和方法。

汉藏语和印欧语一样都是假设，但印欧语的假设已被证实，形成了一套历史比较语言学的理论与方法。说印欧语的民族都以自己创立历史比较法的理论与方法而骄傲。汉藏语的假设至今未能解决，不是因为我们当今的语言学家的智慧不及当年的语言学家，而是因为我们面对的语言事实太复杂，遇到了许多新难题。所以我们要探索新理念，根据汉藏语的特点加强理论方法的研究。

二是鉴于汉藏语比较研究还缺乏群体基础，建议今后能在大学语言学专业的研究生中开设汉藏语比较课，使学习汉语言专业的学生也能多少懂得一些非汉语知识，为汉语和非汉语结合研究提供必要的基础。这当中存在"一头热"的现象，做非汉语研究的普遍关心、重视汉语的研究，而做汉语研究的关心、重视非汉语研究的则极少。朱德熙先生慧眼过人，1980年就与时任中央民族学院语文系系主任的马学良先生商议在北京大学中文系开设"汉藏语概论课"。朱德熙先生说："这门课 1982 年开出，以后又于 1983 年、1984 年重开两次，每次都收到很好的效果，很受听课师生的欢迎。"[①]

当然，汉藏语比较研究要得到顺利发展，需要各个语言的深入研究做基础。但目前的情况是，有许多语言还缺乏深入的研究，甚至有些语言还无人研究，成为阻碍汉藏语比较语言学发展的主要瓶颈。

总之，汉藏语是我国语言文化的一笔重大财富，也是未被开发的语言巨大资源，希望汉语学界和非汉语学界共同携手来开发这块宝地，为语言学的建设多做贡献。

参考文献

李方桂：《藏汉系语言研究法》，载《国学季刊》1915 年第七卷第二期。

---

① 参看马学良主编《汉藏语概论·序》，民族出版社 2003 年版。

梅祖麟:《上古汉语动词浊清别义的来源——再论原始汉藏语*s-前缀的使动化构词功用》，载《民族语文》2008 年第 3 期。

潘悟云:《藏文的ɕ-与ʑ-》，载《民族语文》2008 年第 4 期。

石德富:《黔东苗语帮系三等汉借词的形式》，载《民族语文》2008 年第 4 期。

吴福祥:《东南亚语言"居住"义语素的多功能模式及语法化路径》，载《民族语文》2010 年第 6 期。

（原载《中国语文》2012 年第 5 期）

汉语研究的非汉语视野

【提要】本文通过 5 个例案，论述汉语研究必须具有非汉语的视野，并对其概念、作用、研究方法等进行分析。文中还以使动范畴、松紧元音、选择疑问句为例，说明汉语和非汉语的结合研究必须寻找、确立汉语和非汉语的演变链。

【关键词】汉语研究；非汉语；视野

这些年的语言学研究，逐渐形成了讲究"视野"的认识。这就是说，研究语言，除了坚持以本体为立足点外，还要有必要的视野，以便更好地发掘、分析、判断语言事实。

在我国的语言研究中，有的语言学家曾提出要有"国际视野"。所谓"国际视野"，是指研究语言要看看国外有哪些新理论、新方法可以参考借鉴，思考人家是怎样做的，自己应该怎样做才更好。国际视野的提法和认识是对的，我很赞成。我这里想谈谈在我国研究语言，除了国际视野外，还应该有非汉语视野。

一　什么是非汉语视野？

概括地说，非汉语视野是指研究汉语要参照非汉语，要从非汉语中汲取养分，包括语言事实的反观、印证，研究方法的启示、借鉴。

讲非汉语视野，必须明确用来参照的非汉语语言，既指有亲缘关系的汉藏语系语言，如藏语、缅语、羌语、普米语、景颇语、彝语、哈尼语、傈僳语、纳西语、壮语、侗语、苗语、瑶语等；又指无亲缘关系的语言，如维吾尔语、蒙古语、锡伯语、佤语、克木语、阿眉斯语、排湾语、英语、俄语等。

语言有无亲缘关系，在对比、反观时参照点不完全相同，参照价值也不会完全相同。与汉语有亲缘关系的语言，因为相互间存在发生学上的共同"基因"，所以有可能从比较中发现汉语中尚未被发现的新特点、新规律，还能从相互反观中得到新的启示。而与汉语无亲缘关系的语言，因为相互间不存在发生学上的关系，因而在参照时主要是获取类型学的认识，从中看到人类语言的共性和个性，不可能从中得到亲缘关系的信息。

汉语研究如果有了非汉语的视野，在发掘语言的特点和规律上，在对语言事实的敏感性上，在对语言现象的理论提升上，都会得到预想不到的好处。好处主要有：有助于揭示汉语的特点和规律；有利于验证已有的认识是否正确；有助于从宏观上认识汉语的特点和规律。

二　汉语研究结合非汉语的五个例证

下面通过五个例案的分析，说明非汉语的语言事实及研究成果，怎样有助于汉语的特点及演变规律的发现和认识。

例一：汉语自主范畴的发现来自藏语的启发。

语言特点和语言规律有显性和隐性之分。显性的特点容易被发现，被认识；而隐性的特点不容易被发现，被认识。如果有亲属语言做参照，有助于隐性语言特点的揭示。汉语自主范畴的发现就是一个例子。

汉语动词存在自主范畴，区分自主和非自主的对立，这一特点最先是由马庆株教授揭示的，是汉语语法研究的一大进步。从方法论上讲，这一发现是受藏语的自主非自主现象启发的。

藏语的动词有一套自主非自主的对立。这一语法范畴是通过显性的语音曲折变化表示的。如：自主的"看"（现在时）是 lta，非自主的"看见"（现在时）是 mthong。自主的有命令式，非自主的没有。马庆株教授在学习、研究藏语的语法时，对照、分析了汉语的动词，发现汉语"能单说'看'、'我看'、'看报'，不能单说'塌'、'房子塌'、'塌房子'，而非要说'塌了'、'房子塌了'、'塌了一间房'不可"。并在分析大量语料的基础上，提出划分现代汉语自主动词和非自主动词的语法标准和分类系统。马庆株教授说："自主动词和非自主动词这一对术语是从藏语语法论著中吸取来的"，"找寻汉语自主动词和非自主动词的分类标准，缺乏可供参考的前人论著，只是可以从藏语语法中得到一些启发。"[①]他的这一发现，已得到学术界的认可，是汉语研究结合非汉语研究的一个范例。

例二：从藏缅语量词的发展状况看汉语量词的发展层次。

藏缅语与汉语的亲缘关系，一直被学术界所认可。他们之间的许多特点都能串在一起排比成演变链。

量词丰富且变化复杂，是汉藏语诸语言的一个共同特点。量词是原始汉藏语就有的，但不同语言发展不平衡，出现不同的特点。我们通过不同语言量词的比较，能够加深认识不同语言量词的特点。

---

① 参看马庆株《自主动词和非自主动词》，载《中国语言学报》第 3 期，商务印书馆 1988 年版。

从总体上看，藏缅语的量词可分为发达型和不发达型两类。属于发达型的语言有彝语、哈尼语、傈僳语、拉祜语、缅语、阿昌语、白语等。这一类语言量词比较发达，在句法结构中量词是强制性的。属于不发达的语言有藏语、景颇语、门巴语、僜语等。这类语言量词较少，特别是个体量词不发达，个体事物计量时大都不用量词。

这两类语言存在的不同特点，反映了量词从不发达到发达的演变过程。量词发达的语言，名量词都有个体量词、集体量词、度量衡量词，个体量词又有专用量词、类别量词、泛指量词等。各类名量词担负的功能（包括语义功能、语法结构功能，语用功能等）及演变特点存在差异。

用藏缅语的量词反观汉语，可以认为现代汉语量词发展的层次相当于藏缅语中发达型的一类。藏缅语量词发达的语言，其量词所具有几类量词和主要特征现代汉语都有，特别是个体量词比较发达。

藏缅语许多语言都有反响型量词，是量词中比较古老的一类。例如：

哈尼语：mja^{33}tɕhi^{31}mja^{33}　　一只眼睛

　　　　眼　一　眼

载瓦语：pum^{51}lǎ^{31}pum^{51}　　一座山

　　　　山　一　山

有些语言反响型量词很发达，功能很强大，几乎大多数的个体名词都能用来当反响量词。如哈尼语、纳西语。

反观汉语，在汉语的早期历史文献中能见"玉+玉""羌百羌""牛+牛"等反响型量词，但到了后来，为什么就不见了，这是什么因素引起的，与什么条件有关，是需要进一步研究的问题。

例三：从 OV 型语言反观 VO 型汉语的语法特点。

OV 型和 VO 型，是世界语言基本语序中的两大类型。这两种不同的语序，对语言的特点及其演变都有重大影响和制约作用。我国的非汉语语言，有 OV 型语言也有 VO 型语言。

从这两种不同语序的映照中，能够更深入地看到汉语语序的特点及其演变。比如，为什么藏缅语被动式、处置式不发达，而汉语则发达？这大约与前者属于 OV 型、后者属于 VO 型有关。

VO 型语言介词（前置词）发达，而 OV 型语言则缺少介词，有后置词。如景颇语就没有介词，而有放在名词、代词后的结构助词，表示名词、代词与谓语的关系。景颇语也没有被动句，汉语的被动句在景颇语里都用强调施事的句子表达。例如：

ŋai^{33}kǎ^{31}na^{33}e^{31}　　　tǎ^{31}ʒu^{33}ʃǎ^{31}ʒin^{55}ja^{33}sai^{33}.　　　　我被姐姐批评了。

我　姐姐（施助）批评　　　给（句尾）

lă^{55}khum^{51}ʃi^{33} e^{31}　　tuŋ^{33}tʃ̣ă^{31}then^{31}ka̱ u^{55}u^{731}ai^{33}.　　凳子被他坐坏了。

凳子　　　他（施助）坐 使坏　　掉 （句尾）

汉语被动义表达在亲属语言里找不到同源关系，说明是后起的。其产生和演变是由汉语 VO 型的结构特点以及实词虚化等特点决定的。

例四：从非汉语的反观看汉语的"的"字结构。

20 世纪 50 年代,朱德熙先生首次引入现代语言学中的结构主义理论和方法,对汉语的虚词"的"进行了系统、深入的探讨。他将汉语的"的"字看作其前面词语的后附成分,把"X 的"的不同分布看作"的"的不同功能,由此提出了著名的"三个语素"说。即"的$_1$"是副词性后附成分;"的$_2$"是形容词性后附成分;"的$_3$"是名词性后附成分。此后,学界关于"的"的属性和分类几乎都在此基础上展开。

"的"字结构的研究,不仅关系到如何认识"的"字的变化和发展,还与句法结构的演变关系密切。由于它具有重要的理论意义和应用价值,因而一直是汉语语法学界研究的热点。

同样,在汉藏语系非汉语的语言里,定语助词"的"也是一个使用频率高、句法特点多变的虚词。所以,对比汉语和非汉语"的"字的共性和个性,并从非汉语反观汉语,能够进一步认识汉语"的"字结构的特点。通过非汉语的反观,对汉语"的"结构的特点取得以下几点认识:

（1）汉语的"的"字功能强,在多数句法结构中不可或缺,这与汉语的分析性程度高有关。

汉藏语各语言间"的"的数量多少不一,有的语言没有"的",有的语言只有一个"的",而有的语言却有多个"的"。

分析性类型是产生"的"字结构的良好土壤。汉藏语内部"的"字结构呈现出发达与不发达的差异,其成因与语言的分析性强弱有关。

如:藏语支、羌语支形态变化比缅彝语支丰富,分析性较弱,"的"字结构就相对贫乏。嘉戎语是其中形态变化最为丰富的一种语言,至今尚未产生定语助词"的",其领属性定中结构关系主要靠前加词缀这一形态变化来体现。而缅彝语支的分析性强,定语助词不仅形式多样,而且表义类型丰富,当修饰性定语提前时,定语助词作为一种分析性手段而不可缺省。汉语的分析性强,所以"的"字结构也发达。

（2）汉语的"的"字概括程度高,对语义关系的控制力强。同一个"的"字具有多种不同的功能,"的$_1$""的$_2$""的$_3$"共用一种语音形式,但在句中不混淆,要通过句法分析才能揭示其不同的类别。

景颇语则采用多种不同的语音形式表示"的",说明它要靠不同的语音形式来体现不同的语义关系。景颇语有三个不同的"的",aʔ^{31}、ai^{33}、na^{55}。

不同的"的"职能界线清楚。例如：

ʃiʔ⁵⁵ aʔ³¹ pǎ ³³loŋ³³　　　　　　他的衣服（aʔ³¹表领属）

他　　的　　衣服

kǎ ³¹pa³¹ ai³³ phun⁵⁵　　　　　　大的树（ai³³¹表修饰）

大　　　的　　树

tai³¹niŋ³³ na⁵⁵ mam³³　　　　　　今年的稻子（na⁵⁵表限制）

今年　　　的　　稻子

（3）从比较中能够看到，表示领属关系的"的"是出现最早的，所以大部分语言都有这一类"的"。而表示修饰和限制语义的"的"，不同语言差异较大，有的有，有的没有，即便是有，语音形式也相差很大，可以认为是出现较晚的。这就是说，"的"字的不同语义类别，在来源上存在不同的时间层次。

（4）汉语"的"字结构包括了副词性的"的"（做状语），但非汉语的"的"与汉语不同，即状语的"的"与定语的"的"大多为两套系统，用不同的词表示。

以哈尼语为例，定语的"的"是ɣ³³，如 ŋa³¹（我）ɣ³³（的）a³¹da³³（父亲）"我的父亲"，状语的"的"是ne³³，如 mja³¹（多）ne³³（地）dza³¹（吃）"多多地吃"。又如景颇语，定语的"的"是 na⁵⁵、aʔ³¹、ai³³，而状语的"的"用ʃa³¹。

（5）汉语"的"字与周围的亲属语言无同源关系，可以证明"的"是在原始汉藏语分化之后产生的。

"的"字的词源关系，能够反映亲属语言"的"字的产生和演变。如果"的"字在不同语言里有同源关系，说明他们有共同的来源，也就是说，在它们未分化的时候就已出现，不是后来创新的。所以，弄清汉藏语"的"字的词源关系，区分是同源还是不同源，是研究"的"字结构的一把重要钥匙。

以藏缅语族语言为例，藏缅语内属于同语支的语言，有些语言的"的"存在同源关系。如表示领属关系的"的"，语支内部许多语言有同源关系。如：藏语支的藏语ki、错那门巴语ko³¹、仓洛门巴语ka³¹；羌语支的桃坪羌语zɔ³³与扎坝语zə³³；羌语支的道孚语ji、却域语ji³³、史兴语ji⁵⁵；缅语支阿昌语a³¹、仙岛语 a³¹、波拉语ɛ³¹；彝语支的拉祜语ve³³、彝语vi³³；缅语支的浪速语nɔ³¹、波拉语na³¹。但不同语支之间大多数不同源，只有少数同源。缅彝语支与景颇语支、藏语支、羌语支之间也找不出对应规律。而属于修饰、限制关系的"的"，语支之间同源词就更少，异源的比例大于同源。这些例词可以证明语支之间不存在同源关系；也说明这三个"的"在起源上不是一个层次，领属性定语"的"可能先于修饰性定语"的"产生。[①]

例五：从藏缅语反观看汉语的连动结构。

通过藏缅语与汉语连动结构的比较，可以形成以下几个认识：

（1）汉语与藏缅语都存在连动结构，而且存在诸多共性。如：二者都有不同的句法结构类型，都有语法化现象，都与认知规律有一定的联系。这种共性是由二者的亲属关系的基因和类型学的因素所决定的。

（2）制约连动特点的因素是多方面的，但语序是最重要的，其中谓语的语序尤为重要。由于 VO 型汉语和 OV 型藏缅语的语序差异，使得连动结构的连用特点出现差异。汉语带宾语的连动结构，连用动词被宾语隔开；而藏缅语则不然，不管是两个动词带有同一个宾语，还是其中一个动词带宾语，都不影响动词的连用。例如：

景颇语	$an^{55}the^{33}$ $n^{33}kjin^{33}$ sep^{31} $\int a^{55}$ $ka\Omega^{31}$ ai^{33}.	我们削黄瓜吃。
	我们　　黄瓜　　削　　吃　（句尾）	
傈僳语	$a^{55}\gamma a^{55}$ ma^{44} dza^{33} tho^{35} dza^{31}.	母鸡啄食吃。
	母鸡　　　食　　啄　　吃	
彝语	$\eta a^{33}dza^{44}$ dzu^{33} nbu^{33} o^{44}.	我饭吃饱了。
	我　饭　吃　饱　了	

（3）连动结构的紧密度，汉语不如藏缅语。汉语在两个连用动词之间可以较灵活地插入宾语、连词和助词等成分；而藏缅语大多数则紧密相连，不易插入别的成分，凝聚力强。这就是说，汉语的连动结构具有一定的松散性，这个特点使得汉语连动结构包括的内容比较庞杂，被人称为"大杂烩"，在范围的划定上出现种种困难，以致长期争论不休。

（4）藏缅语和汉语连动的补语都容易出现语法化，其制约的条件也大致相同。其条件主要有三：一是从位置上看，居后的动词容易语法化。未见有居前的动词语法化。二是从使用频率上看，高频率的动词容易语法化，如"看""死""来""去"等都是日常生活中最常使用的词。三是从音节上看，语法化的动词大都是单音节。

比如，动词"看"在藏缅语和汉语里，如果用在另一动词之后，大都虚化为"尝试"义，对另一动词进行补充。这是这些语言的共性。例如：

仓洛门巴语	nan^{13} lok^{55} $\underset{.}{n}at^{13}$ kot^{13} $t\mathfrak{c}o^{55}$.	你再听听看。
	你　再　听　看　（助）	
基诺语	$n\partial^{42}$ $p\partial^{42}$ $t\varepsilon^{44}$ $p\partial^{42}$ $t\varepsilon^{44}$.	你打打看。
	打　看　打　看	

---

① 参看戴庆厦、闻静《汉藏语"的"字结构》，载《汉语学报》2011 年第 4 期。

阿昌语　　　　naŋ³¹ wut³¹ tɕau³³ ʐc²⁵⁵ !　　　　　　你穿穿看！

　　你　穿　看（助）

动词"死"在汉语里用在另一动词之后，表示前面动作行为的极限程度，相当于"极"。藏缅语里也有相同的情况。例如：

景颇语　　　　ʃi³³ kǎ³¹pu³³ si³³ sai³¹ .　　　　　　他高兴死了。

　　他　高兴　死（句尾）

哈尼语　　　　ŋa³³ ɣø⁵⁵ si⁵⁵ la³³ ja³³ .　　　　　　我高兴得要死。

　　我　高兴　死　来（助）

藏缅语一些语言，"吃"用在另一动词之后，出现语法化，表示动作行为的"获取"。如景颇语的 ʃa⁵⁵，以及哈尼语的 dza³¹：

景颇语　　　　n⁵⁵ mǎ³¹tat³¹ jaŋ³¹ mǎ³¹ʒa³¹ khʒup³¹ ʃa⁵⁵ uʔ³¹ !

　　不　听　　的话　罪　　遭　　吃（句尾）

　　不听的话就任（你）遭罪吧！

哈尼语　　　　a³¹jo³¹ ɳu³¹ tshe³¹ ɣɣ⁵⁵ dza³¹ .　　　　　他买犁。

　　他　犁　买　吃

藏缅语和汉语连动结构中表示"趋向"义的补语也都很容易语法化，表示前面动作的发展变化。例如：

白语　　　　tsha⁵⁵ a⁴⁴ tsi⁵⁵ khɯ³⁵ lɔ⁵⁵ mu⁴⁴ ?　　　　饭煮熟了没有？

　　午饭　些　做　起来　了　没有

阿昌语　　　　tsɿ³¹ ku⁵⁵ sɿ³⁵ ŋa³³ ŋam⁵⁵ ta⁵⁵ la⁵⁵ kau³⁵ lɔ⁵⁵kɯ³³ .

　　这　件　事　我　想　起　来　高兴　很

　　这件事我想起来很高兴。

景颇语中有一类助动词（又称"貌词"），专门做动词的补语，构成连动结构。这类补语数量很多，表示的意义丰富多彩。但由于它总跟在另一动词之后，容易语法化，而且存在不同的语法化层次。语法化程度高的，动词实在意义较少，语法化程度低的，则含有较多的动词实在意义。如naŋ³³，原是实义动词，本义是"跟随"，当助动词用时，语法化为"表示动作行为跟随他人进行"义。又如，khat⁵⁵原为实义动词，本义是"打仗"，当助动词用时，语法化为"表示动作行为是相互的"义。如景颇语：

naŋ⁵⁵the³³ thi⁵⁵ naŋ³³ muʔ³¹ !　　　　　　你们跟着读吧！

你们　　读　跟随（句尾）

an⁵⁵the³³ ʃǎ³¹taʔ³¹ kǎ³¹ʒum³³ khat⁵⁵ kaʔ³¹ !　　　　我们互相帮助吧！

我们　　互相　帮助　相互（句尾）

在藏缅语和汉语中，连动结构中的"来""去"容易语法化，而且语法化还具有不同于其他动词的特点。"来""去"语法化后，补充说明动作行为的趋向、结果、发展等。如勒期语：

tshɔn⁵⁵ xje³³ pei⁵⁵ ke³³ ŋɔ⁵³ ɣɔː⁵³ le⁵⁵ tse⁵³.   这些菜是我买来的。
菜   这   些 （话助）我 买   来 的①

三 必须寻找、确立汉语和非汉语的演变链

语言演变链（Evolutionary Chain），是指语言间存在的不同特点反映出的语言演变关系。它如同一条由多个链节构成的链条，把不同语言出现的特点有机地连接一起，表明这些不同特点在演变过程中的地位、性质（包括演变的先后、主次、方向等），系统地展示这一语言群在历史演变中存在的共同演变规律。

"演变链"是语言演变图示化的形式。它从复杂的语言演变现象中提取"链节"（组成链条的每一小节），构成一条相互关联的演变链，并用简单易懂的形式表现出来。它有助于人们从复杂的语言演变现象中认识语言的主要规律。演变链的图式，是语言研究抽象化、深化的结果，反映人们认识语言演变的深化。

语言关系有亲属语言关系和非亲属语言关系两类。不管是有亲缘关系的语言，还是无亲缘关系的语言，相互间都存在语言的共性和个性，所以都能各自串成语言演变链。但是，有亲属关系的语言演变链，与无亲属关系的语言演变链很不一样。（详见下）汉语和非汉语的语言关系，是亲缘关系，存在亲属语言演变链。

通过亲属语言的比较来确立演变链是有可能的。因为亲属语言或亲属方言的演变是不平衡的，存在不同程度的差异。而在诸多差异中，有的差异则反映这一群亲属语言在不同历史阶段的特点，所以有可能通过不同特点的排列，再加上别的材料的印证，构拟出一条反映语言演变规律的演变链。下面以藏缅语使动范畴屈折变化的演变链为例：

藏缅语使动范畴有屈折式和分析式两种，是原始藏缅语的一个语法范畴。后来经过长期的演变，各语言的屈折式出现了多种形式。主要有：① 音节带不带 s-的语音交替，如藏文的 nub "沉" 和snub "使沉"。② 清浊声母交替，如彝语的ge³³ "断" 和khe³³ "使断"。③ 送气不送气声母交替，如载瓦语的pji²¹ "开" 和phji²¹ "使开"。④ 松紧交替，如波拉语的 nap³¹ "沉"和na p⁵⁵ "使沉"。⑤ 不同声调对应，如门巴语的ter³³ "掉" 和ter⁵⁵ "弄掉"。这些屈折式的使动词，有一些在不同语言里还存在同源关系，是原始屈折式同源词的遗迹。

根据同源词的语音对应规律以及音理演变的分析，可以厘清使动范畴的语音演变是：s- 表示使动是最早的，这是原始藏缅语的使动形式。后来各语言的语音变化都是从这个源头变来的。但出现了两条途径：一条是前置辅音 s- 与后面的成分分离，变为"一个半音节"，如景颇语；另一条是与后面的辅音合并，从复辅音声母变为单辅音声母。若自动词是浊声母，由 s-同化为清声母，构成清浊声母交替表示使动。这是一个重大的变化。后来的送气不送气交替、松紧交替、不同声调交替等都是由清浊交替演变而来。如彝语、哈尼语、载瓦语等。这一语族屈折式使动范畴的演变链是：

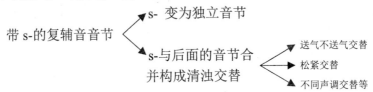

带 s-的复辅音音节
s- 变为独立音节
s-与后面的音节合并构成清浊交替
送气不送气交替
松紧交替
不同声调交替等

同一现象有的会有多个演变链。以松紧元音为例。元音分松紧是藏缅语语音的一个重要特征。经过比较研究，发现其历史来源至少有两个源头。一是来源于古代舒促韵母的。属于这一来源的有彝语支诸语言。其演变链是：

古舒声韵→松元音韵；古促声韵→紧元音韵

例如：

哈尼语（松韵）	藏文（舒韵）	
ŋa^{55}	ŋa	我
dza^{31}	za	吃

哈尼语（紧韵）	藏文（促韵）	
na̱^{33}	nag	黑
se̱^{31}	bsad	杀

二是来源于古代清浊声母的。属于这一类语言的有景颇语、载瓦语等。其演变链是：

古浊声母→松元音韵；古清声母→紧元音韵

例如：

载瓦语（松韵）	藏文（浊声母）	
kau^{31}	dgu	九
koi^{55}	ɦgug	弯

载瓦语（紧韵）	藏文（清声母）	
tʃo̱^{ʔ55}	btsos	煮
tʃa̱p^{55}	btsugs	插

松紧元音的进一步演变，是紧元音松化，经历了从松紧完全对立到不

完全对立、再从不完全对立到全部不对立（紧元音全部消失）的全过程。其途径有多种，也不是只有一条"演变链"。如有的语言（如哈尼语碧约话、彝语凉山话），松紧元音转为不同舌位的元音，有的语言（如傈僳语、拉祜语），松紧转为不同的声调。

基于语言的这一现实，寻找演变链时要考虑是否存在多条演变链的可能性。

再以藏缅语的是非疑问句为例。是非疑问句在藏缅语里存在多种形式，主要有词缀式、助词式、选择式、反复式、重叠式等。某一语言使用什么形式表示是非疑问，与该语言系统的特点相关。形态变化丰富的语言，多用词缀式，如羌语、普米语、独龙语等；而分析性强的语言多用句法和助词，如彝语、哈尼语、傈僳语等。景颇语语法系统特点介于二者之间，属于"中介性语言"，所以是非疑问句的特点也介于二者之间。从句法特点观察，是非疑问句的主要形式有选择式、反复式、重叠式三种。例如：

（1）选择式

景颇语：naŋ^{33} sa^{33} n^{31}ni^{51}，ʃiŋ^{31}n^{55}ʒai^{55} n^{55} sa^{33} n^{31}ni^{51}？　　你去还是不去？

　　　　你　去（句尾）　（连）　不去　（句尾）

（2）反复式

哈尼语：no^{55} xo^{31}dza^{31} ma^{31} dza^{31}？　　　　　　　　你吃不吃？

　　　　你　饭　吃　不　吃

（3）重叠式

盐源彝语：sɿ^{55} tshɿ^{33} dzi^{55} nuɿ^{33} ndʐɿ^{31} ndʐɿ^{31}？　　　这件事你相信不相信？

　　　　事　这　件　你　相信　相信

结合其他因素做综合考虑，可以确认这三种形式是构成是非疑问句演变链的三个链节。其顺序如下：

　　选择式→反复式→重叠式

在藏缅语里，选择式具有普遍性，是一种古老的形式。从分句各带疑问助词的选择式到只有一个谓语的反复式单句，是语法结构的质变。再从反复式经过吃掉否定副词变为重叠式，也是一种质变。这三段的变化，都有理据可寻。

用这一演变链来反观汉语，可以预测汉语将来有可能进一步发展重叠问式。现代汉语中有不少方言已有"吃吃？"的重叠问句，如江苏淮阴方言、江西于都客家方言、湖北仙桃方言、山东招远方言、黑龙江宾县方言、福建连城客家方言等。这说明，重叠问句可能是无标记正反问句进一步发展的方向。

演变链的确立是否站得住有两个关键：一是能否选准有关联的对象；

二是能否摆好正确的顺序。不同语言的现象放在一起，有的有演变上的内在关系，有的没有。有的现象貌似有关系，其实"风马牛不相及"。所以，寻找、确立演变链，要细心考证，寻找有力的证据，防止"拉郎配"。确定关联对象后，就要把握演变的去向，防止错位。

在过去的成果中，我们看到有一些属于"拉郎配"和错位的现象。比如，上面谈到的松紧元音历史演变的轨迹，学界大多已接受了其是从舒促韵母或清浊声母演变而来的，但有的学者没有事实根据就提出了相反的轨迹，认为是先有松紧元音的对立然后才有舒促韵母的对立。又如，20世纪松紧元音研究深入后，有的学者大胆提出上古汉语有松紧元音的对立，但缺乏语料的证明。其实，如果看松紧的来源及后来演变的情况，就不难判断上古汉语不会有松紧元音的对立。

寻找、确立亲属语言演变链，是一项理论性很强的研究工作，值得不断总结经验。我国的语种多，语情复杂，能为语言演变链的研究提供丰富的语言事实。[①]

参考文献

李方桂：《藏汉系语言研究法》，载《国学季刊》1951年第七卷第二期。

马庆株：《自主动词和非自主动词》，载《中国语言学报》第3期，商务印书馆1988年版。

戴庆厦等：《汉语与少数民族语言关系研究》，载《中央民族大学学报》1990年第6期。

戴庆厦：《从藏缅语看壮侗语与汉语的关系》，载《汉语与少数民族语言关系研究》，《中央民族大学学报》1990年第6期。

戴庆厦：《汉语结合非汉语研究的一些理论问题》，载《长江学术》2002年第1辑。

马学良主编：《汉藏语概论》，民族出版社2003年版。

戴庆厦：《藏缅语的强调式施动词——与汉语被动句比较》，载《语言研究》2005年第3期。

戴庆厦主编：《汉语与少数民族语法比较》，民族出版社2006年版。

戴庆厦、蒋颖：《论量词的功能与演变——汉语景颇语量词比较》，载《汉语与少数民族语法比较》，民族出版社2006年版。

戴庆厦、邱月：《藏缅语与汉语连动结构的比较研究》，载《世界汉语教学》2008年第2期。

[①] 戴庆厦、朱艳华：《藏缅语选择疑问句范畴句法结构的演变链》，载《汉语学报》2010年第2期。

梅祖麟：《上古汉语动词浊清别义的来源——再论原始汉藏语*s-前缀的使动化构词功用》，载《民族语文》2008 年第 3 期。

潘悟云：《藏文的ɕ-与ʐ-》，载《民族语文》2008 年第 4 期。

吴福祥：《东南亚语言"居住"义语素的多功能模式及语法化路径》，载《民族语文》2010 年第 6 期。

戴庆厦、朱艳华：《藏缅语选择疑问句范畴句法结构的演变链》，载《汉语学报》2010 年第 2 期。

戴庆厦、闻静：《汉藏语"的"字结构》，载《汉语学报》2011 年第 4 期。

戴庆厦：《从非汉语反观汉语》，载《民俗典籍文字研究》2011 年第 8 期。

闻静：《从藏缅语定语助词的演变反观汉语》，载《汉语学习》2012 年第 4 期。

（原载崔显军主编《纪念〈语法修辞讲话〉发表六十周年学术论文集》，南开大学出版社 2014 年版）

关于如何对待语言事实的反思

【摘要】本文通过作者经历过的三个例子，论述语言研究中必须善于对待语言事实。认为要辩证地处理多数和少数、主流和例外的关系，防止片面性，一叶障目。还要善于根据新的语言事实修正已有的认识。

【关键词】语言事实；反思

我做语言研究，如果从 1956 年大学毕业算起，已有 58 年了。这漫长的 58 年，我主要做语言事实的调查和整理，也做些语言规律和语言理论的提升研究，使我与语言结下了不解之缘，也不知这条路是怎么走到今天的。现在回忆起来，既有甜蜜的成就感，又有烦恼的挫折感。做学问，需要对自己走过的路做些反思，才有利于进步。

几十年来，我在语言教学研究的实践中逐渐懂得了这样一个道理：做语言研究最重要的是要认识语言事实是第一性的，要学会调查、掌握丰富有用的语言事实，摆正语言事实与语言理论的关系。这虽然是一个浅而易懂的道理，但不是一下子就能认识到位的，也不是都能做好的。回想过去，在如何认识语言事实的问题上，我有过一些挫折和反复，往往是在碰了钉子之后才有实在的认识。下面谈几个我自己经历过的例子，论述语言研究中必须善于对待语言事实。

一

第一个例子是，我是怎样才对景颇语并列复合词的构造规律有了深入正确的认识的。

我在研究景颇语时，被景颇语中亲属关系的并列复合词所深深吸引，因为它有不同于汉语的词序特点。如汉语的"父母、男女、夫妻"，是阳性词在阴性词之前，而景颇语的语序大多是阴性词在阳性词之前，说成"母父、女男、妻夫"。例如：

父母：nu^{51} wa^{51}　　男女：num^{33}la^{33}
　　母　父・　　　　　女　男

夫妻：mǎ ^{31}tṳ $^{?31}$tʃan ^{33} mǎ ^{31}tṳ $^{?31}$wa ^{33}

　　　妻子　　　　　丈夫

我试图去解释这一现象。由于当时我掌握的语言事实不够，只看到景颇语亲属称谓词中多是阴性词在阳性词之前的例子，而没有看到也有少数是阳性词在阴性词之前，加上在方法论上没有从并列语素的结构关系上去寻找理据，而是简单地用社会语言学方法去解释词的构造，于是就错误地认定景颇语女性词在男性词之前是与景颇族长期经历母系社会有关，是母系社会的观念在语言中的反映。这就是我最初形成的观点。1980 年我有幸被邀去北京师范大学为历史系师生做语言和历史的关系的报告，在讲到如何通过语言事实来解释历史社会的现象时，就用了景颇语这个阴性词在阳性词之前的例子，来说明景颇族在历史上曾长期处于母系社会，所以在景颇语的构词中有这一特点的反映。过了几年，当我收集了大量景颇语并列复合词和并列短语的语料，并从语音结构上进行了全面、系统的分析后，才发现原来的认识错了。因为通过大量语料的排比和分析，我发现两个重要的事实：一是在景颇语的亲属称谓词中除了大部分阴性词在阳性词之前的例子外，也还有少量阳性词在阴性词前的例子，如ku ^{33}（公）mọ i ^{33}（婆）"公婆"。二是通过对各类并列复合词的分析，发现景颇语并列复合词的语素次序孰先孰后，与语素的语义关系不大，而是受前后音节元音舌位"前高后低"和谐规律的制约，即后一音节的元音必须低于前一音节（若是四个音节，则是二、四音节和谐；若是三个音节，则是一、三音节和谐）。这不同于汉语并列复合词的语素搭配受声调规律的制约。例如：

tʃi ŋ ^{33}pau ^{31}	锣鼓	lǎ ^{31}ko ^{33}lǎ ^{31}ta $^{?55}$	手脚
鼓　锣		手　脚	
phun ^{55}kǎ ^{55}wa ^{55}	竹木类	phuŋ ^{31}ʃiŋ ^{31}ka ŋ ^{31}	威望
木　竹		威信　威风	
tʃum ^{31}mǎ ^{55}tʃap ^{55}	调味品	tʃṳ ^{55}pǎ ^{55}la ^{55}	子弹和箭的总称
盐　辣椒		子弹　箭	
kun ^{33}phai ^{33}	担负	kjit ^{31}noi ^{55}	吊
背　抬		栓　挂	
tip ^{31}sep ^{31}	剥削	kji n ^{55}kǎ ^{31}tap ^{31}	危机
压　剥		忙　逼	
tiŋ ^{31}man ^{33}	老实	mǎ ^{31}su $^{?31}$mǎ ^{31}ko $^{?31}$	虚伪
直　老实		骗　弯	

在景颇语中，使用这种语音规则搭配的词占绝大多数，只有极少数例外，即后一语素的元音高于前一语素。例外的条件主要与语义有关，即前

一语素的意义比后一语素更重要，所以元音舌位低的也放在前一音节上。例如：

tʃa³¹kum³¹phʒo³¹ 财产（财产中金子比银子更为重要）

金　银

语料多了后，对语言现象的认识就加深了。我看到，景颇语并列复合词中有的词语音原则和语义原则存在"竞争"现象，表现为语音原则规定以元音和谐规律来构词，要求语义服从语音；而语义原则则强调语义领先，不顾"前高后低"的语音和谐，于是出现语音原则与语义原则的竞争，竞争的过程出现了"两读"。例如：

nam³¹lap³¹nam³¹lo³³ 叶子的总称，也可读为nam³¹lo³³nam³¹lap³¹

叶子　（配音）　　　　　　　　　　　　（配音）　叶子

总的看来，景颇语复合词的并列结构是由语音和谐条件决定的，与社会因素关系不大。但要有这个认识，必须依靠大量的语料，不能只凭少量的语料就按常规的思路类推。

二

第二个例子是，我是怎样才认识到话题句在景颇语中的地位的。

我最初在辨别景颇语中使用频率特高的结构助词ko³¹时，只看到它大多位于主语后面的事实，就把它看成突出主语的语法标志，称为"主语助词"。我和徐悉艰在《景颇语语法》（中央民族大学出版社，1995年）一书中，就是这么看的。后来经过了多年，了解到现代语言学中有关"话题"的新理论，于是就再扩大审视有关的句法语料，发现ko³¹在句中除了主要位于主语后外，还能放在状语、宾语后。新的语料使我改变了对ko³¹的认识，把它看成是"话题助词"，并确定景颇语的句式中有"话题句"。例如：

ʃi³³ ko³¹ ŋai³³nau³³ʒe⁵¹. 他是我弟弟。（在主语后）

他（话）我弟　是

n³³tai³³lam³³phe²⁵⁵ko³¹ŋai³³tʃe³³să³³ŋai³³. 这事我知道了。（在宾语后）

这　　事　（宾）（话）我　知道（尾）

phot⁵⁵ni⁵⁵ko³¹ʃi³³tẹ ŋ³¹ tẹ ŋ³¹n³³sa³³ai³³. 明天他真的不去。（在状语后）

明天（话）他　真　　不　去（尾）

而且，通过大量语料的检查，看到ko³¹还可用在名词做谓语的句子中。这种句子，主语与谓语相同，是拷贝式句子。例如：

kă⁵⁵khum⁵¹ko³¹kă⁵⁵khum⁵¹，n³³kjin³³ko³¹n³³kjin³³. 南瓜是南瓜，黄瓜是黄瓜。

南瓜　（话）南瓜　黄瓜（话）黄瓜

ko³¹还可以使用在省略谓语的疑问句里，带有疑问语气。例如：

ʃã³¹ni⁵⁵ʃat³¹the²³¹ʃã³¹na⁷⁵⁵ʃat³¹ko³¹?　　　　午饭和晚饭呢？

午饭　　和　晚饭　（话）

ko³¹还可放在条件复句的前一分句（表条件的）后，把条件分句当作一句话的话题。例如：

ʃi³³lu³¹sǎ⁵⁵jaŋ³¹ko³¹ ŋai³³phe⁷⁵⁵pai⁵⁵n³¹thaŋ⁵⁵ja³³ni?³¹ka⁷³¹!　　他有的话再还给我！

他 有 的话 （话）我（宾）　再　还　　给（尾）

这些活生生的语言事实，改变了我们两人对它是主语的看法。于是在我新出版的《景颇语参考语法》（中国社会科学出版社，2012年）一书中，就毫不犹豫地把ko³¹改为话题助词。这个变化说明，借鉴语言学的新理论，促使我去扩大语言事实的积累，而语言事实的积累，改变了对原有事实的认识。随着语料的增加，我对话题的性质、功能有了更多的认识。

后来我进一步认识到，景颇语的话题和主语无论是在语义上还是在语法上都各有自己的特点，应视为不同的语法范畴。二者的区别主要有：一是景颇语的话题和主语各有自己的语法标记。话题的语法标记是在话题后加ko³¹；而主语的语法标记是在句末加句尾词，通过句尾词的人称、数的标记指示句首的主语。二是景颇语能够充当话题的句子成分有主语、宾语、状语，所以话题与主语并不相等；而主语只有当它需要突出时才具有话题身份，这时它既是主语又是话题。三是景颇语的主语在句子中能省略，而话题不能省略。这是因为话题是一句中强调的对象，不能缺少；而主语因为有句尾词指明其存在，可以缺位。四是从位置上看，景颇语的话题结构只能是话题在前、述题在后，不可移动；而主语和宾语的位置，一般是主语在宾语之前，但也可在宾语之后，有一定的灵活性。

总之，根据大量的语言事实我取得了以下几个新认识：（1）景颇语是一种具有话题结构的语言。话题结构由话题和述题组成，句子成分结构由主语、谓语、宾语等句子成分组成。二者的特点虽有部分交叉，但属不同的语法结构，是不同的语法范畴。（2）话题结构是适应语用的需要而产生的一种句法模式，严格说是一种"语用语法范畴"；而句子成分结构则注重句子成分的搭配，句子的构造。（3）在语法形式上，话题的标记是话题助词ko³¹，而主语的标记是句尾词。（4）话题的语序是"不可移动性"的，只能是话题在前，述题在后；而句子成分结构的语序则是"可移动性"，如宾语可移至主语之前。（5）景颇语的话题结构和句子成分结构是两个独立的、并重的语法系统，各有各的作用，不存在哪个优先，哪个是主体。这两个不同的系统在语用中融为一体使用。（6）景颇语的话题与汉语相比，二者既有共性，又有差异。共性是：二者都有话题结构，话题结构均由话题加述题组成。差异主要是：景颇语的话题结构也好，句子成分也好，都有其显性的语法标记；而汉语则相对缺乏。

三

第三个例子是我从大量语料中获得关于藏缅语松紧元音历史来源的认识。

20 世纪 50 年代，我刚刚大学毕业就参加了中国科学院少数民族语言调查第三工作队到云南调查语言，主要做哈尼语调查和哈尼文创制工作。由于松紧元音是哈尼语的一个重要特征，有丰富的现象，一下子就把我吸引了，使我对松紧元音问题有了浓厚的兴趣，成为我走进学术研究殿堂的第一个研究课题。当时，我的研究得到已故的时任第三工作队队长的罗季光教授的热情支持，他多次提醒我要多收集语料，重视语言事实的积累。所以我在哈尼语方言的调查中很重视松紧元音语料的收集，积累了相当丰富的语料。每次到哈尼山寨调查哈尼语方言，我的注意力和兴奋点多集中在松紧元音上，总要弄清这个方言的松紧元音有哪些变异，有什么伴随特征，有哪些演变的迹象等。我先后发表了《谈谈松紧元音》（载《少数民族语文论集》第 2 辑，1958 年）、《哈尼语元音的松紧》（载《中国语文》1964 年第 1 期，与胡坦合写）、《藏缅语族松紧元音来源初探》（载《民族语文》1979 年第 1 期）、《藏缅语族松紧元音研究》（载《藏缅语族语言研究》（一），云南民族出版社，1990 年）诸文，这些论文对藏缅语的松紧元音进行了共时描写和历时演变的研究。由于这些成果所使用的语料大都是我自己亲自记录的，或经过我校对过的，所以现在看来都还靠得住。这说明语料的重要性。

但有一件至今还难以忘怀的事要在这里提及，就是我在拟《藏缅语族松紧元音来源初探》一稿时，曾错误地使用了一份缅语也有"松紧"的语料，而且还把它看成藏缅语族松紧元音来源的一种新类型。缅语的这一份语料，是一位会熟练使用缅语的景颇人热心提供给我的。他从小在缅甸长大，生活了几十年，会说流利的缅语，对缅文也很熟练。当时对他提供的缅语语料的真实性，我是相信的。但在论文即将发稿前再一次做语料核对时，不知是何原因，我突然担心缅语的材料是否有问题，立即找了在北京工作的几位土生土长的缅甸仰光人核对了语料，果然发现缅语仰光话只有清浊声母的对立而没有松紧元音的对立。于是我马上就把缅语松紧来源这一段抽掉，再一次对稿子做了修改，然后交给了《民族语文》编辑部，离编辑部发稿的时间只剩两三天。想起这件事，我至今还有点"后怕"。想想如果当时没有再做语言事实的核对，就这样发表出去，白纸黑字，后果会很严重，况且这篇论文是《民族语文》创刊号的约稿。后来，我仔细琢磨所用的缅语材料为什么有问题，才知道是语料提供者虽然熟悉缅语，但从小会自己的母语，在掌握第二语言时容易受到母语的干扰，把音节中清浊声母的对立，都读成松紧的对立。这是一种"中介语偏离目的语"的现象。虽然语料提供者十分坚信自己的发音是对的，但实际上与作为第一语言的母语是有差别的。

四

我举以上三个例子，无非要说明做语言研究如何对待语料不是一件简单的事，语料的重要性谁都懂，但要掌握好却不易。

语言学研究，是以探索语言规律为目的的。对新的语言现象的科学认识，往往先是从发现少数语言现象开始的，从少数语言现象中得到最初的"灵感"，然后进一步扩大事实，从中提取带有规律性的认识。但语言事实究竟要扩大到什么范围才够得上总结规律，要掌握这个分寸很不易。做研究的惯例往往是，当发现了少量新的语言事实时就想总结语言规律，就想发表新的成果，但这样做，其结果可能立得住，也可能很快就会因语言事实的扩大而被推翻。当然，不是说任何创新的研究都非要等到相关的语言现象都摸清后才发表新的见解。所以，语言事实的多数和少数，主线和例外的关系如何辩证地处理好，常常是语言学家面临的困境。

做语言研究所依靠的事实，不可能都是自己收集的，摸过的。所用的第二手材料怎样检验其可靠性？在我国语言的比较研究中，我们不时见到有的作品就是因为用了错误的第二手材料而引出了错误的结论。

做学问要谨慎，要尽量多地掌握事实后再说话，不要手无本钱就说大话。这是语言研究中所必须强调的。但是，由于语言的复杂性，即便认真地做了语料的收集，谨慎地做了规律的探讨，也不可能百分之百都准确无误。所以我认为，一个有作为的语言学家，应当具有时时修正自己观点的品质和勇气。

参考文献

胡坦、戴庆厦：《哈尼语元音的松紧》，载《中国语文》1964 年第 1 期。

戴庆厦：《我国藏缅语族松紧元音来源初探》，载《民族语文》1979 年第 1 期。

戴庆厦：《景颇语并列结构复合词的元音和谐》，载《民族语文》1986 年第 5 期。

戴庆厦：《藏缅语族松紧元音研究》，载《藏缅语族语言研究》（一），云南民族出版社 1990 年版。

戴庆厦、徐悉艰：《景颇语语法》，中央民族大学出版社 1992 年版。

戴庆厦：《景颇语参考语法》，中国社会科学出版社 2012 年版。

（原载《文化学刊》2014 年第 3 期）

"南北语言打通论"漫议

【提要】本文认为，我国南北语言的语言研究在理论、方法上要相互借鉴，互相反观，还要通过南北语言的比较发现语言的共性、类型学特征以及语言学中的新问题。并认为这是立足研究我国语言资源开展语言研究的一个必要方法和新视觉。还对如何打通南北语言研究提出几点建议。

【关键词】南北语言；打通

这两年每次与赵杰教授见面，都会情不自禁地一起谈到语言学研究的问题。交谈中的一个共同感兴趣的问题是，我们都认为我国南北语言的研究必须打通，这样才有利于我国语言学研究的深入发展。但这只是一个朦胧的、初步的感觉，并未在理性上弄清。赵杰兴致很高，要我写篇文章，在《北方语言论丛》上发表。我答应了。但由于近期诸事缠身，一年多来，一直安不下心来写，拖了又拖。2012 年很快就要过去了，《论丛》也在等我截稿，我只能动手写了，把现有的想法理一理交卷。这篇短文若有可取之处，应该算是赵杰教授和我的共同观点。

一 什么是"南北语言"？

在讨论这个问题之前，有必要大体明确一下"南北语言"的概念。"南北语言"，是指北方语言和南方语言。这是一个地域分布的语言概念，即指分布在中国南方地区的语言和北方地区的语言。

但在我国，南北地理的分布与不同语言的分布有着一定的联系。分布在北方地区的，主要是属于阿尔泰语系、印欧语系的语言，这些语言大多使用人口多，并有历史较长的传统文字和文献，如蒙古语、维吾尔语、哈萨克语、朝鲜语等；而分布在南方地区的，主要是属于汉藏语系、南亚语系、南岛语系的语言，这些语言中有一部分使用人口少，大多缺乏历史较长的传统文字和文献，如侗语、黎语、仫佬语、傣语、景颇语、哈尼语、傈僳语、佤语、德昂语等。壮语、苗语虽然使用人口较多，但也缺乏历史较长的传统文字和文献。藏语分布面积广，南北地区都有分布。

在语言特点上，分布在北方的阿尔泰语系的语言，属于黏着型语言，形态变化较多，有丰富的词缀，语序为 OV 型，虚词少，无声调，而分布在南方的汉藏语系的语言，属于分析型语言，形态变化较少，词缀也不太丰富；语序有 OV 型和 VO 型两种，虚词丰富，有声调。

汉语在中国的南北方都有分布，与南北语言都有接触关系。分布在北部的汉语方言，与北部的阿尔泰语有接触关系；分布在南部的汉语方言，与南部的壮侗语、苗瑶语有接触关系。可以认为，汉语是在与各民族语言的相互影响中发展起来的，这是研究汉语必须持有的一个重要观点。但其他语言对汉语的影响程度究竟有多大，怎样区分接触关系、同源关系和偶合关系，则认识不一。有的学者把汉语看成是既受北方语言影响又受南方语言影响的"混合语"，能否成立？

二 "南北语言"研究为什么要打通？

"打通"，是指南北语言的语言研究在理论、方法上要相互借鉴，互相反观；还要通过南北语言的比较发现语言学的新问题、新认识。

这是一个新视觉，新途径。

我国过去的语言学研究，大多主要致力于一个个语言的单独研究，如研究汉语的只研究汉语，研究维吾尔语的只研究维吾尔语。此外，还有少数人做些亲属语言的比较，还有从事第二语言教学的做些汉语与少数民族语言或外语的比较研究。这都是对的。但并没有人关心过不同地区的语言的比较。但是，随着我国语言研究的不断深入，人们逐渐认识到，研究中国的语言，除了一个个语言的研究以及亲属语言比较外，还要从不同地区的语言比较中认识语言。我国南北语言异同研究，是地域语言关系研究的一个重要方面。所以可以说，南北语言打通研究的提出，是我国语言研究发展到今天的必然产物，有其客观必然性。只有对我国的语言状况有一个基本了解之后，才能认识到南北语言打通研究的必要性。

从研究情况上看，北方语言的研究历史较长，传统语言学在这一领域积累了不少先哲们的智慧和成果。如 7 世纪前后，就已出现了研究藏语语音、正字法和语法虚字的传统文法书《性入颂》，该书与《授记根本三十颂》同是研究藏文文法的经典著作。研究西夏语言文字的重要文献《同音》，于 1132 年修订而成，该书共收大字 6000 多个，按声母九品音分类。又如，11 世纪古代突厥语文学家就已编出了《突厥语词典》。这部词典收词 7000 千余条，还有语音、语义、语法问题的解说。我国的古文字如佉卢字、粟特文、焉耆—龟兹文、于阗文、突厥文、回鹘文、察合台文、契丹文、女真文、西夏文、八思巴文、满文等，大多分布在北方。对这些古文字的研究前人做了不少工作，对突厥民族的语言、文字、文化、历史的研究都有重要价值。

南方语言的研究，大多是在20世纪三四十年代开始的，时间较短。但现代语言学理论从西方传入中国，先是在南方语言中实施和扎根的。当时一批最早接受现代语言学理论的学者如赵元任、李方桂、罗常培等语言学大师，主要致力于汉语方言、汉语史、壮侗语、苗瑶语、藏缅语的共时描写和历史比较研究，做了许多开创性的工作，为我国语言的现代语言学研究奠定了从无到有的基础。赵元任的《现代吴语的研究》是第一部用现代语言学理论、方法研究吴语的著作，他调查过的方言遍及江苏、江西、浙江、湖南、湖北等多省。赵元任被学界誉为"汉语研究之父"。李方桂从1930年至1942年亲自调查了中国、泰国的20种壮侗语的语言和方言，1977年出版的《台语比较手册》运用历史比较语言学的原理和根据中国语言的实际，系统构拟了原始台语的语音系统，对我国语言研究做出了杰出的贡献。抗战时期，一些大学迁往云南组成西南联大，中文系的部分师生调查了当地的少数民族语言，开辟了描写语言学的新天地。如罗常培调查了白、独龙、怒等语言，闻宥调查了羌、嘉戎、彝、白等语言，袁家华调查了阿细彝语，傅懋勣调查了彝、纳西、白、羌等语言，马学良调查了撒尼彝语等。这一时期南方语言的描写研究，与现代语言学理论对接，具有开创性。这是这一时期北方语言研究所不及的。

南北语言有类型学的共性和差异，这为语言的研究提供了广阔的天地。如北方语言形态丰富，没有声调；而南方语言形态贫乏，声调丰富。使人感兴趣的是，在语法特点上，北方阿尔泰语系是OV型语序，缺乏介词，动词有人称、数、体的形态变化，前缀丰富；这些特点与藏缅语的北部语言很相似。这是为什么？是类型学因素决定的，还是有亲缘关系，抑或有接触关系？解释好这个问题，无疑对语言学理论的建设有一定的价值。

南北语言之间有无语言影响？这是研究中国语言必须正视的问题。已故的日本著名学者桥本万太郎曾经提出这样的一个观点：北方汉语受到北方阿尔泰语言的影响，所以有"把"字句、"被"字句的OV型语序，而南方汉语受南方壮侗语、苗瑶语的影响，所以是VO型语序。这个观点是否成立，就需要打通南北语言来研究。

由此看来，对中国语言学家来说，在可能的条件下，研究南方语言的，要大致了解北方语言的特点；而研究北方语言的，也要大致了解南方语言的特点。这就是说，中国语言学家要有相互参照不同地区进行语言研究的知识库和研究技能。这对我国的语言学研究和语言学人才的培养会有很大的好处。

三 对"南北语言"打通研究的几点建议

看来，南北语言打通研究势在必行。今后怎么做？我在这里提出几点建议：

1. 首先还是要强调单个语言的研究要深入，要把主要精力放在一个个语言的深入研究上。这是基础工程。

由于我国的语种多，情况复杂，加上研究的人少，所以从目前的情况看，南方语言也好，北方语言也好，大多还处于不深入或不太深入的状态，甚至对有些语言所知甚少。这种状态，不可能进行扎实的、深入的、有效的语言比较。

云南师范大学成立汉藏语研究院，北方民族大学成立北方民族语言研究所，都反映了语言学界对加强本土语言研究的意志。由赵杰主编的《北方语言论丛》对加强北方语言的研究起着重要的作用。

2. 在我国的语言学教学上，特别是语言学研究生的教学和培养上，必须南北语言打通。就是说，从事南方语言研究的，要懂得一些北方语言的知识，而从事北方语言研究的，要懂得一些南方语言的知识。学生的知识框架不要只有自己所学语言的知识，要容有其他语言的位置。在《语言学概论》《普通语言学》的教学中，要增加这方面的内容。

3. 在人才培养上，要培养少量有南北语言兼通、有跨地区语言视野、能作不同语系语言综合研究的人才，要扶植这种综合性人才的培养。

在写这篇短文的最后，我衷心祝贺《北方语言论丛》第二辑出版，预祝这一刊物越办越好！

参考文献

戴庆厦、成燕燕、傅爱兰、何俊芳：《中国少数民族语言文字应用研究》，云南民族出版社 2000 年版。

马学良主编：《汉藏语研究》，民族出版社 2003 年版。

《中国少数民族》编写组：《中国少数民族》，人民出版社 1982 年版。

包尔汉主编：《中国大百科全书民族卷》，中国大百科全书出版社 1986 年版。

季羡林主编：《中国大百科全书语言卷》，中国大百科全书出版社 1988 年版。

赵杰主编：《北方语言论丛》第二辑，阳光出版社 2013 年版。

（原载赵杰主编《北方语言论丛》第二辑，黄河传媒出版社 2013 年版）

多角度、多方法才能深化中国少数民族语言研究

——中国语言研究方法论刍议

方法论依不同的学科而不同。语言学是一个独立的学科，与别的学科相比在方法论上有同有异。语言研究的方法有大有小，有宏观的，有微观的。

一　要有多角度、多方法的宏观把握

中国少数民族语言，其存在与发展受不同民族的社会、文化、民族、心理、生理等各种因素的制约，加上我国语言种类多，语言影响历史久远，语言交融与分化的现象十分复杂，因此要深入揭示语言内部规律、厘清各种语言的关系，深化少数民族语言研究，必须坚持多元的方法论，即通过多角度观察、使用多种方法来揭示语言的奥秘，而不能是一元的、单一方法的。

比如，我研究藏缅语松紧元音的现状及其来源，之所以能够揭示松紧元音来自"一头一尾"（声母的"清浊"和韵尾的"舒促"）的演变规律，就是从不同的角度逐渐深入的。其中，既有共时的分析，又有历时的探索。共时的分析，包括分析松紧对立在声母、韵母、声调上的种种变异，以及不同语言存在的不同状态。历时分析是从松紧元音的共时特征和亲属语言的比较中，寻找历史演变的"蛛丝马迹"，并进而理出历史来源和历史演变的规律。共时描写和历时分析的有机结合，相互映照，应该是认识松紧元音特征的基本方法。

语言研究的方法，从大的方面说，有传统方法和现代语言学方法之分，不同方法都是在不同时期、依不同国度的特点产生的，都有其必然性。传统方法和现代语言学方法各有长短，对于语言研究者来说，对其使用存在多选择性，不见得就是哪个对什么都好。比如，在分析汉藏语的语音结构时，我就习惯于使用传统的声韵调分析法，认为这种方法有明确的位置概念，便于揭示音节内部各成分的关系，包括共时的结构关系和历时的演变关系，它比辅音元音的音位分析法更适合汉藏语的音节特点。当然，在运用传统的声韵调分析法时，还要吸收现代语言学中有关音节分析的方法来

补偿声韵调分析法的不足。

但是在我的研究中，特别是在少数民族语法的研究中，我除了运用传统的分析、描写方法外，还很重视学习和使用现代语言学的一些新的理论方法，如类型学、认知语法、构式语法、优选论、韵律学等。比如，我近年来所写的一些有关汉藏语被动句、话题句、语法化方面的研究，都受到上述理论、方法的启发。现代语言学是当代最新的语言学流派之一，反映了众多语言学家的智慧和思路，是要认真学习和使用的。

这当中，存在一个如何对待不同学派的问题。

我认为，不同学派的功能是互补的，都是应客观的某种需要而产生的，各有其某一角度的解释力，不能互相代替，不存在适用于一切语言、"包打天下"的方法。所以。对待不同的学派，要宽容并包，不能以一方之长贬另一方之短。只要能揭示语言规律的，包括大规律和小规律，不管是什么方法都可以用。要相比的话，是比揭示语言规律的能力大小，而不是比使用的是什么方法。

再说，即便是在语言史上已被证明是正确的理论和方法，随着语言事实的新发现和语言研究的深入，也会暴露出其局限性，也要对它再做进一步的修正和补充。比如：历史比较法是在印欧语的基础上产生的，在运用于原始印欧语语音的构拟和确定印欧语的历史关系时，获得了极大的成功，说印欧语的学者常常将此引为自己民族的骄傲。但半个多世纪以来，研究汉藏语的学者用它来研究汉藏语却遇到许多难以解决的困难。难点主要在于：汉藏语不同语言的同源词和借词的界限难以区分，无法用同源词和语音对应规律来证明同源关系。我们知道，同源词的语音对应是确定印欧语系属的主要依据，已被证明是可行的；但壮侗语与汉语的亲缘关系一直得不到解决，主要是因为语言相互交融的情况复杂，分不清哪些是同源词，哪些是借词。多年来，中国的汉藏语言学家在寻找解决汉藏语系属关系的研究中费尽苦心，在方法论方面做了各种探索。如：有的提出了通过"深层语义"研究法来寻找汉语和壮侗语的同源词，有的通过词汇有阶分布的研究来论证语言的联盟关系，有的结合社会文化、考古证据来看语言关系等。能用的都用上了，包括历史比较法的一些基本方法，但汉藏语的系属问题至今还是一个"悬案"。但不管怎样，语言学家在汉藏语历史比较上所做的许多探索，对汉藏语的系属关系的研究都是有益的。

我再强调一句，对待语言学的不同流派必须宽容。我们常看到，在国外或海外的一些语言机构，语言学流派的"门户之见"很厉害，功能派和形式派互相看不起，互相攻击，互相揭短，不能在一个研究室，甚至有的连话都不说。我们在学习外国的经验时，这种偏见不能学，更不能受到传染。当然，正常的学术讨论、争论是必要的。

二　辩证地处理好两个关系

深化少数民族语言研究，在方法论上要处理好许多关系。我这里主要讲如何辩证地处理好以下两个关系。

1. "近"和"远"的关系

语言是线形的、历时的，所以语言研究既有共时研究，又有历时研究，二者不可缺少。这当中存在如何处理好"近"和"远"的关系。中国少数民族语言的研究起步晚、底子薄，所以我认为应重点先做身边语言现状的研究，弄清中国少数民族语言的现状，并逐渐再延伸到历史深处。近处入手是基础工程，打得越厚越有后劲。

历史的经验已经证明，有的语言学家过早地（或超前地）做了一些远程项目，如"××语原始声调构拟"，后来证明站不住脚。

我们主张多做近处的基础工程，并不反对有少数学者去做远程的研究。远程的研究，能开阔人们的眼界，也有利于近程的基础研究。

2. "小"和"大"关系

语言研究的选题有大有小，怎样处理二者关系。从方法论上说，中国少数民族语言的研究，最佳的途径是从小到大，即先做小题目，后做大题目。具体说，先要把一个个语言研究得好些，再做大的语言比较；先要有一个个小专题的研究，大的专题研究才有基础。

小的研究容易深入，更能贴近语言实际，由此引申的理性认识会更可靠，更有说服力。比如：研究藏缅语族彝语支语言，我是先做了彝语支语言的声母清浊、松紧元音、声调等专题的研究，然后才做较大规模的彝语支语音比较和构拟，认为这样的顺序比较合乎认识规律，比较顺手。

现在有些年轻人做研究，次序搞倒了，小文章没写几篇就写书。这样的书让读者看了心里不踏实。

三　充分使用不同语言的"反观法"

不同语言的"反观"，是深化语言认识的重要途径，也是我国语言研究必须重视采用的一种方法。

我国的语言类型丰富、特点殊异，有着发展语言学取之不尽的资源，是提炼语言研究理论、方法的宝地。

比如，我国的语言中有的语言隐性特征多，有的语言显性特征多。显性特征容易被认识，而隐性特征往往要通过分析对比才能被揭示。在语言研究中，可以使用"反观"的方法从显性特征和隐性特征的相互映照中发现隐性特征。

汉语和非汉语之间，隐性特征和显性特征的分布不平衡，在汉语里是隐性特征的在其他语言里有可能是显性特征，反之亦然。如景颇语在语法形态上有个体名词和类别名词的对立，但汉语没有。如：

$nam^{31}si^{31}$ 水果（个称）　　　　　　$nam^{31}si^{31}$ $nam^{31}so^{33}$ 水果；果类

$ʃ\breve{a}^{55}k\underline{u}m^{51}$ 墙（个称）　　　　　　$ʃ\breve{a}^{55}k\underline{u}m^{51}ʃ\breve{a}^{33}kap^{55}$ 墙（总称）

上例的"水果"一词，在"我吃一个水果"和"水果是有营养的"这两个不同句子里，汉语的"水果"是同一个形式（句法结构不同）；而景颇语不同，通过形态构词表示。所以，景颇语类别名词的显性形式有助于启发思考汉语名词有无类别范畴的问题。

半个多世纪的经验证明，通过非汉语和汉语的相互反观是我国语言研究的一个重要方法，是一条能获得成果的途径。但是，运用"反观"法要区分两种不同类型的反观：同源关系的反观和非同源关系的反观。这两种不同类型的反观，在内容、方法上都存在不同的特点，也各有不同的价值。

1. 同源关系的反观

是指所比较的客体在历史上存在同源关系，即现在的形式和特征都是由古代的一个共同的"源流"或"语源"分化下来的，有着共同的"基因"。这种同源关系在各语言形成的共同点和相异点，都有规律可循，可以通过比较确定先后串成一条演变链。如汉语和非汉语使动范畴的反观就属此例。

使动范畴是汉藏语的一个共同特征，是原始汉藏语阶段就已出现的一个语法范畴，但后来由于不同语言在演变速度、演变方式等方面出现不同的特点，各语言存在共时的差异。在现代汉语里，使动范畴主要是通过分析式手段表达的，屈折式使动词所剩无几。但在非汉语的亲属语言里，则保留大量的屈折形式。其语音对应关系有浊声母对清声母、不送气声母对送气声母、松元音韵母对紧元音韵母以及不同元音、不同声调的对应等。例如：

	怕	使怕
藏	hdrog	dkrog
彝	gu^{33}	ku^{33}
傈僳	$dʐo^{33}$	$tʃo^{33}$
缅	$tɕau^{ʔ55}$	$tɕhau^{ʔ55}$
阿昌	$zo^{ʔ55}$	$xzo^{ʔ55}$
载瓦	$kju^{ʔ31}$	$kju^{ʔ55}$

这些屈折形式虽然包含了各种语言后来的各自创新，但在总体上却都是原始汉藏语特点的遗留，通过比较能够追溯到原始汉藏语的形式。这对

我们研究汉语早期使动范畴的特点及其后来的演变会有重要的价值。据研究，古代汉语也使用浊音对清音的交替形式表示自动、使动，一般是浊音表自动，清音表使动。如："自败"为 b-，"使败"为 p-。这与藏缅语有对应关系。

通过语言比较可以看到，汉语和藏缅语的使动范畴，都是从屈折型向分析型转变的。这是共性。但不同的是，汉语发展得快，屈折型的使动词大都已消失了，分析型表达形式大量发展。而藏缅语不少语言还保留着不同语音形式的屈折型使动词，相互间还有语音对应规律可寻。在演变趋势上，不管是汉语还是非汉语，都存在屈折式向分析式发展的趋势。这种趋势，是受汉藏语整个语法体系由屈折式向分析式演变的共性制约的。

梅祖麟先生通过汉藏语诸语言的比较，认为"*使动化 s-的清化作用产生汉语的清浊别义，如'败'*b-'自破'/'败'*p- < *s-b'破他'，……"使动化*s-前缀在原始汉藏语中已经存在"[①]。

用非汉语反观汉语，使动范畴的研究至少可以形成两个认识：一是使动范畴在汉藏语可以推至原始汉藏语阶段。二是汉语与非汉语在使动范畴上有同源关系，汉语在更早的时候会有更多的屈折型使动词。

2. 非同源关系的反观

这是指所比较的客体或专题在历史上没有同源关系，即没有共同的"基因"。相互间有共同点或相似点，在演变上可能也会有相同、相似的规律，但这属于类型学的关系，没有共同来源的关系。

这里拿 OV 型语序和 VO 型语序的比较来说明这个问题。阿尔泰语系的语言是 OV 型语序，其蕴含性特点不同于汉语的 VO 型语序。前者是后置词型，后者是前置词型。前者宾语的语义简单，后者复杂。表示句子成分的关系，前者靠形态，后者靠助词。阿尔泰语系和汉语无亲缘关系，但 OV 和 VO 语序在蕴含关系上则存在一些对应。

又如，汉藏语的汉语和非汉语普遍有四音格词，但非汉藏语的阿尔泰语、印欧语等则没有或者少有，这是为什么？汉藏语的汉语和非汉语为什么存在四音格词的能产性？汉藏语内部各种语言的四音格现象究竟是亲缘关系，即从原始共同语继承下来的，还是后来各自产生的属于类型学关系？这些都是需要弄清的问题。用非汉语的四音格特征反观汉语，有助于认识汉语四音格演变的轨迹，有助于揭示汉语四音格形成的语言机制？我们通过汉藏语诸多语言的比较，发现不同语言的四音格词在形式、结构上有许

---

① 参看梅祖麟《上古汉语动词浊清别义的来源——再论原始汉藏语*s-前缀的使动化构词功用》，载《民族语文》2008 年第 3 期。

多共同的特点，但找不到相互间的同源关系。总的看来，缺乏形态手段的分析性语言，一般比形态手段丰富的语言更易于产生四字格词。由此可以推测，汉藏语普遍存在的四音格现象，并非来源于原始汉藏语，而是各种语言后来各自形成和发展的，是语言类型作用的结果。我们还看到，韵律、双音节化、对称、重叠、类推以及词汇化等因素，是汉藏语四字格词形成和发展的动因。

不同语言的反观至少有以下几个作用：1. 有助于不同语言共时特征的发现、解释和深化；2. 有助于发现不同语言历史演变的新轨迹；3. 能够证实已有研究成果的可靠与否；4. 有助于发现需要研究的新课题。

四　必须重视语言接触关系的研究

我国少数民族语言，在长期的历史发展过程中都不同程度地受到别的语言的影响，吸收别的语言成分来丰富自己，甚至局部改变自己的特点。如有些语言的汉语借词在常用词中已超过了 50%，如白语、土家语、勉语等；有的语言还借入汉语的少量语序和虚词，如壮语、苗语等。甚至还有像倒话这样的混合语——词汇是汉语的、语法是藏语的。中国语言的系属问题得不到解决，一个重要原因就是因为弄不清借用与非借用的关系。

所以可以认为，语言接触研究是中国少数民族语言研究中带有很强的理论性和方法论的一个大问题。

中国少数民族语言的接触研究兴起于 20 世纪 80 年代。这之前人们对语言接触问题重视不够；后来的三十多年，语言接触研究有了很大的发展。但伴随着主流也出现少量语言接触扩大化的现象，即把非接触关系的相似现象当成是接触关系。

当前面临的问题是，如何根据中国的语言特点建立语言接触研究的理论与方法。其中包括：怎样认识中国语言的语言接触问题；中国语言接触具有哪些共性和特色；怎样根据中国语言的特点进行语言接触研究；怎样区分语言接触与非语言接触；等等。

五　深入语言生活做广泛的、持久的田野调查

对中国少数民族语言调查研究的状况必须要有一个大致的、切合实际的估计。上面说过，中国少数民族语言数量众多，历史演变的情况复杂，加上研究的起步晚，所以中国少数民族语言的研究与汉语相比差得很远，还有大量的未知领域。这是一个基本的、必要的估计。半个多世纪的语言研究实践，使我进一步认识到深入语言生活做广泛的、深入的语言调查的必要性。

　　比如，在语言本体研究上，我们调查到大量过去没有发现的语言事实。如：声调产生、演变不同阶段的状况；复辅音的特点及其演变的种种表现；语音音素聚合的特殊规律；量词从无到有如何演变的事实；语序演变的内外条件；语言接触对语言演变规律的制约等。这些，对我国语言的研究，包括共时和历时的研究、新的理论方法发现等，都有重要的价值。再如，在语言功能上，通过田野调查发现中国小语种的生命力并不脆弱；现代化进程中中国各民族语言存在竞争和互补的客观规律；语言影响与语言内部规律的关系等。此外，在跨境语言中还蕴藏着无数对语言研究非常有价值的语料，而在这一领域我们还所知不多。

　　总之，深入语言生活做广泛的、持久的田野调查，将是发展中国语言学的一个重要的方法。

六　结语

　　中国少数民族语言的方法论研究大有可为。中国语言学家能够从中提炼出有针对性、符合语言实际的、有创新义的语言研究方法，丰富语言学理论宝库。但是，建立中国语言学的方法论，必须要有自己的特色，而且要立足本土资源。

［原载《中央民族大学学报》（哲学社会科学版）2013 年第 4 期，《语言文字学》2014 年第 1 期转载］

立足"本土"，讲究"视野"

——漫谈当今语言研究之路

我做语言学研究已经有半个多世纪了。回想这一段历程的主要体会是，要取得成就除了尽心尽力之外，还要摸索并形成适合自己条件的路子。我的研究路子是：立足"本土"，讲究"视野"。下面谈一些体会，提一些问题，与大家交流。

一　立足"本土"才能发挥优势

什么是立足"本土"？立足"本土"是指重视利用、开发本国的语言资源，充分利用本土资源建立自己的优势。怎么认识我国的语言资源呢？

1. 我国的语言资源取之不尽，对语言学的建设有着不可替代的价值。但是，人们对自己资源的丰富性总是认识不足，直接影响到对资源的开采和利用。

众所周知，我国是一个多民族、多语言、多文种的国家。目前已识别的少数民族语言有 120 多种，少数民族文字有 28 种。其丰富性和复杂性主要表现在：

（1）我国语言分属汉藏、阿尔泰、南亚、南岛、印欧五大语系，语言类型多。这些语言中既有分析语，又有黏着语、屈折语。语种多、类型复杂，是中国语言资源的重要特点之一。特别是，世界上使用人口居第二位的汉藏语系主要分布在中国。中国是汉藏语的故乡，有着发展汉藏语得天独厚的条件。

（2）我国的语言保留着大量的对语言研究有价值的现象，这对认识语言本质、语言历史及演变有着重要的价值。

例如：汉藏语系藏缅语族羌语支保留了大量的复辅音声母，在一定程度上反映了原始汉藏语的声母特点，这对汉藏语、汉语的声韵系统的历史研究有着重要的价值。如：道孚语有声母 300 个，其中单辅音声母 49 个，复辅音声母 251 个，复辅音声母中，二合的有 217 个，三合的有 34 个。

上古汉语究竟有没有复辅音，有多少复辅音形式，这是需要去探明的。

（3）我国的语言长期以来处于相互交融、相互影响的状态，这对接触语言学、底层语言学等理论研究能够提供大量新鲜的语言事实。

例如：类型学的规则显示，汉语的语序有一些不符合类型学共性，出现异常，如 Greenberg 归纳的 45 条人类语言的共性，其中第 2 条和第 24 条就不完全符合汉语事实，需要补充、修正。共性 1 是：使用前置词的语言中，领属语几乎总是后置于中心名词，而使用后置词的语言，领属语几乎总是前置于中心名词。但汉语的情况则相反，它属于前置词型语言，但领属语则前置于中心名词。这是为什么？所以，有的学者就认为汉语是受各民族语言影响后形成的混合语，对吗？又如，分布在四川一带的"倒话"，词汇是汉语的，语法是藏语的，因此有人也认为它是混合语。问题是，人类语言究竟有没有混合语，划分混合语的标准又是什么，这些问题语言学理论都没有答案。底层理论能否成立？也待研究。

（4）我国语言有大量应用问题亟待研究，比如少数民族语言文字的信息化、标准化，少数民族的双语习得等，这当中有做不完的事，都能做出贡献。

我国幅员辽阔，人口多，不仅少数民族语言丰富复杂，汉语的方言也多彩缤纷。各种语言在长期历史的不断交融、分化的进程中，出现了大量的、在别国所没有的语言现象和语言规律，是丰富、发展语言学理论的养料。

2. 我国的语言国情亟须全面、深入认识。特别是要科学地认识现代化进程中中国语言的变化（包括变化规律、变化新特点等）。

在世界经济一体化、人口流动增多、科技不断进步的今天，我国语言影响、语言转用、语言兼用的现象不断增多，出现了许多前所未有的新现象、新规律、新问题，等待我们去研究、去认识。

诸如语言兼用问题应当怎么认识，双语关系要如何处理才好，怎样摆好强势语言和弱势语言的关系，语言濒危现象在我国应当如何定位、定性，中国少数民族语言的走势如何等问题，都是大有研究价值的课题。这些都是摆在语言学家面前的重要任务。研究好了，必将丰富语言学理论。

近 8 年来，我们中央民族大学"985 工程"创新基地开展了语言国情调查研究，出版了 15 部语言国情个案调查报告。这些报告系统地描写、论述了这些地区的语言生活，指出母语使用的状况及其功能分布，还对兼用语情况及特点进行了分析。双语状况调查成果显示，中国少数民族大多保存使用自己的母语，但也不同程度地兼用了国家通用语，有一些民族如基诺族、阿昌族的语言生活已进入全民双语型。在一个多民族的国家，少数民族兼用国家的通用语是有助于民族发展的趋势。不仅中国如此，我去过的一些国家如泰国、老挝、缅甸等国也是如此。这是世界发展的共同潮流。

国情调查是为了认识语言现状，包括语言本体和语言功能两方面。其成果能为国家制定语文方针政策提供事实依据。

我们还开展了跨境语言调查研究（languages cross borders）。跨境语言是指分布在不同国家的同一语言的不同变体。跨境语言差异有其自身的特点和规律，是语言变异的一种特殊的模式。它不同于因年龄、职业等因素的差异而引起的社会语言学变异；不同于由于地域差异而出现的方言变异；也不同于由于正常的语言分化而形成的亲属语言变异。中国有 30 个跨境民族使用 35 种跨境语言。

总的来看，国内外跨境语言的研究比较薄弱。在我国，跨境语言受到重视并提到语言学分支的角度来研究是从 2006 年开始的。2011 年，国家语委"十二五"科研规划根据我国语言学发展的需要，及时地将"跨境语言研究"列入重点项目，中央民族大学申报的《中国跨境语言现状调查研究》被批准立项。如今，跨境语言研究已成为中国语言学的一个分支学科——跨境语言学。其重要性已成为语言学家的共识，并受到民族学家、社会学家、人类学家的关注。有大量的课题等待人们去探索，前景看好。

跨境语言研究的理论意义在于：从跨境语言的变异中，能够发现语言演变的新规律。而且，跨境语言往往或多或少地保留着古代语言的某些痕迹，有助于历史语言学的研究。其应用价值在于：科学地认识跨境语言现状及其演变规律有助于跨境国家制定跨境语言的语言规划（包括语言规范），有利于跨境语言的使用以及跨境语言的和谐、互补。

世界各国语言学发展的道路告诉我们：立足于本土发展语言学容易做出特色，能够做出别国做不出的特殊贡献。我认为，我本人 50 多年的学术路子，就是从自己的母语——闽语仙游话开始的，然后再做少数民族语言景颇语——同时扩展到藏缅语、汉藏语——并兼作社会语言学研究，包括语文政策、双语问题等。主线是清楚的——主要做藏缅语（以景颇语为主）。实践证明立足本土是必要的，大有好处的。这是一条经验。

二 讲究"国际视野"才会有高度

语言学是人类共有的，是各国相通的。所以，做语言研究，除了立足"本土"外，还要有"国际视野"。国际视野是指研究语言要看看国外有哪些新理论、新方法，有哪些可以参考借鉴。时时思考人家是怎样做的，自己应该怎样做。也就是说，国际视野要汲取国外创造的成果来为我所用。讲究"国际视野"，才会有高度。

对一个有作为的中国语言学家来说，在他的学术生涯中，对国际上语言学的进展情况一定要有所了解，要学会引进自己所需要的。

但我又认为，一个有作为的中国语言学家在处理立足本土和重视国际视野的关系上，必须坚持以下四个"必须"。

1. 必须坚持语言事实是第一性语言，理论是第二性的理念；还要认识到语言事实是永恒的，语言理论是暂时的。理论有大有小，要学会从语言事实中发现理论问题。所以在行动上，应当把自己的主要精力放在对语言事实的发掘归纳和解释上，而不是迷恋于泛泛的理论，或热衷赶理论时髦，或用不中用的"理论"来装潢门面。

乔姆斯基 2004 年在展望 21 世纪语言学发展动态时指出："语言学的发展会呈现'描写性的特点'，而在理论解释方面，可能不会有长足的进步。"

2. 必须认识到现代语言学出现的各种流派各有长短，相互间不是完全对立的，而是有一定的补充性。纵观语言学史可以看到，现代语言学理论在国外不断翻新，一浪高过一浪。语言学研究主要经历了传统语法、历史语言学、结构语言学、转换生成等几个阶段。历史语言学重在研究语言演变的规律，并通过语言比较构拟原始母语；结构语言学则注重语言内部结构的分析原则，使用一整套方法揭示语言的结构特点；而后来出现的转换生成学派一反过去，不重视外在的言语行为，而主要研究人的大脑的语言能力。这些不同的学派尽管角度不同、方法不同、侧重点不同，但目标是相同的，都在探索语言内部的构造及其演变的规律，即探讨语言究竟是一个什么现象，包括它是怎么起源的，怎么分化的，怎么融合的。它们之间除对立的一面外，还有互补性。所以，不能只按一种理论来处理自己所研究的语言。只要有解释力，哪种理论都可以拿来用。

3. 要学新理论，但还必须重视创新。人类虽然天天都在使用语言，但对自己语言的"庐山真面目"所知甚少。有大量的语言事实还无法解释。要有这样的一个基本估计。

如中国语言的系属问题，即汉藏语系和阿尔泰语系内部不同语族的关系，究竟是同源关系，还是借用关系，至今在认识上还存在分歧。印欧语系的系属关系，已运用历史比较法取得了一致公认的证据。但汉藏语系和阿尔泰语系的系属问题，语言学家也用过历史比较法进行过艰苦的探索，则始终未能解决问题，成了难啃的"硬骨头"。原因何在？是语言学家运用历史比较法不到位，还是语言本身复杂尚未找到合适的理论、方法？

我认为，历史比较语言学虽然是语言学发展史上的一个重要阶段，揭示了语言的历史演变，提出了构拟原始共同语的任务，是人们认识语言的一次飞跃，但它毕竟是在印欧语基础上产生的，有着一定的局限性。对亚洲语言来说，由于融合和分化比较复杂，同源关系和借用关系往往交织在一起难以区分，因此照搬历史比较法的理论与方法并不完全适用，需要根据亚洲语言的实际特点，在探讨语言历史关系上有所创新。

半个多世纪以来，一些语言学家做了艰苦的探索，试图在理论方法上有所更新。比如：邢公畹先生提出了"深层语义分析法"来证明同源词；陈保亚先生提出了"语言联盟"的理论来解释汉语和壮侗语的联盟关系；有的用"语言质变论"来解释汉语和壮侗语的语言关系。虽然上述的探索并未取得共识，但却使人们对汉藏语的认识加深了，有助于今后对问题的解决。

在现实的语言中，不知又有多少"语言之谜"未被认清。许多小问题，都含有大道理，所以要善于"小题大做"。比如："清洁北京"的说法，为什么逐渐被接受，是否与"败兵、破釜沉舟"等底层有关。"沙石收购站、煤矿采集场、拖拉机修配厂、汉语研究所"等结构，定语要切在哪个词的前面？数词十进位中为什么"一"的特点多种多样？怎样认识数词的不同层次？并列复合词或短语的词序受什么规则制约，如"酸甜苦辣、山清水秀、青红皂白、牛马、猪狗、耳鼻喉、黑白心肺"等，为什么不同语言并列复合词有不同的制约规则？

一个有作为的语言学家要有强烈的创新意识。重蹈别人的一百句话，还不如说一句别人没说过的、有新意的话。

4. 国外提出的理论必须结合中国的语言实际。国外提出的各种理论都有其产生的土壤和个人的学术背景，所以在吸收国外提出的新理论、新问题时，应当与本土的语言或自己所熟悉的语言相结合，以达到更好消化、更好吸收的目的。

比如，濒危语言研究问题 20 世纪 80 年代开始受到语言学家、人类学家的极大关注。联合国教科文组织认为语言作为文化载体，其消失导致文化的消失，因而应当抢救。有的语言学家估计，世界上使用的 6000 多种语言，在 21 世纪将消失 70%—80%。1993 年联合国教科文组织确定该年为抢救濒危语言年。1993 年以来，国际上成立了近百个抢救濒危语言的组织和基金会，如日本、英国等。国外研究濒危语言的热浪一下就传进我国，一些语言学家也在疾呼要抢救中国的濒危语言。但中国语言的濒危状况如何？其严重程度是否就像国外那样？中国的濒危语言有哪些特点？与国外相比有哪些共性、哪些个性？就我看来，中国的少数民族语言和汉语方言并不脆弱，是有强大生命力的。我们应当从本土的语言事实出发，总结中国语言活力和濒危语言研究的理论。

三　要有跨语言视野才能有深度

跨语言视野,是指研究某一语言,要参照别的语言,即用别的语言来反观。这是深入发掘语言特点、深化语言认识的必由之路。

拿汉藏语系语言来说,汉藏语语种众多,特点殊异,有可能通过语言的相互比较,反观不同语言的特点。少数民族语言与汉语有亲缘关系,相互间既有共性,又各有个性。少数民族语言都不同程度地保留着汉语过去的特点,以及与汉语相同、相近、虽然不同但有关系的特点。因而,汉语研究有可能通过与亲属语言的比较得到启示。即便是没有亲属关系的语言,如阿尔泰语系的维吾尔语、蒙古语,南亚语系的佤语、布朗语等,汉语研究也可以通过与这些语言的比较得到启示。

跨语言视野要把握哪些环节呢?

1. 从跨语言视角中发现问题

发现和提出有价值的问题,是语言研究者必须具备的素质。但要走好这一步,有效的手段之一是通过跨语言比较。比如,现代汉语自主动词与非自主动词对立的发现,马庆株是受到藏语存在的自主动词与非自主动词的启发。藏语的自主动词与非自主动词的对立是有形态标志的,如"看"一词,自主动词是 blta,非自主动词是 mthong;而汉语是由语义差异影响语法结构的。二者有同有异,但有密切关系。[①]

又如,汉语究竟有没有被动范畴,意见不同。有的称被动表述,有的称被字句,有的称被动句等。但从跨语言的视角看,汉语的被动表述则有其不同于其他语言的显著特点。藏缅语中的一些语言如彝缅语支、景颇语支等,就没有被动态,也没有像汉语那样的被动句或"被"字句。但这些语言则有一种强调施事的施动句,即"强调式施动句"。显然,汉语的被动句也不同于藏缅语的强调式主动句。认识汉语的被动句,要摆脱印欧语的眼光,还要参照亲属语言,寻找自己的特点。

2. 对发现的问题进行解释

发现问题,是揭示语言内部规律的第一步。但只发现问题是不够的,还要对问题进行解释。因为解释是认识从感性到理性的升华,是认识事物由表层向深层的推进。现代语言学发展的趋势之一,是从单纯的语言描写转为描写与解释相结合。

语言问题(包括语言现象和语言规律)的解释,内容是多方面的。其中主要有:它的性质如何,它是如何形成的,其形成的机制是什么,受哪

---

① 参看马庆株《自主动词和非自主动词》,载《中国语言学报》第3期,商务印书馆1988年版。

些因素制约，等等。固然，语言问题的解释，要从语言自身结构中去发掘；但跨语言的比较则能为语言问题的解释提供有价值的证据。

比如，为什么汉藏语普遍有四音格词，而非汉藏语的阿尔泰语、印欧语等则没有，或者很少？我们还可以进一步追问，汉藏语诸多语言的四音格现象究竟是亲缘关系，即从原始共同语继承下来的，还是后来各自产生的，属于类型学关系？从非汉语的四音格特征反观汉语，能否有助于认识汉语四音格演变的轨迹，能否有助于揭示汉语四音格形成的语言机制？

我们通过汉藏语诸多语言的比较，发现四音格词找不到相互间的同源关系。总的看来，缺乏形态手段的分析性语言，一般比形态手段丰富的语言更易于产生四字格词。由此可以推测，汉藏语普遍存在的四音格现象，并非来源于原始汉藏语，而是各种语言后来各自形成和发展的，是语言类型作用的结果。我们还看到，韵律、双音节化、对称、重叠、类推以及词汇化等因素，是汉藏语四字格词形成和发展的动因。

再如，如何认识汉语的述宾结构，也需要跨语言的反观。与藏缅语相比，我们清楚地看到汉语述宾结构的一些特点，如类别多、特点复杂，既有受事宾语，又有工具、处所、时间、施事等宾语。如"吃大碗、去北京、等半天、坐着孩子"等。但藏缅语则不同。藏缅语的宾语，类别比较简单，主要是受事宾语，没有工具、处所、时间、施事等宾语。汉语的工具、处所等类的宾语，藏缅语表达时都大多改为状语，也有改为主语的。说成："用大碗吃、北京方向去、半天等、孩子坐着"等。汉语与藏缅语的这种差异，与语法类型包括分析性程度、语序是 VO 还是 OV 等特点有关。

3. 从跨语言视角中验证已有的认识

比如，主语和宾语如何辨别？汉语形态标志少，不能靠形态辨别主语、宾语，于是受大多数人首肯的是语序标准，即在前的是主语，在后的是宾语。这样处理倒是容易操作，但简单化后又带来了新问题。如"台上坐着主席团"的"主席团"，因在谓语之后，被视为"施事宾语"，宾语不是施事者；"他被打了"的"他"，因在谓语之前，被视为"受事主语"，主语不是施事者。"施事宾语"和 "受事主语"的概念不甚科学，与语义句法是有矛盾的。汉语这种辨别主宾语的标准，在理论上能否站得住？如果站得住，那为什么有亲属关系的汉语和藏缅语，在主宾语的辨别上则存在不同的标准？这应该如何解释，在语法理论上是否可行？

4. 从显性特征和隐性特征的相互映照中发现隐性特征

语言现象有隐性和显性之分。显性特征容易被认识，而隐性特征往往要通过分析对比才能被揭示。

汉语和非汉语之间，隐性特征和显性特征的分布不平衡，在汉语里是隐性特征的在其他语言里有可能是显性特征，反之亦然。如景颇语在语法形态上有个体名词和类别名词的对立，但汉语没有。如：

nam^{31}si^{31} 水果（个称）　　　　　　　nam^{31}si^{31} nam^{31}so^{33} 水果；果类

ʃă^{55}kụm^{51} 墙（个称）　　　　　　　ʃă^{55}kụm^{51}ʃă^{33}kap^{55} 墙（总称）

"水果"一词，在"我吃一个水果"和"水果是有营养的"这两个不同句子里，水果同一个形式（句法结构不同）。

总之，跨语言对比在语言研究中大有可为。这里引语言学大师李方桂先生的一段经典的话作为我的结束语。1939 年 12 月 29 日，李先生在北京大学文科研究所做题为"藏汉系语言研究法"的讲演中说：

"我并不希望，比方说，专研究汉语的可以一点不知道别的藏汉系语言。印欧的语言学者曾专门一系，但也没有不通别系的。就拿汉语来说，其中有多少问题是需要别的语言帮助。所以依我的意见，将来的研究途径，不外是'博而能精'，博于各种藏汉语知识，而精于自己所专门的系统研究。"

（原载《汉字文化》2013 年第 4 期）

论亲属语言演变链

　　本文通过汉藏语系语言比较的实例，提出"语言演变链"的概念，论述寻找亲属语言的演变链的重要性和可能性，并论述如何寻找亲属语言演变链的方法论问题。

　　旨在说明：① 寻找、确立演变链是语言研究的一个重要任务；② 寻找、确立演变链不但有其必要性和可能性，还有其特殊的思路和方法；③ 语言学研究必须对其概念和方法进行系统的探讨。

一　寻找、确立演变链是语言研究的一个重要任务

　　什么是"语言演变链"？语言演变链（Evolutionary Chain），是指语言间存在的不同特点反映出的语言演变关系。它如同一条由多个链节构成的链条，把不同语言出现的特点有机地连接一起，表明这些不同特点在演变过程中的地位、性质（包括演变的先后、主次、方向等），系统地展示这一语言群在历史演变中存在的共同演变规律。

　　"演变链"是语言演变图示化的形式。它从复杂的语言演变现象中提取"链节"（组成链条的每一小节），构成一条相互关联的演变链，并用简单易懂的形式表现出来。它有助于人们从复杂的语言演变现象中认识语言的主要规律。演变链的图式，是语言研究抽象化、深化的结果，反映人们认识语言演变的深化。

　　语言关系有亲属语言关系和非亲属语言关系两类。不管是有亲缘关系的语言，还是无亲缘关系的语言，相互间都存在语言的共性和个性，所以都能各自串成语言演变链。但是，有亲属关系的语言演变链，与无亲属关系的语言演变链很不一样（详见下）。本文所论述的是亲属语言演变链。

　　寻找、确立演变链是为揭示语言的历史演变规律服务的，是历史语言学研究的一个方法，属于历史语言学范畴。语言研究的主要目标是揭示语言的规律，包括语言的结构规律和演变规律。寻求语言历史演变规律主要有两种方法：一是文献比较法，即通过不同时期文献的比较，或文献与现存口语的比较，发现语言演变的规律；二是语言比较法，即通过亲属语言

或方言的比较，从语言、方言演变的不平衡性中，探索语言演变的规律。而这两种方法的运用，都与寻求、确立演变链有关。

通过亲属语言的比较来确立演变链是有可能的。因为亲属语言或亲属方言的演变是不平衡的，存在不同程度的差异。而在诸多差异中，有的差异则反映这一群亲属语言在不同历史阶段的特点，所以有可能通过不同特点的排列，再加上别的材料的印证，构拟出一条反映语言演变规律的演变链。下面举两个例子来说明这一问题。

例一：藏缅语名量词的演变链

藏缅语族语言（以下简称"藏缅语"）是有量词的语言，但不同语言的演变不平衡，从不平衡中能够看到其演变的轨迹。藏缅语名量词的不平衡性主要是：

1. 从发达程度上，可把量词分为发达型和不发达型两种类型。属于发达型的语言有彝语、哈尼语、傈僳语、拉祜语、纳西语、缅语、载瓦语、阿昌语、白语、土家语等。这一类语言，个体量词特别丰富。因为个体量词是反映量词丰富与否的主要标志。在句法结构上，发达型语言的名量词计量时都要用量词，数词不能直接修饰名词。例如：

哈尼语：$za^{31}gu^{31}t\var csi^{31}\gamma a^{31}$　　　　一个小孩

　　　　小孩　一　个

载瓦语：$pju^{51}l\breve{a}^{31}ju^{231}$　　　　　一个人

　　　　人　一　个

不发达型的主要特点是个体量词少，名词计量时大多不用量词。属于这一类的语言有藏语、景颇语、门巴语、僜语等。如景颇语：

$n^{55}ta^{51}l\breve{a}^{55}\eta ai^{51}$　一间房子　　　$t\int o\eta^{31}ma^{31}l\breve{a}^{55}kho\eta^{51}$　两个学生

房子　一　　　　　　　学生　两

但景颇语有的名词为了语用的需要也能加量词，所以在句法结构上有加与不加两种形式。例如：

$nam^{31}si^{31}m\breve{a}^{31}sum^{33}$　　　$nam^{31}si^{31}khum^{31}m\breve{a}^{31}sum^{33}$　三根水果

水果　三　　　　水果　根　三

发达程度反映量词演变的快慢和特点，所以它是确立量词演变链的一个重要因素。

2. 从类型上看，大多数语言的名量词都有以下三类：个体量词、集体量词、度量衡量词。个体量词又有以下几个次类：专用量词、类别量词、泛指量词等。各类名量词担负的功能（包括语义功能、语法结构功能、语用功能等）及演变特点存在差异，反映量词不同的演变特点。

藏缅语许多语言有反响型量词，它是量词中较古老的一类，也是有特点的一类。例如：

哈尼语：za³¹mi³¹tɕhi³¹mi³¹　　　　一个女孩

　　　　　小孩　一　个

载瓦语：pum⁵¹ lǎ³¹ pum⁵¹　　　　一座山

　　　　　山　一　山

但反响型量词在不同语言里的数量及出现范围不一，反映量词演变的不同特点。

3. 从句法结构上看，量词的出现都离不开数词。数量词与名词结合的语序有两种：一是"名词+数词+量词"；二是"名词+量词+数词"或"名词+数词"。语序的不同与该语言的量词是否丰富有关：前一种是量词丰富的语言；后一种是量词不丰富的语言。例如：

彝语：　　tsho³³n̠i³¹ma³³　　两个人

　　　　　　人　两　个

珞巴语：ojok abar ako　　一把刀　或　ojok ako　　一把刀

　　　　　刀　把　一　　　　　　　　刀　一

4. 通过词源比较，可以看到语支之间绝大多数的量词都不同源。这说明原始藏缅语的量词是不发达的。例如：

藏文	羌语	普米	彝语	阿昌语	白语	
——	(ɑ) tʂ	tsə⁵⁵	ma³³	zuʔ⁵⁵	ɲi³¹	（一）个（人）
rkaŋ	(ɑ) ra	stie¹³	tɕi³³	khzaŋ⁵⁵	tsɿ²¹	（一）根（草）

但少数非标准的度量衡量词有同源的。如：

（一）庹（柴）：藏文 ɦdom pa，错那门巴语 klam，嘉戎语 kcçam，景颇语 lǎ³¹lam³³，独龙语 lam⁵⁵，阿昌语 lam，载瓦语 lam²¹，怒语 la³³，彝语 li³³，哈尼语 lɔ⁵⁵，纳西语 ly³¹，克伦语 khli⁵⁵。

（一）拃（布）：藏文 mtho，错那门巴语 thɔ⁵³，嘉戎语 twɑ，缅语 thua³³，阿昌语 tho⁵⁵，载瓦语 tho⁵¹，怒语 thua³³，彝语（撒尼）thv³³，傈僳语 thu³³，哈尼语 thu⁵⁵，拉祜语 thu³³，克伦语 tha⁵⁵。

这些非标准度量衡量词存在语音对应，说明它们在原始共同语时就已出现，是量词中最古老的。

通过语言比较，对藏缅语名量词的起源、演变大致可以形成以下几个认识：

1. 名量词的起源与名词、动词、形容词等实词相比，相对较晚。其演变经历了一个由少到多、不丰富到丰富的过程。

2. 名量词的不同类别中，非标准的度量衡量词是最早出现的，是语义表达所不可缺少的。如："一庹柴"，如果缺了"庹"，就不能表达所要表达的意义；而"一个人"省去"个"，还保持要表达的意义。

3. 反响型量词是个体量词中出现较早的一类量词，是为填补"名量"或"量名"结构的缺损而生成的量词。它只有语法功能，而无语义功能，不是因表义需要而产生的。

4. 个体量词中大量出现表示性状、类别的量词，是量词语义化的结果，是个体量词由只担负语法功能转向既有语法功能又有语义功能的变化。上述演变可用下列"演变链"来表示：

非标准度量衡量词→反响型量词→专用量词→性状、类别量词→泛用量词
功能：语义+语法　　　　语法　　语法+语义　　语义+语法　　语法+语义

例二：藏缅语使动范畴屈折变化的演变链

藏缅语使动范畴有屈折式和分析式两种，是原始藏缅语的一个语法范畴。后来经过长期的演变，各语言的屈折式出现了多种形式。主要有：

1. 音节带不带 s- 的语音交替，如藏文的 nub "沉" 和 snub "使沉"。

2. 清浊声母交替，如彝语的 ge^{33} "断" 和 khe^{33} "使断"。

3. 送气不送气声母交替，如载瓦语的 pji^{21} "开" 和 phji^{21} "使开"。

4. 松紧交替，如波拉语的 nap^{31} "沉" 和 n̠a p^{55} "使沉"。

5. 不同声调对应，如门巴语的 ter^{33} "掉" 和 ter^{55} "弄掉"。

这些屈折式的使动词，有一些在不同语言里还存在同源关系，是原始屈折式同源词的遗迹。

根据同源词的语音对应规律以及音理演变的分析，可以厘清使动范畴的语音演变程式是：

1. s-表示使动是最早的，这是原始藏缅语的使动形式。后来各语言的语音变化都是从这个源头变来的。

2. 主要出现了两条演变途径：一条是前置辅音 s- 与后面的成分分离，变为"一个半音节"，如景颇语；另一条是与后面的辅音合并，从复辅音声母变为单辅音声母。若自动词是浊声母，由 s-同化为清声母，构成清浊声母交替表示使动。这是一个重大的变化。后来的送气不送气交替、松紧交替、不同声调交替等都是由清浊交替演变而来。彝语、哈尼语、载瓦语等。

据此，这一语族屈折式使动范畴的演变链可以归纳为：

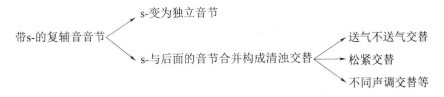

此外，声调的产生、发展和演变，清浊声母的发展和演变，辅音韵尾

的发展和演变等，都存在演变链。

二　寻找、确立演变链涉及的几个理论方法问题

1. 区分亲属语言的演变链和非亲属语言的演变链

人类语言的相互关系有亲属关系和非亲属关系两种。虽然二者在演变上都有共性和个性，但其性质和特点不同。亲属语言是由同一原始母语分化下来的，因此后代语言之间都或多或少地保留有共同的基因；共同的基因决定了后代语言在一些特点上存在内在联系，或相同，或相似，或有对应规律可循。这些内在的联系，使得确立亲属语言的演变链成为可能。上面的例子已说明了这一点。而非亲属语言间，不是由同一母语分化下来的，所以不存在亲属语言的共同基因，也就不存在亲属语言的对应关系。如词汇上没有同源词可寻，自然也不存在语音对应关系。在语法上，也不会存在原生的对应关系。

但非亲属语言间由于多少含有人类语言原始的共同基因，也会存在人类语言的普遍共性，所以在演变上有的也会存在相同或类似的特点。比如，汉藏语和印欧语没有亲缘关系，但都有 OV 型向 VO 型演变的规律，在一些语法特点上都存在屈折式向分析式演变的趋势，语法化的进程也会出现相同或相近的特点。因而，非亲属语言之间的特点也能排比为演变链，也能显示其演变的顺序和共性。但应该看到，这种演变链不同于亲属语言的演变链。

我们在寻找、确立亲属语言的演变链时，必须要区分这两种不同性质的演变链。

2. 同一现象有的有多个演变链

以松紧元音为例。元音分松紧是藏缅语语音的一个重要特征。经过比较研究，发现其历史来源至少有两个源头。

一是来源于古代舒促韵母。属于这一来源的有彝语支诸语言。其演变链是：

古舒声韵→松元音韵；古促声韵→紧元音韵

例如：

哈尼语（松韵）	藏文（舒韵）	
ηa^{55}	ŋa	我
dza^{31}	za	吃
哈尼语（紧韵）	藏文（促韵）	
na^{33}	nag	黑
se^{311}	bsad	杀

二是来源于古代清浊声母。属于这一类语言的有景颇语、载瓦语等。

其演变链是：

古浊声母→松元音韵；古清声母→紧元音韵

载瓦语（松韵）	藏文（浊声母）	
kau^{31}	dgu	九
koi^{55}	ɦgug	弯

载瓦语　（紧韵）	藏文（清声母）	
tʃo̱^{755}	btsos	煮
tʃa̱p^{55}	btsugs	插

松紧元音的进一步演变，是紧元音松化，经历了从松紧完全对立到不完全对立，再从不完全对立到全部不对立（紧元音全部消失）的全过程。其途径有多种，也不是只有一条"演变链"。如：有的语言（如哈尼语碧约话、彝语凉山话），松紧元音转为不同舌位的元音，有的语言（如傈僳语、拉祜语），松紧转为不同的声调。

基于语言的这一现实，寻找演变链时要考虑是否存在多条演变链的可能性。

3. 要把演变链的链节放到各自的语言系统中去考察

每个链节在演变链中处于什么地位，是由它自身的语言系统特点决定的。下面以藏缅语的是非疑问句为例来说明这个问题。

是非疑问句在藏缅语里存在多种形式，主要有词缀式、助词式、选择式、反复式、重叠式等。某一语言使用什么形式表示是非疑问，与该语言系统的特点相关。形态变化丰富的语言，多用词缀式，如羌语、普米语、独龙语等；而分析性强的语言多用句法和助词，如彝语、哈尼语、傈僳语等。景颇语语法系统特点介于二者之间，属于"中介性语言"，所以是非疑问句的特点也介于二者之间。

从句法特点观察，是非疑问句的主要形式有选择式、反复式、重叠式三种。例如：

（1）选择式

景颇语：naŋ^{33} sa^{33} n^{31}ni^{51}，ʃiŋ^{31}n^{55}ʒai^{55} n^{55} sa^{33} n^{31}ni^{51}？你去还是不去？

　　　　你　去（句尾）　（连）　不去（句尾）

（2）反复式

哈尼语：no^{55} xo^{31}dza^{31} ma^{31} dza^{31}？　你吃不吃？

　　　　你　饭　吃　不　吃

（3）重叠式

盐源彝语：sɿ^{55} tsʰɿ^{33} dʑi^{55} nu^{33} ndʐa^{31} ndʐa^{31}？　这件事你相信不相信？

　　　　事　这件　你　相信　相信

结合其他因素做综合考虑，可以确认这三种形式是构成是非疑问句演变链的三个链节。其顺序如下：

选择式→反复式→重叠式

在藏缅语里，选择式具有普遍性，是一种古老的形式。从分句各带疑问助词的选择式到只有一个谓语的反复式单句，是语法结构的质变。再从反复式经过吃掉否定副词变为重叠式，也是一种质变。这三段的变化，都有理据可寻。

用这一演变链来反观汉语，可以预测汉语将来有可能进一步发展重叠问式。现代汉语中有不少方言已有"吃吃？"的重叠问句，如江苏淮阴方言、江西于都客家方言、湖北仙桃方言、山东招远方言、黑龙江宾县方言、福建连城客家方言等。这说明，重叠问句可能是无标记正反问句进一步发展的方向。

4. 防止强拼硬凑，颠倒顺序

演变链的确立是否站得住有两个关键：一是能否选准有关联的对象；二是能否摆好正确的顺序。

不同语言的现象放在一起，有的有演变上的内在关系，有的没有。有的现象貌似有关系，其实"风马牛不相及"。所以，寻找、确立演变链，要细心考证，寻找有力的证据，防止"拉郎配"。确定关联对象后，就要把握演变的去向，防止错位。

在过去的成果中，我们看到有一些属于"拉郎配"和错位的现象。比如，上面谈到的松紧元音历史演变的轨迹，学界大多已接受了是从舒促韵母或清浊声母演变而来的，但有的学者没有事实根据就提出了相反的轨迹，认为是先有松紧元音的对立然后才有舒促韵母的对立。又如，20世纪松紧元音研究深入后，有的学者大胆提出上古汉语有松紧元音的对立，但缺乏语料的证明。其实，如果看松紧的来源及后来演变的情况，就不难判断上古汉语不会有松紧元音的对立。

寻找、确立亲属语言演变链，是一项理论性很强的研究工作，值得不断总结经验。我国的语种多，语情复杂，能为语言演变链的研究提供丰富的语言事实。

参考文献

戴庆厦：《藏缅语族松紧元音研究》，载《藏缅语族语言研究》（1），云南民族出版社1990年版。

戴庆厦：《藏缅语个体量词研究》，载《彝缅语研究》，四川民族出版社1997年版。

戴庆厦、傅爱兰：《藏缅语的是非疑问句》，载《中国语文》2000 年第 5 期。

戴庆厦：《藏缅语族语言使动范畴的历史演变》，载《中国语言学学报》2001 年第 29 卷第 1 期。

戴庆厦、蒋颖：《从词源关系看藏缅语名量词演变的历史层次》，载《语言学论丛》2006 年总第 34 期。

戴庆厦、朱艳华：《藏缅语选择疑问范畴句法结构的演变链》，载《汉语学报》2010 年第 2 期。

［原载《贵州民族学院学报》（哲学社会科学版）2011 年第 2 期］

再论语言国情调查的理论与方法①

——以绿春哈尼族语言生活个案为例

【提要】语言国情调查是国情调查的一个组成部分，是科学地认识我国国情所需要的，有其必要性和紧迫性；语言国情调查必须以区分、确定母语的类型为重要目的；必须深入语言生活第一线做田野调查，依据获取的材料形成认识；必须将语言国情放在整个国情系统和民族整体利益中考察，提取本质的、符合民族长远利益的认识；必须科学地裁断语言生活中对语言功能的不同意见。语言国情调查是一种以语言学为主的多学科综合研究的方法。

【关键词】语言国情调查；绿春；哈尼族

2011 年 7 月 25 日至 8 月 18 日，中央民族大学"985 工程"创新基地语言国情系列项目"云南省绿春县哈尼族语言使用现状及其演变"课题组，专程到云南绿春县做了哈尼语使用状况的田野调查。通过调查，我们进一步认识了语言国情调查的理论与方法。现把我们的体会论述如下。

1. 必须以区分、确定母语的类型为重要目的

我国是一个多民族、多语种的国家，民族情况、语言情况十分复杂，母语使用情况呈现出多种不同的类型。语言国情调查，必须弄清母语的语言使用和语言活力属于什么类型。区分、确定了母语的类型，就等于抓住了母语使用的本质特征的本质特征。所以说，区分、确定母语的类型是认识母语使用现状的一个重要方法。

进入绿春县后，我们一直在思考绿春县哈尼族的母语使用究竟有哪些特点，属于什么类型。根据实地调查的材料和综合的思考，我们认定绿春县哈尼族母语属于全民超稳定使用型。其主要特征是母语在当地诸语言中

---

① 参加这次调查的，除作者外，还有李泽然、余成林、邓凤民等人。文中所用数据是课题组共同调查的。

的强势地位。具体表现在：

1.1　绿春哈尼族大都熟练、稳定地使用哈尼语

在绿春县，哈尼族熟练使用哈尼语的人数占 98%以上。我们按距离县城远近选取了坡头寨、大寨、广吗寨、车里寨四个哈尼村寨，对 4250 名哈尼人的语言使用情况进行了穷尽式的调查。调查统计结果显示，这四个村寨熟练掌握其母语哈尼语的村民多达 4223 人，各寨比例均超过 98%。位于较偏远山区车里寨的哈尼人，村民 100% 熟练使用哈尼语。这四个村寨，全民都会使用哈尼语。具体情况见表 1。

表 1　　　　　　　　　　　　绿春哈尼族使用母语情况

调查点	哈尼族人口	熟　练		略　懂		不　会	
		人口	百分比(%)	人口	百分比(%)	人口	百分比(%)
坡头寨	1115	1112	99.73	3	0.27	0	0
大寨	1559	1537	98.59	20	1.28	2	0.13
广吗寨	1099	1097	99.82	2	0.18	0	0
车里寨	477	477	100	0	0	0	0
合计	4250	4223	99.36	25	0.59	2	0.45

表 1 中，哈尼语"略懂"的只有 25 人，以青少年居多。其中有些是因为从小跟随在外地打工的父母居住，脱离了哈尼语语言环境。

不会哈尼语的两个人，分别是 12 岁的白慧，四五岁时就一直跟随父母到汉语区的外地居住；11 岁的杨雅，母亲是昆明的汉族，一直居住在城区。

1.2　哈尼语使用范围遍及各个场合

哈尼语的使用范围之广，是我们意料之外的。课题组成员除了对上述四个村寨进行调查外，还分头深入了解绿春县各阶层群众的语言使用情况，其中包括各级政府机关、农贸市场、医院、宾馆、饭店、商店、学校等地。通过观察、走访，我们发现在几乎所有场所，如果对方会哈尼语，首选使用哈尼语交流。绿春县人民医院还为医疗检查设备设置汉语、哈尼语的双语提示。只有遇到不会哈尼语的人或一些特殊场所，才使用汉语。绿春县城唯一的一条东西走向的大街，到处都能听到哈尼语。总之，哈尼语是绿春县最为通用、不可缺少的交际语。

而其他场所，如餐饮住宿、百货商店、农贸市场、街头巷尾等与人们日常生活息息相关之地，到处都能听到哈尼语。

1.3　绿春县哈尼语对当地其他民族的语言选择及使用具有较大的影响力

绿春县哈尼语的强势地位，除了体现在对族内人具有普遍性外，还表现在对外族人具有一定的影响力。从外族人兼用或转用哈尼语的情况，也能证明哈尼语的强势地位。

绿春县除了哈尼族以外，还有彝、瑶、傣、拉祜、汉五个世居民族。这些民族人口只占全县总人口的 12.6%。在哈尼语强势地位的影响和包围下，他们中的很多人都会说哈尼语，有的甚至转用哈尼语。如：生活在绿春县县城的汉族、彝族主要使用哈尼语和汉语两种语言，有的彝族转用了哈尼语或彝语；瑶族和拉祜族等则多使用本族语、哈尼语和汉语三种语言。我们了解了县民宗局杨觉成（瑶族）一家三代人的语言使用情况，发现其父母、包括杨觉成在内的 6 名兄弟甚至他 7 岁的小女儿，都能不同程度地兼用哈尼语。生活在平河乡的瑶族和拉祜族也会说哈尼语。2011 年 8 月 9 日，我们专门到一个名为龙天寨的拉祜族苦聪山寨了解苦聪人的使用情况。这一天正逢全寨人庆祝寨里通卫生路、通自来水。进入庆祝场地，我们看到一群群苦聪女子身着艳丽的哈尼族服装翩翩起舞，使用汉族的曲子、哈尼语的歌词唱敬酒歌，男女老少普遍会说哈尼语。经逐户调查，全寨约 40 户 168 人中几乎所有的人都能熟练兼用哈尼语。这说明，哈尼语不但影响苦聪人的语言使用，甚至还影响苦聪人的文化习俗。

近年来，绿春县医院、学校等事业单位招聘一些外地人。还有一些来绿春县做生意的外地人（以石屏汉族居多）。这些外地人为了工作或做生意方便，时间久了，都多少能会一点简单的哈尼语，有的甚至一两年就能说一口流利的哈尼语。

区分、确定母语的类型，才能从不同类型的比较中更深入地认识其特征，也才能有针对性地提出对策。

2. 必须深入语言生活第一线做"面对面"的调查

语言是人类文化的载体，存在于人类的实际生活之中。每个民族、每个群体，其现实和历史的每一个实际事件都要依赖语言来表现、保存和积累。每一种语言都独特地反映人类对世界的认识和体验，反映了使用者的价值观和世界观。正因为语言与人类有着如此密切的关系，所以要了解语言使用的情况，包括其掌握母语和通用语的能力、语言关系、语言态度等。

绿春县是哈尼族的聚居区，哈尼语在这一地区的社会功能究竟如何？我们来之前并不了解，只是间接地了解到哈尼语在绿春县还在广泛使用，只有一些朦胧的感觉。

我们来到绿春后，第二天就下到哈尼族高度聚居的坡头寨入户调查该寨哈尼语使用的情况。我们共调查了 1115 人，获知哈尼语熟练的有 1112 人，占 99.73%。我们又接着到大寨、广吗寨、车里寨调查，熟练哈尼语的都在 98%以上，其中的车里寨竟达到 100%。这是统计材料显示的。

我们还做了部分人的 400 词测试，其结果与上面的数字大体相同。据此，我们初步认为绿春哈尼语还在稳定使用，是该地区的强势语言。为了进一步印证这一结论的可靠性，我们又深入绿春县各个人群聚集的地方，如农贸市场、医院、商店、宾馆、饭店等，面对面地了解这些地方的语言使用情况。我们获知：这些交际场所主要也是使用哈尼语，只有遇到有不会哈尼语的人在场时才使用汉语。

我们还到县城的大街直接获取对哈尼语语言活力的感觉。绿春县的县城只有一条街，这条街约 1.5 公里、东西走向，居民主要是哈尼族。我们从东向西行走，遇到的大多是哈尼族，听到他们的问候语、谈事情用的都是哈尼语。一个多民族的县城，主要使用少数民族语言，这在民族地区的县城，可能是极少见的。一个现代化的多民族县城，主要流通哈尼语，充分显示了哈尼语强盛的活力。如果不是亲自到现场看一看，听一听，是难以得到真实感觉的。

到了村寨，似乎进入了一个哈尼语的大熔炉，到处弥漫着哈尼语的声音。不论男女老少，都在使用哈尼语。村寨里有少数彝族、瑶族、汉族告诉我们："到处都说哈尼语，不懂哈尼语是不行的！""来了一两年就会说哈尼语了。"有的彝族，不会说自己的母语彝语，而会说哈尼语，说得和哈尼族一样。这些现象都是哈尼语强盛实力的反映。

语言国情的调查有各种方法。常用的开座谈会、问卷调查、量化统计等，这些方法都是必要的。但如果没有与群众的广泛接触，获取真实的感受，没有这个基础就难以对复杂的语言生活做出可靠的判断。

实践证明，做语言国情调查必须深入少数民族地区直接与少数民族接触，仔细观察语言状况，以形成对绿春哈尼语活力的科学判断。

3. 必须将语言国情放在整个国情系统中、民族的整体利益中考察

语言国情是国情的一个组成部分。一个国家的国情，包括民族、人口、经济、文化、地理、资源、交通等以及民族关系、语言关系、跨国关系、地区关系等方面的内容。不同的内容不是孤立存在的，而是相互依存、相互制约的。所以，研究国情要有一个全局的观点。要把语言问题放到整个国情中去考察，在各种关系的相互制约中看待语言问题，进而提取本质的、符合民族长远利益的认识。

在我们这样一个以汉族为主体的多民族国家中，少数民族母语与国家通用语汉语构成一个对立而统一的系统。所以在解决少数民族语言文字的使用、发展问题时，要用系统论的观点来分析双语现象，不能只强调一方而忽视另一方。也就是要统筹安排，不能顾此失彼。看待绿春县哈尼族母语的作用，同样要把它与兼用语问题放在一起考虑。绿春县哈尼族 98%以上的人都能使用自己的母语，这对保存哈尼族的传统文化，以及提高哈尼族的文化教育水平都有很大的好处。但是，哈尼族还要学习使用汉语，汉语对提高哈尼族全民的素质，以及各民族之间的交流等都是必要的，既符合哈尼族的现时利益，又符合哈尼族的长远利益。所以，哈尼族都一致认为："汉语必须学，哈尼语也要会。"汉语的强势并不使他们为自己母语的前途担忧，都认为哈尼语至少在近几代不会有问题。

绿春县的语言生活是和谐的。语言和谐是绿春县的三大和谐（人与自然生态的和谐、传统文化与现代文化的和谐、不同民族不同语言的和谐）之一。由于语言和谐与其他和谐密切相关，所以语言和谐有其坚实的根基。语言是文化的一部分，其存在和发展相互关联，往往呈现出同步的状态。绿春县的少数民族，语言与文化的兴衰呈正比，即文化保存得好的，语言也保存得好；反之亦然。不仅哈尼族是这样，其他的民族如彝族、瑶族也是这样。所以，研究绿春少数民族的语言生活，要与他们的文化联系一起研究，从语言和文化的相互关系中认识语言的现状与演变。

4. 必须科学地裁断语言生活中对语言功能的不同意见

语言是民族的重要特征之一，每个民族都会赋予自己的母语以特殊的感情，并会对自己母语的功能持某种态度。但一个民族内的成员，会因文化程度、社会地位等的不同而有不同的语言态度。下去做语言国情调查，很自然会遇到不同的看法。遇到不同的看法时，除了认真倾听、记录外，还要进行科学分析，取其合理的意见。

比如，对待哈尼文是否继续推行、使用，在哈尼族中就有两种完全对立的意见。一种意见认为哈尼文是哈尼族自己的文字，必须推广使用，还应该进小学。另一种意见则认为应该集中力量学习汉语，会了汉语走遍全国，升学、打工都方便。哈尼文用处小，学了用处不大。针对这两种对立的意见，应当如何裁断？

哈尼族热爱自己的民族文字，这是非常正常的，也是应该予以尊重的。但是在宏观上以及从长远利益上考虑，在我们的国家里，哈尼族毕竟是一个人口较少的民族，其文字的功能必然会因其历史短、使用范围小而受到限制。哈尼族要发展，要跟上时代潮流，就必须学习、使用汉语文，这是

我国的国情以及历史发展规律决定的，是不以主观意愿为转移的。但是还
必须看到，哈尼文又有其特殊的、不可替代的功能：它是记录哈尼族自己
语言的文字，已成为民族特征的一个组成部分，哈尼族与它已有了感情；
它可以用来发展本族的文化教育，帮助哈尼族学习汉语文；它可以用来记
录保存哈尼族的传统文化；等等。所以，要用辩证的观点来看待哈尼文的
作用，既要看到其积极的、不可替代的作用，又要承认其局限性，既不夸
大，又不全盘否定。我们认为，应把哈尼文看成哈尼文化的一部分，发挥
其应有的作用。具体是：可以根据群众的需要在一定范围里用来扫盲；用
它帮助学习汉语文；用它记录、传承哈尼族传统文化；用它培养少量哈尼
语文人才；等等。

对待哈尼语的功能虽然绝大多数人都认为哈尼语不会消亡，会长久地
保存下去，但也有极少数人由于看到青少年哈尼语水平出现不同程度地下
降，而担忧哈尼语会出现濒危。这种担忧不是一点根据也没有的。因为在
世界经济一体化、信息全球化加速发展的进程中，弱小民族的文化、语言
会受到不同程度的冲击，引起人们的顾虑甚至恐慌。但客观事实的发展并
非人们所担忧的那样。语言除了有适应社会发展而发生变化的一面外，还
有稳定的另一面。绿春哈尼族稳定地使用自己的语言，不正说明语言的稳
定性吗？经过这次深入哈尼村寨的实际调查，我们的认识是哈尼语还在稳
定使用，目前不必担心会出现功能衰退的问题。

5. 语言国情调查是以语言学为主的多学科综合研究的方法

语言国情调查是以认识语言的使用现状及其变化为主要目的的，所以
其研究是以语言学方法为主的。但是语言与社会、文化等因素关系极为密
切，其存在和演变除了受语言本身的规律制约外，还受语言外部的社会、
文化因素的制约。因此，研究语言国情必须紧密联系社会文化，包括该民
族、该地区以及相关民族的人口分布、地理特点、文化教育、历史沿革、
民族关系、婚姻状况、经济形态、宗教习俗等。如果不联系这些语言背后
的状况，就无法准确无误地认识语言的现状及其变化。

绿春哈尼族为什么能超稳定地保持、使用自己的母语，这主要与他们
的人口高度聚居有关，还与绿春的地理位置、文化保留情况等因素有关。
这些因素使他们形成了忠诚于本族语言的语言态度；而这种语言态度又反
过来巩固了母语的社会地位。

绿春哈尼族文化的保存与语言的保存同步，相互依赖，互为条件。在
绿春，我们在街头巷尾以及偏僻的农村都能看到哈尼族（特别是妇女）身
着各式各样的哈尼族服装，在一些地方还保存着制作本族服装的工艺。许

多人还会吟唱哈尼族的传统歌曲。他们对哈尼族的习俗如长街宴、尊老爱幼的传统都怀有深厚的感情。绿春哈尼族能稳定保存自己的语言，与他们保留传统习俗、文化有着密切关系。

　　未来的绿春，在现代化主旋律的不断影响下，必然会加强对外开放的步伐。其文化教育水平也会不断提升。在这种新形势下，绿春哈尼语的保存和发展究竟会出现什么局面，有待我们去预测和关注。

参考文献

　　戴庆厦：《论新时期我国少数民族的语言国情调查》，载《云南师范大学学报》（哲学社会科学版）2008 年第 3 期。

　　戴庆厦主编：《中国少数民族语言使用现状及其演变研究》，民族出版社 2010 年版。

　　　　（原载《中国社会语言学》2012 年第 3 期。本文与李春风合写）

边疆地区语言状况研究必须具有中国特色

【摘要】编写《中国边疆地区语言状况丛书》是中国一项史无前例的创新工程。编好这套丛书必须贯穿中国特色的红线；必须强调田野调查；必须处理好语言和社会文化、单一语言和多语、语言功能和语言感情、文献材料使用与田野获取材料的关系。

【关键词】边疆地区；语言状况；中国特色

北京语言大学为配合出版《中国周边地区语言状况丛书》，计划编写《中国边疆地区语言状况丛书》，这是一项具有重要应用价值和理论意义的创新工程。我十分赞成，并希望这一工程的成果能够早日面世。受编委会的邀请，我根据自己 2005 年起至今约 10 年所做的中国语言国情田野调查研究的体会，对这套丛书的编写发表几点意见，谈下面四个问题：

一 编写《中国边疆地区语言状况丛书》是一项史无前例的创新工程

新中国成立后，我国为适应语言学建设和文化教育发展的需要，先后在语言调查研究的基础上，编写并出版了部分单一语言的概况和简志。这是我国民族语文工作和语言研究的一项重大成绩。但编写地区性的语言概况，特别是边疆地区的语言概况，过去还未有过。我们知道，要了解我国的语言状况，除了要弄清单一语言的情况外，还要了解一个地区不同语言的分布和语言关系，才能加深对单一语言以至对我国语言整体面貌的认识，才能对一个地区的经济文化建设起到更好的促进作用。在我国的历史上，还未见过地区性的或边疆性的语言概况，因此，对这套丛书成果价值的定位应是史无前例的创新工程。

编写《中国边疆地区语言状况丛书》（以下简称《丛书》），是在我国改革开放后民族地区新发展、新需要的形势下产生的，是科学地、妥善地解决中国民族问题、语言问题的实际需要，也是由我国边疆地区的国情、语情决定的。在现代化进程日益发展的今天，随着边境地区建设的新发展以及对外开放的新形势，及时地、准确地为国家、为人民大众提供边疆地区整体的语言状况，以及语言生活中存在的问题，已成为一项亟待解决的任务，它对国家语言政策、民族政策的制定，以及推动边疆地区的现代化建设都有重要的作用。

编写这套丛书的必要性是由我国边疆地区的特点决定的。其特点主要有：

1. 边疆地区的人口分布以少数民族居多，特别是边界线上主要是各个少数民族散落的地区。这与内地民族分布相比具有不同的特点。

2. 与内地相比，边疆地区无论在政治经济还是在文化教育等方面，都相对落后，在现代化建设进程中面临着许多比内地更为艰巨的任务。

3. 随着边门的开放，以及"一路一带"战略方针的提出，边疆地区担负着比过去更为重要的经济建设和文化建设的任务。

4. 边疆地区语言众多，使用情况复杂，双语及多语现象普遍。如何解决边疆地区不同语言的使用与和谐关系，是民族语文工作中的一项重要任务。

5. 边疆地区语言资源丰富，能为中国语言学的丰富和发展提供丰富的资源。实践告诉我们，中国语言学的建设必须立足于本土资源，即通过本土资源来发展中国语言学，这是中国语言学发展的必由之路。可以预计，这套丛书的调查编写，必将在我国语言的状况以及演变规律等方面提供许多可贵的新认识。

总之，国家对边疆地区必然会有特殊的方针政策，而编写这套丛书就能提供这方面的需要。编写这套丛书其意义和价值的重要性不会是我们现在所能完全估计到的，随着现代化进程的不断深入必然会出现一些我们现在所没预料到的价值和意义。

二　编写这套丛书要贯穿中国特色的红线

编写本国、本地区的语言状况读物，必须要有本国、本地区的特色，这样才能真实地反映一国、一地区最真实的语言状况和语言问题。我国是一个语言大国，又是一个语言情况非常复杂的大国，我们编写这套丛书，当然应具有中国特色，而不能没有自己的理论体系或理论框架。什么是中国特色呢？

1. 在宏观要求和宏观设计上，必须是按丛书编委会所提出的"国家急需，世界一流"的宗旨去做。有了这一要求，就有了追求的方向。"国家急需，世界一流"，是中国特色对科学研究的宏观要求。

2. 在观点上，必须从中国的实际中归纳出客观存在的规律。在语言特点上，中国边疆地区的语言状况与内地语言状况以及别国边疆地区语言状况相比，既有共性又有个性，但这套丛书的编写，应把着力点应放在个性的寻求上。

如下面一些问题是要着力探索的：中国边疆地区的特点究竟有哪些？与内地语言状况以及别国边疆地区语言状况相比，中国边疆地区的语言特点是什么？制约中国边疆地区语言特点存在和演变的因素有哪些？研究中国边疆地区语言特点的价值和意义有哪些？中国现代化进程中边疆地区语言特点出现了哪些过去所没有的新变化？新时期语言关系的特点是什么？支撑语言活力主要有哪些因素？"一路一带"战略方针与中国边疆地区的语言研究有什么关系？怎样使中国边疆地区语言研究直接为"一路一带"战略方针服务？中国边疆地区语言关系有什么特点？其演变有什么规律？怎样认识边疆地区语言问题与边疆稳定、发展的关系？怎样看待边疆地区语言关系的和谐和竞争？怎样认识新时期我国少数民族语言的生命力？等等。

3. 在方法上，必须根据中国的实际和特点摸索、制定符合中国边疆语言国情的调查研究方法。中国人文科学研究方法的优良传统主要是倡导"事实第一性，理论第二性"的求知路线。当然，中国特色也重视现代科学新理论、新方法的引进使用。但国外新理论、新方法的引进使用必须契合中国的语言国情，不能盲目照搬。"理论高于事实""贴理论标签"的做法，都不是中国特色所允许的。

4. 在工作的重点上，应把主要精力放在语料的收集和分析上。语料不仅要真实可靠，而且要能够真实地反映当前生动活泼的语言国情。要有不厌其烦地收集语料的理念，要把兴奋点放在语料收集和归纳整理上。

回顾国内外的语言学史可以看到，以往的语言学研究，人们主要关心的是语言本体结构研究，而对语言使用状况的研究重视得很不够。在少数民族语言研究领域也是这样。所以时至今日对我国多数语言的使用情况，我们还处于朦胧的、忽明忽暗的、不确定的认识状态上。对语言使用研究重视不够的危害是：在应用上有碍于语文政策的制定，不利于科学地解决语言文字的使用和语文教育的开展；在理论上不能全面、深入地认识语言文字的历史演变，也不利于语言本体结构的研究。我们建议这套丛书的编写，应当强调语料的建设，把语料的好坏作为衡量每本书的主要标准。

三　编写这套丛书必须强调田野调查

这套丛书编得好不好，田野调查是否做够是一个关键。由于边疆语言概况的编写，过去积累的资料少，所以要编好这套丛书，必须强调把着力点放在田野调查上。我认为对田野调查的要求必须是：第一线的亲自调查；较长时间的深度调查；有代表点的重点调查；多做微观的调查。不能是蜻蜻点水式的、道听途说的、主要靠座谈会收集材料、没有数据根据的调查。必须让课题组成员建立这样一个共同理念：要花力气亲自到田野调查第一线去做艰苦的调查；老老实实地从田野调查中获取有价值的语料，把获取语言新鲜语料当成"快乐"；不能浅尝辄止、满足于一知半解；根据所收集到的语料思考总结带有规律性的认识；"八分事实说两分话"，而不是"两分事实说八分话"。

田野调查中要根据现场的实际情况及时修改原来设计的调查大纲。以往做项目往往形成这样一个程序：赴调查点前先拟好一个调查大纲，调查中就按这个大纲实施，不敢轻易变动。殊不知，做的项目大多是原先没做过的，原先的设想或计划不可能都符合客观实际。所以，调查组进入现场后，常常会看到原先没有想到的一些有价值的语言现象和语言问题，所以需要及时增补或调整原有的计划。

举个例子来说：我曾带领一个调查组去云南丽江九河乡调查该乡的语言使用情况，等到快撤离时才了解到该乡的普米族存在母语复苏的现象，但原计划没有立这个点。经了解后觉得这个点很有价值，应该去调查。因此，离开调查点前几天我们专门派了两位组员去调查，获取了一份很有价值的语料。这个乡的普米族共有1150人，主要分布在金普和河源两个村（金普村有584人，河源村456人），两个村的普米族保存普米语的情况差异大。分布在金普村的几代人都完好地保存了自己的母语；但河源小组的青少年大多不会说自己的母语。值得注意的是，小栗坪小组的普米族出现了母语衰退后又复苏的现象。据调查统计，60岁及以上和40—59岁这两个年龄段的母语熟练比例均为100%，但到了20—39岁这一年龄段，则锐减至33.3%，出现母语水平衰退现象。但到6—19岁这个年龄段，母语熟练的又回升至71.4%，比20—39岁高38.4%。为什么会出现母语回升？经调查认为与国家对特小民族的优惠政策有关。从2006年起，九河乡的普米族每年都享受到国家特小民族的优惠政策，普米人切身体会到国家的关怀，有的家庭意识到丢失普米语的遗憾。村民和庆生（44岁，普米族，小学学历）告诉我们说："现在30多岁的人很多都不会讲普米语了，见面只能用白语交流，我们慢慢地感觉到自己本民族语言就要消失了，所以现在都刻意地教自己的小孩学说普米语。"可见，语言政策对语言活态的变化会有一定的制约力。

以往做项目时常常会出现"龙头蛇尾"的现象。争取项目、论证项目时都舍得花时间、花气力，但获得项目后下去的时间不多，接触群众很少，对所要论述的问题缺乏深入的思考、提炼，最后草草收场。钱花了，时间过去了，最后交出来的是一个"没长熟的生果"。现在给的课题很多，但真正肯下苦力去做的课题不多。所以我建议各个分册的负责人一定要带好队伍，要赶前不赶后，不要像有的项目一样，等到最后一两个月才去突击完成。要知道，要完成好这样一个创新项目是很不容易的，没有大量的语料积累和"从感性到理性、又从底层次的理性到高层次的理性"的多次反复过程，是不容易取得真知灼见的。我在组织做十几个语言国情个案的过程中，形成了这样一个必须坚持的工作方法："前紧后松""笨鸟先飞"。

四　这套丛书编写时必须处理好的几个关系

1. 处理好语言和社会、文化的关系

语言研究必然会涉及社会、文化等背景材料，这当中存在一个如何处理好二者关系的问题。这套丛书是讲语言的，当然是要以语言为主体，但也要联系与语言有关的社会、文化等背景。

"两块皮"怎样自然地贴到一起，这不容易做到。从以往出版的单一语言丛书中常常看到这样的毛病：社会、文化和语言不是有机地融在一起，而是各说各的，特别是历史来源和文化特点虽然写了不少，但不能有助于对语言的理解。

2. 单一语言和多语的关系

编写边疆地区语言状况，面对的是多种语言，这当中存在一个如何对待不同语言关系的问题。根据以往的经验，多语状况的调查除了调查各个语言自身的语言活态、语言地位、语言活力外，还要调查不同语言的关系，把各种语言放在一个系统来考察。同一个地区的不同语言相互间都构成一个互相制约、互相影响的系统，每种语言都有其特定的地位。所以，在多语地区的调查中，要细致观察不同语言之间的关系，包括不同语言间的相互补充以及相互竞争的关系。要分清哪个是强势语言，哪个是弱势语言，哪个是亚强势语言，不同语言关系的性质、特点究竟有哪些。总之，这套丛书的编写必须强调语言关系的系统性，重视不同语言之间的联系。

3. 语言功能和语言感情的关系

制约语言功能的因素大凡有四个：应用、文化、感情、政策。这四个不同的因素如何看待，如何针对不同的语言摆好关系，是不容易解决妥善的。边疆语言与内地语言情况不同，常常会出现一些不同于内地的特点。比如：跨境关系在一定时期会使感情价值超出应用价值和文化价值；宗教问题是边疆民族的一个重要的文化现象，是制约边疆语言文字使用的一个敏感的、特殊的因素。

要重视调查对象的语言感情，要有一定数量这方面的访谈记进入书中。但少量以感情代替语言事实或政策的认识，不要成为作者的观点。比如，我多次带调查组到云南通海县喀卓人村寨对喀卓语进行入户调查，做了逐人逐户的语言能力测试，结论是喀卓人是一个全民稳定母语的族群；但出乎我意外的是，在2014年的一次濒危语言会议上，有个报告则认为喀卓语是濒危语言。认识分歧竟如此之大！我估计报告者之所以违背事实说话，是为了引起政府对喀卓语的重视。这种心理状态，在丛书的田野调查中估计还会出现。

4. 文献材料使用与田野获取材料的关系

做语言研究，无非从文献与田野两个领域获取材料。这两个领域的材料都不可缺少。但根据我的经验，对待二者应把主要力气用在田野调查上，用力从实际语言生活中获取鲜活的第一手材料，这是该著作是否站得住或有高度的主要表现，也是能够吸引读者的关键所在。文献材料要充分使用，这涉及能否在前人成果的基础上有新的发展。但利用前人成果时要注意以下几点：一是不要照抄照搬或断章取义，而要融会贯通为本书的体系服务；二是要控制数量，不要"喧宾夺主"，妨碍或淹没自己获取的成果；三是要认真鉴别文献的可靠性或价值的大小，有疑点的最好不用。

我就讲到这里。说句结语：做项目是件很艰苦的事，但也是快乐的事。之所以快乐，因为它是创新的，有价值的。祝丛书的实施成功！

参考文献

戴庆厦主编：《云南德宏州景颇族语言使用现状及其演变》，商务印书馆2011年版。

戴庆厦主编：《云南绿春县哈尼族语言使用现状及其演变》，商务印书馆2012年版。

戴庆厦、杨再彪、余金枝：《语言接触与语言演变——小陂流苗语为例》，载《语言科学》2005年第4期。

戴庆厦：《两全其美；和谐发展——解决少数民族双语问题的最佳模式》，载《中央民族大学学报》（哲学社会科学版）2011年第5期。

李宇明：《唤起全社会的语言意识》，载《中国社会科学报》2013年12月2日（B01）。

（原载《中央民族大学学报》（哲学社会科学版）2015年第5期）

开展我国跨境语言研究的构想

【摘要】文章认为，我国跨境语言的研究正进入一个关键时期——研究框架的设计和理论、方法的提取，这是我国跨境语言研究中的基础工作。作者根据近年来跨境语言调查研究的实践经验论述以下 4 个问题：正确估量 6 年来我国跨境语言研究的进步；科学定位"跨境语言"的概念及研究内容；明确跨境语言研究必须遵守的原则；总结跨境语言调查研究使用的方法。

【关键词】跨境语言；研究；构想

笔者近 6 年来亲身参加了 5 个跨境语言个案调查，对如何做好跨境语言调查研究有一些认识和体会。本文分以下 4 个问题论述开展我国跨境语言研究的构想。

一 正确估量 6 年来我国跨境语言研究的进步

6 年来，我国跨境语言研究从无到有，有了长足的进步。跨境语言虽然是世界各国语言生活中由来已久的一种语言现象，但总的看来，国内外对它的研究还很薄弱，人们的认识还很肤浅。在我国，跨境语言的研究起步很晚。20 世纪 90 年代，我国民族语言学界随着语言关系研究的兴起，跨境语言研究开始有了动静。中央民族大学少数民族语文专业的教师曾经初步研究了傣、壮、布依、苗、瑶、傈僳、景颇、维吾尔、哈萨克、朝鲜等语言的跨境特点，出版了我国第一部多语种的跨境语言研究专著——《跨境语言研究》（1993）。这期间，还出现了一些研究中越跨境壮侗语族语言变异、跨境壮语变异等的论文。这些为数不多的论文，大多是语言本体研究方面的，缺少对跨境语言使用功能、演变趋势的研究。

跨境语言受到重视并提到语言学分支的角度来研究，是从 2006 年开始的。2006 年，中央民族大学"985 工程"创新基地启动，跨境语言研究被列入重点建设内容。2011 年，国家语委"十二五"科研规划根据我国语言学发展的需要，及时地将"跨境语言研究"列入重点项目，中央民族大学申报的"中国跨境语言现状调查研究"一举中标。从 2006 年到 2012 年，我们由中国社会科学出版社出版了《泰国万伟乡阿卡族及其语言使用现状》（2009）、《泰国阿卡语研究》（2009）、《泰国清莱拉祜族及其语言》（2010）、《老挝琅南塔省克木族及其语言》（2012）、《泰国的优勉族及其语言》（2013）、《东干语调查研究》（2013）6 部跨境语言系列研究专著。还有一些专著如《蒙古国蒙古族语言使用现状》《不丹国宗卡语使用现状及其研究》《泰国勉语参考语法》《河内越语参考语法》《中泰跨境苗语对比研究》等都已定稿，即将出版。

　　跨境语言研究的长足进步，说明它是社会发展所必需的，是语言研究所不可缺少的。跨境语言在近期的发展，说明当社会发展到一定的阶段，特别是世界各国的现代化进程处于加快的时期，语言学家除了要了解本国的语言外，还想了解邻国的语言。从语言学的进程上看，由于语言研究角度的扩大，语言学家还想从跨境的角度加深认识语言。有了这两个条件，跨境语言研究才有可能被提上日程，受到更多的人的重视。

　　目前，我国跨境语言的研究正进入一个关键时期——研究框架的设计和理论、方法的提取。这是我国跨境语言研究中的基础工作，必须逐步地、理智地做好。

二　科学定位"跨境语言"概念及研究内容

　　跨境语言研究是一个以语言学为主的多学科综合研究的学科，从归属上说，它是语言学的一个新的分支学科。把握好跨境语言的概念和研究内容，并予以科学的定位，是做好跨境语言研究的必要条件。认识越到位，研究的功效就会越高。"跨境语言"（languages cross borders）是指分布在相邻国家同一语言的不同变体。由于移民、自然迁徙、国界变动、战乱等原因，有的语言由原来只在一个国家内使用变为分布在不同国家的跨境语言。不同国家的跨境语言，由于受到各自国家的社会人文因素包括政治、经济、文化、民族关系、宗教等因素的不同影响，形成了不同程度的差异。这就是说，不同国家的社会人文差异是形成跨境语言变异的主要原因。这种差异，与因年龄、职业等因素的差异而引起的社会方言变异，或者由于地域差异而出现的方言变异具有不同的性质；也不同于亲属语言间由于语言分化而形成的亲属语言变异。跨境语言差异有其自身的特点和规律，是语言变异的一种特殊的模式。

　　跨境语言研究的理论意义在于：跨境语言研究能够发现语言演变的新规律、新特点，能为语言学理论的建设增添新的内容。而且，迁徙到另一国家的跨境语言由于脱离了大群体，有可能保存一些古代语言的特点或痕迹，这有助于历史语言学的研究。从语言关系上看，跨境语言分别处于不同的国家，有着不同的语言接触背景，因而有助于接触语言学的研究。从相关学科的角度看，跨境语言研究对历史学、民族学、人类学的研究都有一定的价值。

跨境语言研究还具有重要的应用价值。科学地认识跨境语言现状及其演变规律，有助于跨境国家制定跨境语言的语言规划（包括语言规范），有利于跨境语言的和谐、互补。不同国家在解决跨境民族、跨境语言的问题上，必须考虑跨境的特点，才有可能采取有利于跨境民族发展的措施。比如，在解决跨境民族的文字使用和规范问题时，必须考虑跨境双方或几方的特点和现实情况，才能提出有利于跨境民族的相互交流和共同发展的措施。我们调查泰国优勉族（瑶族）的语言生活时看到，人口只有 4 万多的优勉人能全民稳定使用自己的母语，还能全民兼用国家通用语泰语，而且母语和兼用语分工补足、和谐共处，这对我国如何处理好双语问题有着可贵的借鉴价值。

我国跨境语言研究的内容从大的方面说主要有两大类：一是调查、描写跨境两侧语言的状况，包括语言本体结构特点和使用功能、语言生活的特点；二是跨境语言比较，包括语音、语法、词汇等方面的比较。主要是共时比较，根据条件的可能也可以再加历史比较。具体说主要有以下一些：

（一）调查研究跨境两侧语言的本体结构特点

使用描写语言学的方法和手段，分别对跨境两侧语言的本体结构特点进行系统的分析描写。相对而言，境外语言的描写研究比较薄弱，应是重点，其成果具有填补空白的意义和原创性价值。

本体结构特点的调查中，应尽量多记录两侧语言的差异，和能够反映社会特点、社会变迁、群体分合的词语和口头史料。

（二）调查研究跨境两侧语言的使用功能特点

不同国度的跨境语言，由于人口多少不同、社会发展状况不同，以及国家的语文政策不同，语言地位和语言功能也会存在不同程度的差异，应调查二者差异的数据、基本点、成因，提出如何认识这种差异的见解。语言使用包括母语的使用和兼用语的使用两类：二者的基本功能应有数字显示。可分为熟练、略懂、不会等不同等级进行统计，根据比例做出类型判断，比如母语使用是属于全民稳定使用型，或部分稳定使用型，还是属于母语衰退型。还要通过第一线观察、面对面访谈等手段，对形成母语和兼用语现状的成因进行分析。

青少年的语言状况最能反映语言使用功能变化的走向，应是调查的重点。要调查不同年龄段语言使用的状况，诊断母语发展的走向，看看是否存在衰退的趋势。比较母语和兼用语的关系：使用功能的共性和个性，并分析其原因。分析二者功能的差异，互补和谐、互补竞争的表现。

（三）调查两侧语言与该国通用语的关系

我国的跨境语言，除少数是该国的主体语言（或国语、通用语）外，大多数是非主体语言（或少数民族语言）。由于国家性质的差异，跨境民族的母语和通用语的关系必然会存在不同的特点。调查中，要通过各种数据、史料、访谈，分析二者的关系及走向。

泰国是个以泰族为主体的多民族国家，其他少数民族有拉祜、阿卡、傈僳、克伦、苗、瑶等。泰语在泰国由于具有政治、经济、文化和人口方面的优势，成为全国不同民族、不同地区通用的语言，是其他少数民族主要的兼用语。所以，在泰国，拉祜、阿卡、傈僳等少数民族积极学习、使用泰语是很自然的事。如拉祜族20多年来，在教育部校外教育司和"山民教育中心"的大力扶持下，会讲泰语的拉祜人大幅度增多。如今，不管男女老幼，尤其是新一代30岁以下的年轻人，大都会讲泰语。课题组对普凯村兼用泰语的情况和成因做了个案调查。总结了该村兼用泰语的主要原因是：1. 生存的需求。普凯的村民70%没有土地，他们的生活来源主要来自打工。打工的地点包括普凯村周围的村寨和城市。由于周围村寨居住着泰、傣仂、阿卡等民族，他们不会说拉祜话，因此普凯拉祜人必须用泰语与他们交流。2. 经济发展的需要。普凯村保持着浓郁的拉祜族风情，正在发展旅游业，路边已建成多家咖啡小屋、度假山庄。接待旅游客人，要用泰语交流。3. 泰国实行15年义务教育，使少数民族获得了系统学习泰语的机会。6—39岁年龄段的人能熟练使用泰语的人数比例较高，但40—59岁年龄段的人中，31.4%的人泰语方言的使用属于熟练级，而60岁及以上的人只有6.7%的人属于该级别。可见，学校是拉祜人掌握泰语的重要场所。4. 对泰语的高度认同。普凯的拉祜人对泰语有高度的认同感和较高的学习、使用的热情，普遍认为学泰语很有用，所有的人都希望把子女送到泰语或双语教学的学校。

老挝也是一个多民族国家，但民族分布略不同于泰国。老挝究竟有多少民族，不同时期说法不一。2000年8月，老挝中央建国阵线召开关于老挝族群名称的专门讨论会，会议确定老挝的民族有49个，分为佬泰、孟高棉、汉藏和苗瑶4个族群。但是，老挝不像中国、泰国一样有一个人口占绝对优势的主体民族，所以不分主体民族和少数民族。老挝领导人强调各民族统称"老挝民族""老挝民族共同体"。1975年，老挝人民共和国独立后，制定了以老挝语为官方语言和教学语言的语言政策和语言法规，加强了老挝语的传播，也提高了老挝语在老挝语言生活中的地位。由于老挝语的国语地位，其他少数民族都积极学习并普遍掌握了老挝语。以克木族语言使用情况为例：克木族除全民使用自己的母语——克木语外，还全民兼用老挝的国语——老挝语。老挝语和克木语在克木人语言生活中呈互补状态。克木语是克木族家庭内部和本族内部用语。小孩上学之前基本不会说老挝语，只会说自己本民族的语言。老挝语是克木族与外界交流的工具。

哈萨克斯坦共和国的情况又不相同。哈萨克斯坦也是一个多民族国家。根据哈萨克斯坦国家统计署 2012 年 3 月 16 日提供的材料，全国共有 125 个民族，号称"欧亚民族走廊"。在语言关系上，独立前和独立后存在不同的特点，主要表现为俄语和哈萨克语的地位此消彼长。独立前，俄语是哈萨克斯坦的国语，所有非俄罗斯的少数民族都要学习俄语。哈萨克语仅作为哈萨克族的母语在一个特定的人群中学习使用。独立后，哈萨克语上升为国语的地位，而俄语成为与哈萨克语并列的官方语言。双语教学主要围绕"哈萨克语—俄语"的关系进行，而哈萨克族和俄罗斯族之外的其他少数民族除自己的母语外，还要学习国语哈萨克语以及官方语言俄语，构成了更为复杂的多语关系。目前，国家在政策层面上强调哈萨克语作为国语的地位，但在实际的语言生活中，由于苏联俄语在哈萨克斯坦的国语地位，不少人特别是知识分子有丰厚的俄语根底，加上俄语实际上是不同民族、不同加盟共和国之间的通用语言，所以俄语的地位在许多方面如高等学校、科研机构、官方用语等都高于哈萨克语。这种政策与语言生活实际的不一致，国语地位的不相称，成为哈萨克斯坦语言生活的主要矛盾。

（四）比较两侧语言的异同

在充分占有两侧跨境语言材料的基础上，进行两侧语言异同的比较。理出主要差异和次要差异，并分析造成差异的原因。由于分化的时间长短不同，差异大小也不同，规律也会不同。

（五）语言和谐类型的分类

可以从不同的角度做不同的分类。从和谐的程度上分，可分为高度和谐、一般和谐和不和谐三类。从语种类型上分，可分为少数民族语言和汉语之间、少数民族语言之间、不同方言之间、不同支系语言之间、境内外语言之间、普通话和方言之间等不同类型的语言和谐。从时间上分，可分为共时语言和谐和历时语言和谐两类，二者的研究方法不同。历时语言和谐的研究，必须从浩瀚的文献、历史传说、口传文学等资料中去细心发掘；共时的语言和谐，必须重在第一线的田野调查。

三　明确跨境语言研究必须遵守的原则

（一）必须坚持以语言学为主的多学科综合研究

跨境语言的产生是由社会因素（主要是国家因素）引起的。所以，研究跨境语言必须重视民族学、人类学、历史学、文化学、宗教学、民俗学等学科有关知识和方法的应用，力图在综合分析的基础上得出科学的结论。多学科的结合，必须围绕语言学这个中心，使各种相关的知识都能为揭示跨境语言特点服务，而不能"喧宾夺主"，或走题。跨境语言研究历史不长，积累的经验很少，还处于"摸着石头过河"的阶段。所以，跨境语言研究应重视通过每个个案调查逐步积累经验，并从中提取原则和方法。

（二）要从学科的高度来统筹、审视调查研究

跨境语言研究有其独立的作用和内容，所以必然要成为中国语言学的一个分支学科——跨境语言学。在跨境语言研究中，要有分支学科的意识，即突出其"跨境"的个性，而不是把它当成一般的语言调查来做。其成果要突出"跨境"的亮点，揭示不同于非跨境语言的规律。要探索哪些特点是由跨境因素引起的，明确跨境语言研究的重点。比如在对比中国哈尼语和泰国阿卡语时，要着力对比泰国阿卡语大量借用泰语而中国哈尼语大量借用汉语的不同特点，探索由于不同的借词路径而形成不同的词汇系统特征，并进而揭示由于借词特点的不同而波及句法结构的差异。又如，要重视跨境语言类别的研究，制定出区分类型的具体标准。

（三）坚持课题任务就地完成

在国外做语言调查，不像在国内那样方便，缺了材料还可以下去补，遇到疑点可以通过打电话解决。所有的材料都要在当地核对清楚；调查报告必须在当地基本写成。不要"留尾巴"。我们有个项目就是因为时间紧，部分段落来不及在当地完成就带回国做，殊不知在国内做遇到了许多困难，有疑问的地方核实不了。

（四）搞好两侧国家的友好合作

这是做好跨境语言研究的重要保证。我们近年来所做的几项跨境语言研究，都是与跨国的高校合作完成的。如"泰国优勉（瑶）族及其语言"课题，就是由中方的中央民族大学等单位和泰国皇家清莱大学共同合作完成的。课题组成员共有 16 人，中方 11 人，泰方 5 人。中方成员除中央民族大学的教师和博士生外，还有北京语言大学、云南民族大学、广西民族大学的教师。两位老挝的研究生也参加了课题组。课题组中有一位泰国的优勉族（中央民族大学博士生）和一位广西优勉人（广西民族大学教师）。2011 年 9 月 20 日开始做田野调查前的准备工作, 2011 年 12 月 25 日至 2012 年 1 月 22 日做了近一个月的田野调查，在实地完成了初稿，回到北京后，又进行了一段时间的加工。书稿《泰国优勉（瑶）族及其语言》已于 2013 年 3 月由中国社会科学出版社出版。在整个调查过程中，泰国清莱皇家大学重视、支持这项课题，予以大力支持，保证了课题按时顺利完成。调查

组在出国前对目的国的制度、民俗、民风、风俗习惯等方面要有初步的了
解。比如，见面时的问候语是什么，见到长者是握手还是合手拜，进屋后
坐什么位置，主人的哪个房间不能进，进餐时的一些规矩，主人送礼物时
应当怎么接受等，都要有所了解。必须办理必要的手续。如通过跨国合作
单位事先办好调查许可证。如"泰国万伟乡阿卡族及其语言使用状况"课
题组进入泰国之前，就由合作单位泰国皇家清莱大学到教育部办好调查许
可证，这样，调查组成员就可顺利地按计划在泰国进行调查。进入目的国
后，必须遵守目的国的政策法规。要妥善说明来意，并沟通好感情。因为
调查组进入跨国的村寨，很自然会立即引起村寨男女老少的注意，他们不
知道来了这么多异国人是来做什么的，总会用一种好奇的、怀疑的眼光来
看待调查者，而当他们了解了来意后，就会热情地、尽力地帮助你完成调
查任务。

四　总结跨境语言调查研究使用的方法

跨境语言调查研究与语言国情调查研究既有共性，又有个性。共性是
都要使用以下几个方法。1. 个案调查法，即选择有代表性的点进行微观、
穷尽的调查。选点要有代表性。调查中若发现有新的类型或有价值的点，
可以增加新点。2. 问卷调查法，即按照子项目的需要，设计各种问卷。如：
语言态度问卷，语言使用状况问卷，母语及兼用语能力问卷等。3. 核心词
汇测试法，即根据该语言的特点挑选核心词汇成调查表，用以测试不同年
龄段和不同人群的语言能力。4. 现场观察法，即亲身到村寨和城镇在与群
众接触中观察语言活力。5. 文献法，即尽可能收集与课题有关的各种文献。
但是，跨境语言又有自身特殊的调查研究方法。主要有：

（一）突出"比较"这一重点

比较两侧语言的共性和差异，是跨境语言研究的主要目的，所以，"比
较"的眼光必须贯穿调查研究的全过程。在各个个案的共时描写中，必须
注意收集两地的异同，特别是不要放过相异的部分。要研究跨境两侧的语
言和谐问题。跨境语言和谐有其自身的规律，有哪些类型、特点，面临哪
些难以解决的问题，实现跨境语言和谐的对策是什么等。还要研究跨境语
言存在的局部不和谐现象，理出有哪些表现（具体事例），其危害性如何，
还要分析其形成的各种内外原因，包括思想根源、历史因素、民族关系等。

（二）着力弄清跨境民族的历史变迁

跨境语言的形成是历史性的，其变化都与它的历史变迁有关，所以在
调查中必须重视调查跨境民族的迁徙历史，这样才有可能将跨境语言置于
大的社会历史背景中考察，获取有理据的结论。例如，由中央民族大学、

玉溪师范学院、泰国清莱皇家大学联合组成的"泰国万伟乡阿卡族及其语言使用状况"课题组，于 2009 年 1 月至 2009 年 2 月开展了对泰国清莱府美岁县万伟乡阿卡族语言的调查研究。该课题组从立题开始就重视收集泰国阿卡人的历史变迁，收集有关文献资料和阿卡人的族谱传说。这些资料证明，泰国阿卡人最早的根是在中国，后迁徙进入缅甸的掸邦，随后又逐渐南迁进入泰国北部，其先民与中国哈尼族同出一源，是从古代哈尼族中分化出来的。傣族史料中也有关于阿卡族的祖先如何迁徙至"勐泐王国"的记载。史料和传说还显示，南迁的阿卡族先民最后进入缅甸的景栋，越南北部的莱州，老挝的丰沙里和泰国北部。进入泰国的路线可分两条线路：第一条线路是从缅甸进入泰北清莱府美占县东山一带的帕崖帕莱村，今隶属于美发伦县，此为阿卡族首次进入泰国的路线；第二条线路是直接从中国西双版纳经同属于缅甸和老挝的达克山进入泰北清莱府美赛县，并不断向南迁徙，形成了目前泰国阿卡族的分布格局。万伟乡的阿卡族告诉调查组，他们有五洛阿卡、洛蜜阿卡和五皮阿卡 3 个支系。佛历 2506 年（1963），五洛阿卡有 17 户人家在森杰棱的带领下从清莱府美占县迁入万伟乡，并取名森杰棱村，这是最早进入万伟乡的阿卡族，此后其他五洛阿卡才逐渐迁入并不断散居或聚居在其他村寨。洛蜜阿卡迁入的时间不长，时间是佛历 2525 年（1982）后才不断迁徙进来的。了解了以上泰国阿卡族的迁徙史，及其与中国哈尼族的族源关系，有助于认识泰国阿卡语和中国哈尼语的关系。中国哈尼语与泰国阿卡语异同的比较结果，与二者族源分化的情况大体一致。又如，泰国勉语与中国勉语有严整的规律，其差异能找到变异条件，这与泰国优勉族迁移时间不长，而且与他们保留群居的方式有关。优勉族具有强烈的兼语意识，在短短半个世纪内实现了全民兼用国家通用语泰语，这与他们在历史上崇尚文明、早有兼用通用语的传统有关。优勉族的源头都是从中国迁入泰国的，最早时间是 1819 年左右。根据泰国优勉人的家谱记载，其迁徙路线有的是从广西到云南，再从云南到老挝，最后由老挝转到泰国；有的是由云南迁至泰国，还有的家谱记载是由广东、湖南迁徙来的。大规模的迁移主要有 4 个群体，移居时间不一。不同时间移居的优勉人在地理上形成了 4 个相对独立的族群。其语言使用与迁徙的时间前后有密切的关系。

（三）由近及远的调查程序

在实施步骤上必须遵循由近到远的原则，即从跨境现状到跨境历史。先要到实地调查跨境语言的现状（包括功能和结构），获得对现状比较系统和深入的认识，然后在这一基础上进一步追索历史，探索形成现状的历史原因。要把现状和历史串成一条有机的"演变链"，显示其分化的先后和途径。当然，现状和历史不可能完全截然分开，会有局部的交叉，但在总体上，应有这两个阶段的划分。

（四）使用现代化仪器保存好调查材料

跨境语言调查，特别是到境外调查，机会难得。所以，为了以后能够长期使用调查成果，一开始就要考虑怎样保存好调查材料，如建立语料库、录音音档、摄像等。如果能做全程摄像就更好。为此，我们每个调查组都配备了摄像机、录音机、照相机等仪器，并指定专人负责这一项工作。

（五）努力在理论、方法上创新

我国跨境语言调查起步晚，过去没有留下较多的经验和方法，加上不同地区跨境语言的实际情况不同，难以用事先设定的一种模式去调查。但近20年通过田野调查、个案研究，跨境语言研究已经取得了令人瞩目的成绩，也取得了一些经验。所以，必须细心汇集、总结这些经验，从实际调查中创新理论、方法，防止空对空的理论提升。

在跨境语言调查研究中，应注意运用强势语言和弱势语言的关系理论，语言互补和语言竞争的关系理论，注意认识语言和谐与双语的关系。

（六）解决好语言翻译问题

做跨国语言调查，常常会出现语言障碍而影响工作。因为请来的调查对象和发音合作人一般除了母语外只懂本国的国语，不会汉语或英语，所以在调查中就出现语言不能沟通的困难。中央民族大学调查组做了几次跨国语言调查，都遇到这个问题。因此，在出发前要考虑好如何配备翻译。调查组中至少要有2人能懂得所要调查的语言。大批的翻译人员要到目的地时再找，或事先请合作单位找好。比较方便的办法是从大学中文系高年级或研究生中去找。语言翻译的报酬要根据当地情况定个标准，并事先告诉对方。

当今时代，由于现代化进程的加速，以及世界经济一体化、信息一体化的到来，各国之间出现新的合作关系，因而跨境语言的研究将会越来越显示其重要性。人们急迫需要认识不同国家跨境语言的现状及其历史演变的关系，需要对跨境语言有个整体的科学认识。可以预计，跨境语言的研究今后会有较大的发展。

参考文献

戴庆厦主编：《泰国优勉（瑶）族及其语言》，中国社会科学出版社2013年版。

林涛主编：《东干语调查研究》，中国社会科学出版社2012年版。

戴庆厦主编：《老挝琅南塔省克木族及其语言》，中国社会科学出版社

2012 年版。

戴庆厦主编：《泰国清莱拉祜族及其语言使用现状》，中国社会科学出版社 2010 年版。

戴庆厦主编：《泰国万伟乡阿卡族及其语言使用现状》，中国社会科学出版社 2009 年版。

戴庆厦主编：《泰国阿卡语研究》，中国社会科学出版社 2009 年版。

戴庆厦主编：《跨境语言研究》，中央民族大学出版社 1993 年版。

（原载《百色学院学报》2013 年第 4 期）

跨境语言研究的历史和现状

【提要】本文在回顾跨境语言研究的历史的基础上，依据近年来跨境语言调查的实践经验，分析以下几个面临的问题：1."跨境语言"概念的科学定位；2.跨境语言研究的内容；3.跨境语言研究的理念、构想。

【关键词】跨境语言；历史；现状；内容；理念

7 年来，我主要做语言国情和跨境语言的调查研究，亲身参加了 13 个语言国情个案和 5 个跨境语言个案的调查，对如何做好跨境语言的调查研究有一些认识和体会。认识到跨境语言研究大有可为。本文主要是对跨境语言研究的历史及现状进行简单的梳理，并结合我这些年跨境语言田野调查的实践体会，谈谈跨境语言研究的几个认识和方法问题。

一 跨境语言研究的历史回顾

（一）国内外跨境语言研究起步晚，成果少

跨境语言虽然是世界各国语言生活中由来已久的一种语言现象，但总的看来，国内外对它的研究起步晚，研究成果少，对跨境语言的认识还很肤浅，仅停留在初级阶段。

先说我国的情况。20 世纪 90 年代，我国民族语言学界随着语言关系研究的兴起，跨境语言研究才开始有了动静。中央民族大学少数民族语文专业的教师曾经初步研究了傣、壮、布依、苗、瑶、傈僳、景颇、维吾尔、哈萨克、朝鲜等语言的跨境特点，出版了我国第一部多语种的跨境语言研究专著——《跨境语言研究》（1993）。后来，还出现了一些研究中越跨境壮侗语族语言变异、跨境壮语变异等的论文。

在我国，跨境语言受到重视并提到语言学分支的高度来研究，是从 2006 年开始的。

2006 年，中央民族大学"985 工程"创新基地启动后，跨境语言研究立即被列入重点建设内容。在各种因素的驱动下，2011 年国家语委"十二五"科研规划根据我国语言学发展的需要，及时地将"跨境语言研究"列入重点招标项目，中央民族大学由于前期的成果积累，申报的《中国跨境语言现状调查研究》重大项目一举中标。

从 2006 年到 2012 年，由中国社会科学出版社出版了《泰国万伟乡阿卡族及其语言使用现状》（2009）、《泰国阿卡语研究》（2009）、《泰国清莱拉祜族及其语言》（2010）、《老挝琅南塔省克木族及其语言》（2012）、《泰国的优勉族及其语言》（2013）、《东干语调查研究》（2013）6 部跨境语言系列研究专著。还有一些专著如《蒙古国蒙古族语言使用现状》《不丹国宗卡语使用现状及其研究》《泰国勉语参考语法》《河内越语参考语法》《中泰跨境苗语对比研究》等都已定稿，即将出版。

2013 年 11 月 11 日北京语言大学成立"中国周边语言文化协同创新中心"，计划全面开展周边语言文化研究。

2013 年 11 月 20 日由教育部语言文字应用研究所主办，中国民族研究团体联合会、中国民族语言学会合办，广西百色学院承办的"第七届全国社会语言学学术研讨会暨首届跨境语言研究论坛"，是国内外首届举办的跨境语言研究专题会议，具有重要的里程碑意义。

以上事实说明，我国跨境语言的调查研究在近 10 多年来有了明显的、突出的发展，并已受到语言学家、社会学家、民族学家的普遍重视。跨境语言研究能在短短的时间内形成热潮，有以下三个因素。

1. 中国的跨境民族、跨境语言多，共有 22 个跨境民族、30 多个跨境语言。这些跨境语言的历史形成和现实的语言结构都具有丰富、复杂的特点，跨境因素对这些民族的语言生活有着重要的制约和影响，是我国的一份有价值的语言资源，值得语言学、民族学开垦、挖掘。

2. 新中国成立之前，由于缺乏严格的边界管理，许多人缺少国境观念，跨境民族的来往不受严格限制。当时的社会条件和学术氛围不可能引起对跨境语言研究的要求。新中国成立后，为保证国家安全，政府实行了严格的边境管理，边民来往受到一定的限制，而在改革开放之前相当长的一段时间，由于出现"闭关锁国""闭关封海"的"左"倾路线，跨境民族、跨境语言研究成为禁区，使得跨境语言研究得不到发展。改革开放后，由于现代化发展的需要，跨境国家的交流、互助成为国家发展必要条件，因而，跨境民族、跨境语言的研究也随之成为必要和可能。

3. 从语言学的进程上看，由于语言研究角度的扩大，语言学家还想从跨境的角度加深对语言的认识。跨境语言的研究，将是语言研究的一个新视角。

这些年跨境语言研究的长足进步，说明它是社会发展所必需的，是语言研究所不可缺少的，也说明当社会发展到一定的阶段，特别是世界各国的现代化进程加快、各个国家之间的关系更加趋向紧密时，语言学家除了要了解本国的语言外，还想了解邻国的语言。这是语言研究发展的必然趋势。

在国外，语言研究的范围虽然在不断扩大，但"跨境语言"还未作为一个专门议题被提出。过去研究历史语言学、结构语言学、类型学的学者在研究语言现象时虽然也触及了不同国家的语言，也做了不同国家语言的比较，但未从"跨境语言"这一新的角度来审视语言的变异。

二 "跨境语言"概念的科学定位

任何一个新概念的出现都会遇到概念如何定义的问题。跨境语言也是这样。把握好跨境语言的概念和研究内容，并予以科学的定位，是做好跨境语言研究的必要条件。认识越到位，研究的功效就会越高。讲方法论，先要弄清概念。

（一）跨境语言概念的提出

"跨境语言"是一个新概念。我国"跨境语言"这一术语的提出，最早见于马学良、戴庆厦的《语言和民族》一文（载《民族研究》1983 年第 1 期）。该文中提到："跨境语言的发展问题，是值得研究的一个问题。所谓'跨境语言'，是指分布在不同国度的同一语言。"后来，这一术语在我国逐渐被引用开来。"跨境语言"这一术语能在比较短的时间内被广泛运用，而且没有发生术语的变异，说明跨境语言研究的必要性和适时性。在英文文献中，尚未发现有对应的术语，表达这一概念时则有 cross-border language、language of the cross-border ethnic groups 等说法。在运用"跨境语言"的概念时，这些年出现了以下一些问题值得讨论：

1. 狭义跨境语言和广义跨境语言

跨境语言有广义和狭义之分。狭义的跨境民族语言，是指跨境两地语言在分布上相接壤。比如：中国的朝鲜语与朝鲜国的朝鲜语；中国的景颇语与缅甸的腭景颇语。广义的跨境语言，是指跨境两地语言在分布上除了接壤外还包括不接壤的。比如：中国傣语和泰国的泰语，中国的汉语和新加坡的华语；中国的苗语和分布在美国、加拿大的苗语等。

接壤或不接壤，对跨境语言的形成和演变有着不同的制约作用。

2. 跨境语言和周边语言

过去长期使用过"周边语言"的术语，但周边语言与跨境语言不同。跨境语言是指在不同国家分布的同一语言。而周边语言是指分布在一个国家周围的语言，它既可以是同一语言在不同国家的分布，也可以是不同语言在一个国家周边的分布。如柬埔寨语是我国的周边语言，但不是我国的跨境语言。

习近平主席在 2013 年 10 月 24—25 日召开的周边外交工作座谈会上指出，无论从地理方位、自然环境还是相互关系看，周边对我国都具有极为重要的战略意义。而周边语言是周边国家文化的重要组成部分，预计周边的语言研究在今后将会有较大的发展，"周边语言"这一概念也将会随之得到更广泛的传播。

3. 跨境语言的名称问题

跨境语言中有的语言名称相同，如傈僳语在中国、泰国、缅甸都称"傈僳语"。但有些跨境语言虽然在来源上都属于同一语言，但由于跨境的因素，名称出现了差异，如中亚一带的东干语原是西北地区的汉语，但现在已使用"东干语"的名称。又如中国的傣语和泰国的泰语同是一个来源，但学术界则习惯地一个称为"泰"，另一个称为"傣"，学术界将其称为不同的语言。

4. "母语"概念的新变化

母语的概念长期处于不确定的状态。《现代汉语词典》对母语的注释是："一个人最初学会的一种语言，在一般情况下是本民族的标准语或某一种方言。"全国科学技术名词审订委员会公布的《语言学名词》（2011）的注释是："人在幼儿时期自然习得的语言。通常是第一语言。"但在实际的语言生活中，许多人都把本族语言视为母语，不管它是先学的还是后学的，也不管水平高或低。旅居海外的华侨，有的人是先学了旅居国的国语，后才学了一些汉语，尽管汉语说得不好，但问他母语是什么事，大多回答是汉语，因为汉语是他祖先的语言。如果汉语是母语，而他最熟悉的当地国语又是什么？所以有的专家提出要区分"第一母语"和"第二母语""母语"和"准母语"的概念。随着不同民族、不同国家之间交往的不断加强，本族语退为第二语言的现象就会不断增多。①

（二）跨境语言研究是语言学中的一个独立的分支学科

跨境语言的研究对象是同一语言分布在不同的国境而产生的变体。它不同于因地域差异而形成的方言变体；也不同于因年龄、职业等因素的差异而形成的社会方言变体。它主要研究由于国界的隔离形成的语言变异。不同国家的社会制度、社会条件是形成跨境语言的主要因素，还与方言变异、年龄、职业等社会因素有关。跨境语言研究主要属于社会语言学研究的范畴，但其研究成果能为历史语言学、共时语言学等语言学分支学科提供新的认识。这就是说，跨境语言有其独立的、特殊的、不同于其他语言

---

① 《现代汉语词典》（第 6 版），商务印书馆 2012 年版；《语言学名词》审订委员会：《语言学名词》，商务印书馆 2011 年版。

研究的研究内容。在方法论上，跨境语言研究也有其不同于其他语言研究的特殊方法。所以说，跨境语言研究是语言学中的一个独立的分支学科，是语言变异的一种特殊的模式。

三　跨境语言研究的内容

我国跨境语言研究的内容从大的方面说主要有以下几个方面：

（一）调查研究跨境两侧语言的本体结构特点

即使用描写语言学的方法和手段，分别对跨境两侧语言的本体结构特点进行系统的分析描写。相对而言，境外语言的描写研究比较薄弱，应是重点，其成果具有填补空白的意义和原创性价值。

本体结构特点的调查中，应尽量多记录两侧语言的差异，和能够反映社会特点、社会变迁、群体分合的词语和口头史料。

（二）调查研究跨境两侧语言的使用功能特点

不同国度的跨境语言，由于人口多少不同、社会发展状况不同，以及国家的语文政策不同，语言地位和语言功能也会存在不同程度的差异，应调查二者差异的数据、基本点、成因，提出如何认识这种差异的见解。

语言使用包括母语的使用和兼用语的使用两类：二者的基本功能应有数字显示青少年的语言状况反映语言使用功能变化的走向，这应是调查的重点。要调查不同年龄段语言使用的状况，诊断母语发展的走向，看看是否存在衰退的趋势。

调查研究母语和兼用语的关系，包括使用功能的共性和个性，并分析其原因。分析二者功能的差异，互补和谐、互补竞争的表现。

（三）调查两侧语言与该国通用语的关系

我国的跨境语言，除少数是该国的主体语言（或国语、通用语）外，大多数是非主体语言（或少数民族语言）。由于国家性质的差异，跨境民族的母语和通用语的关系必然会存在不同的特点。调查中，要通过各种数据、史料、访谈，分析二者的关系及走向。

（四）跨国语言和谐的类型调查

语言和谐可以从不同的角度做不同的分类。从和谐的程度上分，可分为高度和谐、一般和谐和不和谐三类。从时间上分，可分为共时语言和谐和历时语言和谐两类，二者的研究方法不同。历时语言和谐的研究，必须从浩瀚的文献、历史传说、口传文学等资料中去细心发掘；共时的语言和谐，必须重在第一线的田野调查。

由于我国当前跨境语言的调查研究还正处于初始阶段，应多做语言功能的社会语言学调查研究，语言本体的调查研究耗时多，可以在以后逐步深入。

四　跨境语言研究的理念、构想

跨境语言研究既然是一个独立的分支学科，它必然要有适合这一学科建立和发展的科学理念。从最近十多年的调查研究实践中，我觉得有下面一些理念或原则值得关注。

（一）必须坚持以语言学为主的多学科综合研究

跨境语言研究主要属于语言学学科，与语言学中的社会语言学关系最密切。

但跨境语言的产生是由社会因素（主要是国家因素）引起的，所以研究跨境语言必须重视民族学、人类学、历史学、文化学、宗教学、民俗学等学科有关知识和方法的应用，力图在综合分析的基础上得出科学的结论。这与一般语言的研究不同。但是，所有学科的结合，必须围绕语言学这个中心，使各种相关的知识都能为揭示跨境语言特点服务，而不能"喧宾夺主"，或走题。

（二）要有分支学科的意识，统筹、审视调查研究

跨境语言调查研究中，要有分支学科的意识，即突出其"跨境"的个性，而不是把它当成一般的语言调查来做。必须突出"跨境"这一亮点，揭示不同于非跨境语言的规律。要探索哪些特点是由跨境因素引起的，明确跨境语言研究的重点。比如：在对比中国哈尼语和泰国阿卡语时，要着力对比泰国阿卡语大量借用泰语而中国哈尼语大量借用汉语的不同特点，探索由于不同的借词路径而形成不同的词汇系统特征，并进而揭示由于借词特点的不同而波及句法结构的差异。又如，要重视跨境语言类别的研究，制定出区分类型的具体标准。

（三）多获取第一手材料是总的要求

事实是第一性的，提升的观点是第二性的。我主张在现阶段的跨境语言调查研究中，应多做几个个案研究，扎扎实实地在个案点上积累材料，而不必过早地去提升理论。

（四）明确跨境语言与语言国情调查研究的共性和个性

这些年我们除了做跨境语言调查外，还做语言国情调查。两相对比之下，感到跨境语言调查与语言国情调查既有共性也有个性。

1. 共性是都要使用以下几个方法：

（1）个案调查法，即选择有代表性的点进行微观、穷尽的调查。

（2）问卷调查法，即按照子项目的需要，设计各种问卷。

（3）核心词汇测试法，即根据该语言的特点挑选核心词汇成调查表，

用以测试不同年龄段和不同人群的语言能力。

（4）现场观察法，即亲身到村寨和城镇在与群众接触中观察语言活力。

（5）文献法，即尽可能收集与课题有关的各种文献。

2. 跨境语言调查的个性是：

（1）突出"比较"这一重点

比较两侧语言的共性和差异，是跨境语言研究的主要目的，所以，"比较"的眼光必须贯穿调查研究的全过程。在各个个案的共时描写中，必须注意收集两地的异同，特别是不要放过相异的部分。

比如调查跨境两侧的语言和谐问题，要比较类型、特点的不同，还要研究跨境语言存在的局部不和谐现象，厘清有哪些表现（具体事例），其危害性如何，还要分析其形成的各种内外原因，包括思想根源、历史因素、民族关系等。

（2）着力弄清跨境民族的历史变迁

跨境语言的形成是历史性的，其变化都与它的历史变迁有关，所以在调查中必须重视调查跨境民族的迁徙历史，这样才有可能将跨境语言置于大的社会历史背景中考察，获取有理据的结论。例如，由中央民族大学、玉溪师范学院、泰国清莱皇家大学联合组成的《泰国万伟乡阿卡族及其语言使用状况》课题组，于 2009 年 1 月至 2009 年 2 月开展了对泰国清莱府美岁县万伟乡阿卡族语言的调查研究。

该课题组从立题开始就重视收集泰国阿卡人的历史变迁，收集有关文献资料和阿卡人的族谱传说。这些资料证明，泰国阿卡人最早的根是在中国，后迁徙进入缅甸的掸邦，随后又逐渐南迁进入泰国北部，其先民与中国哈尼族同出一源，是从古代哈尼族中分化出来的。傣族史料中也有关于阿卡族的祖先如何迁徙至"勐泐王国"的记载。史料和传说还显示，南迁的阿卡族先民最后进入缅甸的景栋，越南北部的莱州，老挝的丰沙里和泰国北部。进入泰国的路线可分两条线路：第一条线路是从缅甸进入泰北清莱府美占县东山一带的帕崖帕莱村，今隶属于美发伦县，此为阿卡族首次进入泰国的路线；第二条线路是直接从中国西双版纳经同属于缅甸和老挝的达克山进入泰北清莱府美赛县，并不断向南迁徙，形成了目前泰国阿卡族的分布格局。

又如国外华人的迁徙时间有长有短，长短不一造成语言的代际差异。如马来西亚的华人最早定居的已有六代，早期迁徙的华人其语言状况、语言态度（包括母语态度和兼用语态度）和新几代都有很大的差异。

（3）由近及远的调查程序

在实施步骤上必须遵循由近到远的原则，即从跨境现状到跨境历史。

先要到实地调查跨境语言的现状（包括功能和结构），获得对现状比较系统和深入的认识，然后在这一基础上进一步追溯历史，探索形成现状的历史原因。

要把现状和历史串成一条有机的"演变链"，显示其分化的先后和途径。当然，现状和历史不可能完全截然分开，会有局部的交叉，但在总体上，应有这两个阶段的划分。

（4）解决好语言翻译问题

做跨国语言调查，常常会出现语言障碍而影响工作。因为请来的调查对象和发音合作人一般除了母语外只懂本国的国语，不会汉语或英语，所以在调查中就会出现语言不能沟通的困难。我们多次遇到这个问题。因此，在出发前要考虑好如何配备翻译。

调查组中至少要有 2 人能懂得所要调查的语言。大批的翻译人员要到目的地时再找，或事先请合作单位找好。比较方便的办法是从大学中文系高年级或研究生中去找。语言翻译的报酬要根据当地情况定个标准，并事先告诉对方。

（5）坚持课题主要任务就地完成

在国外做语言调查，不像在国内那样方便，缺了材料还可以下去补，遇到疑点可以通过打电话解决。所以，所有的材料都要在当地核对清楚；调查报告必须在当地基本写成；不要"留尾巴"。

（五）搞好两侧国家的友好合作

这是做好跨境语言研究的重要保证。我们近年来所做的几项跨境语言研究，都是与跨国的高校合作完成的。如"泰国优勉（瑶）族及其语言"课题，就是由中方的中央民族大学等单位和泰国皇家清莱大学共同合作完成的。书稿《泰国优勉（瑶）族及其语言》已于 2013 年 3 月由中国社会科学出版社出版。在整个调查过程中，泰国清莱皇家大学重视、支持这项课题，予以大力支持，保证了课题按时顺利完成。

调查组在出国前对目的国的制度、民俗、民风、风俗习惯等方面要有所了解。比如，见面时的问候语是什么，见到长者是握手还是合手拜，进屋后坐什么位置，主人的哪个房间不能进，进餐时的一些规矩，出国时要带什么礼物，主人送礼物时应当怎么接受，怎样付劳务费等，都要有所了解和准备。

（六）努力在理论、方法上创新

我国跨境语言调查过去没有留下较多的经验和方法，加上不同地区跨境语言的实际情况不同，难以用事先设定的一种模式去调查。所以，必须细心汇集、总结这些年的经验，从实践中创新理论、方法，防止空对空的理论提升。

当前的主要矛盾之一是：面对复杂多样的跨境语言，调查者在语言现象的观察能力、分析能力、动手能力（记音能力、入户调查能力）等方面还很不适应。

当今时代，由于现代化进程的加速，以及世界经济一体化、信息一体化的到来，跨境语言的研究将会越来越显示其重要性。人们急迫需要认识不同国家跨境语言的现状及其历史演变的关系，需要对跨境语言有个整体的科学认识。可以预计，跨境语言的研究今后会有较大的发展。

参考文献

戴庆厦主编：《泰国优勉（瑶）族及其语言》，中国社会科学出版社 2013 年版。

林涛主编：《东干语调查研究》，中国社会科学出版社 2012 年版。

戴庆厦主编：《老挝琅南塔省克木族及其语言》，中国社会科学出版社 2012 年版。

戴庆厦主编：《泰国清莱拉祜族及其语言使用现状》，中国社会科学出版社 2010 年版。

戴庆厦主编：《泰国万伟乡阿卡族及其语言使用现状》，中国社会科学出版社 2009 年版。

戴庆厦主编：《泰国阿卡语研究》，中国社会科学出版社 2009 年版。

戴庆厦主编：《跨境语言研究》，中央民族学院出版社 1993 年版。

（原载《语言文字应用》2014 年第 2 期）

跨境语言调查研究的几个方法问题

——以老挝克木语个案为例

【提要】本文以跨境语言老挝克木语个案调查研究为例，论述跨境语言调查研究的几个方法问题。主要有：把握好以语言学为主的多学科综合研究方法；明确跨境语言研究必须获取哪些核心语料；如何根据国情制定语言能力测试标准；跨境语言调查必须经历的几个阶段。

【关键词】跨境语言；调查研究；方法；老挝克木语

一 跨境语言研究及其近况

跨境语言（languages cross borders）是指分布在不同国家中的同一语言的不同变体，其变异是由国家因素的差异造成的。

中国有 22 个民族是跨境民族，他们使用的语言都是跨境语言。但综观我国的语言研究史，能够看到对跨境语言研究的成果甚少，未能引起重视。中国的跨境语言研究，有其重要的理论意义和应用价值，特别是在我国经济、科技迅速发展，民族关系、边境关系不断发生新变化的今天，跨境语言研究更有其特殊的意义和价值。

跨境语言研究的理论意义在于：它是语言发生变异的一种特殊的模式，是语言现象的一种存在。其形成原因是不同国家存在不同的社会人文因素。它不同于因地域、年龄、职业等社会因素而引起的语言变异。跨境语言的变异中，有许多反映语言的历史演变，对它的研究有助于历史语言学的研究。跨境语言分别处于不同的国家，其语言接触情况不同，对不同国家语言接触特点的对比研究，有助于接触语言学的研究。

跨境语言研究的应用价值在于：科学地认识跨境语言现状及其演变规律有助于跨境国家制定跨境语言的语言规划（包括语言规范），有利于跨境语言的使用以及跨境语言的和谐、互补。

正因为跨境语言的形成有其自己的个性，所以对其调查研究存在不同于其他研究（如方言研究等）的理论方法。建立跨境语言调查研究的理论方法框架，是语言学研究的一项任务。

为此，中央民族大学"985 工程"创新基地在第二、第三期工程中设立了"跨境语言研究"课题，旨在近 10 年内对我国部分跨境语言的现状进行描写、分析。2007 年以来，我们共做了四个课题："泰国万尾乡阿卡族及其语言使用现状""泰国清莱拉祜族及其语言使用现状""蒙古国阿尔杭爱省及乌兰巴托市的语言使用现状""老挝琅南塔省克木族及其语言"。已出版专著三部。通过这几次调查，我们的收获主要有以下点：① 大致了解了这几个民族和地区的语言情况和社会情况；② 对调查点的母语和兼用语的使用情况进行了穷尽式的记录，掌握了大量的第一手材料；③ 对语言使用现状的成因和条件有了新的认识；④ 分析了不同民族间的语言关系，揭示了语言接触引起的语言变异现象；⑤ 对现代化进程下的语言变化规律和趋势进行了研究。

"老挝琅南塔省克木族及其语言"课题组由中国的中央民族大学、云南民族大学，泰国的清莱皇家大学，老挝的南塔师范学院这"三国四校"的语言学教师和博士生组成，共 21 人。这一课题从 2010 年 9 月开始筹备，做了先期的准备工作后，2011 年 1 月 14 日至 2 月 13 日在老挝南塔省克木族地区进行为期 1 个月的田野调查。课题组成员在实地调查中每天都遇到了新语料、新问题，始终处于兴奋的状态。"老挝琅南塔省克木族及其语言"将在 2011 年底之前由中国社会科学出版社出版。

二　老挝的克木族及其语言

1. 社会人文情况

克木族是跨境民族，主要分布在东南亚的老挝、越南、缅甸、泰国、柬埔寨、中国等国，在欧美地区也少量分布。总人口 70 多万。越南约有 56542 人（1999 年）；泰国约有 31403 人（2000 年）；缅甸有 100 多人。中国的克木人归属布朗族，分布在云南省西双版纳州勐腊县和景洪市，人口约有 3000 人。美国和法国等国家约有 8000 多克木族，他们是在 1975 年以前从老挝移民去的。

在老挝，克木族总人口 500975 人，约占全国总人口的 11%（1995 年）。人口数量仅少于老族，为老挝的第二大民族。克木族大部分居住在老挝中部和北部，多数居住在山区，主要从事刀耕火种的原始农业和畜牧业。现在老挝政府为了保护森林，引导他们下坝种水田或去城市打工。

克木族被称为"热带雨林民族"。他们是从热带雨林中走出来的，其饮食习惯、建筑风格、服装特点、民风民俗及宗教信仰等都给人一种神秘的感觉。

老挝的克木族在各地有不同的支系。不同支系的来源、语言、服饰及自称和他称都有所差异。在支系名称上，有的以居住地或曾经与哪个民族在一起命名。如：跟傣媛居住在一起的克木族称克木媛（Kammu yuan）；曾跟傣仂人居住在一起的克木族称克木仂（Kamou Lue）等。

克木语存在方言差异。泰国语言学家 Suwilai（2004）从语言学的角度把东南亚的克木语划分为两大方言，即东部方言（Eastern Kammu）和西部方言（Western Kammu）。

关于老挝克木族的来源，有的认为是从缅甸北部和中国云南西南部迁移过去的，也有人认为他们来自越南南部，因为他们与越南南部克木族的语言和风俗习惯很相似。还有人认为他们是从印度尼西亚的北部迁移到湄公河领域的。虽然学术界对克木族的起源有不同的看法，但大多数学者认为，克木族所属的孟高棉语族的发祥地应该在中国南方地区，后来逐渐迁徙到中国西南和中南半岛。

老挝人民民主共和国成立之初，克木族大部分居住在山上，主要以打猎和在森林里采摘果实为生。为了寻找稳定的食物来源，克木族在老挝北部山区不断迁徙。到 1986 年，老挝政府开始实行革新政策和对外开放政策，为了社会稳定和经济发展，政府不允许山地民族到处迁徙，分住房和土地给他们，克木族从此安定下来。

2. 语言结构特点

克木族有自己的语言。克木语属南亚语系孟高棉语族，与布朗语、德昂语、佤语比较接近。克木语的语音特点比较复杂。

声母的主要特点是：① 单辅音声母有 21 个：p、ph、m、t、th、n、l、r、r̥、s、tɕ、tɕh、ŋ̊、ɕ、k、kh、ŋ、h、ʔ、j、w。塞音、塞擦音在固有词中主要是清音，浊音很少，浊音主要出现在借词中。② 复辅音声母有 13 个：pl、phl、tl、kl、khl、sl、pr、phr、tr、thr、kr、khr、sr。韵母的主要特点是：① 韵母丰富，共有 256 个。② 韵母分为三类：单元音韵母、复合元音韵母、带辅音尾韵母。单元音有 9 个：i、e、ɛ、a、ɔ、o、u、ə、ɯ。韵尾有：-m、-n、-ŋ̊、-ŋ、-p、-t、-c、-k、-ʔ、-h、-r、-l 12 个。复合元音韵母有 24 个。分二合元音韵母和三合元音韵母两类：ia、iu、iːu、ɛi、ai、aːi、au、aːu、ɔi、ɔːi、ui、uːi、uɛ、ɔi、əi、əːi、iu、ɯːu、iɛu、iɛu、uaːi、uai、uɔi。

有声调对立是老挝语不同于中国老挝语的重要特点。老挝克木语的声调处于萌芽状态。每个音节都有固定的音高，并在一部分词上区别意义。声调对立主要是高低调的对立。在调值上主要出现三个调：55、53、33。其中，55 和 53 是高调，二者因韵尾的舒促而分，即 55 调出现在促声韵上，53 调出现在舒声韵上。这两个调的分化，是韵母舒促对立而出现的变体。从音位学观点可以合并为一个调。但由于二者音值相差较大，再加上借词的读音突破了上述规律，所以，我们把这两个不同的调值分别标出。低调33 调与高调 55 调和 53 调的对立，是声母清浊对立逐渐走向消失的伴随现象。55 和 53 来源于清声母，33 来源于浊声母。高低调的对立已趋于固定，母语人的语感能清晰感觉到低调与高调有辨义作用。应该认为，不同音高的辨义功能已经形成。高调和低调对立的词举例如下：

55（促声韵尾、h）		33	
tɔʔ⁵⁵	碾	tɔʔ³³	屁股
pat⁵⁵	鸭子	pat³³	斜砍
53（舒声韵尾）		33	
klaːŋ⁵³	老鹰	klaːŋ³³	石头
kuŋ⁵³	村寨	kuŋ³³	支不开

　　总之，普丁村克木仡话的声调系统已初步形成，但还存在低调调值不甚稳定的现象，这呈现出声调从无到有的过渡特征。其声调的产生主要是语言内部因素（韵母舒促、声母清浊等）。外部因素如大批老挝语借词的进入，可能对克木语声调的形成起到一定的促进作用，但不是主要因素。

　　西方学者在老挝、泰国等地对克木族的研究开始较早，约 19 世纪就有学者在著作中介绍过克木族。最早见于法国人的著作，随后英国、德国、泰国、瑞典、丹麦、美国、苏联、越南、缅甸等国学者也分别做了相关的介绍和研究。到 20 世纪 70 年代以后，各国学者开始对克木族作系统的综合性调查研究，且开展得比较活跃。

　　中国境内最早涉及克木族的调查研究始于 20 世纪 40 年代，当时中国学者凌纯声等人在其著述中提出了克木族与佤、布朗、德昂等族并列同属孟高棉语族的论点，但由于当时的历史条件等原因，并没有对克木族进行深入的实地调查和研究。在 50 年代开展的少数民族语言大调查中，一批科学工作者深入少数民族地区，进行民族识别、语言和历史方面的调查研究，克木族的研究也逐渐受到了中国学术界的关注。王敬骝、陈相木、李道勇、颜其香、周植志等都对克木语做了创新的研究。

　　3. 语言使用特点

　　（1）母语的使用

　　老挝南塔省克木族的母语使用及保存情况究竟怎样，其形成的原因是什么？这是我们所关注的重点问题之一。

　　调查的结论是：克木族村寨全民稳定使用母语。我们对南塔省南塔县四个村寨的 1291 名克木人（6 岁以上）的克木语使用情况进行调查，并做了统计分析。这四个村寨都是以克木人为主的村寨，其母语使用情况见

表 1：

表 1

调查点	克木人口	熟 练		略 懂		不 会	
		人口	百分比(%)	人口	百分比(%)	人口	百分比(%)
汇单小组	345	345	100	0	0	0	0
查伦苏小组	325	325	100	0	0	0	0
会胡小组	251	251	100	0	0	0	0
纳杜小组	370	369	99.7	1	0.3	0	0
合计	1291	1290	99.9	1	0.1	0	0

表 1 显示，1291 名克木人中，有 99.9% 的能够熟练掌握自己的母语。外族人入赘或嫁到克木村寨后，有的能学会克木语。即便是族际婚姻家庭，孩子的语言习得顺序也没有发生改变，克木语仍是孩子们的第一语言。

但城镇克木族母语水平有所衰退，代与代之间母语水平有较大差异。通过对 30 位城镇克木人的调查，我们发现，城镇的克木族母语水平存在代际差异，出现母语衰退或母语转用情况。现将 30 位城镇克木人母语及克木语掌握情况综合列表，如表 2 所示。

表 2

年龄段	人数	第一语言克木语及水平		第一语言老挝语及水平		第二语言克木语及水平		
		人数	熟练	人数	熟练	人数	熟练	略懂
5—19 岁	9	3	3	6	6	3	1	2
20—39 岁	14	5	5	9	9	4	1	3
40—59 岁	3	3	3	0	0	0	0	0
60 岁及以上	4	4	4	0	0	0	0	0
总计	30	15	15	15	15	7	2	5

表 2 显示：40 岁以上的 7 位城镇克木人的第一语言都是克木语，母语水平都是"熟练"，没有出现母语衰退迹象；但 40 岁以下的 23 位城镇克木人中，有 15 位的第一语言已转为老挝语，占被调查人数的 50%。这 15 位中只有 7 人还能掌握克木语，其余 8 人都已不能使用克木语。从上面四代

人或三代人的语言使用情况变化中可以看到，第一代和第二代没有太大的变化，第三代和第四代变化比较大，城镇克木人尤其是城镇青少年，存在明显的代际差异，克木族的母语水平出现了严重的衰退或母语转用。

克木族母语保存的原因主要有以下几点：① 分布聚居；② 强烈的民族认同感是母语得以保留的心理基础；③ 族内婚姻是母语传承的重要保证；④ 自给自足的自然经济形态制约了母语的外来冲击；⑤ 媒体宣传对母语保留有一定的积极作用。

城镇克木族母语衰退的主要原因是杂居和族际婚姻。目前，克木族有一些人在接受老挝语的观念上有所改变。他们对城镇青少年中出现不讲克木语的现象，或者青年一代较从前更多地讲老挝语，虽然表示担忧，但也表示能够理解。他们认为，只要能通，说什么语言都可以，而且认为这是没办法的事情。这种包容的语言使用态度，在未来可能会有更多的发展。

（2）兼用语老挝语的使用

老挝语是老挝的国家通用语。1975年，老挝人民共和国独立后，制定了以老挝语为官方语言和教学语言的语言政策和语言法规，加强了老挝语的传播，也提高了老挝语在老挝语言生活中的地位。因而，南塔省克木族全民兼用老挝语。表3是老挝南塔省四个克木族村寨的克木族掌握老挝语的情况。

表3

调查点	人口	熟 练		一 般		不 会	
		人口	百分比（%）	人口	百分比（%）	人口	百分比（%）
汇单小组	345	294	85.2	49	14.2	2	0.6
查伦苏小组	325	243	74.8	80	24.6	2	0.6
会胡小组	251	186	74.1	63	25.1	2	0.8
纳杜小组	370	328	88.6	39	10.5	3	0.8
合计	1291	1051	81.4	231	17.9	9	0.7

表3显示：四个村寨1291位克木人中，有81.4%的人能够熟练地使用老挝语进行交流，有17.9%的人能用老挝语进行一般交流。这就是说，四个村寨99%以上的克木人能够使用老挝语。从兼用语的类型上看，这一地区应属于全民兼用型。

但克木族兼用老挝语在年龄上具有差异性。具体情况见表4：

表 4

年龄段	人口	熟 练		一 般		不 会	
		人口	百分比(%)	人口	百分比(%)	人口	百分比(%)
6—19 岁	476	374	78.6	96	20.2	6	1.3
20—39 岁	455	429	94.3	26	5.7	0	0
40—59 岁	258	195	75.6	63	24.4	0	0
60 岁及以上	102	53	52.0	46	45.1	3	2.9
总计	1291	1051	81.4	231	17.9	9	0.7

上表显示：20—39 岁的青壮年老挝语熟练程度最高，6—19 岁的青少年和 40—59 岁的中年老挝语熟练程度相当，60 岁及以上的老年人老挝语熟练程度最低，只有 52%。青少年和老年年龄段都有不会老挝语的人。

虽然克木族几乎都能兼用老挝语，但其熟练程度是有差异的。青少年熟练程度较差。因为克木族小孩学习老挝语的途径主要是学校教育，孩子上学之前都不会老挝语，这就影响了他们掌握老挝语的熟练程度。20—39 岁的青壮年大都生于老挝建国之后，受到了学校老挝语的教育。他们与外界接触较多，老挝语熟练程度最高。60 岁及以上的老年人由于缺乏学校教育，与外界联系较少，有将近一半的人不能熟练使用老挝语。

克木族兼用老挝语的熟练程度与文化程度有关。具体情况见表5：

表 5

文化程度	人数	老挝语熟练		老挝语略懂		老挝语不会	
		人数	百分比(%)	人数	百分比(%)	人数	百分比(%)
学前	9	0	0	4	44.4	5	55.6
文盲	207	99	47.8	105	50.7	3	1.5
小学	639	517	80.9	121	18.9	1	0.2
中学以上	436	433	99.3	3	0.7	0	0
合计	1291	1049	81.3	233	18.0	9	0.7

表 5 显示：老挝语的熟练程度与文化程度的高低成正比。文化程度越高，老挝语熟练程度越高，反之亦然。

（3）母语和兼用语在语言生活中的互补

克木语是克木族家庭内部和本族内部用语。小孩子从学说话开始，都是先学克木语的。小孩上学之前基本不会说老挝语，只会说自己本民族的语言。老挝语是克木族与外界交流的工具。村寨里通知开会和广播的用语都是老挝语，不同民族在一起时或者碰到其他民族的时候用老挝语交流，但各个民族与本族人交流时都说自己的语言。

克木人的母语和兼用语——老挝语，共同构成了他们丰富的语言生活。在不同的交际场合中，克木语和老挝语各自发挥作用。克木语和兼用语各司其职，功能互补。有些场合母语更为强势：如在家庭中、在克木族人群当中。有些场合兼用语要强势一些，如在与别的民族交往的场合，还有在族际婚姻家庭中。

三 怎样做好跨境语言的调查研究

跨境语言的调查研究，前人没有留下任何经验，得靠我们自己在实践中去摸索、积累、总结。通过这七八年的实践，我们主要有以下几点体会。

1. 把握好以语言学为主的多学科综合研究方法

跨境语言研究虽然研究的对象是语言，但要真正认识语言的属性和变化规律，除了使用语言学方法外，还要有历史学、民族学、社会学、教育学等学科研究方法的配合。

比如，我们要揭示在境外的克木语是如何形成的，就要研究克木族历史上的三次大迁徙，从中认识各国克木人定居的时间和特点。

又如，我们要认识不同国家的克木语为什么在词汇系统上出现差异，就要分析所在国家克木语所处的国情，包括社会、经济、文化的形态，以及民族关系的特点等问题。老挝的民族政策不分主体民族和非主体民族，这在解决民族语言问题的对策上会出现什么特点。

学校教育体制如何，对少数民族习得国家通用语有重要的影响作用。所以要从学校教育体制的特点中去寻找通用语能力的答案。

2. 必须明确跨境语言研究必须获取哪些核心语料

跨境语言调查的目的，是认识境内外跨境语言的面貌，为解决语言使用、语言关系等问题提供依据，还可为描写语言学、历史语言学、社会语言学的建设提供新的认识。为此，大量记录跨境语言的语料是第一重要的。语料包括语言本体调查和语言功能调查两大方面。

语言本体方面的有：调查点的音位系统、3000 个词汇、基本的语法特点例句、长篇话语材料等。

语言功能方面的有：母语使用情况、母语使用现状的成因及条件、兼用语使用情况（有的民族除了兼用国家的兼用语外，还兼用邻近的另一个语言）、兼用语使用现状的成因及条件。

除了这两方面的语料外，还必须调查一些与语言有关的社会人文材料。包括：民族分布、人口数、地理位置特点、民族关系、经济形态、文化教育、宗教信仰、婚姻家庭、民居服饰、民俗村规等。还要调查其历史来源，包括迁徙原因及过程等。有支系区分的民族，还要了解支系划分情况。

根据多年的经验，要做一些各种代表人物的访谈，记录整理后作为访谈记入书中。因为被访谈者在访谈中容易用简短的话表达自己真实的想法，所以书中加入访谈记，会增加调查语料的可信度和生动性。访谈对象应包括各种人物：有威望的民族领袖或村寨的长者、原领导和有关方面的知情领导、文化宗教界人士、教师和学生等。访谈材料要及时整理，初稿最好要返回本人过目。

调查中要注意拍摄一些有价值的照片。包括：村寨景观、民居、服饰、饮食、宗教以及调查工作照、作者合照等。这些照片在将来都会具有文物价值。

3. 根据国情制定语言能力测试标准

调查跨境语言，一项重要内容是获取使用者的语言能力，并以此判定该语言在邻国的活力。为此，我们根据户口本分头进入村寨逐户逐人进行语言能力的调查。调查前要制定两个标准：一是语言能力等级的划分标准，二是年龄段的划分标准。

语言能力：我们将克木人的语言能力分为熟练、略懂、不会三个等级。三个等级的划定标准为：① 熟练级：听、说能力俱佳；日常生活中能够自如地运用该语言进行交际。② 略懂级：听、说能力均为一般或较差，或听的能力较强，说的能力较差；日常生活中以兼用语为主。③ 不会级：听、说能力均较为低下或完全不懂；已转用兼用语。

年龄段划分：少年段（6—19 岁）；青壮年段（20—39 岁）；中年段（40—59 岁）；老年段（60 岁及以上）。由于 6 岁以下儿童（0—5 岁）的语言能力不甚稳定，所以统计对象的年龄划定在 6 岁（含 6 岁）以上。

除了对选定的村寨点进行普遍调查外，我们还从不同年龄段中抽选一定数量的人进行词汇测试。因为一个人词汇掌握水平能在一定程度上反映其语言水平，可以作为重要参考。我们几次调查都根据该国、该民族的语言特点分别设计了"四百词测试表"（以下简称"四百词表"），用于调查中对不同层次的人进行语言能力的测试。实践已经证明，用少量有代表性的词进行测试，能够在较短的时间内测出说话人的实际语言能力。

"四百词表"是从常用词中挑选出来的，在每一类词中不但要有代表性，而且还要按比例挑选。为了便于被试人理解词义，每个词条除用汉语注释外，还要用当地国语和英语注释。如在泰国用泰语、英语注释，在老挝用老挝语、英语注释。

"四百词表"挑选的标准是符合该语言的词汇系统特点。应包括大多数人都会说出的基本词汇，也有一定的难度。如对老挝克木人的词汇测试，包括自然现象类的"天、地、月亮、星星、风、雨、火"；动物类的"马、牛、猪、狗、鸡、鸭、鱼"；身体部位类的"眼睛、鼻子、耳朵、肩膀、手、脚、腿、肚子"；人物称谓类的"男人、女人、姑娘、孩子、父亲、母亲、女儿、媳妇"；工具类的"铁锅、梯子、扫帚、钥匙、板凳"；动词类的"看、听、咬、吃、说、笑、哭"，以及形容词类的"高、低、圆、轻、重、多、少"等。还适当收一些外来语借词。不收有歧义的词。

词的掌握能力分为四级：A、B、C、D。A级：能脱口而出的。B级：要想一想才能说出的。C级：经测试人提示后，测试对象想起的。D级：虽经测试人提示，但测试对象仍不知道的。

四百词测试综合评分的标准是：A级和B级相加的词汇达到350个及以上的划为"优秀"，即能较好地掌握克木语。A级和B级相加的词汇在280—349的划为"良好"，即基本掌握克木语。A级和B级相加的词汇在240—279的划为"一般"，即克木语能力出现轻度衰退。A级和B级相加的词汇在239及以下的划为"差"，即克木语的能力出现严重衰退。

实践证明，四百词测试的结果与村寨语言能力的普查结果是一致的。

4. 必须掌握跨境语言调查的个性

跨境语言调查有不同于国内语言调查的个性。但个性是什么，不易一下就认识清楚，要靠实践中逐渐观察、积累。

比如，跨境语言调查具有时间短的特点，不可能在国外停留太长的时间，所以在时间安排上不能计划太长，在计划的时间内要抓紧时间做，而且要提高效率。形成成果的观点和材料，都必须在离调查点之前完成。如果留下尾巴，回国后就难以弥补。我们每次做跨境语言调查，都比在国内做语言调查辛苦。白天忙于下村寨调查，晚上回来后还要整理材料，几乎每天都工作到深夜，一个多月没一天休息过，就连附近的旅游点也顾不得去看看。我们订了一条规定：离开调查点之前必须把语料核对完毕，要把入书的稿子写出。不这样，把没有核对好的语料带回就等于是一堆垃圾再想核对就难了。

又如，语言障碍是跨境语言调查的一个难点，所以要把落实翻译人员作为重要工作来考虑。在国内做语言调查，一般都能找到既懂母语又懂本国通用语的人，不需要翻译。但在他国做跨境语言研究，很难找到既懂自己母语又懂汉语的发音合作人，这就需要懂该国通用语和汉语的人员来做翻译。但这样的翻译人员很难找到。我们这次在老挝调查，也遇到了同样的问题。因为我们多数成员不懂老挝语、不懂克木语，而南塔师范学院提供的合作者，有的只懂老挝语，有的只懂克木语，这样在工作上就无法沟通。幸亏调查组成员中，有两位成员既懂老挝语又懂汉语，成了我们与克木人沟通的中介。每一次记录语料都离不开这两位翻译。特别是入寨调查、收集语料，没有翻译简直是寸步难行。

语言翻译者最好能从国内带几个去。因为，语言调查的翻译不同一般的翻译。语言调查翻译涉及语言学专业的知识，是一般的翻译所不能胜任的。这次在南塔，我们好不容易请来了一位既懂老挝语又懂汉语的翻译，这位翻译曾经为一些公司做过翻译，老挝语、汉语都还可以。但为我们翻译时，就遇到了困难。他不能理解你所需要的语言材料，影响了调查的进度和质量。

再如，如何付报酬的问题也不同于国内。不同国家由于国情不同、民俗不同，对报酬有不同的理念。报酬给得不合适也会引起矛盾，影响调查工作。

再如，由于课题组成员来自不同的国度，知识背景、文化背景以及工作方式等都存在一定的差异。所以在面对统一目标的工作中，必须协调好不同成员的各种关系，我们的体会是：首先，不同国家的成员要互相尊重、互相理解，不能以自己的意见代替别人的意见。其次，要重视感情的沟通。有了感情，许多问题就可以迎刃而解。最后，要根据实际情况和面临的问题调整人员安排，把人员安排到最适合他的工作上，使课题组成员都能各尽其能。一个多月来，我们包括三国成员的调查组，不同国度成员的关系始终都处于一种和谐、友好的气氛中。每个成员都各尽其能、各司其职，团结友好的气氛十分浓厚。这种和谐的关系保证了我们的调查工作得以顺利进行。

5. 摸着石头过河，不断修改、充实实施方案

虽然在每一次调查之前，我们都设计了调查提纲，但到了实地一接触实际后，总觉得原来的调查方案有不足之处，需要修改。比如，我们这次在调查克木人的语言生活时，原来只设计调查聚居点和杂居点，但后来发现南塔克木族族际婚姻家庭克木语的使用有其不同于一般的特点，所以我们在调查的中期，及时增加了族际婚姻家庭语言使用状况的新内容，这就使得我们的个案调查更全面，更切合实际。又如克木语400词的测试，我们发现了原来所选的词有一些不切合克木语的实际，有的词词义表达容易造成歧义，有的词现在已不太使用，这些我们都做了修改。

四　跨境语言调查的几个阶段

跨境语言调查阶段通常划分为以下几个阶段：

1. 筹备阶段：确定项目的目标、要求；项目的启动、完成日期；确定参加课题组的成员及人数；费用预算。选择好合作国的合作单位。

如老挝克木语项目，2010 年在北京召开了三次中方与泰方、老挝方参加的课题组筹备会，共同商讨了赴老挝南塔省做克木语调查的具体有关事宜。

2. 考察选点：出国调查必须选好点。我们在调查前就派泰方、老挝方参加课题组的成员到了老挝，对老挝的民族社会情况进行了摸底，并与合作单位——老挝南塔师范学院进行初步的沟通。老挝南塔师范学院还派教师到调查点初步考察了那里的情况，考察克木人的聚居程度、支系分布状况、语言保留情况，并根据考察结果确定了老挝南塔的汇单（Huydam）、会胡（Huyhom）、纳杜（Natuy）、查伦苏（Chalernsouk）四个自然寨作为重点考察对象，并跟各村村长接了头。这就为我们大队人马进入实地后的调查提供了很好的基础。

3. 实地调查：实地调查主要是进入村寨和城镇按计划调查。这当中有三个问题要注意：一是如何让群众了解你的来意，愿意帮助你调查，防止出现误解。见了村长或长老等有威信的人物，先要说明来意，然后再由他们带领入户调查。二是进寨后要尊重当地的风俗习惯，和善对待群众。三是调查对象的人名、所在村名、年龄、家庭成员、语言使用情况都要记录清楚。不要忘记记下联系电话，还要留个照片。

4. 书稿撰写：调查材料大部收集并做了整理之后，课题组就应立即转入书稿编写。若发现某些方面材料不足，同时安排人力下寨补充调查。

书稿要在离调查点之前修改完毕。

5. 书稿加工定稿

回国后，应不失时机地按出版社的编辑要求对书稿加工润色。一鼓作气，是提高质量、缩短时间的有效办法。

参考文献

陈国庆：《克木语研究》，民族出版社 2002 年版。

陈相木、王敬骝、赖永良：《德昂语简志》，民族出版社 1986 年版。

李道勇：《我国南亚语系诸语言纪略》，载《民族研究论文集》（5），民族出版社 1985 年版。

李道勇：《我国南亚语系诸语言特征初探》，载《中央民族学院学报》（哲学社会科学版）1984 年第 4 期。

　　李道勇：《国外克木人的研究情况》，载《中央民族学院学报》（哲学社会科学版）1988 年第 2 期。

　　王敬骝、陈相木：《我国的孟高棉语及其研究情况》，载《云南民族学院学术论文集》1981 年。

　　王敬骝：《中国孟高棉语研究概况》，载《民族调查研究》1985 年第 4 期。

　　王敬骝：《克木语调查报告》，载《布朗族社会历史调查》（三），云南民族出版社 1986 年版。

　　颜其香、周植志：《格木语元音的长短与松紧、声调的关系》，载《民族语文论文集》，中央民族学院出版社 1993 年版。

　　颜其香：《格木语形态词法浅说》，载《云南民族语文》1994 年第 4 期。

　　颜其香、周植志：《中国孟高棉语族语言与南亚语系》，中央民族大学出版社 1995 年版。

　　　　　　　　　　　　　　　　　　　（在锦州大学文学院的演讲稿）

论跨境语言的和谐与冲突

——以中缅景颇语个案为例

【提要】本文以中缅跨境景颇语为例，探讨跨境语言的和谐与冲突这一理论问题。认为跨境语言的和谐和冲突是跨境语言客观存在的自然规律；所在国的语文方针政策若能符合跨境语言的实际特点和演变规律，就能促进和谐因素的发展，并能化解或减少矛盾，增进互补、互利。两侧的跨境语言，既要受本国语文方针政策的制约，服从主权国家的总利益，又要有利于跨境语言的和谐、互补。还认为跨境语言是一种资源，处理好了，有利于两侧民族的和谐发展，有利于边疆的稳定安全；处理不好，对民族发展、国家安会产生负面影响。

【关键词】跨境语言；和谐；冲突；中缅景颇族

我国的景颇族虽然人数较少，但因其跨境线长达 500 多公里而受到人们的重视。景颇语是我国跨境语言的一种类型。本文以跨境景颇语为例，探讨跨境语言的和谐与冲突这一理论问题。

一　中缅景颇族及其语言的跨境特点

为便于论述本文的主题，有必要先对景颇族及其语言的跨境特点做些分析和归纳。

1. 中缅景颇族内少外多，紧密相连

在中国，景颇族是一个人口较少的少数民族，只有 12.56 万人（2000年）。主要分布在云南省德宏傣族景颇族自治州的盈江、梁河、陇川、瑞丽、潞西地区。还有少量分布在怒江傈僳族自治州的片马、岗房、古浪、临沧地区的耿马傣族佤族自治县，以及思茅地区的澜沧、西双版纳的勐海等县。在邻邦缅甸，景颇族人口约有 200 万人，比中国多 16 倍，主要聚居在与中国接壤的克钦邦，在掸邦等地也有分布。印度的景颇族分布在阿萨姆邦，人口较少。此外，在美国、阿根廷、菲律宾等国，还有旅居的景颇族。景颇族的许多村寨，就坐落在边界线上。

中缅景颇族群众历来交往密切。两国边民长期都能自由地"互市、互婚"，走亲串戚，来去方便。五天一次的"街子天"（集市），是两国居民见面、交流、互换产品的喜庆日子。一年一度的景颇族"狂欢节"——目瑙纵歌节，是中缅景颇族盛大的全民节日，这一节日既是传统节日又是边民联欢节，人数多达上万人。一到节日，两国边民便穿上最美的景颇族服装，带上芳香的米酒，兴高采烈地、连续几天通宵达旦地跳起景颇族的传统舞蹈。在节日里，边民只分族内的亲戚远近，而不讲国别的界线。

2. 中缅景颇族都有共同的来源，称谓相同

在民族称谓上，中缅的景颇族都自称 Jinghpo "景颇"，语音一致。缅甸的景颇族，外族人称为 Kachin "克钦"，是国际通用的名称。印度的景颇族称 Singhpo "兴颇"，是 Jinghpo "景颇"的变音。

根据历史文献和口头传说，各国景颇族的源头都是我国西北高原的氐羌人，他们是由古代氐羌人群分化出来的一支人群。春秋战国时期，由于战乱、自然灾害等原因，景颇族不得不南迁，分布至今日的中缅的边境地区。同根同祖在中缅景颇族中老幼皆知，世代相传。

境内外的景颇族都下分不同的支系，国内外都一样。主要有景颇、载瓦、勒期、浪速、波拉五个支系。支系之间的差异，主要是使用不同的语言。除语言差异外，其他民族特征如民族心理、服饰、宗教、节日、习俗、饮食基本一致。五个支系中，景颇支系、载瓦支系的人口最多，其他三个支系人口较少。在中国，载瓦支系的人口最多，其次是景颇支系；在缅甸，景颇支系人口最多，载瓦等支系人口较少。

3. 境内外景颇族使用相同的语言文字

景颇族内分五个不同的支系，各自使用不同的支系语言。景颇支系使用景颇语；其他几个支系分别使用载瓦语、勒期语、浪速语、波拉语。境内外使用的支系语言都一样。

景颇语属汉藏语系藏缅语族景颇语支。另外四种语言都属汉藏语系藏缅语族缅语支。支系语言之间不能互相通话。但各支系之间的兼语现象很普遍。相对而言，几种支系的语言，以景颇语使用范围最大，其次是载瓦语。

境内外都使用代表景颇族的文字——景颇文。景颇文是根据景颇语拼写的拉丁拼音文字，已有 100 多年的历史。此外，中国政府还为载瓦支系另创造了载瓦文，主要供载瓦支系使用。

4. 景颇语在不同国家都属于弱势语言

缅甸的主体民族是缅族，缅语是缅甸的国语，其他少数民族包括景颇族在内都要接受国语教育，所以景颇语在缅甸是弱势语言。中国的主体民

族是汉族，汉语是中国的通用语，各少数民族包括景颇族在内都要学习汉语，景颇语也是弱势语言，在功能上受到不同因素的制约，在发展上都有其不利条件。

相比之下，缅甸的景颇语使用人口多，分布广，从小学到大学都有使用景颇语的教育体系；而中国的景颇语使用人口少，在学校中只用在低年级阶段。在语言功能上，缅甸使用景颇语的面积比中国大，功能强。二者功能上的差异，是造成跨境语言关系出现起伏波动的主要原因。

从以上分析中可以认为，景颇语是我国跨境语言类型中的一种，它属于"境外人口多于境内、语言特点基本相同"的跨境语言类型。

二　中缅景颇语有着长期和谐的主流

跨境语言的异同大致有以下三种情况：一是二者差异大，相互通话有困难。如中国的傣语和泰国的泰语存在较大差异，通话有困难。二是二者有一定差异，相互间要经过一段适应才能通话。如中国的阿卡语（西双版纳僾尼语）与泰国、缅甸的阿卡语虽有一些差别，但经过一段时间的接触也能通话。三是二者差异很小，一见面，就能无障碍地进行交流。中缅景颇语属于这一类。跨境语言相通度的大小，对于民族的认同、经济文化的发展，以及跨境语言的演变都会产生不同的影响。

中缅景颇族长期以来共同使用相同的语言和文字，是两国景颇族顺利发展的有利资源。他们凭借相同的语言文字，能够无障碍地往来、交流，这对双方社会、经济、文化的发展都能起到重要的促进作用。特别是改革开放以来，中缅两侧的边民凭借语言相同的优势，合作经营，发展各自的经济，这样的例子屡见不鲜。

使用同一语言，使得两地的景颇族有着相同的文化底蕴。景颇族至今保存了大量的用自己语言记载的传统诗歌、传说、故事、谚语等文化遗产，在两国群众中都广为流传，成为保持景颇族统一族体经久不衰的文化力量。例如：《勒包斋娃》是一部口头流传的创世史诗，它以文学的形式记载了景颇族古代社会的历史、地理、经济、文化、习俗、宗教等社会文化形态。创世史诗中唱到他们都源于中国古代西北的甘肃、青海、西藏高原，都属于氐羌族群的后代，后来不断南下迁入现在的分布地区。同祖同根的意识，深深扎在跨国景颇族的文化、语言中。这部史诗是景颇族智慧的结晶，反映了景颇族从古至今不畏艰险、团结奋斗、追求美好生活的精神世界。中缅两国的景颇族，都共同认同这些传统的文化，从小就受到它的熏陶，共同分享祖先留下的语言文化遗产。

相同的语言，加上本族的社会结构、文化习俗、服饰爱好等也基本相同，还有相同的民族心理，这就为两地景颇人的高度认同感奠定了基础。这些共同的心理因素和文化因素，使得中缅景颇族融有高度的民族认同感，即使是在科学技术不断发展的今天，也不会改变。陌生人一见面就一见如故，如同家人。尤其是对弱小的跨境语言，其民族、语言的认同感往往会更强些。

在中缅边境的景颇族地区，广泛流传了一首用景颇语演唱的流行歌曲《同胞情》，歌中唱道"同胞们啊！我们都是从喜马拉雅山蔓延过来的，都有从古至今的相同历史。同胞们啊！团结是最紧要的事。我们要学习世界的知识，让自己的民族富强，即使遇到艰难困苦，也要努力。自己要让自己的脚站稳"。两地的景颇人一起唱这首歌时，都会情不自禁地热泪盈眶，同一民族的情感顿时增强了，民族情感已超越了国界。这首歌似乎成了中缅景颇族的族歌。

在景颇族地区我们看到，两国的陌生人见面时，相同的服饰一下就拉近了相互的关系。按景颇族的传统礼仪，见到客人都要互递草烟包或沙枝包（一种嚼品，含槟榔、草烟、石灰等），带酒的话还要用小竹筒敬酒。交谈时先通过语言明确亲属关系，是"姑爷种"还是"丈人种"，然后按亲属关系的远近以礼相待。特别是对"丈人种"的人，必须以"上礼"对待。不管是境内还是境外，都遵守这一礼节。

语言和谐的另一重要表现是，境内外景颇语都各自从对方吸收自己需要的成分来丰富自己。如互相借用新词术语，互相参考文字规范等。如：中国景颇语从缅甸景颇语中吸收了大量的新词术语，如 asuya "政府"、mungdan "国家"、hkedan "铅笔"、pongtin "钢笔"、myu "城市"等，缅甸的景颇语读物，从中国景颇语读物汲取了出版规范。境内外居民都不同程度地阅读对方的出版物、收听对方的广播电视，从中丰富自己的科学知识和文化生活。

三　中缅景颇语还存在矛盾、冲突的支流

但是，中缅两国毕竟是社会制度不同的国家，两国不同的意识形态和民族政策、语文政策会影响两国景颇语的使用和规范。比较明显的是，由于所属国的主体民族不同，两侧景颇语新词术语长期以来出现了差异。如："共产党"一词，中国景颇语借汉语说成 gungchandang，而缅甸景颇语借缅语词说成 kommyunit pati（缅语借英语）。许多新词术语，缅甸景颇语多用本族语表达，而中国景颇语在许多人的口语中已改用汉语借词。如"人民"一词，缅甸景颇语用 mung masha，而中国景颇语除了用 mung masha 外，不少人已用汉语借词 renmin。"主席"一词，中国景颇族口语中多用汉语借

词 jushi，而缅甸景颇族用 tingnyang up，后来中国景颇文出版物也用 tingnyang up。

在边民的语言文字接触中，还会由于意识形态的差异而出现不同形式的碰撞和冲突，产生一些负面影响，还会因语言相通而传入一些不符合我国倡导的思想原则和与我国方针政策相违背的言论。在过去一段时间，特别是在我国改革开放之前的动荡年代，部分青少年欣赏缅甸景颇族的一些低俗的电影、电视剧和言情小说，爱听缅甸电台的景颇语广播，甚至学上播音中的"特殊"腔调，在身心上受到一定的负面影响。缅甸景颇族部分人中的"民族独立"思潮也流传到我国景颇族地区，影响少数青少年的志向和理想，弃学到缅甸参加独立军。这显然与我国坚定倡导的维护统一多民族国家的主旨是不符的。19 世纪末，基督教、天主教由缅甸传入我国景颇族地区，传教士用景颇语传教，发送景颇文《圣经》，很快就被部分景颇族所接受。据估计，1950 年约有 8%的景颇族就已信仰基督教或天主教。基督教或天主教的传入，虽有提倡讲礼貌、做好事、反对邪恶的一面，但也会渗透一些不利民族团结和边疆安全的政治因素。

跨境民族语言规范向谁靠拢，是处理跨境语言问题必须认识清楚的一个重要问题。过去的情况是，多是人口少的一方愿意跟随人口多的另一方。这是跨境语言民族的一种天然的民族情感，可以理解，有其合理的一面。景颇族都有求同的意识，他们希望不同国家的景颇族语言文字应该是越统一越好，这样便于民族内部的交流和发展。但是，跨境民族毕竟是生活在不同的国度里，必须受该国语文政策法规的制约，还有其他语言特别是"国语"或"通用语"规范的因素，这就必然会出现一些与另一侧语言不同的语言规范原则，使得两侧语言出现矛盾甚至冲突。实践告诉我们，跨境语言的关系始终是在调整"同"和"异"的关系中发展的，所以，是"求同"还是"求同存异"，抑或顺其自然，往往成为如何对待跨境语言的一个重要理论问题。"求同存异"，存在一个"度"，"度"调整合适了，就符合客观规律；超过客观的"度"，就会出现反弹。

同一文字在跨国使用，既有互利、互补的一面，又有竞争、矛盾的另一面，同样存在如何对待"同"和"异"的问题。景颇文的创制、推广、使用过程也出现这个问题，有必要做些具体分析。

景颇文是记录景颇语的一种拉丁字母拼音文字，创制于 19 世纪末。据有关资料记载，景颇文的创制工作，从开始到最后成功，前后共经历了 56 年。创制者有中、缅两国的景颇族知识分子、群众和美国的基督教传教士、语言学博士等。景颇文的产生与基督教的传播有着一定的关系，但主要与广大景颇族迫切需要有反映本族语言的文字来发展本族的文化、教育有关。

早在 1834 年及 1839 年，美国传教士布朗·森（Brown Son）先生及雷乌·纳唐（Rev Nathan）先生曾先后尝试用罗马字母拼写景颇语，但均由于未能科学地拼写出景颇语而告失败。接着在 1873 年至 1885 年间，相继有美国传教士弗朗西斯·玛逊（Francis Mason）先生、美国牧师卡欣（Cushing）、罗伯特（Robert）先生、弗莱谷·森（Fregu Son）先生等尝试用缅文字母拼写景颇语，但最终都因不能将景颇语较准确地表达出来而未能成功。直到 1890 年，美国牧师欧拉·汉森（Ola Hanson）博士和景颇族知识分子德冒诺和拉巴底等，在总结前人创制景颇文的经验教训的基础上，在缅甸八莫一带的景颇族地区，研究用拉丁字母拼写景颇语，终于在 1892 年获得了成功。它就是现行景颇文的雏形。1895 年，由缅甸的英联邦政府宣布正式推行这套景颇文。

　　这套文字最先在缅甸境内的景颇族聚居区推广，在景颇文教会学校中教授景颇文，并用它传教。其中最有影响的景颇文教会学校有：八莫、南坎、思巴坝、罗丹、罗孔、密支那、多彭央 7 所教会学校。在缅甸曾用这套景颇文翻译出版了《圣经》《赞美诗》《教徒手册》等宗教读物，还编写了识字课本、景颇语歌曲和报纸杂志等。1906 年，在缅甸仰光出版了《Kachin Dictionary》（《景颇语词典》，用英语对照景颇语）。这是第一部景颇语词典，具有开创性价值。该词典收入 15000 多词条。此后，景颇文在缅甸景颇族地区得到迅速推广，还用它出版了大量读物。由于中缅两国的景颇族同族同宗，长期以来跨境而居，来往密切，语言相通。因此，这套景颇文字母很快就传入中国景颇族地区。早在 1914 年，英国牧师印夏先生在中国瑞丽县（现为市）的等嘎乡的景颇族村寨创立了中国第一所用景颇文教学和传教的小学。于 20 世纪三四十年代，在中国的盈江、陇川等县先后开办过 10 多所景颇文学校，如 1947 年司拉山（原云南省政协副主席）在陇川广山开办过景颇文学校。但这些学校的大多数均因师资、经费的不足而先后停办，只有瑞丽县的等嘎景颇文小学保存了下来。中国德宏境内景颇文学校的创办，使景颇文在国内得到推广和应用。但 50 年代初期，中国境内会这套文字的人仍很少，不到景颇族总人口的 5%。

　　现行景颇文从雏形到今日的 100 多年的使用过程中，曾经历过 6 次改动（1892 年，1895 年，1940 年，1941 年），经过多次改动，这套景颇文方案已基本上能表达景颇语的语音特点，深受境内外景颇族的欢迎。但这套文字也还存在一些缺点。如：① 没有规定文字的基础方言和标准音点，没有统一的书写规则，影响了文字的拼写统一性和准确性，造成书写上的混乱。有的元音用两种字符表示，如“o”作单元音韵母时写成“aw”，做复元音韵母时写成“o”等。新中国成立不久，为了更好地帮助我国景颇族使用、发展自己的语言文字，有关语文机构组织语文专家和景颇族知识分子一起对景颇文方案做了单方面的修改，修改内容主要是规定了标示声调、喉塞音的符号。② 规定在非塞音、塞擦音声母后的紧喉元音用重写元音字母表示。1956 年我国公布了《汉语拼音方案》，为贯彻中国少数民族新创文字尽量与《汉语拼音方案》靠拢的原则，对 1955 年的景颇文方案又做了修改。这几次修改，引起了缅甸景颇族的恐慌和不满。

1956 年，在中缅两国于云南省德宏州州府举行的边民联欢大会上，缅甸吴努总理向周恩来总理提出中缅两国景颇文保持一致的建议，周总理当即表示赞同，指示对原创景颇文不宜做大的改动，仅改了一些明显的缺点。从此以后，中缅两国共同使用的景颇文开始在小学教育、社会扫盲和出版发行领域广泛试验推行，取得了新的成绩。经过半个多世纪的实践，证明周总理的看法是英明正确的。

现在看来，20 世纪 50 年代对原有景颇文的改进是欠妥的。之所以出现这种做法，是与当时如何科学地处理跨境语言文字问题缺乏经验有关，还与当时民族语文工作中出现的"左"倾思潮有关。对于像景颇族这样的民族来说，跨境的语言文字的使用宜"求同"，而不要人为地扩大差异。求同，这对跨境民族的交流、发展是有利的，也是顺民心的。

四　几点理论思考

在上述跨境景颇语的具体特点和近百年跨境关系的历程中，有几个理论问题值得思考、总结和讨论。

1. 怎样认识跨境语言的和谐和冲突？

跨境语言既有和谐的一面，又有矛盾冲突的另一面，这是跨境语言客观存在和演变的自然规律。这一对立统一体，会因具体语言的特点和历史演变的不同而出现不同的类型。研究跨境语言，不能只看到表面特点，必须深入挖掘其深层次的内容。但是，应当怎样从不同的跨境语言类型深入地认识这对矛盾，有待进一步认识。

2. 跨境语言的所在国应当怎样根据具体语言事实制定语文方针政策？

所在国的语文方针政策，若能根据跨境语言的实际特点和演变规律，就能因势利导，促进和谐因素的发展，并能化解或减少矛盾，增进互补、互利。但实际情况是，两侧的跨境语言，既要受本国语文方针政策的制约，服从主权国家的总利益，又要有利于跨境语言的和谐、互补。遇到这样的矛盾应当如何解决，还有待思考。

3. 怎样认识跨境语言是跨境语言一种资源？

语言相通有利于两侧民族的和谐发展，有利于边疆的稳定安全；如果处理不好，对民族发展、边疆稳定安全会产生负面影响。这是为什么？应当怎样发掘跨境语言的资源？

4. 怎样认识跨境语言关系中的"国兴则语言兴，国衰则语言衰"？

语言地位高低是与国家的地位联系在一起的，跨境两侧语言的地位关系也是这样。景颇族近 100 年的历史说明，跨境语言的兴衰受国家兴衰、强弱制约。国兴则语言性兴，国衰则语言衰。新中国建立之前的民国时期，由于政府腐败、民众贫穷，境内的景颇族向往缅甸，在经济、文化等方面都受到缅甸的影响，有条件念书的还跑到缅甸密支那、曼德勒上学。他们看的是缅甸出版的景颇文书籍，听的是缅甸的景颇语广播。新中国成立初期，在国家的关怀下，景颇族的学校教育和景颇语文的出版、广播事业得到从无到有的发展，景颇族和景颇语的地位也随之提高。但在 20 世纪的 1958 年，国内由于"大跃进"的"左"倾思潮而引起经济困难，生活水平不如缅甸，加上国外敌对势力利用同一民族、同一语言的便利条件进行煽动，使得一些景颇族群众被骗迁移到缅甸去。历史的教训值得总结。

20 世纪 80 年代改革开放后，我国的经济得到大发展，人民大众的生活有了大幅度的提高，中国在缅甸人的心目中发生了大变化，境外的景颇族普遍认为中国强大了。近 5 年来，我们中央民族大学"语言国情调查组"曾三次到德宏州、耿马、泸水的景颇族地区进行第一线调查，目睹了改革开放以来景颇族地区的巨大变化，和境内外跨境民族、跨境语言地位的变化。在泸水县片马地区，景颇族茶山人的老乡情不自禁地告诉我们，过去我们这里比较贫困，比不上缅甸，一些漂亮的姑娘都嫁到缅甸去，而现在，我们的日子好了，缅甸的漂亮姑娘都嫁到我们这里来。境外的一些景颇族，父母还把孩子送到中国学校来学习。我国出版的书籍、报纸、词典还不断流入缅甸景颇族地区。

5. 应当怎样认识语言地位与国家实力的关系？国家地位为什么会影响语言地位的高低，是怎样影响语言地位的高低？

结语：跨境语言研究，在语言学研究中是个后起的薄弱学科，在我国起步很晚。目前，语言学家都把注意力放在记录描写上，这符合跨境语言研究的学科建设规律。但是，加强理论建设势在必行。预计今后的跨境语言研究，必定会在记录描写的同时加强理论研究。

参考文献

戴庆厦主编：《跨境语言研究》，中央民族大学出版社 1993 年版。

《景颇族简史》编写组、《景颇族简史》修订组：《景颇族简史》，民族出版社 2008 年版。

萧家成：《勒包斋娃研究——景颇族创世史诗的综合性文化形态》，民族出版社 2008 年版。

戴庆厦主编：《片马茶山人及其语言》，商务印书馆 2010 年版。

戴庆厦主编：《耿马景颇族语言使用现状及其演变》，商务印书馆 2010 年版。

戴庆厦主编：《云南德宏州景颇族语言使用现状及其演变》，商务印书馆 2011 年版。

（在"第一届中国周边语言研讨会"上的主旨发言。原载《语言战略研究》2016 年总第 2 期）

论"科学保护各民族语言文字"

党的十七届六中全会通过的《中共中央关于深化文化体制改革　推动社会主义文化大发展大繁荣若干重大问题的决定》（2011年10月）中，提出要"科学保护各民族语言文字"，这是我党在新时期对待中国语言文字的指导思想和决策。在《国家中长期语言文字事业改革和发展规划纲要》（2012—2020年）的第二章"目标和任务"中，也写入"科学保护各民族语言文字"。在当前全国上下广泛学习、贯彻党的十八大会议精神的形势下，我们民族语文工作者必须认真学习、深入领会这一重要指导思想，做好民族语文工作。

一　科学保护各民族语言文字是社会和谐、民族发展的需要

中国是一个多民族、多语种、多文种的国家，共有120种以上的语言和33种文字。各民族语言曾长期被各民族所使用，是各民族生存、发展必不可缺少的交际工具。语言不仅是构成民族的重要特征之一，而且是民族的一种重要资源。凡有母语的民族，不论民族大小，都会热爱自己的母语，都与母语有着深厚的感情，而且都还具有维护自己母语、捍卫自己母语使用权利的天然感情。民族平等，自然包括语言平等；对民族的尊重，自然也包括对语言的尊重。而且，历史的经验告诉我们，语言是民族特征中的一个最为敏感的特征，语言和谐了，有助于民族和谐、社会和谐，语言不和谐，就会引起民族矛盾，甚至会引起社会不安定。

我国语言关系的主流是好的，各民族语言之间的关系是和谐的，其案例举不胜举。如：分布在我国西南边疆的基诺族，是一个人口只有两万余人的民族，但他们至今仍稳定地使用自己的母语，而且母语是他们生活中最重要的交际工具。他们相信自己的母语今后三四代都不会衰退，从内心里感谢党和政府的民族平等、语言平等的政策。基诺族又是全民兼用汉语的民族，母语与汉语在使用上互补。基诺山和谐的双语生活，既保证又促进了基诺族的社会进步和经济发展。又如：分布在中缅边界怒江州片马地区的景颇族茶山人，只有200余人，虽然处在多民族的包围之中，但他们还普遍稳定使用自己的母语——茶山语。茶山人还普遍兼用汉、傈僳等其

他语言，成为具有几种语言能力的多语人。他们能够根据不同的交际对象、交际环境，转换使用不同的语言，形成了一种宽松有序的、多语和谐互补的语言生活。

二 必须增强全社会的语言资源观念和语言保护意识

要科学保护各民族语言文字，必须增强全社会的语言资源观念和语言保护意识。人类虽然天天都在使用自己的语言，但对语言重要性的认识却并不到位。许多人对"社会和谐、民族和谐"能理解、接受，能很快就认识其重要性；但对语言和谐却不易很快就理解、接受，在实际生活中往往缺乏语言资源观念和语言保护意识。

我国的少数民族语言在使用功能上存在"三性"：资源性、感情性、长期性。资源性，是指少数民族语言是少数民族生存、发展的工具，是繁荣发展民族文化的工具；感情性，是指各民族对自己的语言都有天然的深厚感情，都热爱自己的母语；长期性，是指语言有其稳定性的一面，会长期被使用。即使是在现代化进程不断发展的条件下，少数民族语言的"三性"也会继续保持下去。但当前存在一些不符合语言保护的认识。如："时代进步了，少数民族语言的消亡已成趋势，保护和抢救有什么价值""保护少数民族语言与经济一体化是背道而驰""少数民族语言功能被汉语代替是必然趋势"等。因而，要通过各种教育手段使全社会具有语言资源观念和语言保护意识。要使人人都认识到，不管是大语言还是小语言都有大小不同的资源，都要予以保护。在我们这个文明社会里，要形成一种自觉尊重别的民族、别的语言的社会风尚或公共道德，任何轻视、歧视别的民族、别的语言的现象都要受到抵制。

必须正确认识新时期少数民族语言功能的变化。在现代化进程加快的历史条件下，使用人口极少的少数语言或杂居程度很高的语言，会出现衰变，甚至会出现濒危。这是客观事实，是多民族国家语言关系演变的自然趋势。中国如此，世界各国也是如此。面对这一变化，要采取什么对策？应当认为，即便是在现代化进程加快的历史条件下，对待多民族的语言关系，仍然要坚持保护的原则。

三 因地制宜地解决好少数民族的双语问题

我国是一个多民族的国家。少数民族的语言生活除了使用自己的母语外，还要学习国家各民族的通用语——汉语，母语和通用语构成一种"互补兼用"的双语关系。

"两全其美"是解决少数民族双语问题的最佳模式。所谓"两全其美"，是指对待少数民族的双语既要保护他们的母语的使用和发展，又要帮助他们更好地学习、使用通用语——汉语，使得母语和通用语在现代化进程中分工互补、和谐发展。"两全其美"，有利于少数民族的发展繁荣，有利于不同民族的友好团结，符合各民族的愿望。

随着民族地区经济、文化、教育事业的发展，少数民族越来越感到学习国家通用语的重要性，对学习通用语的热情越来越高。他们深深体会到，学习使用国家通用语有利于不同民族的交流，有利于接受新知识，有利于走上致富的道路。学习通用语，是民族发展的需要和趋势，并有其历史的承接性。可以预计，我国少数民族学习汉语的热潮在今后将不断会有新的发展。

我国的民族情况、语言特点十分复杂，北方和南方不同，民族人口多少不同，内地民族和边疆民族不同，加上历史情况和现时分布的情况不同，解决我国的双语问题必须根据不同民族语言的情况采取不同的对策，对号入座，绝不能只用同一的模式对待，更不能按一个模式"一刀切"。在民族语文的使用和发展问题上，要善于倾听本族人的意见。

学校的语文教育如何安排，是少数民族十分关心的问题。应当根据不同民族、不同地区的实际情况以及本族的意愿，安排好母语和通用语的学校教育。

四　加强各民族语言文字的科学研究

科学保护各民族语言文字，必须弄清我国的语言实际情况和理论问题。在当前，加强语言实际的调查和加强语言文字工作的理论研究十分重要，势在必行。

要开展语言国情的调查研究，弄清我国各民族的语言使用现状及其演变。语言国情不清，就难以制定符合实际的对策。要分批、分地区建立和完善语言资源库，用现代化技术手段记录保存语言，特别是濒危语言。

必须加强民族语言文字中的理论问题研究。如：怎样认识我国各民族语言的关系，怎样认识多民族国家中语言竞争与语言和谐的关系，怎样认识母语和兼用语的关系，怎样估计现代化进程中小语种的生命力，怎样认识我国少数民族语言的濒危现象，怎样认识多元化和一体化的关系，等等。

我们应当在党的十八大精神的指引下，立足本土、放眼世界，走出一条具有中国特色的民族语文工作的路子。我国有发展语言学理论的取之不尽的资源，国外有用的理论要借鉴，但不能完全照搬。

（原载《语言文字应用》2013 年第 1 期）

"科学保护各民族语言文字"
研究的理论方法思考

【提要】本文根据我国的语言实际和国家的语文方针政策，对"科学保护各民族语言文字"的理论方法进行初步的思考。主要论述以下几个问题：1."科学保护各民族语言文字"是我国新时期的语言国策。2."科学保护各民族语言文字"必须处理好的几个关系。3."科学保护各民族语言文字"调查研究涉及的内容。

【关键词】科学保护；语言文字；理论方法

2011 年 10 月，中国共产党十七届六中全会通过了《中共中央关于深化文化体制改革　推动社会主义文化大发展大繁荣若干重大问题的决定》。决定中提出要"科学保护各民族语言文字"。在《国家中长期语言文字事业改革和发展规划纲要》（2012—2020 年）的第二章"目标和任务"中，也写入"科学保护各民族语言文字"。足见国家对科学保护各民族语言文字的重视。

"科学保护各民族语言文字"这十一个字，进一步体现了我国党和政府的民族平等、语言平等思想，凝聚了在新的历史时期科学对待中国语言文字的指导思想和决策，我们民族语文工作者必须认真学习、领会、落实、贯彻到工作中。本文根据我国的语言实际和国家的语文方针政策，对"科学保护各民族语言文字"的理论方法进行初步的思考。

一　"科学保护各民族语言文字"是我国新时期的语言国策

语言是人类赖以生存的表达信息的工具，也是记载、保存文化、知识的载体，还是凝聚民族感情的符号。语言的重要性是客观存在，是别的事物所不能替代的。不管哪种语言，都具有以上三种功能。正因为语言具有这些功能，所以如何对待语言的存在和演变，是重视它、保护它，还是忽视它，任其自流，成为两种截然不同的民族观、语言观，是检验一个国家、一个政党是否科学对待民族问题和语言问题的试金石。从理论上说，"科学保护各民族语言文字"（以下简称"科学保护"）的必要性至少有以下几个。

1."科学保护"有利于民族发展、社会进步

中国是一个多民族、多语种、多文种的国家，共有120种以上的语言和30多种文字。各民族语言曾长期被各民族所使用，是民族生存和民族发展必不可少的语言工具。即便是现代化进程加快发展的今天，各民族的大多数仍然以自己的母语为主要的交际工具。这是我国的基本国情，是客观存在，是决定新时期民族语文方针的主要依据。

中央民族大学"985工程""新时期中国少数民族语言使用情况调查研究"课题近7年来对少数民族的21个地区进行了微观的、第一线的调查，形成了21个调查个案。其调查的语言事实能够证明我国的少数民族大多还使用自己的母语，母语对各民族的生存和发展都起到重要的、须臾不能离开的作用，也说明我们必须重视对各民族语言文字的保护。

我们随机抽出几个数字来说明上述的问题。基诺族是一个人口只有2万余人的民族，但他们至今仍稳定地使用自己的母语，而且母语是他们生活中最重要的交际工具。据巴秀、巴亚老寨、巴亚新寨、巴破、巴朵、巴昆六个村寨1733人的语言能力调查，熟练掌握母语的有1730人，占99.83%，其余为一般、略懂的，没有不会的。科左中期蒙古族的语言使用情况是：在前查干吉、前查干花、后查干花等8个点的4537人中，熟练掌握母语的有4117人，占90.74%，不会的只有262人，占5.77%。澜沧拉祜族自治县的唐胜拉祜新村、勐滨村松山林小组茨竹河村达的四组、勐饼村龙塘寨等四个调查点的1302人中，熟练使用母语的有1391人，占99.9%。各少数民族普遍相信自己的母语今后三四代都不会衰退，从内心里感谢党和政府的民族平等、语言平等的政策。

2."科学保护"有利于民族和谐、民族团结

语言不仅是构成民族的重要特征之一，还是民族发展的一种重要资源。凡有母语的民族，不论民族大小，都会热爱自己的母语，都对自己的母语怀有深厚的感情，而且都还具有维护自己母语、捍卫自己母语使用权利的天然感情。民族平等，自然包括语言平等；对民族的尊重，自然也包括对语言的尊重。历史的经验告诉我们，语言是民族特征中的一个最为敏感的特征，语言和谐了，有助于民族和谐、社会和谐，语言不和谐，就会引起民族矛盾，甚至会引起社会不安定。这是一个不可抗拒的客观规律。

例如，分布在中缅边界怒江州片马地区的景颇族茶山人，只有200余人，虽然处在多民族的包围之中，但他们还普遍稳定使用自己的母语——茶山语，以使用自己的母语为豪。不但如此，茶山人还普遍兼用汉、傈僳等其他语言，成为具有几种语言能力的多语人。他们能够根据不同的交际对象、交际环境，转换使用不同的语言，形成了一种宽松有序的、多语和

谐互补的语言生活。由于他们的语言，受到国家的保护，社会的保护，不因使用人口少而被大语言所吞没，所以一直保持了稳定的民族自信心和与其他民族友好和谐的心态。

应当怎样正确估计我国少数民族语言的作用和活力？我认为，中国少数民族的语言在现代化时期仍然存在"三性"：资源性、感情性、长期性。资源性，是指少数民族语言是少数民族生存、发展的工具，是繁荣发展民族文化的工具；感情性，是指各民族对自己的语言都有天然的深厚感情，都热爱自己的母语；长期性，是指语言有其稳定性的一面，会长期被使用。即使是现代化进程不断发展的条件下，少数民族语言的"三性"也会继续保持下去。

3. "科学保护"有利于保存和发扬优秀的文化传统

语言是世世代代堆积形成的，是历史的产物。任何一种语言，不论是大语言还是小语言，都是民族文化的载体，而且还是人类智慧的结晶。每种语言，都记载着无穷无尽的历史、文学、哲理、宗教、科学、艺术等方面的知识，都是该民族世代创造的。所以，保护语言就是保存文化，就是保存历史传统，语言的丢失，势必造成文化和历史传统的缺失。当前，非物质遗产的保护越来越受到世界各国的重视，而语言则是非物质遗产中的一个不可缺少的重要方面。

在现代化进程中，由于经济的快速发展，社会结构、意识观念的变化，传统文化的继承和发展会受到一定的冲击，或受到冷漠，或得不到重视，或面临断层的困境，所以积极主动地采取必要的措施保存和发扬优秀的文化传统，将是精神文明建设和文化建设中的一个重要任务。语言是文化的载体，各种文化的内容及特征都与语言联系在一起，要靠语言来记载、来表达、来传达，所以，科学保护语言，能使人类的语言得以顺时势地保存和发展，有利于保存和发扬人类优秀的文化传统。

4. "科学保护"是我国语文方针在新时期的新发展

党和政府对待语言文字问题的基本思想，是宪法中反复写入的"各民族都有使用和发展自己语言文字的自由"。这是对待语言问题的基本原则，是颠扑不破的真理。今天提出的"科学保护各民族语言文字"，其基本精神与上述宪法的规定是一致的，但又有了新的内容。"科学保护"主要是强调"保护"二字，即除使用、发展的自由外，还要保护它。这是因为在现代化进程不断发展的今天，由于社会结构和人群的变动，经济生活的大幅度提升和变化，以及信息一体化的不断增强，语言使用和发展会出现前所未有的复杂问题。拿强势语言来说，也存在如何在新的形势下解决使用和发展的问题，如规范化、信息化等问题。而大量弱势语言则因其与强势语言的竞争出现不同程度的衰退甚至濒危，产生更多的如何生存与发展的新问题。因而可以说，科学保护各民族语言文字是我国语文方针顺应时势在新的社会条件下的新发展。

二 "科学保护各民族语言文字"必须处理好的几个关系

1. 强势语言和弱势语言的关系

不同的语言，特别是多民族国家的不同语言，由于语言功能和语言地位存在差异，必然会存在强势语言和弱势语言相互制约、相辅相成的语言关系。我们要科学地保护各民族的语言，必须从理论上认清强势语言和弱势语言的语言关系，处理好二者的关系。

"强势语言"与"弱势语言"是就语言的功能、地位划分出的类别，与语言结构特点的差异无关，因而丝毫不含有轻视弱势语言的意味。不同语言的内部结构，各有自己的特点，也各有自己的演变规律，这是由各自语言机制系统的特点决定的，不存在"强势"与"弱势"的差异。"强势"与"弱势"是相对的。在我国，汉语是强势语言，是就全国范围而言的。但在我国的少数民族地区，不同的少数民族语言，其功能也不相同。其中，使用人口较多、分布较广的少数民族语言，是当地的强势语言；而使用人口较少、分布较窄的少数民族语言，则是弱势语言。如我国新疆的维吾尔、哈萨克、柯尔克孜等民族杂居地区，维吾尔语通行最广，是强势语言，其他少数民族语言则是弱势语言。在广西，壮族人口多，与毛南语、仫佬语相比，是强势语言，一些毛南人、仫佬人兼用壮语，甚至转用了壮语。如果就全国范围来说，维吾尔语和壮语则可称之为"亚强势语言"。

"语言保护"，必须处理好强势语言和弱势语言的关系。强势语言的存在和发展，有其优越的条件，容易受到人们的重视；而弱势语言则因其功能弱，在发展中存在许多难处。在语言保护中，在处理强势和弱势的关系上，原则上应是扶持弱者，对弱势语言要采取特殊的政策和措施。

2. 语言互补和语言竞争的关系

在一个多语社会里，不同的语言必然会采取互补的手段更好地充实语言的作用。互补，包括互相兼用对方的语言以利于相互交流，以及在语言结构上吸收对方语言的成分来丰富自己。自古以来，人类的语言都是在语言互补中不断发展的，单纯一色的语言是不存在的。

但是，除了语言互补外，不同语言之间还会存在语言矛盾和语言竞争的关系。语言竞争是语言发展、语言演变的一条普遍的客观规律，是不可避免的。因为不同事物共存于一个系统中，除了统一的一面外，还有对立的另一面。这是由于事物间存在差异，有差异就有矛盾，有矛盾就有竞争。

不同的物种有竞争，不同的人有竞争，不同的语言也一样会有竞争。这是普遍规律，也是不以人的意志为转移的。语言竞争是语言关系的产物，是调整语言关系使之适应社会需要的手段，也是协调语言关系、使不同的语言按社会发展的需要演变的手段，它能使不同的语言通过竞争，调整不同语言使用的功能和特点，发挥各种语言应有的作用。语言竞争是属于语言本身功能不同反映出的语言关系，是语言关系在语言演变上反映的自然法则，有别于靠人为力量制造的"语言同化" 或"语言兼并"。前者符合语言演变的客观规律，有利于语言向社会需要的方向发展，有着积极的意义；而后者是强制性的，违反语言演变的客观规律，违背民族的意志。

　　研究语言保护，或在对不同的语言采取具体的保护措施时，既要看到语言互补的一面，又要看到语言竞争的另一面，还要看到语言互补和语言竞争之间对立统一的辩证关系。不能因为要讲语言保护，就不愿意承认语言之间要互相吸收有用的成分来丰富自己，或排斥外来成分的吸收，或否认语言之间存在不同程度、不同形式的竞争。

　　3. 母语和兼用语的关系

　　在一个多民族国家的语言生活中，普遍存在使用母语和兼用语的关系。处理好母语和兼用语的关系，才是真正的"科学保护"。

　　我国是一个多民族的国家。少数民族的语言生活除了使用自己的母语外，还要学习国家各民族的通用语——汉语，母语和通用语构成一种"互补兼用"的双语关系。

　　"两全其美"是解决少数民族双语问题的最佳模式。所谓"两全其美"，是指对待少数民族的双语既要保护他们的母语的使用和发展，又要帮助他们更好地学习、使用通用语——汉语，使得母语和通用语在现代化进程中分工互补、和谐发展。"两全其美"，有利于少数民族的发展繁荣，有利于不同民族的友好团结，符合各民族的愿望。

　　随着民族地区经济、文化、教育事业的发展，少数民族越来越感到学习国家通用语的重要性，对学习通用语的热情越来越高。他们深深体会到，学习使用国家通用语有利于不同民族的交流，有利于接受新知识，有利于走上发家致富的道路。学习通用语，是民族发展的需要和趋势，并有其历史的承接性。可以预计，我国少数民族学习汉语的热潮在今后将不断会有新的发展。科学保护各民族语言文字有利于少数民族双语的发展。

　　我国的民族情况、语言特点十分复杂，北方民族和南方民族不同，内地民族和边疆民族不同，人口多少不同，历史情况不同，因而解决我国的双语问题必须根据不同民族语言的情况采取不同的对策，对号入座，而不能只用一个模式"一刀切"。在民族语文的使用和发展问题上，要善于倾听本族人的意见。

4. 语言保护政策和增强全社会语言保护意识的关系

要科学保护各民族语言文字，国家和地方必须要有相应的"语言保护"政策。此外，还必须增强全社会的语言保护意识。

人类虽然天天都在使用自己的语言，但对语言的重要性并不都认识到位。许多人对"社会和谐、民族和谐"能理解、接受，能很快就认识其重要性，但对语言和谐却不易很快就理解、接受，在实际生活中往往缺乏语言资源观念和语言保护意识。

当前存在一些不符合语言保护的认识。如：有的认为"时代进步了，少数民族语言的消亡已成趋势，保护和抢救有什么价值""保护少数民族语言与经济一体化是背道而驰的"，有的认为"少数民族语言功能被汉语代替是必然趋势，不必要保护"等。因而，要通过各种教育手段、宣传手段使全社会具有语言资源观念和语言保护意识。要使人人都认识到，不管是大语言还是小语言都有大小不同的作用，都要予以保护。在我们这个文明社会里，要形成一种自觉尊重别的民族、别的语言的社会风尚或公共道德，任何轻视、歧视别的民族、别的语言的现象都要受到抵制。

三　"科学保护各民族语言文字"调查研究涉及的内容

"科学保护"是一个新概念，是一项新的语言工程。在我国现代化建设日趋深入的今天，随着民族关系的进一步加强和民族关系的新变化，加强"语言保护"的调查研究，从理论上弄清我国语言和谐的客观规律，已经提上日程。下面，我谈谈构建"科学保护"的理论框架和"科学保护"调查研究必须涉及的一些内容。

（一）构建"科学保护"的理论框架和体系

1. "语言保护"的概念（界定"科学保护各民族语言文字"的内涵和外延）

2. "语言保护"的类型，划分的标准

3. "语言保护"的理论意义和应用价值，特别是现代化时期的研究意义和价值

4. "语言保护"与中国民族语文方针政策

5. "语言保护"与社会进步、民族团结、国家安全的关系

6. "语言保护"与语言和谐的关系

7. 世界各国"语言保护"的经验和问题

8. 我国历史上"语言保护"的经验和问题

9. 党和政府为什么现在提出"语言保护"问题

10. 新中国成立以来，我国做了哪些"语言保护"的工作

（二）研究语言国情与"语言保护"

1. 我国语言国情的特点是什么

2. 我国语言国情的类型（大民族、小民族，聚居民族、杂居民族，内地民族、边疆民族、跨境民族，有文字民族、无文字民族）

3. 制约语言国情的因素

4. 我国多民族、多语言的特点与"语言保护"的关系

5. 如何根据不同语言的特点实行"语言保护"

6. 中国语言关系演变的走向如何认识

7. 怎样估计少数民族语言的生命力

8. 怎样看待现代化进程中语言功能的变化

9. 怎样认识语言生活中多元化和一体化的关系

（三）研究语言互补与"语言保护"的关系

1. 我国各民族语言的语言互补的特点和类型

2. 语言互补与"语言保护"的关系

3. 语言接触与"语言保护"的关系

4. 怎样保护正在衰变和濒危的语言。

（四）研究语言竞争与"语言保护"的关系

1. 我国各民族语言的语言竞争的特点

2. 我国各民族语言的语言竞争的类型

3. 语言竞争与"语言保护"的关系

4. 怎样科学地处理 "语言保护"中出现的语言竞争问题

（五）研究语言和谐与"语言保护"

1. 我国各民族语言的语言和谐有哪些特点

2. 我国各民族语言的语言和谐有哪些类型

3. 为什么说我国各民族的语言关系主流是和谐的

4. 为什么说"语言保护"有利于语言和谐

5. 怎样解决语言和谐与"语言保护"的关系

6. 双语与语言保护的关系

7. 我国存在哪些语言不和谐的现象，其根源是什么

8. 为什么说语言不和谐与语言保护不相容

（六）研究语言保护的方法论问题

1. 个案调查的选点问题

2. 如何处理好理论和事实的关系

3. 多学科（民族学、历史学、人类学、文化学、统计学、实验语言学）的知识、方法如何结合

4. 如何深入群众的语言生活做第一线的语言保护调查

5. 语言保护的资源库建设

6. 语言规范化与语言保护

预计，随着我国现代化进程的不断深入发展，我国的科学保护各民族语言问题将会出现一些新的问题。现实的需要将会带动理论方法的不断充实和发展，也会出现一批专门研究语言保护的专业人才。

参考文献

陈章太：《语言规划研究》，商务印书馆 2005 年版。

戴庆厦、成燕燕、傅爱兰、何俊芳：《中国少数民族语言文字应用研究》，云南民族出版社 1999 年版。

戴庆厦主编：《中国濒危语言个案研究》，民族出版社 2004 年版。

戴庆厦主编：《基诺族语言使用现状及其演变》，商务印书馆 2007 年版。

戴庆厦主编：《阿昌族语言使用现状及其演变》，商务印书馆 2008 年版。

戴庆厦主编：《云南蒙古族喀卓人语言使用现状及其演变》，商务印书馆 2008 年版。

戴庆厦主编：《泰国万伟乡阿卡族及其语言使用现状》，中国社会科学出版社 2009 年版。

戴庆厦主编：《云南德宏州景颇族语言使用现状及其演变》，商务印书馆 2011 年版。

戴庆厦主编：《中国少数民族语言使用现状及其演变研究》，民族出版社 2010 年版。

戴庆厦主编：《勐腊县克木语及其使用现状》，商务印书馆 2012 年版。

戴庆厦：《语言调查教程》，商务印书馆 2013 年版。

金星华主编：《中国民族语文工作》，民族出版社 2005 年版。

国家民族事务委员会文化宣传司：《构建多语和谐的社会语言生活》，民族出版社 2009 年版。

（原载《民族翻译》2014 年第 1 期）

"濒危语言热"二十年

【提要】本文回顾濒危语言热的 20 年，认为抢救濒危语言的提出是必要的，也是适时的，因为其理念是主张语言多样性，提倡保护语言生态。同时又认为我国的濒危语言研究必须从实际出发，不能完全照搬国外的做法。中国语言的濒危，没有像国外所说的那么严重，小语种并不是想象的那么脆弱。最后认为，必须加强濒危语言理论研究，建立适合中国国情的濒危语言理论、方法。

【关键词】濒危语言热；20 年

20世纪90年代,由于经济全球化的进一步发展而引起了小语种的濒危，人们为语言的消失并导致文化的消失而感到焦虑，在全球范围内出现了一场"濒危语言热"。20 年过去了，今天应当冷静地回首认识一下这场"濒危语言热"是如何兴起和发展的，恰如其分地评估抢救濒危语言的成绩和经验，并思考如何根据中国的国情科学地对待濒危语言问题。

一 中国的"濒危语言热"是由国外传入的

科学地评估 20 年来的"濒危语言热"，有必要回顾一下"濒危语言热"是如何兴起和发展的。

20 世纪 90 年代，全球范围内由于科技、经济的迅猛发展，经济一体化、信息一体化的浪潮一浪高过一浪地向前推进，导致许多小语种的功能随之大幅度下降，甚至有的语言出现濒危。国外有的语言学家由此做出估计:世界上现有的 6000 多种语言，将有 2/3 的语言将在 21 世纪消亡。这虽然只是一种可能的、不确切的估计，但却反映了国际上的确有不少语言面临着濒危的威胁。

语言生存的这个巨大变化，引起了联合国教科文组织和一些语言学家、人类学家、社会学家的极大关注。为此，联合国教科文组织把 1993 年定为"抢救濒危语言年"。国际上先后成立了上百个抢救濒危语言的机构和基金会，做了大量抢救濒危语言的工作。在日本（1995）、西班牙（1996）、法国（2003）等国，举行了多次濒危语言会议。抢救濒危语言在国外很快就成为社会的一个热门话题。

20 年来，国际上为了抢救濒危语言做了不懈的努力。所做的工作主要有：抢救记录濒危语言，濒危语言记录的人才培训，确定语言濒危的标准及等级，出版记录研究濒危语言的成果，为相关国家制定政策提供咨询，筹划抢救濒危语言资金，组织濒危语言记录研究项目，召开濒危语言学术会议等。

中国是一个多民族、多语种、多文种的国家，这是中国的一个重要国情。在长期的历史发展过程中，由于各种社会、历史、语言等原因，使得一些语言出现功能衰退甚至走向濒危，如满语、土家语、仡佬语等。但当时人们对这种现象并未引起重视，因为大家觉得语言消亡仅出现在少数几个语言中，是一种自然现象。

到了 20 世纪 90 年代，国际上这股濒危语言热传入了中国。中国语言学家、民族学家为之一惊，新奇地一下子就接受了国外提出的"濒危语言"的概念和"抢救濒危语言"的话题。一石激起轩然大波。中国语言学界，特别是中国民族语言学界，纷纷在思考中国少数民族语言和汉语方言的命运，一些人在为"本世纪 80%的语言都要消失"而担忧，有的在筹划如何抢救濒危语言。

之后，不同级别、不同类型的濒危语言会议和研究项目陆续出现。如：中国民族语言学会和《民族语文》杂志社于 2001 年联合召开了"中国濒危语言问题研讨会"。云南玉溪师范学院召开了三次濒危语言研讨会（2005、2006、2010）。李锦芳 1998 年获得教育部项目"西南地区濒危语言调查"，这是首个部委级以上立项的濒危语言研究项目。国家民委民族语文工作室获得北方少数民族濒危语言保护研究试点项目。孙宏开获得中国社科基金重大项目"中国新发现语言调查研究"（其中有些是濒危语言）。戴庆厦获得国家社科基金重点项目"濒危语言个案对比研究"。韦茂繁获得国家社科基金重点项目"广西濒危语言个案研究"等。此外，徐世璇、阿措、李锦芳、黄成龙、许鲜明等先后获得英国伦敦大学亚非学院组织管理的研究资助项目。

这期间，一批濒危语言的描写记录的成果陆续出版。如：季永海的《濒危的三家子满语》[①]；戴庆厦主编的《中国濒危语言个案研究》[②]；戴庆厦、田静的《仙仁土家语研究》[③]；戴庆厦、丛铁华、蒋颖、李洁的《仙岛语研

---

① 季永海：《濒危的三家子满语》，载《民族语文》2003 年第 6 期，第 13 页。

② 戴庆厦主编：《中国濒危语言个案研究》，民族出版社 2004 年版。

③ 戴庆厦、田静：《仙仁土家语研究》，中央民族大学出版社 2005 年版。

究》[①];李锦芳主编的 2011 年首部进行语法标注、中英释译对照的濒危语言语料集《仡佬语布央语语法标注话语材料集》[②]。还有数量甚多的濒危语言研究论文。

近十多年，中国语言学家在濒危语言的研究过程中，努力根据本国的实际力求在理论方法上有所创新，对如下的一些理论问题进行了探讨。如：什么是濒危语言；关于濒危语言的界定和标准；濒危语言是如何产生的；制约濒危语言发生的因素有哪些；语言发生濒危出现哪些类型、哪些规律、哪些过程；语言濒危在本体结构上有什么特点；中国濒危语言有哪些不同于别国的特点；等等。

中国语言学家为什么会很快、很容易地就接受外来的"濒危语言热"呢？这是因为，中国是个多民族、多语言的国家，不同语言中有强势语言和弱势语言之分。在长期的历史发展过程中，一些语言由于竞争不过强势语言而消亡，转用了强势语言。如西夏、鲜卑、契丹、女真等语言都已消失。历史的事实仍记忆犹新。到了近期，由于经济的发展、民族关系的改善、加上初等教育的普及、人口的流动等因素，使得一些民族青少年的母语能力出现不同程度的下降。面对历史的前车之鉴，人们出于保护多元文化的愿望，自然很快、很容易地就接受抢救濒危语言的理念。

应当怎样评估 20 年来的"濒危语言热"呢？我认为，抢救濒危语言的提出，是必要的，也是适时的，因为其理念是正确的，是与时俱进的。抢救濒危语言的理念核心，是主张语言多样性，提倡保护语言生态，反对语言一元化和语言生态的流失；而且确认任何一个民族的语言、文化都是人类珍贵的财富。这种多样性的理念，符合社会的发展趋势，它不仅有助于人类人文生态和传统语言文化的保护、传承，而且有利于人类不同民族群体的和谐与团结。濒危语言的研究，其成果对于语言学、民族学、社会学的理论建设，对于解决使用濒危语言的民族的语言教育，都有着重要的参考价值。总之，濒危语言问题是在当今由于经济、科技的快速发展而出现不利于多样性存在的形势下提出的，有其积极的意义。鉴于这种认识，国内外的从事抢救濒危语言的组织和专家们，20 年来在抢救濒危语言中付出的不少的心血和行动，值得称赞。

二 濒危语言研究要结合中国实际

上面我们通过 20 年来"濒危语言热"的产生及升温，充分肯定了"濒

---

① 戴庆厦、丛铁华等：《仙岛语研究》，中央民族大学出版社 2005 年版。

② 李锦芳主编：《仡佬语布央语语法标注话语材料集》，中央民族大学出版社 2011 年版。

危语言热"出现的必然性和必要性。现在需要进一步探讨的是，应当如何根据中国的语言国情来确立对抢救濒危语言的理念，应当如何做好抢救濒危语言的工作。

中国语言当前的国情是什么？

1. 中国语言的使用仍具有基本稳定的一面。中国有 120 种以上的语言，是在长期的语言分化、统一，语言互补、竞争中形成的。历史上，也曾有少数语言由于各种原因出现过一些语言的濒危和消亡，但大部分语言仍基本稳定地保存了下来，成为各民族记载自己传统文化、历史经验、民族智慧以及日常不可缺少的交流思想的工具。这就是说，现有的语言大多是经过历史的考验由于需要而遗存下来的。人们对自己祖先传下的语言，充满着浓浓的、不可替代的感情。这决定了语言的稳定特点是不能轻易改变的。

问题是，到了近期的现代化建设快速发展阶段，我国少数民族语言会不会在强势汉语的影响下快速走向濒危？会不会在 21 世纪内 70%的语言都会出现濒危？这是语言学家必须认真对待和回答的理论问题。

我认为，我国的少数民族语言在现代化的进程中还会延续使用，仍然是少数民族不可缺少的交际工具，在 21 世纪不会出现 70%的濒危。虽然有的人口少的语言或分布在杂居区的语言，在青少年中会出现不同程度的功能下降，但大部分地区仍然还会使用自己的母语。

当然还要看到另一面：有些语言会不同程度地出现使用功能的衰退，还有些历史上已出现濒危的语言还会继续向前演变。我国少数民族出现母语衰退的，主要是青少年一代，特别是杂居和城镇的青少年及外出打工的子弟容易丢失自己的母语。

2. 中国小语种的生命力并不脆弱。一些人口较多并有传统文字的民族，如蒙古、藏、维吾尔、哈萨克、朝鲜等民族，绝大部分人目前都还稳定使用自己的语言，至少在今后相当长的一段时间里不会出现濒危，这是容易认识的，也容易取得共识。有争论的是人口较少的民族语言生命力会不会有所变化。

近 8 年来，我们中央民族大学"985 工程"创新基地开展了语言国情调查研究，特别是进行小语种的语言活力研究。我们由商务印书馆先后出版了 17 部语言国情个案调查报告，今后还将继续出版新的调查成果。这些报告系统地描写、论述了少数民族地区的语言生活，指出母语使用的状况及其功能分布，还对兼用语情况及特点进行了分析。报告中的数据都是调查者亲自在调查第一线，挨户挨人地、一个个地调查统计得来的。此外，还做了大量的访谈和测试。语言生活调查成果显示，中国少数民族大多保存使用自己的母语，还不同程度地兼用了国家通用语汉语，有一些民族的语言生活已进入全民双语型。下面是我们亲自调查的一些语言的数据。

基诺语：基诺族分布在云南省景洪市基诺乡，人口有 20899 人。据 6 个调查点的 1763 人的母语能力统计：能熟练使用母语的占 98.1%，没有一个不会自己母语的。基诺语是基诺族日常生活中最重要的交际工具，具有较强的活力。①

阿昌语：阿昌族分布在云南省的陇川、梁河等县市，人口有 31800 人（2000 年）。分为三种方言，方言之间差异较大。现以人口较多的户撒方言为例说明其语言活力。调查组统计了户早村等 9 个村寨的 996 位阿昌人，熟练掌握母语的除拉启村是 98.4%外，都是 100%。阿昌语是他们日常生活中不可缺少的语言工具。②

景颇语：景颇族分布在云南省璐西、盈江、梁河等县市，人口 13.54 万人。调查组调查了 11 个有代表性的景颇族村民小组的 1732 人，结论是熟练掌握母语的有 1726 人，占 99.7%。也可以说明景颇族全民稳定使用自己的母语。③

拉祜语：拉祜族分布在澜沧、普洱等县市，人口有 45.37 万人（2000 年）。课题组调查了澜沧县唐胜拉祜新村、松山林等 4 个村寨 1392 位拉祜人，其中熟练掌握拉祜语的有 1391 人，占 99.9%。在日常生活中，拉祜族都使用拉祜语。④

喀卓语：喀卓语是云南蒙古族使用的语言，分布在通海县兴蒙乡，人口有 5424 人。课题组调查了 4985 人，其中熟练使用喀卓语的有 4981 人，占 99.9%。在喀卓人的日常生活中都使用喀卓语。⑤

四川盐源县彝语：调查组调查了两个村寨——公母山村、塘泥村的 226 位彝人，他们百分之百的人都熟练使用彝语。

四川盐源县摩梭语：说这个语言的人自称蒙古族，但他们的语言属汉藏语系藏缅语族。调查组从博树村五组和六组随机抽取了 219 人进行了调查，调查结果是百分之百的人都熟练使用摩梭语。⑥

云南元江县羊街乡哈尼语：调查组对 9 个聚居的村寨进行了穷尽式的调查，调查总人数 2429 人，达到熟练的有 2412 人，占 99.3%。⑦

① 戴庆厦主编：《基诺族语言使用现状及其演变》，商务印书馆 2007 年版，第 13 页。

② 戴庆厦主编：《阿昌族语言使用现状及其演变》，商务印书馆 2008 年版，第 8—61 页。

③ 戴庆厦主编：《云南德宏州景颇族语言使用现状及其演变》，商务印书馆 2011 年版，第 249 页。

④ 戴庆厦主编：《澜沧拉祜族语言使用现状及其演变》，商务印书馆 2011 年版，第 147 页。

⑤ 戴庆厦主编：《云南蒙古族喀卓人语言使用现状及其演变》，商务印书馆 2007 年版，第 16 页。

⑥ 戴庆厦主编：《四川盐源县各民族的语言和谐》，商务印书馆 2011 年版，第 14 页。

⑦ 戴庆厦主编：《元江县羊街乡语言使用现状及其演变》，商务印书馆 2009 年版，第 13 页。

云南元江县羊街乡苦聪语：调查组对两个村寨（烧灰箐寨、坡头寨）的拉祜人的母语进行了穷尽式的调查。调查总人数有 195 人，其中母语能力达到熟练的有 195 人，占 100%。

云南墨江县西摩洛语：西摩洛语是哈尼族西摩洛支系说的一种方言，大多聚居在墨江县雅邑乡。调查组考察了 6 个村 47 个村民小组 4024 位西摩洛人使用母语的情况，结论是达到熟练的有 4007 人，占 99.6%。[①]

景洪市嘎洒镇傣语：课题组调查了 10 个村寨 3787 位傣人的母语使用情况，结论是 3740 人熟练掌握自己的母语。[②]

以上调查数据显示，即便是使用人口较少的民族语言和方言，其使用功能在近半个世纪以来也还具有基本稳定的特点，并不出现濒危，而且还能预计至少在今后几代人中还会继续存在下去。

在濒危语言研究中，有的把人口少作为判断濒危语言的主要条件，甚至有的还把使用人数在 5 万人以下的都列入濒危语言中。这显然是不对的。除了上面的例子外，还有许多例子可以证明。如分布在云南独龙江一代的独龙族，人口只有 7426 人（2000 年），也都稳定地使用自己的母语；景颇族中的波拉人只有 500 余人，但都稳定地保持使用自己的母语波拉语，而且对自己的母语有很深的感情。

3. 中国的濒危语言是长期形成的，并非近期经济的快速发展才出现的。例如：历史上满语的衰亡前后经历了 300 年左右的时间。顺治元年（1646）清军入关，大批满族官兵进入内地，那时大部分满人还不懂汉语，后来清廷皇帝为了统治的需要，积极提倡学习汉语文。从康熙初年至雍正初年的半个多世纪中，汉语在满族中已普及，满语随之逐渐走向衰亡，到 19 世纪初吉林满人已不识满语文。又如，土家语是一种濒危语言，目前只有 9 万人，约占总人口 802.8 万（2000 年）的 1.1%。土家族转用汉语，在隋唐就已开始，到清朝绝大部分地区已经完成，同样经历了相当长的时间。

4. 必须区分濒危语言和衰变语言。这是两个不同的概念，具有不同的"质"。在我国，由于一体化规律的作用，少数民族语言特别是人口较少的、杂居的语言会出现不同形式、不同程度的衰变，表现为使用范围变小了，年轻人兼用通用语的多了。这种"衰变"现象，是多语言国家语言之间互补、竞争的自然规律，但不是濒危。濒危语言，其路径大多不能改变，即使打了"强心针"也只是暂时维持。而衰变语言是可以救的，可以通过各

---

① 余金枝等：《西摩洛的语言活力及其成因》，载《中国少数民族语言使用现状及其演变研究》，民族出版社 2010 年版，第 179 页。

② 赵凤珠主编：《景洪市嘎洒镇傣族语言文字使用现状及其演变》，商务印书馆 2010 年版，第 14 页。

种措施包括政策辅助等，改变其衰变的途径，使其得以更好地向前发展。我认为，我国少数民族语言近期出现的使用功能的变化，大多不是语言濒危，而是程度不同的语言衰变。研究语言功能变化，必须区分"濒危语言"和"衰变语言"这两个不同的概念。[①]

5. 我国当今语言生活的变化很快、很复杂，对其性质往往不易认清。

不同历史时期语言生活的变化都有各自的特点。当今，由于现代化进程加快，出现了许多前所未有的特点，这需要语言学家去研究、去认识。

比如，如何认识青少年语言能力的变化，这不是一个简单的问题。社会的进步和发展，语言使用的变化，在青少年身上的反映最明显。由于国家通用语汉语的显赫地位，少数民族有些家长从小就教孩子说汉语，所以孩子的第一语言不是母语，而是汉语。乍一看，容易认为是下一代出现语言转用；殊不知，过了几年这些孩子走上了社会，很快又掌握了使用自己的母语。这是母语的"回升"。我们在基诺族、哈尼族、喀卓人的语言调查中，都见到这种"回升"现象。汉语方言也有这个现象。我就看到，上海的儿童有的在学前不会上海话只会普通话，但后来慢慢就学会了上海话。上海话并不濒危。

又如，怎样看待母语能力的"下降"，其标准是什么？这要做具体的分析。少数民族的青少年由于接触、使用汉语多，母语能力不如父辈熟练，传统词语不如父辈多，怎么看呢？全面地说，如果就传统语言而言，有其下降的一面，的确是在掌握传统语言的能力上不如上一代；但青少年在自己的母语里吸收了许多新借词，则有其与时俱进的另一面。所以，笼统地说"下降"是不全面的。

三　几点认识

回顾 20 年的"濒危语言热"，有几点认识提出与大家讨论。

1. 濒危语言问题的出现，是时代进步、社会变化的产物。它提醒人们要保护自己的语言，保护多元文化的存在，在理念上是正确的。世界各国有必要根据本国的实际，重视濒危语言问题。

2. 我国的濒危语言研究，必须从中国的实际出发，不能完全照搬国外的做法。中国语言的濒危，没有像国外所说的那么严重，小语种并不像想象的那么脆弱。看不见有些语言出现濒危、衰变是不对的；而夸大的语言濒危则是有害的。夸大语言濒危，或濒危语言过热，会造成人心惶惶，不

---

① 戴庆厦、张景霓：《濒危语言与衰变语言——毛南语语言活力的类型分析》，载《中央民族大学学报》（哲学社会科学版）2006 年第 1 期。

能对症下药，还会造成政策上偏差。

3. 历史的经验告诉我们：一股新思潮、新认识、新现象的来临，往往一下子会掀起轩然大波，成为众人所关心的热门话题。但它究竟如何，要看后来的定位，这就像钟摆一样会在来回摆动中寻找、确定最后的"平衡点"。如果只按开头摆动的极点定位，就不符合实际，所决定的政策肯定会出现偏误。

4. 人们对濒危语言的研究很不够，包括对语言濒危功能状态和结构状态的研究，远远落后于濒危语言热的程度。所以，希望我国语言学界今后要加强濒危语言的理论研究，建立适合中国特点的濒危语言理论、方法。

参考文献

李锦芳：《中国濒危语言研究及保护策略》，载《中央民族大学学报》（哲学社会科学版）2005 年第 3 期。

戴庆厦、邓佑玲：《濒危语言研究中定性定位问题的初步思考》，载《中央民族大学学报》（哲学社会科学版）2001 年第 2 期。

戴庆厦：《中国濒危语言个案研究》，民族出版社 2004 年版。

徐世璇、廖乔婧：《濒危语言问题研究综述》，载《当代语言学》2003 年第 2 期。

（原载《云南师范大学学报》2012 年第 4 期，《新华文摘》2012 年第 19 期转载，《中国社会科学文摘》2012 年第 12 期转载）

科学地、理智地深入开展濒危语言保护的研究

【提要】本文认为，随着濒危语言事实掌握的不断增多，濒危语言理论认识的不断加深，濒危语言的复杂性已逐渐显现出来，一些认识问题也随之提上了日程，需要我们去思考、去解决，否则就会影响濒危语言的深入研究。当前主要有以下几个认识问题：一是怎样认识中国濒危语言的国情；二是如何确定濒危语言标准；三是必须加强濒危语言结构特点的研究；四是必须重视衰变语言保护的研究。①

【关键词】科学地；理智地；濒危语言；研究

我认为，随着濒危语言事实掌握的不断增多，濒危语言理论认识的不断加深，濒危语言的复杂性已逐渐显示出来，一些认识问题也随之提上了日程，需要我们去思考、去解决，否则就会影响濒危语言的深入研究。当前，在濒危语言个案研究中，在认识上必须特别强调"科学和理智"这几个字，使濒危语言研究能够更扎实，更符合客观实际，更能为解决我国的语言濒危问题提供语言事实和语言认识的依据。

一　我国濒危语言研究历史的回顾

语言濒危是人类语言在使用和进化过程中出现的一个现象，在古今中外的语言历史中都不时地出现少数语言濒危的现象。如我国的百种以上语言，已有少数一些语言如满语、赫哲语、土家语、阿侬语、畲语、仙岛语等，不同程度地处于濒危状态。历史上，有些语言如西夏语、鲜卑语、契丹语、女真语、焉耆语、龟兹语等语言因濒危而消亡。所以说，语言濒危是人类语言在使用过程中在一定条件下出现的一种现象，是语言历史中不可忽视的一种客观事实。正因为如此，濒危语言研究是语言研究中所不可缺少的，必然会受到语言学家、人类学家、社会学家等的关注。

在我国，濒危语言问题真正受到社会关注的是在 20 世纪 80 年代。当时，联合国教科文组织根据世界语言濒危的加剧，提出了濒危语言抢救的

---

① 这是作者在"第四届中国云南濒危语言遗产保护研讨会"上的主旨发言（2014 年 10 月 20 日）。

口号，把 1973 年定为"抢救濒危年"。此后，世界各国先后召开了一些会议，研究如何抢救濒危语言的问题。在国际"濒危语言热"思潮的影响下，中国的语言学家也在思考中国的语言濒危问题。这一时期，濒危语言研究成为语言学学科的一个组成成分，并成为语言学界、民族学界的一个新的热门话题。在语言学界，开展了一系列濒危语言调查，记录了大量濒危语言的语料，发表了一些濒危语言研究的论文和专著，并召开了一些濒危语言的会议。由此，我国对濒危语言现象有了从未有过的新认识，濒危语言的理论研究从无到有，由浅入深，开阔了人们的视野。同时，国家科研计划也将濒危语言研究列为项目，吸引了大批语言学家和研究生来关注这一领域的研究。濒危语言研究所取得的这些成绩，肯定会载入语言学史册。

人们之所以重视濒危语言的研究，与当今语言使用的发展趋势和语言研究的新变化密切相关。回顾语言学的研究历程，我们看到，以往的语言研究主要是研究语言的产生和发展，研究的对象一般是正在使用并不断丰富、发展的语言，面向的是正常运行的语言内部结构，即常规发展的语言，并不研究语言功能的衰退、语言的消亡。过去虽然也研究已经消亡的语言，但主要是为了构拟古代语言，或是为民族学、人类学的研究服务。但濒危语言研究则不同，它研究的对象是正处于衰亡的语言。具体说来，它要研究濒危语言的语言活力，确定某个濒危语言的活力处于什么状态；是什么因素使得这个语言走向消亡，其中主要因素是什么，次要因素是什么；研究濒危语言在语言结构上呈现出什么状态，有哪些不同于非濒危语言的特点；等等。濒危语言研究，涉及怎样认识世界语言的走向，就是说世界语言的发展是不是一定要走向大部分消失，只剩下少数几个功能最强的语言。这些，都是语言研究的新课题，它能丰富语言学研究的内容。在应用上，濒危语言研究对保护语言资源、文化资源、制定语言对策以及协调语言关系等，都有重大价值。特别是我们这样一个多民族、多语种的国家，濒危语言研究对于科学地认识、处理少数民族语言功能的变化、语言关系的变化，特别是如何对待语言功能呈现衰退的语言，如何提出符合客观实际的对策，都具有重要的现实意义。

但是，随着调查研究的逐步深入，我们越来越觉得对濒危语言的认识还很肤浅，还有许多未知领域需要我们去深入研究，在理论、方法的建设上还要大力加强和革新。比如：应该以什么标准确定哪些语言是濒危语言，哪些不是？对于语言功能衰退的语言，要不要区分"濒危语言"和"衰变语言"这两个不同质的概念？语言濒危是语言竞争的产物，而语言竞争有哪些走向，能否避免语言濒危？应当怎样科学地认识多民族国家"强势语言"和"弱势语言"的关系？怎样认识"语言竞争"和"语言和谐"的关系？还有一个更大、更难的课题是，怎样研究濒危语言结构上的特点？与非濒危语言相比，濒危语言的结构变化，有哪些不同程度的"等级"？变化的方式有什么不同？上述这些问题都值得研究。

我认为，当前我国濒危语言研究已进入了这样一个新时期——必须强调科学地、理智地深入开展濒危语言保护的研究。就是说，我们除了继续开展濒危语言的个案研究外，还应进行有针对性的、符合中国国情和中国语言事实的理论研究。

二　怎样认识中国濒危语言的国情？

濒危语言作为一个全球性的现象被提出，最初的依据主要是非洲、南美洲等国家的一些弱小语种。但没预料到的是，濒危语言现象被提出后，迅速引起世界各国强烈的注意和反响，因为它涉及人类文化遗产的保留和多元文化和谐共存的大问题。

随着对语言濒危现象认识的不断深入，人们逐渐认识到，语言濒危出现的强度、特点及其演变方式，深深地受到一个国家本身特点的制约。就是说，由于各国的国情不同，每个国家的语言濒危都有其不同的特点，所以每个国家都要依据自身的实际特点，制定适合自己国情的濒危语言对策，而不能全世界共用一个理念，一个模式，一个做法。

中国的濒危语言研究，必须从中国的实际出发，弄清中国语言濒危的实际状况，测量不同语言的"濒危度"，确定符合实际的濒危语言划分标准，切忌"一刀切"，或完全照搬别国的理论和实践。当一个社会出现"濒危热"的时候，要防止"濒危语言扩大化"，即把不是濒危语言的也当成濒危语言对待。忽视语言濒危固然不对，但夸大语言濒危也是有害的，它不仅会造成人心不安，导致难以对症下药，还会带来政策制定上的偏差。中国应该根据中国的国情来界定中国的濒危语言的标准，以及制定具体的研究方法，建立有中国特色的濒危语言研究理论方法体系。

中国语言的国情是怎样的呢？

第一，中国少数民族语言在现代化的进程中大多数仍然具有稳固性的特点，不会全部或大部分出现濒危。我国人口比较多的、分布聚居的民族，如蒙古族、藏族、维吾尔族、哈萨克族、朝鲜族等，他们的语言还很有活力地在使用；有些民族虽有部分杂居，与汉民族交往频繁，长期以来与汉族互相影响，广泛吸收了汉族的经济、文化元素来发展自己，并有不少人兼用了汉语，如壮族、彝族、苗族、傣族、白族等民族，其语言的主体仍然保持得很好，也不出现濒危。

第二，使用人口较少或分布在杂居区的小语言，如独龙语、景颇语、载瓦语、阿昌语、拉祜语等，虽然在青少年中出现不同程度的功能下降，甚至出现语言转用，但大部分人仍坚持使用自己的母语。如景颇族、阿昌族、拉祜族、独龙族等。一些语言的调查数据显示，即便是使用人口较少，其使用功能在近半个世纪以来仍基本稳定，而且预计至少在今后几代人中还会继续存在下去。近些年，我组织了一些课题组到民族地区做第一线的小语种语言活力考察，亲眼看到不少小语种的语言活力还是很强的。如基诺语、喀卓语、波拉语等。如 2014 年 10 月，我与玉溪师范学院的许鲜明、白碧波两位教授去峨山县大西村山苏村寨，考察彝族山苏支系的语言活力，目睹了山苏人稳固使用自己的母语——山苏语，山苏语在他们的语言生活中起到重要作用的情景。山苏人是彝族的一个小支系，是国家重点扶持的贫困民族。在山苏村寨中问道"你们担心不担心你们的山苏话以后会消失"时，他们摇头笑着回答道："不会的，都在用嘛，这几代都不会的。"当然，小语种由于受到大语种的冲击，在青少年中有可能出现不同程度的母语功能衰退甚至语言转用，所以必须要采取必要的措施加以防止。

第三，有些语种出现濒危是客观存在，如土家语、赫哲语、仙岛语、畲语都出现不同程度的濒危。满语只有极少数人还有些记忆，实际上已是消亡的语言。濒危语言的出现必须引起注意，要及时采取记录、抢救措施，不能掉以轻心。

濒危语言的出现会有一个过程，并非都是由于近期经济的快速发展才出现的。满语、土家语、赫哲语等濒危语言的形成都经历了上百年的时间。

第四，新中国成立后，由于国家实施民族平等政策，少数民族语言得到尊重，少数民族以说本族语言为荣，这为少数民族语言的生存、发展提供了一定程度的保障。2012 年，我们组织了一个语言国情调查组到云南丽江九河乡调查，发现居住在河源村的普米族由于国家对"小小民族"的特殊照顾，普米语有所复兴。该村的中年人，不会说普米语的比例比较大，而青少年会说普米语的比例反而比中年人大。可见，中国小语种的生命力并不都脆弱。

分析中国的语言国情，是为了从宏观上把握濒危语言的尺度，防止夸大或缩小对濒危语言现象的认识。近几十年来，濒危语言问题已广泛地受到我国语言学家的重视，成为当代语言学界共同关注的热点。中国语言学界对语言濒危的严重性有了共识；对语言濒危与传统文化、语言多样性保护的关系认识日益深入；以记录保存濒危语言资料为主旨的课题在不同层面和范围先后开展。这表明，中国濒危语言研究的实际工作正在逐步展开，已成为语言研究的一个新的重要领域。但是，如何根据中国的国情，建立濒危语言的理论体系，是摆在濒危语言研究者面前的一个难题。[①]

总之，对中国濒危语言的国情，既要看到濒危现象的存在，又不能扩大化。中国的濒危语言理论是从国外传入的，国外学者提出抢救濒危语言对我们是有益的，但不能照搬。

三 如何确定濒危语言标准？

濒危语言研究从一开始就存在如何确定濒危语言标准的大问题，但至今这个问题并未得到解决。"标准"定不下来，研究的"对象"真假不分，就会打乱战。中国召开的几次濒危语言会议都提到确定濒危语言的标准问题，但进展不大。我认为，应该集中力量认真讨论一下这个问题，使大家大体有个一致的认识。

目前确定濒危语言的标准有使用人口、代际传承、母语能力等，但具体操作则各家不同。这是一个很麻烦的、不易取得一致认识的问题。2001年我与邓佑玲曾经提出以"量化的多项综合指标体系为依据来判定一种语言是否是濒危语言"。还提出"要依据语言的外部和内部两方面的情况来建构衡量濒危语言的指标体系。这个指标体系包括的内容有主有次，其核心指标是主要的，是决定语言是否是濒危语言的主要依据"。核心指标包括：第一，丧失母语的人口数量。如果一个民族中有 80%以上的人都已转用第二语言，并呈增长趋势，该语言可视为濒危语言。第二，母语使用者的年龄段。如果一个语言中、只有中、老年人懂得，青少年已失传，表明这种语言已有濒危先兆。第三，母语能力状况。如果母语使用者大多数只能听懂，没有说的能力或者说的能力很低，说明这个语言的功能已严重衰退，正走向濒危。参考指标起补充印证的作用，包括母语的使用范围、民族群体的语言观念，还有与语言使用有关的社会、经济、文化等情况。

时过 14 年，我认为当时这些认识现在还是可行的。需要补充的话可再加上语言感情一条，那就是本族对保持使用本族语言感情的强弱。过去，我们在认识语言价值时对语言感情的作用估计不足。是的，语言价值主要受应用价值的支配，应用价值大的，语言价值就大，其生命力就强。但是，在一些特定的条件下，如民族觉醒、民族意识、民族关系出现新的情况时，感情价值就会突然"膨胀"，超过应用价值，也就是人们一时会以感情来决定语言的价值。这样，民族感情如何也会成为衡量濒危语言的一个参考

[①] 戴庆厦：《构建有中国特色的濒危语言研究理论体系》，载《中国社会科学报》2014 年 8 月 22 日 7 版。

指标。①

　　中国的濒危语言是十分复杂的，类别多，不要简单化，不要"一刀切"。但目前有简单化、扩大化的趋向，即把一些是弱势的、出现不同程度衰退的语言也算进去。这个倾向不好。假如在急诊室，除了重症病人外，头疼、感冒的也都来了，医生怎么办，先救谁？这样，就会忽视对重症病人的抢救。如何判断濒危语言是一个严肃的问题，要慎重。我认为，不要轻易地说哪一个语言是濒危的。如果说不准，濒危的和不濒危的分不清楚，把不是濒危的也说成是濒危的，本族群众会不满意，政府也不会接受建议。

四　必须加强濒危语言结构特点的研究

　　过去，濒危语言研究主要围绕社会方面，主要解决研究濒危语言的重要性、必要性，认识什么是濒危语言，探讨濒危语言的定性、定位等问题，记录濒危语言的语料。这是基础工作，是必要的。但濒危语言研究还必须深入语言结构本体，即认识濒危语言的结构特点。因为只有深入认识濒危语言结构本体才能真正认识语言濒危现象；而且濒危语言是语言的一种变体，是语言研究所必需的，其研究能为丰富语言学内容增添新的内容。

　　我与田静在研究濒危语言仙仁土家语时，发现仙仁土家语受到汉语大面积的影响，在语言结构上有许多变化。在词汇上，仙仁土家语吸收了大量的汉语词汇，而且有不少词已进入了词汇系统的核心领域。从借词词类分布上看，汉语借词已出现在各个词类上。本语词和借词并用的现象很多，而且会越来越多。在语音上，仙仁土家语受到汉语的强烈影响，在声母、韵母、声调各方面都增加了一些汉语成分。在语法上，仙仁土家语在语序上吸收了一些汉语的语序，如"数+量+名"的语序，"V+O"语序，还吸收了汉语的判断动词"是"，构成"V+O"型的判断句。复合句大多使用汉语连词来连接。在语用的结构和风格上，土家语同样受到汉语很多影响。②

　　李锦芳、阳柳艳最近研究了濒危语言仡佬语的语序，主要分析了贞丰仡佬语名词短语、量词短语、数词短语、否定句、疑问句、动宾补结构的语序及其特点，指出贞丰仡佬语各种结构的固有语序与变异语序处于共存并用的状态，固有语序为优势语序。还从接触语言学角度看贞丰仡佬语受汉语影响的情况，认为上述各结构既保留了仡佬语的固有语序，同时也不同程度地受汉语影响，固有语序发生演变，有与汉语语序逐渐趋同的趋势。

---

　　① 戴庆厦、邓佑玲：《濒危语言研究中定性定位问题的初步思考》，载《中央民族大学学报》（哲学社会科学版）2001 年第 3 期。

　　② 戴庆厦、田静：《仙仁土家语研究》，中央民族大学出版社 2005 年版。

作者认为，整体而言，目前贞丰仡佬语各种结构的固有语序与变异语序处于共存并用的状态，固有语序为优势语序。①

五 必须重视衰变语言保护的研究

在我看来，在濒危语言研究中必须区分濒危语言和衰变语言。中国少数民族语言近期出现的使用功能变化，大多不是语言濒危，而是程度不同的语言衰变。从总体上看，濒危语言不可挽救，其对策主要是抢救记录和延缓其消亡；而衰变语言则可以通过各种措施包括政策辅助等改变其衰变途径。衰变语言如果不采取保护措施，就有可能向濒危的方向发展，最后演变为无可挽回的濒危语言。在我国，衰变语言的数量远比濒危语言多，是语言学家必须重视研究的。正如医生除了治病外还要关心预防，以预防为主，辅之以治疗。

从语言活力范畴上看，中国的语言可分为强势语言和弱势语言两大类。汉语是国家的通用语，是强势语言；而其他少数民族语言是非国家通用语，是弱势语言。而弱势语言中又因使用人口多少的不同，社会、经济、文化条件的不同，具有不同的功能。但总的看来，弱势语言都存在不同程度、不同领域的衰退，因此国家需要对这类语言实行保护。中国有关语文工作指导机构和研究机构，目前正在实施语言文字保护研究项目，全面研究如何保护中国语言特别是弱势语言和小语种，这是一项具有战略意义的语言工程。"语言文字科学保护"，是《国家中长期语言文字事业改革和发展规划纲要》（2012—2020 年）中的一个重要任务。

科学保护语言文字能够增强国家的语言实力，促进社会语言生活的和谐发展，是关系到历史文化传承和民族团结的大事，在国家发展战略中具有重要地位和作用。

当前需要做的工作主要有：① 调查我国各民族语言的活力，特别是调查衰变语言和濒危语言的状况。② 划分语言活力的不同类型。③ 深入了解不同语言自身如何增强语言活力，如何提高免疫力。④ 研究如何采取针对不同语言的保护措施。⑤ 为国家如何制定语言保护政策及措施提供咨询。

语言使用问题具有系统性。从内部关系上说，各种语言现象相互制约、相互联系，不能只看一头。比如：语言濒危与语言衰变、语言转用密切相关，在研究濒危语言时要重视它们之间的关系。语言活力受各种社会因素如社会、经济、文化、宗教、感情等因素的制约，在衡量语言活力时，必须综合考虑这些因素。

---

① 这是李锦芳、阳柳艳的未刊稿，承蒙引用，特此致谢。

抢救濒危语言有难点。难点主要在于：社会要求语言越少越便于使用，而族群的差异又存在多种文化、多种语言。"多"和"少"的矛盾，成为社会的一对矛盾，而这对矛盾在现代化进程中会越来越突出。抢救濒危语言之所以得不到一些人的支持，原因就在于此。他们的愿望是语言越少越好，以为这对社会发展有利。况且，语言充满了民族情感，而这种情感在一定的条件下会成为决定语言态度的主要依据。

参考文献

戴庆厦主编：《中国濒危语言个案研究》，民族出版社 2004 年版。

戴庆厦、田静：《仙仁土家语研究》，中央民族大学出版社 2005 年版。

戴庆厦、田静：《濒危语言的语言状态——仙仁土家语》，中央民族大学出版社 2005 年版。

戴庆厦、邓佑玲：《濒危语言研究中定性定位问题的初步思考》，载《中央民族大学学报》（哲学社会科学版）2001 年第 3 期。

戴庆厦：《构建有中国特色的濒危语言研究理论体系》，载《中国社会科学报》2014 年 8 月 22 日 7 版。

（原载《北方民族大学学报》2015 年第 3 期）

加强语言和谐的调查研究是当务之急

一　语言和谐问题研究具有重要意义

我国是一个多民族、多语种、多文种的国家，不同语言之间必然存在和谐和不和谐的语言关系。这是语言生活中不能回避的客观事实。

语言关系有多种不同的类型：既有语言和谐又有语言不和谐（包括语言矛盾、语言冲突、语言歧视等）。语言和谐是语言关系中的一种最佳类型，是人们所追求的共同愿望。什么是"语言和谐"？语言和谐是指一个国家、一个地区的不同语言（包括不同的方言）在使用中各就各位，和谐共处，协调有序；在和谐中各尽其责，共同发展；既不相互排斥或歧视，也不发生冲突。一个文明的社会，必须要有相互尊重对方语言使用的社会风气和民间道德。语言和谐是社会和谐的一个重要组成部分，语言不和谐，社会也不会和谐。

任何一个多民族、多语言的国家，都存在语言生活的和谐问题。我国的情况也是这样。我国的语言文字虽然情况复杂，但不论是现在还是过去，主流还是和谐的，当然也有不和谐的因素。这是我国重要的语言国情。科学地处理好语言关系，保证不同语言的和谐，才有利于社会稳定和民族发展。特别是在我国现代化建设日趋深入的今天，随着民族关系的进一步加强和民族关系的新变化，语言和谐问题更为突出，出现了许多前所未有的问题。所以，加强语言和谐的调查研究，从理论上弄清我国语言和谐的客观规律，不但具有语言学、社会学、政治学、教育学的理论价值，更重要的是，对于引导我国语言生活的和谐健康发展，对于加强民族团结，都具有不可替代的应用价值。

二　语言学界对语言和谐的特点和规律知之甚少

"语言和谐"是近期提出并被强调的一个新概念、新问题。回顾过去，虽然人们每天都在使用语言，但对语言和谐的认识是朦胧的、不到位的，理性认识缺少大量的事实做依据，说不出语言和谐的具体特点及其形成的条件和原因。不管是现在还是过去，我国的语言生活中存在无数生动、具体的语言和谐实例，但是并未引起人们（包括语言工作者在内）的重视，也未引起人们的思考。举例来说，云南地区的语言和谐种类多，有汉语和少数民族语言的和谐、少数民族语言之间的和谐、汉语不同方言的和谐、通用语和方言的和谐、少数民族语言内部不同支系语言的和谐、跨境语言的和谐、本国语和外语的和谐等，但对如此复杂的语言和谐问题缺乏研究。云南德宏傣族景颇族自治州是一个由傣族、景颇族、阿昌族、德昂族、傈僳族等民族组成的多民族地区。这里的不同民族友好相处，各自使用自己的母语，还互相学习对方的语言，大家都以多掌握一种语言为荣。这里的少数民族都积极学习通用语——汉语，认为是发展自己民族所不可缺少的。长期居住在这里的汉族，有许多人也会说一口漂亮的民族语言。1911 年我们中央民族大学曾组织团队调查了这一地区的语言关系，调查中得到了大量生动的事实，认识到这一地区的语言和谐是由于社会、经济、文化发展的需要决定的，并有其深远的历史的传统。各民族的语言和谐使大家深受感动。

中国境内不同语言、不同方言的关系，虽然学界尚未完全认识清楚，还不能科学地理出其规律和成因，但则能大致看到贯穿古今的一条语言和谐的主线。所以我国的语言工作今后必须重视调查研究语言和谐的现状和历史，从实践上和理论上弄清我国语言和谐的概念、范围、表现、特点、类型、成因以及演变的规律和趋势，还要调查研究局部存在的不和谐的因素和成因，并以获取的新的认识和事实有理有据地向各族人民进行宣传，还可用来作为制定语文方针、政策的依据或参考。要让大家都知道，我们历史上的语言生活就是这么走过来的，是不以人们的意志为转移的，其基本走向是坚持语言和谐、克服语言不和谐，语言和谐是各族繁荣、发展的保障。

三　语言和谐调查研究的方方面面

语言和谐的调查研究势在必行。怎样做好我国的语言和谐调查研究呢？

我认为，要对我国现今语言生活中的语言和谐进行广泛、深入的调查研究，这是认识语言和谐的基础。还要善于调查、发掘历史上语言和谐的事实和规律。现实和历史是紧密相连的；历史是根由、是借鉴。

还要做好语言和谐理论、方法的研究。诸如：怎样确定语言和谐的概念；怎样划分语言和谐的类型；怎样认识语言和谐研究的理论意义和应用价值；怎样理解语言和谐中强势语言和弱势语言、语言互补与语言竞争的关系；怎样分析语言接触和语言影响在语言和谐中的关系；怎样确定形成语言和谐的原因及条件；怎样认识语言和谐与双语的关系；怎样研究跨境两侧的语言和谐问题。语言不和谐虽是局部存在的问题，但必须重视和研究。必须调查语言不和谐有哪些表现（具体事例），其危害性如何。还要分析其形成的各种内外原因，包括思想根源、历史因素、民族关系等。

语言和谐调查研究应重在个案调查。建议在全国范围内根据不同民族、不同地区的差异，选出有代表性的个案点，分期、分批地开展调查研究，并在具体的语言事实的基础上逐步归纳特点、规律和理论问题。个案点的调查，必须强调深入、细致、具体，防止"蜻蜓点水""走过场"，处理好理论和事实的关系。必须重视第一线的、微观的、穷尽式的个案调查；调查组成员必须深入群众的语言生活中，与语言使用者进行面对面的调查。

实现和谐有序的、有中国特色的语言生活，是各族人民和语言工作者的共同愿望，但要实现这一愿望必须加强语言和谐的调查研究。

（原载《语言文字报》2013 年 8 月 14 日）

开展我国语言和谐研究的构想

【提要】弄清我国语言和谐研究中的理论问题和方法论问题，对于科学地处理我国的民族关系和语言关系具有重要的意义。本文论述以下四个问题：怎样认识语言和谐研究的重要性；怎样划分语言和谐的类型；语言和谐研究涉及哪些理论问题；有关语言和谐研究涉及的方法论问题。

【关键词】语言和谐；研究；构想

语言和谐研究，是一个新概念、新课题，是当前民族语文工作中的一个重要的、亟待研究的课题。特别是在我国现代化建设日趋深入的进程中，随着民族关系的进一步加强和民族关系的新变化，加强语言和谐的研究，从理论上弄清我国语言和谐的客观规律，显得更为必要和急迫。本文分以下四个问题论述开展我国语言和谐研究的构想。

一 怎样认识语言和谐研究的重要性

开展语言和谐研究，必须先认识语言和谐研究的重要性。语言和谐虽然是一个容易被人们认可的问题，但并非都能够说清其价值和意义。所以在开展语言和谐研究的总体规划中，有必要从理论和实践的结合上对其重要性进行全方位的、深入的研究。

什么是语言和谐？语言和谐是指不同的语言（包括不同的方言，下同）在一个社会里能够和谐共处，互补互利，既不相互排斥或歧视，也不发生冲突。不同的语言在使用中各就各位，协调有序，在和谐中各尽其责，共同发展。一个民族和谐、语言和谐的社会，必须存在尊重对方语言使用的社会风气和民间道德。

语言关系有多种不同的类型：语言和谐、语言歧视、语言冲突等。语言和谐是语言关系中的一种最佳类型。它属于语言功能互补、平等相处的语言关系，不同于语言冲突等对抗性的语言关系。语言和谐符合人类的共同愿望。

从属性上说，语言和谐研究是民族和谐、社会和谐的重要组成部分，是语言国情研究的一个重要方面。实现语言和谐，有利于民族团结、社会进步；而语言不和谐，则会引起民族矛盾、社会动乱、阻碍社会进步。

我国的语言关系不论是现时还是历史，主流是和谐的。这是客观事实。中国境内不同语言、不同方言的关系，虽然学界尚未完全认识清楚，还不能科学地厘清其规律和成因，但能看到贯穿古今的一条语言和谐的主线。自 2007 年起，中央民族大学"985 工程"开展了语言国情系列课题研究，其中包括语言关系的内容。截至今日，已由商务印书馆出版了"语言使用现状及其演变"个案专著 18 部，如《基诺族语言使用现状及其演变》（2007）、《布依族语言使用现状及其演变》（2009）、《片马茶山人和谐的多语生活》（2010）、《科尔沁左翼中旗蒙古族语言使用现状及其演变》（2012）等。从这些语言生活的个案中能够看到，我国不同民族语言的关系虽各有不同的特点，包括不同的结构规律和演变规律，但语言生活的主流是和谐的。

如：地处西南边疆的云南省德宏傣族景颇族自治州，居住着傣族、景颇族、德昂族、阿昌族、傈僳族等少数民族，各少数民族都使用自己的语言，而且还普遍兼用汉语，其中不少人还能兼用另一少数民族语言。各少数民族在家庭、村寨内，都使用自己的母语，但在不同民族之间大多使用汉语进行交际，也使用双方都能使用的少数民族语言。不管在什么地方，少数民族语言使用自己的语言都会得到尊重。同一民族内部的不同支系，也各自自由地使用自己支系语言。有本族文字的少数民族学生，在小学阶段既学本族语文又学汉语文，但从中学起主要学汉语文。少数民族语言在电视、广播、出版中得到使用。总的看来，这里的不同语言各就各位、各尽所能，和谐有序，和谐的语言关系成为该地和谐的民族关系的一个重要组成部分。

纵观历史，在我国长期的历史发展过程中，早已形成以语言和谐为主流的语言关系。各民族依赖语言的相互尊重、相互兼用，维持社会的稳定和发展。考古资料证明，不同人群的交往和物品交换早在新石器时期就已出现。如青海一带相继发现了随葬的贝壳；大汶口文化遗址中也发现象牙、鳄类骨板等物品；不同的文化如大汶口文化、仰韶文化、青莲岗文化都有过相互碰撞和互相影响。不同物品的交换、不同人群的交往，必须靠语言的兼用。在我国，周朝以前就有了"寄、象、译"等反映语言翻译的名称，当时的朝廷就已设立负责语言翻译的"象胥"官员。在不同民族的历史上，早就出现不少双语人。据清代史籍记载，辽代契丹境内不同民族的相互交际"则各为汉语为证，方能辨之"（《三朝北盟汇编》卷二十）。古代新疆早已出现一些熟悉多种语言的翻译家。如维吾尔族大翻译家必兰纳识理，除了熟悉自己的母语维吾尔语外，还熟练掌握汉、藏、蒙古等文字，他陆续从汉文、藏文文献中翻译了大量佛经。

语言和谐的研究在国内外语言学研究中还是一个薄弱环节。在国外，由于世界各地出现了语言矛盾、语言冲突，引起语言学家的重视，对语言矛盾、语言冲突做了一些研究，但对语言和谐则研究很少。在我国，对语言和谐的研究也很少，并未出现有影响力的专著，是一个刚起步研究的课题。

在肯定我国语言关系的主流是和谐的同时，还必须看到我国的语言生活中也存在某些不和谐的因素。因此，在研究语言和谐问题时，也要关注语言不和谐的研究，包括语言摩擦、语言矛盾、语言冲突等问题，分析其成因，并确定防范措施。

二　怎样划分语言和谐的类型

语言和谐的类型可以从不同的角度做不同的分类。

1. 从时间上划分，可分为共时语言和谐和历时语言和谐两类。

共时语言和谐是指对语言和谐现状的描写和分析。通过不同地区、不同民族语言和谐现象的调查研究，理出语言和谐的不同类型。其中包括：杂居区和聚居区、内地和边疆、大民族和小民族、跨境民族和非跨境民族等不同类型的语言和谐。

历时语言和谐是指不同历史时期语言和谐的关系。从事这一领域的研究，必须从浩瀚的文献、历史传说、口传文学等资料中去细心发掘。

2. 从语种类型上分，可按分为以下几类。

少数民族语言和汉语之间、少数民族语言之间、不同方言之间、不同支系语言之间、境内外语言之间、普通话和方言之间等不同类型的语言和谐。

3. 从和谐的程度上分，可分为高度和谐、一般和谐和不和谐三类。

要研究和谐程度不同类型有哪些特点、哪些表现；提出区分不同类型的具体标准。还要调查研究其成因和条件。

三　语言和谐研究涉及哪些理论问题

研究语言和谐，不仅要理清语言和谐的现状和历史，摸清具体的情况，还要从语言事实中提取语言和谐的理论问题。主要有以下一些理论问题需要探讨：

1. 深入研究语言和谐的理论意义和应用价值。重点分析语言和谐与社会和谐、民族和谐、边境和谐的关系，与我国现代化建设的关系，与语言学、民族学学科建设的关系。还要弄清当前强调语言和谐研究的重要性是什么。

2. 论述语言和谐中强势语言和弱势语言的关系。在多种语言交汇的语言生活中,不同的语言由于功能大小不同(受人口多少、经济发展水平、交通状况、文献多少、方言差异大小等因素的制约)会有强势语言和弱势语言之分。这是客观存在的。"强势"和"弱势"之分,是由语言功能的大小决定的,并不意味着存在语言的优劣,或先进、落后。在我国众多的语言之中,由于人口、历史等原因,汉语是强势语言,其他少数民族语言是弱势语言。但在不同的地区,少数民族语言之间也有强势语言和弱势语言之分。比如在新疆,维吾尔族由于人口多,在少数民族语言中是强势语言,而其他少数民族语言是弱势语言。

强势语言和弱势语言在统一社会的语言生活中如何实现和谐,有其具体的特点和自身的演变规律,必须做细致的分析、研究。

3. 论述语言和谐中语言互补与语言竞争的关系。不同的语言处在一个统一的社会中,由于语言功能和语言特点的差异,不同语言必然在使用功能上存在差异,因而必然会出现语言互补和语言竞争。互补,是补足各自语言功能的不足。竞争,是争取本族语言在社会上具有更多的功能。互补和竞争是语言关系的对立统一。语言竞争和语言互补的运动,使得语言在受外部影响中得以不断改善自己的功能和特点,借以通过矛盾的调整而保持相对的平衡,使语言能更好地适应社会的需要。一种语言只要能生存下去,与别的语言在功能上总是互补的,即不同语言在统一的社会中总是各尽所能,各守其位。语言竞争若不是对抗性的,对语言的发展是有利的,是语言和谐关系所必要的。在语言和谐的研究中,必须从理论上认清语言竞争与语言和谐的关系。

4. 分析语言接触和语言影响在语言和谐中的关系。不同语言的和谐,必然会出现语言接触和语言影响。语言接触和语言影响是语言发展、语言演变的需要。要考察不同类型的语言接触和语言影响,研究其广度和深度,以及其特点和规律。

5. 分析形成语言和谐的原因及条件。语言和谐或不和谐都有其客观的原因和条件。在语言和谐研究中,不能只停留在现状和历史的描写上,还要对现象进行解释,找出其原因和条件。原因和条件主要有:分布特点、民族关系、经济文化特点、历史延续(民族迁徙、分化、融合的状况)、教育状况、宗教影响、国家政策的作用等。

6. 论述语言和谐与双语的关系。在现代化社会里,人们为了自身的发展和社会交际的需要,必须走双语之路。这是世界各国发展的共同趋势。双语现象是人类进步的表现。语言和谐,要靠双语来支撑,双语人越多,语言越和谐。双语或多语是保证、巩固语言和谐的保障。在不同的社会条件下，双语如何发展才有利于语言和谐，这是必须研究的理论问题。要特别重视研究通用语与语言和谐的关系，弄清历史上通用语在不同民族、不同时期有何不同的表现，其意义何在。

7. 研究跨境两侧的语言和谐问题。跨境两侧的语言也存在和谐问题。跨境语言和谐有其自身的规律。需要研究的问题有：跨境语言和谐研究的理论意义和应用价值是什么；跨境语言和谐有哪些类型、特点；面临哪些难以解决的问题；实现跨境语言和谐的对策是什么。

8. 研究局部不和谐现象。语言不和谐虽是局部存在的问题，但必须重视。研究中必须调查语言不和谐有哪些表现（具体事例），其危害性如何。还要分析其形成的各种内外原因，包括思想根源、历史因素、民族关系等。

9. 根据所调查的材料，提出如何科学地解决好当地语言关系的对策或建议。包括政策层面、理论层面、语言生活层面等。

四 有关语言和谐研究涉及的方法论问题

语言和谐研究有其特定的内容，也有其特定的方法。

1. 重在个案调查。如前所述，语言和谐研究前人留下的成果很少，加上中国的语种文种多，情况复杂，所以要做好语言和谐研究必须重在个案调查，强调打好基础。

要在全国范围内根据不同民族、不同地区的差异，选出有代表性的个案点，分期、分批地开展调查研究，并在具体的语言事实的基础上逐步归纳特点、规律和理论问题。个案点的调查，必须强调深入、细致、具体，防止"蜻蜓点水"、"走过场"。处理好理论和事实的关系。

2. 由近到远。在实施步骤上遵循由近到远的原则，即从现状到历史，在详细分析语言使用现状、获得对现状深入认识的基础上进一步追索历史。现状和历史要串成一条有机的"演变链"，显示其不同时期语言和谐的内在联系。

3. 以语言学方法为主的多学科治理方法。除了使用语言学方法外，还兼用民族学、历史学、人类学、文化学、统计学、实验语言学的相关知识和方法，力图在科学分析的基础上，得出科学的结论。语言研究中，既要有语言功能的研究，也要有语言本体的研究。分析二者的关系。

4. 重视第一线的、微观的、穷尽式的个案调查；调查组成员必须深入群众的语言生活中，与语言使用者进行面对面的调查。

参考文献

戴庆厦、成燕燕、傅爱兰、何俊芳:《中国少数民族语言文字应用研究》,云南民族出版社 1999 年版。

金星华主编:《中国民族语文工作》,民族出版社 2005 年版。

国家民族事务委员会文化宣传司:《构建多语和谐的社会语言生活》,民族出版社 2009 年版。

陈章太:《语言规划研究》,商务印书馆 2005 年版。

戴庆厦主编:《中国濒危语言个案研究》,民族出版社 2004 年版。

戴庆厦主编:《泰国万伟乡阿卡族及其语言使用现状》,中国社会科学出版社 2009 年版。

戴庆厦主编:《中国少数民族语言使用现状及其演变研究》,民族出版社 2010 年版。

戴庆厦主编:《基诺族语言使用现状及其演变》,商务印书馆 2007 年版。

戴庆厦主编:《阿昌族语言使用现状及其演变》,商务印书馆 2008 年版。

戴庆厦主编:《云南蒙古族喀卓人语言使用现状及其演变》,商务印书馆 2008 年版。

(原载《黔南民族师范学院学报》2013 年第 6 期)

语言关系与国家安全

【摘要】和谐的语言关系是国家安全的重要保障；历史和现实的经验充分证明，语言关系如何与国家安全密切相关。我国各民族语言关系的主流是和谐的；语言和谐保证了我国现代化建设得以顺利进行，也保障了国家的安全。但局部地区还存在一些语言不和谐现象，必须引起重视。要科学地处理好少数民族语言与国家通用语汉语的关系；要遵循语言的客观规律，按科学发展观办事。

【关键词】语言关系；国家安全

安全，是一个国家得以安宁生活、顺利发展的重要条件。语言，是社会生活的一个重要组成部分，语言生活状况如何，会直接影响到国家的安全。本文主要根据笔者语言田野调查的实际感受，论述语言关系与国家安全的密切关系。

一　和谐的语言关系是国家安全的重要保障

中国是一个多民族、多语言、多文种的国家。不同语言在一个统一的社会中使用，每日相碰相撞，相互接触，相互影响，共同发挥交际的作用，其间必然存在一定的语言关系。语言关系涉及语言地位、语言功能的差异，不同语言的协调、互补、竞争、矛盾等。由于国家制度、民族特点、语言状况等存在差异，语言关系存在多种不同的类别。

从语言群体关系上看，中国的语言关系主要有三大方面：一是国家通用语言和少数民族语言的关系；二是普通话和方言的关系；三是本国语和外语的关系。处理好这三大方面的语言关系，关系到民族进步、国家安全，成为中国语言工作者的重要任务。

从性质上看，语言关系大致可分为两类：一类是语言和谐型。属于这一类型的不同语言，相互间和谐共处、功能互补，和谐的语言关系推动社会进步、民族发展。另一类是语言非和谐型。属于这一类型的不同语言，相互间存在矛盾和对立，在使用上相互排斥。不和谐状态如果进一步激化，就会导致语言冲突和民族冲突，造成社会秩序的混乱和国家的不安定。这两种类型，在性质上是截然不同的。

历史和现实的经验充分证明，语言关系如何与国家安全密切相关。和谐的语言关系，能够促进民族团结，保证国家的安全；而语言矛盾、语言冲突，必然引起民族矛盾，导致国家不稳定、不安全。所以，民族语文工作者在考虑民族语文问题和开展民族语文工作时，必须要有国家安全的理念，要把构建和谐的语言关系看作是民族语文工作的重要任务之一。

近些年，我先后去过南方11个民族地区做语言国情的调查研究，看到了一派语言和谐的景象，处处见到了和谐的语言关系与民族团结、社会发展、国家安全的密切关系，很受鼓舞。比如，2006年7月，我带了一个课题组到云南省景宏市基诺山，调查基诺族的语言使用情况。基诺族是我国人口较少的一个民族，只有20899人（2000年），主要分布在景洪市基诺乡。新中国成立前，基诺族还处于刀耕火种、刻木记事的原始社会末期向阶级社会过渡的农村公社阶段。这样一个小语种，能否健全地使用，是值得探讨的理论问题。通过调查我们看到，新中国成立后的半个世纪里，基诺语仍然是基诺族日常生活中最重要的交际工具，具有很强的活力。基诺族语言的使用，处处受到其他民族的尊重和国家政策的保障。我们选择了6个点进行穷尽式的调查统计。结论是：在1763人中，母语达到熟练级的有1730人，占98.1%，达到一般级的有30人，占1.7%，略懂级的只有3人，占0.2%，没有不懂的。这个统计数字使我们惊讶：这样一个小语种，在与周围强势语言汉语、亚强势语言傣语的竞争和互补中，竟能如此稳定地保持强盛的生命力！

基诺族还是一个全民型的双语民族，他们除了使用自己的母语外，绝大多数人都还兼用汉语。以相对偏僻的茄玛村为例：该村311人，汉语达到熟练级的有253人，占81.4%；一般级的有36人，占11.5%，略懂级的有18人，占5.8%，不会的只有4人，占1.3%。汉语广泛用于社会交际和文化教育，在基诺人的语言生活中发挥了重要作用。基诺族的双语具有普遍性、层次性、稳定性、互补性等几个特点。他们的日常生活，都是在多种语言的交替使用中度过的。基诺人的语言态度是开放的，既热爱自己的语言，也尊重别的民族的语言。他们除了重视母语的使用外，还重视汉语学习，普遍认为基诺族人口少，不必创造文字，汉文就是他们的文字。71岁基诺族退休干部孙阿明说："学习汉语非常重要。基诺族要发展，必须学好汉语，汉语要掌握得非常熟练才行。"基诺乡中心小学教师白友仙说："学好汉语从长远利益看，更有利于基诺人的进步和发展。"语言的和谐，有助于民族的和谐。在基诺山，基诺族与汉、傣等民族友好相处，共同构成了一个和谐、安乐的小社会。

　　基诺山和谐的民族关系和语言关系，还有力地推动了经济建设。如今的基诺山，形成了以橡胶、茶叶、砂仁为支柱产业，水果、畜牧为辅助产业的山区经济发展格局。如今，村村实现了三"通"（公路、自来水、电），电视、电话、手机、摩托车已基本普及。村长沙金寿满怀激情地对我们说："我们这里的橡胶林都陆续出胶，再过几年我们要腾飞了。"

　　2009年6月，我们课题组又赴云南省耿马县，调查景颇语的语言活力及其与周围语言的关系。耿马县是一个中缅边境县，国境线长达47.35公里，两国边民交往频繁。耿马县的景颇族有1004人，散落在与缅甸山水相连的边境上，周围有佤、布朗、傈僳等民族。这里的景颇族与德宏州的景颇族主体分离已有150多年的历史，但他们都还保存、使用自己的母语。据5个村寨的逐户、逐人的调查材料显示，景颇人大都稳定使用自己的母语，并普遍兼用汉语。与佤、拉祜、汉、傈僳等民族组成的族际婚姻家庭，外族媳妇或女婿都不同程度地学会了景颇语。如景颇新寨，进入景颇族家庭的48位汉族、佤族中，有33人都能熟练兼用景颇语，有14%的人能听懂景颇语，只有1人完全不懂景颇语。村寨内，不同民族的感情十分融洽，族际婚姻逐年增多。谁家有困难，不同的民族都去帮忙。我们在新寨调查时看到，几个佤族小伙子主动帮一家景颇族盖房，他们时而说景颇语，时而说汉语，时而说佤语。过民族节日时，都邀请别的民族参加。有的村民深情地对我们说："我们在一起没有想到谁是哪个民族，好像没有什么民族界线。"多年来，耿马地区的不同民族和睦相处、同舟共济，共同朝着一个方向努力，从未发生过民族纠纷和民族矛盾。他们与境外的边民，互市、互婚、互学，没有发生过边界冲突。耿马的语言和谐与民族和谐，不仅有利于各民族的进步与发展，还对这一地区的边界稳定与安全起到了积极的作用。在耿马，我们每日都沉浸在民族和谐、语言和谐的气氛中。

　　调查的事例说明语言和谐有三大好处：一是有助于满足不同民族语言交际的需要。因为在语言和谐环境中，不同民族除了使用母语外，还乐意兼用其他民族的语言，在心态上有助于克服语言障碍，达到不同民族顺利交际的目的。二是能够促进民族和谐。语言是民族特征中最有象征力、最敏感的一个要素。人们的感情取向往往是：对语言的尊重就是对民族的尊重；对语言的歧视就是对民族的歧视。人们常常从语言政策、语言态度上来判断一个政党、一个人的民族观。三是对少数民族语言的生存和发展有着积极的保护作用。如果不同的语言，不论是大语种还是小语种，不管是通用语还是非通用语，都能受到尊重，在使用上不受人为的限制，就为语言的生存和发展提供了适宜的土壤。

二 我国各民族语言关系的主流是和谐的

应当怎样估计我国各民族的语言关系？应当怎样看待我国的语言关系与国家安全的关系？

新中国成立后，由于我国实行了民族平等、语言平等政策，语言关系的主流是和谐的，各民族的语言都得以自由使用和发展，没有发生过较大的语言矛盾和语言冲突。各民族的语言和谐，保证了我国现代化的顺利进行，也保障了我国的安全。

2007 年 12 月，我们课题组到云南省元江县羊街乡做语言使用现状的调查，看到了多种语言一派和谐的景象。羊街乡是一个多民族乡，人口较多的民族有哈尼（15357 人）、汉（1914 人）、彝（307 人）、拉祜族苦聪人（201人）4 个。他们各自的母语尽管使用人口多少不同，使用功能存在差异，但都长期为各民族所热爱、所使用，而且都保持旺盛的活力。就连分布在烧灰箐寨只有 172 人的苦聪人，在家庭、村寨内也都使用自己的苦聪语。这里的少数民族除了使用母语外，多数人还普遍兼用汉语。据 9 个哈尼族聚居村寨的统计，在 2680 人中，汉语水平达到熟练级的有 1111 人，占 41.46%，一般级的有 646 人，占 24.10%，略懂级的有 549 人，占 20.51%，不会的有374 人，占 13.96%。因为哈尼族是这里人口较多的一个民族，所以其他民族除了兼用汉语外，还有不少人兼用哈尼语。在使用上，不同语言各就各位，各司其职：在家庭、村寨内部，多使用母语；在机关、学校、医院等公共场所，则多使用汉语，有时也使用哈尼语。他们根据场合、对象，能够自如地转换语码，为了尊重对方而使用对方的语言，从不觉得不同语言之间存在什么矛盾和冲突。不同民族都彼此尊重对方的语言，根据需要兼用其他民族的语言。

问卷调查表明，羊街乡不论哪个民族都希望自己的子女多懂几种语言。有的说："最好是这里的语言都会说，这样见到哪个民族就可以说他们的话。"他们还普遍认为汉语特别有用，希望下一代都成为兼用汉语的双语人。村民苦聪人李小美说："学会更多的语言，便于和不同的民族朋友交流。"羊街乡这种开放的语言态度，多年来成为语言和谐的润滑剂，避免了由于语言功能差异可能引发的语言纠纷。

这种和谐的语言生活，又促进了民族和谐，成为民族团结和民族发展的一个积极因素，使得这一地区的社会生活长期处于稳定、祥和的状态。

2009 年 6 月，我们课题组又到四川省盐源县进行多民族语言和谐的调查。盐源县是个多民族杂居的县，世居的有彝族、汉族、蒙古族（摩梭人）、藏族、纳西族、傈僳族、回族、普米族等 21 个民族。其中人口最多的是彝族、汉族、蒙古族（摩梭人）和藏族。多民族杂居营造了多种语言并用的语言生活。盐源县各民族除了稳定使用自己的母语外，大多还能兼用汉语，有的还能兼用其他少数民族语言。多语的并用和互补，满足了各民族的语言交际需要。

以藏族为例：盐源的藏族人口近 6000 人，分布上属于小聚居大杂居。由于人口总数少，加上普遍与其他民族杂居，多是双语人或多语人。在聚居的地区，母语保留比较好，大多是藏语、汉语双语人；但在杂居地区，青少年的藏语水平有所退步，有少部分只会听不会说。不少藏族还会兼用当地使用人口较多的彝语。在彝、藏结合的族际婚姻家庭，家庭内部藏语和彝语都说，下一代的语言有的随父亲，有的随母亲。

又如摩梭人，第一语言是摩梭语，都能熟练使用自己的母语，代际之间不存在母语水平的差异。他们还普遍兼用汉语，几乎全民都是"摩梭语—汉语"的双语人。如博树村 219 名摩梭人中，能够熟练兼用汉语的有 213 人，占 97.3%。年轻一代，母语和汉语是同时学会的。他们说自己是"双母语"。

盐源县的少数民族大多会使用两种或三种语言。他们兼用别的民族语言，是出于社会实际生活的需要，是自觉自愿的。他们认为这是好事，有利于自己民族的发展。我们看到有不少人家把自己的孩子送到县城学习，让他们从小就开始接触汉语，认为这是培养下一代的好办法。

我们每一次田野调查，都会深深感受到民族平等、语言平等的政策是构建和谐语言生活的基础。看到的是，各民族都能无拘无束、无顾虑地自由使用自己的语言，不会担心会受到其他民族的歧视。即便是一些使用人口很少的语言，也都得到尊重。我国的民族平等、语言平等的政策，得到了少数民族的衷心拥护。

确认我国语言关系的主流是语言和谐，这是从我国实际的语言事实中得出的结论。形成这一判断是必要的，在理论认识上、应用对策上都有其重要价值。有了这一基本估计，有助于汲取历史经验，防止可能出现的、不利于国家安全的因素产生。

三 我国局部地区存在的一些语言不和谐现象必须重视

尽管我国民族地区语言关系的主流是和谐的，但也存在一些不和谐的现象。我们必须面对这些实际存在的问题，认真分析并予以解决。

语言不和谐现象的表现之一是，有的地区未能科学地处理好少数民族语言与国家通用语言的关系，并由此带来了一些不和谐的因素。

在现代化、信息化的进程中，汉语随着国家经济文化的发展，随着通用语言地位的持续上升，其使用范围在不断扩大。由此，少数民族学习汉语的热情也在不断增强，普遍认为兼用汉语非常必要，对民族的发展有着重要的作用。所以，在全国各个民族地区，学习汉语的热潮一浪比一浪高。这一趋势与时俱进，符合时代的要求，也符合少数民族的愿望，应当予以肯定。但在民族地区的中小学，应当如何安排好母语教学和汉语教学的关系，是少数民族关注的一个热点问题。有的地区，有文字的语言未能进入课堂教学，或课时偏少；有的地区，民族语文师资力量薄弱，教材供应不上。还有一些地区的教育部门，出于升学率的考虑，忽视民族语文教学。这些现象，如果长期得不到解决，就会引起少数民族的不满。

诚然，母语教学和汉语教学的关系确是一个不易解决好的问题。因为这当中涉及各种复杂的关系，而且人们从不同的角度出发又有不同的认识。比如，大民族和小民族的要求不同；杂居区和聚居区的要求不同；等等。当代社会，各方面的变化都很快，加上我国各民族的具体特点存在差异，因而，在解决母语教学和汉语教学的关系上，要制定符合科学又能得到少数民族群众欢迎的原则是有相当难度的。因此，要允许做试验、摸索，甚至要允许失败。谨防敌对势力利用语文问题挑拨民族关系，破坏民族团结。

在当前的形势下，少数民族在对待母语和通用语言的关系上不少人出现了矛盾心理。一方面是愿意学习汉语，特别是希望自己的子女多学汉语；但在另一方面，又担心自己的母语受到威胁走向衰变。两头都要顾，但应当怎样处理好二者的关系，一直是一个"老、大、难"的问题。

语言不和谐现象的表现之二是，处于弱势地位的少数民族语言，其使用功能和使用范围在一些地区呈下降趋势，特别是城镇中的青少年，其母语能力已不如父辈，对本族的传统文化缺乏兴趣，这种变化使得一些人担心自己的母语出现衰变或濒危。2009年6月18日，课题组到盐井镇公母山村一组调查时，村民罗洪巫力（女，44岁）给我们唱了两段彝族传统民歌。一段是《阿依阿枝》，另一段是《迎宾词》。老人听得津津有味，而年轻人则兴趣不大，有的说听不懂，明显地反映出两代人语言能力的差异。耿马景颇族青少年的母语能力也出现下降，主要出现在"听"和"说"的能力不平衡和词汇量的减少上。一般是，听的能力比说的强。反映本族的文化词、熟语及传统文学词，青少年能听但说不好。还有用词泛化，区分不细；词汇不牢靠，记忆模糊；固有词和借词并用等现象。一些人士为母语断层而担忧。村民岳成明说："我们是景颇人，如果不会母语就没有什么意义了。我会教育孩子任何时候都不要忘本，尊重自己的民族，尊重自己就是尊重别人。"

语言不和谐现象的表现之三是，有的地区的民族语文在社会生活中缺乏应有的地位，引起少数民族心态上的不平衡。据盐源县干部和群众反映，在盐源县懂汉语的少数民族容易找到工作；而彝语、藏语等少数民族语言水平高的，如果汉语水平不好则不容易找到工作。还有人反映说，"虽然在有的就业录用中规定要考彝语文，但所占分数比例低，如公务员考试仅占4%。在这次的事业转行做行政的考试中，彝文也只占5%"。他们认为，这种照顾还是无法改变彝语文的困境，应当设法解决。

在个别地区，还出现过村民由于语言交流上的障碍引起了误解和隔阂，一度造成民族关系的紧张。

语言不和谐现象的表现之四是，少数民族语言资源未能得到充分利用。有的地区，民族语文的传媒很少，街道上看不到民族文字的招牌、广告、指路牌。少数民族对此是有意见的。但也有做得比较好的，如云南省德宏傣族景颇族自治州首府芒市，到处都有民族文字的招牌、广告、指路牌，当地的少数民族群众感到很亲切。盐源县政府各单位和国家企业的牌匾普遍使用汉、彝两种文字。媒体方面有彝文报纸杂志、彝语电影电视、彝语歌曲。《凉山日报》彝文版原来为周报，后改为一周三期、一周六期，版面扩大。还有彝文刊物、彝语电影等。

上述现象，实质是怎样摆对民族语言的地位。有多位少数民族有识之士向我们呼吁："要给弱势语言——少数民族语言以特殊照顾，对弱势语言要有保护意识。"国家的民族语文政策，应当更多地扶持弱势语言，提高其应有的地位。

当前，要重视研究国家通用语言和少数民族语言的关系，科学地解决好二者的关系。少数民族学习汉语，这是少数民族的普遍愿望，对少数民族的繁荣发展具有不可估量的意义。但是，怎样在学好通用语言的同时又顾及母语的使用和保存，则是需要从理论和实践上加以探讨和解决的。为此，要从理性上认识其必要性和可行性，要遵循语言的客观规律，按科学发展观办事。

我国的民族语言，是少数民族主要的语言交际工具。进入现代化新时期，民族语言的特点有三个不变：① 重要性不变，即少数民族语言是少数民族不可替代的语言工具。② 稳定性不变，即少数民族语言还会长期使用下去，其重要作用在短时间内不会有较大的滑坡。③ 感情不变，即少数民族对自己的母语仍然充满深厚的、难以言传的感情，这是外族人所不易透彻理解的。既然如此，在现代化建设的新时期，必须充分发挥民族语文的作用，使他成为上情下达、下情上传、宣传群众、动员群众最有效的语言工具。语言不沟通，最好的政策也不会被群众理解、接受。所以，要把语言当成资源来对待。羊街乡文化站站长倪伟顺说："为了保护哈尼族文化，政府拨出专款支持哈尼文化的保护。我们把哈尼歌谣刻成 VCD，配上汉语和哈尼语两种文字的歌词出版；我们组织哈尼语的歌舞演出，让老百姓对哈尼族文化耳濡目染。很多哈尼族的歌曲，例如敬酒歌，在羊街乡以及更远的哈尼族山寨广泛流传，受到少数民族的欢迎。"

从我调查的这些地区的情况和经验看，构建和谐的语言关系必须坚持以下几个原则：① 不仅是口头上而且要在实际中坚持民族平等、语言平等的原则。② 对任何语言，特别是使用人口少的语言都必须尊重，不能有任何的歧视。③ 提倡各民族相互学习语言，当前要着重强调在民族地区工作的汉族干部学习当地少数民族语言。④ 要从实际出发，分类解决，而不能"一刀切"。

在国外，由于语言矛盾引起语言冲突甚至发生流血事件的案例屡屡发生。比如，20 世纪印度独立时，政府出台了提升印地语地位的政策，引起了非印地语地区居民的强烈不满，并造成了语言冲突和民族冲突，出现流血事件。这是因为当时讲印地语的印度斯坦人，不足全国居民的1/3，印地语发展成为国家的通用语的条件还不成熟。又如，苏联解体后一些加盟共和国，如白俄罗斯、乌克兰、哈萨克斯坦等，由于主体民族语言与俄语地位的重新分配，造成主体民族与俄语居民出现了冲突。我们应当从上述历史事件中认识语言和国家安全的关系，分清事件的性质，提高防范意识。

参考文献

陈章太：《语言规划研究》，商务印书馆 2005 年版。

戴庆厦主编：《基诺族语言使用现状及其演变》，商务印书馆 2007 年版。

戴庆厦：《构建我国多民族语言和谐的几个理论问题》，载《中央民族大学学报》（哲学社会科学版）2008 年第 2 期。

戴庆厦主编：《西摩洛语语言使用现状及其演变》，商务印书馆 2009 年版。

李宇明：《中国语言规划论》，商务印书馆 2009a 年版。

李宇明：《中国语言规划续论》，商务印书馆 2009b 年版。

孙宏开、胡增益、黄行主编：《中国的语言》，商务印书馆 2007 年版。

张西平、柳若梅：《世界主要国家语言推广政策概览》，外语教学与研究出版社 2008 年版。

中国社会科学院民族研究所"少数民族语言政策比较研究"课题组、国家语言文字工作委员会政策法规室：《国外语言政策与语言规划进程》，语文出版社 2001 年版。

中国社会科学院民族研究所"少数民族语言政策比较研究"课题组、

国家语言文字工作委员会政策法规室：《国家、民族与语言——语言政策国别研究》，语文出版社 2003 年版。

"中国语言生活状况报告" 课题组：《中国语言生活状况报告 2008》（上编），商务印书馆 2009 年版。

中国语言文字使用情况调查领导小组办公室：《中国语言文字使用情况调查资料》，语文出版社 2006 年版。

（原载《云南师范大学学报》2010 年第 2 期）

语言和谐有助于民族团结进步

我这次有幸受邀来青海考察民族团结进步工作，收获很大。通过考察，我初步形成以下几个认识。现简述如下：

一　青海的形势非常好，在经济、文化、教育等领域的发展都非常快，能够发展成为全国民族团结进步的模范地区

我多年没去青海，这次去青海通过与青海的政界、学界人士的交流，还到塔尔寺、西宁东关清真大寺以及海南等地考察，亲眼看到青海的巨大变化，有焕然一新的感觉。这是省委及各级领导长期努力的结果。在青海，无论是各级政府官员、各方面的专家学者还是各民族群众、宗教界人士、都有一种共同的希望，就是要尽快把青海创建成民族团结进步先进区。这是一种可喜、可贵的精神面貌。

民族语文工作是青海民族工作的一个重要的部分。经过考察，我认为新中国成立后的60年，青海在贯彻党的民族平等、语言平等以及"各民族都有使用和发展自己语言文字的自由"的方针政策上，总的看来是成功的、有效的。表现在制定了一系列适合青海地区的方针政策（见《青海民族语文工作》，青海民族事务委员会少数民族语文办公室编，2008年7月20日），少数民族语文得到广泛使用并推动了经济、文化、教育建设，培养了大批语文干部等。这是了不起的变化，是有目共睹的。

二　青海坚持双语的路子是对的，各级职能部门做了大量利民、利国的事；多年来遇到的最大难点是如何根据青海的实际，摆好通用语汉语和少数民族母语的关系，在摸索经验、吸取教训的基础上不断前进

"双语"，是解决我国现代化进程中语言使用的最佳模式，是解决青海语文使用问题、发展各民族文化教育，以及促进各民族的友好团结的必经之路。但是要清醒地认识到，要辩证地处理好双语关系，特别是现代化进程不断深入中的双语关系很不容易，这当中既有认识问题，又有具体做法问题，需要"摸着石头过河"，弄不好就会出偏差，好愿望得不到好效果。

据全国各地的经验以及我多年的思考，我觉得解决双语问题常常会遇到"两难"。如：加快汉语学习是必要的，这符合少数民族的根本利益，但是，如果强调不当，或不符合地区的实际，或对少数民族母语的保护重视不够，就会出现"反弹"。少数民族母语，它既有应用价值、资源价值，又有感情价值，与一个民族有着紧密的、说不清道不明的联系，哪一方面关注不够，也会出问题。所以，如何在保证母语地位的基础上使之促进汉语文学习，解决好少数民族母语与国家通用语的功能互补、互相促进的关系，是一个大难题。我认为，要科学地解决青海的双语问题，重在辩证地处理好"两难"。

三　怎样做好少数民族的汉语学习

强调少数民族学习汉语是大势。青海少数民族广大群众从自己的生存和发展中，都认识到学习汉语的重要性和紧迫性，而且学习汉语的积极性很高。我们在考察中都看到了这一点。这是主流，符合民心民意。众所周知，汉语在国际上有重要地位，在国内外有巨大影响力，汉语传媒在全国铺天盖地，还有九年一贯制的汉语文学校教育，所以我认为不用过多担心少数民族不学汉语。做好少数民族学习汉语文的关键，不是怎样加码宣传，而是埋头多做实事。如：让少数民族从小就学习汉语文，从娃娃抓起，因为小孩时期学习语言效果最好。还有采取切实提高汉语教师的教学质量的措施，营造更多、更好的汉语学习环境。过分的宣传或提出不符合实际的要求，容易引起"逆反"。正如慈祥的母亲不断絮叨自己的爱子多吃营养食品而引起孩子的厌烦一样。对汉语在少数民族地区的传播应有自信心。

四　怎样保护好少数民族语言和文化

在一个多民族国家中，不同的语言存在优势语言和弱势语言之别，所以，应正确对待优势语言和弱势语言。优势语言因有其优势地位和条件，可以不必担心其生存和发展；但弱势语言则因其处于不利地位，容易在强势语言的挤压下出现衰退，甚至濒危，因而需要特殊照顾。正如一家人中有两个孩子，妈妈总是要对年纪小的或体弱的一个多照顾一些。少数民族担心自己的语言、文化出现衰退、消亡，担心被同化，不是无缘无故的，需要予以理解，特别是优势民族必须理解。

2011 年 10 月，中国共产党十七届六中全会通过的《中共中央关于深化文化体制改革　推动社会主义文化大发展大繁荣若干重大问题的决定》中提出要"科学保护各民族语言文字"，在《国家中长期语言文字事业改革和发展规划纲要》（2012—2020 年）的第二章"目标和任务"中又写入"科学保护各民族语言文字"。足见，"科学保护各民族语言文字"是我国新时期的语言国策。

在进入现代化新时期，少数民族语言的重要性、长期性依然不变，而且还出现一些过去没有过的复杂性。所以，更要重视少数民族语言文字的使用，更要听取少数民族对自己语言文字的使用，根据少数民族的需要，采取积极措施使少数民族充分享有使用自己语言文字的自由。西宁红十字医院重视藏语藏文的使用，主动为藏族病患者和家属联系懂藏语的志愿者，虽然受益者不是太多，但心到了，打动了广大藏族的心。这就是民族心理。

建议在西宁及一些藏族分布地区的街道、建筑物、交通要道等处应多立有藏语文的标志，以增添少数民族文化氛围。

五　在青海构建通用语和少数民族语言"两全其美"

青海使用少数民族语言的人口占到总人口的将近一半，而且使用的语言包括了中国的两大语系——汉藏语系和阿尔泰语系。藏语是我国的一个大语种，又是跨境语言，是一个在国际上有影响、敏感度高的语言，做好藏语文工作以及科学地摆好藏语文和国家通用语的关系具有特殊的意义。这就是说，青海的民族语文工作在全国具有特殊地位。构建青海通用语和少数民族语言的"两全其美"，有利于民族发展、民族团结。

为此，建议加强对少数民族语言的理论研究。研究青海地区随着现代化进程的加快，少数民族群众到城镇甚至跨省去打工现象的增多，少数民族语言面临着一些什么新的变化；研究青海在现代化进程中双语教育中的两种模式；研究在现代化进程中强势语言与弱势语言之间的互补和竞争出现什么新的特点，应如何使少数民族语言和通用语言之间更好地互补；研究如何加大对弱势语言的保护力度，促进民族团结进步等。

为此，还建议开展青海民族语言国情的调查研究。进一步弄清在现代化的过程中青海少数民族语言的使用现状究竟怎样，其功能有什么变化；青海少数民族语言面临的走向是什么？调查研究青海少数民族语言的活态保护和双语和谐。应该在过去所做工作和研究的基础上进行实地调查，把民族语言情况摸透。比如，这个地区究竟有多少人在使用民族语言，语言功能究竟有多大，人们对语言的态度究竟如何等，并在此基础上制定相应的政策措施进行保护。

还建议要加大对民族和谐、语言和谐的宣传，要让少数民族和汉族群众都认识到，尽管会有一些杂音，但我们国家民族关系的主流是和谐的，而且各民族的团结进步是民心所向，是不可阻挡的时代潮流。

"语言和谐"是近期提出并被强调的一个新概念、新问题。回顾过去，虽然人们每天都在使用语言，但对语言和谐的认识是朦胧的、不到位的，理性认识缺少大量的事实做依据，说不出语言和谐的具体特点及其形成的条件和原因。不管是现在还是过去，我国的语言生活中存在无数生动、具体的语言和谐实例，但是并未引起人们（包括语言工作者在内）的重视，也未引起人们的思考。中国境内不同语言，存在一条贯穿古今的语言和谐主线，必须重视调查研究语言和谐的现状和历史，从实践上和理论上弄清我国语言和谐的概念、范围、表现、特点、类型、成因以及演变的规律和趋势，还要调查研究局部存在的不和谐的因素和成因。我们必须用语言和谐的认识和事实有理有据地向各族人民进行宣传。要让大家都知道，我们历史上的语言生活就是这么走过来的，是不以人们的意志为转移的，其基本走向是坚持语言和谐、克服语言不和谐，语言和谐是各族繁荣、发展的保障。建议在青海地区选出有代表性的个案点，分期、分批地开展调查研究，并在具体的语言事实的基础上逐步归纳特点、规律和理论问题。

参考文献

金星华：《中国民族语文工作》，民族出版社 2005 年版。

戴庆厦：《中国少数民族双语的现状及对策》，载《语言与翻译》2007 年第 3 期。

戴庆厦：《构建双语和谐的多语社会》，载《民族教育研究》2007 年第 2 期。

戴庆厦：《两全其美，和谐发展——解决少数民族双语和谐问题的最佳模式》，载《中央民族大学学报》（哲学社会科学版）2011 年第 5 期。

戴庆厦主编：《双语学研究》（第 3 辑），民族出版社 2011 年 12 月年版。

戴庆厦：《科学推进双语教育建设的几个认识问题》，载《双语教育研究》2014 年 3 月。

（原载青海省委统战部主编《青海省创建民族团结先进地区的理论与实践》，人民出版社 2014 年版）

由单语向双语的历史转变

——少数民族语言生活随想之一

　　我从 20 世纪 50 年代起就从事少数民族语言的教学研究，至今已有 60 多年。有的朋友问我："你多年做民族语文工作，觉得少数民族语言生活的最大变化是什么？"这个问题提得很好，而且有意义。我思索了一下就给了回答："半个多世纪我国少数民族语言生活的变化，其中最突出、最明显的应该是由单语向双语转变。"因为中国少数民族地区由单语向双语的变化，实在太明显了。

　　新中国成立后，少数民族地区发生了巨大变化，作为社会交际和承载人类智慧的语言，也必然会发生重大变化。语言研究，必须弄清语言生活的变化，特别是进入现代化历史时期，语言生活的变化会加快，也会出现新的特点。经过分析、对比，不难发现其中最重要的一个变化是由单语向双语的变化。

　　1953 年，我们这一批学习少数民族语言的汉族大学生在校只学了简单的会话，就分赴各民族地区学习少数民族语言。我是到中缅边界的瑞丽、陇川县的景颇山寨学习景颇语。那时，景颇山寨的景颇人都只会本族母语（包括别的支系语言），只有很少一些人会说简单的傣语、汉语或邻国的缅语，不同地区的情况基本一样。我们与老乡相处主要是靠简单的景颇语，深入的交流就不可能了，深深感到不懂景颇语在景颇山无法生活。2010 年，我又重返景颇山调查语言，惊奇地发现景颇人大多已由单语向双语演变，语言生活出现了一派新气象。他们不仅保持使用自己的母语，而且大多还能使用汉语与其他民族交流。如：我们对盈江县卡场镇丁林寨 232 位景颇人的语言使用情况进行了调查，结论是 100%的人都会自己的母语；75%的人熟练兼用汉语，23.7%的人略懂汉语，只有 1.3%的人不懂汉语。我们又对芒市五岔路乡白岩组 225 位景颇人的语言使用情况进行了测试，结果是除了都会使用自己的母语外，91.6%的人都能熟练兼用汉语，7.6%的人略懂汉语，只有 0.8%的人不懂汉语。变化何等之大！在景颇山，由单语到双语是语言生活的一个重要的变化。^①双语，造就了大批有高等文化知识的知识分子、干部；使一部分景颇人能离开封闭的山寨在广阔天地发家致富；双语，改变了景颇群体的基本素质，使他们更好地与现代化接轨。

又如，我还目睹了哈尼族语言生活50多年来所经历的从单语向双语的大面积演变。1956年，我参加中国科学院少数民族语言调查队到云南哈尼族分布地区调查哈尼语方言，并为哈尼族创制新文字。当时，哈尼族聚居区除了很少一些人会说汉语外，几乎都是使用母语的单语人。1958年6月，我奉命去绿春县推广哈尼文，当时的县委书记洪大明鉴于哈尼族广大群众不懂汉语的现状，决定县里干部（包括他在内）都参加哈尼文学习。后来我又在绿春县的坡头寨生活了4个月，同哈尼族老乡"同吃、同住、同劳动"，因为他们不会说汉语，在合作社食堂吃饭都有困难，逼得我经过几个月就具有哈尼语一般会话的能力。2011年8月我重返绿春调查哈尼族的语言生活，发现这50多年哈尼族语言生活大变样，不但保留使用自己的母语，而且大多已由单语转为双语。如：坡头寨1115位哈尼人，熟练掌握汉语的占83.32%；略懂的占10.85%，不懂的只有5.83%。与越南接壤的平和乡车里小组，地处偏僻，交通不便，但在477人中，能熟练使用汉语的也有45.49%，略懂的由36.69%，不懂的占17.82%。我们每到一处，哪怕是偏僻山寨或国境边寨，哈尼人大多都能用汉语与我们对话。^②

这几十年，我还到过四川、贵州以及北方的一些民族地区做语言调查，同样看到这些地区的少数民族不同程度地出现单语向双语的历史演变，这种演变成为少数民族语言生活、社会生活的一个重要元素。双语人的不断增多，提高了民族素质、促进了文化经济的发展、加强了民族团结，其好处是无尽的。

我们看到，单语向双语的历史演变不是偶然发生的，有其客观的必然性和演变规律。人类语言使用的通则是，当处于闭塞或不开放的历史时期，往往只用本族单语就能应付社会生活交际的需要；而当社会的经济文化进入开放时期，不同民族之间的交流成为发展的需要时，必然要从单语向双语演化。当然，双语的形成还有别的因素，如民族关系的变化、人口的移动、族际婚姻的增多等，但为了扩大交流、发展自己是主要目的。

必须看到，不同民族的双语形成还各有自己的特点。大民族和小民族不同，聚居民族和杂居民族不同，内地民族和边疆民族不同等。我们应该研究不同民族双语演变的特点，找出不同民族之间的共性和个性。

①　参看戴庆厦主编《云南德宏州景颇族语言使用现状及其演变》，商务印书馆2011年版。
②　参看戴庆厦主编《云南绿春县哈尼族语言使用现状及其演变》，商务印书馆2012年版。

单语向双语演化有其历史的继承性。在我国，各民族的语言生活在历史上早就存在单语向双语演变的趋势。如白族、纳西族等民族，既使用自己的母语，又有不少人兼用汉语，他们中有许多人还熟悉汉语的诗词和古文。在新疆、西藏等地的少数民族，历史上就有一些熟悉汉语的双语人，他们曾为民族的发展、国家的统一事业做出了贡献。

单语和兼用语的关系是互补的，各在特定的领域发挥作用，形成一个对立互补的统一体。在语言研究中，必须科学地认识单语和兼用语的辩证关系，处理好二者的关系，既要有科学原则，又要有理性。

我国语言资源丰富复杂，双语研究大有可为。双语现状、双语历史、双语关系、双语和谐、双语类型、双语教学法、双语政策等大量理论课题，都有待语言学家去探讨。我国语言学家定能在双语研究上做出自己的贡献。

（原载《语言文字报》2014 年 6 月 11 日）

加强语言和谐研究势在必行

——少数民族语言生活随想之二

　　我到过无数的民族地区，在与少数民族的交往中，总为民族地区和谐的语言生活所感动。由此逐渐就形成了这样一个认识：我国各民族地区的语言生活语言和谐是主流；和谐的语言生活是我国友好民族关系的重要内容。

　　在我国广大的民族地区，和谐的语言关系比比皆是。2009 年，我带了一个调查组到云南省耿马县做人口较少民族的语言使用情况调查。这个县分布有汉、傣、佤、拉祜、彝、布朗、景颇、傈僳、德昂等 26 个民族。各民族和睦相处，互通有无，互相学习、都乐意使用对方的语言，并以能使用对方语言为荣。以耿马的景颇人为例，全县景颇族人口有 1004 人，分布在两镇五个自然村，除了普遍使用自己的母语——景颇族各支系语言外，大多还能兼用通用语——汉语，此外有不少人还能兼用周围的少数民族语言。如：景颇新寨的 217 位景颇人有 51 人能兼用傣语，有 36 人能兼用佤语。那拢组的 52 位景颇人中有 48 人能兼用佤语。河边寨的 23 位景颇人中有 22 人能兼用拉祜语。其他民族中，也有不少人能兼用景颇语。我在村子里目睹了景颇、佤两个民族互用对方语言的情景，看到他们都能根据需要选择使用什么语言，而且以能使用其他民族的语言为荣。这是多么美好的语言生活！我多次带调查组到云南通海调查喀卓语，同样看到喀卓人和谐的语言生活。云南通海一带的喀卓人，约有 5424 人，他们除了全民使用自己的母语喀卓语外，还能普遍兼用汉语，是一个"母语—汉语"全民双语型的群体。汉语补充了喀卓语在现代化进程中语言功能的不足。喀卓人的男女老少们，在语言使用的大脑机制中都有喀卓语、云南汉语方言、普通话三套"软件"，他们能够根据需要随时调出使用。我们入户访问时，他们见到我们一会儿说云南话，一会儿说普通话，转身对家人又说喀卓语。多好的语言能力！

　　我在中央民族大学生活了半个多世纪，深深感到这个多民族的高等学校是我国多民族语言和谐的缩影。在课堂里、宿舍里、校园里，到处都能听到各民族不同语言的声音。这里的各族师生，享受自由使用语言的权利。在同一民族的师生内部，多用本族语言交流，他们很习惯用本族语言交流，流露出一种难以言传的满足。在不同民族的师生之间，都说汉语，通用语的作用得到了显示。

在全国各个民族地区，到处充满民族和谐、语言和谐的气氛。在族际婚姻家庭里，常常是不同语言有规则地、自然地交际使用；在多民族的村寨里、市场里、学校里，哪种语言使用最方便就使用哪种语言，成为约定俗成的规则。在我国多民族的地区，小语种、弱势语种都有着与大语种、优势语种平等的、受尊重的地位，所以在人们的心理上、观念上，小语种的使用并不受到轻视。我曾对一些小语种的地位、心理状态做了具体考察，结论是我国说小语种的民族同样能够自豪地、无顾忌地使用自己的母语，而对方不管是汉族还是别的少数民族，大都会持尊重、友善的态度。这是我国长期坚持民族平等、语言平等政策结出的硕果，是许多多民族国家所没有的。我国的语言和谐表现为：各民族尊重对方语言的使用，对别的语言不歧视，不排斥；不同语言在功能上互补（互相兼用对方的语言），在结构上互相吸收有用的成分来丰富自己；各民族存在尊重对方语言使用的民间道德。

语言和谐，使得我国民族地区的语言交流成为可能，对社会发展、民族团结起到重要的作用。实现语言和谐，有利于民族团结、社会进步；而语言不和谐，则会引起民族矛盾、阻碍社会进步。但在肯定语言和谐是语言生活的同时，也应看到我国民族地区的语言生活也存在局部不和谐的现象。我们研究语言和谐，也包括不和谐的研究。

为了构建我国民族地区和谐的语言生活，我国的民族语文研究必须加强语言和谐的研究。对于我国历史上和现实中的语言和谐现象，应当进行科学的理论研究，以期有个符合客观实际的理性认识。

语言和谐研究，不仅具有人文社会科学的理论价值，还能为国家制定语言文字政策提供咨询和依据，对我国民族语文方针、政策的制定能够提供有价值的参考。而且对语言学、历史学、民族学等学科的研究都有一定的理论价值。

语言和谐研究，是一个新概念、新课题，是当前民族语文工作中的一个重要的、亟待研究的课题，是语言国情研究的一个重要方面。语言和谐的研究在国内外语言学研究中还是一个薄弱环节。

语言和谐的研究，涉及许多理论问题。如：强势语言和弱势语言、通用语和非通用语、境内和境外语言等的关系有什么特点；不同语言功能的互补和竞争是什么关系；人们对语言和谐的语言态度是什么；不同人群的语言和谐有什么不同的特点；语言和谐中语言接触和语言影响的广度和深度怎样。还要认识历时的语言和谐。包括：历史上民族迁徙、分化、融合的状况如何，不同民族的语言关系怎样，不同语言的共存、互补的状况和特点等。要着力分析、研究形成语言和谐的原因及条件，包括分布特点、民族关系、经济文化特点、宗教影响、国家政策的作用等。还要研究局部的不和谐现象，包括表现在哪些方面，其危害性如何。并分析其形成的各种内外原因，包括思想根源、历史因素、民族关系等。

语言和谐的研究，必须从我国民族地区的社会、语言实际出发，提出若干如何科学地解决好当今我国语言关系的建议。包括政策层面、理论层面、语言生活层面等。

（原载《语言文字报》2014 年 6 月 11 日）

呼唤汉族干部加强学习少数民族语言

——少数民族语言生活随想之三

　　我国是一个以汉族为主体的多民族国家，汉语和少数民族语言共存、互补是我国的重要国情之一。所以，汉族和少数民族互相学习语言是客观的需要，历史的必然。党和政府历来主张少数民族要学习汉语，汉族要学习少数民族语言。

　　汉族和少数民族互相学习语言，在历史上早已有之，是我国语言生活的一道亮堂的风景线。少数民族学习国家通用语——汉语，是少数民族发展的需要，其蓬勃发展的潮流势不可挡；在民族地区生活的汉族，也由于生存、发展的需要，不少人也学会使用少数民族语言。民族地区汉族和少数民族的群众相互学习语言，有其顺利发展的条件。我在这里主要是呼吁在民族地区工作的汉族干部（包括教师、医师等）要加强学习少数民族语言。因为，在民族地区工作的汉族干部如果会说少数民族语言，对增强与少数民族的感情、做好本职工作以及提高在民族地区生活的质量，都大有好处。

　　新中国成立后，一大批汉族干部到少数民族地区工作。我亲眼看到，他们为了能与少数民族群众打成一片，努力学习少数民族语言，许多人学会少数民族语言，并能用少数民族语言与少数民族交流。20 世纪 50 年代，我在云南省德宏州待过一段时间，看到无数汉族干部在傣族、德昂族、景颇族等村寨能用少数民族语言与老乡亲切交谈，回答他们提出的问题和要求，老乡都把这些汉族干部当成自家人。1965 年，我到广西三江侗族地区参加一段时间的基层工作，也看到当地的许多汉族干部包括县里的领导都会讲少数民族语言。一位汉族县委副书记还能用侗语在群众大会上做报告，而我们因不懂语言与群众插不上话，隔了一大层。这些汉族干部，他们大多是外来的干部，是到了当地后主动学习才掌握少数民族语言的。学会了少数民族语言，他们与少数民族贴近了，热爱少数民族，热爱民族工作。当时，汉族干部学习少数民族语言成了一股风气。

　　我是汉族，因为做民族语文的教学和研究，会一两种少数民族语言。

我的真实感受是，在民族地区会不会少数民族语言很不一样，会少数民族语言能因语言沟通而产生真实感情，有利于做好民族工作。我会讲景颇语，每到景颇族地区，景颇人都把我当自己人，主动跟我谈知心话，为我提供所需要的材料。一次，我带了两位研究生在景颇寨子里调查语言。休息时两位研究生到寨头买香蕉，一元钱买了四个回来，过了一会儿，我也出去看看，一元钱买了十几个回来。学生惊奇地问我："老师，您买的怎么这么便宜？"我说："因为我会说景颇话，老乡硬不要钱，好不容易给他们留了一元钱，给了我这么多。这就是语言感情、语言价值嘛！"

有一件往事，每每想起它，我的心就不能平静。1956年，我大学一毕业，就参加中国科学院少数民族语言调查工作队到云南做哈尼语调查和哈尼文的设计和推广的工作，因此我学会了哈尼语，能与哈尼族进行一般的交流。我在哈尼村寨认识了许多哈尼人，至今他们的后代都还传说当年有位从北京来的大学生来帮我们创造文字，会说我们的哈尼话。时过50多年，2011年8月，我又重返当年生活过的绿春县哈尼村寨做语言使用调查，乡亲们见到我非常高兴，亲切地称呼我是"哈尼文阿波（爷爷义）"，投以崇敬、感恩的目光。当地哈尼族干部白居舟先生告诉我，大寨有位老人叫李黑白，10年前临终时还问罗书文先生（当年与我一起创制文字的哈尼族知识分子）："当年做哈尼文的小伙子现在在哪里，我能再见到他就好了。"我记得这位可敬的、普通的哈尼族村民。

在少数民族地区工作的汉族干部肩负着在民族地区传播、宣传、执行党的方针政策、帮助少数民族加快现代化进程的重要任务，如果他们能掌握少数民族语言，就能如虎添翼，既能与少数民族建立宝贵的感情，又便于做好自己的本职工作。

新中国成立初期，在民族地区工作的汉族干部，大多能自觉地、努力地学习少数民族语言。这个好传统，应当世代传下去。但是我们看到，随着改革开放的深入，在民族地区工作的汉族干部学习少数民族语言的热情比过去有所减弱。其原因，固然与这些年来少数民族的汉语水平有了普遍的提高，懂汉语的人数不断增多有关，但还与人们对学习少数民族语言的重要性缺乏认识有关。如今，在少数民族比较聚居的许多地方，在那里工作的汉族干部虽然天天与少数民族在一起，但却不会说他们的语言！

我国是一个统一的多民族国家，各民族之间既有共性又有个性，这一国情在今后很长时间里还会延续下去。所以，不同民族要互相帮助、互相学习、互相尊重，提倡各民族互相学习语言文化，必将是一件要长期坚持的事，这是处理好我国民族关系的必由之路。历史上，我们有很好的传统和经验，如汉族干部在民族地区入乡随俗，学习少数民族语言，与少数民族打成一片，做知心朋友等。但是这些年来，在一些地区这些好的传统没有得到继承，许多在民族地区工作的汉族干部不学少数民族语言，不去了解民族的历史文化，群众的想法和心理状态。这怎能做好民族工作呢？

　　为此，我建议民族地区的有关政府部门、语文机构在宣传少数民族学习汉语文的同时，也应重视、提倡在民族地区工作的汉族干部学习少数民族语言。鼓励、奖励在互学语言中表现好的干部、群众。语文研究机构，应加强汉族学习少数民族语言的研究，有计划地出版系列帮助汉族学习少数民族语言的工具书。

（原载《语言文字报》2014 年 9 月）

语言和谐研究的几个理论问题

【提要】本文根据笔者近年来在少数民族地区进行语言国情和语言和谐调查的材料，论述语言和谐中的三个理论问题：语言和谐是语言关系中的一种最佳类型；多语社会的语言竞争是不可避免的；语言互补是语言和谐的必要手段。

【关键词】语言和谐；研究；理论

语言和谐研究，对于保障、促进社会稳定、民族团结和社会进步，都有积极的、深远的意义，而且对语言研究还有重要的学术价值。但语言和谐的研究，在我国刚刚起步，过去没有做过针对性的研究，也没有积累下多少成果。所以在今后的语言研究中，需要专门立项开展针对语言和谐的调查研究，并通过调查实践进行理论探讨。

本文主要根据我国语言的实际，以及近年来作者在少数民族地区几次调查语言国情的体会，论述语言和谐调查研究中的几个理论问题。

一　语言和谐是语言关系中的一种最佳类型

在一个多语社会里，不同的语言在一起使用，相互间必然会出现相互接触、相互影响，构成某种语言关系。由于语言的特点不同，以及所处的社会条件不同，多语的语言关系存在不同的类型。

语言关系可以从不同的角度做不同的分类。如果从是否和谐的角度看可分为两种类型：一类是非和谐类型。指的是不同语言处在相互排斥之中，而且这种不和谐因素往往会导致民族冲突和社会矛盾，造成社会的不稳定。如印度独立时，政府出台了提升印地语地位的政策，引起了非印地语区居民的强烈不满，并造成了语言冲突。这是因为当时讲印地语的印度斯坦人，不足全国居民的1/3，印地语还未发展成为国家的通用语。又如苏联解体后，一些加盟共和国如白俄罗斯、乌克兰、哈萨克斯坦等，由于主体民族语言与俄语地位的重新分配，造成主体民族与俄语居民出现了冲突。在我国的历史上，以及在国外的一些多民族国家中，由于语言不和谐引起语言矛盾并导致民族矛盾的案例，时有发生。另一类是和谐类型。指的是不同的语言在同一社会中和谐共处，形成一个相互补足的系统。不同的语言，既不互相排斥，也不发生冲突，而是各就各位，各尽其责。新中国建立后，由于实行了民族平等政策，各民族团结一致，相互兼用对方的语言，语言关系的主流是和谐的。2007年8月，我带了一个调查组到云南省元江县羊街乡做语言国情调查，亲眼看到了这个多民族乡的语言和谐状况。羊街乡是一个以哈尼族为主的、多民族小聚居大杂居的地区，居住着哈尼、汉、彝、拉祜（苦聪人）、白、傣、苗7个民族。在这些民族中，哈尼族的人口最多，占全乡人口的86%。哈尼族内部还分为哈尼、豪尼、碧约、卡多、西摩洛、白宏等支系，分别使用不同的方言。这里的不同语言、不同方言，平等共处，相互补足，形成了一个和谐的"多语乐园"。不同人群的母语，各自在家庭和村寨的同族人中使用，不同民族之间的交际或共同使用汉语，或一方使用另一方的语言。这里的不同民族、不同支系的人，都很乐意兼用另一民族的语言或另一支系的方言。我还到过西双版纳州的基诺山（2006）、德宏州阿昌族地区（2007）、通海县兴蒙乡里山乡（2007）、墨江县雅邑乡（2008）、耿马县（2009）、泸水县片马地区（2009）等多民族分布的地区调查语言使用情况，看到的也是一派和谐的景象。

语言和谐是关系到民族和谐的一个重要因素。在一个多民族的社会里，语言关系如何，是和谐还是不和谐，直接关系到民族之间的团结，社会的稳定。因为语言与民族是紧密联系在一起的。在人们的情感上总是认为，对语言的尊重就是对民族的尊重，对语言的歧视就是对民族的歧视。语言的不和谐，会造成对民族的伤害。语言和谐有助于各民族感情的融洽，并有助于民族的发展繁荣。所以说，语言和谐是语言关系中的一种最佳类型。

我国政府对待民族语言的一贯政策是，民族不分大小，一律平等。在语言问题上，尊重少数民族使用和发展自己语言文字的自由。正因为语言和谐对社会发展有着积极的作用，所以构建语言和谐也就成为我国政府构建和谐社会的一个组成部分。

下面根据我们实地调查的云南怒江州片马地区茶山人的多语和谐生活，进一步说明语言和谐对民族发展的意义。茶山人是景颇族的一个支系，在怒江州片马地区有200余人。他们虽然处在多民族的包围之中，但他们还普遍稳定使用自己的母语——茶山语。茶山语使用的基本特点是：茶山语仍然是茶山人的主要交际工具；在不同村寨、不同年龄段的使用状况基本相同。在随机抽样的78人中，熟练使用茶山语的在古浪寨达100%，在下片马也达到91%。该地的茶山人既稳定地使用自己的母语，又兼用汉语、傈僳语等其他语言，成为具有几种语言能力的多语人。他们能够根据不同的交际对象，不同的交际内容，不同的交际场合，选择使用不用的语言，形成了一种宽松有序的、多语和谐互补的良性系统。茶山人的多语生活是他们在片马得以生存、发展的重要条件之一。他们能够自如地、无障碍地与其他周围民族友好地交流、合作。茶山人说，我们与傈僳人、汉人都亲如一家，心是相通的，语言也能说到一起。不但如此，平等的、宽松的语言生活，还有助于茶山人母语的保留。我们预计，茶山语在今后几代人中，还将在多语和谐的环境中保存下去，发挥其交际功能和保存文化的作用。

二　多语社会的语言竞争是不可避免的

语言演变包括两个方面的内容：一是语言结构的演变，包括语音、语法、词汇、语义等方面的演变，其演变主要受语言内部因素的制约。二是语言功能的演变，包括语言使用功能大小的升降、语言使用范围大小的变化等，其演变主要受语言外部社会条件的制约。

语言和谐，不等于没有语言矛盾，没有语言竞争。语言和谐往往是在语言矛盾和语言竞争中实现的。所以，在研究语言和谐时，必须研究语言竞争。

应当怎样认识语言竞争呢？我认为，语言竞争是语言发展、语言演变的一条普遍的客观规律，是不可避免的。因为不同事物共存于一个系统中，除了统一的一面外，还有对立的另一面。这是由于事物间存在差异，有差异就有矛盾，有矛盾就有竞争。不同的物种有竞争，不同的人有竞争，不同的语言也一样会有竞争。这是普遍规律，是不以人的意志为转移的。多语共处于一个社会之中，由于语言功能的差异，在使用中必然会出现语言间的竞争。语言竞争是语言关系的产物，是调整语言关系使之适应社会需要的手段。在一个多语的社会里，语言竞争是协调语言关系、使不同的语言按社会发展的需要演变的一个重要手段。它能使不同的语言通过竞争，调整不同语言使用的功能和特点，发挥各种语言应有的作用。

语言竞争往往表现在语言地位、使用范围等方面的争夺上。其结果常常出现：① 语言的地位发生变化，有的语言地位升高，有的降低；② 语言的使用范围发生变化，有的语言范围扩大，有的缩小，有的移位；③ 母语和兼用语的关系发生升降变化；④ 语言态度发生变化，对母语或兼用语的地位认识出现升降；等等。

我们这里所说的"语言竞争"是指语言功能不同所引起的语言矛盾，属于语言本身功能不同反映出的语言关系。这是语言关系在语言演变上反映的自然法则，有别于靠人为力量制造的"语言扩张""语言兼并"或"语言同化"。前者符合语言演变的客观规律，有利于语言向社会需要的方向发展，有着积极的意义；而后者是强制性的，违反了语言演变的客观规律，违背了民族的意志。

语言竞争，虽是一种不以人们意志为转移的自然现象，但人们可以通过语言规划、语言政策来加以规范，引导语言向理想的方向发展。比如，我国南方少数民族地区中小学的汉语文和少数民族语文教学，根据多年来民族地区经济、文化的变化，以及教学中存在的问题，其比例有过多次的调整，更好地适应了社会的变化和需要。

认识语言竞争的性质，必须涉及"强势语言"和"弱势语言"两个不同的概念。存在于同一社会的不同语言，由于各种内外原因（包括语言内部的或语言外部的，历史的或现时的），其功能是不一致的。有的语言，功能强些；有的语言，功能弱些。强弱的不同，使语言在使用中自然分为"强势语言"和"弱势语言"。这是客观存在的事实。多语社会的语言，语言竞争通常出现在强势语言与弱势语言之间，其关系错综复杂。所以，要准确解决一个多民族国家的语言关系，区分这一对概念是必要的，也是不能回避的。

这里要说明一下，我们这里使用"强势语言"与"弱势语言"的名称，是属于社会语言学的概念，与语言结构特点的差异无关，因而丝毫不含有轻视弱势语言的意味。不同语言的内部结构，各有自己的特点，也各有自己的演变规律，这是由各自语言机制系统的特点决定的，不存在"强势"与"弱势"的差异。

"强势"与"弱势"是相对的。汉语是强势语言，是就全国范围而言的。在我国的少数民族地区，不同的少数民族语言，其功能也不相同。其中，使用人口较多、分布较广的少数民族语言，是强势语言；使用人口较少、分布较窄的少数民族语言，则是弱势语言。其"强势"与"弱势"之分，是就局部地区而言的。如：在我国的新疆，在维吾尔、哈萨克、柯尔克孜等民族杂居的地区，维吾尔语通行最广，是强势语言，其他少数民族语言则是弱势语言。在广西，壮族人口多，与毛南语、仫佬语相比，是强势语言，一些毛南人、仫佬人兼用壮语，甚至转用了壮语。如果就全国范围来说，维吾尔语和壮语则可称之为"亚强势语言"。

语言竞争存在不同的走向。语言竞争主要有以下几种走向。一种走向是：互相竞争的语言长期共存，功能上各尽其职，结构上相互补充。在竞争中，各自稳定使用。虽有强弱差异，但弱者有其使用的范围，不可替代，不致在竞争中失去地位。我国少数民族语言和汉语的关系多数属于这类。另一种走向是：弱势语言在与强势语言的较量中，功能大幅度下降，走向衰退。其表现是：功能衰退的语言，只在某些范围内（如家庭内部、亲友之间、小集市上等）使用；部分地区出现语言转用。这类语言，可称为衰变语言。还有一种走向是：弱势语言在竞争中走向濒危，在使用中完全被强势语言所代替。我国历史上分布在北方的一些语言，如西夏、鲜卑、契丹、女真、焉耆、龟兹等语言，在语言竞争中消亡了。目前，还有一些语言正处于濒危状态或衰变状态，如仡佬语、土家语、仙岛语等，应当引起人们的重视。以上三种不同的走向，反映了语言竞争的不同层次。构建多语和谐，要引导语言朝第一种走向发展，保持一个多语国家的语言多样性。

构建语言和谐，必须处理好强势语言和弱势语言的关系。强势语言的存在和发展，有其优越的条件，容易受到人们的重视；而弱势语言则因其功能弱，在发展中存在许多难处。处理强势和弱势的关系，原则是扶持弱者。

三　语言互补是语言和谐的必要手段

一个多语社会，不同语言之间既存在竞争的一面，又存在互补的另一面。语言互补包括两个方面：语言功能互补，语言结构互补。

语言功能互补是指同一社会的不同的语言，为了充分满足社会交际的需要，在语言使用功能、语言结构上相互补足。比如：分布在云南省通海县的蒙古族喀卓人（共 5620 人），全民都保留使用自己的语言——喀卓语，但还全民兼用汉语，以弥补母语的不足，形成了双语互补的语言交际机制。在喀卓人的语言生活中，喀卓语和汉语两种语言功能互补，各就各位，在不同场合、不同交际对象中使用有序。喀卓语主要在家庭内和村寨内使用。绝大多数族内婚姻家庭，以喀卓语为唯一的交际工具。无论是简单的日常交际，还是比较深入的思想交流，都使用喀卓语。族际婚姻家庭，有些使用喀卓语，有些则使用"喀卓语—汉语"双语。在村寨内部，同族人在一起都使用喀卓语。他们说："一出家门不说喀卓语，会害羞的。"所以，村寨内部都是使用、学习喀卓语的广阔场所。一些青少年，父母在家里和他们讲汉语，而他们的喀卓语是在村寨里和玩伴一起玩耍时才学会的。在生产中，如种植烤烟、蔬菜、水果等田间劳动，喀卓人在一起也都说喀卓语。若有外族人在场就转用汉语。在教育系统，主要使用汉语。在乡公所的公务活动中，日常用语是汉语。但喀卓公务员之间在非正式场合，还是使用喀卓语。在工作会议上，念上级文件时用汉语，讨论时有的说喀卓语，有的说汉语。在乡广播站，除了用汉语广播新闻、天气预报外，一些当日的重要公务通知大多使用喀卓语进行广播。在节日的盛会上，都使用喀卓语。总之，喀卓语和汉语互补，是喀卓人语言生活的主流，两种语言都得到了全民性的使用，发挥了表情达意、沟通思想的重要作用。喀卓人实际上存在两种语言机制：一种是表达母语的，另一种是表达汉语的。两种机制可以根据实际需要，随时调出使用。每天的语言生活都是在不断地调换使用这两种机制中度过的。语言使用的这种互补，不但解决了语言交际的需要，而且还促进了民族团结和社会和谐。

在语言结构上，喀卓语由于受到汉语的影响，从汉语里吸收了所需要的成分来丰富自己的语言。这种影响涉及语音、语法、词汇等方面，尤其以词汇的影响最深。长期以来，特别是新中国成立以来，大量的汉语借词进入了喀卓语词汇系统。在我们所收集的 2453 个基本词汇中，汉语借词就有 811 个，占统计总数的 33%。有些借词已进入核心词的领域。例如：脑、肺、肝、胆、父亲、哥哥、姐姐、叔叔、舅父、姨夫、岳父、岳母、头巾、袜子、褥子、伞、火钳、金、铜、给、搬、唱、累、算、抬等。借词的义类范围具有广泛性、全方位性的特点。汉语借词进入了喀卓语后，与本语固有词是相辅相成、和谐发展的。汉语借词的大量进入，使喀卓语的语音系统发生了一些变化。例如，汉语复合韵母iau、ui、uɛ的借入，丰富了喀卓语的语音系统；一部分青少年的汉语借词还增加了鼻音韵尾，或使用鼻化元音。在语法上，喀卓语受到汉语的影响发生了一些变化。主要有：借入汉语的部分虚词，如"又、再、就、越来越"等；借用了汉语的一些复句格式；出现了一些新语序，与固有语序并存并用。吸收汉语成分，使汉语和喀卓语的差异缩小了，对喀卓人学习汉语是有利的，这对喀卓人双语制的稳定与发展有着一定的推动作用。而且，喀卓语吸收汉语来丰富自己，能够不断增强自己的语言活力，使其能够更好地适应社会交际的需要，这对喀卓语的独立保存和发展下去有着重要作用。

构建语言和谐涉及的问题方方面面，需要开展多学科的交叉研究。本文只就当前遇到的几个问题进行初步探索，大量的问题还有待于今后不断进行研究。

（原载《澳门语言文化研究》，澳门理工学院出版，2011 年 1 月）

丽江市古城区七河镇共和村的语言和谐

【摘要】本文根据作者第一线田野调查的材料，论证共和村是一个多民族语言和谐的村寨；其和谐语言生活形成的原因不仅有社会人文条件，而且还得益于深厚的历史底蕴。还认为共和村语言关系虽然和谐是主流的，但是还存在语言不和谐因素。必须理性地看待语言和谐，并遏制语言不和谐现象的产生。

【关键词】共和村；语言和谐；民族和谐

来到古城区七河镇共和村（以下简称共和村）之前，我们就听说这个地区是一个多民族居住的地方，民族关系和语言关系都很和谐，兼语现象很普遍，值得调查。到实地作了深入调查后，我们调查组发现了许多有关语言和谐深层次的东西，值得我们去深入挖掘和提升认识，看到共和村确实是一个稳定的、有深层意味的语言和谐的村子，其形成有其内在的、历史的成因，是我国少数民族地区一个有代表性的语言和谐范例。下面是我们调查组在实地调查后写出的调查报告。

一 共和村——充满民族和谐的共融区

一个民族、一个地区的语言生活特点，是由该地区的社会人文特点决定的。所以，有必要先介绍一下共和村管辖地区的社会人文概况。

1. 一个以纳西为主，兼有汉、白民族的民族和谐区

七河镇位于古城区南端，距离丽江市古城区 17 公里。东临金沙江与永胜县隔江相邻，南面是古城区金江乡及大理州鹤庆县，西与玉龙县相接，北与古城区金江乡相连。全镇土地面积 344.3 平方公里，辖共和、新民、七河、三义、五峰、金龙、龙潭、羊见、前山、后山等 11 个村委会，133 个村民小组。总人口达 20879 人（2012 年）。

共和村是七河镇最大的一个村，是镇政府所在地。共和村下辖中心一、二、三组，东关一、二组，西关一、二、三组，胜利，太平，瓦窑，华丰一、二、三组，木光一、二、三组，道生，勒马，南溪一、二、三组，套同 23 个村民小组，共 1005 户，4638 人。

共和村的居民主要是纳西、白、汉三个民族，不同民族分寨而居。每个村寨以一个民族为主，夹有少量其他民族。这是共和村民族分布的一个重要特点。全村以纳西族人口为最多，除了太平小组为白族，木光一、二、三组部分村民为汉族外，其他各村民小组皆为纳西族的小聚居村。

在共和村这个多民族的聚居区，不同民族和睦共处、互帮互助、互相通婚，构成了一幅民族团结、和谐的生动画面。

村子之间频繁的交际往来，维系着纳西、白族及汉族之间亲密的民族关系和语言关系。共和村村民之间的交际来往主要是集市贸易、请工帮工、婚丧嫁娶、亲朋好友来往等。多年以来，该地区一直保留逢一、六为集市的传统，近在共和村的村民，远至鹤庆的汉族、白族商人都会来到集市上进行贸易。在集市上，人们采购生产、生活用品，或者销售一些自己加工、生产的产品，如村民自己种的时鲜蔬菜、大米，或自己加工的豆腐、凉粉等。农闲季节，村民常常到附近的砖厂打工，或到城里做一些临时工。村里也有一些工匠、木匠，被请到其他村子盖楼、装修房子，与其他民族接触往来。村子之间居民的联系也很频繁。特别是多年来的通婚关系，形成了密切的亲戚关系，无论是逢年过节、婚丧嫁娶，还是互帮互助，都交织形成了一张时有往来的联系网。

2. 一个与时俱进、蒸蒸日上的经济繁荣区

共和村总面积60平方千米，有耕地5867亩，其中水田3667亩，旱地2200亩。主要粮食作物有水稻、蚕豆、大麦、小麦、玉米等，烤烟是经济作物。近年来已开始推广种植大白菜、青蚕豆、甜糯玉米、豌豆等蔬菜作物。养殖是村民增收的另一重要手段，主要养殖肉猪、母猪、牛羊、鸡鸭。除了种植、养殖外，村民主要的经济来源是外出打工。

这里的纳西族、白族，经济发展水平与当地汉族相当。2011年，共和村人均纯收入达7200元。我们调查组所到的村子，只见路面平整、房舍整洁。几乎每家每户都新盖了楼房。家家都有电视、冰箱、洗衣机等家电，沙发、衣柜等家具一应俱全。很多家庭购置了农用车、旋耕机、电动喷雾器等，基本实现了农业机械化。我们来到太平村村民李永红家时，只见村民正在准备将烤好的金黄的烟叶运回家。尽管阴雨连绵，村民们活计辛苦，但他们在干活之余都谈笑风生，表现出对如今美好生活的满足感。村民范云娥告诉我们，现在农村生活条件变好了，一日三餐不仅能吃饱，菜品也十分丰富。一家村民的墙上洋洋洒洒地写着"谈笑人生"四个大字，反映出村民们在物质生活得到满足后精神生活洋溢出的幸福感。

共和村靠近丽江城区。丽江是一个旅游城市，旅游服务行业发展空间很大，这为共和村村民提供了很多外出就业的机会。共和村不少村民投身

于旅游、服务行业之中。就业选择的多样化，既增加了村民的经济收入，也拓宽了村民的视野，还对他们学习外族语言文化提供了便利的条件。

共和村基本实现了村村通公路，村内都有了平坦坚实的水泥路，甚至田间也修起了宽敞的便道。丽江到昆明的火车途经七河镇，沿着东山山脚直达丽江。2012 年，三义飞机场的机场高速公路建成，这条高速路由北向南，贯穿共和村 23 个村民小组，既给共和村提供了经济发展的条件，也为各村居民的交际往来带来了方便。

3. 一个包容开放、多元交融的文化共融区

共和村不同民族的婚姻、宗教、文化等社会人文特点既有共性，又有个性，共性和个性有机地融为一体，呈现出多元化的特点。这种多元的特点，制约着民族关系和谐互补的发展方向。

共和村教育基础完善。现有古城区第二中学、七河中心完小和七河中心幼儿园三所学校。村内小孩多在当地完成学前教育和九年义务教育，高中则要到县城上。国家"两免一补"政策得到认真落实，已基本实现学生营养餐的供应。初中学生巩固率较高，毕业生约 90%会选择继续接受教育。除了上普通高中，有些学生还会选择职高、民族中专以及一些职业学校。学校师资来源主要是本地人，其中少数民族占很大比例。如：七河中心完小的教师有 18 人，其中纳西族 10 人，白族 5 人，汉族 2 人，彝族 1 人。古城区第二中学一共有教师 57 人，为白族、纳西族和汉族，其中白族教师占了一半。

我们看到，在当地一些学校，从小学三年级起，开设纳西母语课（包括东巴文），每周一次。少数汉族和白族学生也参加该课程。这对传承纳西族语言文化，以及贯彻国家的民族语言政策，都起着一定的作用。

纳西族和白族的传统服饰具有明显的民族特色。纳西族的"披星戴月"服饰，身着前长后短的大褂外加坎肩，系百褶围腰。白族服饰崇尚白色，体现"以白为贵"的传统。但现在不同民族的服饰界限逐渐淡化。东关村李红润告诉我们，共和村村民除 70 岁以上的老年妇女还着民族服装外，服饰都与汉族无异，节日庆典时也不穿民族服装，甚至年轻人结婚也喜于选择婚纱。

多民族多元文化交融在建筑上有了鲜明的反映。当地民居巧妙地融合了白族、纳西族以及汉族的建筑理念，无论是在建筑风格还是建筑艺术上，都有多元交融的特点。共和村不同民族的民居风格高度趋同，多取"三坊一照壁"的风格，即由三面双层楼房加照壁或围墙组成。照壁上绘有花草、瑞兽等图案，再配上诗文，显得清新典雅，充满了文化氛围。这种充满文化气息的建筑风格，显示了纳西族、白族在文化生活所达到的文明度。

民居多为土木结构的两层楼房。随着经济条件的改善，土木结构多被石木结构或砖木结构代替。以石为基，青砖或石头为墙，上筑平衡稳固的木屋架，木屋架以瓦为盖，整幢楼房实用、稳固且不失美观。主楼坐北朝南或坐西朝东，主楼正中一间称为堂屋，堂屋装有六扇雕刻精致的木门，平时只开两扇，只有红白喜事才全开。主楼二楼中间一间用于设供桌，摆放祖先牌位及供品等。

共和村纳西族、白族村民的饮食习惯与汉族无异，喜食大米、面食。每天吃三餐，早上起床后吃早餐，多以面食为主，如馒头、面条等，也有人吃米饭、米线、饵丝等。午餐在十二时到一时，晚餐为七时左右，以米饭和蔬菜为主。当地还有一些具有民族特色的食品，如吹肝、猪肝醡、米血灌肠和江边辣等。

纳西族、白族有自己的传统民族节日。如与藏缅民族共有的火把节，纳西的"三朵节"（共和村白族多称"二月八"）等。纳西族的火把节过得较为隆重，村民们多会将火把插到田里，以期来年粮食满仓。"三朵节"是丽江地区较受重视的节日，现已作为丽江地区法定节日，并规定放假一个星期。白族的"三朵节"，人们三五成群去野外踏青游玩或"打平伙"。

但纳西族、白族还过汉族的节日，如春节、中秋、中元等。春节过得较隆重，从腊月杀年猪、制作当地美食、购置年货，到腊月二十四打扫卫生，大年三十贴春联、大年初一吃汤圆、上坟，初二开始走亲访友，到十五逛庙会等，都与汉族趋同。中秋节常备各类坚果，并制作月饼，晚上全家围坐在一起吃饭、赏月。中元节（当地居民称"鬼节"或"接祖节"）是当地居民另一个重要的节日，但不同民族选择的日期不同，一般都在七月十五前后。白族在七月初十接祖，这一日请亲戚朋友到家里做客；纳西族在七月十三过，汉族则在七月十五过。

从上述节日庆典活动中，可以看到当地居民对自己传统节日及文化的固守，也能从中窥见纳西、白、汉多元文化的交流与融合。

当地居民对婚姻普遍持开放、包容的态度，不同民族组成的族际婚姻家庭在共和村比比皆是，婚姻观念中的民族界限呈模糊状态。不同民族之间都可以自由通婚，并且受到社会舆论的支持。太平村白族村民李万年老人，他的三个子女分别娶了或嫁了汉族、纳西族，在他看来，这是完全可以接受的。我们询问他对族际婚姻的态度时，他的回答是"顺其自然，只要孩子喜欢，就可以"。20 世纪 60 年代，木光村是一个以汉族为主的村子，经过多年的通婚，木光村村民中已有很多纳西族和少量白族，变成了一个多民族杂居的村子。村民洪学胜的家庭是一个典型的族际婚姻家庭，他的父亲是汉族，母亲是白族，其民族成分是汉族。洪学胜后来娶了纳西族的妻子，并将儿子的民族成分也改为纳西族。

上述调查的材料显示，共和村的经济生活已向小康迈进，各民族安居乐业，过上前所未有的幸福生活；各民族文化相互交融、多元互补；族际婚姻顺势增长、婚姻的民族界限逐步淡化。这一切，都为该地区的民族和谐、语言和谐提供了坚实的基础。

二　共和村——语言和谐、互补的多语区

语言和谐是指一个国家、一个地区的不同语言（包括不同的方言）在使用中各就各位，和谐共处，协调有序；在和谐中各尽其责，共同发展；既不相互排斥或歧视，也不发生冲突。语言和谐虽然是个浅显易懂、易被接受的概念，但人们却不容易有理性的认识，往往理不清、说不通，只停留在表面认识上，不易从理论深度、历史角度来分析论述客观事实。

（一）语言和谐面面观

共和村各民族在长期的生产、生活和交际中，互相学习，互帮互助，在经济、文化和语言上水乳交融，构成了一幅民族团结、和谐的画面。我们课题组经过入村入户调查，从大量的事实中认识到，共和村的语言生活是和谐、互补的，属于语言和谐类型。我们从以下几个方面观察到共和村的语言和谐。

1. 从母语和兼用语的使用情况看语言和谐

共和村不同民族语言使用的基本特点是：全民稳定使用母语的同时，大多能兼用其他民族的语言。母语和兼用语在使用功能上形成有序的互补。

我们选择东关、木光和太平村三个村子作为个案，分别对纳西族、汉族和白族的母语和兼用语使用情况进行了量化统计。根据该地区的语言使用特点，我们将村民语言能力的测定标准分为"会"与"不会"两级。下面是三个村子的村民母语和兼用语使用情况。

表1　　　　　东关、木光和太平三个个案不同民族语言使用情况

村/族	语言	纳西语		白语		汉语	
		会	不会	会	不会	会	不会
东关村	纳西族（147人）	147	0	4	143	147	0
	白族（4人）	4	0	3	1	4	0
	汉族（15人）	15	0	0	15	15	0
木光村	纳西族（60人）	60	0	2	58	60	0
	白族（15人）	15	0	15	0	15	0
	汉族（236人）	200	36	9	227	236	0

续表

村/族	语言	纳西语		白语		汉语	
		会	不会	会	不会	会	不会
太平村	纳西族（31 人）	30	1	26	5	31	0
	白族（276 人）	253	23	276	0	276	0
	汉族（39 人）	14	25	29	10	39	0

表 2　　　　东关、木光和太平三个个案纳西族、白族母语保留情况

民族　村名	调查人数	会母语人数	百分比（%）
纳西族	238	237	99.58
白族	295	294	99.66

　　上表显示了共和村三个个案的纳西族和白族，会母语的比例都在 99%以上，属于全面高度稳定使用母语型。各民族对自己的母语都充满了异常热爱的情感，而且在使用中洋溢着自豪感。同时，他们也能尊重其他民族使用自己的母语，从没有轻视或排斥的意味。

　　兼用语使用情况是：兼语现象普遍。纳西族和汉族都是双语型，纳西族是"纳西—汉"双语型，汉族是"汉—纳西"双语型。纳西族在 238 人的调查对象中，百分之百兼用汉语，属于全民兼用汉语型。汉族在 290 人的调查对象中，229 人会纳西语，占调查总数的 78.97%，属于大部兼用纳西语型。白族是"白—汉—纳西"三语型。在 295 人的调查对象中，百分之百兼用汉语，属于全民兼用汉语型；272 人兼用纳西语，占总调查人数的92.20%，属于全民兼用纳西语型。如此高比例的双语或三语现象，如果不是对兼用语有客观需求和具备心甘情愿地学习兼用语的心理状态，绝对不可能做到。我们在调查中访问了无数人，问他们为什么能够对兼用语掌握得如此之好，他们几乎异口同声地回答说："需要嘛。"这里的各个民族将语言的兼用现象视为理所当然，而且为自己能够兼用别的语言而感到自豪。

　　在家庭内部甚至村子内部，母语是主要的交际用语。在村民看来，如果在家庭内部或同村的人用其他语言交谈，是不礼貌的行为。外出工作和学习的人回到村里，也说母语。如东关村村民和旭秋现在昆明上大学，但回到村子里依然使用纳西语。除此之外，嫁进本村的本民族媳妇，也会用母语与本村村民交流。如太平村李劲松的爱人是金山白族乡的白族，虽然两地白语的语音略有不同，但嫁入本村后，她依然使用白语与村民交流。

　　不同村子同一民族之间进行交际时，倾向于使用本民族语。如共和村村委会罗主任是华丰村的纳西族，和主任是中心村的纳西族，二人在平时的沟通交流中都是用纳西语。这样的现象在该地区十分普遍。

不同村子的不同民族之间进行交际时，村民需要寻找共同语来完成交际。对共同语的选择主要基于该种语言的使用人数和地位。在共和地区，汉语是通用语，而纳西语是优势语。因此，当纳西族村民和汉族村民进行交流时，会出现纳西族村民使用汉语的现象，但汉族村民使用纳西语的情况也时有发生。如瓦窑村村民和自力是当地纳西族，在遇到汉族时，根据对方的纳西语程度，选择使用不同的语言交际，如果对方的纳西语较好便用纳西语，否则用汉语。

总之，共和村各民族村民在对待母语和兼用语的使用和关系上，语言和谐的思想始终贯穿其中。特别是汉族大多能兼用纳西语，部分也能兼用白语，这是难得的现象，是值得称道的。

2. 从不同语言在社会交际中的功能互补看语言和谐

该村不同的民族语言，由于社会特点及语言特点的不同，各自在社会交际中具有不同的使用功能。共和村纳西、白、汉三种语言作为该地区主要的社会交际工具，在使用过程中实现了功能互补，满足了各民族村民在不同场合的交际需求。这是该地区和谐的语言生活的一大表现。

在面向大众的广播、电视等媒体中，汉语占据着十分重要的地位。除了中央、省级的电视台外，当地电视台也主要使用汉语播放。丽江当地的广播电视重视使用纳西语播送节目。资料显示，2001 年，丽江人民广播电台开播正点新闻纳西语节目，原丽江纳西族自治县电视台开设纳西语一周要闻回顾。2005 年，丽江人民广播电台组织纳西语广播剧配音演员进行纳西语培训；丽江市文广局农村电影管理站组织译制两部纳西语版影片《黄河绝恋》和《暖春》。2007 年，丽江市文广局农村电影管理站译制四部纳西语版影片《功夫》《霍元甲》《无影剑》《情癫大圣》和教科片《防治艾滋病》。2008 年，玉龙县电视台开播《学习东巴文》栏目。市文广局译制两部纳西语版影片《宝贝计划》和《鬼城谍影》、一部教科片《实用光转农膜》，一部实事片《十七大新闻联播》，一部法制片《丽江古城管理条例》。[①]

在七河镇政府、卫生院等机关单位，汉语和纳西语是主要的交际语言。在政府机关，办公人员之间主要用汉语交流，开会、宣读文件等也用汉语。在面向人民群众时，机关人员同样也倾向于使用汉语，有些当地的机关人员则偶尔使用民族语。在卫生院，医生使用当地汉语方言询问病情，面对

---

① 和洁珍整理：《纳西拼音文大事辑要 1951-2011》，载《丽江民族研究》（第五辑），云南大学出版社 2012 年版。

年龄较大、理解汉语存在困难的老人，使用纳西语作为辅助。

在共和村，逢一、六为集市，几乎当地的各民族都参与到集市贸易中。在买卖的过程中，纳西语、汉语是主要的交际语言。由于集市上参与贸易的人大多来自附近村落，大家都互相认识，因此便使用双方都熟悉的语言进行交易。而来自外地的商贩，大多是鹤庆的汉族或白族，因此交易时村民倾向于使用汉语。

木光村村民洪学胜家是一个典型的多语互补的家庭。洪学胜是汉族，因母亲是白族，会一点白语。妻子是纳西族，儿媳也是纳西族，洪学胜家里人都会说汉语和纳西语，他们之间交流有时候用汉语，有时候用纳西语。"我和妻子交流两种语言都说。我儿子和我说纳西语的时候多。我儿子和他妈妈常说汉语。我儿子和儿媳两种语言都用，用纳西语的时候多点。我孙女再过一个星期才满两岁，但是汉语、纳西语会听会说了。"从洪学胜对家里的语言使用情况的描述来看，在洪家日常生活中，纳西语和汉语在使用功能上互相补充，和谐并存。

太平村李万年家是一个典型的三语家庭。李万年是白族，后娶了来自大理鹤庆的白族，女儿招了木光村的汉族上门女婿。家里除了媳妇不会纳西语外，李万年自己和女儿、女婿都会纳西语、汉语和白语三种语言。他们在村寨和家庭内部，主要使用白语交流，而在其他场所，都是"遇汉说汉，遇白讲白，遇纳西用纳西"。

到该地区后我们看到，共和村的语言和谐不只是语言的普遍兼用这么简单，而是几种语言在语言使用功能上互相补充，形成密切不可分的整体。该地区三种语言的通用度是：汉语＞纳西语＞白语。在这里，决定这三种语言通用度的因素主要是使用人口的多少。虽然三种语言在该地区的通用度不同，但处于弱势的语言并没有因此而明显衰退，强势语言也没有出现代替其他语言成为该地区的单一用语的趋势。反之，三种语言在各自的交际领域内稳定使用，共同满足当地村民在不同交际场所的交际需求，呈现出和谐共生的画面。

3. 从语言影响看语言和谐

语言和谐的机制有助于共和村的汉语、纳西语和白语之间长期互相影响、互相借用。特别是纳西语和白语，其语音、词汇和语法受汉语的影响很大。

随着社会的不断发展，纳西语和白语的原有词汇已不能满足日常的交际需要，必须从汉语词汇中吸收养分来丰富自己。纳西语和白语吸收汉语词汇有以下几种情况。

一是借入白语和纳西语里没有的词汇。如"电脑""电视""电饭锅""电磁炉""旋耕机""烤烟""化肥""停车场"等词汇。这些词汇在村民的日常生产生活中必不可少，为了交际需要而被借入。

二是白语和纳西语词汇中虽有，但为了使用汉语借词更经济或方便借入汉语词汇。如数词、部分名词和形容词等。共和村村民在说电话号码、日期、大的数字、地名以及一些形容词时，往往用汉语代替。

调查组在共和村村委会做调查时，听到村民跟村委会和主任用纳西语交谈时使用了下列汉语借词：48 万、停车场、零数、整数、严严实实、语言、参考、当兵、合同、盖章、十三号、联系、电话号码等。而太平村白族村民李万年与我们调查组的一位白族成员交谈时，汉语借词用得更多，有文化、冰棒、水果、80 岁、白族、粮食局、共产党、汉话、一般、文盲、初中毕业、讲、百分之百、交流、个别、特殊、名称、通话等。在以上汉语借词中，有的是因本语没有而借入，有的则是本语有但也借入。

值得一提的是，汉语借词进入白语和纳西语后，不仅成为白族和纳西族村民日常交际中不可缺少的词汇，有些借词甚至成为基本构词成分，创造出更多的词汇。如汉语的"肝"借入白语后，与白语的"猪""鸡"等词汇相结合，构成了"猪肝、鸡肝"等半本语半借词的词汇。

来到共和村做调查，感受最深的一点就是，纳西族和白族在说话时都有很多汉语借词。特别是白语，整个句子几乎有一半以上的词是汉语，可是一句话连起来，却很难听懂他们在说什么，正如当地人所说"白族人把汉语说得让人听不懂"。原因有三个，首先，汉语借词进入白语后，其韵母和声调根据白语特点发生变化，从而与白语融为一体。其次，很多借词是不同历史时期借入的，其语音保留了古汉语的特点。最后，白语的语法特点与汉语不同，即便是汉语借词进入了句子后，也带有白语的特点。

在语言接触与语言影响的过程中，不论是纳西语还是白语，都以自己的语法为内核，广泛吸收汉语词汇元素来充实自己，并对汉语借词进行改造，使之能够融入自己的语言，以满足正常的语言交际需要。

4. 从语言态度看语言和谐

在该地区，纳西族、白族和汉族村民都能互相尊重并乐于学习其他民族的语言，吸收其他语言的成分来完善自己，反映出一种开放、包容的语言态度。

在共和村，每一种母语都能受到尊重并能自由使用，村民适应需求选择语言进行交际，纳西语、汉语和白语三种语言，成为当地互补的语言工具。我们常常能看到这样的情景：一个纳西族村民与汉族村民刚用流利的汉语进行交流，过了一会儿又改用纳西语；一个白族村民跟身边的孩子用白语进行交流，路上遇到纳西人就用纳西语打招呼，遇到汉族便用汉语，语言的转换便捷、自然。在村民们看来，不论使用何种语言进行交际都是能接受的，最终目的都是为了能无障碍地沟通。

近年来，丽江地区十分重视民族文化的传播，纳西语作为当地的通用语，在推广文化的过程中起了媒介作用。当地电视台经常播放一些纳西语配音的电影和电视节目，深受该地老百姓包括汉族和白族群众的喜爱。纳西语配音电视节目之所以有如此深厚的群众基础，与当地居民对纳西语的认同分不开。当地汉族、白族村民几乎人人都会说一口流利的纳西语，加上对纳西文化的崇敬和认同，自然也就容易接受纳西语配音节目。

村民对于下一代学习、使用什么语言也持包容、开放的态度。村委会和主任与爱人都是纳西族，对孩子开始学习什么语言的问题上出现分歧。和主任想教孩子学习纳西语，原因是认为纳西族学习纳西语是正常的，这种传统应当保留，而且有学习纳西语的大环境，孩子容易学会。和主任的爱人却主张学习汉语，认为这有利于孩子以后的学习和沟通。从这里可以看到，多语地区不同语言之间存在着语言冲突与竞争，这样的例子在共和村时能见到。在多语地区，不同语言之间存在竞争与冲突是不可避免的。但在共和村，这种冲突形成了一种良性的结果，即孩子通过调整两种语言的使用，最后学会两种语言。不同语言的冲突在孩子身上得到化解，实现语言的和谐。每一个村民在学习语言的过程中都会遇到这样的语言竞争与冲突，但经过调整最终都掌握了多种语言，取得语言的和谐。而这种成功的调整，是由当地开放、包容的语言观念决定的。

（二）语言和谐的成因

共和村语言和谐的多语生活，有着其深层的现实条件和历史底蕴。深入挖掘形成语言和谐的成因，对于了解语言和谐有着重要意义。

1. 民族和谐是语言和谐的前提

语言是民族的一个重要特征，也可以说是民族的第一特征。民族关系如何对语言是否和谐起着决定性的作用。共和村和谐的多语生活，是以团结和谐的民族关系为基础的。

纳西族、汉族和白族这三个民族在共和村这片土地上，世世代代繁衍生息、生产生活，形成了一个相互交融的整体。在共和村，我们见到三个民族的民居、日常服饰、节日庆祝等方面都高度趋同，不同民族之间界限模糊，交际往来频繁，通婚自由。民族关系十分和谐。虽然各自使用不同的语言，但民族和谐使得他们能够通过尊重对方使用的语言和语言兼用来实现语言关系的和谐。

该地区的居民尊重其他民族，对其他民族持接受、包容的态度。以纳西村子东关村的余金华等三家汉族为例，据余金华介绍，这三家汉族是从四川盐源迁入，迁入已有三代。在民族成分上，有一家保留汉族，两家改为纳西族。迁入后，他们渐渐学会纳西语，饮食文化、风俗习惯都与当地纳西族无异。当地村民已完全接受了这三家汉族，并把他们看作纳西族。这几户汉族受到尊重，以至有一家汉族迁回原籍后，又将女儿嫁回本村。

太平村北边土质好、交通便利，多年来办起了多个烧制砖、瓦的作坊，作坊的老板多来自四川、浙江等地。这些作坊就近请当地村民来帮忙，纳西族、汉族和白族村民，与老板坐在一起，一边拉家常一边辛勤劳作，谈笑风生，其乐融融，构成一幅多民族和谐的画面。

纳西族、白族和汉族在历史上早就频繁往来，在文化上互相交融。这种深厚的历史文化底蕴，使当地各民族心态开放、包容性强，并愿意学习其他民族的先进文化以发展完善自己。发展至今，该地区已形成了一种你中有我、我中有你的多元文化。进入共和村调查多日，我们看到当地居民多着汉装，只有个别老人穿民族服装。每逢节日要进行文艺表演时，共和村不论纳西族、汉族还是白族都选择穿纳西服装，表演纳西歌舞。当地建筑多是"三坊一照壁"格局，当问及源自哪个民族时，村民们有的认为是纳西族的传统，有的则说是来自大理白族的建筑风格，但不管是源自哪里，当地居民都乐于采用。

这种多民族团结的心理投射到语言上，表现为对对方语言的尊重，和自由选择使用多种语言。

民族和谐决定语言和谐，没有民族和谐，也没有语言和谐。该地区和谐的多民族关系，是当地语言和谐的重要前提。

2. 相互依赖决定语言和谐的需要

在社会高速发展的今天，独立的群体很难求得发展。共和村的村民充分意识到了这一点。在生产生活上互助互利，成为村民发展进步的需要。他们都希望在生活上变得宽裕，希望下一代能够接受更好的教育，过上更好的生活。这种强烈的共同意愿，将当地村民紧密联系在一起，使他们在心理上互相尊重、互相依赖。这种心理上的依赖和情感上的维系，决定了该地区语言和谐的需要。

共和村的白族人口较少，村民们为了能使自己与当地村民在经济发展上获得平等优势，需积极调整自己的语言能力，全民成为兼用纳西语、汉语的多语人。如太平村村民李永红是白族，作为烤烟预检员，他在村里做预检时多用白语交流，而到勒马、瓦窑等纳西族村子便说纳西语，遇到汉族便说汉语。在问及学会多种语言的原因时，他不假思索地回答说："白族在这个地区人口较少，为了生存，我们必须学会其他语言。比如今年招烤烟预检员，就要求会纳西语和汉语。我们只有学会多种语言，才能在生产生活上不落后于别人。"从这里我们看到该地区的多语生活与村民的发展需求密不可分。

共同的奋斗目标与心理认同，促进了民族和谐与语言和谐，同时，也使语言和谐成为共同发展的需要。

3. 族际婚姻与语言和谐相辅相成

共和村族际婚姻家庭较多并有不断增多的趋势。村民对族际婚姻持认可、包容的态度，在当地村民眼里，婚姻是没有民族界限的。族际婚姻与该地区的民族和谐、语言和谐相辅相成。族际婚姻促进了语言兼用和语言和谐，而语言和谐又反过来推动了族际婚姻的巩固和发展。

族际婚姻为各个村寨之间打开了一道互相联系、密切交往的通道。其他民族的嫁入，意味着另一种文化、语言的进入，如此长期、持续地渗透，有助于本民族了解其他民族并逐渐产生出互相尊重、互相包容、互相学习的态度。

如东关村的村民李红润是白族，1991 年由太平村嫁入。在嫁入之前，李红润便基本能用纳西语交流，原因在于其奶奶是嫁进太平村的纳西族，从小她就跟着奶奶学习纳西语。嫁入后，李红润的纳西语愈加流利，已与本村纳西族一样。而更有意思的是，婚后其丈夫和飞也能听懂一些白语，但不会说。两个孩子小时候由于经常回外婆家，能用白语进行简单的交流。长大上学后，因不大开口说，成了会听不会说的"半兼语人"。

族际婚姻的语言生活存在两面性。一是不同语言的接触与碰撞，带来的是语言的竞争；二是不同语言的磨合与和谐。族际婚姻的建立也意味着情感的建立和维系，其过程有助于消除语言竞争带来的冲突，实现互相尊重并学习语言、文化的语言和谐。族际婚姻将不同语言带入一个家庭后，不同的语言经过不断的碰撞和磨合，在家庭内部甚至村内得到协调与融合。而从每一个族际婚姻家庭延伸至整个地区，推动了语言和谐的发展。

总之，语言和谐的形成，不仅与当地和谐的民族关系、婚姻关系、民族心理息息相关，而且还受深厚的历史底蕴的制约。

三 共和村——各民族的语言和谐得益于深厚的历史底蕴

上文所描述的共和村语言和谐的现状，都不是自然而然产生的，而有其历史的因素。深厚的历史底蕴为共和村语言和谐的现状奠定了坚实的基础。从历史状态的分析中，我们看到不论是纳西族、白族还是汉族，在历史上都有互相包容、互相学习的传统，而这种传统经过时间的沉淀，成为一种遗传因子溶于各民族的血液之中，世代相传。

1. 历史上民族和谐源远流长

历史上丽江境内的各民族虽然偶有纷争，但各族人民和睦相处的关系仍是主流。在长期的共同发展中，各民族形成了"你中有我、我中有你"的局面。

纳西族、汉族和白族人民在丽江、香格里拉、大理等地区交错杂居，一直以来在政治、经济、军事等各方面往来频繁。"茶马古道"兴于唐宋、盛于明清时期，是西南地区各民族经济贸易往来的走廊，同时也是民族文化、宗教、艺术交流的重要渠道。在滇西这段通道上主要活跃的是纳西、藏、白、汉等民族的商人。

丽江纳西族木氏土司曾用军事力量占领了滇、川、藏等部分地区。木氏土司根据各地的实际情况采取不同的治理政策，加强与不同民族上层人士的往来，从而在客观上有利于纳西族和其他民族的友好往来。历史上，曾出现不少纳西族融入其他民族的现象，当地人称为"藏纳西""白纳西"等。明清时期，中原王朝实行"军屯""民屯"政策，大量汉族移民涌入西南边疆地区，纳西、汉等民族友好往来，在纳西族地区和谐共生。

早在南诏时期白族地区就与内地建立了密切的关系。南诏的制度在一些方面是直接或间接仿自内地，内地先进的政治经济对南诏的发展产生了重要的影响。大理国 300 多年间，白族人民与内地的政治经济有了更广泛的交流。滇西白族地区是南方丝绸之路、茶马古道等多条商道的必经之地。一定程度上增进了商贸、文化、宗教等方面的交流。白族的族际交流，主要是与汉族、纳西族的交流。明代大批汉族移入白族地区，与白族通婚，形成了汉族白族化与白族汉族化的和谐局面。

2. 各民族文化互相认同、交融发展

纳西、白、汉等民族由于长期居住在一起，加上各民族在政治、经济方面的交流，促进了各民族文化的互相认同和交融发展。

历史上，儒家教育与汉文化在丽江地区已广泛传播。明清时期我国西南地区在中央王朝的支持下，大力发展民族教育，建立书院，兴办义学、社学，兴建新式学堂等。康熙三十年（1700）任丽江府通判的山东曲阜孔子六十六代孙孔兴询，在丽江兴办府学，推行科举制度，使平民百姓有了上学读书的机会。后来任丽江知府的杨馝、管学宣、万咸燕等人相继在丽江修建学宫、办书院、广设义学馆、聘请名师，使丽江教育得到进一步的发展。[1]流官在丽江明确规定"有子弟不赴学，严惩父兄者；又有百姓不赴学，究责乡保"，至光绪末年丽江已建成雪山、玉河、天鸡三大书院，义

---

[1] 参看管学宣《修丽江学记》，（乾隆）《丽江府志略·艺文略》。

学馆 31 所，不少人登科及第，出现了一些有较高水平的文人学士。①据光绪《丽江府志》记载，自 1723 年"改土归流"开科到清末共 180 多年间，丽江纳西族中产生了翰林 2 人、进士 7 人、举人 60 多人，还有副榜、优贡以及其他贡生 200 多人。明清时期丽江古城内还产生了一些带有浓厚汉文化特点的社团，如明代木氏土司木青组织的汉文学社团"莲社"，清初由纳西族维新派诗人创设了"桂香诗社"。②丽江市古城区木府门口，石牌坊上刻了"天雨流芳"四个大字。"天雨流芳"为纳西语中"去读书"的谐音，这一牌坊反映了纳西族人民积极学习汉文化的心理。

各种官学机构的建立，使元、明、清时期云南白族子弟能有机会解经明义，能有更直接的途径与汉民族进行文化交流。唐代的南诏文化主要源于晋、南北朝的爨文化，爨文化继承着滇文化，而滇文化受到了周秦时期楚、蜀文化的影响。大理国时期，白族知识分子已学会使用汉文，用汉文翻译佛经和写诗词文章等。汉文化在白族士大夫知识分子中得到更加广泛的传播，白族诗人、词客辈出。迁来的汉族中不少人在长期与白族人生活交流后逐渐学会了白语，与白族人互通婚姻。元、明、清时期，白族的优秀文化也传入内地，融入汉文化中，一些白族学者深入内地讲学。他们在内地讲学或仕宦，使云南白族与内地在思想、文化上水乳交融，联为一体。

无论是纳西族还是白族，都以《论语》《孟子》《大学》《中庸》等儒家经典作为教材，加强以儒家思想为核心的汉文化在本民族中的传播。如今，丽江地区许多乡镇保留有清代建立的文庙、武庙、忠义祠等儒学建筑物。

在长期的文化交流中，不同民族的音乐、舞蹈相互融汇。纳西族的古乐分两部分：一是白沙细乐，这是当年忽必烈攻打大理国途经丽江时，由蒙古族音乐结合纳西族音乐发展而来的；二是道教音乐，即念诵道教经文时演奏的音乐，主要在明清之际由内地传入的，其本源是汉族地区的道教音乐经过数百年的流传成为纳西古乐中重要的组成部分，被誉为"音乐的活化石"。③纳西古乐的乐器有纳西族传统的直笛、芦笙、树叶、芦管，还有传自藏族的板铃、法鼓，汉族的二胡、琵琶、三弦等。流行于丽江纳西族地区的"麒麟蹉"，是在纳西族传统畜牧文化 "牦牛蹉"的基础上吸收汉族麒麟文化形成的，麒麟取代了牦牛等纳西族的原有崇拜物，成了纳西

---

① 张大群：《略论丽江纳西族历史上的学校教育》，载《云南民族教育研究》，云南民族出版社 1988 年版。

② 杨福泉：《论丽江古城纳西文化和汉文化的相互影响与整合》，载《纳西学论文集》，民族出版社 2009 年版。

③ 李劼：《纳西族的三多节》。

族春节民俗活动中的重要角色。

白族自创的古老剧种"吹吹腔"源于江南一带的弋阳腔，是在弋阳腔的基础上融合白族的语言、文学、音乐、舞蹈特点而成。"吹吹腔"的唱词和道白都用汉语，但其音乐具有与汉族完全不同的色彩。展示白族民族歌舞特点的霸王鞭，原是从中原传过去的。它是在60厘米—70厘米长的竹棍上穿若干个金属片，随着音乐在身上拍打发出哗哗的声音。

从歌曲中，我们也看到不同民族的民族情谊。如茶马古道时期的纳西民歌《相会在一起》："茶叶没有脚，茶叶没有脚。经过马帮驮，来到了船边。西藏的酥油，一包捆五饼。经过马帮驮，来到了船边。茶叶和酥油，来到丽江城，两族两颗心，相会在一起。"藏族舞蹈相会舞的歌词中这样唱道："东南西北五彩云，此次云头各一方，有福欢聚在蓝天。雪山泉草原河和山涧水，彼此源头各一方，有福欢聚在蓝天。藏族、蒙古族和纳西族，彼此生长各一方，有福欢聚在舞场。"

图书是各民族文化交流的重要途径。在大理国时期，白族人在原有天象知识的基础之上，进一步汲取了内地的天文知识，从中原引进了专门讲历法的《集圣历》等书。元明清时期白族还从中原采购许多书籍。白族大本曲的曲本，有许多是由汉族历史故事改编而成的，如汉族民间故事《梁山伯与祝英台》中的梁、祝二人，在改编后的白族民间故事、大本曲、打歌中分别成了身着白族服装的"金花""阿鹏"。曲本的说白部分多用汉文书写，唱词部分则用白文记录。

白族一些优秀的工艺技术如造纸、雕漆、雕刻等，是在元代时传入中原的，促进了汉族漆器、雕刻等手工业的发展。白族还把建筑和制铁技术传到彝、纳西等地区，同时也吸取了彝、纳西等民族在建筑和制铁技术上的长处。大理崇圣寺三塔及剑川石窟既保留了白族的建筑风格，同时也吸收了佛教建筑的特点，是多元文化结合的艺术品。

在丽江地区，不同民族宗教的互补共生。东巴教吸收藏、汉佛教和道教的教义、经典、法术等。汉传佛教约在明初传入丽江纳西族地区，先后出现了普则、圆空等高僧。佛教、道教传入纳西族地区后，多种宗教信仰在民间流行，祭祀东巴、巫师桑尼、和尚、喇嘛、道士在民间都各有影响。当地人请喇嘛、和尚、道士为新生儿取名，请和尚或喇嘛主持丧葬仪式，也有的请东巴、桑尼来举行法事祛除病痛。此外出现了诸教寺庙融合一体、不同宗教教徒同堂的现象，如古城区北门坡上建有一进两院的寺庙，前院为佛教的地藏菩萨庙，后院为道教城隍庙。丽江震菁山脚的东山庙，殿堂正中供奉的是当地白族崇奉的本主东山老爷神像，此外还塑着猎神、药王、鸡神等神像。每逢庙会，来朝拜的纳西、白族民众络绎不绝。东巴教的轴幅神话——神路图中也糅合了汉传佛教、道教的精华。神路图中关于死后转世的观念受佛教的"三界六道"说的影响形成纳西族人对死后生命世界的理解，呈现出了多元形态。

著名的白沙壁画可谓丽江多民族宗教文化融合的艺术结晶。它是明代到清初 300 多年间，先后由汉、藏、白、纳西等民族的画师们陆续创作完成，其内容不仅有汉族的释、道佛像，还有藏族喇嘛教的密宗佛像，创作手法不但具有纳西东巴画的特色，而且还吸收了汉族、藏族的绘画艺术风格。

本主崇拜是白族特有的一种宗教信仰。本主崇拜蕴含着丰富的人与自然，人与人，人与社会的和谐观。人与人之间的和谐不仅仅反映在作为个体的人身上，同时反映了白族与汉、彝等民族之间和平共处和密切的文化交流。佛教和道教对白族也有较大的影响。本主、佛教、道教的相互影响和融合成为白族宗教信仰鲜明和重要的特点。在白族地区，本主庙和佛寺、道观建在一起是较常见的。如佛教名山——鸡足山上就有大量的佛教寺院和本主庙宇。白族的中老年人多在信仰本主的同时崇信佛教。如今白族妇女每逢庙会期间，还保留着吃斋拜佛的习俗。本主崇拜的人物中不仅有本族人，而且有许多外族人，例如诸葛亮、傅友德等。

3. 民众眼中的历时和谐

七河镇共和村各民族历史上的民族和谐，还能从民众的讲述中得到。在访谈过程中，当问及现时的族际婚姻是什么时候开始的，访谈者说不清楚具体时间，但是都说自己的爷爷奶奶辈就已经有白族找纳西族、汉族，纳西族找白族、汉族的婚配了。族际婚姻为家庭成员使用多语奠定了良好的语言环境。据村民回忆自己村子里的老人（上两代）已经存在不少兼用汉语或者其他少数民族语言的现象。我们实地看到村里上至年逾古稀的老人，下至咿呀学语的孩童，都能够使用本民族的民族语言和汉语。问及纳西族和白族、汉族什么时候开始往来，乡民们笑答："交往时间就得追溯历史了，我们都不清楚是几代以前的事情。只记得各民族互相通婚、交往是允许的。"

纳西族文献材料中有许多广为流传的关于纳西、白、藏族的故事。创世史诗《崇般图》中说：从大洪水中唯一幸免于难的人崇仁利恩在黑白交界处遇到了天女衬红褒伯咪，他们一见钟情。结婚三年后，在白蝙蝠和狗的帮助下，他们生下了 3 个儿子。起初这 3 个儿子不会说话，于是他们又请白蝙蝠和狗上天去向天神请教。天神地神说要让小孩说话，就得举行抵挡天上恶神所降灾难的仪式。他们照做了。有一天，3 个儿子去蔓菁地玩，突然遇到一匹马到蔓菁地吃蔓菁。3 个儿子着急了，大儿子喊了一声：达尼芋玛早！次子喊了一声：软尼阿肯开！小儿子叫了一句：满尼左果由！这三句是三种语言，大儿子说的是藏语，老二说的是纳西语，老三讲的是白语。这三句话都是"马来吃蔓菁了"的意思。后来大儿子成了藏族，老二成了纳西族，小儿子成了白族。东巴经《虎的来历》中，人们向去世的勇武贤能之人求福泽，这些勇武贤能之人的顺序也是按藏、纳、白排列的。《禳垛鬼大仪式·禳垛鬼祭仪概述经》中也有关于崇仁利恩夫妇 3 个儿子长大后成为藏族、纳西族和白族的叙述。

历史上随着民族和谐的不断发展，不同民族的衣食住行都逐渐趋同。在服饰上，过去纳西族男子长领布衣外加羊皮坎肩，妇女穿宽腰大袖、前幅短、后幅及胫的大褂，外加坎肩，腰系百褶围腰，背披羊皮披肩。新中国成立后，男子服饰与汉族基本相同。老年妇女多穿着传统纳西服饰，年轻女性也与汉族相同。在饮食上，纳西族喜欢上藏族的酥油茶，也学会吃白族的酸、辣味食物。共和村瓦窑小组范云娥在访谈中说："现在纳西族的烹调学习了汉族的做菜花样，形成米、面食品及'八大碗''五碗四盘''六碗六盘'等花样，而且还分婚事菜谱和丧事菜谱。"在住宅建筑上，纳西族古代居住的是"木楞房"，后来深受汉族、白族住房格局影响，其建筑改为"三坊一照壁"和"四合五天井"的土木和砖木结构瓦房。在节日方面，纳西族除了过本民族节日：三多节、龙王庙会、七月骡马会等节日外，还过具有本民族特色的春节、清明节、端午节、中秋节等汉族节日。此外丽江地区纳西族、白族也同彝族一样过火把节。

共和村的纳西人、白族人早已普遍接受汉族式婚礼，在接亲、宴客、回门等婚礼程序中融进了汉式习俗。纳西族的丧葬在清以前实行的是火葬，"改土归流"后，纳西族民众改行土葬，丧葬的礼俗也逐渐汉化，并遵循以头七、二七、三七、四七、百日、一年斋、三年斋为主要内容的汉族守孝习俗。

4. 民族和谐决定了语言和谐

共和村的几个民族在历史上早就具有开放包容的语言文字观，这从东巴文和白文的创制和演变特点就能看到。

东巴文是纳西族先民创制的象形表意文字，在长期发展过程中受到汉字、藏文、梵文等文字的影响，体现了纳西族文化的多元性。东巴文献古籍中存在一些藏文音字，这是纳西族与藏族间文化交流、语言接触的产物。藏语音字主要用来表属相、记数字、东巴教专用词读音标注、藏语音读文献标音字、形声字声符等；其类型可分为有标志藏语音字和无标志藏语音字两类；读音基本保留康方言香格里拉藏语土语读音特征，声调按纳西语声调系统拼读。东巴文献中不仅记载了大量关于纳西族古代社会方方面面的知识，而且还包含白族、汉族、藏族、傈僳族等民族的宗教经典及梵文经咒的译作等。

纳西语中有大量的汉、白、藏语等借词，可分为早期借词和晚期借词两类。从这些不同时期的借词中可以窥视纳西族与这些民族交往的历史。如纳西语中的汉语借词"弯刀"[ua^{33}to^{33}]、"牌"[pha^{31}]、"试验"[ʂɯ^{55}za^{55}]等。丽江汉语方言中存在借用纳西语语尾助词的情况：ge^{33}ʂɿ^{31}lɛ^{33}？ge^{33}ʂɿ^{31}sa^{55}？（是不是）其中 ge^{33}ʂɿ^{31}为云南汉语方言是不是，lɛ^{33}和 sa^{55}为纳西语中语尾助词，有加强语气的作用。纳西语中的藏语借词有："喇嘛"藏语［lɑ^{42}mɑ^{42}］，纳西语［lɑ^{33}mɑ^{31}］，"氆氇"藏语［pu^{42}ɣu^{42}］，纳西语［phv^{55}］等。

白文是借用汉字来记录白语的文字符号，大多由常用的、与白语读音相同的汉字构成。白文作为汉字式文字之一，汉字假借字是白文最主要的书写手段。如用"宽"表示"狗"（白语读作［khua^{33}］），"杯"表示"走"（白语读作［pe^{44}］）等。白文的出现，是白族传承白文化、学习汉文化的需要，其在民间使用时间长达 1000 多年。白文的创制和使用，对白族经济、文化的发展及与汉族交流具有重要作用。

以上分析说明，历史上丽江地区的纳西、白、汉等民族早已形成了友好的民族关系和和谐的语言关系。历史上的语言和谐一代代地沿袭至今，形成了今日的语言和谐景象。我们深深感到，今日的语言和谐必须追根溯源，将现实和历史紧密地联系在一起，才能得到科学的结论。

四　共和村——语言不和谐因素也是客观存在

在看到共和村语言和谐是主流的同时，我们也认识到，语言不和谐是客观存在的，也是不可避免的。所以，客观认识并解决这些不和谐的因素，有助于我们更理性地看待语言和谐，并遏制语言不和谐现象的产生。

1. 语言竞争中的语言不和谐

语言竞争是语言发展演变中的客观规律，是多语地区常见的现象，也是语言不和谐因素的反映。共和村共使用纳西语、汉语和白语三种语言，由于语言地位和语言特点的差异，存在语言竞争是不可避免的。

在语言竞争中，语言地位的差异容易造成语言不和谐。一个地区的强势语言往往会受到重视，人们无论在观念上还是使用中都会对它产生比较偏重的感情；而使用范围小、人口少的语言，就会相对地不受重视。就共和村来说，纳西语使用范围广、人口多，加上丽江东巴文化受到国内外重视，是该地区的强势语言，容易受到一定程度的重视；汉语作为国家通用语，近年来汉语普通话得到大力推广与普及，加上与汉族接触增多以及传媒工具的弥补作用，其优势地位是自然形成的；而白语在该地区使用范围小、人口少，是弱势语言，其功能容易出现下降，需要特别加以重视。

在语言竞争中，强势语言往往会影响弱势语言的地位。如太平村村民刘文秀，是由新民村村委会的下坡子村嫁入的白族，在调查户口时我们发现，刘文秀的第一语言是纳西语，而非白语，且她的纳西语比白语说得更加流利。后经进一步了解得知，她原来所在的下坡子村，其中姓刘的人家都是白族，周围纳西族较多，现在那个村里只有老人说白语，年轻一代都改说纳西语和汉语了。在临近的太平村也有类似的现象，如白族儿童李浩楠和李雨楠兄妹的父亲是汉族，二人都因小时候脱离了太平村这个白语环境而出现了母语转用。两人的第一语言皆为汉语，虽能听懂白语，但都不愿意说。现李浩楠已经上初二，通过与伙伴和村里人的长时间接触，又渐渐开始说白语。这种由语言竞争引起的母语转用，在太平村已开始出现并有逐渐增多的趋势。

由于学校教育的发展和国家对普通话的普及，加上传媒工具的影响和该地区旅游业的发展，汉语的地位逐渐上升，有些时候会影响到民族语的地位。今年刚到昆明上大一的李佳林是太平村的白族，其弟在城里读高三，姐弟俩都会白语、纳西语和汉语三种语言。几年前因父母在城里开出租车，搬到城里居住。李佳林告诉我们，现在父亲与自己和弟弟交流除了用白语，也会使用汉语。

语言竞争带来的后果是两面性的，一是弱势语言逐渐衰退甚至消失；二是强势语言与弱势语言通过调整，形成使用功能上的互补。共和村属于后者，如太平村是共和村唯一的白族村子，由于该地区使用白语的人口少，太平村村民在进行社会交际时必须学会纳西语和汉语，从而取得语言交际需要的平衡。

在共和村，各族村民尊重并乐于学习其他民族的语言，由此将语言竞争带来的失衡进行调整，实现了语言的和谐。但我们必须认识到，语言竞争是一种隐性的客观存在，人们往往不能直接觉察到，因而应该引起重视，防患于未然。

2. 经济的快速发展对民族文化、民族语言的冲击

近年来，在丽江旅游业的带动下，共和村经济发展速度超过了过去任何一个时期。但经济的快速发展，与精神文化建设之间出现的失衡现象日益突出。

随着丽江旅游业的发展，共和村村民除了在家务农外，逐渐将劳力向外转移。村民们有的开车跑起了运输，有的进城打工，有的自己借助地理位置的优势，在家里办起了农家乐。近年来，村民的生活水平大有提高，

衣食住行条件都有了很大改善。物质条件变得优越是好事，但民族文化、民族语言的保存和发展受到一定程度的冲击，如有的家庭进入了城镇，下一代的母语能力大幅度下降，有的对传统文化逐渐淡漠，还有的过分追求物质享受，"读书无用论"有所抬头。这些问题的产生不容忽视。

追求物质、淡化精神修养的观念进入家庭教育，也影响到孩子们的身心健康。古城区第二中学的洪林老师说，过去孩子辍学是因为家里经济困难，没有条件上学，现在的小孩辍学不是因为经济原因。我们调查组在学校附近的小超市停留时，也时不时能看到学生出来买东西，他们身着名牌衣服，手里拿着手机，三五成群买一大袋零食回学校。经询问，村里的小孩辍学后，多去城里打工，或是继承父业继续开车。

对旅游业的不适当开发同样会影响当地传统文化，甚至造成破坏。为了宣传旅游、吸引游客，丽江发展猎奇文化，而缺少真正保护和传承民族文化的心态。如东巴文是纳西族的文字，用来记录历史、传说等，具有很高的研究价值和传承价值，但现在东巴文成为了吸引游客的工具，更多是为了旅游业服务。由于依靠旅游业支撑，东巴文传承的根基并不牢靠，很多人学习东巴文都带有功利性，认为学习东巴文可以换一个"饭碗"。据当地一位老师介绍，她应邀到一所学校给学生上东巴文课时，学生热情度不高，并不愿意学习东巴文。

物质与精神文化的失衡，对传统文化的传承与保留冲击很大，也会深深的影响民族和谐、语言和谐。

通过实地调查和与当地村民的面对面接触，我们深深为共和村这个多语区不同民族的民族和谐、语言和谐所感动。既看到了语言和谐的各种表现，又从现实、历史中挖掘了其根由，还看到了一些不和谐因素的客观存在。这些认识如果不经过实地调查，是难以获得的。从这个个案研究中，我们还体会到语言和谐研究大有可为，其中有大量生动的语言事实和深邃的理论问题值得语言工作者去深入挖掘。

附录一　访谈记录

共和村村委会东关小组李红润访谈

访谈对象：李红润，女，42 岁，白族，共和村村委会妇女主任

访谈时间：9 月 5 日上午 10 时

访谈地点：共和村村委会东关小组李红润家中

访谈、整理者：和智利

问：李主任您好！请您简单介绍一下东关小组的情况。

答：东关小组是共和村村委会下设的一个村小组。村里主要居住着纳西族。东关小组周边的小组大多都是纳西族村小组，只有一个汉族村小组。整个小组共 78 户居民，其中 77 户是纳西族，只有 1 户是汉族。

问：请您介绍您个人及家庭的基本情况。

答：我 1971 年出生在共和村村委会太平小组。我是在本地上的小学和中学。中学毕业后到学校做了三年的饭。1991 年我嫁到了共和村村委会东关小组。我们家现有 5 个人。我是白族，其他 4 个人都是纳西族。我公公（爱人的父亲）今年 61 岁，是玉龙纳西族自治县金庄乡卫生院的退休职工。他会说纳西语和汉语。我有两个孩子：一个女儿和一个儿子。大女儿在昆明上大学，今年大三。小儿子上到高中二年级就没上学了。他们俩都会说纳西语、汉语。小时候两个孩子还会说白语，现在只会听不太会说了。

问：为什么两个孩子现在不太会说白语呢？

答：我娘家太平小组主要以白族为主。两个孩子小时候经常到外婆家去玩。他们同我娘家人和太平小组的人接触时间长了，就会说白语。但是上学后，七河镇中心完小里纳西族小孩比白族小孩多。接着上高中、大学，就很少有时间去外婆家了。慢慢地不太用白语，白语自然就生疏了。不过听还是能听懂，只是说起来不流利了。

问：请介绍您使用三种语言的具体环境和能力。

答：我最先会说的是白语，五六岁时同时学会纳西语和汉语。我说三种语言都还可以。婚前，在娘家和太平小组我都只讲白语。我奶奶是纳西族，我的纳西语是从奶奶那里学会的。上小学后，在学校我们说汉语和纳西语的时间多。婚后因为丈夫家是纳西族并且东关小组以纳西族为主。所以我在家和村里说纳西语的时间多。

问：刚才您提到东关小组里只有一户是汉族，这家人是从外面迁来的吗？

答：是的。整个小组里只有余金华家是汉族。听说是三代以前从四川盐源县迁来的。虽然他们家是汉族，但是他们家人都会说汉语和纳西语。并且现在他们家人自己说话或和村小组里其他居民说话都讲纳西语。他们的纳西语说得特别好，听不出来是汉族人。

问：现在村里有外族媳妇吗？

答：有啊。我们这里没有限定说只能找哪个民族的人。从我们上两代开始，村里就有汉族、白族媳妇了。跟我同一时期从太平小组嫁过来的白族人就有 4 个。她们现在也会说纳西语。虽然我们是白族，但是现在我们在村里碰面，多不用白语交谈，用纳西语啦。

问：村里不同民族结婚的家庭，她们的孩子在户口上选择的是什么民族成分呢？

答：这里汉族和纳西族结婚，纳西族和白族结婚的比较多。这些家庭的孩子一般都填纳西族。民族成分和姓都是跟着父亲的。

问：您会说三种语言，您觉得纳西语和白语哪一种语言更难学？

答：我觉得白语更难学。因为我们这里的白族人都会说纳西语，但是只有部分纳西人会说白语。比如我爱人是纳西族，他就只会听白语，不会说。有些纳西人也说白族话不好学。

问：村里人交流都只使用纳西语，为什么说汉语也说得很流利？

答：汉语不难。出了村子不管到哪都还是用得上汉语的。一旦进入学校，老师都教汉语。现在电视、广播等都是用汉语播的。我们小组附近的观音峡景区开发起来了，很多村民都加入旅游业发展的队伍中。到景区卖农产品都需要用汉语了。所以不会说汉语，在社会上走一步路都很困难。不会说是不行的。

问：您是村委会干部，村民到村委会办事都用什么语言呢？

答：我们共和村村委会是整个七河镇最大的村委会。共有23个村小组。这23个村小组里纳西族村小组占多数。几乎整个村委会的人都会说纳西语。到村委会办事村民也用纳西语。

问：村民到镇政府办事用什么语言？

答：现在镇政府里多是年轻干部。上级文件等都是用汉字写的，一些政策性的消息用汉语表达起来才顺畅。把这些文件转成白语或者纳西语都是一件比较困难的事。所以村民到镇政府办事通常都使用汉语。

问：您担任妇女主任以来，是否碰到不同民族居民纠纷的事件？

答：这么多年来，从来没有遇到过。我们这边纳西族、白族和汉族都十分团结。互相说话都是客客气气的。村民之间的纠纷就特别少，更不用说是不同民族之间的纠纷了。不但如此，不同民族的人相互之间还会经常帮忙。白族人有纳西族、汉族的亲戚，纳西人有白族、汉族的亲戚，是很常见的。

问：平时村里人穿民族服装吗？

答：村子里现在穿民族服装的人少了。只有70岁以上的一些老人穿。逢年过节到镇里、区里表演节目的时候穿。平时穿的和汉族也一样。过去结婚的新郎新娘都穿纳西服装；现在结婚，新郎新娘都时兴和汉族一样穿旗袍、婚纱了。

问：纳西族、白族和汉族过的节日一样吗？

答：纳西族、白族除了过汉族的节日外，还有自己的节日。纳西族过三多节。白族过中元节。不过纳西族也过其他民族的节日，比如火把节、中元节等。

问：纳西族信奉东巴教吗？

答：以前信。现在大家都不怎么信啦。只有逢年过节的时候才会祭祖了。

问：耽误您的时间了，谢谢您！

答：不客气，有空常来家里坐坐。

共和村村委会木光小组洪学胜访谈

访谈对象：洪学胜，男，汉族，61岁，木光小组村民
访谈时间：9月6日下午3点半
访谈地点：共和村村委会木光小组洪学胜家中
访谈者、整理者：和智利

问：叔叔，您好！您是纳西族吗？

答：不是。我是汉族。我们木光有纳西族、白族和汉族。木光一组主要是纳西族、汉族，二组是汉族，三组主要是汉族。我们三组有姓洪、施、王、杨、李的，但多数是姓洪、施。

问：听您说纳西语，我以为您是纳西族。

答：虽然我们木光三组主要是汉族，但是我们基本都会说汉语和纳西语。我还会听白语，也会说一点。因为我母亲是白族人。她刚嫁到我们村时，一句汉语都听不懂，过了一两年才开始会汉语。所以我大姐讲白语也很流利。等我出生后，我母亲已经会说汉语，在家里她也不说白语，只说汉语了。所以我就只会听点白语，说起来还是会觉得有点蹩口。

问：那您家里交谈使用什么语言呢？

答：我家情况比较特殊。我们家人都会说汉语和纳西语。我们之间交流有时候用汉语，有时候用纳西语。我家有五口人：妻子、儿子、儿媳、孙女和我。我妻子是纳西族，我儿媳妇是白沙嫁来的纳西族，我是汉族，儿子是纳西族。我和妻子交流两种语言都说。我儿子和我说纳西语的时候多。我儿子和他妈妈常说汉语。我儿子和儿媳两种语言都用，用纳西语的时候多点。我孙女再过一个星期才满两岁，但是汉语、纳西语会听会说了。

问：您认为村里人在找媳妇时是否觉得找本民族的更好？

答：过去应该是吧，现在根本就不会这么想了。我们木光三组有42户，没有哪家所有的人都是同一民族的，每户都有一个纳西媳妇。找对象就看

子女喜欢谁，对方的品格如何，民族就不讲究了。我一个儿子一个女儿，他们俩都是纳西族。大儿子娶的是纳西族，小女儿嫁的是大研镇的纳西族。

问：那在汉族和纳西族这样的族际婚姻家庭中，孩子的民族是随谁呢？

答：孩子的民族随父亲或者母亲都是可以的。在汉族和纳西族结婚的家庭，不管母亲或者父亲哪个是纳西族，孩子的民族成分通常都是填纳西族的。

问：您家里人都是双语人啦，那村子里交流用什么语言？

答：村子里的人基本都会纳西语和汉语，但是我们本村人还是习惯用汉语交流。除非有外村人在，我们才会讲纳西语。

问：现在村子里有不会说纳西语的吗？

答：还是有一两个。但这些不会说的都是那些年纪大的老人。他们那个时候出门少，接触外面的人也少，所以就不会讲纳西语了。

问：七河镇主要以纳西族为主，您村里怎么都是汉族聚居呢？您知道村子是从哪来的吗？

答：听老人说我们是从南京柳树湾来的。估计搬到丽江这里已经十几代了吧。

问：我发现您村里家家户户院子里都种了花花草草，房屋基本也是"三房一照壁"。

答：我们丽江人比较重视家园建设。所以只要经济条件允许，都会把家里建设得好好的。院子里种点花花草草，不仅看起来舒服，而且觉得凉爽。"三房一照壁"，我们也说不出来究竟属于哪个民族了，丽江这边基本家家户户、各个民族都是这样的设计。我们家这个主楼都是祖辈留下来的。

问：集市上的情况您应该很熟悉的，集市上使用什么语言呢？

答：过去做生意的一般都是汉族和白族人。所以集市上买东西不管什么民族，如果不会说白语就用汉语交流了。现在做生意的纳西族也有了，所以集市上讲什么语言的人都有。东桥街上讲纳西语的多，三义街上讲汉语的多，移民村那边讲纳西语的多。

问：村里会有不同民族间的纠纷吗？

答：没有。我在村委会工作过，在我任职的那几年从来没有过。现在也没有听说过有。我们这里不同民族的人都可以结婚。亲戚里边什么族的人都有。纳西族、白族和汉族之间都还是十分和气的。往来多了，我们都不会在意谁是什么民族。

问：村里的汉族、纳西族、白族有什么不同的风俗习惯吗？

答：现在各民族都差不多了。首先从饮食来说，吃的口味都一样。然后节日方面就有点区别：纳西族有"塔比"，但是这个节日现在有些人家已不过了。木光的汉族和纳西族都过彝族的火把节。过去村子里火把节特别热闹。大家会聚集到村子里的球场，听着音乐，围在一起打跳。"化赊"是丽江特有的一种聚会形式，不分什么民族的人都可以参加。主要是几个亲朋好友定下固定的"赊费"，然后邀约每月定期聚在一起休闲娱乐。做东的人称为"赊主"，参加"化赊"的人称为"赊友"。"赊友"轮流当"赊主"。固定的"赊费"可以由"赊主"自由支配。这样经常往来，亲朋好友间的关系也十分亲密。我儿子、儿媳她们都有各自的"赊友"。

问：打跳，跳的是什么民族的舞？

答：现在村里有妇女打跳队。以前还有吹弹者，现在没有吹弹者，大家改放碟子了。以前主要是纳西打跳，现在跳什么舞的都有。藏族舞、傈僳舞什么都有。村里有人结婚，晚上我们就会到那家人集中打跳两个晚上。特别热闹！

问：洪叔叔，给您添了不少麻烦，谢谢您！

答：不客气。你们来家里我们都觉得十分高兴。

共和村村委会太平小组杨丽辉访谈

访谈对象：杨丽辉，男，40 岁，汉族，太平小组村民
访谈时间：9 月 2 日下午 3 点半
访谈地点：共和村村委会太平小组杨丽辉家中
访谈、整理者：和智利

问：您好！请问您一直都住在这个村寨吗？

答：我 1973 年 5 月出生在共和村村委会木光村，今年 40 岁。1997 年我入赘到太平小组。现在我有两个儿子：大儿子 15 岁，小儿子 11 岁。我来到太平小组都已 16 年了。

问：我听村里人介绍说您不是白族？

答：对啊，我是汉族。我们木光村的居民以汉族为主。木光村和太平村只隔着一坝田埂。

问：哦，您能介绍一下您个人的语言使用情况和使用能力吗？

答：我会说汉语、纳西语和白语，三种语言的使用都十分熟练。我最先学会的是汉语，第二语言是纳西语，白语是我的第三语言。在我没结婚之前，我在木光村家里和村寨都主要使用汉语交流。在学校里或者与其他村寨的人交流时主要使用纳西语。因为我媳妇家是白族，所以结婚后在家主要使用白语与家人交流。

问：村子里的纳西媳妇、女婿们也都会说白语吗？

答：纳西族媳妇、女婿到村子两三年后基本会说白语，即使不会说也都能听懂白语。所以你们会遇到十分有意思的情况：村里纳西族媳妇、女婿用纳西语和村里白族人交流，白族人则用白语回答，尽管他们各自使用各自的民族语言，但是丝毫不影响他们之间的沟通。

问：那您是怎样学会这三种语言的呢？

答：木光村家中，家里人除了我奶奶外都是汉族，所以我的母语是汉语。上学时，学校里老师都使用汉语普通话教学。因而家庭和学校是我习得汉语的主要场所和途径。木光村周围的村子多是纳西族村寨，学校里有很多纳西族同学，所以我上小学三四年级的时候就能熟练使用纳西语和纳西族同学交流。后来不上学了，到丽江城里买东西、看病等大都使用纳西语。我奶奶是白族人，小时候常听奶奶说白语，但我只能听部分常用语，不会说。结婚后，我媳妇家都是白族，家里都使用白语，结婚两年后我能听懂所有白语，第三年我能使用白语和家里人、村里人交流。

问：那现在您的两个孩子分别会使用什么语言呢？

答：我两个小孩使用语言的情况基本相同。他们俩都能使用白语、汉语、纳西语。家里长辈们交流都使用白语，所以两个孩子最先学会的语言是白语。现在当地的幼儿园一入学老师就开始教孩子们说普通话，而且现在的小孩爱看电视，加上我个人及孩子的爷爷奶奶是汉族，所以五六岁时他们俩都会说汉语当地方言和汉语普通话了。共和村村委会 23 个小组中只有太平小组一个白族小组，所以学校里纳西族的小孩居多，两个孩子都在学校习得了纳西语。但由于大儿子比小儿子大 4 岁，大儿子接触纳西小孩的时间比小儿子长，所以大儿子的纳西语比小儿子的纳西语熟练。

问：您的两个儿子都是三语人，那么他们在什么场合使用什么语言？您对此持什么态度？

答：两个孩子在家里和村子里使用白语，回爷爷奶奶家说汉语，在学校使用普通话和纳西语。我认为这样特别好，孩子们对环境的适应能力也相应地较强。如果一个人只会使用一种语言，那么他到一个新的环境中，碰到使用其他语言的人就很难沟通，适应过程也会随之变长。比如：我侄子他是在丽江城里长大的，他只会说丽江汉语方言和普通话，每次他回到家里看爷爷奶奶，都听不懂家里和村子里长辈们说的话，所以他现在都不太喜欢回老家了。此外，过去几年我们去丽江古城，向纳西大妈问路，如果用纳西语问，纳西大妈会很热情地告诉我们怎么走，但如果用白语或其他语言问，纳西大妈就表现得不那么热情了。虽然，这几年这种情况少了。但是，我觉得一个人能使用多种语言总是好的。

问：您对语言使用的观念和您家里人的观念相同吗？

答：虽然我是汉族，我妻子和老丈人、丈母娘都是白族，但是我们都觉得能够使用多种语言是一种本领，都认为这是一件特别好的事情。

问：您的婚姻属于汉族和白族结合的族际婚姻，您村里类似的情况多吗？

答：现在我们村子里不同民族结合的人越来越多了。现在村子里汉族、纳西族媳妇和女婿都很多，甚至还有几家人娶了藏族媳妇。我觉得族际婚姻挺好的。将来我两个儿子娶什么民族的儿媳妇我们都不介意，只要孩子们互相之间感情好就好。

问：您会使用白族文字吗？

答：自我记事起我从来没有见过所谓的白文，我们都写的是汉字。究竟白文存不存在，我也不太清楚。但我认为应该没有白族文字这种字吧。

问：我来太平小组的路上发现村子里十分干净，家家户户都建得挺好的。您家里也建得特别好。

答：我家建得算不上好的。我们这里的人们都坚信勤劳致富。靠自己的双手把自己家的房屋建设得漂漂亮亮是我们值得骄傲的事情。现在烤烟是我们村经济作物之一，村子里几乎家家户户都种了烤烟，大家的经济条件也好了。经济支出中除了供孩子上学外，通常都用来建设。

问：您家的整个建筑风格主要是根据什么设计的呢？

答：我们家的建筑是传统的"三房一照壁"，这是纳西族建筑的风格。虽然大理白族地区的建筑也是"三房一照壁"，但我们的建筑更接近于纳西族的建筑。你或许看不出来差别，但我们的主楼和大理白族地区的主楼是不一样的。

问：七河镇有固定的集市吗？大家在集市上一般使用什么语言呢？

答：我们这边逢一、六都有集市。集市上聚集了各地的商贩，买东西的人来自镇里各个村，所以白族、汉族、纳西族都有。通常是本民族人在一起使用本民族语，不同民族人在一起就使用汉语或者纳西语。

问：村里人开会或者到村委会、镇政府办事具体使用什么语言？

答：我们是白族村，村里开会一般都使用白语。村委会干部有不同的民族，我们遇到白族干部或会说白语的干部就使用白语，遇到不会白语的干部我们通常使用纳西语或汉语。现在镇政府的干部多是年轻人，他们多数喜欢讲汉语，所以到镇政府办事通常使用汉语。

问：谢谢您给我提供了那么多有价值的信息！

答：不客气，欢迎你常到家里做客。

共和村村委会瓦窑小组范云娥访谈

访谈对象：范云娥，女，61 岁，纳西族，瓦窑小组村民
访谈时间：9 月 3 日下午 5 时
访谈地点：共和村村委会太平小组李永红家中
访谈者、整理者：和智利

问：阿姨您好！您是哪个村小组的居民？
答：我是共和村村委会瓦窑小组的。我今年 61 岁。我是从鹤庆县辛屯镇三合村村委会下排村嫁到瓦窑的。在瓦窑都已经居住了 40 年了。

问：那您是鹤庆的白族吗？您会说哪几种语言？
答：我们鹤庆人大多是白族，但我们下排村是汉族村。我是汉族。我会说汉语、白语和纳西语。我先会说汉语，后来初中毕业到外面打工学会了白语。纳西语是我嫁到瓦窑两年后才学会的。

问：这三种语言水平如何？您在什么情况下选用哪种语言呢？
答：我用这三种语言交流的水平都差不多，每种都很流利。结婚前，我在娘家和家里人说话都用汉语。等到初中毕业，我开始和白族人接触，慢慢地学会说白语。遇到白族人我能够用白语交谈。21 岁我嫁到瓦窑。瓦窑以纳西族为主。初到瓦窑，我一句纳西语都听不懂，更不用说讲了。刚嫁过来时丈夫家里人都和我讲汉语。后来生了两个孩子，家里老人和丈夫都教小孩纳西语。很快大儿子三岁时我就能听懂纳西语，小儿子两岁时我已经可以用纳西语和家里、村子里的纳西人交谈了。后来，一直到现在我们家人在家都只说纳西语。

问：请您介绍其他家庭成员的语言使用情况。
答：我的两个儿子分家后，我和丈夫分别住在两个儿子家。现在我家共 5 人：大儿子、大儿媳、两个孙子和我。他们 4 人都是纳西族。大儿子会说汉语、白语和纳西语。大儿媳会说纳西语和汉语。两个孙子会说纳西语和汉语。因为我是汉族，我丈夫是纳西族，所以大儿子自然会汉语和纳西语。我妹妹嫁到太平小组，太平小组是白族小组。我常带儿子到我妹妹家帮忙干活，所以我大儿子就在和我妹妹家接触的过程中学会了白语。

问：您和您儿子都能使用三种语言，您的两个孙子为什么不会说白语呢？
答：因为两个孙子在家里和村子里都只用说纳西语，上学说汉语。学校里白族同学也少，他们也就很少听到白语，自然也就只会说纳西语和汉语了。

问：您是否担心您孙子这代人会说的语言越来越少？

答：这个问题完全不用去担心。现在的孩子在家说纳西语，学校里边教普通话。放学的路上还会听到他们用普通话说话，说得特别好。我们小组五六岁的孩子，纳西语、汉语都说得好。

问：您觉得会说多种语言好不好？为什么？

答：会说多种语言当然是好事。瓦窑小组有些80岁以上的老人只会说纳西语，甚至有个别老人都听不懂汉语。也有些老人会听汉语但说不出口。只会讲一种语言就像老古董一样，不能适应社会发展了。有时候我去丽江，大家看我穿鹤庆白族服装，经常会有人问：这个鹤庆人，怎么会说纳西话啊？每当这个时候我就觉得很高兴。

问：您是汉族，您觉得纳西语和白语哪种语言更好学呢？

答：我觉得纳西语和白语这两种语言，任何一种都不难学。跟说这些民族语言的人接触，两种语言都是自然而然就会说了。

问：您是在鹤庆学的白语，那么鹤庆白语和七河白语一样吗？

答：基本上一样，两种话都是相同的。

问：您穿的是白族服装吗？

答：是的，我这个服装是鹤庆白族服装。

问：瓦窑小组是纳西村小组。作为纳西族的媳妇，您为什么不穿纳西服装呢？

答：我们以前在鹤庆，鹤庆白族多，我们都穿鹤庆白族服装。服装穿在身上习惯才舒服。我有好几套纳西服装和 5 件羊皮披肩，但是我还是觉得白族打扮舒服。穿着纳西服装，总觉得不习惯。所以除了村子里举行活动"打跳"（纳西族的一种舞蹈）穿纳西服装外，我平时就只穿白族服装。

问：您在白族地区生活过，现在生活在纳西族地区。您觉得两个民族节日和风俗习惯有区别吗？

答：两个民族的风俗习惯有相同点，也有不同的。比如服装不同。饮食就基本一样了，都喜欢吃咸的和辣的。两个民族除了过汉族的那些节日外，也过自己民族的节日：比如白族的中元节，纳西族的三多节。

问：白族和纳西族的房屋有区别吗？为什么？

答：有啊。虽然白族和纳西族的房屋都建得很好看，但是我觉得总体上来说白族的要比纳西族的建得更好。

问：那在您的孩子或者孙子找对象的时候，有没有偏向某个民族的时候？

答：以前可能会存在本民族更喜欢本民族的情况。毕竟语言、习惯相通好交流。现在就没有了。找对象这件事情是没有办法限制的。缘分遇到什么民族就是什么民族了。现在我们瓦窑小组，有些人家找了白族媳妇，有些找了汉族媳妇。那些找纳西族本民族媳妇的人家也找的是那些离得比较远的纳西人。奉科、宝山、大具、石鼓等各乡镇的纳西媳妇都有，找得远啦。

问：您会写族文字吗？

答：没有白族字吧。我从来没见过白族字。纳西族有东巴文，纳西族的东巴文是比较常见的。

问：谢谢您，范阿姨！

答：不客气！

古城区第二中学年级组长洪林访谈

访谈对象：洪林，男，33 岁，汉族，共和村村委会木光小组人，古城区第二中学年级组长

访谈时间：9 月 6 日下午 2 时

访谈地点：丽江市古城区第二中学

访谈者：和智利、李旭芳

整理者：李旭芳

问：洪老师您好！请您介绍下您的个人经历。

答：我是共和村村委会木光小组的人。2002 年毕业于蒙自师专。现在已经有 10 多年的教龄。到二中已经 9 年了，现在是中学一级教师。

问：请您简单介绍一下学校。

答：我们古城区有 5 所中学。这是古城区唯一的一个农村全寄宿制中学。整个学校现有 500 多名学生，57 个教师。教室、运动场、教师办公室、学生宿舍等硬件设施完善。古城区二中不仅是我现在的工作单位，也是我的母校，1993 年至 1996 年间我就读于这个学校。近 10 年来学校的变化，整个七河镇人民有目共睹。

问：学校里生源能得到保障？

答：最近几年学生生源有所减少。前几年学校有 1000 多个学生。近几年机场高速公路建成，七河镇居民凭借丽江旅游业发展的春风，人民生活水平、经济条件普遍提高。此外因为二中和城区的学校相比，在软件和硬件设施方面存在一定的差距。所以有许多家长和学生都选择到丽江市城区的学校就读。

问：这里是寄宿制学校，那么学生的伙食是由学校提供吗？

答：是的。这里有学生食堂。现在国家给学生供应营养餐，加上古城

区政府相应地给补助，所以学生吃饭基本不用交伙食费。学校方面保证了学生的伙食，饭量保证每个孩子能吃饱，营养搭配合理，味道也不错，能够满足中学生的身体所需。

问：学生中存在辍学现象吗？

答：辍学现象还是有的，但是只是少数。过去学生辍学多数是因为家庭经济紧张，没有条件上学，现在学生辍学的很少。偶尔有一两个辍学的学生，也是因为学生成绩不好厌学。七河镇凭借机场、火车站等区位优势，观音峡等旅游资源，烤烟等经济作物，镇里居民的收入得到了保障。经济上一般都没有什么困难。

问：这里的学生和老师主要是什么民族？

答：这里的学生中有五分之一是纳西族，五分之一是白族，五分之三是汉族。

问：老师上课使用什么语言？

答：普通话是学校的教学用语。老师上课都会强调学生使用普通话。

问：学生能使用普通话和老师交流吗？课后学生用什么语言交谈？

答：学生现在会使用普通话。现在的孩子五六岁就会用普通话和别人交流了。校园里我们提倡使用普通话。但是学生们大多都是从小一起长大的。他们在一起还是倾向于使用自己的民族语言。

问：学校里的少数民族学生会说自己民族的语言吗？

答：当然会。毕竟在家里、村子里家长和长辈们都使用民族语言交谈。只要不脱离这个语言环境，一直在七河镇上小学或中学。孩子们说流利的民族母语一点问题都没有。这里的白族学生除了会使用白语，还会使用纳西语。部分纳西族学生也能使用白语。

问：为什么学生可以使用两种到三种语言呢？

答：因为现在不同民族结婚的现象比较普遍。纳西族人家找白族、汉族媳妇，白族人家找纳西族、汉族媳妇都很正常。不同民族居民之间的往来增多，不同民族的亲戚也很多。所以可以在纳西族人家中听到白语，白族人家中听到纳西语。课后大家各自使用自己的民族语言。语言环境提供了学生掌握这些语言的有利条件。

问：丽江有提倡使用民族母语的相关政策吗？

答：有啊。我们丽江还是比较提倡使用自己民族母语的。响应教育局的号召，小学里都开设了纳西语母语课。主要是教学生写写东巴文，说说纳西语。我认为这种做法是十分可取的。可以起到传承民族语文和文化的作用。

问：纳西族、白族学生在语文学习方面有困难吗？主要体现在哪里？

答：纳西族、白族学生在语文学习的成绩上和汉族学生差不多。不同民族的学生普遍存在阅读量较少，书写、拼音、表达能力等稍差的问题。但是纳西族、白族学生在交流和使用普通话方面不存在任何问题。

问：谢谢洪老师，耽误您不少时间。

答：不客气！

七河中心完小学生访谈

访谈对象：罗世强，男，11 岁，纳西族，五年级学生

李雨楠，女，8 岁，白族，二年级学生

访谈时间：9 月 4 日下午 5 时

访谈地点：七河中心完小大门口

访谈者：和智利、李旭芳

整理者：和智利

问：你们好，能给我做个自我介绍吗？

罗：我叫罗世强，今年 11 岁，五年级。我在七河中心完小上学，我家住在七河镇共和村村委会次蓬小组。

李：我的名字叫李雨楠。我是七河中心完小二年级的学生。我 8 岁了。我家在丽江市古城区七河镇共和村村委会太平小组。

问：你们是什么民族？请简单介绍你们的家庭情况。

罗：我是纳西族。我家有 6 口人：爷爷、奶奶、爸爸、妈妈、我和妹妹。爷爷、奶奶、爸爸、我和妹妹是纳西族，妈妈是汉族。

李：我是白族。我们小组大多数人都是白族。我家有 5 口人：爷爷、爸爸、妈妈、哥哥和我。我们家除了爸爸是汉族外，其他人都是白族。我爸爸是丽江市永胜县的汉族。

问：你们俩会说几种语言？最先学会哪种语言呢？

罗：我会说纳西语和汉语两种语言。我最先学会的是纳西语。

李：我会说三种语言：白语、纳西语和汉语。我最先学会的是白语。

问：你们是怎么学会这些语言的？在这些语言中，哪种语言最熟练？

罗：我在家学会说纳西语。上幼儿园后，自然而然就会说汉语了。我会使用的两种语言都一样熟练。

李：我在家里学会说白语。上学后几乎同时学会汉语和纳西语。三种语言里汉语最熟练，白语和纳西语水平差不多，不是特别熟。

问：李雨楠，作为白族人，为什么你的汉语水平最熟练？

李：虽然我先学的是白语。但是奶奶要照顾我和姑姑家的女儿，所以

上幼儿园前的两年时间，我在昆明姑姑家生活。姑姑家都讲汉语，所以我的汉语更好。后来我回丽江七河镇上幼儿园。幼儿园老师上课用汉语普通话。幼儿园里大多数小朋友是纳西族，课后他们都说纳西语。幼儿园中班时我就能用纳西语和小朋友交谈了。总的来说，我讲汉语时间最长，所以我掌握的三种语言中汉语水平最好。

问：平时你们在家使用什么话交谈呢？

罗：我们家主要说纳西语。妈妈是汉族，但她会说汉语和纳西语。偶尔我和妹妹会和妈妈说汉语，大多数的时候妈妈和我们说话都用纳西语。

李：爷爷和妈妈会说白语、纳西语和汉语。哥哥和我会说白语、汉语和大部分纳西语，哥哥的纳西语说得比我好。我们在家里通常使用白语。爸爸是永胜汉族，他会说永胜汉语和白语。爸爸跟爷爷和妈妈说话用白语，他跟我和哥哥说汉语。

问：你们在村小组里使用什么语言呢？

罗：我们是纳西族村小组，村里人之间说话都用纳西语。有些从外村嫁到我们村的汉族人和白族人，她们开始不会听说纳西语。但是过了一两年她们就会听纳西语甚至可以熟练地使用纳西语了。

李：我们村是共和村村委会唯一的一个白族小组。我们小组的人互相交流都用白语。旁边的村子都是纳西族，我们村小组的人去村外讲白语，别人都听不懂。所以我们村的人和其他村小组的人说话就会用纳西语或汉语。几乎我们整个村小组的人都会说三种语言：白语、纳西语和汉语。

问：请谈谈你们学校的语言使用情况。

罗、李：学校里老师上课用的是汉语普通话。在课堂上，老师要求我们使用汉语普通话。幼儿园中班时，我们就会说普通话。课后，我们有时说汉语普通话，有时说汉语七河方言、纳西语。同自己村小组的同学说话，我们通常用自己的民族语。但是学校里80%的学生都是纳西族，所以讲纳西语的时候比讲汉语、白语的时候多。

李：我是白族。但是我们班只有3个白族同学，我们说白语其他同学听不懂。我们经常听纳西族同学讲纳西语，慢慢地我们也会说纳西语了。现在我们课后基本不说白语，说纳西语或汉语大家都听得懂。

问：班级里都有什么民族的学生呢？

罗：我们班35个同学中，有3个白族同学，汉族同学10个，纳西族同学22个。

李：我们班也是纳西族的同学多。总共31个同学中，纳西族同学有20多个，白族同学和汉族同学加起来都不到10个。

问：你们学校有没有给你们开纳西母语课？

罗：老师给我们发了普通话和纳西语都有的双语课本。但是只有语文双语课本。我们是从三年级开始上纳西母语课的。老师在母语课上教我们说纳西语。但是有些我们原先就会，一点都不难。而且纳西母语课不用考试。

李：我们这学期也发了二年级上册语文的双语课本，但是我们还没有开始上。我给你看看我的课本吧！

问：谢谢！你们有没有觉得自己所掌握的语言中哪一种最容易学？

罗、李：我觉得几种语言都差不多，没有特别难学的。学一两年就会了。我们的小朋友和同学都会说这些语言。

问：相对而言，班级里哪个民族的同学学习成绩好一些？

罗、李：班上纳西族、汉族、白族同学的学习成绩都差不多。前五名里有纳西族同学，也有白族和汉族同学。谁用功，谁的成绩就好。

问：谢谢你们，快回家吧！

罗、李：好的，再见！

七河镇共和村太平小组李万年访谈录

访谈对象：李万年，男，61 岁，白族，初中毕业，太平小组老年协会会长

访谈时间：2013 年 9 月 2 日下午

访谈地点：访谈对象家中

访谈、整理者：李旭芳

问：爷爷，请您介绍一下您和家人的情况。

答：我今年 61 岁，是白族。我家里有 8 口人。老父亲、老母亲，我和我媳妇，我大女儿、女婿，还有两个孙子。我二女儿嫁给了永胜汉族，现在在城里工作。小儿子也娶了永胜姑娘，是个纳西族，也住在城里了。

问：您是白族，您除了会说白语、汉语，会说纳西语吗？

答：会说。村里很多人都会纳西语，我们村虽然是白族，但周围都是纳西族村子，所以我们经常要用到纳西语。

问：那您家里人都会纳西语吗？

答：我的老父亲、我女儿和女婿都会，我两个孙子会一些。我老母亲和媳妇不会，她们是来自鹤庆的白族。

问：您女婿是什么民族？他除了会纳西语，也会白语吧？

答：我女婿是汉族，会说纳西语，白语也会说。这是我们这里常见的事情。都是在平时跟纳西族、白族打交道时学会的。

问：您两个孙子那么小就会三种语言，是怎么学会的？

答：白语不用学，出生后听家里人说多了也就会了。汉语和纳西语是在学校里学的，村里也有嫁进来的汉族和纳西族，跟他们多交流就会了。

问：那您的外孙、外孙女还会说白语吗？

答：不会了。他们从小跟着父母在城里长大，都只说汉语了。

问：您觉得白族人学纳西语困难不困难？

答：不困难。平时多交流，自然就会了。

问：您知道这个村子是怎么来的吗？

答：据说以前这里没有白族，后来从鹤庆甸南来了一个烧土罐的白族工匠在此定居下来，他姓彭，有两个女儿，后都在家里招了女婿。然后由这两个支系慢慢扩大，成了这个共和村唯一的白族村子。

问：我看咱们村有很多嫁进来的纳西族、汉族媳妇，您怎么看待这种民族联姻？

答：这种民族联姻解放前就有了。我知道我们村西边的瓦窑村有一家，他们是纳西族，好几代都跟我们村有联姻。所以，我们村几个家族的婚丧嫁娶，他们都还有来往。我们家也有汉族的女婿、儿媳，纳西族的也有。我们老一辈还是同意的，只要孩子喜欢就可以了。我们村不仅有汉族、纳西族，还有藏族。反正只要合适，就没有什么问题。

问：咱们村是这里唯一的白族，您担不担心白语会衰退、遗失？

答：会的，有这个可能。你看我们旁边的新民共和村，有个下坡子小组，里边姓刘的人家都是白族，但现在只有老人说白语了，年轻一代都说汉语和纳西语了。以前经济落后，村民都在家里务农，没有人出去。现在不同了，很多村里人出去打工、工作，然后就在外面定居了，他们的小孩就不会说白语了。

问：怕不怕白族会被同化？

答：怕。但是没有办法，我们老百姓也没有能力管，失传了没有办法。我们还在的时候就尽量教孙子，但等他们出去了我们老一代去世了，那他们要讲什么话我就没办法了。

问：我们在村里看到很多家大门贴的瓷砖上都写着"家和万事兴""出入平安"等一些吉祥的话语，也看到有的门上还贴着孝联。我们都觉得白族是个很能干、孝顺的民族。是吗？

答：白族人聪明、勤劳、善良、好客。我们村以前地是很少的，但靠自己勤劳的双手，也在这里有了立足之地。

问：不好意思，耽误了您那么长时间。谢谢爷爷。

答：不用谢！

参考文献

张波主编：《丽江民族研究》第一辑，云南民族出版社 2007 年版。

张波主编：《丽江民族研究》第二辑，云南民族出版社 2008 年版。

张波主编：《丽江民族研究》第三辑，云南民族出版社 2009 年版。

张波主编：《丽江民族研究》第四辑，云南民族出版社 2010 年版。

木春燕主编：《丽江民族研究》第五辑，云南大学出版社 2012 年版。

李劼著：《丽江纳西族文化的发展变迁》，中央民族大学 2007 年版。

杨福泉著：《杨福泉纳西学论文集》，民族出版社 2009 年版。

杨福泉著：《纳西族与藏族历史关系研究》，民族教育出版社 2005 年版。

和即仁、姜竹仪编著：《纳西语简志》，民族出版社 1984 年版。

杨福泉著：《纳西族文化史论》，云南大学出版社 2006 年版。

张大群：《略论丽江纳西族历史上的学校教育》，载《云南民族教育研究》，云南民族出版社 1988 年版。

杨福泉：《论丽江古城纳西文化和汉文化的相互影响与整合》，载《纳西学论文集》，民族出版社 2009 年版。

（原载《青海民族研究》2014 年第 3 期，《语言和谐论集》转载，四川大学出版社 2014 年版。本文与和智利、李旭芳合写）

片马茶山人和谐的多语生活

——语言和谐调查研究的理论方法个案剖析

【提要】本文根据田野调查的语料分析了片马茶山人和谐多语的语言生活。指出茶山人的多语生活具有全民性、稳定性、和谐性的特点；并分析了和谐的多语生活对茶山人发展、繁荣的重要作用。

【关键词】片马茶山人；和谐；多语生活

2009 年 7 月，中央民族大学语言文学学院的教师、博士生共 7 人深入中缅边界的云南省泸水县片马地区，进行语言和谐的田野调查。本文是根据这次调查的第一手材料写成的。主要是分析片马茶山人多语和谐的语言生活，探索其规律和成因，并预测其演变趋势。

一 片马茶山人及其语言

1. 茶山人是脱离民族主体的一个人数较少的族群

在我国，茶山人主要分布在云南省泸水县片马镇的岗房、古浪、片马三个行政村。该镇与缅甸密支那省只有一河之隔，茶山人大多分布在中缅边界线上。

茶山人是景颇族的一个人口较少的支系。我国的景颇族，主要分布在云南省德宏傣族景颇族自治州，下分景颇、载瓦、勒期、浪速、波拉、茶山等支系。茶山人自称"峨昌"（与阿昌族的自称相同），他称"茶山"，与勒期支系比较接近，过去把它列入勒期支系内。但茶山人认为自己的语言、文化、服饰等都与勒期支系不同，应该是独立的一个支系。

片马镇总人口 1769 人（2008 年）。这里分布着茶山族、傈僳族、汉族、白族、怒族等民族，是一个多民族杂居的边境乡镇。其中傈僳族的人口最多，有 684 人，其次是茶山人，有 587 人。此外，白族 385 人，汉族 93 人，壮族 15 人，怒族 5 人。

值得一提的是，茶山人是片马地区居住时间较长的民族群体。据史籍记载，茶山人的祖先来到片马已有上千年的历史。唐代《南诏德化碑》上就篆刻有"寻传、禄郸、丽水、祁鲜"等名称。据考证,"寻传"就是今天的景颇族先民;丽水就是今天的伊洛瓦底江;禄郸则是丽水的支流,即今天片马的小江。小江自片马、岗房、古浪边境西北流入伊洛瓦底江上游的恩梅开江。上述大片地区迄今为止仍是景颇族分布的地区。至于"祁鲜",就是今天伊洛瓦底江西岸的甘高山,属我国唐宋元时期丽水节度管辖的地区,也是景颇族分布的地区。又据《蛮书》卷七记载"犀,出越赕(腾越,今之腾冲),高丽共人以陷阱取之"。"高丽共人"一词系景颇语的"高丽山的人"。"高丽"是景颇族的一个部落,又称"高黎"或"高日"。由此可见,至少约公元8世纪时,景颇族高丽部落已居住在高黎贡山一带了。

景颇族是一个由北方南下的民族,在迁移的过程中,茶山支系与景颇族的主体分离了,在封闭的怒江州片马地区定居,在民族特征上形成了自己的特点。其语言成了一个"语言孤岛",也出现了许多新的特征。

2. 茶山人的语言生活

如上所述,景颇族有不同的支系,不同的支系使用不同的语言。从语言系属分类上看,景颇族不同支系使用的不同语言,分属于汉藏语系藏缅语族两个不同的语支。景颇支系说的景颇语,属于景颇语支;其他支系所说的载瓦语、勒期语、浪速语、波拉语、茶山语属于彝缅语支。

在彝缅语支里,茶山语与勒期语比较接近,但也有一些差异。比如在词源关系上,在1000个基本词汇中,两种语言的同源词有563个,占56.3%;异源词有289个,占28.9%;半同源词有148个,占14.8%。又如在语音上,勒期语有长短元音的对立,茶山语没有;勒期语的双唇颚化音茶山语大多消失,转成舌尖颚化音等。由于这些差异,使得茶山人和勒期人相互通话有一定的困难。

在片马地区,茶山人都保留自己的母语。茶山人认为,茶山语是自己民族的一个重要特征,是族群认同的重要标志,必须保持使用自己的语言。无论在家庭内部,还是在村寨里,茶山语都是茶山人之间的交际工具。此外,茶山语不仅在片马地区的茶山村寨通行,而且还广泛使用于与片马一河之隔的缅甸茶山人村寨。

茶山人除了普遍使用自己的母语以外,大部分人还兼用了当地的区域强势语傈僳语和全国的通用语汉语,成为具有三种语言能力的多语人。还有少部分茶山人,除了掌握这三种语言以外,还懂缅语、景颇语、白语等,懂得的语言多达五六种。在日常生活中,片马茶山人能够根据不同的交际对象、不同的交际内容、不同的交际目的,自如地交换使用不同的语言,以协调自己的语言生活,满足社会的需求。多种语言各司其职、和谐互补,成为茶山人语言生活的重要特征。

二　茶山人和谐多语生活面面观

我们通过实地调查，亲眼看到茶山人每天都处在一种和谐的多语生活中。一幅幅多语画面促使我们去思考：这种和谐的多语生活是怎么形成的，其中有哪些规律，深层次的理论问题又是什么？

（一）茶山人全民稳定地使用母语

像茶山人这样一个人口少的群体，而且处在多个民族的包围之中，其母语能否保留，有无可能出现母语的衰变或濒危呢？我们从不同村寨、不同代际（年龄段），对茶山语的使用情况进行全方位、多角度、立体式的考察。

调查结果显示，片马茶山人普遍稳定使用自己的母语——茶山语。片马茶山语使用的基本特点是：① 茶山语仍是片马茶山人的主要交际工具。② 茶山语在不同村寨、不同年龄段的使用状况基本相同，但存在一定程度的差异。③ 部分青少年的母语能力，出现衰退的苗头。

1. 三个村寨的茶山语使用情况考察

我们进入 3 个茶山人聚居的村寨，实地调查了他们使用母语的情况，随机统计 78 人的母语使用水平。具体情况如表 1：

表 1

调查点	总人口	熟　练		略懂		不　懂	
		人口	百分比（%）	人口	百分比（%）	人口	百分比（%）
古浪	15	15	100	0	0	0	0
岗房	40	38	95	2	5	0	0
下片马	23	21	91.3	2	8.7	0	0
总计	78	74	95	4	5	0	0

上表的数字告诉我们：① 3 个调查点，茶山语使用情况基本一致。② 各村寨熟练使用茶山语的比例都很高，其中，古浪的比例最高,达 100%。下片马比例最低,但也达到91.3%。这个数字有力地表明片马茶山语仍保持着强大的活力。③ 各村寨中茶山语水平属"不懂"级的人数均为零,说明片马茶山人仍然都以自己的母语作为最重要的交际工具。④"熟练"和"略懂"加在一起,是 78 人,占 100%。这就是说,片马的茶山人没有不懂茶山语的。

这 3 个村寨的茶山语使用情况虽然大体一致,但也存在小的差异。其原因与村寨的交通条件、经济发展情况,以及族际婚姻家庭有关。

岗房和下片马各有 2 人的茶山语水平属于"略懂"级的，他们是李是林、赵彭成、李咏春、车毅。通过调查，我们发现他们都是来自族际婚姻家庭的青少年，其母语水平较低与他们家庭使用语言的状况有关。其家庭情况见表2：

表 2

户主	董绍琴	27	茶山	小学毕业	茶山语，熟练	汉语，熟练	傈僳语，略懂
丈夫	李淑军	32	汉	初中毕业	汉语，熟练	茶山语，略懂	
儿子	李是林	10	茶山	小五在读	汉语，熟练	茶山语，略懂	
户主	刘家翠	31	茶山	初中毕业	茶山语，熟练	汉语，熟练	傈僳语，熟练
丈夫	赵喜松	35	白	初中毕业	白语，熟练	汉语，熟练	茶山语，不懂
儿子	赵彭成	10	茶山	小四在读	汉语，熟练	茶山语，略懂	
户主	李文新	28	傈僳	小四	傈僳，熟练	汉语，熟练	茶山，略懂
妻子	董玉会	28	茶山	小三	茶山，熟练	傈僳，熟练	汉语，熟练
长子	李咏春	7	茶山	小一在读	傈僳，熟练	茶山，略懂	汉语，略懂
户主	董玉秀	33	茶山	初二	茶山，熟练	傈僳，熟练	汉语，熟练
长子	车毅	10	茶山	小三在读	汉语，熟练	傈僳，略懂	茶山，略懂

表 2 显示：李咏春的爸爸是傈僳族；赵彭成的爸爸是白族；李是林和车毅的爸爸都是汉族。他们家庭使用的语言主要是汉语。孩子们从小起，家里人就教他们说汉语，茶山语已经退为第二语言或第三语言，他们的茶山语是从外公、外婆和母亲的对话或与村里的茶山小朋友玩耍时习得的，因而使用能力较低。

我们在村寨里调查时见到的情景，与以上调查数据是一致的。从刚踏进村寨到调查结束的整个过程中，我们耳边自始至终萦绕着茶山语。无论是男女老少之间，还是在家庭内外，大家都用茶山语打招呼、自由交谈。虽然绝大多数的茶山人都会说汉语，但他们却乐意使用自己的母语——茶山语。我们与调查对象交谈时用的是汉语，如果中途来了老乡，他们之间就马上转用茶山语交谈。在调查中，我们强烈地感觉到，茶山语在茶山人生活中不可或缺。这里的社会生活和家庭生活要靠茶山语来维系，茶山人之间的感情、信息要靠茶山语来传递。在全国通用语汉语、片马亚强势语言傈僳语的包围下，人口如此之少的片马茶山人却能稳定地传承母语并在日常生活中坚持使用母语，实属难得。

2. 不同年龄段的茶山语水平考察

从年龄上看，母语的使用情况明显地反映出两个不同的层次：20 岁以上的茶山人，母语水平是"熟练"的比例达到100%；而6—19岁的茶山人，"熟练"级的比例只有80%。如表3：

表3

年龄段	总人口	熟　　练		略　　懂	
		人口	百分比（%）	人口	百分比（%）
20岁以上	58	50	100	0	0
6—19岁	20	16	80	4	20

在我们调查的三个村寨中，60岁以上的老人只有4位。他们都是"熟练"级，而且第一语言都是茶山语。在日常生活中，他们主要使用茶山语，与汉语或傈僳语相比，他们更习惯于说茶山语。

6—19岁青少年虽然没有不会茶山语的，但"熟练"级的比例是80%，与上一年龄段相比，青少年母语使用能力最低。为了考察他们的母语能力，我们选出了400个基本词进行测试。测试分A、B、C、D四个层级。A级是能脱口而出的词，B级是想一想才能说出的词，C级是想了后还不会说、经提示后才回忆起的词，D是提示了也不懂的词。测试情况见表4：

表4

姓名	年龄	词汇等级及其所占比例							
		A	比例（%）	B	比例（%）	C	比例（%）	D	比例（%）
陈昌路	12	239	59.75	37	9.25	2	0.5	122	30.5
董雯	14	145	36.25	72	18	70	17.5	113	28.25

陈昌路A级和B级词汇总和是276个，占400词总数的69%。董雯A级和B级词汇总数是217个，占54.25%。他们两人的D级词汇的比例都在30%上下。这说明片马茶山青少年的茶山语已出现不同程度的衰退苗头。究其原因，一是族际婚姻家庭因素对家庭成员语言使用的影响。如，陈昌路的妈妈虽然是茶山人，但外婆是傈僳族，所以妈妈的傈僳语十分熟练，平时妈妈和昌路在一起的机会较多，主要都是用傈僳语交流。二是在村里的村小只能读到三年级，四年级以后要到片马镇民族完小住读，中学都要到鲁掌或六库去住读。学校里都是用汉语交流，茶山语说的机会少，这也是青少年母语使用能力下降的原因之一，董雯就是这样的例子。

母语水平下降的另一表现是母语习得顺序发生转变，即非母语成了第一语言。语言习得的顺序一般是先习得自己的母语，然后习得其他语言。

片马镇多数茶山青少年的语言习得顺序是与此相符的，但已有 5 人改变了这种顺序，即先习得其他一种或两种语言，然后才习得母语。这在青少年人数中占 25%。这 5 人是下片马的赵彭成、李是林和岗房的车毅、李咏春、陈何生。其文化、语言情况见表 5：

表 5

赵彭成	10	茶山人	小四在读	汉语，熟练	茶山语，略懂	—	—
李是林	10	茶山人	小五在读	汉语，熟练	茶山语，略懂	—	—
车　毅	10	茶山人	小三在读	汉语，熟练	傈僳语，略懂	茶山语，略懂	—
陈何生	9	茶山人	小二在读	白语，熟练	茶山语，熟练	汉语，熟练	傈僳语，熟练
李咏春	7	茶山人	小一在读	傈僳语，熟练	茶山语，略懂	汉语，略懂	—

表 5 显示：这 5 人都出生于族际婚姻家庭。他们都以汉语或自己母亲的语言为第一语言。赵彭成、李是林、李咏春和陈何生 4 人以茶山话为第二语言，车毅 1 人以茶山话为第三语言。这 4 人中除了陈何生的茶山语水平是"熟练"级外，其余的 4 人都是略懂。可见，母语习得顺序的改变已经对青少年的母语水平的高低发生了影响。

（二）片马茶山人稳定保留茶山语的原因

片马茶山人能够稳定使用、传承母语的原因主要有四个：

1. 茶山人是片马的世居民族，有自己独特的文化

据《泸水县志》记载，1000 多年前，景颇族就已南迁到怒江西岸和片马地区，这一区域是景颇族重要的发源地和迁移地之一。如今的片马茶山人还保留有自己独特的民族文化、独特的民居建筑方式和独特的服饰等；有创世纪、历史传说、民间故事等丰富的口头文学作品，"新米节"等传统节日，还有传统的婚丧嫁娶习俗和"建新房"仪式。这些明显的茶山支系特征，为茶山人传承母语提供了有利的土壤。

2. 境外有大量茶山人，边民的自由接触扩大了茶山语的使用范围

片马镇南、西、北三面与缅甸接壤，国境线长 64.44 公里，是中缅边境北段交通要道和商业往来的重要通道，两国边民交往频繁。片马与缅甸的茶山人同出一支，血脉相通，很多人有缅甸亲戚。有些人还娶了缅甸茶山人做媳妇。因此，与缅甸茶山人往来频繁是茶山语保持活力的一个原因。

3. 茶山人母语感情深厚是稳定使用茶山语的情感基础

茶山语不仅是片马茶山人的重要交际工具，还是当地茶山人的民族心理、民族习惯、民族文化、民族感情的重要载体。茶山人对自己的民族语

言有着很深厚的感情。语言是一个民族的重要标志之一，只有掌握本民族的语言，把语言传承下去，才能谈得上真正保护、传承了民族传统。茶山人这种强烈的民族意识和语言情感，有利于茶山语的传承。连 14 岁的小董雯（岗房村）也知道："茶山语自小就学，是自己民族的语言，以后不会忘记。"

4. 国家语言大法对民族语言的使用和发展起了切实保证的作用

《中华人民共和国宪法》所规定的"各民族都有使用和发展本民族语言文字的自由"的政策，为少数民族使用自己的母语提供了保障，茶山人也不例外。茶山人虽然人口较少，但同全国其他少数民族一样享有国家民族语言政策所赋予的权利。

三　片马茶山人多语和谐生活的特点及成因

片马镇辖下片马、片四河、古浪、岗房 4 个行政村 13 个村民小组和景朗社区居委会，是一个景颇（茶山支系）、傈僳、白、汉、彝等 8 个民族居住的杂居镇。该镇的茶山人，既稳定地使用自己的母语，又兼用汉、傈僳等其他语言，成为具有几种语言能力的多语人。片马茶山人能够根据不同的交际对象、不同的交际内容、不同的交际场合，选择使用不同的语言，以协调语言生活，从而使自己的语言生活形成了多语共存、和谐互补的良性系统。以下对茶山人的多语特点及其成因进行分析。

（一）茶山人多语生活的特点

所谓"多语"，是指某一民族或某一群体除了使用自己的母语以外，还兼用另外两种或两种以上语言的现象。多语是由于民族交往、语言接触而形成的语言现象。片马茶山人在与其他民族的长期接触中，在习得自己的母语以后，又先后习得了汉语、傈僳语等其他民族语言，成为具有多种语言能力的人。茶山人多语生活具有以下特点：

1. 全民性

我们选取了茶山人分布较多的岗房、下片马、古浪 3 个自然寨，对茶山人掌握母语和兼用语的水平进行了调查。结果如表 6。

表 6

自然寨	人数	懂母语		懂傈僳语		懂汉语	
		人数	百分比（%）	人数	百分比（%）	人数	百分比（%）
岗房	40	40	100	40	100	39	97.5
古浪	15	15	100	15	100	12	80
下片马	23	21	91.3	20	87	23	100
合计	78	76	97.4	75	96.2	74	94.9

表6显示，3个寨子78位茶山人中懂母语的有76人，占97.4%；懂傈僳语的有75人，占96.2%；懂汉语的有74人，占94.9%。这个数字说明，茶山人绝大多数是具有3种语言能力的多语人。就是说，多语是片马茶山人语言生活的共同特征。

这个统计数据与我们在茶山寨子的见闻是一致的。我们所遇到的茶山人，大多能说三种语言。在岗房村的坡西口寨，我们与该寨的张宗秀（37岁）、忠波（29岁）、绍路（26岁）等多位茶山人交谈时，他们跟我们说汉语，跟旁边的同伴说茶山语或傈僳语。在鼓浪村二组座谈时，茶山人崩绍（56岁）告诉我说："我们古浪二组有10户人家，其中茶山6户，都会说茶山语、汉语和傈僳语。"下片马的情况也是如此。我们每天去吃饭的那户茶山人家，他跟儿子讲茶山语，跟我们讲普通话，跟片马镇姬书记讲傈僳语。有的茶山人的傈僳语甚至比母语还要好。

部分茶山人除了兼用茶山、傈僳、汉三种语言以外，有的还兼用了白语、缅语、景颇语和波拉语等多种语言。如片马村卫生员董绍军会茶山语、傈僳语、汉语、白语4种语言；宗雷一家懂汉语、茶山语、傈僳语、缅语、景颇语5种语言；下片马村党支部书记褚玉强也能够使用茶山语、汉语、傈僳语、白语、景颇语、波拉语6种语言；20岁的茶山女孩胡玉兰懂茶山语、景颇语、汉语、缅语、傈僳语、白语6种语言。在片马镇，当我们对会讲以上多种语言的人表示赞扬时，被赞扬者谦虚地说一句"这没什么，我们这里的茶山人都会说茶山语、傈僳语和汉语，会说四五种语言一点也不稀罕"。

2. 稳定性

片马茶山人不仅使用母语具有稳定性的特点，而且兼用汉语、傈僳语等语言也具有稳定性特点。表7是茶山人不同年龄段兼用汉语、傈僳语的分类统计：

表7

年龄段	人数	汉语熟练		汉语略懂		汉语不懂	
		人数	百分比（%）	人数	百分比（%）	人数	百分比（%）
6—19岁	20	16	80	4	20	0	0
20—39岁	37	29	78.4	8	21.6	0	0
40—59岁	17	10	58.9	4	23.5	3	17.6
60岁以上	4	1	25	2	50	1	25
合计	78	56	72	18	23	4	5

　　表 7 显示汉语水平与年龄之间的关系是：年龄越大，汉语水平越差。年龄越小，汉语水平越高。不懂汉语的 4 人都是 40 岁以上的中老年人，青少年的汉语水平普遍较好。

表8

年龄段	人数	傈僳语熟练		傈僳语略懂		傈僳语不懂	
		人数	百分比（%）	人数	百分比（%）	人数	百分比（%）
6—19 岁	20	17	85	2	10	1	5
20—39 岁	37	34	91.9	2	5.4	1	2.7
40—59 岁	17	15	88.2	1	5.9	1	5.9
60 岁以上	4	3	75	1	25	0	0
合计	78	69	88.5	6	7.7	3	3.8

　　表 8 显示：不同年龄段的茶山人熟练使用傈僳语的比例为 75%—91.9%，这个数字反映傈僳语在不同年龄段之间没有明显的差距。傈僳语在不同代际之间得到较好的传承。

　　3. 和谐性

　　语言的和谐性是指同一个民族或同一群体的多语，在一个社会里能够和谐共处，互补互利，既不相互排斥，也不发生冲突。不同语言在使用中各就各位，协调有序，在和谐中各尽其责，在和谐中发展。片马镇的茶山人能够根据自己的需要选择使用什么语言，而且还尊重他人使用什么语言，营造了语言的和谐。

　　不同的语言功能有差异，存在强弱之分。汉语是国家的通用语，使用人口多，其经济文化相对发展得快一些，是强势语言；少数民族语言只在大小不同的局部地区使用，相对于汉语而言是弱势语言。茶山人虽然人数不多，但茶山语是茶山人自己的母语，茶山人对母语有深厚的情感。因此，从语言的交际功能上来说，汉语、傈僳语比茶山语功能强一些，但从语言的情感表达功能上来看，茶山语的功能又比这两种语言的功能大一些。总之，片马镇茶山语与汉语、傈僳语的语言关系始终处于互补的关系之中，不同语言在不同的交际场合都发挥着各自的作用。

　　在片马镇，茶山人族内婚姻和族际婚姻都很普遍。族内婚姻家庭，家庭成员不论辈分高低，不管年龄大小，都习惯使用母语交流。当问到"在家里用什么语言时"，几乎无一例外地选择"母语"。他们对母语有深厚的情感。对"如果家里的兄弟姐妹不肯说自己的母语，您的态度是什么？"这一问题的回答，无一外地选择了"反对"。可见，语言的交际功能和语言的情感功能在族内婚姻家庭里得到充分的发挥。

在片马镇，族际婚姻家庭也很多。族际婚姻家庭成员之间的交际有多种选择：长辈之间，用茶山语或傈僳语；长辈与晚辈之间，晚辈迁就长辈，选用长辈喜欢说的语言，大多是说茶山语或傈僳语，有时也用汉语。晚辈之间用茶山语、傈僳语或汉语。如：岗房村坡西口的村民崩友（47 岁）是缅甸嫁过来的茶山人，她的丈夫是傈僳族。她告诉我说："我只会讲茶山话和傈僳话，汉话讲不好。我的爱人和我的五个小孩都会茶山话、傈僳话和汉语三种语言。我爱人是傈僳话比茶山话讲得好一些，汉话讲得差一些。孩子是茶山话讲得最好，汉话也不错，傈僳语稍微差一些。我跟我小孩之间都讲茶山话；我和我爱人之间讲茶山话或者傈僳话。我的爱人跟孩子讲傈僳话，跟我有时讲傈僳话，有时讲茶山话。孩子之间多讲茶山话，有时也讲汉话或傈僳话。一家人在一起时都说茶山话。"崩友家的家庭语言使用情况具有一定的代表性，因为缅甸茶山人嫁到片马镇傈僳族、勒墨（白族支系）族等民族的不少。境内的族际婚姻家庭稍有不同，选用汉语多一些。如褚学海（16 岁，茶山人）家，他爸爸是茶山人，妈妈是白族人。他告诉我们说："我跟爸爸和爸爸那边的亲戚就说茶山话，跟妈妈就说汉语。"

片马镇的 13 个行政村的自然寨中，茶山人较多的寨子只有下片马、坡西口和古浪二组 3 个自然寨。并且这 3 个寨茶山人与傈僳族杂居。这种分布状态，为茶山人习得傈僳语提供了很好的条件，很多茶山人说傈僳语就跟说母语一样。因此在寨子里，一般是茶山人之间说母语；茶山人与傈僳或其他民族多说傈僳语；跟外地嫁来的媳妇或客人说汉语。但总的来说，还是使用傈僳语的时候多。如我们在岗房村向一位茶山人测四百词时，她一边听我们用普通话读四百词，一边用傈僳语问身边的茶山人这些词是什么意思，然后用茶山语说出这个词。这个寨子的长者宗枪浪（曾任镇政协主席）告诉我们说：这个寨子里的茶山人，不管是本寨的，还是缅甸嫁过来的，傈僳语都说得很好，因为在寨子里说傈僳语的机会比茶山语多。下片马的情况和古浪的情况也类似。

片马镇有 5 所学校：4 所村小，1 所镇完小，一村一校。四年级以前到村小就读，四年级以后到镇完小就读。从今年 9 月 1 日起，撤销村小，全镇小孩都集中到镇完小宿读。

村小一般是一师一校，一个老师从学前班教到三年级。学生也不多，三五个或十来个，多数是傈僳族。一年级之前，学生大多不会说汉语，但能听懂一些。上学前班时，老师需要先用傈僳语解释，然后再说汉语。从一年级开始，课堂用傈僳语的量逐渐减少，到三年级时，就完全不需要借助傈僳语了。课余时间，学生之间或师生之间大多说傈僳语。学生选用哪种语言交际，受老师的影响。因为一个老师教所有课程，孩子整天跟老师在一起，师生关系很近。老师喜欢说什么话，学生就跟着说什么话。岗房村的陈昌路（12 岁，茶山人）告诉我们说："我 6 岁到我们村的岗房小学读学前班时，班上共有 8 个同学，有 5 个是傈僳族，3 个是茶山族。这 5 个傈僳族同学都只会说自己的傈僳话。我喜欢跟他们一起玩，慢慢听懂了一些傈僳话。学校只有 1 个老师，是位男老师，叫胡建华。他是我们村的傈僳人，傈僳话说得很好。他上课时总是先用傈僳话，然后才用汉话。课后，他跟我们做游戏，都说傈僳话。我的同班同学有董雯和陈盯蕾，都是茶山人。从一年级开始，老师上课都是说普通话了，很少说傈僳话。下课跟我们玩的时候，老师还是多说傈僳话，有时也说普通话。下课时，我们 3 个茶山同学在一起时，也说傈僳话，不说茶山话。胡老师教我们 4 年，我们跟他很亲。他喜欢说什么话，我就跟着学什么话，我的傈僳语主要是跟老师学会的。"

镇完小的学生来自全镇，民族成分较多，学校的通用语用的是普通话。师生之间或同学之间多用汉语交流。只有本族同学在一起时，才说自己的母语。

（二）片马镇茶山人多语和谐的成因

片马镇茶山人的语言生活之所以能够多语和谐，其成因主要有以下几点：

1. 我国的民族语言方针政策是多语和谐的基本保障

我国政府十分重视民族语文工作，新中国成立后颁布了一系列有关民族语言文字的方针政策。从我国的宪法到各历史时期的民族语文政策，核心思想都是强调语言平等和语言的自由使用。其中"各民族都有使用和发展自己语言文字的自由"是我国政府对待少数民族语言文字一贯坚持的立场。它主要包括两方面的内容：一是各民族不分大小，对自己的语言如何使用、如何发展都有自己的权利，其他人不能干涉，更不能歧视。二是政府对各民族使用和发展自己语言的权利，一律予以保障，根据各民族的意愿帮助他们使用和发展自己的语言。上述"自由"的规定，体现了我国政府对民族平等、语言平等的原则。在现代化建设的新时期，我国的语言状况和语言关系有了新的发展。国家对少数民族语言不仅实行语言平等政策，对少数民族和少数民族语言还都有特殊照顾的政策，对弱势语言都给予照顾。

在片马镇，我们看到各民族都能随心所欲地使用自己的语言，不会受到别人的阻拦和干涉。他们还可以根据自己的意愿选择兼用语言，协调个人的语言生活。无论是在机关，还是在学校，抑或在广大的农村。我们到处都可以听到茶山语、傈僳语、汉语。这已经是一个习以为常的语言生活。

任何人使用自己的语言都不会受到反对或歧视。

2. 民族关系的和谐是多语和谐的前提条件

语言是民族的一个重要特征，与民族意识、民族感情密切相关。民族关系直接影响到语言关系。民族关系好，语言关系也好；反之，民族关系不好，语言关系也会受到消极的影响。和谐的民族关系是构建语言和谐的前提条件。

片马镇是有悠久历史的多民族杂居镇。茶山人是这个镇的世居民族之一。各个民族之所以迁移到这里，或者由于在原居住地遭到了生存上的挑战，或者是由于民族矛盾，或者由于瘟疫被迫离乡背井。来到这里的共同目的，都是为了开始新的生活，更好地生存发展。生活在片马镇的各民族之间没有历史的瓜葛和纠纷。各民族来到片马镇的共同愿望就是与周围的民族和谐相处，共同发展。片马镇的茶山人不仅在生活中与其他民族友好相处，还在1911年爆发的"片马事件"中与傈僳族、汉族等民族一起奋起抗英，展开了10余年的浴血奋战。在战争中与傈僳族以及其他民族结下了深厚的情感。

在片马镇，不仅镇内的民族和睦相处，而且还与毗邻的缅甸人友好往来。片马的南、西、北与缅甸接壤。与片马镇临近的是缅甸的大田坝区，这个区所辖的12个自然寨与片马镇所辖的13个自然寨山水相连。如下片马对面是王开河和麻利平两个寨子，王开河是茶山人聚居寨，麻利平是傈僳人聚居寨。古浪村对面的达嘟和腊吾科两个寨子，这两个寨子是茶山人和傈僳人的聚居寨。两边的茶山人和傈僳人说的是一样的语言，交往密切，贸易自由，通婚自由。不同国籍的族内婚姻在片马镇很常见。两国的茶山人和傈僳人互相探访，农忙时节还互相帮助。

民族关系的和谐还体现在民族文化的相互交融上。大家住一样的房子，说一样的话，过一样的节日。茶山、傈僳、汉、白等不同民族都同样过春节、吃年夜饭、看春节联欢晚会。一个民族的节日，不同的民族一起过。如茶山族过新米节时，全寨人都聚在一起，不管你是傈僳族、汉族还是其他民族，大家都穿上各自的民族服装，一起唱茶山语歌曲和跳茶山舞蹈。又如傈僳族过阔时节，茶山人和其他民族的人也会前去祝贺。建新房、办喜事丧事，大家都一起帮忙，根本不问你的民族成分。庆祝新居落成是片马人最隆重的活动，哪家人新居落成，同寨的乡亲、远近的亲朋都来庆贺。来客中有茶山、傈僳、汉、白等不同民族的人，大家在一起载歌载舞、喝酒言欢，其乐融融。我们问科则（女，36岁，下片马村民）、普才（男，31岁，片泗河村副书记）、崩友（女，46岁，岗房村坡西口村民）、崩绍（56岁，古浪二组村民）等不同寨子的村民或村干部"你们寨子民族关系好不好？有没有出现过民族矛盾？"得到的回答都是"关系很好，就像一家人。大家互帮互助，就像一个民族"。

多么友好的民族关系啊！这样友好的民族关系其语言关系自然是和谐的。因为友好的交往，营造了不同民族悦纳了彼此语言和文化的氛围，而不同民族的彼此接纳必然会促成语言关系的和谐互补。民族关系和语言关系是双向互动的。

3. 开放包容的语言态度是多语和谐的心理基础

片马镇茶山人对语言的兼用是一种包容开放的态度。他们热爱自己的母语，认为母语是祖宗的语言不能忘记，不能丢失。但也认同别的民族语言，认为只有掌握别的民族语言才能很好地与其他民族交流沟通。所以茶山人除了使用母语外，还兼用傈僳语、汉语、白语、缅语、景颇语等多种语言。他们认为：需要使用哪种语言就学习那种语言，多掌握一种语言，就等于多了一门技能，多了一条走进那个民族的路径。

茶山人开放包容的语言态度与片马镇的民族构成有关。片马镇分布着景颇族、傈僳族、白族、汉族、彝族、壮族等 8 个民族。这些不同的民族在这里聚集，他们不同的语言文化也在这里交融。各民族既保留自己的母语，以满足本民族的交际需要和族群认同，又兼用共同语——汉语以满足民族自身发展的需要，同时还用当地通行面较广的傈僳语或其他民族语以满足友好的邻里交往。

语言具有交际功能、情感功能、文化传承功能、族群认同功能等多种功能。母语和兼用在这些功能里发挥的作用大小是不同的。母语用于同一族群之间的交际时，其多种功能都得以实现。因此，茶山人在家庭内和同族之间都选择使用自己的母语。这是茶山语得以代代相传的根本原因。但是，由于母语的使用范围受到一定程度的制约，人们需要选择跨地域、跨族群的全民共同语或地域共同语来补充母语交际功能的不足。人口只有1769 人的片马镇，傈僳族的人口最多，占了总人口的 38.7%。在茶山人聚居村寨或其毗邻村寨，都有大量的傈僳人分布，傈僳语以人口优势而成为片马镇村寨的族际交际语。茶山人有兼用以满足族际交往的需要。同时，汉语是国家的通用语，承载着先进的文化和丰富的信息，从日常生活中的看电视、进城购物，到外出打工、学习新技术等方方面面，都离不开汉语。因此，汉语成为茶山村寨走向外面世界的桥梁。因此茶山人兼用了汉语。而且，现在的年轻父母对子女的汉语教育越来越重视，把汉语教育与小孩的前途联系在一起。如陈昌路（12 岁，茶山人）的父亲对我们说："在现代社会，不重视汉语教育，对小孩的前途是不利的。我打算把我的小孩送到泸水一中去读书，那里的师资比鲁掌中学好。"

在我们的语言态度问卷调查中，也能够看到茶山人开放包容的语言态度。如关于"您认为掌握茶山话的目的是什么"这一问题，大部分人的回答是"便于与同族人沟通或为了不忘自己的祖宗"。可见茶山语的功用主要是族内交际和族群认同，茶山语在茶山人的心目中具有兼用不能替代的情感地位。泸水县文化局长告诉我们说："一听到你们来研究我们景颇语，我们就非常高兴；又听见你们会唱我们景颇族的歌，我的心里就特别温暖。我们茶山人本来就少，我们把你们也看作我们茶山人了。"当我们对为调查工作提供方便的茶山人说"谢谢"时，从公务员、村干部到村民，每一个茶山人都是这样回答我们的："应该是我们谢谢你们才对，你们从那么远的地方来，帮我们茶山人研究我们的茶山语。"又如"把普通话、汉语方言、茶山语、傈僳语四种语言按重要程度排序"这一测试题，我们的 11 位调查对象中有 8 位是这样排序的:普通话—茶山语—傈僳语—汉语方言。这个答案反映出通用语普通话在多数人的心目中实际功用最大。正是这种对不同语言各取所需的兼容态度，成就了茶山人的多语生活。为了满足与当地主体民族交际的需要，茶山人兼用了傈僳语，为了自身生存发展的需要，促使茶山人兼用汉语。茶山人认为，什么语言有用，就学什么语言，多掌握一种语言就多一种本事。正是这种开放包容的态度，为习得多种语言奠定了良好的心理基础。

　　4. 九年制义务教育的普及促进了片马镇茶山人的多语和谐

　　九年制义务教育对傈僳语，特别是汉语的习得发挥了重要的作用。2003年片马镇实现九年制义务教育。小学生入学率达到 100%。因为傈僳族学生最多，而且入学前大多是母语单语人或母语—汉语半双语人，即只能听懂汉语但不会说的双语人。所以，在村小里，不仅傈僳族学生说傈僳语，有的老师也说傈僳语。学前班或一年级时，傈僳语还是课堂教学的辅助语。与傈僳同学同窗三年的茶山儿童自然而然地习得了傈僳语。九年义务教育对青少年学习汉语发挥了至关重要的作用。汉语能力的训练可以分为"听""说""读""写"四个方面。在村小接受了三四年教育后，茶山儿童汉语的"听"和"说"能力得到了较大提高，能熟练使用地汉语进行口语交际。四年级后，全镇各族学生都到镇完小寄宿就读，课上和课下都说汉语。汉语的口语和书面语能力都得到提高。从 2009 年 9 月起，片马镇取消村小，实行中心完小就读制，从一年级到六年级都到镇完小住宿就读。长达 6 年的寄宿学习，为学生学习汉语提供了更好的语言环境，茶山青少年的汉语文水平也将越来越高。片马镇没有中学，初中要到鲁掌镇或泸水县城去读，那里的学校用语是汉语。片马镇初中的入学率是 90%，大部分茶山学生接受了九年制义务教育以后，汉语的"听、说、读、写"能力都得到较大提高，具有较强的汉语口语能力和书面语能力。有的茶山青少年的汉语能力甚至超过了母语，在日常生活用语中，也更习惯于选择汉语。

九年义务教育对茶山人语言和谐关系的促进，已经在青少年的语言生活中得到显现。虽然老、中、青三个年龄段的茶山人都兼用汉语，但他们的汉语水平和使用汉语的频率和意愿不同。与中老年人相比，青少年的汉语水平最高，使用汉语的频率也高，使用汉语的意愿也强。九年义务教育将使汉语在茶山人的多语和谐中发挥越来越重要的作用。

5. 社会的进步是促进片马多语和谐发展的原动力

语言是为社会生活服务的，有什么形式的社会生活，就有什么形式的语言生活。语言生活随着社会生活的发展而发展。

片马镇的茶山人多居住在山腰。20 世纪 80 年代以前，不通公路，交通基本靠走。很多寨子都不通电。经济生活单一、日出而作、日落而归。全镇只有古浪小学一所小学，学生读初中要走 100 多里山路。在这样的社会条件下，茶山人与外界的交往范围仅限于本寨或临近寨子，他们只要掌握茶山语或傈僳语即可满足日常交际的需要。

80 年代以后，茶山人在经济生活和文化生活方面都得到了很大的提高。1991 年，片马被云南省列为省级二类开放口岸，同时，缅甸一方也开始向中国的私人老板出售当地自然资源——原始森林和矿产资源，片马在 90 年代经济曾一度繁荣。当时片马的本地居民只有 1400 多人，而外来的流动人口和暂住居民已经超过了 3 万人。现在，片马的经济虽然不及 90 年代繁荣，但与 80 年代以前相比，还是有了很大的进步。基本上实现了"三通"——村村通路、通水、通电。从片马镇到州府六库还通了班车。人均年收入达到 1000 多元，其中下片马人均收入达到了 1840 元。家家都有电视机、固定电话或手机。有的家庭还有洗衣机、电冰箱、摩托车。

社会的进步、经济的繁荣影响到人们生活的方方面面，具体到语言生活上，是年轻一代比祖辈们更加积极地学习使用普通话和当地方言，母语、傈僳语、汉语在不同年龄段的茶山人的语言生活里发挥着不同作用。他们根据自己的交际需要，妥善地调解不同语言的使用功能，使这些语言在自己的语言生活中各司其职、各有所用、和谐共存。

四 片马茶山人和谐的多语生活对民族发展的意义

语言是民族的重要特征之一，与人们的生活相依为伴。语言生活的状况如何，直接关系到一个民族的发展和繁荣。多语，是片马茶山人语言生活的一个重要方面，它对茶山人以及其他民族的发展、繁荣有什么作用呢？

（一）茶山人的多语生活是他们在片马得以生存、发展的重要条件之一

片马的茶山人，人口少，要在片马这块多民族杂居地区生存、发展下去，必须与其他民族相互沟通，也就是要有与其他民族能相互交流的"共同语"。片马的各民族，都有自己稳定使用的语言，在日常生活中各自主要使用自己的母语，所以，不同民族之间的语言沟通，不能靠语言转用，而要靠语言兼用，也就是说，要靠一个民族兼用另一民族的语言来满足相互交际的需要。这一客观需求，形成了片马地区多语兼用的客观规则。在这一规则的作用下，片马的各民族语言兼用相当普遍。比如：茶山人大部分都能兼用汉语和傈僳语；傈僳族大部分人能兼用汉语，少部分人能兼用茶山语；白族都能兼用汉语，大部分人还能兼用傈僳语。当然，不同民族由于人口多少的不同，语言兼用存在不同的层次。主要是人口少的民族，语言兼用的能力强，兼用的语种多；反之亦然。茶山人属于人口较少的民族，所以能兼用其他语言的人数比较多，而傈僳族比茶山人多，所以，能兼用其他语言的人数相对较少。

在片马，茶山人几乎每天都处在与其他民族的相互接触之中。不同民族的生产活动，比如种植农作物，都要与其他民族共同商议，相互约工；他们的产品，要与别的民族进行交换；各民族的节日活动，都要邀请其他民族来共同欢聚。这样一个不同民族聚合在一起的大家庭，没有共通的语言，是无法正常运转的。特别是人口少的民族，更需要具有兼用其他语言的能力。我们在片马地区到处都能看到，茶山人遇到汉族说汉语，转而遇到傈僳族就说傈僳语，与其他民族相处十分融洽。他们每一天的语言生活，几乎都在不同语种的转换中度过的。近期，茶山人为了增加收入，将大力发展种植核桃，我们目睹了他们与几位汉族种植者一起用汉语签订核桃联合种植的合同。我们还看到一位开设饭馆的茶山人，他迎来了四方各民族的宾客，不同语言的转换使用是那么自然、流畅。

（二）茶山人的多语和谐使得他们与其他民族的友好团结不断增强

我们到达片马后，片马各民族之间友好团结的民族关系给我们留下了非常深刻的印象。有的茶山人告诉我们："我们这里的不同民族好像没多大区别了。""我们从来没有发生过什么冲突和矛盾。""我们盖房子、种田，人手不够，就找别人来帮忙，包括其他民族的。""我们不同民族过的节日都互相参加。"这些发自肺腑的话，使我们感到各民族之间的真情。而这种美好的民族关系，要靠语言来传递信息，沟通情感，协调关系。

我们在下片马采访时，一位叫科则的茶山中年妇女告诉我们："一般情况下，如果客人来了，是什么民族就说对方民族的语言，这样比较尊重对方。如果丈夫（丈夫是白族）的亲戚来了，就说白语。"有的村民说："在

村子里我主要说茶山语和傈僳语，见到傈僳族就说傈僳语，见到茶山人就说茶山语。有时也说汉语。说汉语和说民族语一样多。在聊天和生产劳动的时候，什么语言都说，见到什么人说什么话。"这里和谐的多语生活呈现给我们的是相互尊重、友好的民族关系。

茶山人的族际婚姻家庭的比例不断上升，是民族团结、民族和谐的一个重要表现。茶山男子娶傈僳族、白族、汉族为妻，茶山女子嫁给傈僳族、白族、汉族的现象比比皆是。在族际婚姻家庭里，不同民族的成员能够兼用对方的语言，孩子跟母亲说母亲的语言，跟父亲说父亲的语言；夫妻之间要不转用对方的语言，要不兼用对方的语言。我们知道，族际婚姻家庭的建立，要靠民族和谐来保证，靠语言和谐来支撑。没有和谐的语言关系，家庭成员之间就无法实现随心所欲的交流。

和谐的民族关系决定了和谐的多语关系；而和谐的多语关系又能促进民族关系和谐地发展。语言关系是民族关系的一部分，民族关系制约语言关系。民族关系和谐，不仅能够使一个民族尊重其他民族的语言和文化，带来民族之间频繁的语言接触，而且还能够促使相互间学习和使用语言，形成自然的语言兼用。而紧张的民族关系则往往导致语言歧视和语言冲突，很难出现自然的语言兼用现象。而语言的兼用又促进了民族之间的相互往来，从而使语言关系和民族关系之间形成良性的双向互动关系。

（三）有助于维护边疆稳定

片马镇位于高黎贡山西坡，西、南、北三面与缅甸克钦邦接壤。历史上片马曾被英属缅甸占领，1960 年重回祖国怀抱。在片马镇，不仅镇内的民族和睦相处，而且还与毗邻的缅甸人友好往来。与片马镇临近的是缅甸的大田坝区，这个区所辖的 12 个自然寨与片马镇所辖的 13 个自然寨山水相连。如下片马的对面有王开河和麻利平两个寨子，王开河是茶山人聚居寨，麻利平是傈僳人聚居寨。古浪村对面的达嘟和腊吾科两个寨子，是茶山人和傈僳人的聚居寨。两边的茶山人和傈僳人说的是一样的语言，大多是多语者。两地居民交往密切，贸易自由，通婚自由。他们经常互相探访，农忙时节还互相帮助，来来去去非常方便。虽是两个国籍，但语言、文化的密切交融使得他们亲如一家。

茶山人还与境外的缅甸茶山人、傈僳人通婚。这种跨国婚姻家庭，也充满了语言和谐。语言和谐为跨国婚姻家庭提供了语言条件。

（四）和谐的语言生活有助于母语的保留

语言和谐，意味着语言尊重和语言使用的自由。片马茶山人虽然人口少，但他们的语言受到其他民族的尊重，他们可以自由使用自己的语言。片马人兼用其他语言，兼用语和母语互相补充，各自在不同的领域发挥作用，这有利于母语的保存。他们兼用的汉语虽然是各民族的共同语，在各个领域发挥着重要的作用，但并不能完全代替母语的功能。诚然，在现代化建设不断推进的新时代，人口少的民族语言的功能在年轻一代人中会出现不同程度的衰退，但多语和谐对人口少的民族语言能起到一定的抑制作用，会稳定母语的地位和价值。

我们预计，茶山人的语言在今后几代人中将会在多语和谐的环境中得以保存下去，发挥其交际功能和保存民族文化的作用。

参考文献

《景颇族简史》编写组：《景颇族简史》，云南人民出版社 1983 年版。

《景颇族简史》编写组、《景颇族简史》修订组：《景颇族简史》，民族出版社 2008 年版。

戴庆厦主编：《基诺族语言使用现状及其演变》，商务印书馆 2007 年版。

戴庆厦主编：《阿昌族语言使用现状及其演变》，商务印书馆 2008 年版。

戴庆厦：《构建我国多民族语言和谐的几个理论问题》，载《中央民族大学学报》（哲学社会科学版）2008 年第 2 期。

Harmonious Multi-lingual Life of Chashan Nationality in Pianma

Case Analysis on Theoretical Methods of Language Harmony Investigation and Study

Abstract: In this article we analyzed the harmonious multi-lingual life of Chashan nationality in Pianma, based on the materials of our field investigation. We pointed out that Chashan's multi-lingual life has national, stable and harmonious features, and also analyzed the important roles that the harmonious multi-lingual life took part in the development and prosperity of Chashan nationality.

Key Word: Chashan nationality in Pianma; harmony; multi-lingual life

（原载《云南师范大学学报》2009 年第 6 期，《语言文字学》2010 年第 4 期转载）

两全其美，和谐发展

——解决少数民族双语问题的最佳模式

【摘要】本文使用作者第一线田野调查所获得的事实，论证 "两全其美" 是多民族国家解决少数民族双语问题的最佳模式。文中先分析两全其美的概念及理论根据，然后进一步论述怎样实现两全其美。作者认为，必须树立科学的双语观，正确认识新时期少数民族语言功能的变化；还必须科学地处理好社会语言生活、文化教育中母语和通用语的关系。

【关键词】两全其美；和谐；模式

本文使用作者第一线田野调查所获得的事实，论证 "两全其美" 是多民族国家解决少数民族双语问题的最佳模式。并对如何实现"两全其美"谈了几点认识。本文的"双语"概念，是指既使用、发展本族语言又兼用国家通用语。

一 "两全其美"的理论依据

世界上大多数国家都是由多民族组成的。多民族国家中的少数民族，除了使用自己的母语外，还兼用国家的通用语。面对双语现象大量存在的事实，母语与兼用语的关系在理论上怎样认识？在实践中如何对待？遇到问题如何解决？这是民族语文理论、民族语文政策研究中必须解决和回答的一个重大问题。

本文认为："两全其美"是解决少数民族双语问题的最佳模式。所谓"两全其美"，是指对待少数民族的双语既要保护他们的母语使用和发展，又要帮助少数民族更好地学习、使用通用语——汉语，必须保证母语和通用语在现代化进程中分工互补、和谐发展。

坚持"两全其美"，在指导思想上必须充分认识少数民族母语重要的、不可替代的作用，而且还要认识汉语对少数民族发展的重要作用。母语和通用语都需要，一个也不能少。在实际行动上，必须根据少数民族的实际需要，切实处理好两种语言的关系。

　　"两全其美"的模式是我国民族语言存在和发展的主流模式。它有利于少数民族的发展繁荣，有利于不同民族的友好团结，符合各民族的愿望。它不是凭空而降的，而有其民族、语言历史演变规律的依据。

　　在一个多民族国家里，少数民族的母语是客观存在，是在漫长的历史中形成的。它是构成民族的一个最重要的特征。凡有母语的民族，不论民族大小，都会热爱自己的母语，都与母语有着深厚的感情，而且还都会具有维护自己母语、捍卫自己母语使用权利的天然感情。不管哪个民族，都会把母语当成自己民族的一部分，把损害语言视为损害民族。即便是对使用功能不高、使用人口已经很少的语言也是这样。这种内在的、固有的语言感情，是说不清道不明的。正因为这样，由于语言矛盾引发的民族矛盾、民族纠纷在国内外时有发生。这是一方面。

　　另一方面，在我们这样一个以汉语为通用语的多民族国家里，少数民族除了使用自己的母语外，还要兼用通用语汉语。如果不兼用通用语，少数民族就不能与外族进行有效的交流，民族的发展就会受到极大的限制。正因为如此，学习、使用汉语已成为我国各少数民族自觉的普遍要求，而且这一要求的热情与日俱增。这也是客观存在的事实。

　　两个缺一不可的客观事实，构成了我国少数民族语言生活的基本内容。它是构建"两全其美"模式的基础。

　　近6年来，我先后做了基诺族，阿昌族，蒙古族噶卓人，里山彝族，元江哈尼族，墨江哈尼族西摩洛人，盐源彝族、纳西族，片马景颇族茶山人，澜沧拉祜族，潞西景颇族、德昂族，西双版纳克木人等南方民族的语言生活调查，调查材料显示了这些民族大都过着既使用母语又兼用汉语的语言生活，双语关系和谐，人们对双语生活表示满意。

　　先谈谈基诺族的双语状况。基诺族是我国的一个人口较少的民族（20899人，2000年），其语言使用是我国少数民族语言使用的一种类型，具有一定的代表性。基诺族使用母语比较稳定，绝大部分人都会自己的母语，而且母语是他们生活中最重要的交际工具。但基诺族全民又普遍掌握汉语。基诺语与汉语在使用功能上实现平衡、互补。6个村寨基诺语使用的具体情况如表1。

表1

调查点	总人口	熟练		一般		略懂		不会	
		人口	百分比（%）	人口	百分比（%）	人口	百分比（%）	人口	百分比（%）
巴秀	252	252	100	0	0	0	0	0	0
巴亚老寨	303	302	99.7	1	0.3	0	0	0	0

调查点	总人口	熟练		一般		略懂		不会	
		人口	百分比（%）	人口	百分比（%）	人口	百分比（%）	人口	百分比（%）
巴亚新寨	434	431	99.3	3	0.7	0	0	0	0
巴破	310	307	99.0	3	1.0	0	0	0	0
巴朵	280	270	96.4	7	2.5	3	1.1	0	0
巴昆	184	168	91.3	13	7.1	3	1.6	0	0
合计	1763	1730	98.1	27	1.5	6	0.4	0	0

从表 1 可以看出，6 个调查点的基诺语使用情况非常一致。各村寨熟练使用基诺语的比例都很高，平均值是 98.1%。各村寨中基诺语水平属"不会"级的人数均为零，说明在中心区不存在既不会听、也不会说基诺语的基诺人。

基诺人还普遍兼用汉语。基诺族在历史上曾经长期是单语制。新中国建立之后，基诺族社会开始由只使用基诺语，发展成基诺语和汉语并存并用。以茄玛村巴亚老寨为例，汉语语言能力统计结果如表 2。

表 2

年龄段	熟练		一般		略懂		不会	
	人数	百分比（%）	人数	百分比（%）	人数	百分比（%）	人数	百分比（%）
6—12 岁	25	86.3	3	10.3	1	3.4	0	0
13—18 岁	48	100	0	0	0	0	0	0
19—59 岁	176	87.1	19	9.4	4	2	3	1.5
60 岁以上	4	16.7	6	25	13	54.2	1	4.1
合计	253	83.5	28	9.2	18	6	4	1.3

从表 2 中可以看出，巴亚老寨汉语熟练者高达 83.5%，汉语一般的占 9.2%，两者相加即可以得出能使用汉语进行交际的人数为 281 人，占 92.7%。巴亚老寨不会汉语的只有 4 人，据调查，这 4 人年龄均在 35 岁以上，未接受过学校教育。全寨 18 岁以下青少年的汉语能力大多数为"熟练"或"一般"，即可以使用汉语进行交际。19—59 岁的中青年汉语能力达到熟练者的有 87.1%。平时，村民之间通常都说基诺语，如果其他民族的人来访或遇见陌生人，他们就说汉语，两种语言交替得十分自如。

下面，再谈谈另一人口较少的群体——克木人的双语生活。

克木人分布在云南西双版纳州勐腊县，人口只有 3000 余人。这样一个小群体，都还稳定地保持使用自己的母语。我们对两个小组 103 位克木人（6 岁以上）使用母语的水平进行调查统计，发现不同年龄段的克木人都能够熟练使用自己的母语。具体数据见表 3。

表 3

年龄段	调查人口（人）	熟练		略懂		不会	
		人数	百分比（%）	人数	百分比（%）	人数	百分比（%）
6—19 岁	29	29	100	0	0	0	0
20—39 岁	42	42	100	0	0	0	0
40—59 岁	25	25	100	0	0	0	0
60 岁以上	7	7	100	0	0	0	0
合计	103	103	100	0	0	0	0

表 3 显示：熟练使用克木语的人数比例是 100%。在曼迈小组调查时，我们耳闻目睹了克木语的强劲活力。所到之处，所遇到的克木人没有不会说克木语的。在曼迈村民小组逐家逐户访谈的过程中，我们所遇到的克木人，无论是白发苍苍的老人，还是稚气未脱的儿童，没有一个不会克木语的。这个只有 217 人的极小村寨，而且还处在傣、汉、哈尼、彝等其他民族村落的包围下，克木语竟然能够保持如此旺盛的语言活力。

再看克木人使用汉语的情况。我们所调查的 103 位克木人（6 岁以上），都不同程度地兼用了汉语，具体数据见表 4。

表 4

年龄段	调查人口（人）	熟练		略懂		不会	
		人数	百分比（%）	人数	百分比（%）	人数	百分比（%）
6—19 岁	29	29	100	0	0	0	0
20—39 岁	42	41	97.62	1	0.97	0	0
40—59 岁	25	19	76	6	8.74	0	0
60 岁以上	7	5	71.43	2	28.57	0	0
合计	103	94	91.26	9	8.74	0	0

表 4 显示，在我们所调查的 103 位克木人中，有 94 人能熟练使用汉语，

占调查人数的 91.26%；略懂汉语的只有 9 位，仅占 8.74% 的比例。

克木人的双语能和谐使用。他们在家庭内、村寨内大多说自己的母语，与外族人在一起或在大的公共场合，多用汉语。双语互补，和谐融洽。

这两个点的语言使用情况，在我国南方民族地区具有一定的普遍性。由此可以认为，使用母语和兼用通用语是少数民族语言使用的主流。

二　怎样实现"两全其美"

实现"两全其美"，涉及的问题方方面面，但主要是以下三个问题。

（一）必须具有科学的双语观

"双语观"，是对待母语和通用语的基本观点和方法。它是民族观、语言观的一个重要组成部分。要实现"两全其美"，首先要有科学的双语观。

上面说过，在一个多民族国家里，少数民族的语言生活普遍存在一个双语问题。双语生活是客观存在，是少数民族社会生活的一个重要组成部分，与少数民族的发展、民族团结、国家的稳定息息相关，所以如何认识少数民族的双语关系至关重要，构成了制约双语存在与发展的双语观。

双语观的核心是坚持双语平等。一个民族的母语，不论人口多少、不论使用功能如何，与通用语都有平等的地位，都要受到充分的尊重。不能因为少数民族语言使用人口少，使用范围有限，就忽视它的重要作用。所谓尊重，就是要坚持中国宪法里所规定的"各民族都有使用和发展自己语言文字的自由"。对于通用语，其重要性和必要性已为少数民族所理解、所认识，所以应该充分尊重少数民族学习通用语的强烈要求和愿望。

双语关系，不能只从实用上把少数民族的母语仅仅看成学习汉语的辅助物。诚然，少数民族母语可以作为学习汉语的辅助工具，但是我们保护母语不只是为了这一目的，还是为了保存少数民族的文化、发展少数民族的教育，还要满足少数民族的感情的需求。

（二）正确认识新时期少数民族语言功能的变化

不同的语言共存于一个社会里，由于差异的存在，在使用范围、使用功能、语言价值等方面必然会出现争夺和相互排斥。弱势的少数民族语言在语言功能的竞争中，必然处于不利的地位。特别是在现代化进程加快的历史条件下，处于弱势的少数民族语言其功能都会出现不同程度的衰退，使用人口极少的少数语言或杂居程度很高的语言，甚至会出现濒危。这是客观事实，是多民族国家语言关系演变的自然趋势。中国如此，世界各国也如此。面对这一变化，应采取什么对策？

我认为，即便是在现代化进程加快的历史条件下，对待多民族的语言关系，仍然要坚持保护的原则。这是因为少数民族大多仍以自己的母语为日常交际工具，母语还是民族的一个最重要的特征。所以，帮助少数民族使用、发展自己语言的基本原则不能改变。

怎样估计我国少数民族语言的活力以及语言濒危、语言衰退的程度？这些年国外重视语言濒危问题，这是对的。但是，必须恰如其分地估计世界各地的濒危语言现象，既不缩小，也不扩大。因为这关系到如何制定濒危语言的对策。有的专家预言，21世纪世界上80%的语言都会消失。我认为这个估计对于中国的语情来说显然是过高的。在中国的历史上，由于各种原因，包括历史迁徙、人口变动、政体变化等原因，一些语言曾出现过濒危或功能衰退，如满语已消亡，土家语大部转用汉语，赫哲语处于濒危状态等。但大多数语言仍保存下来，仍是各民族主要的语言工具，成为少数民族特征的一个重要的、不可替代的特征。即便是现代化建设迅速发展的今天，少数民族语言大多数还是少数民族主要的语言工具，日常的生活需要它、发展文化教育也需要它。况且，语言除了实用价值外，还有感情价值，感情价值在一定的条件下，也能成为语言取舍的主要依据。至于有少数语言由于其自身和客观的原因，虽经抢救仍无法改变其衰变趋势，也应尽最后的努力去抢救，不能任其自然消亡。因为人们对待自己文化的衰败和恢复，总是不甘心的，总会抱一线希望。这里打个不完全贴切的比喻，对待衰变语言就像对待亲属病人一样，不管是什么病都要想办法去治，哪怕是绝症也要抢救到最后一刻，如不这样，日后就会受到舆论和良心的谴责。

（三）在社会语言生活、文化教育等领域必须科学地安排好母语与通用语的关系

有了科学的语言观还不够，还要在社会语言生活、文化教育等领域安排好母语和通用语的关系。在一个多民族国家里，通用语应有的地位容易被保证，其使用和推广容易施行。但处于弱势地位的少数民族母语，由于使用范围小，容易被眼前的、短期的利益所忽视。所以，在处理二者的关系上，矛盾的重心应放在维护少数民族母语的使用上，必须保证各个少数民族语言都能得到使用和发展，都有活力，使它们与通用语能够长期共存，相互补足。正确认识弱势语言的价值，善待弱势语言，是科学语言观的一个重要表现。

学校的语文教育如何安排，是少数民族十分关心的问题。因为它是关系本族的子孙后代能否继承母语的大问题。应当根据不同民族、不同地区的实际情况以及本族的意愿，安排好母语和通用语的学校教育。必须对号入座，不要按一个模式"一刀切"。在民族语文的使用问题上，要善于倾听本族人的意见。

社会生活中母语和通用语如何使用应当有合理的安排。在民族自治地区的城镇，地名、机关名、店名除汉文外还应有民族文字。云南省德宏傣族景颇族自治州首府芒市，地名、机关名大多有傣文、景颇文标识，有的店名还有民族文字，这受到少数民族广大群众的欢迎。他们认为，这是民族文字受到尊重的表现。

在中国，由于实行民族平等和语言平等的政策，少数民族语言文字的使用和发展得到基本保障。少数民族学习通用语也蔚然成风。预计今后将会继续沿着"两全其美"的路子向前发展，走出一条带有中国特色的双语模式。

参考文献：

金星华：《中国民族语文工作》，民族出版社 2005 年版。

戴庆厦主编：《基诺族语言使用现状及其演变》，商务印书馆 2007 年版。

戴庆厦主编：《中国少数民族语言使用现状及其演变研究》，民族出版社 2010 年版。

戴庆厦：《论新时期我国少数民族的语言国情调查》，载《云南师范大学学报》2008 年第 3 期。

（原载《双语学研究》第四辑，民族出版社 2013 年版）

《国家通用语言文字法》是构建我国和谐语言生活的重要保障

《国家通用语言文字法》的基本精神是既强调国家通用语言文字在国家语言生活中的主体地位，又强调各民族都有使用和发展自己语言文字的自由。它是现阶段我国语言文字领域的一项重要法规，也是构建我国和谐语言生活的重要保障。《国家通用语言文字法》颁布以来，对少数民族的语言生活产生了积极的影响，促进了少数民族的经济文化、科技教育的发展，受到少数民族群众的热烈欢迎。

一 《国家通用语言文字法》的颁布是历史发展的必然，符合各民族的根本利益

《国家通用语言文字法》规定了普通话和规范汉字是国家通用语言文字，公民有学习和使用国家通用语言文字的权利，这是在总结历史发展进程和总结历史经验的基础上提出的。

我国是一个多民族、多语言、多文种的国家，需要有一种各民族都能彼此沟通的语言文字，这是由中国国情决定的，也是各民族发展的需要，对国家、民族的发展至关重要。试想，没有一个各民族都能彼此沟通的语言文字，国家各项事业的运转、不同民族的交流都无法实现。

在我国历史上，汉语文早已成为我国各民族共同使用的语言文字，只不过不同时期通用程度存在差异而已。历史上，少数民族中的双语现象不乏其例。据金代的史籍记载，辽代契丹境内的不同民族，由于语言不同，相互交际"则各为汉语为证，方能辨之"（《三朝北盟会编》卷二十）。清朝时期，虽然朝廷规定满语为国语，但在实际语言生活中，汉语文也是不同民族的一种通用语言，而且其通用程度随着历史的进程一直在不断加强。到了现代，特别是进入现代化建设的新时期，我国通用语言的重要性不断增强，而且有了不同于过去的新内容。

国外一些多民族国家，同样也存在学习、使用本国通用语言的现象。如我国的邻邦泰国，也是一个多民族、多语种的国家，除了泰族外还有苗、

瑶、克伦、阿卡、克木等民族。在泰国，由于泰族的人口多，泰语早已成为国家的通用语言。那里的少数民族除了使用自己的母语外，还普遍积极学习使用泰语。

总之，我国少数民族学习、使用国家通用语言文字是由我国国情决定的。这是历史的必然，符合各民族的根本利益。正因为如此，学习、使用国家通用语言文字成为少数民族的自觉要求，在民族地区已蔚然成风。

二 国家通用语言文字和少数民族母语的功能相补

《国家通用语言文字法》第八条重申了宪法规定的"各民族都有使用和发展自己的语言文字的自由"。这一规定再一次体现了我国政府坚定地坚持语言平等、尊重少数民族语言的立场和原则，它指明了新时期我国语文工作的方向。

我国少数民族学习和使用本民族的母语和国家通用语言文字，二者构成了和谐的双语关系。我国现阶段，少数民族中除了少数几个民族已转用别的语言外，大多还广泛使用自己的母语，母语在日常生活中担负着重要的交际功能，并赋予其特殊的民族感情。母语有其天然的优势，是其他语言所无法替代的。国家通用语言文字有其"通用"的地位和功能，特别是在经济、科技高速发展的现代化时期，少数民族在语言生活中需要国家通用语言文字来补足。在少数民族的语言生活中，国家通用语言文字的作用同样是自己的母语所不能代替的。

国家通用语言文字和少数民族语言的互补关系，体现了我国多元一体的民族关系，反映了我国民族之间"谁也离不开谁"的亲密关系。我国的语言生活，一直是在"各就各位、相互补足"的语言关系中发展的。

三 构建和谐的语言生活是我国语言生活的一件大事

胡锦涛总书记在十六届四中全会《中共中央关于加强党的执政能力建设的决定》的报告中，首次提出了"构建社会主义和谐社会"的新概念，要求全党、全国人民把和谐社会建设摆在重要地位。语言和谐是社会和谐的一个部分。语言和谐有助于民族和谐、社会和谐；反之亦然。贯彻《国家通用语言文字法》，也是为了构建语言和谐。

语言和谐包括许多内容，有国家通用语言文字和少数民族语言文字的关系、少数民族语言之间的关系、普通话和方言的关系等。国家通用语言文字和少数民族语言文字的关系，是语言关系中的一个重要方面。

回顾我国的历史，我们看到我国语言关系的主流是和谐的。尽管这当中也出现过一些语言矛盾，在具体的语言关系的处理上也有过一些不协调现象，但都改变不了语言和谐的主流。我到许多民族地区做过语言田野调查，见过许许多多语言和谐的动人情景。如：基诺族是云南边疆的一个只有两万多人的民族，尽管这个民族的绝大部分人兼用汉语和傣语，但仍完好地保留使用自己的母语，在聚居区熟练掌握基诺语的人高达 98.1%，而且大都还不同程度地兼用汉语。基诺族是个全民双语型的民族。在调查过程中，调查对象对我们都说汉语（有的还说普通话），但对本族人则毫无例外地都说基诺语，两种语言转换自如。基诺乡副乡长陶簣旺对我们说："基诺语和汉语各有各的用途。在农村人们仍然用基诺语进行交流，到外面说汉语。只要基诺族人口不减少，基诺语就不会消失。"

我国的语言情况多样、复杂。怎样根据我国的国情和现代化进程的变化构建和谐的语言生活，带有很强的理论性和实践性，没有现成的经验可以借鉴，需要靠我们认真去探索、去总结经验。只有这样，才有可能建立起具有中国特色的语言和谐模式。

（原载《光明日报》2010 年 12 月 19 日）

科学推进双语教育建设的几个认识问题

【摘要】双语问题，是国家发展、民族进步中的一个重要问题。根据我国的国情和双语教育发展现状，文章提出科学推进双语教育建设必须注意的四个主要问题：双语是当今多民族多语言生活的重要模式，推动了人类社会的发展和进步；中国的国情决定了做好双语教育的重要性和必要性，少数民族安居乐业、发展繁荣、不断适应社会的变化迫切需要学习国家通用语言文字；深入认识中国少数民族双语教育具有普遍性和不平衡性两大特点；做好双语教育工作要讲科学性和理性。

【关键词】科学推进；双语教育；认识

双语问题，是民族进步、国家发展中的一个重要的、敏感的问题。在一个多民族国家里，双语教育建设是否顺利、是否有成效，直接关系到民族的进步、国家的发展。因此，双语教育理论、方法的研究，具有重要的理论意义和应用价值。

《双语教育研究》创刊，标志着我国双语研究已进入深入发展的新阶段，可喜可贺！作为一名长期关心双语问题的民族语文工作者，我有机会在这创刊之际谈谈自己如何认识双语教育建设的想法，十分高兴。

做好双语教育建设重在认识。有了正确的认识，就能够客观地认识双语的本质及其作用，就会有科学的对策和措施，也就能排除干扰，把握好科学的双语教育方向。我认为，根据我国的国情、历史和现状，以及语文工作的实践经验，要科学地推进双语教育建设有下面几个问题必须认识到位。

一　双语是当今多民族多语言社会语言生活的重要模式，推动了人类社会的发展和进步

语言是人类赖以生存、发展的工具。人类掌握语言种类的多少，是单语型还是双语型，或是三语型，是由社会发展的需要决定的。一般来说，当一个民族处于相对封闭、不甚开放的时期，只用一种语言（自己的母语）就能满足社会生活的需要，其语言生活的模式是"单语型"；但当一个民族进入相对开放、进步的时期，一种语言（自己的母语）已经不够使用了，还要使用其他民族的语言，其语言生活模式必然会由"单语型"变为"双语型"。由"单语型"向"双语型"变化，是质的变化，是进步的表现。当今世界，由于科学技术的发展，经济水平的提高，人群居住状态的变动，人们不同程度地都由单语向双语转变。特别是在一个多民族、多语言的国家里，少数民族要获得更好的发展，必须走双语的路子，即除了掌握自己的母语外，还要兼用国家的通用语或国语，这是必然的趋势。世界的情况如此，中国的情况也是如此。

1953 年，我到云南边疆景颇族地区学习景颇语。那时的景颇族地区，大部分群众只会自己的母语，只有少数兼用傣语、缅甸语，懂汉语的极少。2010 年我又重返景颇族地区，看到经过 50 多年的发展，情况发生了巨大的变化，大部分人已从单语型转为双语型。如：云南盈江丁林寨，在 232 人中，熟练兼用汉语的已有 174 人，占所调查人数的 75%；略懂的有 55 人，占 23.7%；不懂的只有 3 人，占 1.3%。又如：居住在西双版纳基诺山的基诺人，解放初期只有少数人会汉语；1986 年，我到基诺山调查时，基诺人已大部分会说汉语；2006 年我带了一个 9 人调查组到基诺山调查语言使用情况，通过微观的入户调查统计发现基诺人已是"基诺语—汉语"全民双语型。我们对 1764 人进行了调查，结果是 1685 人都能使用双语，占所调查人数的 95.5%；使用单语的只有 79 人，仅占 4.5%。2008 年，我又带了一个 11 人的课题组到云南西双版纳州勐腊县克木人居住区进行语言使用情况调查，具体了解到这样一个人口只有 3000 余人的基诺人，竟然都还稳定地保持使用母语的习惯。我们对两个小组 103 位不同年龄段的克木人的母语水平进行调查统计，发现 103 个调查对象 100%都能熟练使用自己的母语。母语在他们的家庭生活、社会生活中都发挥了重要的作用。使我惊讶的是，这样一个只有 217 人的极小村寨，而且还处在傣、汉、哈尼、彝等其他民族村落的包围下，克木语竟然能够保持如此旺盛的语言活力。克木人除了使用自己的母语外，还能熟练使用汉语。在 103 个人中有 94 人熟练兼用汉语，占所调查人数的 91.26%；略懂汉语的只有 9 位，占 8.74%。他们的双语生活和谐：在家庭内、村寨内大多说自己的母语，但与外族人在一起或在大的公共场合则多用汉语。双语互补，和谐融洽。

近 10 年，我还到过一些跨境邻国（泰国、老挝、缅甸等）做语言调查，同样看到这些国家的少数民族由单语型向双语型加速转变的趋势。这是因为居住在这些国家的少数民族要生存、要发展，必须学会所在国的国语或通用语，否则他们要与不同民族的人一起生活、学习、工作，以及要深造、求职、出国等，都会遇到各种困难。所以，他们的语言追求必须要由单语发展为双语。例如：2009 年我们课题组到泰国万伟乡阿卡族地区做田野调查，了解到他们的双语使用情况。阿卡族是泰国的一个少数民族，与中国的哈尼族同出一源，人口约有 10 万人。我们在万伟乡 7 个村寨——雅普寨、老鲁村、傣约寨、桑缅寨、森杰棱村、汇合麦寨和汇合高寨，调查统计了这个地区阿卡人的兼语情况。具体数字是：在 1271 人中，泰语熟练的有 777 人，占所调查人数的 61.1%；水平一般的有 349 人，占 27.5%；不会的有 145 人，占 11.4%。在不同年龄段中，青少年的泰语水平相对较高。阿卡人不是泰国的世居民族，多由缅甸迁来，时间最长的也不过 50 年，初到泰国时，他们都不会泰语，只会自己的阿卡语，但经过 50 年，现已有 60% 的人能熟练使用泰语，可见双语发展之快。又如：泰国帕莱龙村的瑶族是一个全民使用"瑶—泰"双语的民族。在 4 个村民小组的 972 人中，能熟练使用泰语的有 932 人，占所调查人数的 95.88%；略懂的 40 人，占 4.12%，没有不懂的。

我们之所以认为双语是当今多民族多语言社会语言生活的重要模式，主要依据是人类社会现今的语言生活已随着社会的进步和发展由单语向双语转变，这是一个巨大的变化，而且，双语在语言生活中的使用，直接关系到民族的发展和繁荣。双语现象由来已久，在不同地区、不同时代、不同民族，双语现象形成的特点不同，发展的速度、扩及的范围也不同。在时间上，现今的双语发展比历史上的任何一个时期都快。

国内外大量事实已经证明，双语是推动民族进步、国家发展的重要语言生活模式。双语发展好的地区，社会经济、文化教育的发展也会相对好些，反之亦然。这也说明，发展双语教育是一件重要的事，不容忽视。

二 中国的国情决定了做好双语教育的重要性和必要性

做好任何一件事，都必须考虑是否符合国情。符合国情的事，就对大众有利，也能顺势做好；不符合国情的事，对大众不利，也难以开展。那么，与双语教育有关的中国国情是什么呢？

中国的国情之一：中国是一个多民族、多语种的国家，55 个少数民族使用 80 种以上的语言，这些语言分属汉藏、阿尔泰、南亚、南岛、印欧五大语系。少数民族语言是少数民族日常生活中必不可少的交际工具，而且凝聚着少数民族长期以来积累的文化。24 个少数民族还有 33 种文字，这些文字字母的来源有古印度字母、叙利亚字母、阿拉伯字母、拉丁字母以及独创字母等。不同民族的语言文字，由于其使用人口多少的不同、使用范围大小的不同，具有不同的功能。少数民族要依靠自己的语言进行日常生活交际、传承文化。

中国的国情之二：我国是一个汉族人口最多的多民族国家。汉族不仅人口多、分布广，而且在经济、文化、教育、科学技术等方面一般都居于其他民族的前列，因而在长期的历史发展过程中，汉语已成为我国各民族公认的通用语。少数民族与汉族之间的交流，少数民族之间的交流，甚至少数民族不同方言之间的交流，一般都愿意选用汉语。特别是 2000 年《中华人民共和国国家通用语言文字法》规定"普通话和规范汉字是国家通用语言文字"，进一步促进了各民族学习普通话和规范汉字的热潮。在当今现代化不断加速的时代，少数民族要学习国内外先进的科学技术知识，了解世界最新的动态，要与国外开展交流合作，除了使用本族语文外，更多的是要使用汉语文。这就决定了我国的少数民族在自己的语言生活中，除了学习、使用自己的语言文字外，还要学习、使用汉语文。这是不以主观意志为转移的语言使用规律。

中国的国情之三：我国历史和现实的双语生活，主流是和谐的。近 7 年里中央民族大学"985 工程"组织了"语言国情"系列项目，在全国各民族地区共调查了 24 个个案，调查结果都显示我国语言生活的主流是和谐的，出现过的语言不和谐现象只是少数的、暂时的，是可以克服的。不和谐的原因有来自认识方面的，也有来自民族差异及各种政治因素方面的。以云南省德宏傣族景颇族自治州为例：这个州居住着傣、景颇、阿昌、傈僳、德昂等民族，各民族除了使用自己的母语外，还不同程度、不同范围地兼用汉语和其他民族的语言，在日常生活中交替使用不同民族的语言。各个民族对另一民族的语言都持尊重的态度。在学校里，除了有本族文字的傣、景颇、傈僳等民族在小学阶段使用民族文字进行教学外，其他都实行汉语文教学。经过半个多世纪的实践，广大群众对这样的双语生活和双语教育模式表示满意。德宏州和谐的双语生活，促进了民族团结，有利于边疆地区的稳定和发展。

现代生活的双语和谐都有其继承性，大都有其历史的传承。我国历史上的双语生活主流也是和谐的。2013 年 9 月，云南师范大学汉藏语研究院组织了一个"语言和谐研究"调查组，赴丽江古城区七河镇共和村调查，目睹了丽江古城区七河镇共和村这样一个纳西、汉、白等民族杂居的地区，不同民族长期和谐共存，协调发展。该地区的多语生活构成了一幅民族团结、语言和谐的画卷。这里的白族，普遍使用自己的母语，并兼用汉语，有不少人还兼用纳西语。他们过着"白—汉"的双语生活，或"白—汉—纳西"的三语生活。这种进步的、符合历史潮流的双语理念，成为白族不断进步的重要条件。

以上三个国情决定了我国少数民族的语言生活中，"母语—汉语"模式是语言使用的最佳选择。少数民族能成为既懂母语又兼用汉语的双语人，对他们的安居乐业、发展繁荣、不断适应社会的变化，是一个必不可少的条件。

三 深入认识中国少数民族双语教育具有普遍性和不平衡性两大特点

中国少数民族的双语现象存在以下两个主要特点：一是普遍性，二是不平衡性。

普遍性是指不管是哪个民族（已转用母语的民族除外），如人口多的民族或人口少的民族，内地民族或边疆民族，聚居民族或杂居民族，有文字的民族或无文字的民族等，都存在双语教育问题，即都面临着既使用本族语言又能兼用国家通用语的要求和任务。

不平衡性是指不同民族的双语状况存在不同程度的差异。如：有的民族（或一个民族中的某一支系或群体）已实现全民双语（如基诺族、云南蒙古族喀卓人等），有的是大部实现双语（如彝族、哈尼族、阿昌族、景颇族等），有的只是少部双语（如维吾尔族、哈萨克族、藏族等）。由于存在不平衡性，所以在解决中国少数民族的双语问题时，必须针对差异，分别制定不同的措施。

我国少数民族的语文教育大致可分为以下两种类型：一种是开展本族母语和汉语文的双语教学；另一种是从初等教育起到高等教育全部使用汉语文教学。

属于前一种类型的双语教育，是有通用民族文字的民族，如蒙古族、藏族、维吾尔族、哈萨克族、朝鲜族、彝族、傣族、傈僳族、景颇族等民族。在处理母语和国家通用语的关系上，一般是有本民族语文的民族先学民族语文，后学汉语文或者是本民族语文和汉语文同时学习。这样做符合教育学原理，有利于开发儿童智力，普及初等教育，也有利于进一步学习、使用汉语文。但由于不同民族存在不同的社会、文化特点，加上民族语文的功能存在差异，因而在处理两种语言的关系上，包括课时比例、时间安排、如何衔接、教学方法等，不同地区存在不同的类型，会有不同的做法。即使是同一民族内部，由于不同地区的差异也会存在不同的类型和做法上的差异。如蒙古族中小学就有三种不同的类型：一是以蒙语文为主，加授汉语文；二是以汉语文为主，加授蒙语文；三是全部使用汉语文授课。

全部使用汉语文授课主要有以下几种情况：一是无本民族文字的民族，其中有回族、瑶族、土家族、黎族、畲族、高山族、东乡族、土族、仫佬族、羌族、布朗族、撒拉族、毛南族、仡佬族、阿昌族、普米族、怒族、德昂族、保安族、裕固族、独龙族、基诺族等民族。这些民族中，有的已全部转用汉语（如回族），有的已大部分转用汉语（如土家族、仡佬族），有的是部分转用汉语（如阿昌族、普米族、羌族）。所以这些民族鉴于自身的语言文字使用特点，从初等教育起到高等教育全部使用汉语文开展教学。二是有的民族虽有文字，但文字不通用，也就只能是全部或部分从初等教育起就使用汉语文教学。如纳西族、水族就属于这种情况。纳西族虽有过东巴文、哥巴文，但未能广泛推行使用；水族在历史上有过水书，也只有少数人能使用。新中国成立后，新创或改革过的文字，有的也因各种原因（如方言差异、杂居等）未能在这些民族中广泛使用（如壮族、侗族、哈尼族、苗族等民族的新文字）。三是杂居地区的民族，由于不同民族共聚一个学校，没有条件按民族分班开展民族语文教学，所以也只能使用汉语文教学。大多数民族都有部分地区属于这一类型。这一类型的汉语文教学，在教学体制、课程教材上大体与汉族学校相同。所不同的是，在有条件的地区，如某个民族的学生数相对较多、有懂本族语文的教师，小学初级阶段使用母语辅助汉语文教学。这类地区的汉语文教学，大多与同类汉族学校保持相同、相近的水平。但也有一些地区由于语言障碍和其他原因，教学水平一般不及同类的汉族学校，升学率和巩固率都偏低。

由于我国不同民族、不同语言存在差异，双语问题存在不平衡性，所以解决我国的双语问题必须根据不同民族语言的情况对号入座，不能要求用同一种模式对待。过去在民族语文工作中发生过的不分具体情况简单地搞"一刀切"的做法，今后必须防止。

四　做好双语教育要讲科学性和理性

应该认识到，双语教育是一门博大精深的学问。我国半个多世纪双语教育的实践经验告诉我们，做好双语教育并非易事。如果对双语教育的难度及其复杂性有了科学的、充分的估计，就能应对各种复杂的现象，顺水推舟，推进双语教育的健康发展；而如果缺乏科学的、充分的思想准备，就不可能按双语教育的规律办事，就有可能违背事理把好事办坏。

做好双语教育，必须清楚地认识双语与语言、社会、文化、心理，以及与语言关系、民族关系等各方面的密切联系，而且还要意识到双语与有关的各种现象往往交织一起，使得人们难以分清主要矛盾和次要矛盾、表面现象和本质特征、暂时现象和久远现象、眼前利益和长远利益等。过去的教训告诉我们，在双语教育工作中要讲科学性和理性，不能感情用事。

双语，首先是个语言问题，认识双语就要科学地认识语言。人类虽然天天都在使用语言，但对语言的重要性、性质、特点、功能及其演变规律并不完全了解。比如，究竟怎样评估语言的作用，过去都持"工具论"的观点，认为"语言是交际工具"；后来又认识到语言与文化的关系，又认为"语言是文化的载体"，出现了"文化论"的观点；再后来又看到不管是哪个民族都对自己的母语有着深厚的感情，什么样的感情决定什么样的语言态度，这就是所谓的"语言感情论"。改革开放以后，人们进一步认识到语言对社会发展的重要作用，于是出现了"语言资源论"的观点，认为语言是一种社会可开发的资源，开发得好，对社会有利。这些对语言的认识，都是一步一步地积累起来的，是人类对语言认识的进步。还有，对双语关系（母语和兼用语两种语言）究竟应当怎么看？二者相辅相成的表现是什么，除了分工互补、和谐发展的一面外，还有相互竞争、矛盾的另一面，如果有，其表现内容又是什么？对待语言教育问题，往往与怎样科学地认识语言的性质、特点有关。比如，正确估量语言的作用，包括大语言、小语言的作用，国家通用语和少数民族语的作用，是正确处理双语教育中的语言关系所必需的。

其次，语言与国家、民族、文化、经济等都有密切的关系。"国强则语言强"正反映了语言与国家的关系。国家、民族的变化是怎样影响语言的变化，怎样正确认识新时期少数民族语言功能的变化，这些都有必要予以科学认识。

在当今科学技术、生产力快速发展的条件下，语言演变的趋势是什么，有什么新特点；小语种的生命力如何，是不是像一些人所说的都已进入脆弱、消亡的境地；双语的关系又是怎样，双语关系能否做到"两全其美"，即既要保护少数民族母语的使用和发展，又要帮助少数民族更好地学习、使用国家通用语——汉语，使得母语和国家通用语在现代化进程中分工互补、和谐发展；在进入现代化建设的新时期，少数民族语言的功能应如何估计，双语教育中应如何看待母语的作用，母语与兼用语的关系在理论上应怎样认识，在实践中应如何对待，遇到问题应如何解决，这些问题都必须从理论和实践的结合上弄清楚。

双语教育还涉及一些具体的操作问题，如母语和兼用语习得的课时、顺序如何安排，教学法如何制定，双语教材如何编写，双语教师如何培养等。要认识、操作这些问题，也都要讲究科学性。

为什么提出做好双语教育"要讲理性"？因为双语教育属于语言问题，而语言又是民族的一个重要特征。每个民族都应该热爱自己的民族、自己的语言，这是宝贵的民族情感，是必要的。但人们有时会非理智地赋予本族语言文字一种偏爱的、非客观的情感，使得在处理语言关系时失去科学的准则，或只满足个人民族情感的要求而忽视长远利益和整体利益。必须防止非理智的情感在语言问题决策中起副作用，干扰我们的科学思维。我们需要有科学的"双语观"，科学的双语观就是按科学规律处理好双语关系，要使双语教育有利于民族发展，有助于各民族共同进步。

我国的双语教育任重而道远。党和国家对民族语文及双语教育的重视，是双语教育发展的保证。2011年10月，中国共产党十七届六中全会通过的《中共中央关于深化文化体制改革，推动社会主义文化大发展大繁荣若干重大问题的决定》中，提出要"科学保护各民族语言文字"。《国家中长期语言文字事业改革和发展规划纲要》(2012—2020年) 的第二章"目标和任务"中，也写入了"科学保护各民族语言文字"。这十一个字，进一步体现了我国党和政府的民族平等、语言平等思想，凝聚了在新的历史时期科学对待中国语言文字的指导思想和决策。我们预计，随着社会经济的大发展和文化教育的不断提高，我国的双语教育在今后将会得到迅速的发展。

参考文献

戴庆厦、成燕燕、傅爱兰、何俊芳：《中国少数民族语言文字应用研究》，云南民族出版社1999年版。

戴庆厦主编：《中国少数民族语言使用现状及其演变研究》，民族出版社2010年版。

戴庆厦主编：《勐腊县克木语及其使用现状》，商务印书馆2012年版。

戴庆厦主编：《云南德宏州景颇族语言使用现状及其演变》，商务印书馆2011年版。

金星华主编：《中国民族语文工作》，民族出版社2005年版。

国家民委文化宣传司编：《民族语文政策法规汇编》，民族出版社2006年版。

Insights on Scientific Promotion of Bilingual Education

Abstract: Bilingualism is an important issue in ethnic progress and national development. Accroding to China's national situation and current Bilingual education development, the research paper discusses four critical themes in scientifically promoting bilingual education development: Bilingualism is an important language model in contemporary multicultural and multilingual societies to promote social progress and development.China's national characteristics determine that it is crucial and essential to do bilingual education well, Ethnic gropslive and work in harmony and with prosperity; and adjust to the continuing social development, there is urgent need to learn the National standard language. Insights are needed to appreciate that the Chinese ethnic bilingual education is of mass scale and is imbalanced. It requires scientitific methodology and national to have good bilingual education.

Key words: Scientitific promoting; Bilingual education; Insights

（原载《双语教育研究》2014 年第 1 期）

论开展全国第二次民族语言
使用现状大调查的必要性

【提要】本文根据中央提出的"科学保护各民族语言"的思想，并结合作者多年亲身参加民族语言大调查的实际体会，论述开展全国第二次少数民族语言大调查的必要性。全文分为三部分：为什么要开展全国少数民族语言使用现状大调查；怎样开展全国第二次"民语大调查"；全国第二次"民语大调查"的难点及其对策。

【关键词】第二次；语言现状；大调查；必要性

1956 年至 1961 年的 4 年时间里，我有幸参加了由国家民委和中国科学院组织的全国少数民族语言大调查，在中国科学院少数民族语言调查第三工作队（云南）经历了调查方言、设计新文字、编写课本、扫盲、编写词典、编写语法的全过程，对我一生的民族语文事业提供了宝贵的基础。至今，我还时时回忆当年的美好时光和值得回味的经历。2005 年至今，我又有幸组织中央民族大学"985 工程"——"新时期中国少数民族语言使用情况系列研究"项目，在全国少数民族地区开展了 20 多个语言使用个案调查，已由商务印书馆出版了"新时期中国少数民族语言使用情况系列研究丛书" 19 部。通过这些实践，我的一个重要体会是：我国对少数民族语言的现状及其复杂性了解得还很不够，应当根据我国现时社会的变化和问题，再开展第二次全国少数民族语言大调查。这是我国社会人文科学理论建设的需要，是我国民族语文工作的需要。

下面根据中央近期有关"科学保护各民族语言"的思想，结合我多年亲身参加少数民族语言大调查的实际体会，论述开展全国第二次少数民族语言大调查及少数民族语言国情的必要性，呼唤第二次大调查的到来，供有关领导、有关专家参考。

一 为什么要开展全国少数民族语言使用现状大调查

（一）什么是"全国少数民族语言使用现状大调查"

全国少数民族语言使用现状大调查（以下简称"民语大调查"），是指对我国境内少数民族语言（包括文字，下同）的使用情况和使用特点进行科学的、全面的、深入的调查，并得出规律性的认识。其调查成果能为国家制定民族政策、语文政策提供咨询或依据，还能为语言学、民族学、社会学、历史学等学科的建设提供有用的养料。近期，"民语大调查"又称"少数民族语言国情调查"，是语言国情调查的一部分。

"民语大调查"的内容主要有：① 少数民族的语言生活如何；② 少数民族的母语使用情况如何；③ 现时少数民族语言功能怎样定位；④ 制约少数民族语言功能的条件是什么；⑤ 少数民族语言本体特点有哪些变化；⑥ 少数民族文字的使用存在什么问题；⑦ 不同语言的语言关系如何；⑧ 少数民族地区的语言和谐情况如何；⑨ 怎样认识少数民族语言功能的演变趋势；⑩ 跨境语言的状况如何等。

语言使用状况是一个国家国情的重要组成部分。一个国家的国情包括诸多方面的内容，上至民族、人口、资源、经济、文化、教育等状况，下至山川、河流、人物、疾病等具体情况。语言是人们交流思想、传递信息的工具，又是文化、科学的载体和联络民族感情的媒介，国家的建设和发展以及和谐社会的构建，须臾都不能离开语言。因而，语言国情在国情中占有重要的地位。

（二）如何估量语言使用现状调查的应用价值和理论意义

语言的重要性和中国的国情决定了语言状况调查研究的应用价值和理论意义。

中国是一个多民族、多语种的国家，55 个少数民族使用 80 种以上的语言，这些语言分属汉藏、阿尔泰、南亚、南岛、印欧五大语系。少数民族语言是少数民族日常生活中必不可少的交际工具，而且凝聚着少数民族长期以来积累的文化。24 个少数民族还有 33 种文字，这些文字字母的来源有古印度字母、叙利亚字母、阿拉伯字母、拉丁字母以及独创字母等。少数民族要依靠自己的语言进行日常生活的交际，还要通过自己的语言文字发展文化教育。母语有其长期的、不可替代的作用。

1. 语言使用现状调查的应用价值

语言使用现状的调查，有助于国家语文方针的制定和实施。一个国家的语文方针政策的制定，必须建立在对语言状况科学认识的基础之上；而语言使用情况调查所获得的事实和认识，有助于国家语文方针政策的制定。

回顾过去，我们对许多地方的语言使用状况的认识长期停留在不清晰的、朦胧的状态，缺乏清晰的量化分析。比如，某个民族究竟有多少人会自己的母语，多少人会兼用双语或多语，不同民族对自己的母语以及其他语言的看法如何等，都不是很清楚的。还有下面一些问题也需要通过认真调查取得理智的认识：如我国少数民族语言的生命力如何，哪些仍然旺盛，哪些已出现衰变，哪些处于濒危状态；语言关系中的和谐情况有哪些，不和谐的因素有哪些；国家需要制定什么样的政策、措施，才有利于民族的发展、各民族的团结。

对一个国家或一个地区的语言状况不了解或不清楚是非常有害的。它会因人们不能科学地认识语言状况，而不能制定符合客观实际的政策、措施。过去在民族地区出现的一些语言矛盾，有的就是由于对语言现状及其变化不能做出科学的判断，而制定了违反客观实际、不符合民意、民心的措施，引起了群众的不满和社会的不稳定。所以，语言国情调查是关系到国家稳定、社会和谐、民族团结、民族发展的大事，不是可做、可不做的小事。

2. 语言使用现状调查的理论价值

世界的语言尽管千差万别，但都是人类文化、精神的载体。每一个民族，其现实和历史的每一个事件都要依赖语言来表现，来保存，来积累，来沟通；每一种语言都独特地反映人类对客观世界的认识和体验，反映使用者的价值观和世界观。语言是世代相传的，记载着人类长期积累的经验。所以，语言国情调查的成果对人文社会科学的理论建设和发展，能提供不可替代的重要信息；从语言国情的反观镜中，能够看到语言背后一个国家内部存在的许多特点。

语言国情调查是语言学理论、方法的建设所不可缺少的，对共时、历时的语言学研究都能够提供新的认识。比如：语言国情研究中有关语言关系、语言接触的研究，语言功能（包括语言濒危、语言衰退、语言影响、语言互补等）的研究，对认识在特定条件下的语言演变规律，都是必要的。

中国是一个多民族、多语种、多文种的国家，少数民族使用着 100 多种不同的语言，33 种文字。中国少数民族语言文字，是中华民族重要的文化遗产，是取之不尽的资源。保护好少数民族语言文字，对于中国的发展、繁荣，以及维护世界和平和人类团结都有重要的意义。少数民族语言文字状况与国家政治、经济、文化的发展息息相关。

中国民族语文有三个重要的价值：一是应用价值；二是资源价值；三是文化价值。进入现代化新时期，民族语文这三个价值仍然不变：少数民族语言依然是少数民族不可或缺的交际工具，是一项重要的资源；少数民族对自己的母语仍然具有深厚的感情。历史的经验已经证明：做好民族语文工作，必须先了解国情和语言国情，只有这样才能因势利导，对症下药，避免陷入盲目性；否则，按片面了解所形成的对策，势必违反客观规律，把好事情办坏。

（三）全国第一次少数民族语言大调查的历史回顾

我国少数民族语言调查兴起于 20 世纪 30 年代。最早是李方桂先生对壮侗语族语言做过一些调查。抗战期间，一些大学搬到西南，有些学者如李方桂、罗常培、邢公畹、闻宥、马学良、袁家骅、高华年等对西南少数民族语言进行了调查，发表了一些成果。这一阶段虽然所见成果不多，所涉及的语言也少，但在当时那样艰辛的条件下能开展语言调查，迈开了运用现代语言学理论、方法进行语言调查的第一步，是难能可贵的。

对少数民族语言进行广泛的调查，是在新中国成立后开始的。新中国成立后，我国面临着帮助各少数民族发展生产、提高文化教育的艰巨任务；但要完成这个任务，则必须解决好语言文字的使用问题。当时对我国少数民族语言文字的情况是很不清楚的，所以新中国成立后民族语文工作中的第一项任务就是对少数民族语言文字的使用情况进行普查。

1956 年，国家民委和中国科学院组织了由 700 多人组成的 7 个中国少数民族语言调查工作队，分赴全国各民族地区进行少数民族语言大调查。通过历经四 4 年的调查，对我国少数民族语言文字的基本情况有了初步的了解，为解决我国少数民族语言文字问题提供了必要的条件。这就是震动中外语言学界的"全国第一次少数民族语言大调查"，它已载入中国语言学史册。

回顾 20 世纪 50 年代的全国少数民族语言大调查，那时的主要目的是为解决少数民族的文字使用问题，为提高少数民族的经济生活、文化教育的水平服务，主要做了创制新文字，改革、改进原有文字的工作。为了实现这个任务，必须对中国少数民族语言（包括方言）的现状进行广泛的调查，要求在方言划分、方言比较的基础上提出新文字的设计方案，包括基础方言、标准音的选定，字母形式的选择以及音系的字母分配等。这次调查的成绩是巨大的，为解决我国的民族问题、民族语文问题做出了历史贡献，而且这次大调查在全国各民族地区都产生了重大影响，得到广大少数民族群众的支持和拥护，对民族团结、边疆巩固都起到了推动作用。但是，这次大调查主要是为了解决我国少数民族语言文字的使用问题，特别是创制新文字，改革、改进新文字，围绕这一任务只调查了我国部分少数民族语言（方言）的情况。总的看来，由于我国少数民族分布辽阔，语言文字情况十分复杂，所以这次大调查只涉及部分民族、部分地区、部分问题，未能全面、深入地认识我国少数民族语言文字的特点，而且对少数民族语言使用的相关理论问题以及语言关系等也调查研究不够。

（四）新形势呼唤必须开展新的一次"民语大调查"

从 20 世纪 50 年代全国第一次少数民族语言大调查开展至今，已过了半个多世纪，其间全国包括少数民族地区的社会、经济、文化以及人们的精神面貌都发生了重大的变化，语言文字的特点也随之发生了原先所没有预料到的大变化。半个世纪以来，语言文字特点的变化随处可见。比如：在语言的使用上，不论哪个民族除了使用母语外，都不同程度地兼用通用语汉语，有的民族如白族、纳西族、基诺族已全民兼用汉语。1957 年，我到云南省红河两岸调查哈尼语，哈尼村寨的哈尼人普遍不会说汉语，开展调查十分困难。2011 年，我重返红河两岸调查哈尼语，惊奇地发现哈尼人已普遍会说汉语，能流畅地用汉语与我们交流。这些年，我还到过基诺族、景颇族、彝族等地区，也同样看到有这样的变化。从单语到双语，这个变化何等大啊！各民族母语的功能也有很大的变化：母语功能的扩大，表现在母语在传媒、信息的使用上扩大了，在地位上提高了。这是一方面。但另一方面，在一些民族中青少年的母语能力出现不同程度的下降。对于上述语言生活状况的变化，我们并不完全了解，也没有掌握必要的科学数据，还处于"或明或暗"的状态。

由于民族地区语言生活的重大变化，我国民族语文工作出现了大量的应用问题亟待研究和解决，比如少数民族语言文字使用的范围如何确定，民族语文的信息化、标准化、规范化，以及少数民族的双语习得、语言翻译等工作应如何依据社会发展的需要进行充实和调整。要做好这些工作，都需要语言调查的成果来支撑。

近几十年语言学与别的学科结合，出现了许多交叉学科，如语言民族学、社会语言学、电脑语言学、数理语言学等，交叉学科的出现，要求对我国少数民族语言有新的了解，而过去调查的材料已远远不能满足学科发展的要求，要求语言学界适应时代的发展和变化，采用新的方法进行语言调查，以求得对我国民族语言的新认识。我国的语言学学科的理论建设，要依赖于语言调查获取丰富的语言事实，没有丰富的、准确的语言材料，是无法抽象出语言学理论的。

总之，我国进入现代化建设新时期的几十年，少数民族语言的使用特点发生了重大变化。如何认清不同民族、不同地区的语言特点及其变化，提出科学的、切合实际的对策，已成为民族语文工作中亟待解决的任务。能否不失时机地做好少数民族语言使用现状的调查工作，直接关系到民族的发展、社会的稳定、边疆的巩固。这些因素决定了开展全国第二次少数民族语言大调查的必要性。

二　怎样开展全国第二次"民语大调查"

语言大调查的目的、任务、方法都是由国家当时的形势、需要决定的，不同时期的语言大调查各有不同的特点及要求。那么，我国第二次"民语大调查"的指导思想、目的、任务、方法又是什么呢？

（一）全国第二次"民语大调查"的指导思想

2011 年，党的十七届六中全会通过的《中共中央关于深化文化体制改革　推动社会主义文化大发展大繁荣若干重大问题的决定》（2011 年 10 月）中提出，要"科学保护各民族语言文字"。在《国家中长期语言文字事业改革和发展规划纲要》（2012—2020 年）的第二章 "目标和任务"中，也写入"科学保护各民族语言文字"。这是我党在新时期对待中国语言文字的指导思想和决策，它应该是开展全国第二次少数民族语言使用现状大调查的指导思想。怎样正确地理解"科学保护各民族语言文字"？怎样辩证地认识它与宪法上规定的 "各民族都有使用和发展自己的语言文字的自由"的关系？

"科学保护少数民族语言文字"，这是我国党和政府现时着力强调的语言国策，也是历来坚持的语言国策。强调必须对少数民族语言文字进行科学保护，是由科学的民族观、语言观，少数民族的发展需要，以及少数民族语言文字的演变规律和使用特点决定的。因为，语言是民族的重要特征之一，与民族的生存、发展、情感和谐息息相关。少数民族对自己的母语都是充满感情的，把它当成民族的象征，民族精神的力量。历史的经验告诉我们，对语言的保护和尊重，有利于民族发展、民族进步；而对语言的歧视和不尊重，必然会阻碍民族发展和破坏民族团结。

"科学保护少数民族语言文字"的思想，与党的十六届四中全会提出的"构建社会主义和谐社会"是一致的。因为语言和谐是社会和谐、民族和谐的组成部分之一，是关系到社会、民族是否和谐的一个重要因素。

"科学保护各民族语言文字"的思想，与宪法中规定的"各民族都有使用和发展自己的语言文字的自由"，基本精神是一致的。二者都坚持平等的语言观，让各民族（不分民族大小）都享有使用和发展自己语言文字的权利。但"科学保护各民族语言文字"强调"保护"二字，是"自由"原则在新时期的具体化。二者既有共同性，又有连续性。

以"科学保护"为指导思想开展全国第二次"民语大调查"，就是指在调查目的、调查范围、调查效果上，必须最大限度地有利于我国少数民族语言的保护，有利于社会和谐、语言和谐，有利于在现代化建设的新时期继续实现各民族使用和发展自己的语言文字的自由。

（二）全国第二次"民语大调查"的主要内容

由于语言的特点（包括使用特点和本体特点）会随着社会的变化而变化，因而一个国家的语言大调查必须是有计划地分期分批去做，规定好每个阶段调查的目的、任务和要求，而不能是简单地照搬以往的调查模式，或没有细致规划就匆忙上阵。如果事先没有设计好比较明确的目的、内容、方法，不可能完成好既定的调查任务。全国第二次"民语大调查"，必须根据现阶段的国家需要、语言国情，确定这次大调查的内容。这次大调查的主要内容是：

1. 调查现阶段少数民族母语的活力

语言活力是指某种语言在社会交际中具有的能力，包括使用人数多少、使用范围大小、使用功能如何等。现阶段少数民族母语的活力，是由现阶段我国社会、经济、文化的特点以及语言自身的特点决定的。准确地掌握现阶段少数民族母语的活力，是开展全国第二次"民语大调查"的重点工作，有助于我们根据不同民族语言的活力，制定科学的、切合实际的民族语文政策。

母语能力的调查最好是选择几个有代表性的点做穷尽式的统计调查，取得可靠的数据，还要有一定数量的访谈记录补充说明。而不能主要靠开座谈会、走马观花地看看获取认识。主要调查内容有：

（1）调查每个个案点不同年龄段（可分为"老年、中年、青年、少年"四级，也可分为"老年、中青年、少年"三级）、不同职业（农民、工人、干部、学生等）的人，掌握母语的水平（可分为"熟练、一般、差、不懂"四级）。不同年龄段语言水平的统计，能够反映该地区的语言活力。

（2）调查该地区不同场合（家庭、村寨、田间、学校、政府机关、集市贸易、医院、劳动生产、婚丧喜庆、宗教，以及广播、电视、戏曲等媒体）的语言使用情况。

（3）家庭是社会的最小细胞，是语言交流的最小单位，所以要着力调查家庭的语言使用情况，从中发现家庭语言使用的变化。

单一民族家庭和族际婚姻家庭的语言使用情况会有不同，应分别进行调查。调查这两类家庭的用语，以及子女的多语情况和语言能力状况等。

（4）要特别重视调查少年儿童的语言能力，因为少年儿童的语言状况反映社会的变化最敏感，其变化往往代表语言功能演变的趋势。调查中通过比较他们与父辈、祖辈语言能力的差异，揭示代际语言能力的变迁。

要注意到，有的民族的儿童第一语言已不是本族母语，而是汉语或另一民族的语言，母语是后来才学会的，成为第二语言。对这种变化及其成因应该调查。

（5）调查村寨里外来人口的语言兼用状况，了解他们掌握当地语言的水平及使用特点，以及他们来村寨的时间及婚姻等情况。

（6）调查语言转用状况：包括语言转用者的年龄、地区、职业的分布特点，以及兼语水平。还要调查转用者使用转用语（当地方言）的语音系统，及词汇、语法的特点。调查语言转用的成因及其条件。

（7）调查语言态度，即对母语的地位、作用、发展趋势有什么认识，以及对母语、兼用语关系的认识。语言态度有坚持使用、可用可不用、顺其自然等，因不同人而异，老年人与青年人不同，工农大众与知识分子不同，单一民族家庭和族际婚姻家庭不同。还因不同地区、不同方言而异。

（8）调查该语言是否出现功能衰退或濒危。从使用人口、使用场合、代际语言能力的变化提取证据，还要调查致使语言功能衰退或濒危的内外原因。

（9）有文字、文献的民族，还要调查文字的使用情况和文献的保留情况，以及民众对文字、文献的态度。调查文字的规范化、信息化中的问题。

要调查不同语言类型的活力状况（包括大语种和小语种、内地民族和边疆民族、有文字民族和无文字民族等）。我国少数民族母语的活力大致有以下几种情况：一是全民健全使用，保持旺盛活力；二是活力局部衰退；三是处于衰退、濒危状态。这只是个大概的认识。第二次"民语大调查"必须花力气通过第一线调查，掌握大量具体材料，从中获得对语言使用国情的认识。必须对语言活力进行具体的描写，包括数据统计、说明，语言态度描述等。对保持活力的语言要调查其成因，具体分析与语言有关的社会、文化、历史、语言等各方面的因素；对出现语言功能衰退或濒危的语言，应调查其衰退或濒危的"度"，并分析其内外原因，区分主要原因和次要原因。

第二次"民语大调查"，要从实用价值、感情价值两个方面，科学地、理智地、实事求是地把握少数民族语言对少数民族生存、发展的必要性和重要性。

2. 调查现阶段从单语型向双语型转变的新特点

50 多年来，我国少数民族语言生活的一个重大变化是语言使用出现单语型（母语）向双语型（母语—通用语汉语）转变的趋势。这是所有少数民族语言生活的一个共同趋势。

我们知道，语言是人类赖以生存、发展的工具。人类掌握语言种类的多少，是单语还是双语，或是三语，是由社会发展的需要决定的。一般来说，当一个民族处于相对封闭、不甚开放的时期，只用一种语言（自己的母语）就能满足社会生活的需要，其语言生活的模式必然是"单语型"；但当一个民族进入相对开放、进步的时期，一种语言（自己的母语）已经不够使用了，还要兼用其他民族的语言，其语言生活模式必然会由"单语型"变为"双语型"。由"单语型"向"双语型"变化，是质的变化，是进步的表现。下面使用我亲自参加调查的一些材料来说明这个问题。

例一：1953 年，我到云南边疆景颇族地区学习景颇语。那时的景颇族地区，大部分群众只会自己的母语，只有少数人兼用傣语、缅甸语，懂汉语的极少。2010 年我又重返景颇族地区，发现经过 50 多年，情况发生了难以想象的变化，大部分人已从单语型转为双语型。如：云南盈江丁林寨，在 232 人中，熟练兼用汉语的已有 174 人，占 75%，略懂的有 55 人，占 23.7%，不懂的只有 3 人，占 1.3%。

例二：1956 年，我到云南省红河州绿春县做哈尼语调查和哈尼文设计，当时那里的哈尼族基本上都只会自己的母语，会汉语的寥寥无几。而在 2011 年我重返绿春时，那里的哈尼族大多已会汉语，成为"哈尼语—汉语"的双语人。如大寨小组 1559 人中，能熟练使用汉语的有 1286 人，占 82.49%。略懂的有 212 人，占 13.60%。不会的只有 61 人，占 3.91%。

例三：居住在西双版纳基诺山的基诺人，解放初期只有少数人会汉语。1986 年我到基诺山调查时，基诺人已大部会说汉语；2006 年我带了一个 9 人调查组到基诺山调查语言使用情况，通过微观的入户调查统计，发现基诺人已是"基诺语—汉语"全民双语型的民族。我们对 1764 人进行了调查，结果是 1685 人都能使用双语，占 95.5%；使用单语的只有 79 人，仅占 4.5%。基诺语在家庭内和村寨内使用，汉语在学校、机关、医院等场合使用。每个基诺人的语言认知机制中都储备三套语音系统：第一套用来拼读基诺语，第二套用来拼读当地汉语，第三套用来拼读普通话。他们能够根据实际需要随时调出使用，及时转换。

例四：元江县羊街乡烧灰涧村的拉祜族（共 210 人），全民掌握三种语言：苦聪语（母语）、哈尼语（第一兼用语）和汉语（第二兼用语）。母语在家庭和村寨内使用；哈尼语在与哈尼族的交际和赶集时使用；汉语用在学校、机关、商店等场合。他们也能根据实际需要，自然地转换使用这几种不同的语言。

例五：玉龙县九河乡是一个多语区，这里的白族、纳西族除了使用自己的母语外，还全民兼用汉语，并有不少人还能兼用另一少数民族语言——白语或纳西语。他们在家里都说自己的母语，在村寨里如果知道对方是什么民族，就用对方的语言交谈，若不知道，就用汉语先发话，待确定身份后再用对方能接受的语言。村民对我们说："用什么语言合适，就用什么语言。"

但不同民族由单语制向双语制发展，其强弱、比例不同，演变的趋势也各有自己的特点。第二次"民语大调查"，必须全面弄清现阶段我国双语发展的特点，不同民族、不同地区、不同人群的双语现象形成存在的差异。还要调查现阶段双语与语言、社会、文化、心理，以及与语言关系、民族关系等各方面的密切联系；弄清双语问题中的主要矛盾和次要矛盾、表面现象和本质特征、暂时现象和久远现象、眼前利益和长远利益等。过去的教训告诉我们，在认识双语现象时要讲科学性，还要有理智，不能不讲科学，不能感情用事。

3. 调查新时期的双语教育问题

进入现代社会，由于交通的便捷、人口的移动，不同人群、不同地区的交往更为频繁，双语现象得到空前的发展。特别是在我们这样一个多民族国家里，不同民族的交流更为频繁，各民族相互学习对方的语言是语言生活中的一件大事，已成为语言生活的重要内容。对其认识得怎样、处理得是否得当，直接影响到国家关系、民族平等和语言和谐。因此，全国第二次"民语大调查"应把双语教育问题作为一个重点。

双语教育调查的内容主要有：双语教育的类型；双语教育的发展历史；双语教学法；双语教育的经验和教训；双语教育存在的问题；如何针对不同民族、不同地区制定"对号入座"的对策；双语教育中的理论问题研究等。

怎样科学地认识双语的关系？目前，对双语关系的认识，存在两种值得重视的误区。一是忽视母语的应有作用，不适当地强调少数民族必须加快掌握汉语的步伐，甚至不顾母语的作用而主张直接学习汉语。持这种认识的人虽具有良好的动机，但不切合少数民族的实际。他们看不到母语的重要作用，也看不到母语除了应用价值外，还具有民族感情的价值。二是对少数民族掌握汉语文的重要性、必要性估计不足，担心汉语普及了会削弱母语的作用，甚至担心汉语会代替母语。他们只看到母语与通用语相互竞争的一面，而看不到互相补充的另一面。所以，他们在行动上对少数民族学习汉语抱消极态度。

近年来，母语的概念有了新变化。过去，先学到的第一语言，都是本族母语，所以都认为母语是第一语言。但现在，少数民族中出现了第一语言不是母语而是汉语的新情况，这么一来，母语的概念应如何界定？还有，这些年外语学习在少数民族语文教育中有很大的发展，越来越显示出其重要性，因而，在一些地区提出了"三语"新概念。"三语"，如何安排这三者的关系，是必须探索的一个新问题。

在全国第二次"民语大调查"中，应做出一批有质量的双语和"三语"的调查报告（包括普查性报告、专题报告），从理论上和实际上弄清母语和通用语以及母语、通用语和外语的关系。

4. 要调查少数民族地区的语言和谐（包括不和谐）的状况

当今中国为保证现代化建设顺利进行，必须要有一个稳定和谐的社会环境，还必须要有语言和谐的人文环境。所以，语言和谐和不和谐的调查应该成为新时期语言调查的一个重点。

语言和谐调查不仅要了解现状，还要调查历史。在长期的历史发展过程中，我国各民族的语言关系一直处在和谐与不和谐的对立统一的矛盾之中。但总的看来，尽管有不和谐现象，但和谐是主要的，是贯穿语言关系的一条主线。但人们对此的认识并不完全，说不清道不明。所以，必须通过调查（包括历史文献的检索），一点一滴地收集现时和历史上语言和谐的材料，并把它串成一条可认识的规律。还应当把今日的语言和谐与历史的语言和谐连在一起，科学地、理智地认识今日语言和谐的缘由及其存在的必然性。不了解历史，就不能理解现在。

语言不和谐包括语言矛盾、语言冲突等，是由民族差异、语言差异以及其他政治因素（包括国内外的因素）决定的，也是一种客观存在，是不可回避的。要调查不同民族、不同地区语言不和谐的表现及其成因，认识语言不和谐的现象和规律。语言不和谐的调查，有助于我们采取正确的措施去防止它向极端的、破坏性的方向发展。

还要调查语言和谐与国家安全的关系。调查有哪些不和谐的现象影响国家安全。如：文化渗透、传媒影响、新老文字竞争等。

5. 调查跨境民族的语言生活

"跨境语言"又称"跨国语言"。中国是跨境语言众多的国家。55 个少数民族中，属于跨境民族的有蒙古族、藏族、维吾尔族、苗族、彝族、壮族、布依族、朝鲜族、瑶族、哈尼族、哈萨克族、傣族、傈僳族、佤族、拉祜族、景颇族、柯尔克孜族、布朗族、塔吉克族、怒族、乌兹别克族、俄罗斯族、鄂温克族、德昂族、京族、塔塔尔族、独龙族、赫哲族、门巴族、珞巴族 30 个民族。由于有的民族使用一种以上的语言，所以跨境语言的数目比跨境民族多。

跨境语言研究是语言研究中的一个重要内容。跨境语言产生的语言变异，既不同于语言的历时演变，也不同于方言的共时差异，有其自身的规律。从跨境语言的对比研究中，能够获取有关语言演变的新规律，这对语言学的理论建设是有益的。

跨境语言研究还具有重要的应用价值。主要是：有利于跨境国家制定跨境语言的政策，解决跨境语言使用中出现的问题。有助于解决跨境民族文字的使用、规范和统一。有助于促进跨境两国的互利和交融，有利于边境的安全和边疆的巩固。

在全国第一次语言调查中，由于当时把跨境语言视为敏感的问题，未能将其作为一个内容进行调查，以致今日对跨境语言认识不清，成为我国语言研究中的一个"盲点"。在新的一次"民语大调查"中，我们应该把跨境语言调查列入调查的内容。其主要内容有：跨境两地语言的异同；跨境语言的使用状况；跨境民族、跨境语言的历史；跨境的语言关系；两国的民族政策和语言政策；跨境语言的和谐与不和谐；怎样促进跨境语言的和谐等。

6. 调查与语言有关的社会人文背景

语言的使用受该语言的社会人文条件的制约。全国第一次"民语大调查"至今已过了半个多世纪，与少数民族语言有关的社会人文背景发生了重大的变化。因而，第二次"民语大调查"必须在语言调查的同时进行必要的与语言有关的社会人文背景调查，使语言调查的结论能得到社会人文背景的印证。主要有：

（1）民族分布状况

掌握被调查点的各民族分布状况、特点，包括聚居和杂居的情况。要有数字和比例。必须有一个直至乡一级的地图。

（2）人口数字

要掌握该地区各民族分布的最新数字。最好能够取得直至村寨各户的人口数字。重点调查的个案点要有村寨各户的家庭成员状况，包括姓名、年龄、文化程度等。

（3）民族、行政区划的历史沿革

要了解该地区历史上的行政归属，包括归属的变动、地名的更换、范围的变化。还要了解人口的变动，新群体的迁入（迁入时间及迁入原因），历史上不同民族的迁移状况，民族分化、融合的状况。了解行政区划的特点及变化，对语言的使用的影响。

（4）自然地理特点和交通状况

山川、河流、气候、物产等方面的特点。与其邻接、交汇的地区有哪些。

目前交通状况，是否达到村村通公路，还有没有未通公路的。

（5）经济形态和生活状况

主要从事哪些生产活动，经济作物有哪些，副业是什么。新中国成立后经济生活有什么重大变化。改革开放后有何新举措。历史上经济形态的变化。目前生活状况如何，人均年收入多少。

（6）文化教育状况

主要是民族教育的发展情况和社会扫盲情况。适龄儿童，特别是女童的入学状况。文化教育发展中存在的问题，如经费、师资、校舍等方面存在的问题。近期，文化教育有何变化，政府有何举措。

（7）宗教状况

主要信仰什么宗教，宗教的历史沿革。宗教在社会生活中占据什么地位，其影响度如何。宗教和文化、教育、语言的关系如何。

（8）民族关系和婚姻的特点

不同民族的关系有何特点，除了和谐的一面外有无不和谐的因素。

不同民族的通婚状况如何，有何特点。族际婚姻对民族、语言的发展有何影响和制约作用。

三 全国第二次"民语大调查"的难点及其对策

全国第二次"民语大调查"是一项规模大、难度大的调查工作，预计，其难点会有以下一些。

（一）如何把握好大调查的重点

语言大调查应根据社会发展的需要确定重点。如上所述，第一次全国少数民族语言大调查的重点，是围绕文字的创制、改革、改进的任务而开展语言和方言调查的，主要的工作是调查若干有代表性的方言音系、词汇，并进行方言、土语的比较，提出新文字设计方案和原有文字的改革、改进方案。这一次大调查的重点与上一次有很大的不同，主要是针对语言保护、语言和谐的任务，开展现阶段语言现状的调查，其中既有对新情况的调查了解，又有对新理论的摸索、探讨。但在这个重点中应主要做哪些工作则不易把握好。比如，有哪些空白点值得调查，调查到什么程度；语言功能调查与语言本体调查的比例如何把握；有哪些理论问题要调查研究；如何使调查能够更好地为新时期民族语文政策的制定服务等。

调查点的选择是个难点。我国语种众多，语言调查不能全面撒网，而必须选择代表点来取得对全局的认识。怎样选择代表点？我认为至少要处理好以下几个关系：大语种和小语种的关系；聚居语言和杂居语言的关系；有文字的语言和无文字语言的关系；边疆语言和内地语言的关系；跨境语言和非跨境语言的关系；健全语言和衰变语言或濒危语言的关系；等等。各种类型的点都要有，分布比例要合理。多年的经验告诉我们，代表点不宜过大，以不超过"乡"为好；代表点过大，不易摸透，也难以做出准确的判断。

重点应放在微观的个案调查上。选择一批有代表性的个案点，花力气进行深入的调查，从中取得真知灼见。

为了把握好大调查的重点，建议在第二次大调查中先做试点调查，然后再铺开进行。试点调查要从不同民族、不同地区选择一些代表点，集中一些优势力量先开展调查，从中取得经验。要防止心中无数就匆忙大规模铺开。

（二）如何在理论上有所创新

进入现代化建设的新时期，民族语文工作中出现了一些新的问题，过去曾有过的问题也凸显了。所以，第二次"民语大调查"除了调查现时少数民族的语言使用情况外，还要调查、研究民族语文中的理论问题。没有科学的理论思维，就做不好语文工作。这次大调查要重视理论研究，调查研究现阶段民族语文中的理论问题，通过理论认识提高语言事实调查的含金量。我认为现阶段有以下一些理论问题值得深入调查研究：

1. 强势语言与弱势语言

不同语言存在于同一社会里，由于各种内外原因（包括语言内部的或语言外部的，历史的或现时的），其功能必然是不一致的。有的语言，功能强些；有的语言，功能弱些。强弱的不同，使语言在使用中自然分为"强势语言"和"弱势语言"。这也是客观存在的事实。多语社会的语言竞争通常出现在强势语言与弱势语言之间，其关系错综复杂。

在我国，汉语由于使用的人口多，历史文献多，它早已成为各民族语言中的强势语言。汉语的这些强势条件，使得它成为各民族之间相互交际的语言——"通用语"。少数民族语言由于人口少，使用范围窄，只在相对较小的范围内使用，与汉语相比，是弱势语言。汉语与少数民族语言在使用功能上的竞争是明显的。比如，在中国的各个城市，各民族在一起只能用汉语来交际，否则各说各的就无法实现交际的目的；其他语言就只能退居在家庭内部或同一民族的亲友之间进行。在高等学校，除了少量民族院校和民族语文专业外，一般都只能用汉语文授课。在一些民族中，或是各民族杂居的地区，少数民族学生的家长有的出现重视汉语、忽视母语的倾向，不愿让自己的子女进民族语文授课的学校，因为他们担心子女以后进大学、找工作、出国留学有困难。这些都是语言竞争的表现。语言竞争反映到人的语言观念上，主要是对语言的选择；而语言选择又影响了语言的应用。

但"强势"与"弱势"是相对的。汉语是强势语言，是就全国范围而言的。在我国的少数民族地区，不同的少数民族语言，其功能也不相同。其中，使用人口较多、分布较广的少数民族语言，是强势语言；使用人口较少、分布较窄的少数民族语言，则是弱势语言。其"强势"与"弱势"之分，是就局部地区而言的。如：在我国的新疆，在维吾尔族、哈萨克族、柯尔克孜族等民族杂居的地区，维吾尔语通行最广，是强势语言，其他少数民族语言则是弱势语言。在广西，壮族人口多，与毛南语、仫佬语相比，是强势语言，一些毛南人、仫佬人会说壮语，甚至转用了壮语。

在一个多民族国家里，各民族语言不仅有强势语言和弱势语言之分，而且在某些少数民族聚居的地区，还有亚强势语言这一等级。如在新疆伊犁哈萨克自治州的伊宁市分布着维吾尔族、汉族、回族、哈萨克族、乌兹别克族、锡伯族、满族等10多个民族，通用汉语、维吾尔语、哈萨克语3种语言。汉语是国家的通用语，是强势语言，维吾尔语因维吾尔族人口最多，使用广泛，是亚强势语言，其他语言都是弱势语言。^①在四川省凉山彝族自治州的彝族地区，由于彝族人口较多，彝语是亚强势语言，彝语被周围的汉族、藏族、傈僳族、普米族等民族的部分人所兼用。如盐源县塘泥村有藏族村民12户，55人，有24%的人能熟练使用彝语，有51%的人略懂彝语，只有25%的人不懂。^②

强势语言和弱势语言之间，既有竞争的一面，又有互补的另一面，构成既对立竞争又和谐互补的统一体，在语言生活中缺一不可。第二次"民语大调查"，必须深入调查不同地区少数民族语言和汉语的关系，总结现在和历史上少数民族语言和汉语和谐共存的经验，摸索一条和谐共存的路子。

2. 语言竞争与语言和谐

在我国，不同语言长期在同一的社会里共存，其间既有竞争，也有和谐。第二次"民语大调查"，必须调查我国现阶段的语言竞争和语言和谐，从现阶段语言生活的特点和走向中，认清语言竞争与语言和谐的关系。

语言和谐是语言关系中的一种，属于语言功能互补、平等相处的类型。研究语言和谐，掌握语言和谐的规律，有助于遏制语言不和谐现象的产生。

不同的语言在一个社会中能否和谐，取决于不同民族之间是否和谐。一个团结、互助的多民族地区，不同民族在风俗、习惯等各方面互相尊重、互相谦让，必然在语言文字的使用上也会互相尊重、互相学习使用。当然，别的因素也能起到制约作用，如语言自身的特点、语言关系的历史进程、语言的分布特点等。

我做过数十次的语言国情调查，目睹了我国民族地区多语和谐的景象。如云南省德宏傣族景颇族自治州，就是一个多民族语言和谐的地区。这里居住着傣族、景颇族、德昂族、阿昌族、傈僳族等少数民族，各少数民族都使用自己的语言，而且还普遍兼用汉语，其中有不少人还能兼用另一少数民族语言。这个州的语言关系呈现出一派和谐的景象。各少数民族在家庭、村寨内，都使用自己的母语，但在不同民族之间大多使用汉语进行交际，也使用双方都能使用的少数民族语言。不管在什么地方，少数民族语

---

① 参看戴庆厦、王远新《新疆伊宁市双语厂的层次分析》，载《语言和民族》，中央民族大学出版社1994年版。

② 参看戴庆厦主编《四川盐源县各民族的语言和谐》，商务印书馆2011年版。

言使用自己的语言都会得到尊重。同一民族内部的不同支系，也各自自由地使用自己支系语言。有本族文字的少数民族学生，在小学阶段既学本族语文又学汉语文，但从中学起主要学汉语文。少数民族语言在电视、广播、出版中得到使用。总的说来，这里的不同语言各就各位、各尽所能，和谐有序。和谐的语言关系成为和谐的民族关系的一个重要组成部分。

在一个多民族的社会里，语言关系如何，是和谐还是不和谐，直接关系到社会的稳定、民族的团结。因为语言与民族总是紧密联系在一起的，人们总是把具体的语言看成是属于某个具体民族的。对语言的尊重就是对民族的尊重，对语言的歧视就是对民族的歧视。语言的不和谐，就会造成对民族的伤害。

进入新时期以后，语言关系也在发生前所未有的新变化，民族语文的使用和发展也随之出现了一些新问题，也会出现一些不和谐的现象。比如，少数民族为了更快地发展自己，对学习汉语文的要求空前高涨，这时社会上就容易出现忽视民族语文作用的趋向，甚至会出现对民族语文的不尊重。汉语文使用人口多，社会功能强，一直处于强势地位，而少数民族语文由于使用人口少，使用范围小，在语言使用的竞争中处于弱势地位。强势和弱势的共存，如果在处理二者的关系时不谨慎明智，就有可能忽视民族语文不可替代的作用，出现不和谐。语言的不和谐，在现代化进程中势必影响民族的团结。

全国第二次"民语大调查"，必须通过对现时期的语言状况的调查，深入研究语言竞争与语言和谐的关系。要调查各地区的语言和谐、不和谐的现象，分析其原因。还要收集历史上的语言和谐和不和谐的史料，因为今日的语言生态都与历史的积淀存在内在的联系。而这些，我们过去的调查往往重视不够。

3. 语言接触与语言演变

不同语言处在同一地区，必然产生语言接触关系。而语言接触关系，又必然导致语言影响，在一定程度上制约语言的演变。新时期由于民族间的关系不断加强，语言接触和语言演变会出现以前没有见过的新特点，这方面的调查对于语言学研究以及制定民族语文政策都是必要的。下面通过小陂流苗语调查的例子，来说明语言接触与语言演变的关系。

小陂流苗语是湖南省湘西土家族苗族自治州泸溪县潭溪镇小陂流村苗族说的一种苗语方言，使用人口约1600人。这部分苗族原是土家族，说土家语，大约在1900年开始逐渐转用苗语，民族成分也改为苗族。小陂流苗语是语言转用的产物。

小陂流苗语由于长期与汉语接触，受到汉语的强烈影响，使得它在许多特点上与汉语趋同，出现了许多不同于其他苗语土语的特点。如在词汇系统中，汉语借词的数量很大，并已渗进核心词汇。在 1844 个常用词汇中，其中借词和半借词有 848 个，占 45.99%。有一些词，固有成分与受汉语影响出现并存并用，二者在竞争中汉语用法往往占优势，逐渐淘汰固有成分。在语法上，小陂流苗语既向汉语借用本语没有的语法成分，也向汉语借用本语里原来就有的语法成分，固有语法成分与借用语法成分呈现互补竞争的趋势，其语法体系的封闭性已被打破，具有开放性和松动性的特点。

小陂流苗语受汉语影响主要有以下几个特点：一是汉语影响已进入核心领域。改变语言的基本特点。二是受汉语影响已进入与汉语逐步趋同的状态。语言接触引起的语言影响或语言借用，大多是吸收本语所没有的或所缺少的成分，起着补充、丰富的作用，但小陂流苗语的借用成分除了这个以外，还有不少是借用或吸收本语里本来就有的词汇或语法成分。初期的语言接触，借用主要是为了语言的丰富、发展，但并不进入趋同状态；而语言接触的深入发展，借用有可能使这种语言向另一语言趋同。所以说，趋同是语言接触进入深层阶段出现的特征。三是并用、竞争、弱化、泛化是小陂流苗语语言接触变异的几个特征。[①]

4. 新时期语言变化的速度及方式

现代化进程中语言状况的变化比任何一个历史时期都快。中国进入现代化建设的新时期，由于实行了改革开放的方针，少数民族地区的面貌发生了前所未有的、涉及各个领域的巨大变化。语言反映社会的变化最敏感、最迅速，必然也会跟随社会的巨大变化，发生前所未有的新变化。

少数民族语言在新时期的变化，包括语言功能和语言结构两个方面的内容。在语言功能方面，少数民族语言的使用既有扩大的一面，如在科技、教育、传媒等方面，都有新的使用领域；也有缩小的另一面，如有的青少年母语能力下降，甚至不会母语。在语言的本体特点上也会发生新的变化。但这只是一个笼统的认识，而且在有的方面还认识不到位，所以还要通过不同地区、不同层次的具体个案来充实，获取更准确的认识。

怎样估计我国少数民族语言的活力以及语言濒危、语言衰退的程度？

这些年国外重视语言濒危问题，这是对的。但是，必须恰如其分地估计世界各地的濒危语言现象，既不缩小，也不扩大。因为这关系到如何制定濒危语言的对策。有的专家预言，21 世纪世界上 80% 的语言都会消失，这个估计对于中国的语情来说显然是过高的。

---

① 参看戴庆厦、杨再彪、余金枝《语言接触与语言演变——小陂流苗语为例》，载《语言科学》2005 年第 4 期。

在中国的历史上，由于各种原因，包括历史迁徙、人口变动、政体变化等原因，一些语言曾出现过濒危或功能衰退，如西夏语、满语等语言，但大多数语言仍是各民族主要的语言工具，成为少数民族的一个重要的、不可替代的特征。即便是现代化建设迅速发展的今天，少数民族语言大多数还是少数民族主要的语言工具，日常的生活需要它、发展文化教育也需要它。况且，语言除了实用价值外，还有感情价值，感情价值在一定的条件下，也能成为语言取舍的主要依据。至于少数语言由于其自身和客观的原因，虽经抢救仍无法改变其衰变趋势，也应尽最后的努力去抢救，不能任其自然消亡。

我国的少数民族语言文字有三个重要价值：一是应用价值；二是资源价值；三是文化价值。进入现代化新时期，不同民族的语言，这三个"价值"究竟有什么变化，处于衰变和濒危的语言究竟有哪些，这些都是必须研究的。

我认为，"两全其美"是解决少数民族双语问题的最佳模式。所谓"两全其美"，是指对待少数民族的双语既要保护他们的母语使用和发展，又要帮助少数民族更好地学习、使用通用语——汉语，必须保证母语和通用语在现代化进程中分工互补、和谐发展。"两全其美"有利于少数民族的发展繁荣，有利于不同民族的友好团结，符合各民族的愿望，并有其民族、语言历史演变规律的依据。两个缺一不可的客观事实，构成了我国少数民族语言生活的基本内容。它是构建"两全其美"模式的基础。我们要通过新时期的语言大调查，进一步验证、充实"两全其美"是否可以成为解决少数民族双语问题的最佳模式。

进入现代化的新时期，一些使用人口少并杂居的语言，由于经济文化、科技教育的稳定发展，人口的广泛流动，一些人口较少或杂居的民族语言，以及一些虽然人口多但与汉族交往比较密切的语言，青少年其母语能力会出现不同程度的下降。2012年我们调查组到云南丽江九河乡调查，目睹了这个乡的普米族掌握母语的水平出现了代际的差异，许多青少年的母语能力已不及父辈，甚至有的只能对付简单的交际。这个乡的普米族共有1150人，主要分布在金普和河源两个村，金普村有584人，河源村456人，两个乡的普米族保存普米语的情况不同。分布在金普村的仍完好地保存自己的母语，但分布在河源村的普米族除桥地坪小组还熟练使用自己的母语外，河源小组的青少年大多不会说自己的母语。

值得注意的是，小栗坪小组的普米族出现了母语衰退后又出现了母语复苏。小栗坪社有15户，都是普米族家庭。这15户中有7户娶白族媳妇，6户娶傈僳族媳妇，只有2户娶普米族媳妇。该社的东边是白族聚居的单岭小组，西边是白族聚居的二南箐社，北边是白族、傈僳杂居的大栗坪社，这三个组以白语为主要的交际工具；南边是汉族、普米族杂居的河源小组，主要使用汉语。小栗坪社的普米族处于这样的语言环境下，出现了母语衰退。据调查统计，60 岁以上和 40—59 岁这两个年龄段母语熟练比例均为 100%，但到了 20—39 岁这一年龄段，剧减至 33.3%，说明母语水平衰退。但到 6—19 岁这个年龄段，母语熟练的又回升至 71.4%，比 20—39 岁高 38.4%。

母语回升的出现，与国家对特少民族的优惠政策有关。从 2006 年起，九河乡的普米族每年都享受国家特少民族项目的优惠政策，普米人切身体会到国家的关怀，有的家庭意识到丢失普米语的遗憾。大栗坪小组的组长颜江平（38 岁，白族，小学学历）就为自己没有跟母亲学会普米语而感到遗憾。该社村民和庆生（44 岁，普米族，小学学历）告诉我们说："现在 30 多岁的人很多都不会讲普米语了，见面只能用白语交流，慢慢地感觉到自己本民族语言就要消失了，所以我们现在都刻意地教自己的小孩学说普米语。"可以认为，一旦本族人意识到自己母语的宝贵，母语的复苏行为是可成现实的。①

（三）如何在调查方法上有所创新

半个多世纪以来，语言学的调查方法有了很大的进步。特别是在使用现代化手段进行语言记录、分析、研究上使用了过去没有过的新方法，使语言调查获取的成果更精确、速度更快、可用率更高。所以，全国第二次"民语大调查"必须为调查团队配备现代化的录音、录像器材，以便调查团队能在实地进行录音、录像，建设系统的、可持续发展的、共享的有声数据库。不同地区、不同民族的语言数据库应大同小异，这样有利于共同使用。

近十多年的语言国情调查取得的一些经验，有必要借鉴使用。如："基本词汇测试法"。为了能够在较短时间获得被调查者的语言能力，一个可行的办法是进行基本词汇的测试，即通过少量词汇"四百词"或"五百词"的测试，掌握被调查者水平的词汇能力。四百词或五百词中，大部分是最常用的，但也有一些是平时不太用、有一定难度的词。每个词条都用国际音标表音，按意义分类，便于被测试者回答。有些青少年不很熟悉的词也可以少量收入，便于拉开语言能力的差异。现代的汉语借词可以不收，因为这类词难以反映被测者的母语水平。

---

① 参看《云南玉龙县九河白族乡少数民族的语言生活》，商务印书馆 2013 年版。这里使用的普米语材料是余金枝教授调查整理的，"母语复苏型"的概念也是她提出的。

基本词汇测试要有统一的标准。可以将词的掌握能力分为 A、B、C、D 四级：能脱口而出的为 A 级；需想一想才说出的为 B 级；经测试人提示后方能想起的为 C 级；经提示仍想不起来的为 D 级。四百词测试的"综合评分"可分为优秀、良好、一般、差四级。具体是：A 级和 B 级相加的词汇达到 350 个以上的为"优秀"级，即能较好地掌握母语。A 级和 B 级相加的词汇为 280—349 个的为"良好"级，即基本掌握母语。A 级和 B 级相加的词汇为 240—279 个的为"一般"级，即母语使用能力出现轻度衰退。A 级和 B 级相加的词汇在 240 个以下的为"差"级，即母语使用能力出现严重衰退。测试语言能力的高低，必须划分调查对象的年龄段。过去常用"四段划分"法：少年段，6—19 岁；青壮年段，20—39 岁；中年段，40—59 岁；老年段，60 岁及其以上。6 岁以下的儿童，由于语言能力不甚稳定，所以不在测试统计之列。

又如，人物访谈法是国情调查的一个必不可少的方法。人物访谈法是指选取有代表性的人物进行面对面的访谈，直接获得真实的、活生生的信息。被访者进入被调查的角色后，都会知无不言地把自己的观点、看法亮出来，能够从中提取有价值的"亮点"。采访中，每一句问话的意思，都应当是非常明确的，能让对方容易理解。在问卷的设计上，要让被访者一下就明确你想听的是什么。访谈时，态度要热情，使两个人的交流自由放松。访谈的内容和方式，应依据不同人的身份而不同，如领导人物、普通村民、知识分子、企业家等应各有不同的提问内容。但一般都应包括以下几个内容：本人的经历，家庭情况，语言使用情况，对母语和兼用语的态度，当地的民族关系和语言关系，村寨的历史变迁、经济文化情况等。对有特殊身份的被访者，访谈中还要另加一些内容。如访问与宗教有关的人士，要问一些宗教方面的内容；对企业家，要问是如何发家的。

语言能力的调查，必须划分语言能力的等级。这几年的调查中，多划分为熟练、略懂、不会这三个等级。熟练指听、说能力俱佳；略懂指听、说能力均为一般或较差，或听的能力较强，说的能力较差；不会指听、说能力均较为低下或完全不懂，已基本转用别的语言。

（四）如何组织素质符合要求的调查成员

全国第二次"民语大调查"能否做好，调查成员的素质是否符合要求是个关键。要完成这样一个大调查任务，必须要有一批德才兼备的、能胜任语言国情调查的语文工作者参加。参加者的具体条件应该是：① 系统掌握语言学的理论与知识；② 能独立记录和分析一种语言（方言）的语音系统；③ 会对语言的使用功能进行田野调查，知道语言功能调查应从哪些方面入手；④ 了解中国的民族语文方针、政策，以及我国民族语文工作的历程；⑤ 系统了解中国民族语言文字概况，新时期民族语文的变化及其演变规律；⑥ 对调查研究我国民族语文有兴趣，有事业心；⑦ 做语言田野调查能吃苦耐劳；⑧ 最好能懂一门少数民族语言，有写作能力。

全国第一次"民语大调查"之所以能够取得巨大成绩，与当时的队伍具有较好的素质有关。第一次"民语大调查"主要由以下三种成员组成：中央和地方的语言学专家和语言学教师；中央民族学院语文系的应届毕业生；各地的少数民族干部和知识分子。1956 年，我国的民族工作、民族语文工作正在兴起，全国形势欣欣向荣，广大知识分子和大学毕业生充满了报效祖国、多做贡献之心，大家都以极大的热情投入全国第一次"民语大调查"。特别是周恩来总理亲自参加了全国第一次"民语大调查"培训班的结业典礼，极大地鼓舞了这次大调查的成员。当年参加大调查的成员，大都能朝气蓬勃地、忘我地工作，为大调查做出了历史贡献。

开展全国第二次"民语大调查"，主要的难点是合格的人员大量不足。当前的人员情况是：能独立进行语言调查的人员严重缺乏。语言学专业的教师和学生，虽然学了不少语言学的理论和知识，但缺少语言调查研究的实际能力。我不止一次带青年教师和博士生出去做语言田野调查，总是看到他们普遍缺乏语言调查能力——记音记不准；音系整理不符合要求；不知如何调查语法、词汇；对语言使用情况和语言功能的调查不知如何下手；对语言现象缺少敏感性；文字表达不好等。即便是在课堂上已经学过了《语音学》《语言调查》等基础课程的研究生，兴致勃勃地下去做语言调查，以为语言调查不会有问题，但一进入现场，大多是一开始就吃败仗，连他们自己也没想到会这样。他们记录的语料，如果不经核对，错误很多，难以做语言研究的材料。我的这种感受是实实在在的，一点也不夸张。

所以，我建议在大调查全面铺开之前，必须像第一次大调查一样，举办各种类型的培训班，按大调查的要求对参加者进行严格的训练。参加调查的成员在出发前必须明确调查的目的和要求；要有吃苦耐劳的思想准备；要掌握基本的调查方法（包括如何设计调查表格，如何测试、划分等级，如何访谈，如何整理材料等）；要懂得如何善待被调查的群众；要明确分工等。

（五）如何引起全社会对全国第二次"民语大调查"的重视

人类天天在使用语言，却并不真正了解语言的重要性及其奥妙。要在全国民族地区开展新一次的民族语言使用现状大调查，必须有各方人士的大力支持，要得到全社会认可和重视。全国第一次"民语大调查"能取得如此成绩，是与当时各地的领导、少数民族群众的大力支持分不开的。记得，在那 4 年的田野调查日子里，我每到一处都得到当地政府的领导和群众的支持和帮助。我一到县上，县委书记或县长就接见我们，给我们安排工作，到了区、乡也是这样。绿春县委书记还决定让所有的县领导参加我们举办的"哈尼文训练班"进行学习，他本人也参加学习，并指示要举行考试。

李宇明教授在《唤起全社会的语言意识》一文中说："语言、意识、语言政策和语言行为，是语言规划的支撑'三角'。语言意识，就是意识到语言之于人生、之于单位、之于社会、之于国家的意义。没有语言意识，没有合乎国情、领先时代的科学的语言意识，就不可能有合乎国情、领先时代的科学的语言政策，就不可能有利国利民、充分发挥语言的社会作用、政治作用、文化作用和经济作用的语言行为"。他大声疾呼："当务之急，当务之本，是唤醒全社会的语言意识。"①唤起全社会的语言意识，不仅对语言保护、发挥语言功能具有重要作用，而且是保证语言国情调查顺利开展的基础条件。

为了引起全社会对全国第二次"民语大调查"的重视，有必要由中央有关职能部门向全国少数民族下发"关于开展全国第二次少数民族语言使用现状大调查"的红头文件，指示下面各级政府要大力支持这次的民族语言大调查。还要通过传媒宣传开展少数民族语言调查的重要意义。

全国第二次"民语大调查"是一项大工程，要做好实在不易，必须要有坚强的领导班子。建议由国家民族事务委员会牵头，与教育部、中国社会科学院等单位共同组成中央一级的领导班子，领导、设计、安排这次大调查。

参考文献

一　著作

戴庆厦、成燕燕、傅爱兰、何俊芳：《中国少数民族语言文字应用研究》，云南民族出版社 1999 年版。

戴庆厦主编：《中国濒危语言个案研究》，民族出版社 2004 年版。

陈章太：《语言规划研究》，商务印书馆 2005 年版。

金星华主编：《中国民族语文工作》，民族出版社 2005 年版。

国家民委文化宣传司编：《民族语文政策法规汇编》，民族出版社 2006 年版。

冯广艺：《语言和谐论》，人民出版社 2007 年版。

戴庆厦主编：《基诺族语言使用现状及其演变》，商务印书馆 2007 年版。

戴庆厦主编：《阿昌族语言使用现状及其演变》，商务印书馆 2008 年版。

---

① 李宇明：《唤起全社会的语言意识》，载《中国语言生活要况》，商务印书馆 2013 年版。

戴庆厦主编：《云南蒙古族喀卓人语言使用现状及其演变》，商务印书馆 2008 年版。

戴庆厦主编：《泰国万伟乡阿卡族及其语言使用现状》，中国社会科学出版社 2009 年版。

国家民族事务委员会文化宣传司编：《构建多语和谐的社会语言生活》，民族出版社 2009 年版。

戴庆厦主编：《中国少数民族语言使用现状及其演变研究》，民族出版社 2010 年版。

戴庆厦主编：《泰国清莱拉祜族及其语言使用现状》，中国社会科学出版社 2010 年版。

戴庆厦主编：《澜沧拉祜族语言使用现状及其演变》，商务印书馆 2011 年版。

戴庆厦主编：《云南德宏州景颇族语言使用现状及其演变》，商务印书馆 2011 年版。

戴庆厦主编：《勐腊县克木语及其使用现状》，商务印书馆 2012 年版。

戴庆厦主编：《老挝琅南塔省克木族及其语言》，中国社会科学出版社 2012 年版。

戴庆厦：《语言调查教程》，商务印书馆 2013 年版。

二　论文

戴庆厦：《语言竞争与语言和谐》，载《语言教学与研究》2006 年第 2 期。

戴庆厦：《构建我国多民族语言和谐的几个理论问题》，载《中央民族大学学报》（哲学社会科学版）2008 年第 2 期。

戴庆厦：《语言和谐研究中的几个问题》，载《语言学论丛》2010 年第 42 辑。

戴庆厦：《片马茶山人和谐的多语生活》，载《语言文字学》2010 年第 4 期。

戴庆厦：《两全其美，和谐发展》，载《中央民族大学学报》（哲学社会科学版）2011 年第 5 期。

戴庆厦：《2010 语言关系与国家安全》，载《云南师范大学学报》2010 年第 2 期。

戴庆厦：《"濒危语言热"二十年》，载《云南师范大学学报》2012 年第 4 期。

（原载《民族翻译》2014 年第 3 期）

戴庆厦教授口述访谈记录稿

受 访 者：戴庆厦教授
访 谈 者：张宜（沈阳师范大学教授，北京外国语大学语言学博士，美国布鲁姆斯堡大学教育学硕士）
整理/注释：张宜
地　　点：戴庆厦教授的办公室
时　　间：2004 年 3 月 28 日，上午 10:00—12:30
本访谈录音整理稿经戴庆厦教授审阅认可，他作了一些补充和修改。

张宜：今天是 2004 年 3 月 28 日。我现在是在中央民族大学戴庆厦教授的办公室里。戴老师，您好。今天我访谈您的主题是少数民族语言学研究。下面请您谈第一个问题：您是怎样走上语言学研究道路的，您为什么要研究语言学？

戴教授：我走上语言学研究道路，可以说是一种机遇，也是一个很偶然的机会。在中学阶段时，我并没有想到要学语言学，也不知道语言学是个什么学科。那时就想学理工啊、新闻啊。20 世纪 50 年代初，我们国家为了帮助少数民族发展文化教育，1951 年就开始从各个大学调了一批一、二年级学生来中央民族大学学习少数民族语言。从 1952 年开始，开始从高考中招生。我们是第一届。

张宜：那时是不是也要经过考试呢？您怎么就决定要报考中央民族学院了呢？

戴教授：没有报考，是服从国家需要，被分配过来的。我们当中有相当一部分是先录取北大东语系后拨过来的。当时这个学校不会有人报考的，因为它是新学校、新专业。那时可能是我的文科考得比较好，就被抽调来。这也是个机遇，现在看来是有幸的。我们这个年级当时有 180 多人，都是从北京、上海各个城市以及各省招来的。很多人当时不懂得什么叫语言学，什么是少数民族语言，就闹情绪，不愿意学，甚至还有少数几个退学的。我那时年纪比较小，才 17 岁，来了以后，开始也比较犹豫，对这门学科也不了解，后来学校做我们的思想工作，我很快就认识到从事民族语言工作、学习语言学的重要性，认识到语言学是一门有价值的学科。在我们这个年级里，我是属于思想安定比较快的一个。我们当时的副院长叫刘春，是个老干部，曾任国家民委副主任，早期在北京大学学习过，跟我们说，学什么都可以，你们别老想着北京大学，我们这里的某些专业比北京大学更有优势，关键是你们要能做出贡献，这是最主要的。这句话打动了我的心。我就下决心要学下去，从那以后我就没有动摇过，所以我就比那些闹情绪、不安心、不热爱专业的同学较快地进入角色。从那时到现在已经有52年了，我一直在语言学领域工作，而且我非常热爱这个专业，觉得我一生为之奋斗是很值得，会有作为的。有的学生问我，你为什么要从事语言学研究，我说如果我有下一辈子的话，下一辈子我还要搞这个专业。

为什么我要从事语言学的研究呢？我想有两个方面原因：一个是从理论上说，我们通过学习和实践逐渐认识到，语言学的确是一门博大精深的科学，是非常复杂、奥妙无穷的。这里头有很多理论问题，跟哲学还跟自然科学比较接近，很精确，往往每个例外都能得到解释，这种解释通常能提示一条规律。每解决一个例外，总会给我一种说不出的愉快的感觉。另一个是，在应用上，我们从事的少数民族语言工作直接关系到少数民族的发展。文字的使用，这个民族要不要文字，这种文字如何发展，这个民族语言功能的升降应该怎样对待，语言政策、语言规划应该怎么制定等，都是非常有价值的工作，也是很敏感的事情，所以我觉得从事这门学科很有意义。再有，我走上语言学研究道路之后，由于学习语言的需要，经常到少数民族地区去，当地老百姓都非常热情地接待我们，我们与少数民族群众结下了很深的、朴素的感情。

张宜：戴教授，那您的家庭和当时的社会对您的学术发展有多大影响？您的个性对您选择这门职业、确立研究方向起了多大作用？

戴教授：当时通知我们来这个学校学习的时候周围有压力、家庭有压力。父母从未听说过少数民族语言，也从来没有听说过语言学。

张宜：您父母是做什么工作的？

戴教授：我父母也是知识分子。父亲曾就学于北京大学，留学过日本，后当过小官吏，还做过生意；母亲也当过老师。我从小立志要当科学家，将来搞实业。中学一起毕业来北京上大学的一些要好的同学，对我进这所大学也不是很理解，以为委屈了。但后来到了学校一看，觉得我们这里条件不错，氛围也好。我积一辈子的心得，就是要热爱自己的专业，安心自己的专业。不要这山看着那山高，不要左顾右盼，不这样就不容易把学问做进去。热爱语言学，大有可为。

张宜：那么您的个性呢？听说您喜欢音乐？

戴教授：那是中学时代，我很喜欢音乐，很小的时候就参加县上的乐队。当时学校有人就动员我报考音乐学院。但我们那个时代，学习音乐是不被看中的。

张宜：您是怎么学习音乐的？家庭给您请教师学习二胡了吗？

戴教授：没有，是自学的。我曾经是乐队里的第一把二胡手。那时候我拉得好，也有兴趣，一学就会。笛子，琵琶，小提琴，都会一点。但我最喜欢的是二胡，这可能跟我的性格有关系，我喜欢柔静。那时我才十四五岁，很迷恋音乐。

张宜：您的民族乐器和西洋乐器都很在行。

戴教授：不，只是二胡拉得好些。什么《空山鸟语》啊、《二泉映月》啊，我都会拉。我学音乐跟我后来学语言有点儿相通，学语言有兴趣。

张宜：您觉得在哪些方面音乐和语言学有点儿相通之处呢？

戴教授：这我没有仔细比较过。比如说二者都有节奏感啊、富于韵律啊，另外都需要记忆啊！我们那时是少年乐团，为歌剧伴奏，如《刘胡兰》《赤叶河》等。平时不去排练，就演出前排练一两次，看了乐谱有个指挥就能拉。我刚上大学时，学生会知道我会演奏乐器，就常常拉着我去演出。当时民族歌舞团跟我们学校在一起，总跟我们一起出去演出。但我去了一两次以后就再也不去了。我怕耽误学习。我想我这几年要好好学习，不能再搞音乐了，不能再玩了。他们来找，我也不去，从那以后几十年来我一次都没有动过二胡，也没有人知道我喜欢音乐。1996年我到福建师范大学讲学，他们知道我会二胡，就给我买了一把很高级的二胡，可是到现在我还没有时间去拉。

张宜：偶尔还能拿起来拉一拉吗？

戴教授：还会，笛子也会吹，只是生疏了些。那时我克制自己，我说不再碰，就几十年没有摸。

张宜：您太有理性啦！太难得了！

戴教授：绝对、绝对！我甚至把心爱的二胡笛子都扔了，因为我觉得不好好学习不行啊！

张宜：您的这种自控能力让人佩服。

戴教授：我们学校当时是供给制，吃得很好。北大十元钱一个月，我们是十八元一个月。我们每个月还有助学金。汉族学生和少数民族学生一样对待，国家希望汉族学生学成以后能为少数民族服务。在北大、清华的同学都羡慕我们。

张宜：国家倾全力培养。

戴教授：是的。刚入学时，我们经过政治学习后就分配专业，那时设十几个语言专业班。

张宜：我注意到您去了语文系景颇语专业，是什么促使您选择景颇语了呢？

戴教授：当时我们这一百八十多人要分班。有藏语、维吾尔语、哈萨克语等大民族语言的班，还有南方少数民族语言的小班，如苗语、瑶语、景颇语、佤语等。那时我对中国的少数民族语言的情况一无所知，想得比较简单，认为自己是共青团员，要服从分配，分到哪儿是哪儿。后来把我分到人数少的、居住在中缅边界的景颇族使用的景颇语专业。很多人不愿意去，因为当时的热门是学藏语和维吾尔语等稍大的语种。当时我有个信念，不管什么语种只要好好学都能学好。我们这个景颇班语开始时一共十五个人，没过两个月就跑掉了两个，余下十三个人一直坚持了下来。我当时在班里比较小，但我表现比较好，我一直当班长或团支部书记。

张宜：戴老师，什么人，哪一本书或者哪一件事儿对您对从事少数民族语言研究有影响呢？

戴教授：老师的一堂课往往可以改变一个学生的一生。我的志向、学术道路，受老一辈语言学家的影响很大。当时给我们上课的大都是北京大学和中国科学院的语言学教授，如吕叔湘、袁家骅、高名凯、傅懋勣等先生，不少是一流的语言学家，使我们这一批人基础打得比较好。我们的系主任是马学良教授，也是从北大来的。对我影响较大的有以下一些先生。一是高名凯先生。他教我们《普通语言学》，教了一年。他讲课的口才非常好，富于哲理，很有感召力。那时正是他论战汉语有没有词类的时候，所以他讲课时有几次就结合这个来讲，非常生动，一二百人的教室里鸦雀无声。那时我就想毕业以后去北大读研究生，或者去研究语言学理论，立志要当语言学家。1955 年向科学进军，号召我们谈自己的理想，我当时是团支部书记，带头讲将来要当教授，要当科学家。就因为这个，1956 年反右时批判了我，说我年纪那么小，私志那么重。还有一位是中科院语言所的罗季光先生。1956 年毕业时让我们先参加中国科学院组织的少数民族语言调查工作队去做语言调查。当时在我们学校开办了少数民族语言调查训练班，结业典礼时周恩来总理、吴玉章等都来了。我分在第三工作队哈尼语组到云南调查，队长是科学院的罗季光先生，他是研究南方少数民族语言的，是罗常培的弟子。后来他回忆为什么把我从景颇语组调到哈尼语组时说，当时他还不认识我，只是看了我在结业班考试时写的音系作业质量比较好，就把我从景颇语组调出来去搞一种新的语言。那时（1956 年）搞哈尼语研究的人很少，又面临着要为哈尼族创造文字的任务。到了云南，我跟罗季光先生多有接触，经常在聊语言学问题。在他的鼓励下，从那时起我就开始搞少数民族语言的科学研究，收集语料写论文。我最早写的是《谈谈松紧元音》一文[①]，写好第一稿就拿给罗季光先生看。他很热情，一边仔细地看，一边告诉我哪些地方语料还不够丰富。还在稿上批改，到现在我还留着底稿。后来我又改了有七八次。这个研究课题当时在国内外还没有人做过。等罗先生说可以了之后，我就把稿子发回给我的老师马学良先生。马先生仅仅是知道我，但不是很熟，因为当时学生很多。他看了后在上面批示"可以刊用"，并转给杂志社。不久稿子在《少数民族语言论集》上发表了。我一直怀念这几位在我青年时代对我有重大影响的老师。

张宜：这个论文集是咱们学校编的吗？

戴教授：不是。是中国科学院编的论文集。当时像我们年轻人要发表论文很难很难。那时我有一个愿望，就是一定要看到我的文章发表。还没等到我收到出版社寄给的书，一次到西双版纳搞田野调查时，我在当地的书店里很偶然地看到了这本论文集。我高兴得不得了！哎呀！我的文章进书了！这是我从事少数民族语言研究发表的第一篇文章，使我做语言研究有了信心。

张宜：您是怎样开始做语言研究，然后钻进去写东西的呢？

戴教授：我在大学念书的时候就想写文章。当时我写什么文章呢？开始是写我自己的母语，写仙游话的音系，后来这篇文章在《方言与普通话

---

① 指《谈谈松紧元音》，载《少数民族语文论集》第二集，1958 年第 12 期。

集刊》上发表①了。

张宜：是在大学时代写的吗？

戴教授：写是在大学期间写的，正式发表是 1956 年刚刚毕业的那一年。后来又写了《仙游话的变调》，在《中国语文》上发表②了。又搞了《仙游话的文白异读》③。我自己觉得后面这篇文章比较满意。还有语音音变④等文章。都是语言描写方面的文章。有些文章是与我的老同学、老乡吴启禄教授一起合写的。就这样我先从自己的母语入手。我整理出仙游话 48 条变调规律。反右时大家批判右派，开会时我坐在后排，脑子里却在考虑构思我的文章。我认为搞语言学从自己的母语开始是种很好的入门途径。我现在指导我的学生也是这样子，让他们把自己母语的音系整理出来，这样做可受用一辈子。

张宜：这与您平时的日积月累，有一定的观察力不无关系。

戴教授：我认为自己在这方面有兴趣，也有这个志向，再经过长期不断的努力就能出成果。入学后学习不到半年就下去到少数民族地区实习。我到了景颇族地区，去了将近十一个月。这十一个月的实习对于我的一生都非常重要。

张宜：现在的本科生还有这种实习吗？

戴教授：有，只是时间太短了，经费不够。我们那时一共有十几个班，全部下去。有的到广西，有的到西藏，有的到湖南，我们最远，到云南。我们到昆明就走了六天，乘火车到广西的金城江，然后坐汽车到贵州，又坐火车从沾益到昆明。从昆明到景颇族地区现在只一天半的时间，那时坐汽车却走了六天。我们十三个人坐一个货车，坐在我们随身携带的行李上。在昆明时正好找到一位正在昆明开会的当地地委书记，他非常热情地接待我们，立即把几个县的县委书记找来。这位书记决定傣语班去芒市，载瓦语班去陇川县，我们班去瑞丽县。那时我是领队之一。我们一到了瑞丽县，县委书记交代的第一件事就是给我们发枪，他说我们边境地区现在还有残匪，不太安定，还有境外的一些敌对势力。男同学要背枪，背手榴弹。那时刚解放不久，还不好住在老百姓家里，所以到了山寨以后我们就自己动

---

① 指《闽语仙游话的语音》，载《方言与普通话集刊》第一本，1958 年第 4 期（与吴启禄合写）。
② 指《闽语仙游话的变调规律》，载《中国语文》1958 年第 10 期。
③ 指《闽语仙游话的文白异读》，载《中国语文》1962 年第 8、9 期（与吴启禄合写）。
④ 指《闽语仙游话的音变规律》，载《中国语文》1961 年第 1 期（与吴启禄合写）。

手盖竹房，老乡也来帮忙。不几天就学习打靶。

张宜：（笑）练练准儿！

戴教授：是啊。女同学都害怕。枪很沉，举起来很费力。边防军教我们，每人打三发。我们还自己做饭吃。每天都找老乡学景颇语。当时我们是枪不离身，（笔记）本不离手。我们还和当地群众一起下地劳动。那时教我们的景颇语言老师光会说景颇语，没有语言学知识。在这一年里，我们就自己动手编词典、写语法，这对我们锻炼很大。这不是靠老师的书本传授，而是自己动手把活的语言材料编成词典，写成语法。那时同学们都很团结，我们也碰到过几次惊险。有一次我险些被打死。

张宜：噢！是有位老乡的枪走火了吧？

戴教授：嗯，他的枪走火了。那天我与一位叫佘国华的同学（前些年曾任云南民族出版社社长）去老乡家里学语言。老乡就给我们讲他打猎的事，这可是学习语言的好机会，我俩就低头赶紧记。老乡讲得兴高采烈，就把挂在墙上的枪拿下来比比划划，边讲边演示。只听"砰"的一声，子弹从我耳边擦过！他以为枪膛里没有子弹！我们都吓呆了。

张宜：太危险了！

戴教授：太危险了！我差一点就被打死了！太可怕了！又有一次，现在在中山大学当教授的女同学龚佩华，一天晚上值班站岗，是 12 点到 2 点的岗，与她一起站岗的是一位男同学。在交岗时没退完第三颗子弹，就扣动了扳机。子弹从龚佩华的头上飞了过去，击中了一块竹片，竹片掉了下来，正好落在龚佩华的头上。她大喊一声："我头被打中啦！"当时我们正在睡梦之中，睡得很死。我一下被惊醒了，马上想到：糟了！是残匪来了！拿了枪出了门口，才知是枪走火了。

危险不说，生活条件也很艰苦。我们每天自己做饭，还轮流下山去买米买菜，用马驮上山。不过过这样的生活也有好处，知道了群众的甘苦，知道了语言是什么。我们这批人后来成长得都很好，大多成了专家。有的后来去搞民族学了，像龚佩华成了民族学专家。佘国华当了出版社的社长，肖家成、崔志超，还有我的妻子徐悉艰等，都是语言学教授。

张宜：徐老师是中国社会科学院的吧？

戴教授：对。她是搞景颇语的，后来她又搞过载瓦语。这一年的实习在少数民族地区，我们同当地群众结下了深厚的感情，这就更坚定了我们从事少数民族语言研究的决心。回校以后，我以景颇语为主把我的研究领域扩大到藏缅语，研究松紧元音，研究元音长短、辅音清浊，牵涉了好多语言。我后来又把研究范围扩大到汉语。

张宜：戴老师，中央民族大学的环境有利于您从事学术研究吗？您又是怎样处理教学和科研的关系呢？

戴教授：你的这个问题提得很好。中央民族大学对于搞语言学研究来说是个很好的环境，就看你会不会利用它。在中央民族大学从事语言学研究可以说是得天独厚。这里语种多，有几十种语言，有这方面的老师和学生，可以作为我们的调查对象。在这里只要自己努力，会有充足的研究时间。当然要混的话也好混，各种节日多，如果自己不抓紧的话，做不出成绩。但我这几十年，除了热爱自己的专业以外，还抓紧时间，勤奋一点，"笨鸟先飞"嘛！包括地震时期（1976年），许多人都在屋外地震棚里打扑克，我在自学缅甸语。"文革"时期，很多人对专业动摇了，把家里的资料几分钱一斤都卖掉了，我却一本书没有丢，一张纸没有丢，都留下来了。我现在的材料都在这儿。我当时就想这些东西将来会有用的。

张宜：您真的是很有理性，总是很冷静。

戴教授：后来实践证明我是对的。那时我们去少数民族调查的材料那么多，丢掉的话多可惜啊！（戴老师走到一个高高的书柜前，打开柜门，指着排列整齐的许多资料袋子给我看）这些材料现在都分门别类归纳起来。不留下来，你没有语料，你搞什么研究？

张宜：这些都是您的财富啊！不留下来，当时的那些付出就没有意义了。

戴教授：是啊！这就是说选定了专业以后，就要一直往前走，坚持不懈地往前走。不要这山看那山高，要钻进去，发挥自己的特长。要像我们的祖师爷李方桂先生那样执着，他是我的老师马学良先生的导师。马学良先生对我们经常谈起他。

张宜：我记得他说过一句话："依我的意见，将来的研究途径不外是'博而能精'，博于各种汉藏语的知识，而精于自己的专门研究系统。"[1]后来您说这句话是您的座右铭。

戴教授：对。一辈子的座右铭。精于自己的系统，就是景颇语；博于

---

① 参看李方桂《汉藏系语言研究法》，载《国学季刊》1951年第七卷第二期。

我的汉藏语知识。最近这几年我主要是搞少数民族语言同汉语的对比。这里有很多值得挖掘的东西，能搞出来就是国内国际最前沿的东西。

张宜： 所以我认为您实践这句座右铭首先是钻进去，由一点然后往周边去延伸，做到那个"博"。

戴教授： 这样才能处理好理论和实践的关系。我不赞成单纯搞理论，这不扎实。我认为做语言学研究必须有自己的立足点，哪怕是自己的方言也行，或者是一种少数民族语言也行。你的立足点踩稳了，这里面就有理论问题可以总结，然后再运用国外理论的话，心里就有底了，不会人云亦云，才能懂得什么是精华，什么是创新。你没有自己的立足点，你就分不清楚。国外来一个理论，大家就去套用，套得合不合适很难说。比如说做类型学，究竟哪些是类型学的东西，哪些是语言共性的东西，哪些不是共性的东西。另外，我们中国的语言，除了汉语以外，非汉语里有大量的东西值得研究，有大量可以挖掘的东西，可以做出很大的贡献，要珍惜这块难得的资源。现在的情况是，我们搞少数民族语言研究的人还比较重视汉语的研究；但搞汉语的人大多不太重视我们这一边。所以现在很多人都是单条腿走路，而单条腿走路对中国语言学的发展是非常不利的。

张宜： 那您是怎样处理教学和科研的关系呢？您从教也有几十年了吧？

戴教授： 大学毕业（1956 年）以后，我有四年的时间在下面做语言田野调查。1960 年回来以后就一直从事教学和科研。我这一辈子就是在教学和科研的结合过程中过来的。我觉得作为一个语言学家比较理想的途径是教学跟科研相结合。我的妻子是专门搞研究的，我觉得没有我们这样做好。教学跟研究结合有这么几个好处。第一，教学对研究能起到很好的促进作用。可以从教学里面发现一些问题，哪怕是学生提出的问题，学生学习中出现的问题，研究中出现的问题，或者他提出的问题，等等。这些都是我们进行科学研究很好的题目。第二，你的教学会促使你去学习，你不学不行。你的博士生年轻力壮，他们可以看很多书，你不看哪行。可是在研究机构就没有这个压力，我有这个压力。我有一个好处，我的学生看书没有我看的多，因为我有条件，好多人送书给我，你看你们的刘先生（刘润清）也送书给我①。

张宜： 就是您能接触到最新的前沿。您自己本身又注意这个，您的大

---

① 指刘润清教授刚刚出版的《英语教育研究》（外语教学与研究出版社 2004 年版）。

脑总是处于最活跃的状态。

戴教授：这不敢说。我只是有条件好些，我比他们方便啊！我要教学，就不能把过去的老调拿来弹给学生。不结合自己新的研究，不学习前沿的东西，教学就不受欢迎。学生不爱听你的课，你会很痛苦的。教学对科研有促进作用；反过来，科研对教学也有促进作用。我现在给研究生上课主要讲重点、讲难点、讲疑点，要讲自己的研究心得。我的讲课自己感到满意的，能引起学生共鸣的，一般都是结合自己研究的。全盘照搬别人的东西肯定效果不好，因为你讲不到点子上。最近我给研究生讲语法化问题，讲语言共性问题，讲类型学问题等，都结合自己的研究成果。所以说，一个教师，如果不是一个好的研究者的话，就不可能是一个好的教师。

张宜：可是现在一般情况下，教师都像教书匠一样，把自己的东西翻来覆去地炒。

戴教授：过去听过一些老前辈像吕叔湘先生、王力先生、高名凯先生的课，是他们自己的研究成果，他们讲起课来得心应手。吕叔湘先生讲课，深入浅出，易懂的例子透出大道理，许多例子都是他在平时生活中收集的。高名凯的课讲得最精彩的地方是讲汉语有没有词类，当然他的观点不一定就对，但讲得真精彩！（笑）我毕业时留校进研究生班，这个班因为反右被取消了，我就在下面继续做调查，待了四年，1961 年回来就留校当老师了。但那几年搞田野调查的锻炼，的确非常大，为我后来从事语言学打下了一个很好的基础。

张宜：也就是说从 60 年代开始您再下去就是以老师的身份带学生下去了吧？

戴教授：对。到 70 年代末就带研究生了。

张宜：60 年代到 1977 年您教的是本科生还是工农兵学员？

戴教授：60 年到 1966 年，我培养的是本科生。我还上语言学的课，讲语言学概论，还上景颇语的课。"文革"期间停了几年。1972 年复课以后，我教工农兵学员大学语文课，现代汉语啊，古代汉语啊，什么都教，还教语言学。

张宜：那"文革"停课那几年，您都干什么了？

戴教授：参加劳动，参加政治学习，还偷偷学习外语。

张宜：但我觉得"文革"期间，您和其他处在其他环境里的语言学家不太一样。因为您在民族学院这个圈子里面，受到来自政治上的冲击不是很多吧？

戴教授：也有。"文革"开始时，我正带一个班的学生在云南中缅边境景颇族山寨实习。一天电报来了：速回北京。我马上意识到：糟糕了！又要搞运动了！我们奉命马上起程。一到学校，就发现一切都乱七八糟了，在学校里的老师都受到不同程度的冲击。开始时斗我们老师辈的、年纪大的，自杀的都有。后来动员学生查我的教材，把我编写的教材抱走了。

张宜：有给您贴大字报的吗？

戴教授：有啊！一是说我走"白专"道路；再有说我出身不好，还受"黑党委"的重用。我出身不太好，父亲曾经做过小官吏。但是大字报不多，有一两张，我意识到就要开始整我们这一批了。当时我心里也有底，我的教材里没有什么可被抓的，但是那时凡事都要上纲上线，所以还是有点怕。我这个人，命还比较好。正在这时候，工作组被批判了，整个大乱了，开始串联了。我还没有被整的时候，形势就乱了，我因此得以幸免。如果当时不批工作组，再闹一些时候的话，我就遭殃了。但我不是非常怕，因为我历史清白，只是家庭出身不好。后来分成两派，我也参加了一派。

"文革"给我的"好处"：一是下去劳动，锻炼了身体。我现在身体好，与当年的劳动不无关系。那时什么苦的差事都做过，带学生下去劳动，有时一干就干到后半夜三点，一次发了高烧还在坚持劳动。二是"文革"时两派辩论，我们这一派总推选我写稿子，文笔得到了锻炼。后来我写东西快一些，与那时的锻炼有关。军宣队还让我写总结啊什么的，这就要思索如何组织材料，如何提炼观点，当然多是一些套话，但是也能培养一种能力。我在"文化大革命"中有这两个收获。（笑）

张宜：一个是身体上的收获，另一个是能力上的收获！您太幽默了！（笑）

戴教授：对！对！1972年复课，我就教课了。

张宜：他们都来自地方吗？

戴教授：对，来自地方，也有来自部队的。教大学语文也有好处啊！逼得我把过去的经典作品，《红楼梦》啊、《水浒传》啊……都读了一遍。过去光搞语言学的研究，没有时间去读这些作品。

张宜：《大学语文》里有作品选读的内容吧？

戴庆厦教授：有！古代的、现代的、当代的，等等。过去我学语言学不看这些，这就逼着我去看一些，这也是个好处。但是浪费的时间也不少，要给学生批改作文，还当班主任。

张宜：1972 年到 1976 年之间，您还到下面去过吗？

戴庆厦教授：去过。学校组织教育改革分队下去调查，组织过几次调查民族地区的变化等，我被抽调去。当中有一年，我还被中央的一个机构借去翻译《毛主席语录》和"老五篇"，译成景颇文。景颇族在缅甸比较多，称克钦族。我任组长。这一年对我有个很大的好处，就是我的景颇语有很大的提高。从那以后，无论用景颇语说什么，我一般都能听得懂，从此就不忘了。90 年代有一年，我带两个博士生去缅甸开会，一个外国电视台访问我，两个小时的采访，我全部用景颇语对答，我自己也觉得奇怪，今天怎么会发挥得这么好。

张宜：就像我们学英语的人常说的那样，您能用景颇语思维了。

戴庆厦教授：在用景颇语对话的语境中也许能。另外，一般的句子我能判断哪一个句子对，哪一个句子不对。香港中文大学现在也在研究景颇语，经常来问我一些问题。

张宜：您是那儿的研究教授吧？

戴教授：他们请我去访问了两次，我还参加他们的研究项目。最近他们还发邮件给我，让我判断哪个句子对，哪个不对。我有一定的语感。如果达不到这个程度，研究只能是停留在表面上，不容易深入进去。如研究话题，研究韵律，研究语序移动性，等等，都要有一定的语感。

张宜：就像您刚才讲的，您从教学上升到理论，反过来这个理论能去指导您的教学。

戴教授："文革"结束以后，就让我兼做行政领导。我们语文系原来是个大系，马学良先生是系主任，是第一任系主任。到 1982 年，他年事已高，要找接班人，就选了我。

张宜：噢！您从 1982 年做系主任一直做到您不干吗？

戴教授：是啊！是从 1982 年开始的。当时马学良先生要我当。那时我 40 岁左右，就一边搞教学，一边做行政。先当系主任，后来成立学院，就当院长，一直当到 1999 年。

张宜：戴老师，刚才您讲了教学和科研的关系，现在您又多了一重身份，您肯定要付出一部分时间和精力，那么它对您的教学和科研有什么促进呢？

戴教授：你这个问题问得好，也有很多人这么问我，戴老师您当官也不误业务。

张宜：而且我注意到您的专著也好，论文也好，都是大部头的，您是怎样分配精力的啊？

戴教授：实际上，当官还是要耽误一些时间的。如果我没有这些事情的话，我可能会出更多的研究成果，研究也可能会更深入一点。"双肩挑"，自己是要付出很大代价，要把时间补回来。怎么补？利用节假日。那时一个礼拜休息一天，后来是一个礼拜休息两天，我特高兴，这两天我可以充分利用。还有每个晚上，还有节日，还有寒暑假。我就不能像别人那样去看电影啊，去玩啊。再一个，我坚持上课，到上课我说走就走。学生实习说走就走，出国开会说走就走。你书记管着，副主任管着。通过这些保证了我的教学和科研不停。我在本子上随时随地记下很多待做、可做的题目。

张宜：这是给自己备忘的吧？

戴教授：是啊。外出开会逼着我写文章，有压力。比如说我马上就要去香港开会，4月12号就去，去开一个国际藏缅语会。他们请我去，我就开始写文章。再有，请我出去讲学，也逼我写文章，这对自己都有促进作用。另外，自己要合理地安排。比如说，我知道今天下午学校要开会，我觉得那个会没什么意思，我就上午多干一点，下午开会时我就等于半休息了。

张宜：您讲的这些我都能理解，就是说为了做好您的行政工作，又不影响您的教学和科研，您必须要保证您的教学和科研，这是一个大前提。那么单纯从您的行政工作来讲，它给您的教学和科研带来了哪些有利的东西呢？

戴教授：当领导也有个好处，就是我可以从宏观上考虑学科建设。比如说我这个学院怎么发展？语言学科怎么发展？我没有这个职务，就不去考虑了。现在我就知道哪些是我们薄弱的，哪些是国际的前沿，我必须考虑这些，这对我做研究很有好处。再有，我有这个职务以后，我每年要编书，要审很多稿，组织队伍搞科研，这对我来说都是学习，都是督促，都有好处。这是我的业务办公室，我平时就躲到这里来写点东西，上点课，我的行政办公室现在已经退掉了，我原来当院长的行政办公室，是我处理工作的地方，我每次都带着我的书稿去，没要处理的事就抓紧时间搞业务。

张宜：噢！就是说办公就办公，办公时还可能忙里偷闲。

戴教授：对。有事情就赶紧处理，没事就抓紧时间搞业务。甚至在学校开大会时，我也带着校对稿去，能做点就做点。因为有时候开会浪费时间太多。我没有后顾之忧，我无所谓。我年年辞职，不当这个官，向上级表明我只能当到这个程度，不行就另换人。因而，我出去实习、参加学术会议什么的，大家都体谅了我，不说什么。我本来就不愿意当嘛！

张宜：你让我当我就以这种风格和姿态去当。

戴教授：上级找我谈了几次，说不让我下来，我就说那就必须保证我的业务，我是业务干部。我们学校有很多干部本来很聪明的，业务上有好苗头的，后来处理工作、业务的关系处理得不好，这是教训。我有时"训"我的学生，说要好好做点学问，你们还不到（当官的）时候；当上了领导，业务也不能丢。有的学生现在当上了官，当上院长、系主任什么的，这几年就不出东西了，他（她）自己也觉得后悔。

张宜：他们是中央民族大学毕业的，他们是戴教授的博士，地方上能不重用他们吗？所以他们也没有办法。

戴教授：我有个学生现在云南教书，学外语出身，博士论文出版后评上了教授。后来当了副院长，成果就少了。每次打电话来，我就说她。我说业务干部如果业务上不去，怎么领导别人，谁听您的！反正是自己的学生，说重了也没关系。我高兴的是，她能听进我的意见。我现在虽然不当行政职务了，但大家还很尊重我。

张宜：这就是我个人理解的德高望重。学问在这儿呐，品德在这儿呐，就会永远有魅力。

戴教授：周围有一批学生，有事都来问我。这是我值得欣慰的。

张宜：戴老师，在您的工作和治学当中，最令您高兴和最使您沮丧的事情能讲一讲吗？

戴教授：最高兴的是我们每一次出去做田野调查，回来后能够写出好的文章发表。你知道，写文章是很折腾人的，为它坐立不安、呕心沥血，饭都吃不香。但当最后定稿的时候，定下来，要发稿了，我觉得有一种无法形容的喜悦。那时候的感觉是：完成了，又要开新的题了！我特别高兴带学生下去做田野调查，每一年几乎都要下去至少一次。带学生下去白天黑夜地干，很有乐趣。边疆地区真是鸟语花香，空气都是甜的。做语言调查，收集语言材料，发现语言规律，"例外"得到解释，这时的心情是很愉快的。

张宜：是不是就好像走在一条迷途上，突然"柳暗花明……"

戴教授："又一村"！藏缅语里有多少语言之"谜"，我们现在还没有揭开。这些"谜"能够得以解释是令我们语言学家最高兴的事，比什么都高兴。最沮丧的是调查没有结果。我就碰到了一次调查没有结果。1957年我到云南元江调查一个哈尼语点，这个点的声调变化非常复杂，松紧变化也复杂。那个地方天气非常热、条件又差。发音合作人来工作了两天，我一直摸不准声调的变化规律。天气又热，发音人有点儿不耐烦了，因为我老问他。一直到我离开，这个点的调查报告也没能写出来。离开这个点时我感到特别沮丧。我每次下去调查，一般都能整理出一个调查材料来。

我带研究生下去调查，都要求把材料整理好了再走，不能只把素材带回去，带回去的话，就没有机会再校对了。80年代我带两个学生去调查波拉语。在山上调查完了后到坝区去住，经过电影院，看到晚上有电影《黑炮事件》，两位研究生就央求我要去看电影。我说不行，后天我们就要走了，明天一定要把材料写出来，坚决不能去。她俩一脸的不高兴，嘟哝着。后来还是把材料整理出来后才离开那儿。这个材料不久写了一篇论文在《民族语文》上发表了。

我今年很快就要下去，到青海搞五屯话调查。五屯话过去曾被认为是混合语，但是我自己没有亲自接触过，我要去看看。语言的接触中有一个底层理论，就是说带着原来的语言进入另外一种语言。现在我们国内对于底层理论的研究比较混乱，有的是语言影响也被当成是底层。我要去看看五屯话究竟是底层呢还是接触。过去的研究认为，五屯话的词汇是汉语的，语法是藏语的。就是说词汇和语法混合了。我现在想亲自去看看，准备今年夏天带两个博士生去。我想也许会搞出一些新的东西出来，然后还要到云南搞一两个点。

张宜：戴老师，您认为作为一位语言学家应该具备怎样的学术修养呢？

戴教授：根据我自己几十年的体会，一位语言学家最主要的修养就是两个字：求实或务实。因为语言是很实际的东西。一个研究者必须接触实际。语言又是很复杂的，来不得半点虚假。语言是以事实为根据的，所以我觉得求实是最主要的。求实就是自己要去亲自调查。吕叔湘先生、王力先生几十年都在坚持走求实的研究道路。你们北京外国语大学的许国璋先生等也是这样的。当时我认识他，是师辈的，曾经在一起做过中国大百科全书语言卷的编委。我和他还有一张合影呢。他是《外国语言卷》的副主编，我是《民族语言卷》的副主编。除了求实以外，还要创新。要有创新精神，但求实是主要的。一个语言学家要经常处理好这么个关系：理论与事实的关系，要以事实为主。语言事实材料的发现和归纳应该作为自己的兴奋点，在这个基础上可以做些理论的概括，可以引用国外新的理论来分析材料。自己的兴奋点，自己的主要力量，应该放在对事实的分析和研究上。当然我们不能忽视理论。我最近在考虑这么一个问题，自然科学跟人文科学不太一样。爱因斯坦这位 20 世纪最伟大的科学家重视想象力，认为想象力比知识更重要，但也这样对待语言研究可能不行。

张宜：自然科学可能需要突发奇想。

戴教授：语言学不能靠过多的想象。当然也不排除想象，但不能作为研究的主要根据。爱因斯坦的相对论解决了对宇宙的认识，他也是在充分了解了事实的基础上才提出的。语言学却不能这样。比如说现在在汉藏语系系属分类上的争论，如果不从下到上做些研究的话，是很难下结论的。我招来的学生刚进校时有的理论思维比较活跃，我都压一点，先让他们去搞些语言的实际工作。我有个来自香港的博士生，原来在美国读了四年的硕士。开始时觉得大陆不讲理论，光讲事实，说要给我们讲一次课。我就给他组织了。过后不久，我们就开始分析语言，做论文，这下子就抓瞎了，论文做得很苦。后来他体会到了，重在提高实际能力。进步很快，博士论文做得很漂亮。他做景颇语的量词，写了二十多万字，事实分析得很细。所以我自己的亲身体会就是求实，重视语言事实。因为我有个基本估计，人类对语言的认识还是很肤浅的。我们对语言事实的很多现象还没有准确的认识，我举个简单的例子：像汉语的名词并列结构，如，兄弟，姐妹，父母，夫妻……为什么"夫"在"妻"前面？为什么"耳目一新""耳"在前面，"目"在后面？我们研究清楚了没有。现在对外汉语教学里面就遇到了这样的问题。不同的语言里表达有很大的不同。像景颇语里就是"母父"，"女男"，不是社会、文化的因素。

张宜：要是不多接触语言的话，可能就意识不到这一点。

戴教授：对。那么为什么呢？过去我们没有很好地研究语言，就用文化、社会因素解释。80 年代我曾经在北师大讲过课，有的解释错了。我说景颇语里为何这样子表达呢？是由于景颇语曾经历过母系社会的缘故。后来经过深入研究，发现我错了。其实是元音和谐所致。一个词里凡是元音偏低的音节就放在后面。"母"念"nu"，发"u"的元音；"父"念"wa"，发"a"的元音，"父"就放在后面，所以就出现这种结合规律。如果不研究语言事实是不行的。为什么我要研究这个问题？有一年，搞地理语言学的桥本万太郎先生来我校访问，在吃饭的时候，他问我，你们中国话为什么说"山清水秀"啊？为什么？我当时回答不了。这也是个并列结构。汉语讲究声调，平声在前，非平声在后；"耳目一新"，"耳"和"目"也是如此。但景颇语却讲究元音和谐。还有的强调意义和语音，有的要服从语音规律。当语音规律跟意义发生矛盾时，还出现竞争。比如说景颇语的"金银"，"金"字必须在前，不符合语音规律，因为"金"字比"银"更重要。这就是说必须要尊重语言事实。后来我这里来了一个美国高级访问学者 Lon Diehl 博士。我让他帮我查查英语并列复合词研究得怎么样，他回去查了以后发现英文中这个问题也没有得到很好的解决。我认为人类对自己的语言还是所知甚少，而且我们对很多语言现象的认识有简单化、理想化的倾向。西方人把比较语言学的成就当作自己的骄傲，认为历史比较法是他们发现的，是民族的骄傲，认为历史比较语言学的进步要比生物学的进步还早一百年。我们亚洲的诸多语言及语言现象，若用历史比较法来解释的话有的解释不了。（因为）很多现象是由于语言接触而产生的，所以现在大家在探索，提出各种新的学说。我们对语言的认识不能简单化、理想化，要改变我们的语言观。实际上，语言的演变很复杂，因而我们的研究要扎扎实实，要细致些。

我们还要解决微观跟宏观的问题。我主张年轻人要多搞微观；不搞微观，就很难有真知灼见。但是现在有很多年轻人不愿意搞微观，觉得题目太小。我给我的研究生定题目有个规律，是先给他们定个题目，他们一开始常常觉得太小，我说你先做做看，但过了一段时间，他们就会说这题目大了，要求缩小题目。为什么？他们一深入进去就知道了实质问题的复杂。我招博士生时就跟他们说，我是搞微观的，你们要跟我读，就要搞微观，毕业论文搞宏观的，我这儿通不过。这条得卡死。这样才能让他们深入搞。所以要解决好理论与事实的关系，宏观和微观的关系，这样子才有利语言学的发展。

张宜：这是您讲到学术修养当中的第一点，就是求实、务实。那么创新呢？

戴教授：对。要以求实为主。创新是指利用国内外先进的理论来研究我们自己研究的语言，从这里面发现一些新的规律，总结出一些新的理论。实际上我国杂志上发表的许多文章都很新，只不过是没能通过翻译被介绍到国外。中国的语言学的发展若能跟国外的语言学研究真正接轨，就能做出更大的贡献。

张宜：戴老师，您是怎样看待学术批评的呢？你的著作还有您的观点受到过批评吗？批评者是什么人呢？

戴教授：受到过批评。从原则上说学术批评、学术争论应该提倡，这是发展学术的一个途径。在汉藏语研究当中也有过一些争论，如系属分类问题。一种意见是以白保罗（Benedict）为代表的主张汉藏语中的汉语与壮侗语族、苗瑶语族不同源。另一种是我们国内多数人坚持的同源论。这种学术争论使得我们对汉藏语的研究深入了，虽然现在还没有取得一致的意见。白保罗提出这个疑问，对我们的研究是个促进。但是学术批评里要防止夹杂着别的因素。现在有的批评变成一种人际关系，利用学术问题跟人过不去，嫉妒啊，不满意啊，等等，借学术批评发泄私愤。这种现象要注意。我本人一般不去挑别人的毛病，大的问题可以讨论，挑别人的毛病没什么意思，也没有这个精力。我认为对待学术问题要宽容，不管你提什么，没关系，事实就是事实，真理就是真理。

张宜：戴老师，您在中国少数民族语言学研究方面的贡献有哪些？在您的著述当中，您本人最看中什么？学界的评价和您自己的看法一致吗？

戴教授：我主要的贡献一个是在景颇语的研究上，主要在语音、语法、词汇上，我写了几十篇文章，此外还有词典、语法，过去对此研究得很少。

张宜：也就是说您在景颇语的语音、语法和语义方面进行了共时历时的研究。这是第一个贡献。

戴教授：第二个是我在藏缅语以及汉藏语的比较上，揭示了一些规律。如松紧元音。这是我最早的研究，也是站得住的。第三个是我田野调查了二十多种少数民族语言。我只是在这个领域多做了一些事，因此美国语言学会授予我美国语言学会荣誉会员的称号，评价我"是藏缅语族下属语支的权威学者之一"。当然，这是过奖了。此外，在社会语言学研究方面，我写了一系列的文章，研究了语言与民族的关系，社会变异，民族心理对语言的影响等，还有双语研究，濒危语言研究。我主编的一本三十多万字关于濒危语言研究的书，马上就要出版了。社会语言学是我的副业。

张宜：您自己最看中的是您的哪些研究成果呢？

戴教授：专著方面，我有《景颇语语法》①，《景颇语词汇学》②，《景汉词典》③。论文里面有研究松紧元音、声调、量词、话题、使动范畴、句尾词等。我现在的路子可能宽了一点，想缩小些，但有时也没有办法。今后我将继续搞汉藏语的比较，汉语和少数民族语言的比较，再做些濒危语言研究。我对这些感兴趣。但我要把研究范围缩小一点。

张宜：学界对您研究成果的评价跟您自己的看法一致吗？

戴教授：基本上差不多。我希望能多出些精品。我还要带学生。（说着戴老师把曾经带过的几位博士生的科研成果拿给我看。有冯广艺的、张博的、傅爱兰的、袁焱的、李锦芳的等，他们中已有四人当上博导了）。

张宜：您真是桃李满天下！看到自己学术生命的延续。戴老师，您在藏缅语、汉藏语的研究方面，与国内的同行相比，您的特点在什么地方？您解决了哪些别人没能解决的问题？您的突破在什么地方？

戴教授：我前二十年搞语音研究，那时对语音研究到了非常痴迷的程度，一下去调查就到处找那个地方的语音特点，就赶紧记下来。一旦发现了新的语音特点，就会很兴奋。所以我的第一本论文集里关于语音的论文多。后二十年随着国外语言学的发展，我重点做语法研究，有机会接触到一些语法学者，结交到不少好朋友，像陆俭明、邢福义等先生。在藏缅语研究这一块，前人的成果较少，甚至对藏缅语的很多语言一无所知。我调查了二十多种少数民族语言，拿出了一些描写的材料，分析了它们的基本规律。早期，我比较满意的，是关于松紧元音的研究。我从来源、分化、发展等方面加以论证，到现在学术界未有异议。至于近期的研究成果，还要等待时间考验，现在难以说准。

张宜：我理解这个就应该是您的突破了。

戴教授：后来，我又论述了弱化音节的来源和发展，声调的演变规律，还有清浊演变。近期我的语法比较成果，其中有在《中国语文》上发表的"藏缅语的形修名结构"，还有在《方言》上发表的《藏缅语的述宾结构》④。这两篇文章是与傅爱兰教授合写的。通过这些研究，有可能对格林伯格（Greenberg）的类型学说做一些补充，对语言的共性、语言的类型学起到一些补充作用。现在我在做述补结构研究，述补结构有很多内涵，很值得做。

---

① 中央民族学院出版社出版，1992 年版（与徐悉艰合著）。
② 中央民族大学出版社出版，1995 年版（与徐悉艰合著）。
③ 云南民族出版社出版，1983 年版（与徐悉艰、肖家成、岳相昆合著）。
④ 参看《中国语文》2000 年第 4 期、《方言》2001 年第 4 期。

可以进行多语言的对比，从而了解语言的共性。从语言事实出发，跟国外语言学理论接轨，做一些创新工作。当然，语言学的发展有其自身的规律，不可能一下子就能提出个什么大的理论。

张宜：戴老师，您对目前少数民族语言研究国内外的研究状况怎么看？少数民族语言研究今后发展的趋势是什么？

戴教授：我觉得少数民族语言研究在国际上会越来越被重视，搞这方面研究的人会越来越多，条件在逐渐改善。每年一次在国外召开的国际汉藏语会，都有大批的外国学者参加，但我们中国的学者去的很少。说汉藏语言的人数仅次于说印欧语言的人数，应该说很有研究的潜力，有很多工作值得去做。汉藏语的研究还跟民族学、人类学、社会学都有很大关系。我们中国的汉藏语、藏缅语研究在国际上应该是领先的，因为我们是汉藏语的故乡，我们调查语言很方便。但现在我们遇到一个问题，就是我们的人才青黄不接，年轻人接不上，再有，现在的学术气候在某种程度上不利于让年轻人甘于坐"冷板凳"。

张宜：外面的世界太精彩了！

戴教授：太精彩了。年轻人的想法又太多。要买车、买房子，却不想着去好好做学问。当然这不是全部，也有很优秀的。有的学生就对我说，我们是赶不上你们了！我说怎么赶不上？青出于蓝胜于蓝，应该赶得上。他们却说，不可能！不可能！

张宜：他们在主观上就不想努力了。

戴教授：所以现在存在接班人的问题。

张宜：戴老师，您对我采用口述访谈的方法来研究语言学家是怎么看的？您认为怎样可以避免口述历史研究这种方法的主观性？

戴教授：我认为口述也是一种研究方法。我在香港看过一本书是用口述史的方法研究社会学，是关于婚姻家庭的。用口述方法调查当事人，可读性很强。我知道了论文也可以这样做。后来你找我，我想可能也是这一类的吧。我想这也是一种研究方法。可以把它同文献研究结合起来，不单单是口述。

至于说这种方法带不带主观的成分，我觉得任何一种研究方法都有可能主观，写书也会主观。问题在于如何求得客观、科学、更符合实际。那么通过各种对比、通过提炼也可以做到客观，在叙述时要稳当一点，不要偏激。当然你可以归纳为几个问题，如中国语言学的现状如何，发展怎样，我想别的受访专家也会有我这样的体会。另外，要把口述跟文献结合起来，跟学科的发展结合起来。还有受访专家的风格也不太会一样。人的成长有不同的机遇，有不同的环境，有不同的爱好，而我的语言学又是新的。

张宜：是的，特别是在中国这种大环境之下。

戴教授：在中国搞语言学研究是个冷门。

张宜：周有光先生就曾戏言（当年若）要去当语言学家就得饿死了。

戴教授：所以你可以写一段关于中国的语言学产生的背景。中国的语言学家的出现，大部分不是凭兴趣的，也许会有凭兴趣的，比如说冯志伟先生，他是主动跳进来的。我们念大学之前对语言学一无所知，来了之后兴趣是慢慢培养起来的，语言学是一门你若能钻进去会使你产生兴趣的学问。今天我谈的这些不一定对，仅供参考。

张宜：戴老师，我们的访谈就到这里吧，谢谢您，谢谢您的指教。

（原载《历史的旁白——中国当代语言学家口述实录》，高等教育出版社 2012 年版）

戴庆厦：深入田野　建构中国语言学理论体系

——访云南师范大学汉藏语研究院院长戴庆厦

【核心提示】戴庆厦年近八旬，从事语言学研究有 50 余年。他称自己为"田野派"，50 多年来始终坚持奔走在田野间，调查稀有语言的使用情况。

他认为，"只有深入实践，才能得到真知灼见。只有深入实践，才能得出有价值的研究成果，才能建构符合我们国家实际的语言学理论体系"。除了在云南师范大学任职外，他还是国家"985 工程"中国少数民族语言文化教育与边疆史地研究哲学社会科学创新基地语言中心主任兼首席科学家、中央民族大学汉藏语研究中心主任。

融入村寨学语言

戴庆厦说，语言植根于群众，与群众生活每时每刻不能分离。学者一定要到群众中去，否则就没有真知灼见。

1956 年，戴庆厦参加了中国科学院少数民族语言调查队，前往云南省调研少数民族语言，在云南一待就是 4 年。他回忆说，那时云南的少数民族山寨里基本上没人会说汉语。初来乍到，语言不通成了他在进行语言调查工作中的最大障碍。为了取得当地老乡的信任，也为了更好地进行学习研究，他不仅与老乡同吃同住，还帮老乡干农活。"摘茶、栽稻子、割稻子，什么农活都干。"长期下来，老乡就把他当成了自家人，亲切地叫他"小北京"，同时老乡也乐意教他。

戴庆厦告诉记者，那时最开心的事就是登门拜访老乡，学习他们的语言。"学习语言，靠的就是勤奋。"尽管学习一门新语言难度很大，但他从未气馁，总是将老乡的发音记录下来，然后反复学习、模仿。

戴庆厦还告诉记者，当初他接受了为哈尼族创造哈尼族文字的任务。他打起背包走进并融入了红河州哈尼山寨，学习哈尼族语言。如今，他一到红河州绿春县，哈尼族人就会热情地说："我们的哈尼老乡又回来了。""他就是为我们民族创造文字的哈尼文爷爷。"

不畏艰辛坚持田野调查

20 世纪 90 年代，濒危语言开始成为国际语言学界研究的热点。戴庆厦也开始展开了濒危语言的调查研究。

他常对学生说，越是封闭艰苦的地方，语言保存可能越完整，对研究濒危语言越有价值。2001 年，年近 70 的戴庆厦带领学生到湖南省保靖县仙仁乡调研土家语使用情况。他带着学生早上 7 时出门，在高山密林中的羊肠小道、70 度的陡坡上走了 3 个小时才到达目的地。天气很热，就连年轻的学生们都走得筋疲力尽，而高龄的戴庆厦也一直坚持与学生们一同跋山涉水。

现供职于北京语言大学的朱艳华是戴庆厦的博士生，她对记者说："我跟着戴老师读博三年，几乎都是在田野调查中度过的。"她印象最深的一次调研是 2010 年暑假跟随戴老师去德宏州芒市五岔路乡弯丹村拱母寨调查景颇族语言。那个偏远山村的景颇族传统文化保存较完好。当时正值雨季，通往拱母寨的土路在雨水的浸泡下，十分泥泞湿滑。他们乘的车一会儿陷进泥水坑里，一会儿又差点儿滑到悬崖边上。而戴庆厦很淡然，因为这种山路他已经见怪不怪了。

学术成果来自田野

半个多世纪以来，戴庆厦先后调查研究的语言达 20 多种，涉及 20 多个少数民族。他熟练掌握了景颇语、哈尼语两种少数民族语言，共出版 40 多部专著，发表论文近 400 篇。其中在云南的 4 年里，他收集了大量的语言资料，在年轻时就写出了《谈谈松紧元音》《哈尼语元音的松紧》《藏缅语族松紧元音研究》等成名之作。他说："如果没有深入哈尼族地区进行耐心调查，就不会有这些论文。"

事实上，戴庆厦的学术成果远不止这些。1992 年，美国知名语言学家迈克尔·克劳斯撰文称，21 世纪末将有 80%的人类语言面临死亡或灭绝。而戴庆厦果断指出，这种观点不适用于中国。他向记者说，我国现在保留下来的少数民族语言，包括使用人口很少的语种，生命力都没有那么脆弱，特别是我国对少数民族语言保护的政策，使得很多语言都保持稳定的使用功能，而部分曾经处于濒危、衰退的语言也已开始走向复苏，如最近调查的玉龙九龙乡普米语就是这样的。

戴庆厦告诉记者，过去一直有人认为，越是发展、与汉族走得越近的民族，其本民族语言的使用率就会越低。然而，他最近在玉龙县白族、纳西族地区的调查发现，事实并非如此。白族和纳西族汉语水平很高，同时本民族的传统文化保存得也很好，本民族语言并没衰退。

将"田野派"的学风传承下去

虽然年事已高，但戴庆厦至今仍坚持带领学生做田野调查。他说："无论什么时间，只要得知远方的山区还有一个未知的世界等待我们去调查，我就浑身充满力量。"另外，他还希望通过自己的行动感染学子，将"田野派"的治学思想传承下去。"目前令我高兴的是，我们的国情语言调查研究团队和跨境语言研究团队已经形成，并且都很稳定。团队中的队员大多是我的学生，他们可以很得心应手地做调查。"

戴庆厦收学生有两条严格要求，一是要有学习少数民族语言的毅力，二是能够坚持做田野调查。"这两条做不到，就不要当我的学生。博士生进来，除了教授他们知识，我还要教他们做学问的理念。"凡是做过田野调查的学生，其业务能力、对语言观察的敏锐性都能得到提升。同时他们会对群众、对少数民族同胞产生感情，会树立自己的事业心，树立为少数民族的服务意识，积极为少数民族的语言保护和使用出谋划策。相反，不做田野调查，只是在书斋里读资料、文献，必然会导致学术上说大话、空话、套话，只会人云亦云。

朱艳华说："跟随戴老师读博三年，我已深刻地认识到，语言事实是第一性的，而田野调查是获得第一手语料的最重要的途径。有了可靠的语言事实，才有可能获取真知灼见。"

《云南师范大学学报》主编罗骥与戴庆厦相识多年。他说，戴庆厦坚持在一线做调研，很多苦年轻人都受不了，他却甘之如饴。这种治学精神让我们感动，值得每个做学问的人学习。

走基层感言

功到自然成，实践出真知。田野调查是调查语言，也是学习语言。只有深入到一线，深入到群众中间，才能真实地了解他们的语言、社会、民俗，才能真正体会到他们的生活。只有了解了少数民族的历史，才能做好少数民族语言的研究。做调查、重事实，要有务实的态度，有务实才有创新，才能形成中国自己的语言学理论体系，才不会一味迷信国外的理论。这应该成为中国语言学发展之道。——戴庆厦

（原载《中国社会科学报》2012 年 9 月 12 日）

戴庆厦：构建有中国特色的
濒危语言研究理论体系

云南师范大学汉藏语研究院院长戴庆厦教授主编的《中国濒危语言个案研究》被学术界广泛熟知。该书是国内外第一部研究中国濒危语言个案的专著，书中所用语言材料大多是作者亲自到少数民族地区调查得来的。20 多年来，他先后做了满、赫哲、达斡尔、土家、仙岛等濒危语言的田野调查，还做了毛南、阿昌、基诺、浪速、勒期、波拉等衰变语言或小语种语言的田野调查，发表并出版发行过诸多著作。现在，他更关心的是濒危语言研究的理论问题。

他认为，中国不能一味按照国外理论来界定中国的濒危语言，应该建立有中国特色的濒危语言研究理论体系。日前，记者在京就濒危语言研究的理论问题专访了戴庆厦。

正确认识我国少数民族语言现状

《中国社会科学报》：这些年，在濒危语言研究领域，您主要从事哪些方面的工作？

戴庆厦：我原来主要研究藏缅语族。濒危语言的理论和提法从国外传入中国后，被国内很多语言学家接受。当时，我想就国内的濒危语言摸摸底，进行了大量田野调查。随着调研的深入、掌握一手资料的增多，对濒危语言研究产生了越来越浓厚的兴趣。

《中国社会科学报》：通过调查研究，您感受最深的是什么？对濒危语言这个概念在中国的适用情况是否有了新的认识？

戴庆厦：让我感受最强烈的是，我国的濒危语言研究，必须从中国的实际出发，不能完全照搬国外的理论和实践。忽视有些语言出现濒危、衰变固然不对；夸大语言濒危也是有害的，不仅会造成人心惶惶，导致难以对症下药，还会带来政策上的偏差。

具体来说，我的观点是，第一，我国的少数民族语言在现代化的进程中还会延续使用。虽然有些使用人口较少的语言或分布在杂居区的语言，在青少年中会出现不同程度的功能下降，但大部分地区的人仍会继续使用自己的母语。第二，我国小语种的生命力并不脆弱。调查数据显示，即便是使用人口较少的民族语言和方言，其使用功能在近半个世纪以来也基本稳定，而且预计至少在今后几代人中还会继续存在下去。第三，我国的濒危语言是长期形成的，并非随着近期经济的快速发展才出现的。如满语的衰亡经历了 300 年左右的时间。土家族转用汉语，在隋唐就已开始。第四，必须区分濒危语言和衰变语言。我国少数民族语言近期出现的使用功能变化，大多不是语言濒危，而是程度不同的语言衰变。濒危语言不可挽救，而衰变语言可以通过各种措施包括政策辅助等，改变其衰变途径。

从四个角度构建中国濒危语言研究理论体系

《中国社会科学报》：基于上述认识，您认为，在濒危语言研究领域应该思考哪些理论问题？

戴庆厦：近 20 年来，濒危语言问题已广泛地受到我国语言学家的重视，成为当代语言学界共同关注的热点。我国语言学界对语言濒危的严重性有了共识；对语言濒危与传统文化、语言多样性保护的关系认识日益深入；以记录保存濒危语言资料为主旨的课题在不同层面和范围先后开展。这表明，我国濒危语言研究已与国际接轨，实际工作正在逐步展开。它已成为语言研究的一个新的重要领域，越来越多的语言学家包括研究民族语言和汉语方言的学者加入到这一问题的讨论和实际工作之中。

我认为，最重要的问题仍然是思考如何构建中国的濒危语言研究理论体系，这可以从以下四个方面分析：首先，如何界定濒危语言？不能单纯以民族人口数量和掌握母语的年龄段为判断标准。联合国的 9 条判定标准虽然反映了濒危语言的主要特征，但仅是单项指标。中国的濒危语言究竟有多少？说法不一。有人认为有 20 多种，有人认为有 10 多种，甚至还有更多的说法。说法不一的原因，主要是所用标准不一，此外还与研究者对濒危语言的情况未能掌握好有关。

我提出以核心指标和参考指标共同核定的综合指标体系。核心指标包括以下三个方面：第一，丧失母语的人口数量比例，如果 80%以上都已转用第二语言，并呈增长趋势，其母语可能是濒危语言；第二，母语使用者年龄段分布比例，如果只有老年人懂得，青少年已失传，表明已有濒危先兆；第三，母语能力高低，如果对母语只能听懂，没有说的能力或者说的能力很低，说明这个语言的功能已严重衰退，正走向濒危。参考指标起补充印证作用，包括母语的使用范围、对母语的语言态度以及与语言使用有关的社会、经济、文化等情况。

其次，造成濒危语言的因素是什么？造成语言濒危的因素既有语言外部因素，如使用人口少、分布杂居、民族融合、社会转型等，又有语言本身的因素，如语言表达和语言功能不能适应社会需要、没有书面文字等。此外，还有语言态度方面的因素，如本民族人对母语的态度。

再次，怎样从语言结构特点上认识濒危语言的特点？从语音、词汇、语法几方面观察语言接触对结构的影响，分析语言在逐渐衰微过程中的一些特殊变化，探寻濒危语言结构系统衰变的共同规律。

最后，怎样对待濒危语言？少数民族在全球一体化进程中，面临着摆脱贫困、落后的任务，需要更有利于他们自身发展的语言文字。此外，濒危语言不同于濒危动物、濒危植物，后两者可以放在人为的保护圈内使其免于消亡，但谁也不能人为地限定一个民族去保持面临濒危的语言。在我看来，我们的任务是尽快地记录保存面临濒危的语言。

濒危语言记录研究仍待完善

《中国社会科学报》：我了解到，目前学界已有很多濒危语言的记录和保存成果。

戴庆厦：确实如此，当前的研究主要包括两个方面，一是语言本体的记录描写，二是语言使用情况的调查，但语言记录方面的工作还远远不够。真正濒危的语言无法抢救，记录和保存仍是最基本的工作。如果一门语言，我们还没来得及记录，它就已经灭绝了，就得做大量艰难的考证工作，像考证西夏文字、契丹文字那样。

《中国社会科学报》：国内学术界对濒危语言的认识存在哪些问题？

戴庆厦：现在由于受多种因素的影响，我们对这个问题的认识还不够准确。主要表现在盲目追随国外理论，缺乏对中国自己的理论体系的探索。此外还有狭隘的感情认识，觉得自己嚷一嚷国家就会重视，打着濒危语言研究的名义拿项目、出著作，这样容易把濒危语言扩大化。

《中国社会科学报》：濒危语言研究的人才队伍是否完备？

戴庆厦：目前，国内没有专门从事濒危语言研究的学者和研究机构，大多是兼职研究者，包括我。

《中国社会科学报》：我发现，现在关于濒危语言研究的系统性成果几乎没有。

戴庆厦：总体来说，当前对濒危语言的研究很不够，对语言濒危功能状态和结构状态的研究，远远落后于濒危语言热的程度，这个落差需要努力缩小。同时，希望学界同仁今后加强濒危语言的理论研究，建立适合中国特点的濒危语言理论、方法。

《中国社会科学报》：如何解决上述问题？

戴庆厦：我认为，应该将濒危语言研究作为一个学科来建设，加强培养有濒危语言调查能力和理论研究能力的人才。提升对濒危语言情况的研究、理论的研究、对策的研究等水平。这样才有可能更有效果。

《中国社会科学报》：提升濒危语言理论研究水平，还需要做哪些工作？

戴庆厦：社会发展是一个新陈代谢的过程，不断有新事物涌现和旧事物消失。濒危语言的趋势只能延缓，无法阻止。提高理论研究水平，最基本的仍是人才队伍建设和一手资料的掌握。

在研究队伍建设方面，不需要大规模的研究队伍，但至少要保证具体语言研究领域能一代代传承下去，不断代。

此外，还需要成立专项课题组，对全国范围内的濒危语言进行摸底调查，掌握全面的一手资料，形成准确的认识，在此基础上形成具有中国特色的濒危语言体系。但由于缺乏资金，这个项目还无法展开。20 多年来，这个学科仍然没能建立起来，可见这项工作的难度有多大。

（原载《中国社会科学报》2014 年 8 月 22 日）

访谈记：醉心民族语研究，毕其力勤勉以对

许雁：戴老师，您被誉为"民族语言学界的领头人"，在少数民族语言研究尤其是藏缅语族语言研究方面建树卓著，享誉国内外。对于很多像我这样的晚辈来说，您以巨大的学术成就为我们撑起了民族语文研究的一方广阔天空，而您的学术道路也一直是我们所感兴趣的，我们都知道您是汉族，是什么促使您走上民族语言研究的学术道路并将其作为终身事业的呢？

戴庆厦：许多人都问我是怎样走上民族语文研究道路的。我有时想，我们每个人都会遇到事业的挑战，做什么事业，怎么做好这个事业？一个人从事什么事业，都有多种因素在起作用，有内部的原因，也有外部因素。

我走上民族语文道路，纯属一种机缘，带有偶然性。因为大家都知道，民族语文是一个冷门，过去很少有人知道，所以要从事这个专业，很少有人是对它了解以后才进入这个行业。我是 1952 年高中毕业进入大学的，那个时候国家需要一批汉族的学生去从事少数民族语言教学与研究，就从各个大学的在校生和应届高中毕业生中抽出一批学生进入中央民族学院学习。我们这一届学生将近 180 人，大部分都是汉族，我有幸被抽到这个队伍当中来。当时我并不知道什么叫少数民族，也不知道什么叫少数民族语言，就抱着一种报效祖国的热情从福建到了北京。进入民院以后，开始比较茫然，抱着看看再说的思想。入学后不久，接触到了学校的领导、老师以及周围的少数民族学生，逐渐了解到少数民族语文是一种学科，一种事业。

当时有两件事对我触动很大，一是时任国家民委副主任兼任我们学院副院长的刘春给我们作了一次热爱专业的报告，针对我们当中一些不安心专业同学说了这么一段话："你们不要总想着去北京大学，其实北京大学有的专业像民族研究、民族语文研究还不如我们，你们要安心学习，未来有广阔的前途。"刘春是一个延安的老干部，原来也是个大学生，我听了这段话觉得有道理，很快就安下心来学习。不久，我们就上了语言学的课，当时北京大学的高名凯教授给我们上普通语言学课，讲了一年，高先生那种非常清晰的、善辩的口才和丰富的语言学内容对我触动很大，我深感到语

言学是一门值得自己去奋斗的学问，那时候就暗暗地下决心要把语言学作为自己的终身事业，并且要像高先生那样做语言学理论。这两件事改变了我整个的事业观，使我能够决心把语言学当成自己未来的奋斗的事业。

半个多世纪以来，我始终没有动摇过自己的信念，这个信念就是要为语言学奋斗终生。我现在总结我过去的历程，我觉得一个人从事自己的事业，不要这山望着那山高，一定要热爱自己的专业，只要自己潜心做下去，就会越来越尝到其中的甜头，就会更加热爱它。所以10多年前，我应中山大学"名师讲坛"之邀，作了题为"语言学理论建设与中国少数民族语言研究"的报告，我在报告的结尾提到一句话："如果有下辈子，我还是会选民族语文作为我的终身事业。"当时会场报以热烈的掌声。这句话说出了我自己的真实心愿，是对事业的热爱促使我走上民族语言研究的学术道路，至今我每天都在与民族语言打交道，靠的也是这种力量。

许雁：您对民族语文的热爱也深深感染了我们。我们都知道，您非常注重田野调查，是藏缅语领域的权威专家。自20世纪50年代起您即开始调查研究景颇语，此外，您还对哈尼语、阿昌语、载瓦语、浪速语、仙岛语等20几种汉藏语系的语言和方言进行了广泛的田野调查。直至现在，您仍然每年深入民族地区调查语言，您坚持田野调查的理念是什么呢？

戴庆厦：在民族语研究上，我注重田野调查，称自己是"田野调查派"，为什么呢？因为我在田野调查中尝到了甜头。我认为，语言学的发展除了认真阅读和使用前人的成果外，还要自己亲自做语言调查，特别是田野调查，从中获取新的营养成分来丰富自己的知识。我先后调查了20几种语言和方言，每次下去调查都有收获，都兴致勃勃地归来。

上个月，我又带了一批老师和学生到泰国调查了跨境语言瑶语，写了一本30多万字的有关泰国的优勉人及其语言的专著。在泰国近一个月的语言调查中，我们深入优勉人村寨，对他们的社会和语言进行了全方位的调查，获得了大量的语料和社会材料。我们从中看到，优勉人在从中国迁到泰国的100多年的时间里，他们的语言生活发生了许多新的变化。在语言使用功能方面，他们还稳定地使用自己的母语，而且他们还全民兼用泰国的通用语——泰语，两种语言在社会生活中交替使用，互相补足。这种双语生活为优勉人的社会发展提供了保证。在语言上，泰国优勉语受到了泰语的影响，吸收了大量的泰语借词，在语法上也有一些变化。泰国的优勉语言虽然脱离了中国的优勉语100多年，但是它的基本特点仍然不变，其差异都能从社会变化上找到原因。通过这次调查，我们又获得了一个跨境语言新个案的类型，发现了一些跨境语言演变的新规律，这些新鲜的、活的语言材料，如果不是到田野中做实地调查，是不容易获得的。在田野中调查研究语言，更有真实感，对问题的判断会更有底气。

我的理念是：一个有作为的语言学家，要到语言生活中去获得真知灼见。

许雁：名师出高徒，听说您的博士研究生也都自诩为"田野调查派"，肯定都是受您潜移默化的影响。您多年的田野调查一定有很多宝贵的经验和体会，能否和我们一起分享？

戴庆厦：（笑）是的，我的许多学生也跟我一样称自己为"田野调查派"。几十年来，我总喜欢带自己的学生去做田野调查，这是一种无法言传的享受。

通过田野调查，一方面我能获得一些新知识，另一方面也能为国家的学术事业做出贡献，而且还能通过田野调查培养自己的学生，一举多得嘛！我的年轻学生下去做田野调查后，都发生了很大的变化。比如下乡之前不知道什么是民族，什么是群众使用的语言，经过一段时间的深入村寨后，他们的人生观和世界观都发生了一些变化，认识到自己要为少数民族服务，要通过实践来锻炼自己。通过田野调查，他们提高了社会分析的能力、语言描写的能力，初步懂得如何对一种语言进行科学的调查和研究。他们回来之后，都比过去更加热爱自己的专业，也更加踏实地去做自己应该做的事。这些年只要听说我这里要组织项目下乡调查，许多学生都争着要去，因为他们都认为自己是田野调查派。每一次调查，他们不仅在人生观的塑造上有收获，而且在语言分析能力、文字书写能力上都有了很大的提高，这些为他们撰写毕业论文提供了帮助。

多年的田野调查，我觉得有这么几点值得总结：第一，田野调查是一项艰苦的学术研究，一定要踏踏实实、深入地去做。我们每一次的调查自始至终都要求每一个成员要认真投入，从调查的第一天到离开实地，每个成员没有过一天休息的时间，而且每天晚上都是工作到深夜，甚至有的时候还要通宵赶工作。这已经养成一种习惯，没有人会提出要到哪个美丽的景点去看一看。第二，在田野调查中要不断总结经验和改进调查方法。因为不同地区的语言情况很不相同，各有各的特点，各有各的规律，这就要求我们要细心地去考察不同民族和不同民族语言的特点和规律，并能在调查中不断提炼观点和改进工作方法。为此，我们在调查当中几乎每天晚上都要召集成员开个短会，商谈每天田野调查中遇到的问题，研究该如何对待、如何解决。每晚开碰头会，几乎成为每位成员的乐趣。第三，调查的材料要趁热打铁地整理，必须在实地调查中整理完毕，不要带着尾巴离开实地。我们每一项任务成果的初稿都是在实地完成，初稿（包括核对语料和撰写成稿）都必须在离开调查点之前全部完成。如果没有这个要求，回到北京后遇到了问题，就不好解决。我们现在出版的 10 多本语言国情调查的成果，其初稿都是在实地调查中完成的，回来后最多也只做一些出版的技术加工。第四，要在田野调查中注意培养调查成员的实践能力。第一次下去的新成员往往缺乏经验，不知道怎么做，要有老队员带着去做。语言本体调查特别是记音、记语法材料，连一些博士生都不容易胜任，常常会出现记音、记材料上的错误，这需要在调查中培养他们，每一次的调查材料都要在实地经过核对、修改以后才初步定稿。

许雁： 您一直强调语言本体研究，您在语言本体研究方面也是成绩斐然，请您谈谈立足语言本体研究的重要性。

戴庆厦： 是的，我非常强调语言本体研究。在培养博士生时，主要是让他们提高语言本体研究的能力。当然，这不是说不要他们去学语言与社会、文化等方面关系的知识，因为我认为，语言本体研究是个基础，探索语言规律主要是语言本体结构方面的规律，当然我们需要结合语言外部的一些因素来进行研究。对于语言学博士生来说，掌握语言本体研究的能力是一个基本功，包括如何记音、如何记语法材料，如何培养对语言的敏感性而发现语言结构中的特点，如何进行语言比较等。这是个关键，不抓好这个关键，别的知识只能建立在松软的沙滩上。当然，要打好语言本体研究的基本功是一个比较艰苦的过程，但一定要解决好这一关，有了语言本体研究的能力后，其他方面的研究比如语言使用功能的研究、语言和社会文化的关系等，就有了扎实的基础，也就不难解决了。这是我几十年来语言教学与研究中的一个体会。这 10 多年来，我培养的研究生在进校后确定研究方向，基本都是语言本体方面的，这也许是和我长期的语言研究实践有关。我虽然也做了不少的社会语言学研究和双语双文化的研究，也出过一些专著，但我仍然还是强调要做好语言本体调查研究。

许雁： 最近您提出立足语言本体研究要用两个视野："国际视野"和"非汉语视野"，这对于我们有很大的启发意义，您可否具体谈谈？

戴庆厦： 研究民族语言必须要有"国际视野"和"非汉语视野"，这是我这么多年来一个语言研究方法上的体会。

这个意思是说，我们研究少数民族语言，必须了解国外他们是怎么做的，要了解当今世界的语言学理论和方法，有哪些新的进展，除此以外，还要了解汉语的研究有哪些新的理论和方法。为什么这么说呢？

其一，我们做少数民族语言研究的，主要致力于语言实际的研究，但往往在语言理论的思维上出现不足。研究语言需要讲究理论与方法，这就需要懂得当今的语言学理论有哪些新的方法，有哪些理论与方法是可以利用来研究少数民族语言的。我年轻的时候，想当理论语言学家，后来接触过语言实际以后，认识上有点变化，觉得自己应该做具体语言的研究。所以这几十年来，我做了语音、语法、词汇方面的研究，而且在景颇语、哈尼语的研究上做的工作比较多，具体的语言材料让我应接不暇，觉得自己有做不完的题目和做不完的事。当然，这个时候又感到自己应该了解国际上别人是怎么做的，要有一些理论方法的养料来充实自己，所以我在做具体语言研究的过程中，常常提醒自己抽一些时间去阅读一些语言学新著，使得自己懂得别人在语言学研究上是怎么做的。

其二，国际视野，是一种研究方法，当然，国际视野与自己专业的研究二者如何摆好位置，需要根据实际做出合理的安排。非汉语视野，也是我这些年来的一个体会，因为我觉得汉语研究的人比较多，历史比较长，其研究是深耕细作的，其中必然有很多经验和方法值得我们从事非汉语研究的人去学习、去借鉴。而且汉语和我们的非汉语的汉藏语系语言都有亲属关系和接触关系，具有历史渊源，无论是类型学研究也好，语言接触学的研究也好，都必须了解汉语的研究情况。这些年，我参加了一些汉语研究的学术会议，觉得学到了不少东西，汉语研究中的许多问题也同样存在于我们的研究问题之中，汉语研究的课题能够启发我们去开辟民族语言研究的新课题。

许雁：您是学校"985 工程"创新基地语言中心的主任，这些年在您的带领下，中心做了很多卓有成效的研究和实践工作，其中"中国少数民族语言系列参考语法"项目得到了国内外语言学界的普遍关注和认同，据我所知，课题组已经完成并出版了好几种语言的参考语法，为深入研究我国少数民族语言语法提供了重要参考。参考语法项目的设计研究您是基于何种考虑呢？

戴庆厦：这些年，我们中央民族大学"985 工程"语言中心把"中国少数民族语言参考语法研究"作为一个主要项目在做。到目前，已经完成了 8 部书，还有 6 部接近完稿，今年准备再做几部。当时设计这个项目，是出于这样的考虑：我国少数民族语言研究在语法研究上大多还处于不深入、不系统的阶段，这对我国的少数民族语言研究，是不利的。我想，我们需要对各种语言的语法都有一个系统的、全面的研究，这才有可能带动词汇、语音等其他分支学科的研究。而且语法研究中存在许多理论方法问题，现代语言学的发展在语法研究上有许多新的突破，出现了很多语言学新理论和新派别，如乔姆斯基的转换生成理论。应该说，语法研究是当今语言学研究中变革最快、反应新信息最多的分支学科。所以我想，如果我们能够抓好这一系列的参考语法研究，对整个民族语言的研究会起到促进的作用。

通过这六七年的实践，有两点认识是可以确定的：一是现有的新成果的确起到了推动民族语言研究的作用。从已经出版的几部专著中可以看到，它在深度上、系统性上较过去的语法研究有了一定的进展。二是参考语法的研究要取得很大的进步不是那么容易的。我们只要求比过去有一定的创新、一定的进步就可以了，不可能有全新的变化，因为这是脱离实际的。今后，我们准备把这个项目继续往前推进，争取有更大的收获。

许雁：作为《汉藏语学报》的创办者和主编，您一直致力于汉藏语研究的发展，能给我们简略介绍吗？

戴庆厦：《汉藏语学报》的创办是时代的要求和老一辈语言学家的愿望。中国是汉藏语的故乡，是汉藏语的发源地，语种最多，语料最丰富。中国语言学家应当在语言本土研究——汉藏语研究上做出更大的贡献。如果我们有一个专门反映汉藏语研究的刊物，就能有力地推动汉藏语的研究。《汉藏语学报》创刊后，短短的几年里就显示了它的威力，它不但受到国内外语言学家的称赞，而且还得到汉藏语研究大家的支持，如美国的语言学家梅祖麟、马提索夫和法国的语言学家沙加尔等，中国的语言学家陆俭明、邢福义、王宁、胡坦、孙宏开等都给我们提供稿源。他们认为，《汉藏语学报》的创刊是汉藏语研究的一件大事。《汉藏语学报》已经出版了5期，第6期很快就要定稿送出版社。由于编辑力量的不足，所以我们往往不能按规定的时间出刊，这是需要今后改进的。我们还计划在今后发表的论文中增加汉藏语研究的专题、汉藏语言学家访谈记等内容。

许雁：戴老师，您作为知名的语言学家还有着强烈的社会责任感。多年以来，您在社会语言学方面也做了很多研究，为少数民族地区的文化事业以及国家对少数民族语言的语文政策的制定方面做出了很大贡献，请您给我们简要介绍。

戴庆厦：我除了做语言本体研究外，多年来还做了一些社会语言学如语文政策、双语教育等方面的研究。为什么要做这些研究呢？这与我的经历是分不开的。20世纪50年代，我参加了中国少数民族语言调查工作队，到云南从事少数民族语言调查工作，一去就是4年，这期间我除了做哈尼语的调查，还根据工作队的要求做了哈尼文的创制工作，还做了哈尼族的文字扫盲工作。在工作队期间，领导还让我去起草一些有关云南民族语文工作问题的总结和报告，这些工作涉及语言本体以外的知识和背景，我也从中学习到了一些新的知识，体会到要解决少数民族语言文字的使用问题，必须联系他们的社会、文化和历史，光从语言本体还不能解释语言文字的使用问题。回到学校后，正值社会语言学在我国兴起，那时我写了一些社会语言学的文章，并讲授社会语言学的课程，还出版了《社会语言学教程》《社会语言学概论》专著，此外，我还招收了社会语言学的研究生。尽管我对社会语言学的研究有一定的兴趣，但是后来自己觉得还是搞藏缅语言的本体研究为好，所以后来招收的博士生就都一直是藏缅语本体研究的方向。我常常对人说，景颇语等藏缅语的研究是我的主业，社会语言学、双语研究等是我的副业，这大概是我学术方向的特点。

　　许雁：我很想了解您近期的研究心得、体会和下一步的打算。

　　戴庆厦：近期，我主要在忙着《景颇语参考语法》的写作，这个书稿已经完成送出版社了，大约半年后就能与读者见面。景颇语语法的研究，是我这一生中最重要的一个成果，我很珍惜它，书中我尽可能挖掘各方面的语料，而且还尽可能应用现代语言学理论和方法来进行语料的分析和解释。有一点我是明确的，语料是第一性的，理论是第二性的，对某种语料只能尽可能做些理论上的分析和解释，如果分析解释不了的，就留给后人再做，但是要把语料摆出来。

　　今年的工作，我准备完成另一部书稿——《语言调查教程》。这是我几十年讲授的课程，积累了自己的一些经验和方法。过去早就想把它写成书稿出版，但因为许多事缠身总难以完成。现在商务印书馆已把我这本书列入出版计划，这对我也是一种鞭策，无论如何也要在今年内完成它。但是，要把这本书写出来，还需要花费不少气力，因为它反映了我这几十年调查的心得和经验。

　　还有一件事是这几年要做的，就是跨境语言研究。去年 11 月，我申请的"中国跨境语言研究"项目获得了国家语委重大项目，这个项目要完成四个个案，其中的第一个个案就是我们今年初去调查的泰国的优勉族及其语言，后面还有三个个案要完成，我可能还要另外组织队伍去完成这个项目。

　　许雁：这几十年来，您科研和教学两不误，坚持给博士研究生上课，培养了一大批民族语言研究人才，至今已在语言学研究各领域独当一面。您觉得，要成为一名语言学研究领域的专家，需要锻炼和培养自己哪方面的能力，需要形成怎样的良好习惯呢？对于我们后辈来说，如何处理好语言学理论学习与提高语言研究的能力的关系呢？

戴庆厦：几十年的人生道路，我有几点体会：首先，要干一行爱一行，绝不能左顾右盼。我回想了一下，我从年轻的时代起就热爱自己的专业，绝不反悔，做每件事我都要求自己认真去做，我总结了八个字：尽心尽力，顺其自然。不管做什么，只要尽心尽力去做，总会有收获的，总会有贡献的，结果如何，那就顺其自然了，也可能好一点，也可能差一点，结果好的是对自己的勉励，结果不算好的，从中吸取教训，不要因此而反悔。我进到民族语文专业做民族语言研究是这样，后来派我去云南边疆长期调查民族语言是这样，再后来调回学校任教教授多门课程也是这样。不管做什么，我觉得都有收获。其次，要努力，要坚持不懈。我觉得自己50多年来虽然在忙碌的生活中度过，但是是很愉快的，为什么呢？因为自己努力了，也看到成绩了，虽然现在我们还有许多难关未过，但是我们是尽力的。人生的价值在于贡献，这是我一生的座右铭。

从我自己的历程中、从我走过的路体会到，要使自己对语言学有所贡献，必须注意处理好语言学理论与实际的关系，这个关系的要点是要把主力放在对具体语言实际的研究上，多做些微观的研究，探索一个个语言的新规律，但是，也不要忽视理论方法的学习和应用。我不主张年轻人一开始就迷恋于语言学理论的研究，因为那缺乏基础，不容易培养自己的真才实学，甚至有可能养成眼高手低的坏习惯。而从语言实际出发，就会使得自己的学问做得扎实、稳妥，才有可能进一步去思考隐藏在语言实际中的真正的理论问题。所以我主张年轻的语言学学者和语言学专业的研究生，要多做具体语言的研究，通过具体语言的研究来增强自己的才干。我在20岁左右也曾经热衷于理论，想当理论语言学家，后来觉得不行，幸亏我转变得比较快。

许雁：在2002年召开的第76次美国语言学年会上，您被授予"美国语言学会荣誉会员"称号，是该次会议中获得荣誉会员称号的三名外籍语言学家之一。在会议通报中介绍您是一位"可爱、谦虚、幽默并努力工作的人"，这都有益于您执着勤奋、务实创新的学风的形成吧，对您的学术研究也产生了巨大影响吧？

戴庆厦：2002年第76次美国语言学年会上，经全体会员投票，授予我"美国语言学会荣誉会员"称号，这是我没有预想到的，因为在国外这是一个很高的荣誉。我在国外开国际会议的时候，每当提起这个事，语言学家们都会露出一种肃然起敬的眼光。这对我的学术道路，是一种鞭策。能获得这个荣誉，应该是与平凡而执着的工作相联系的。

许雁：最后，请您给我们展望民族语言研究的前景吧。

戴庆厦：民族语言研究前景无限美好。为什么这么说呢？因为民族语言是一个博大精深的领域，有许多的奥秘需要我们去揭示，而目前我们对中国语言的认识还停留在不够深入的阶段，有大量的问题需要我们去研究、去揭示其中的奥秘。我常常有这样一个体会，随着研究的深入，愈加感到自己对语言研究认识的肤浅，即便是我们已经总结出的规律，其中有些还需要进一步补充甚至修正。我常常对学生说这样一句话：人类天天在使用语言，但是对自己的语言是最不了解的。所以，总的来说，今后我们有大量的工作要做，需要培养一大批有真才实学的民族语文研究工作者。人才是学科建设的基础，没有人才，学科建设只不过是一个空架子，而我们当前的民族语文人才库与学科建设的要求以及学科的发展趋势是很不相称的，所以培养一大批热爱自己专业并且有过硬本领的少数民族语言学家应该是当务之急。

（原载《百色学院学报》2012 年第 2 期。访谈人：许雁，语言学博士，主攻汉藏语系语言研究）

戴庆厦：坚持立足本土和国际视野开展语言研究

近 80 岁应该是一个退休后颐养天年的人生阶段，但对于从事少数民族语言学研究 60 多年的中央民族大学戴庆厦教授来说，仍像年轻人一样充满活力，在我国南方少数民族居住区连续几个月从事田野调查。今年，从炎热的夏天开始直到立冬时节，记者终于见到了从南方调研回来的戴庆厦教授，并对他进行了深入采访。

深入基层才能接地气

戴庆厦教授现在还担任中央民族大学汉藏语研究中心主任、中央民族大学"985 工程"中国少数民族语言文化教育与边疆史地研究哲学社会科学创新基地语言中心主任首席科学家，他原任中央民族大学中国少数民族语言文学学院院长，中国语言学会副会长、中国民族语言学会副会长等职务。先后多次到国内各少数民族地区和邻近国家做语言田野调查，收集到 20 多种前人尚未记录的语言或方言材料，如对仙仁土家语、浪速语、勒期语、波拉语、西摩洛语的研究等，从中提取了许多尚未被发现的规律，为中国语言学的发展提供了大量宝贵的语料。

从事少数民族语言研究甚至是濒临消失的少数民族语言研究，必须深入基层做艰苦细致的研究工作才能了解和认识语言的真正特点并有所收获。"在语言研究过程中我广泛接触了少数民族语言生活，乐于深入少数民族村寨做语言调查，认识到一个语言工作者必须诚心帮助少数民族解决他们的语言文字问题。"戴庆厦教授告诉记者，从 20 世纪 70 年代开始，他通过自己的调查研究，较早地写了一些少数民族语言政策、少数民族语言使用以及双语教育的论文，论述了双语的概念、双语的类型及其形成，以及社会主义时期双语的发展等问题，认为在改革开放不断深入发展和城市化进程不断加快的进程中，少数民族语言的复杂性和长期性值得语言研究工作者进行深入研究。

"要重视田野调查，只有做田野调查才能获得真知，才能有真本领。经过田野调查，与少数民族直接接触，才能和群众建立感情，才能认识社会，也才能知道自己应该怎样去服务社会。经过田野调查，才能获得调查研究语言的真本领，知道什么叫作语言。"戴庆厦教授认为，中国语言学要发展，必须大力开展语言田野调查，获取新鲜的、真实的、有价值的语料，这样才能为我国理论语言学的发展提供坚实的语料基础，否则提出的认识只能是建立在不可靠的沙滩上。

现实生活中有做不完的题目

戴庆厦教授从事语言研究与教学工作60多年，出版了数十部学术专著，发表了数百篇学术论文，对中国少数民族语言的本体特点、使用功能、语言国情、语言关系、语言接触、濒危语言、双语教育等问题进行了深入研究，尤其是对汉藏语系语言的一些特点进行了深入的共时研究和历时比较，最先提出了汉语和非汉语的结合研究是深化中国语言学研究的必由之路的思想，并写出了系列论述汉语和非汉语结合研究的理论、方法的论文。

鉴于戴庆厦教授在学术研究上的成就，美国语言学会会员投票一致同意授予戴庆厦教授美国语言学会终身荣誉会员称号。美国著名语言学家马提索夫教授在介绍戴庆厦教授时说："他是中国藏缅语族下属语支的权威学者之一。中国年轻一代藏缅语言学家中的大部分是由他培养出来的。"鉴于在语言学和湄公河流域语言研究方面的贡献，泰国清莱皇家大学授予戴庆厦教授荣誉博士称号。他在谈自己的治学经验时说："我的治学经验主要是：一个立足，即立足于本土资源，充分挖掘本国语言资源；两个视野，即跨语言视野和国际视野。强调重视不同语言的共性和个性，从比较反观中获取真知。还要重视国际语言学的价值，善于从国外新发展的语言学理论方法中汲取养分，但注意不生硬移植，走一条传统语言学和现代语言学结合的路子。三个服务：即服务于社会，服务于少数民族的发展，服务于教学。通过'服务'，不断检验、改进自己的研究。"他还说，做语言研究必须摆好语言事实与语言理论的关系，要确认语言事实是第一性的，要在自己的一生中花大部分时间去做语言事实的描写、分析，获得最真实的、有深度的感性知识。理论思考虽然是必要的，但它毕竟是第二性的，不能离开语言事实的基础。不要空谈理论，或拿已有的理论来贴金、装门面。

戴庆厦教授坚持立足中国本土资源不懈地进行语言学研究，十分重视活的语言材料，长期到中国各少数民族地区和跨境国家进行语言调查，不懈地发掘、记录未被记录的语言、获取鲜活的第一手语言资料。"1993年，我主编出版了我国第一部多语种的跨境语言研究专著《跨境语言研究》，其中涉及了傣、壮、布依、苗、瑶、傈僳、景颇、维吾尔、哈萨克、朝鲜等跨境语言。同时，我也做过多个濒危语言个案研究，如对满语、赫哲语、土家语、仙岛语等濒危语言，都做了实地考察研究，获得了国家社会科学基金重点项目——中国濒危语言对比研究，研究了怎样给濒危语言定性、定位，怎样区分濒危语言和衰变语言等理论问题，认为濒危语言研究要从中国实际出发，建立有中国特色的中国濒危语言研究理论体系。"戴庆厦告诉记者，一个有作为的语言学家必须关心现实的语言生活，这对自己的学术研究以及为社会多做贡献都有好处。关心现实的语言生活，能够扩大自己的学术思路，有助于学术研究的深入和创新，现实生活中有做不完的题目。

干一行爱一行，务实创新不懈怠

目前，戴庆厦教授正在进行的项目有国家社科基金重大项目——中国少数民族语言参考语法研究、国家语委重大项目——中国跨境语言研究、中央民族大学"985 工程"创新项目——中国少数民族语言国情调查研究、中国社会科学院民族学研究所的创新项目——景颇语志，等等。

"要干一行爱一行，绝不能左顾右盼。我从青年时代起就热爱自己的专业，绝不反悔，做每件事都要求自己认真去做。对此，我总结了八个字：尽心尽力，顺其自然。不管做什么，只要尽心尽力去做，总会有收获的，总会有所贡献的，结果如何，那就顺其自然了，也可能好一点，也可能差一点，结果好的是对自己的勉励，结果不算好的，从中吸取教训，不要因此而反悔。"戴庆厦教授在谈到青年学者如何治学时指出，要务实创新、永不停步、永不懈怠。自己 60 多年来虽然在忙碌的生活中度过，但却很愉快。为什么呢？因为自己努力了，也看到成绩了。人生的价值在于贡献，这是他一生的座右铭，也是他毕生所坚守的。同时，戴庆厦教授还建议青年学者要在研究中多做微观研究，认为微观研究比较实在，能见功夫。要学会从小题目中见大道理，学会去收集过细的材料。多做语言事实的挖掘和分析工作，防止去做大而泛的研究，因为那是不实在的。

（原载《中国社会科学报》2014 年 11 月 17 日。访谈人：中国社会科学报记者马献忠）

戴庆厦的民族语言学理论思想初探

【摘要】戴庆厦先生是中国当代著名语言学家，其学术思想主要体现在三个方面：（一）开创藏缅语研究领域，对藏缅语的特点进行全面深入的研究。这方面的成就包括通过对数十种藏缅语的深入描写和比较研究总结出来的松紧元音理论、结合语音和语义进行语法研究的理论。（二）探索了一套适合少数民族语言特点的研究理论和方法。归纳为正确处理语言研究中的四个关系：语言共时描写研究与历时比较研究的关系、单一语言研究与不同语言比较研究的关系、模仿与创新的关系、语言本体研究与非本体研究的关系。（三）重视民族语言学的应用研究。包括：关于少数民族双语教育的思想、关于濒危少数民族语言问题的思想。

【关键词】戴庆厦；藏缅语；学术思想；少数民族语言

引　言

戴庆厦，男，汉族，1935 年出生于福建省厦门市。当代民族语言学家，国家民族事务突出贡献专家。现为中央民族大学教授，"985 工程"中国少数民族语言文化教育与边疆史地研究哲学社会科学创新基地首席科学家。兼任全国哲学社会科学规划领导小组成员，中国语言学会副会长，国际双语学会会长，国家语言文字工作委员会 21 世纪第一届语言文字规范审定委员会委员，全国语言文字标准技术委员会主任，全国术语标准化技术委员会少数民族特别分技术委员会委员。曾多次应邀去美国、法国、澳大利亚、泰国、日本等国及台港地区进行学术访问和讲学；为美国语言学会终身荣誉会员；还担任《中国语文》《民族语文》《语言文字应用》《语言研究》等国内重要的语言学刊以及美国《藏缅语区语言学》（LTBA）杂志、语言学重要丛书《李方桂先生全集》编委。

戴先生青少年时代曾幻想成为一位工程师或发明家。可是 1952 年进入中央民族大学被分配到景颇语专业学习，彻底改变了他的人生之路。在老师的热情指导以及学校浓郁的民族氛围影响下，他懂得了学习民族语言的重要性，开始了他为我国民族事业服务的奋斗之路。在学期间，他到景颇山寨生活了 1 年，向景颇人学习景颇语和景颇文化，开始对藏缅语产生了兴趣，毕业后留校任教。为帮助少数民族创制文字，他又随工作组去云南调查，一待就是 4 年。这期间主要从事哈尼语的调查研究，参加设计了哈尼文字方案，编写了哈尼语语法、词典、课本等。他与少数民族兄弟结下了深厚的情谊，景颇人称他是"我们的景颇人"，哈尼人也把他当作"我们的哈尼人"。戴庆厦教授认为这是他一生中最引以为豪的。这几年进一步加深了他研究藏缅语的兴趣，他在一部书中说："自从进入藏缅语研究领域，我就深深地被它的奥秘所吸引，尽管研究在逐渐深入，而我愈加感到它难以捉摸。它那丰富而复杂的特征，有规律而又很不整齐的变化，一个个煞费苦心也难以解开之谜，使我为之迷恋。"① 戴庆厦深入少数民族地区学习少数民族语言的经历，与许多国际著名语言学大师的经历相似，如马提索夫，桥本万太郎等，而在国内实属罕有，这段经历为他日后成为享有国际声誉的藏缅语研究领域的学术权威奠定了基础。

50 多年以来，戴先生主要从事汉藏语系藏缅语族语言和社会语言学的教学与研究，出版专著 31 部（部分为合著），发表论文 277 篇。其中，《仙岛语研究》《藏缅语族语言研究》《中国濒危语言个案研究》等 10 余部著作获奖。戴先生对藏缅语特别是景颇语的研究处于国内外前沿，被国外誉为"中国藏缅语族下属语支的权威学者之一"，国内公认的该领域的学术带头人。他还培养了一大批学术中坚力量，如今许多弟子已成为各个领域的领军人物。戴先生经历丰富，硕果累累，本文拟对其学术思想进行初步地梳理和总结，以启迪后学，促进学科的发展和学术的繁荣。

一 开创藏缅语研究领域，对藏缅语的特点进行全面深入的研究

藏缅语族语言是汉藏语系中语种最多、分布最广、内部差异最大的一个语族。藏缅语无论在共时或是历时上情况都很复杂，不仅存在多种类别，而且不同类别又呈现出交叉的特点。中国学者研究藏缅语，起步较晚，始于 20 世纪 30 年代。由于各种客观条件，对各语言的研究在时间、广度、深度都很不平衡。戴庆厦先生认为，认识藏缅语的特点，除了要有一个个比较深入的总体描写性著作外，还要有一个个比较深入的专题研究。二者相互补充，相互促进。② 戴先生先后调查了景颇语、阿昌语、载瓦语、浪速语、勒期语、波拉语、基诺语、独龙语、苦聪语、卡卓语、僳坡话、仙岛话、缅语、克伦语等，在对上述语言的共时描写分析的基础上，把握藏缅

---

① 戴庆厦：《藏缅语族语言研究》，云南民族出版社 1990 年版。
② 戴庆厦：《二十世纪的中国少数民族语言研究》，书海出版社 1998 年版。

语的主要特征，开展专题研究，探索藏缅语历史发展规律，沟通藏缅诸语言的亲属关系，有助于全面深入探讨藏缅语特点。特别值得提出的是，戴先生对景颇语的研究最为深入，全面系统地研究了景颇语的语音、词汇、语法，取得了突破性的成果，奠定了他在该领域的领军地位。学术成果颇丰，出版了一系列著作（如《景颇语语法》）和大量论文（如《景颇语"形修名"两种语序对比》《景颇语动词与藏缅语语法范畴》等），其研究处于国内外前沿，形成了自己独特的学术思想。

（一）关于松紧元音的学术理论，沟通了藏缅语的松紧元音上的关系

元音分松紧，是藏缅语一部分语言在语音方面的一个重要特征，如彝语、哈尼语、拉祜语、傈僳语、怒语、景颇语、载瓦语、勒期语、浪速语、波拉语、白语、木雅语等语言，都有元音松紧对立；它也是藏缅语语音学研究的一个重要方面，因为它在藏缅语中与其他语音特征有着相互制约的密切关系，对研究藏缅语语音的演变、古藏缅语语音的构拟以至古代汉语语音的研究都有重要价值。戴先生积累了丰富的语言素材，这为深入揭示松紧元音的特征及其内部规律打下了牢靠的基础。他先后撰写了几篇有重要价值的文章，如《谈松紧元音》《哈尼语元音的松紧》《我国藏缅语族松紧元音来源初探》《藏缅语族松紧元音研究》《关于纳西语的松紧元音问题——兼论彝缅语语音历史演变的研究方法》等，对松紧元音的特征做了系统分析。他认为，松紧元音的发音特征是喉头紧缩与不紧缩，这是构成松紧对立的主要标志。但由于松紧元音总是同声母、声调等语音要素结合在一起而存在的，所以松紧的差别往往也造成声母、声调、舌位等方面的一些差别。正确认识松紧元音的特征，分清哪个是主要特征，哪个是伴随特征，能够帮助我们正确认识松紧元音的属性，同时还能使我们从中窥见语音发展的一些线索，对于认识松紧元音的发展变化，以及它同其他语音要素的关系，都会有很大的帮助。①

关于松紧元音的历史来源。探索松紧元音的来源问题，可以为藏缅语族语言的历史比较提供一些线索和资料。戴先生通过亲属语言比较以及共时特征分析，揭示了松紧元音的两个来源：一是来源于过去韵母的舒促对立，舒声韵转为松元音韵母，促声韵随着塞音韵尾的丢失转为紧元音韵母；二是来源于过去声母的清浊对立，清声母音节转为紧元音音节，浊声母音节转为松元音音节。

关于松紧元音的发展趋势。戴先生指出，藏缅语族一些语言（或方言）的松紧元音在它的发展过程中会出现紧元音松化的现象，即松紧元音由严

---

① 戴庆厦：《我国藏缅语族松紧元音来源初探》，载《民族语文》1979 年第 1 期。

整对立演化为不完全对立，再到完全不对立。这种松化的趋势在不同的语言发展不平衡，如有的语言全部或大部分紧元音音位消失了，有的消失了一部分紧元音音位，有的是在一些具体词上紧元音特征消失了，或出现可松可紧的现象。紧元音松化的途径有两种：一种是松紧对立消失后变为舌位的差别，即转化为舌位高低不同的元音；另一种是松紧对立消失后引起声调的分化。

此外，戴先生对藏缅语其他一些语音特点进行了研究，寻找发展规律。如对藏缅语弱化音节的现状、来源进行研究，揭示了弱化音节多种来源的特点，即有的来自复辅音声母的分化，有的来自实词的虚化。这种认识，证实了藏缅语复辅音声母向单辅音声母发展、单音节变为双音节的发展趋势。

（二）结合语音、语义进行语法研究，是深化藏缅语研究的有效途径

藏缅语内部的语言单位，包括音素之间，声韵调之间，语音、语法、词汇之间，都处在密切联系、相互制约之中。一个世纪以来，藏缅语研究在语音领域取得了巨大成就，语法研究却相对薄弱。戴先生结合语音、语义对语法进行研究，对藏缅语语法范畴的研究取得了重大突破。如在研究载瓦语的使动范畴时，采取语法意义、语音形式、同源词三者的综合考察，并通过载瓦语和亲属语言的比较，揭示了藏缅语使动范畴形态上的内在联系和发展规律：使动范畴的形态变化是藏缅语族语言的一个重要特征，在历史上有过共同的来源；载瓦语使动范畴形态变化的几种形式，在保持清浊对立的亲属语言里多数同清浊变换对应；载瓦语的自动词和使动词在声调上存在不同的形式，是由原来相同的形式转化来的，其转化条件主要与原来存在的清浊有关，相关亲属语言也具备该特点。依赖于形态变化的语法范畴，其发展变化往往会受到语音发展变化的影响，改变或增减其表现能力，或影响它出现不同的特点。[①] 因此在藏缅语语法研究中，必须注意语言单位之间的相互联系和相互制约。

戴先生进一步指出，语音、语法、语义三者的关系非常密切，有的现象虽以语音问题的形式出现，但包含着语法、语义问题；而有的现象虽是语法问题，但受语音、语义的制约。所以，在研究藏缅语某一语言现象时，必须重视三者的关系，从几个角度同时考察，从不同要素的制约、互为条件的关系中揭示某一语言现象的本质特征。

二　正确处理民族语言研究中的四个关系

改革开放以来，少数民族语言学研究有了很大的发展，取得了前所未

---

① 戴庆厦：《载瓦语使动范畴的形态变化》，载《民族语文》1981 年第 4 期。

有的成绩。公布了一大批新语料，揭示了一些新规律，更加重视现代语言学的新理论、新方法的运用，研究的视角进一步扩大。为实现民族语言研究的可持续性发展，进行民族语言学研究应注意什么，戴先生根据自己多年的实践和经验，提出必须正确处理好四个关系，可以看作进行民族语言研究的方法论指导。

（一）语言共时描写研究与历时比较研究的关系

共时描写与历时比较是语言研究的两个方面，都是不可或缺的，二者总是在相互启发、相互促进中发展的。但在具体实施时，应当根据不同语言的研究情况而有所侧重。我国的民族语言学，起步较晚，研究很不平衡，相当一部分语言还只停留在初步的认识上，甚至有些语言，知之甚少。总的说来共时描写研究薄弱，这必然会给历时比较研究带来"先天不足"的困难。汉藏语系系属问题一直未能解决就是一个很好的证明。一方面是因为汉藏语系庞大，情况复杂；另一方面是研究者对诸语言的共时状态还缺乏比较深入的认识。在语言研究中，语言的共时描写研究是基础，是语言研究得以全面、深入发展的前提，没有这个基础和前提，历史语言研究也好，语言应用研究也好，都不能顺利进行。因此戴先生认为，在近期的研究中，有少数学者从事历史研究是必要的，而不必吸引更多的人把兴趣放在这一领域的研究中。在今后相当一段时间里，民族语言研究必须大力加强语言的共时描写研究，把共时描写研究作为重点，努力探索语言的现状特点，迅速弥补对语言现状认识的严重不足。特别是年轻学者应当把主要精力放在共时描写研究上。共时描写的研究，应强调微观的、有新意的研究，鼓励新理论、新方法的运用。历史比较研究应在过去的基础上深入、扩大，鼓励多做"由下至上"的比较研究，即加强语支之间、语族之间的历史比较。①

（二）单一语言研究与不同语言比较研究的关系

我国是一个统一的多民族国家，各民族的分布呈现大分散、小聚居的特点，加上各民族在长期的历史发展过程中互相交流，相互融合，因而在语言上不可避免地存在频繁的语言接触和语言影响。这是一个重要的基本国情，决定了要科学地、深入地认识我国语言的特点就必须注意语言之间的关系。长期以来，研究汉语的学者、专家很少关注少数民族语言，视角不开阔，这不能不说是一个缺陷，如果能充分利用少数民族语言材料，必然会大大改善和加强汉语的研究。戴先生十分重视语言的比较研究，长期致力于藏缅语族内部诸语言的比较研究，取得了实绩（如第一部分所述），

---

① 戴庆厦：《正确处理民族语言研究中的四个关系》，载《河北师范大学学报》2006年第2期。

另外他也十分注重少数民族语言和汉语的比较研究。

他指出，少数民族语言研究与汉语研究相结合包含两层意思：一是少数民族语言研究要借鉴汉语研究的成果。汉语研究历史长，研究的人多，取得的成果丰富，特别是汲取现代语言学理论、方法方面走在少数民族语言研究之前，所以少数民族语言研究必须学习、借鉴汉语研究的经验。可以说，这是提高少数民族语言研究水平的捷径。二是要科学地认识少数民族语言的特点，就必须揭示汉语与少数民族语言的相互关系，从相互关系中把握单一民族语言的特点。汉语与少数民族语言之间的语言接触和语言影响是双向的。

他认为，少数民族语言研究与汉语研究相结合具有重要意义。一是扩大民族语言研究的视角，不再停留在只从单一语言研究一种语言，从单一现象研究一种现象，而更加重视语言之间的比较、不同现象的综合研究，特别是汉语与少数民族语言的比较、亲属语言的比较、同一范畴不同语言的比较。二是少数民族语言研究与非汉语相结合，则有助于对语言现象的解释。描写只能提供对现象的认识，而解释才能透过现象进一步看到现象的本质。三是我国不同语言研究相互结合，能为语言类型学和语言共性的研究增添大量新的养料，丰富语言类型学研究。

（三）模仿与创新的关系

模仿与创新，是人类认识客观事物的一对相关的手段与方法，也是人类创造发明所共有的、必须遵守的认识规律。语言研究也是这样。戴先生认为，既要模仿又要创新，这是语言研究得以顺利进行并能取得新成果的必要保证。任何人在开始研究一种新的语言或一种新的语言现象时，特别是初学做语言研究时，都避免不了要模仿别人的经验和做法。模仿则是研究语言、认识语言在初始阶段的一种既方便而又简捷的方法。模仿常常不会是单纯的模仿，模仿的过程总会带有不同程度的创新。戴先生以汉藏语系的系属分类以及彝语词类的划分为例，论证了模仿是研究的开端，也是后来创新的基础。

戴先生认为，处理好模仿与创新的关系，必须正确认识共性和个性的关系。不同语言之间，既有共性又有个性，汉语与非汉语之间也是这样。正是由于语言之间有共性，所以模仿的运作才有获得成效的可能。但语言除了共性外还有个性，个性决定了某一语言的性质，因而，语言研究除了寻求不同语言的共性外，还应着力研究各个语言的个性。只有这样，才能摆脱原有模仿的束缚，从本质上认识所研究语言的特点。①

---

① 戴庆厦：《模仿与创新》，载《暨南学报》2005 年第 5 期。

（四）语言本体研究与非本体研究的关系

所谓"本体研究"，是指对语言结构内的语音、语法、词汇的语言学研究；所谓"非本体研究"，是指对与语言相关的社会现象诸如社会、文化、历史、民俗、宗教等的跨学科研究。如何摆正二者的关系，也是研究者经常遇到的问题。戴先生认为，语言学家必须把语言本体研究放在主要地位，应当在自己的领域为其他学科提供语言本体的研究成果。当然，也可以做一些与语言相关的交叉学科的研究，但这不能是主要的。因为一个人的精力是有限的，不可能样样都通，没有重点就没有深度。语言本体的研究越深入，就越能为相关学科提供有价值的旁证语料，否则只能是似是而非，经不起历史考验。

三 民族语言学研究应为少数民族的发展服务

戴先生特别重视少数民族语言的应用研究，认为民族语言的研究的最终目的是为少数民族地区的繁荣发展服务。他在运用现代语言学理论结合我国实际，挖掘汉藏语系语言特点规律之余，还十分注意民族语言学的应用研究，进行过民族语言国情研究、双语研究、濒危语言研究、语言接触研究、语言和谐研究、跨境语言研究等。其中又以双语教育研究和濒危语言研究这两方面表现得最为突出，主持了八·五全国教育科学规划项目"少数民族地区双语教育研究"和国家社科基金"中国濒危语言个案研究"等科研课题。这些研究成果，不仅能为国家制定方针政策提供咨询，而且具有重要的学术价值。

（一）关于少数民族双语教育的思想

我国是一个以汉族为主体的多民族、多语种的国家，双语教育已成为人们所关注的一项重要工作，客观上要求对双语教育进行深入研究。国家连续召开了多次双语教学会议，有中国少数民族双语教学研究会第九届学术讨论会暨首届国际双语教学研讨会、第七届双语双方言国际学术研讨会、第二届双语学国际研讨会、第三届双语学国际研讨会、中国少数民族双语教学研究会第十次全国学术研讨会等。戴先生多次担任国际双语学研讨会会长，对双语教育的定性问题、历时沿革、现状特点、发展趋势等相关问题都进行了较为详细的探讨。

关于双语教育的定性问题。这是进行双语教育研究的基础，也是发展成为一门学科"双语学"必须解决的问题。对于有关基本概念，虽然目前尚未取得完全一致的认识，但戴先生还是明确界定了"双语""双语教育""双语教学"，并指出，双语教育是包含双语教学的，双语教学是双语教育的重要途径之一。

关于双语教育的历史沿革。我国民族地区双语教育已有很长的历史。早在西汉时期，新疆地区的少数民族中就有一些人开始学习汉文。但是，不同民族、不同地区之间，双语教育的发展很不平衡，有的民族双语人仅占极少数（如藏族、维吾尔族等民族），而有的民族则占相当大的比例（如锡伯族、壮族、白族等民族）。戴先生大体上把双语教育的历史沿革分为三个阶段。第一阶段从秦汉到明清。特点是：双语人较少，主要通过有组织的教育形式以学习汉文化为主，尚未建立有双语体制、双语内容的专门学校。第二阶段从清末至民国。双语教育有了进一步发展，新建了一些少数民族学校。总的说来新中国成立前的双语教育具有两面性的特点。① 第三阶段自新中国成立后至今。我国少数民族双语教育进入了一个新时期，焕发出勃勃生机。

关于双语教育的现状及发展趋势。自 20 世纪 80 年代以来双语教育研究开始蓬勃发展。戴先生指出，中国少数民族双语教育的现状特点主要表现在：人们对双语教育的适用性有了较客观明确的认识；双语教育已向法制化迈进；双语教育研究设立了多个国家级项目，加大了研究力度；少数民族的双语观念也发生了一些变化；少数民族的双语教育实验在各地较普遍地展开。其发展趋势是：双语教育将持续发展，民、汉双语并重的语言观念将逐渐成为主流，与少数民族双语教育密切相关的双语学，将作为一个独立的学科得到较快发展，呈现出更美好的前景。②

关于双语理论建设。双语理论建设，是当前双语教育研究必须强调的一个重要问题，先生提出"语言互补和语言和谐"。我国少数民族的双语关系应坚持语言和谐的理论，既看到母语与通用语相互竞争的一面，又要看到二者互补的另一面，做到母语与通用语的和谐是有可能的。语言和谐有利于民族和谐，有利于少数民族文化教育、科学技术的发展。双语理论建设，是当前双语教育研究必须强调的一个重要问题。

（二）关于少数民族语言濒危问题

语言濒危，是一个全球性的问题。从 20 世纪 80 年代末开始，国际语言学界开始重视濒危语言研究，而且不断升温。联合国教科文组织把 1993 年定为"濒危语言年"。在我国，2001 年中国民族语言学会和《民族语文》杂志社联合召开了"中国濒危语言问题研讨会"。此后，濒危语言研究有了较大的发展。这期间戴庆厦教授主编的《中国濒危语言个案研究》广受世人瞩目。该书汇集了土家语、仙岛语、仡佬语、赫哲语、满语五种濒危

---

① 戴庆厦：《中国少数民族双语教育的历史沿革》（上），载《民族教育研究》1996 年第 4 期。

② 戴庆厦：《中国少数民族双语教育的现状及发展趋势》，载《黑龙江民族丛刊》1998 年第 1 期。

语言的个案调查材料，对其濒危现象、濒危趋势及造成语言濒危的各种因素以及有关濒危语言的理论问题进行了分析，提出了若干有价值的论断和看法。

提出濒危语言界定的标准。汉语"濒危语言"一词，是近 10 年来语言学研究中的一个新概念。如何界定濒危语言，目前中国语言学界尚未形成一致的观点。戴先生主张以量化的多项综合指标体系为依据来判定一种语言是否是濒危语言。要依据语言的外部和内部两方面的情况来建构衡量濒危语言的指标体系。这个指标体系包括的内容有主有次，其核心指标是主要的，是决定语言是否是濒危语言的主要依据。核心指标包括：[指标 1] 丧失母语人口的数量。[指标 2] 母语使用者的年龄。[指标 3] 母语使用能力。这三个指标是估量一种语言是否是濒危语言的主要标准，互为补充。要综合这三个指标才能对一种语言做出科学的判断。参考指标包括：[指标 4] 母语的使用范围。[指标 5] 民族群体的语言观念。在研究中可将上述指标体系视为一个开放性的体系，让它随着研究的深入而不断完善。①

加强濒危语言的个案调查和理论研究。我国对濒危语言的研究，目前只处于起步阶段，对语言濒危的现象认识很少。戴先生认为，要对濒危语言现象有科学的认识，必须开展深入的个案调查，积累丰富的语言资料，全面了解各个语言的状况。这是濒危语言研究的基础性工程，也是当前濒危语言研究的主要任务之一。就研究的内容来说，既要有对语言功能的调查分析，又要有对语言结构的分析描写，缺一不可。因为语言功能的衰退，必定在语言结构上也有所反映。濒危语言的语言结构特征是一个什么样的状态，存在什么演变趋势，这是语言学工作者必须认识的。除了语言功能、语言结构的研究外，还要广泛研究影响制约语言濒危的各种社会因素，从中分清主次，并认识各种社会因素间的关系。此外，还要研究濒危语言所涉及的语言关系，从语言关系中认识濒危语言的处境和地位。濒危语言的出现不是孤立的，是多种因素综合作用的结果，这也是濒危语言理论研究中的重点。因此，在濒危语言研究中，要采用系统论的观点综合考察，而不能"只见树木，不见森林"。②

呼吁建立濒危语言学。濒危语言研究与以往的语言研究相比，既有共同点，又有不同点。但濒危语言研究是语言学研究的新领域、新课题，有

---

① 戴庆厦：《濒危语言研究中定性定位问题的初步思考》，载《中央民族大学学报》（哲学社会科学版）2001 年第 2 期。

② 戴庆厦：《濒危语言研究在语言学中的地位》，载《长江学术》2006 年第 1 期。

其独自的内容和方法。随着全球经济一体化、信息化的深入发展，以及不同国家、不同民族、不同地区相互交往的不断加强，濒危语言的出现将会增多。语言学家面对语言变化的现实，将会更多地、更深入地研究濒危语言，戴先生预测濒危语言研究将成为语言学中的一个新分支学科，并会逐渐建立起适合濒危语言研究的理论体系和方法论[①]。

戴先生的研究涉及了藏缅语言的诸多领域，除上文所提到的以外，还在辞书编纂、方言研究等方面有所成就，由于篇幅有限，未能言及。

［原载《暨南学报》（哲学社会科学版）2009 年第 6 期。作者：班弨，暨南大学教授、博士生导师；李丽娜，暨南大学讲师］

---

① 戴庆厦：《濒危语言研究在语言学中的地位》，载《长江学术》2006 年第 1 期。

田野调查的典范，语言研究的硕果

—— 《戴庆厦文集》（①至⑤卷）读后

【提要】五卷本《戴庆厦文集》问世后，学术界曾召开过座谈会、研讨会，反响很大。本文根据五卷本文集的具体内容，分别评述戴庆厦先生在景颇族语言研究、藏缅语族语言研究、语言学理论和方法研究、双语学研究、汉语和非汉语研究等方面的理论、方法和实践，认为《戴庆厦文集》是田野调查的典范，语言研究的硕果，是语言学和少数民族语言学研究领域具有里程碑意义的重要著作。

【关键词】戴庆厦文集；田野调查；语言研究；评述

2012 年 1 月，共 290 万字的五卷本《戴庆厦文集》由中央民族大学出版社出版。该文集分为《景颇族语言研究》《藏缅语族语言研究》《有关语言学理论与方法的问题》《双语学研究》《汉语和非汉语比较研究》，汇集了戴先生近 60 年从事少数民族语言研究已经发表的主要论文，全面和系统地反映了戴先生在以上五个方面的科研成果。

一

第一卷《景颇族语言研究》收录了戴先生景颇族语言研究的论文 49 篇。从 20 世纪 50 年代起，戴先生就开始研究景颇族语言，至今已有近 60 年，可以说，景颇族语言研究是戴先生倾注毕生心血，成果最突出，最具特色的研究领域之一。从内容上看，该卷主要分为以下几个方面：一是对景颇族语言单一的描写研究。在《景颇语名词的类称范畴》中，戴先生分析了景颇语类称范畴的现状，剖析了其形成的条件。《景颇语的泛指动词》运用共时分析和描写的方法阐释了泛指动词的基本特点，探讨了泛指动词形成语法化的内部机制。二是对景颇族语言内部关系的研究。《论景颇语和载瓦语的关系》通过景颇语和载瓦语的对比研究，得出了景颇语和载瓦语是两种不同语言的结论。三是对景颇族语言本体的研究。如《景颇语的声调》《景颇语词汇化分析》《景颇语的述补结构》分别从景颇语的语音、词汇和语法三个方面对景颇族语言进行了研究。四是从社会语言学角度对景颇语进行的研究。如《论景颇族的支系语言——兼论语言和社会的关系》，论述了语言在社会环境中的发展问题。五是对景颇语的个案研究。如《萌芽期量词的类型学特征——景颇语量词的个案研究》，以景颇族量词为研究对象，通过对量词多层面、多角度的分析和穷尽性统计，探讨了景颇语量词萌芽期的类型学特征。该卷内容集中，研究深入，是我国语言学界研究景颇族语言的代表作。

该卷中的论文不仅体现出戴先生孜孜以求、不断创新和坚持不懈的治学精神，还反映出戴先生在运用多种语言学研究的理论与方法方面的尝试和探索。如在《景颇语方位词"里、处"的虚实两重性》中，戴先生认为：过去我们在确定"里、处"的词性时曾反复不定，有时认为是名词，有时认为是助词，后来通过进一步研究才明白，这类词虽然是方位词，但因经常和动词连用，出现了虚化，又具有了状语助词的功能，成为虚实两重性的"两栖词"。《景颇语的句尾词》对景颇语句尾词的共时特征做了系统分析描写。文章指出：大多数句尾词的来源，目前还认识不清楚，有待以后深入研究。《再论景颇语的句尾词》从景颇语语音、语法、语义的相互关系和语言结构的系统性入手，通过亲属语言的比较，分析句尾词的性质、来源、形成条件以及发展趋势，还从景颇语的特征上论述了藏缅语代词化的来源问题。两篇相隔六年，体现出了戴先生在语言研究中，不断深化认识的过程和科学严谨的治学态度。

在研究景颇语方面，戴先生运用的研究方法主要有：

1. 统计学方法。如在《景颇语使动范畴的结构系统和历史演变》中，戴先生通过量的统计数据论述景颇语使动范畴的历史演变。《萌芽期量词的类型学特征——景颇语量词的个案研究》《景颇语四音格词产生的机制及其类型学特征》都运用了穷尽性统计方法。前者以属于汉藏语系藏缅语族的景颇语量词为研究个案，通过对量词多层面、多角度的分析和穷尽性统计，探讨景颇语量词萌芽期的类型学特征，后者在对《景汉辞典》所收的15245条词进行统计考察后，筛选出四音格词1127条（占收词总数的7.4%），并对产生四音格词的语言机制进行了分析，通过与亲属语言比较，进一步探讨四音格词的性质及其类型学特征。再如《景颇语助动词形成的途径及条件》统计了2737个词的话语材料，对其中的215个助动词（占7.9%）进行研究，论证了景颇语助动词形成的相关条件。

2. 系统论的理论与方法。如《景颇语使动范畴的结构系统和历史演变》运用系统论和认知论的观点和方法，分析景颇语使动范畴的结构系统，揭示其结构层次及不同的功能。再如《景颇语的句尾词》《从语言系统看景颇语动词的重叠》《景颇语的连动式》《景颇语的"体"和"貌"》四篇论文都运用了系统论的理论与方法。《景颇语的句尾词》对景颇语句尾词的共时特征做了系统分析描写。《从语言系统看景颇语动词的重叠》从系统论的角度指出，动词重叠的存在与演变均受系统内各种因素的制约，是在各种因素的制约中形成其特点和演变轨迹的。该文从五个大的方面探索了景颇语动词重叠的系统机制特点。《景颇语的连动式》从系统论的角度对景颇语连动式的概念、结构、句法功能、形成条件等进行了探讨；《景颇语的"体"和"貌"》一文对景颇语的体、貌做了系统分析。

3. 共时分析的理论和方法。共时分析的方法和理论可以说是戴先生此文集中运用最为广泛的方法和理论之一，第一卷中多篇论文运用了这一理论和方法。如《景颇语的泛指动词》从共时角度描写并分析泛指动词的基本特点、语义语法特征及其类别，并探索形成语法化的内部机制。《景颇语的结构助词"的"》分析了景颇语中表示"的"义的三个结构助词的共时特征。《景颇语重叠式的特点及其成因》对景颇语重叠式的主要特点（包括形式、手段、功能等），作共时分析描写，并对其成因作可能的解释。《景颇语的述补结构》通过景颇语述补结构的共时分析以及与藏缅语亲属语言的比较，描写景颇语述补结构的主要特征，进一步揭示景颇语述补结构的类型学特征。《景颇语的否定范畴》主要分析、描写景颇语否定范畴的共时特征，包括语音、语法、语义、语用等方面的特征。《景颇语的"NP+e^{31}"式——与汉语被动结构比较》从共时角度分析了景颇语"NP+e^{31}"式的语义、语法及语用特点。

4. 类型学研究方法。如《景颇语"给"字句的类型学特征》分析了景颇语"给"字句的类型学特征。《景颇语四音格词产生的机制及其类型学特征》通过与亲属语言比较，探讨了四音格词的性质及其类型学特征。《萌芽期量词的类型学特征——景颇语量词的个案研究》通过对量词多层面、多角度的分析和穷尽性的统计，阐述了景颇语量词萌芽期的类型学特征。《景颇语的重叠及其调量功能》从类型学和认知语言学的角度讨论景颇语重叠的类型及其调量功能，论述其类型学的共性和个性。《景颇语的述补结构》通过描写景颇语述补结构的主要特征，进一步揭示景颇语述补结构的类型学特征。

5. 田野调查的方法。这是戴先生进行景颇语言研究的一大特色。戴先生几十年如一日，长期坚持深入田野调查，倡导民族语言研究要做"田野派"，强调民族语言研究者应该"到田野去"，只有这样才能做出真正的好成果、大成果。从年轻时长住景颇族村寨到年近八旬，戴先生走访了景颇族的村村寨寨、跋涉了景颇族的山山水水，取得了丰硕的景颇族语言研究成果。除了该卷中的论文之外，还有《景颇语语法》《景颇语参考语法》《景颇语词汇学》《景汉词典》《汉景词典》《景颇语教程》等。

该卷中论文大多涉及学术界较为热门的话题或者颇有争议的话题，极具创见性。如《景颇语的话题》就涉及了汉藏语中的非汉语诸语言话题范畴的研究，对景颇语话题的性质、功能及有关特点进行具体分析，并由此提出了一些富有创见性的观点。《耿马景颇语的语言活力》揭示出一个分布在边境上的民族群体，在强势语言的包围下，其语言活力究竟如何，在现代化建设进程中，其语言演变的规律如何，发展趋势又是如何。这也是当下较为热门的话题之一。

该卷全面系统地描写了景颇族内部的语音、词汇和语法现状，论述了景颇族语言在汉藏语系中的地位和价值，给我国其他少数民族语言研究提供了很好的借鉴。戴先生本人曾谦逊地指出：有一些观点和认识仍然需要在实践当中不断深化和完善，这正反映出戴先生在学术研究中严谨的态度。

二

藏缅语族是汉藏语系中语种最多、分布最广、内部差异最大的一个语族。藏缅语族无论在共时或是历时上情况都很复杂，不仅存在多种类别，而且不同类别又呈现出交叉的特点。戴先生曾出版《藏缅语族语言研究》论文集五集，这次出版的《戴庆厦文集》第二卷《藏缅语族语言研究》中的论文在戴先生多卷个人论文集的基础上做了进一步精选，既包括总体性的描写也包括专题性的探讨，这些涵盖了藏缅语族语音、语法、语义、词汇等方面，细读该卷，我们可以大致了解戴先生研究藏缅语族语言的理论、方法和实践。

戴先生在研究藏缅语的语音问题时主要是运用中国传统语言学的声韵调分析法。如韵母方面有《藏缅语族辅音韵尾的发展》等，声母方面有《彝缅语鼻冠声母的来源和发展》《彝语支语言的清浊声母》等，声调方面有《藏缅语族语言的声调研究》《藏缅语声调的产生和发展》《嘉戎语梭磨话有没有声调》等。采用声韵调分析法对语音进行研究是与藏缅语的自身特点分不开的。藏缅语族各语言的音素在音节里往往受位置的制约，同一音素在不同位置上不但发音特点可能不同，在发展变化上也可能具有不同特点。如现代藏缅语有 p、t、k 等塞音韵尾，居于声母位置时发音过程包括成阻与除阻两部分，而用作韵尾时，一般只有成阻而无除阻，而且两者有不同的发展变化。另外藏缅语音节结构有许多特点，如许多语言有复辅音声母、有多音素组合的韵母，词汇中单词素的比例大，音节内部以声韵调为单位相互制约，所以用声韵调分析法更能揭示藏缅语的特点。戴先生在运用声韵调分析法的同时，也运用现代描写语言学的音位分析法对藏缅语的语音进行研究。如《藏缅语族松紧元音研究》《独龙语木力王话的长短元音》《哈尼语元音的松紧》《关于纳西语的松紧元音的问题》等。

运用语言的共时描写与语言的历时研究相结合的研究方法，不仅能全面、准确地反映语言面貌，而且能从平面的、静止的描写中弄清语言历史变化的特征。如《藏缅语松紧元音研究》中戴先生首先描写了藏缅语族中的彝语、哈尼语、拉祜语、苦聪语、景颇语等松紧元音概况，接着通过不同语言之间的描写比较探讨了松紧元音的来源。通过缅语支和彝语支的比较发现彝语、哈尼等语言的松紧元音可能由舒促韵母演化而来，过去这些语言是分舒促的，促声韵韵尾逐渐消失，带韵尾的促声韵转化为没有韵尾的紧元音了。另外通过景颇语、载瓦语的松紧元音在哈尼语、彝语、藏语、缅语中是与声母的清浊相对应，推测载瓦语与哈尼语、彝语一样在塞、塞擦音上分清浊，后来浊声母消失，清浊对立特征转化为松紧元音对立特征。这一论点又通过载瓦语、彝语同源词的使动范畴的语音形式进一步得到证明。《从词源关系看藏缅语名量词演变的历史层次》首先横向描写了藏缅语族中不同语言的不同的名词、数词、量词之间的组合关系，以此将他们划分成了三组，其次根据这三组藏缅语之间的同源关系并结合认知规律从纵向探求了藏缅语名量词演变的三个层次，即第一层：原始藏缅语非标准度量衡量词和集合量词；第二层：量词发展中介阶段出现的反响量词；第三层：性状、通用量词的出现达到了量词丰富发展阶段。

戴先生在语言描写上重视语言单位之间的相互联系和相互制约的关系。在他的论著中可以看到对声韵调的关系和语音、语法、语义三者之间的关系的关注和研究。在声韵调的相互关系上，戴先生特别注意它们之间的伴随现象。正是由于声韵调之间存在着相互制约的关系，一个要素发生改变往往会引起另外要素发生变化，所以通过相互间引起的伴随现象可以发现语音变化发展规律。例如碧约哈尼语松紧元音影响舌位，在同一个元音上紧元音舌位比松元音低一些开口度大些，这是松紧对立转为不同舌位的先兆。再如傈僳语在同一类调上紧元音调值略高于松元音，这反映了松紧对立转为不同声调的萌芽。戴先生善于结合语音、语义对语法进行研究。在《研究藏缅语族语言使动范畴句法结构的演变链》中，戴先生采取语义内容、语音形式、同源词三者的综合比较方法，以及语言系统（结构系统和亲属语言系统）的分析方法揭示了藏缅语使动范畴的历史演变规律：第一，使动范畴的形态变化是藏缅语族语言的一个重要特征，不同的亲属语言都有同源关系。同源关系可以从部分使动的同源关系以及语音对应关系中得到证明。第二，藏缅语使动范畴的历史演变受语音韵律和语义功能两方面因素的制约。第三，分析式大面积的发展是在屈折式之后。在语音形式上，分析式有较大的适应性，表示使动的动词和助词能加在各种语音形式的自动词之后。在语义上，分析式具有较强的表现力。第四，藏缅语使动范畴的历史演变特点说明，一种语言的语法范畴采用什么语法形式，是其内部系统的特点决定的，而且不同形式之间存在互补。

　　戴先生往往不满足于单一语言的剖析，他特别重视通过语言之间的相互比较看某一语言现象的本质特征。这在戴先生很多文章中都有反映。如在《彝语支语言的清浊声母》中，戴先生不仅将彝语支内部的语言进行比较，还将彝语支的语言与藏缅语支的其他语言进行了比较。语支内部和外部的比较更加全面客观地反映了彝语支清浊声母的一般特征、彝语支清浊声母与藏缅语族其他语言的关系和其发展趋势。首先，通过彝语支内部的彝语、哈尼语、傈僳语、拉祜语、纳西语的比较可以看出清浊在彝语支语言内部，基本特征是一致的，并且存在比较严整的对应关系。各语言在清浊特征上的一些差异，有着密切的内部联系，能找到其分化条件。所以可以说，彝语支的清浊特征在发展上大致处于相同的阶段。其次，将彝语同清浊对立（藏语、缅语、独龙语）和清浊一般不对立（景颇语、载瓦语）的两类同族其他语言进行比较。通过比较，发现彝语支语言的清浊在同语族其他语支语言里，存在着比较明显的对应关系。若对方语言也分清浊，大致存在相同的对应；若对方语言不分清浊，清浊则同别的语音特征对应。总的来看，在藏缅语族语言中，保留清浊对立特点比较突出的，要算是彝语支。最后，通过彝语支内部各语言清浊对立的不平衡特点认为彝语支语言存在对立到不对立的发展趋势。

　　《彝缅语鼻冠声母的来源及发展》针对杨焕典教授提出与"彝语支松紧元音的对立可能是古辅音韵尾脱落后留下的痕迹"完全相反的观点，谈到了一些学者在语言研究方法上存在的问题，并提出了自己的意见。认为杨文"没有任何的语言事实作为依据，唯一理论是根据经济文化发展的快慢决定语言发展的快慢，把汉藏语诸亲属语言的特征按经济文化发展的快慢排个次序，然后便断定松紧元音对立在先，古辅音韵尾的脱落在后"。戴先生指出历史比较法的基本原则之一是通过语言本身的比较研究，来发现认识语言内部的发展规律，语言的外部因素只能是参考条件，不能作为主要依据。横向的共时的语言特征分析固然能够反映语言的历时的变化，但是使用这一论点分析具体语言时必须谨慎，必须要有严格的科学论证的方法。因为不是所有的横向特征都能反映历时的变化，语言学家要对各种横向特征进行科学鉴定，而不能仅用语言以外的因素（如经济、文化发展的快慢）去推断，要从语言内部的特征以及语言之间的相互制约关系中寻找。

《凉山彝语的体词状语助词》针对过去彝语语法著述分出介词一类是否合理的问题提出了关于语法研究体系"模仿—创新"的思考。模仿与创新，是人类认识客观事物的一对相关的手段与方法，也是人类创造发明所共有的、必须遵守的认识规律。语言研究也是这样。戴先生认为，既要模仿又要创新，这是语言研究得以顺利进行并能取得新成果的必要保证。任何人在开始研究一种新的语言或一种新的语言现象时，特别是初学做语言研究时，都避免不了要模仿别人的经验和做法。模仿是研究语言、认识语言在初始阶段的一种既方便而又简捷的方法。模仿常常不会是单纯的模仿，模仿的过程总会带有不同程度的创新。戴先生以彝语不必设立介词这一词类为例（戴先生对汉藏语系的系属分类也可以作为例证），论证了模仿是研究的开端，也是后来创新的基础。戴先生认为，处理好模仿与创新的关系，必须正确认识共性和个性的关系。不同语言之间既有共性又有个性，汉语与非汉语之间也是这样。正是由于语言之间有共性，所以模仿的运作才有获得成效的可能。但语言除了共性外还有个性，个性决定了某一语言的性质。因而，语言研究对于那些不同的个性特点就不能生搬硬套，而应在具体分析语言事实、在大量掌握语言材料的基础上，建立适合具体语言的语法体系。这是从模仿到创新，是建立新的语法体系的必经之路。

戴先生的每篇论文都具有翔实的语言材料、严密的逻辑推导、分明的结构层次、新颖独到的论据论点，对于一时因各种外部条件所限而不能确定的问题则保留自己的意见或者暂且搁置，留待以后进一步研究，不说没有充分科学依据的话。戴先生严谨的学术作风令我们钦佩，他在藏缅语研究方面的理论、方法和实践对我们具有重要的指导意义。

三

《戴庆厦文集》第三卷集中讨论有关语言学研究的理论和方法问题。该卷中，一篇论文着重研究一个方面的问题，每篇论文都是构成汉藏语研究整体的一部分，读后使我们不仅对当今汉藏语研究现状有了较为深刻的了解，更对少数民族语言学研究的理论和方法有了更为全面的认识。

1. 关于研究思路问题

在如何确定语言对应规律上，戴先生认为在方法论上要有系统的观点，要分类来解决，采取多种标准（如声母、韵母、声调）；在比较程序上，戴先生主张多搞下位的微观比较，先搞清楚各语言内部的分析和描写，摸透特点，再在此基础上往前走，汉藏语研究应该"小题大做"，"眼高手低"：即从小问题入手，基础做起，也要放开来从宏观上把握；戴先生认为要从重视分析描写走向重视解释，进而看到规律、本质，回答"为什么"。戴先生的这一系列研究思路不论是对普通语言学研究，还是对少数民族语言学研究都有很强的指导意义。

2. 关于正确处理民族语言研究中的四个关系

四个关系即共时描写和历时比较研究的关系；单一语言研究与不同语言比较研究的关系；模仿与创新的关系；语言本体研究与非本体研究的关系。在共时历时方面，戴先生更加重视共时描写，他认为共时描写是基础，是需要加强的部分，语言分析也应逐渐从单一角度、单一方法向多角度、多方法转变，从以描写为主向描写解释相结合转变，这些理论与他踏实严谨的学术作风是分不开的，的确，只有基础打牢了，根基才会稳，学术大厦才有可能建得高、建得稳。语言是存在于社会之中的，与一切社会现象紧密相关，语言本体的重点要把握，跨学科研究、跨语言对比研究应该得到足够的重视，非本体的影响语言发展演变的外部因素也应该得到重视，只有"均衡营养"，语言研究才能"茁壮成长"。

3. 关于汉藏语系语言分类问题

汉藏语很复杂，究竟应该如何分类？白保罗先生认为壮侗语和印尼语有同源词，二者同源，这是一个非常大胆的猜测，戴先生更是提出了更为大胆创新的假设，他认为汉藏语内部亲属关系或许有两种类型：一是由原始母语分化下来的亲属语言（藏缅语和汉语），一是由语言影响而形成的亲属语言（壮侗语和汉语）。他认为藏缅语内部的语言分类存在简单化的倾向，他主张不同流派，不同风格并存，应该多做底层比较，一层一层往上比，把基础打牢。戴先生这种"大胆假设，小心求证，兼收并蓄"的学术视角是十分值得我们学习的，一方面，他不照着前人路子走而是大胆地提出自己的假设，另一方面从基础做起来求证，不否定他人的研究成果，提倡百家争鸣。

4. 关于田野调查在语言研究中的地位

戴先生指出："田野调查是语言研究的永恒任务。"他特别重视田野调查，他亲身调查至少也有四五十次（他自己所说），调研成果丰硕。他80岁高龄，还奔波在田野调查的第一线，这给了我们年轻学人极大的鼓舞，是我们学习的榜样。在讲到田野调查这一块时，他从最细节的基础处说起，还用自己的亲身调查经历来解释问题，给我们展示了一个"虽然辛苦，但收获丰富，意义重大"的田野调查观念。

5. 关于语言接触

《语言接触研究必须处理好的几个问题》是一篇研究语言接触问题的指导性论文，文章论述了鉴别语言影响成分是研究语言接触的基础和前提，提出了研究语言接触问题的步骤、范围和方法等问题。传统历史比较的根本困难是如何区别同源关系和接触关系，在没有弄清接触机制的情况下提出同源关系和接触关系的各种标准都只能是假设。因此，只有通过对语言接触的深入研究，才有可能比较出语言分化和语言接触的根本区别，从而提出确定同源关系的方法，于是出现了深层语义分析法、词阶判定法、词族证明法、文化参照法等。戴先生很有远见地看到了这一研究方向，他主张以新的眼光重新审视语言的亲属关系以及历史比较语言学的研究方法，他认为研究范围应该由小到大，语种数量上应该先做两种语言接触的关系为佳，语言结构内容上也应该选择小范围的去做，"描写"要从多角度、使用多方法才能取得有深度的认识，"解释"要兼顾语言内部机制和外部条件两个方面，这些理论方法都将"语言接触"这个大的宏观研究解剖成了一个个小的方面，对研究具有非常积极的意义。

6. 中国民族语言学对发展语言学的重要性

李方桂先生在《上古音研究》中说过："汉语与别的汉藏语系的语言比较研究，这是将来发展汉语上古音的一条大路。"我国的语言材料丰富，许多现象是国外罕见的，研究我国民族语言，肯定会在一定程度上丰富现有的语言学理论。从研究方法上看，历史比较法强调语音对应规则、形态对应规则，而汉藏语形态变化少，靠语序会被说是类型学上的偶合，靠同源词，又会被说是早期借词，所以我们不得不去探索适合汉藏语系语言的新方法，如邢公畹教授的同类原则，罗美珍的并用原则、搭配原则等。另外社会语言学在民族语言学中有反映，如民族同语言的关系，民族语言的相互影响，跨界民族语言的发展，双语教学，语言同文字的关系、部分少数民族的语言濒危等。同时，研究民族语言同研究汉语史有密切关系，如上古音的构拟。在方法论上，戴先生在《"诺苏"为"黑族"义质疑——兼论从语言研究民族的方法论问题》中明确指出：使用语言材料研究民族史若要得出科学的结论，必须坚持以下几个原则：（1）正确记音，（2）正确的语义分析，（3）要有语音对应规律做后盾，（4）语言事实与文化事实相互补充印证。我想，戴先生正是由于看到了民族语言如此重要的地位，才会这样数十年如一日地钻研，孜孜不倦地在少数民族的土地上耕耘，为我国少数民族语言的发展作如此之多的贡献。

7. 西部开发与语言学研究

西部地区是一个语言的天然宝藏。我国语言分属汉藏、阿尔泰、南亚、南岛、印欧五大语系，除了南岛语系之外，其他四大语系在西部都有分布。西部还有丰富的古文字，如突厥文、回鹘文、巴思八文、契丹文、东巴文、哥巴文等，还有大量古文献。另外一些已经消亡的古代语言也在西部，如西夏语、粟特语、焉耆—龟兹语等。西部汉藏语系、阿尔泰语系的语言系属问题是半个世纪以来的困扰语言学家的研究之"谜"。越来越多濒危语言出现在西部，我们应该如何对待？睿智如戴先生，他看到了我国西部各语言的巨大潜力，也将终身献给了语言学的研究。

8. 怎样培养有扎实功底的民族语言研究者

民族语言研究者，要把精力放在提高语言研究能力上，包括语言田野调查，准确记音，能把记录的语料整理成可用的素材，对语言现象有敏锐性，有筛选、分析、判断的能力，写出好论文的能力等。另外要摆正语言学理论学习与提高语言研究能力的关系：把理论回归到自己研究的语言，语言事实是第一性的；在运用理论时要创新。这是戴先生对民族语言研究者的要求，也是期望，是我们努力奋斗的方向。

9. 从戴先生访谈录看他的学术态度

在学术道路上，戴先生坚持：由近到远，由小到大，由微观到宏观，从语言本体到语言外部。态度上他主张：尽心尽力，顺其自然，不浮躁，不随大流。另外，他重视田野调查实践，他坚持的"有几分材料说几句话"的宗旨十分可贵，正是由于他遵循这一宗旨从事研究，所以能最大限度地保证资料及论断的准确性。戴先生主张年轻人应多做语言事实的分析、整理，重视学会研究语言的基本功，为以后理论的研究打好坚实的基础。

理论是人们对客观世界的认识达到一定水平之后形成的，具有时代性、阶段性等特点。人们认识客观世界的过程是永远不会停止的，因此对理论的探索也永无止境。同样，民族语言学的理论和方法论探讨也是永无止境的。在今后的学习中，我们不但要侧重于实践基础上的理论探讨，还要力求做到语言理论和研究方法的共性与本土化有机结合，理论探讨与个案研究有机结合，科学精神和人文精神有机结合。在研究内容上，从历史比较语言学、语言调查、语言态度、语言与文化、语言接触、濒危语言、双语教育等领域探讨中国民族语言学的实践和理论的发展，重视共时描写、历时研究、跨学科研究。我们在牢记前辈"务实"教导的同时，也应该重视理论方法"创新"所带来的质的飞跃，这是打开语言学宝库的一把钥匙。

四

《戴庆厦文集》第四卷《双语学研究》是我们所看到的为数不多的个人有关双语学研究的论文集。《双语学研究》（以下简称《双语》）回顾了双语研究的历史，论证了双语研究的内容及方法，论述了建立双语学的意义，呼吁我国尽快建立起双语学这一新学科。该卷论文凝聚了戴先生双语学思想的精华。

人类社会早期就已有了双语现象的萌芽，然而"双语"（bilingualism）的概念直至20世纪初才具雏形。20世纪60—70年代，苏联学界开展了一次大规模的双语调查，其间出版、发表了大批有关双语的专著和论文。到了 20 世纪 80 年代，欧美各国的双语研究成为一个热门，出现了大量研究双语学的著作。自 80 年代初期，戴先生便开始关注双语现象，他是我国最早研究双语学的语言学家之一。进入 90 年代伴随着研究的深入，戴先生在我国少数民族双语问题上体现出极大的热情，相继发表了《论双语学》《中国国情与双语教育》《论母语》《中国少数民族双语教育类型》《新时期中国少数民族双语的变化及对策》及《中国少数民族双语教育的历史沿革》等重要学术论文。这一阶段戴先生的视角侧重于从国情入手，分析我国早期社会双语现象的特点、少数民族双语现象形成的原因、发展变化过程与对策，以及少数民族双语教育的类型、现状及现实问题等。21 世纪初，戴先生庞大的双语学理论框架初成，这一阶段开始对云南、贵州、新疆、延边等具体少数民族地区的双语使用情况进行田野调查，并深入探讨我国少数民族双语教育体制的建立和实施，呼吁我国构建双语和谐的多语社会。

《双语》高屋建瓴，气势恢宏，其中所收录的学术论文是先生双语学理论观点的重要集成，与传统的双语学研究相比既有继承又有发展，既有学术默契又有独到创见，是我国学者研究双语学必读之著作。戴先生重要的双语学观点体现在：

1. 民族地区具体实际是决定双语政策的根本出发点。语言是民族维系的重要特征，它在扮演交际工具的角色中悄无声息地记录下民族的个性与历史变迁。我国是以汉族为主体的统一多民族国家，汉语作为一种强势语言始终影响着少数民族语言的发展。汉语成为我国各民族的族际交际语的过程就是少数民族汉化的过程，汉语与少数民族语言共存时，就达到语言兼用（即双语现象）。戴先生认为，每一个民族都具有与生俱来的天然基因，因此对民族地区双语问题的规范，还应从民族的人口数量、分布特点、民族关系、文化特点、发展水平、民族心理等入手。

2. 语言使用的多样性是判断双语问题复杂性的决定因素。我国有 56 个民族，约 130 种语言，而这些语言又分属五大语系，语系下又分 9 个语族、14 个语支，且有多个民族涉及跨境语言。我国民族语言的多元性特征决定了我国双语问题的复杂性。因此，贯彻实施民族语言政策，发展各民族经济、文化和教育必须从不同民族语言使用的复杂程度出发。尤其在制定双语教育体制的过程中，必须根据各民族双语使用的不同类型，多种模式多种方法兼用，只有这样才能从根本上提高民族地区双语教育的质量。

3. 遵循语言使用的发展规律是科学地解决双语问题的基本途径。随着现代科学技术的发展，信息传播速度越来越快，范围也越来越广，语言文字的使用问题日渐成为困扰多民族、多语种国家的重要问题。如何制定科学的双语教育模式，确保使用不同语言的人们都能迅速、准确地交流思想、沟通信息，是我们语言工作者所肩负的时代重任。我国少数民族发展实践证明，遵循语言使用的客观规律是解决双语的关键。只有使我国的民族教育走出一条适合本民族实际的发展道路，才能更好地促进各民族平等繁荣地发展。

4. 促进民族母语与国家通用语的和谐发展是解决少数民族双语问题的最佳模式。历经多年的语言调研实践，戴先生总结性地指出：促进民族母语与国家通用语的和谐发展是解决少数民族双语问题的最佳模式。在第八届国际双语学研讨会上戴先生再次强调了这一观点的重要性，并形象地称为"两全其美"模式。这一观点启发我们在少数民族双语问题上，既要保护民族同胞母语使用和发展的权益，又要帮助他们更好地学习使用通用语，保证民族母语和通用语在现代化进程中分工互补、和谐发展。"两全其美"模式是我国民族语言生存和发展的主流模式，有利于少数民族的发展繁荣，有利于不同民族的友好团结，符合各民族人民的共同心愿。

戴先生曾说："人生的价值在于贡献，这是我一生的座右铭。"先生扎实的学术态度是整部著作最精美的装帧，他用骄人的学术成果践行自己的诺言，为自己的学术生涯做出了最华丽的脚注。《双语》的学术价值及社会意义宏大而深远，在此只有撷取精华。首先，《双语》提出了"双语学"的学科定义及一些重要概念。关于"双语"的概念目前尚未达成一致意见，《双语》中将"双语"定义为个人或集体使用两种或两种以上语言的现象，这一解释得到了学术界的普遍认可；《双语》中提出的一些其他概念如双语教育、双语教学、双语专业、民汉兼用、母语保留型双语现象、双语教育体制等被当今学者广为沿用。其次，《双语》归纳出了少数民族双语学研究的类型。《双语》对具体少数民族双语现象进行了科学、系统的分类，如在谈论我国双语教育问题时将我国的双语教育归纳为一贯制双语类型、小学双语型和辅助双语型。对我国少数民族双语研究类型的划分是戴先生双语研究的另一大特色。再次，《双语》制定出一系列具体的研究课题，并论证了研究课题之间的相互关系及其与双语学的体系性关系，使双语学理论体系更加具体、清晰、系统。最后，它对双语学建立过程中来自学科内外的不利因素进行了分析，并提出了一些应对的思路。此外，《双语》的社会意义也不容忽视。戴先生早在20个世纪90年代就提出了极具预见性的双语学观点。1997年发表的《建立双语专业势在必行——内蒙古民族师范学院开设蒙汉双语专业的启示》一文中就提出，"双语专业的设置在新时期是与市场经济的发展、民族教育改革的需要合拍的，是一个有发展前途的新专业"，极力倡导民族地区实施双语制教育，保护双语平等和谐发展。"国家社会科学研究课题"之《一条切实可行的发展民族教育之路——云南省德宏傣族景颇族自治州双语文教学体制启示录》则更加明确地指出，建立符合我国少数民族语言实际的双语制教育体系是发展民族教育的必由之路。历史和现实证明，在我们统一多民族的社会主义国家，构建双语和谐，能够增进民族情感，帮助民族发展，促进民族团结繁荣。《双语》所创立的科学"双语观"其实质是一种辩证地解决双语问题的工作方法。双语问题不仅仅是语言问题，它与国家紧密相连，与民族问题息息相关，只有真正认识到双语地位的平等互补，才能从根本上消除民族发展与团结的天然障碍。我国民族多，分布广，双语类型多样，有聚居区和杂居区、内地和边疆、大民族和小民族、跨境民族和非跨境民族等不同类型，科学的"双语观"就是针对双语的不同类型、不同特点，根据本民族的需求，解决好双语问题的思想观点。戴先生为我国乃至世界双语学研究做出的贡献是巨大的。

五

《戴庆厦文集》第五卷汇集了戴先生近 60 年有关汉语与非汉语研究方面已发表的主要论文。在该卷的多篇论文中，戴先生论述了汉语结合非汉语研究的必要性和相关理论、方法等问题。如在《汉语研究与非汉藏语》中，戴先生指出："汉语研究能从同语系非汉语研究的成果中加深对汉语特点的认识，扩大汉语研究的新视角。""从汉语与同语系的非汉语的同源关系和对应关系中，深化对汉语的认识，发现汉语的新特点"，"在研究方法上，非汉语的汉藏语研究会为汉藏语以及汉语的研究提供有价值的启发"。在《关于汉藏语语法比较研究的一些理论方法问题》中，戴先生认为"汉藏语语法比较研究能为汉藏语的历史研究提供证据"，"能为语言类型学研究提供丰富的材料"，"能为语言教学提供理论方法上的依据"。戴先生还深入探讨了汉语与少数民族语言结合、古汉语研究与少数民族语言研究结合的理论和方法问题。在这些研究中，戴先生特别强调"反观法"的运用。2013 年 4 月 15 日，在《中国社会科学报》上，戴先生发表《多角度深化中国少数民族语言研究》一文，从理论上进一步总结了"反观法"，强调应"充分使用不同语言的'反观法'"。戴先生指出："我国的语言类型丰富、特点殊异，有着发展语言学取之不尽的资源，是提炼语言研究理论、方法的宝地。利用不同语言'反观'，也是深化语言认识的重要途径。在语言研究中，可以使用'反观'的方法从显性特征和隐性特征的相互映照中发现隐性特征。"

该卷第一部分介绍了语言对比中汉语与非汉语研究结合的理论问题和必要性（前 9 篇论文外加第 26 篇论文）。第二部分介绍了汉语与藏缅语的语法特点对比以及汉藏语研究（论文第 10 篇至第 22 篇）。第三部分介绍了闽语的语音规律（论文第 23 篇至第 25 篇）。第四部分介绍了新时期的民族语言翻译和汉藏语系概要（第 27 篇论文和最后一个讲课稿）。

该卷重点是阐述语言对比中语法对比的一些理论与方法，探讨汉语与非汉语研究问题。如在历时条件下研究古汉语研究和少数民族语言，在共时条件下考察汉语与藏缅语的述宾结构和选择疑问等语法特点的比较、汉语与景颇语中量词的比较以及汉藏语与粤语的对比分析。最后几篇论文阐述了闽语仙游话的语音规律，介绍了非亲属语言语法比较的方法论及新时期的民族语言翻译问题。

在《跨语言视角与汉语研究》中，戴先生主要认为汉语研究如果能把视角扩大一些，看其他语言特别是亲属语言的特点，做些语言间的比较，就会发掘出单个语言研究所看不到的特点和规律。在《论新时期的民族语言翻译》中，戴先生以我国少数民族语言翻译汉语为对象，分析语言翻译在我国新时期的性质、特点，论述语言翻译与社会和谐、语言和谐的关系，并对如何搞好新时期的语言翻译提出了一些建议。在本书的第三部分戴先生从闽语仙游话的变调规律、音变规律和文白异读三个方面介绍了闽语仙游话的语音规律和仙游话语音发展的新趋势。在《汉藏语系概要》中，戴先生从汉藏语系语言学的任务、概况、语音、语法、词汇、文字及其现况这几个方面对汉藏语系作了全面论述，内容涵盖面广，语言简洁，通俗易懂。在《有关亲属语言语法比较的一些方法论问题》中，戴先生从语言比较的性质、目的以及根据第二语言教学等方面介绍了语法比较的两种途径：一是通过两种语言规律的对比发掘相互间的共性和个性，二是通过语言教学的实践反观不同语言的特点。

该卷为我们提供了汉语与少数民族语言对比研究的方法，在双语教学、科研领域发展和应用方面开拓了前景，深刻地阐述了藏缅语的述宾结构、选择疑问句、连动结构、因果复句关联标记、强调式施动句和述补结构的具体与汉语不同的语法特点等。其创新性观点对我国少数民族以及濒危语言研究具有重要启示。

戴先生提出在语言对比中，要从习得偏误中发现双语的特点。偏误分析是认识两种语言特点和差异的一种有效方法，因为在第二语言的习得过程中出现的误差，大多是由母语与目的语的差异引起的，因而从偏误分析中能够获得语言差异的真知，能够准确地抓住第二语言习得中的难点，使第二语言的教学能够更有针对性。戴先生比较分析了偏误习得与非语言习得（即静态语言）的情况，认为偏误习得是一种动态分析，从语言使用的动态过程、中介语向目的语演化的过程，揭示了语言习得的规律。这无疑对双语教学和第二外语学习提供了一种新的有效的方法。

戴先生是我国少数民族语言研究中成就高、影响大的语言学家，他为我国乃至世界语言学研究做出了重大贡献。更值得我们称道的是：这位年已八旬的著名学者，至今仍以他严谨、扎实的学术精神，坚守着语言学和少数民族语言学研究这块阵地，他亲身实践着自己"活到老，学到老，做到老"的座右铭，用他毕生的精力和智慧在我国少数民族语言学研究史上写下了绚丽的篇章。

主要参考文献

戴庆厦：《多角度深化中国少数民族语言研究》，《中国社会科学报》2013年4月15日 A07 版。

戴庆厦、罗仁地、汪锋主编：《到田野去——语言学田野调查的方法与实践》，民族出版社 2008 年版。

戴庆厦：《戴庆厦文集》（全五卷），中央民族大学出版社 2012 年版。

戴庆厦：《汉语与少数民族语言关系概论》，中央民族大学出版社 1992年版。

（作者：冯广艺，中南民族大学教授、博士生导师；严萍，中南民族大学研究生）

立足田野　博而能精

——戴庆厦先生学术述评

【摘要】戴庆厦先生在 58 年的学术生涯中，始终重视通过田野调查获取第一手语言事实，以此为基础开展少数民族语言研究。他精通景颇语，建立了景颇语研究的理论体系，他对藏缅语族乃至汉藏语系也有广泛的涉猎。在学术研究中，他坚持"立足本土"，重视国际视野和跨语言视野，自觉地将少数民族语言研究与国家重大需求结合起来，体现了他开放、包容的学术态度，求实、务实的学术思想。

【关键词】学术成就；学术思想；少数民族语言研究

戴庆厦，福建省仙游人，1935 年 6 月 21 日出生于福建厦门鼓浪屿。享受国务院政府特殊津贴专家，国家民委突出贡献专家，北京市教学名师。1952 年至 1956 年进入中央民族学院语文系学习，从此走上民族语言研究之路。现为中央民族大学汉藏语研究中心主任，"985 工程"中国少数民族语言文化教育与边疆史地研究哲学社会科学创新基地语言中心主任；云南师范大学汉藏语研究院院长；华中师范大学语言与语言教育研究中心学术委员会主任；中国周边语言文化协同创新中心学术委员会主任、首席专家。兼任国际双语学学会会长、中国语言学会副会长，国家语言资源监测与研究中心少数民族语言分中心主任、全国语言文字标准技术委员会少数民族语言文字标准技术委员会主任、国家语言文字工作委员会 21 世纪第一届语言文字规范审定委员会委员、全国术语标准化技术委员会少数民族特别分技术委员会委员；《汉藏语学报》主编，《中国语文》《民族语文》《语言文字应用》《语言研究》《语言科学》以及美国《藏缅语区语言学》（LTBA）等学术刊物的编委。

戴庆厦先生在少数民族语言研究领域成果丰硕，成就卓著，是我国少数民族语言研究领域的学术权威，也是国际语言学界公认的知名专家。鉴于戴庆厦先生在语言学研究上的突出贡献，美国语言学学会在 2002 年第 76 次年会上，经会员投票表决，一致同意授予他"美国语言学学会终身荣誉会员"的称号。①鉴于他对亚洲地区语言研究的贡献，2011 年泰国清莱皇家大学授予他荣誉博士学位。

一　学术成就

戴庆厦先生 60 多年来一直致力于民族语言的研究，执着勤奋，务实创新。迄今已出版学术著作 46 部（部分为合著），主编 75 部著作，发表论文315 篇。其中既有单一语言的描写分析，也有跨语言的比较研究；既有语音、词汇、语法等本体研究，也有语言学理论、语言功能、语言教育、民族语言文字方针政策等方面的研究，涉及少数民族语言研究的各个领域。下面对戴庆厦先生的学术成就略作评述。

（一）景颇语研究

景颇语研究是戴庆厦先生开始语言学研究的起点。1952 年戴庆厦先生进入中央民族学院之后不久，学校给学生分配专业，戴先生被分配去学习分布在中、缅、印边界的一种景颇族语言——景颇语（缅甸称"克钦语"，印度称"兴颇语"），从此走上多年筚路蓝缕的景颇语研究之路。出版著作包括《汉景词典》（1981）、《景汉词典》（1983）、《景颇成语》（1983）、《景颇语文常识》（1986）、《景颇语语法》（1992）、《景颇语词汇学》（1995）、《景颇语参考语法》（2012）7 部，发表论文 43 篇。这些研究构建了景颇语语音、语法、词汇研究的体系，使人们对景颇语的全貌有了科学、系统、深入的认识。下面以《景颇语参考语法》及一些单篇论文为例，从中管窥戴庆厦先生在景颇语研究领域的学术成就。

《景颇语参考语法》对景颇语语法进行了全面、系统、细致的描写与分析，是戴庆厦先生多年景颇语研究的结晶。在对景颇语语音、形态、词法、句法进行整体审视的基础上，提出对景颇语语法特征的重要认识：景颇语是藏缅语中形态变化较多的语言，同时语序和虚词也是重要的语法手段，现代景颇语的语法类型已出现由形态发达型向分析型转变的趋势。根据景颇语独特的语法特点以及多年研究景颇语语法的经验，戴庆厦先生提出了景颇语语法研究必须注意的两个问题：一是语法与语音的相互制约关系，二是词法与句法的结合。

戴庆厦先生对景颇语的研究有以下特点：

一是对景颇语的语言现象和语言规律进行深入挖掘，条分缕析。以景颇语句尾词的研究为例。在 1990 年至 2008 年的近 20 年间，戴庆厦先生先

---

① 美国语言学学会成立于 1924 年，是规模最大的国际语言学组织。国际公认的顶尖语言学期刊 *Language* 就是该学会的代表期刊。该学会于 1963 年开始选举荣誉会员，并规定，荣誉会员是针对美国以外的语言学专家所设，总名额不超过 60 位。

后发表了《景颇语的句尾词》《再论景颇语的句尾词》《景颇语句尾词形成的结构机制》《景颇语谓语人称标记的多选择性》4 篇文章，对景颇语中丰富而复杂的句尾词进行了多角度的深入研究。认为，景颇语的句尾词是亲属语言中颇具特色的一类虚词，表示以下语法意义：句子的式（即句子的语气）、主语和宾语的人称和数、谓语的方向。表示语法意义的手段主要是屈折变化，包括加前缀、变换前缀、变化语音（声母、韵母、声调）、改变词根等。句尾词主要来自人称代词和动词，在经历了比较充分、系统的发展过程之后，近期又出现了简化的趋势。

　　二是重视研究景颇语语法与语音的相互制约关系。如：《景颇语使动范畴的结构系统和历史演变》一文指出，由于受到双音节化韵律的制约，景颇语前缀式使动词（*s+自动词）没能向变音式演变；分析式使动词（ʃã^{31}ŋun^{55} "使" +自动词）的出现，是以景颇语双音节动词的较大发展为基础的。《景颇语名词的类称范畴》一文指出，名词的类称范畴之所以选用四音节词的语法形式，是由景颇语的语音特点决定的。通过对《景汉词典》中 15245 个词语的统计，认为景颇语是以双音节词为主的语言，名词中双音节的比例更高。表示个称的双音节名词通过双声或叠韵（谐韵）的手段，构成四音格词，表示类称，在语音上容易形成韵律感。《景颇语的韵律与语法结构演变》一文，指出景颇语有元音舌位高低和谐、音节前弱后强、双声及叠韵（谐韵）、双音节化、重叠 5 种韵律形式，景颇语的韵律特点受景颇语分析程度的制约。景颇语的类型特征经历了形态变化由多到少的变化，这一演变使其韵律特点越来越丰富。

　　三是重视从跨语言的视角对景颇语的语法现象进行研究。如：《萌芽期量词的类型学特征——景颇语量词的个案研究》通过对景颇语和藏缅语族其他语言中的量词特征进行比较，认为藏缅语的量词有两种类型：萌芽型和发达型，并对这两种类型的差异进行了比较。《景颇语"给"字句的类型学特征》通过对景颇语和藏缅语族诸语言及汉语的比较，从语法、语义、词源等方面分析了景颇语"给"字句的类型学特征。《景颇语四音格词产生的机制及其类型学特征》通过景颇语四音格词与汉语四音格词的比较，认为景颇语和汉语虽为亲属语言，但四音格词存在较大差异，似无共同来源。

　　（二）藏缅语研究

　　藏缅语族（以下简称藏缅语）是汉藏语系中分布最广、语种最多、特点最丰富的一个语族，与汉语的亲缘关系得到了国内外学者的一致认同。藏缅语的研究，无论是对汉藏语的历史比较研究，还是对语言学的理论建设都有其特殊的价值。戴庆厦先生在这一领域的学术成就主要体现在以下三个方面：

1. 调查、记录了多种前人未发现或未记录过的语言。如：《勒期语研究》《浪速语研究》《波拉语研究》等著作系统描写了景颇族的几种支系语言浪速语、勒期语、波拉语的语音、语法、词汇系统。《仙岛语研究》一书对使用人口不足 100 人的濒危语言仙岛语进行了系统的调查、研究。《藏缅语十五种》一书除研究景颇族各支系语言之外，还较系统地记录、描写了缅甸克伦族使用的一种独特的 SVO 型藏缅语——克伦语，以及 700 多年前从北方南迁至云南通海县定居的蒙古族的语言——喀卓语。这些研究填补了藏缅语研究的空白，给藏缅语族大家庭增加了新的成员。

2. 研究藏缅语一些重要语言现象的历时演变轨迹，弄清其来源及发展演变的过程和趋势。以藏缅语松紧元音的研究为例。元音分松紧是彝语、拉祜语、傈僳语、哈尼语、景颇语、载瓦语等部分藏缅语族语言的重要特征，但这一特征直到 1948 年马学良的《倮文作祭献药供牲经译注》一文中才开始被揭示出来。对松紧元音的深入研究则推戴庆厦先生的《我国藏缅语族松紧元音来源初探》《藏缅语族松紧元音研究》等文章。这些论文阐述了松紧元音的语音特征，指出这是属于元音范畴的一种语音现象；从来源上看，松紧元音具有多源性的特点，有的来自声母的清浊，有的来自韵母的舒促；其发展趋势是从松紧严整对立走向不完全对立和不对立。此外，《藏缅语族语言声调研究》《藏缅语族某些语言的弱化音节探源》《藏缅语族语言使动范畴的历史演变》《从词源关系看藏缅语名量词演变的历史层次》等论文较全面深入地分析了藏缅语声调、弱化音节、使动范畴、名量词等语音现象、语法范畴的历史发展。

3. 从类型学的视野研究藏缅语的一些语法现象，获得对语言共性与个性的客观认识。以《藏缅语的形修名语序》一文为例。该文通过对 10 种藏缅语形修名语序比较分析，指出藏缅语的复合词和短语的形修名结构既有一致性也有差异性，形容词定语前置与后置于核心名词在形式及功能上面都存在差别。该文还分析了形容词、指示词、数量共同修饰名词时可能出现的语序，以及个体量词与这三类定语的关系度等级，对已提出的语言类型规则有所补充。又如《藏缅语选择疑问范畴句法结构的演变链》一文，通过比较 28 种藏缅语选择疑问范畴的 3 种句法结构（即选择问句、正反问句、重叠问句），认为在共时上这 3 种类型依次具有蕴含关系，形成等级序列；在历时上存在一个从选择问句到正反问句再到重叠问句的演变链。

戴庆厦先生对包括景颇语在内的藏缅语的研究在许多方面取得了开创性的成就，《美国语言学通报》评价戴庆厦先生是"中国藏缅语族下属语支的权威学者之一"，他的研究已经得到国内外同行的广泛认可。

（三）社会语言学研究

在多年的研究实践中，戴庆厦先生认识到，任何语言都不是一种静态的存在，而是在社会生活中不断发生着各种变异，不同的语言在使用中也存在竞争、互补等错综复杂的关系。因此，戴庆厦先生很重视社会语言学研究，在语言接触、濒危语言、双语现象、语言和谐、少数民族语文方针政策、少数民族语言国情、跨境语言研究等方面取得了重要成就。概述如下：

1. 研究双语现象及双语教育，提出"构建和谐语言生活"的理念。早在 20 世纪 80 年代，戴庆厦先生就开始关注我国少数民族地区的双语现象和双语教育问题。他在 *Typology of Bilingualism and Bilingual Education in Chinese Minority Nationality Regions*（《中国少数民族地区的双语类型和双语教育》）和《中国少数民族双语的现状及对策》《中国少数民族双语教育类型》《新时期中国少数民族双语的变化及对策》《我国少数民族汉语教学的现状及问题》等论文里系统阐述了我国少数民族地区双语现象的类型、双语教育的现状、存在的问题及对策等。同时，他还致力于双语现象的个案调查，以更加具体微观的考察来推动双语现象和双语教育研究的深入发展。《新疆伊宁市双语场的层次分析》《阿昌族双语转型的成因及特点》《新蒙乡双语调查报告》《怒江州双语现象及其发展》《普及教育、开放经济是双语发展的重要因素——基诺族双语现象调查》等论文从不同的角度探讨了双语层次的发展、演变及转型的成因。《一条切实可行的发展民族教育之路——云南省德宏傣族景颇族自治州双语文教学体制》《建立双语专业势在必行——内蒙古民族师范学院开设蒙汉双语专业的启示》等论文呼吁在民族地区开展双语文教学，在民族院校建立双语专业，通过这些措施提高少数民族的文化素质，培养少数民族语文人才。在对双语现象和双语教育的多年潜心研究之后，戴庆厦先生提出了"构建和谐语言生活"的构想，在《片马茶山人和谐的多语生活——语言和谐调查研究的理论方法个案剖析》《语言和谐研究的几个理论问题》《构建我国多民族语言和谐的几个理论问题》《构建语言和谐是当前民族语文工作的主要任务》等论文，论述了和谐语言生活的特点、成因以及和谐的多语生活对民族发展的意义。

2. 研究中国少数民族语言国情及濒危语言现象，为"科学保护各民族语言文字"建言献策。随着中国城市化的进程，少数民族语言的使用情况发生了巨大的变化，不少民族出现了母语衰退、汉语走强的发展趋势，有的语言甚至出现了濒危的现象，但具体到不同的地区、不同的民族，情况又有所区别。对于少数民族语言生活中这一显著变化，人们只有一种朦胧、模糊的认识，缺乏具体的调查研究。进入 21 世纪之后，戴庆厦先生敏锐地意识到这种变化的出现，以及这一现象对我国民族语文政策制定的重要作用。2006 年戴庆厦先生率先在中央民族大学"985 工程"基地设立了"语言国情调查"项目，并亲自带队奔赴边疆地区，先后开展了十余项课题调查，出版了"新时期中国少数民族语言使用情况研究丛书"（已出版 18 部），如《基诺族语言使用现状及其演变》《片马茶山人及其语言》《云南蒙古族喀卓人语言使用现状及其演变》《勐腊县克木语及其使用现状》等。此外，他还亲自调查了 8 种濒危语言和小语种，在调查的基础上提出了对濒危语言的定性分析、区分濒危语言与衰变语言等理论问题，并出版了《中国濒危语言个案研究》一书。这些研究对于深入认识我国语言国情有重要的价值，对国家开展民族语文工作有一定的咨政作用。2011 年 10 月，中国共产党十七届六中全会通过了《中共中央关于深化文化体制改革推动社会主义文化大发展大繁荣若干重大问题的决定》，将"科学保护各民族语言文字"写入了党的决议。

3. 研究跨境语言，引领语言学领域的学术研究热点。早在 1983 年，戴庆厦先生就在《语言和民族》一文中提出"跨境语言"的概念，开启了我国跨境语言研究之源头。1993 年，戴庆厦先生主编了《跨境语言研究》一书，该论文集的特点是：注重对跨境语言本体结构的比较研究，但对跨境语言的使用功能、演变趋势等方面的研究关注得较少。2008 年戴庆厦先生在中央民族大学"985 工程"基地设立了"跨境语言研究"项目，截至目前，已完成泰国阿卡族、拉祜族、优勉（瑶）族，老挝克木族，不丹藏族，蒙古国蒙古族，中亚东干族、俄罗斯族，哈萨克斯坦维吾尔族，缅甸的跨境民族 10 个子课题，出版了"跨境语言研究丛书"7 本，如《泰国万伟乡阿卡族及其语言使用现状》《老挝琅南塔省克木族及其语言》等。这些著作研究了跨境民族的历史来源、文化习俗、语言使用现状及发展趋势、跨境语言的异同等问题，对跨境民族的文化交流、边疆地区的稳定繁荣以及国家安全都有重要的意义，这些研究已引领学术界出现了一股"跨境语言"研究的热潮。

（四）语言学理论研究

戴庆厦先生不仅勤于具体语言问题的研究，也精于语言学理论的提升。他总能够在做了大量具体语言研究的基础上，提炼出一些颇有见地的语言学理论。正如他的一位博士生所说，"戴先生的穿着是 30 年前的，可是他的思想是 3 分钟前的"。勤于思考，善于总结、提炼，这正是戴庆厦先生能在少数民族语言研究领域取得卓越成就的缘由。戴先生关于语言学理论的研究，主要包括语言本体研究的理论、社会语言学研究的理论、民族语文政策的理论研究三个方面。

1. 语言本体研究的理论。如：《模仿与创新——以少数民族语言研究为例》一文纵横捭阖，从马建忠模仿印欧语研究模式创作《马氏文通》，开创了用现代语言学理论研究中国语法的新篇章，到西南联大的学者以及20世纪五六十年代民族语言大调查的研究者模仿汉语研究调查、记录民族语言，奠定我国少数民族语言研究的基础。以这些事例说明，模仿与创新是语言研究得以顺利进行并能取得新成果的必要保证。该文还通过汉藏语系属研究的发展以及彝语介词的设立与否等例证，说明在模仿的基础上，还要从我国语言实际出发探索新理论、新方法，只有多角度、多方法的探索，才能使得人们的认识越来越接近真理。《汉藏语研究的一些思考》《关于汉藏语系语言的分类问题》等论文阐述了汉藏语研究中的一些理论思考。指出，汉藏语研究要认清"一语三族，两种类型"，要区分类型学上的相似和同源的关系；解决汉藏语的系属问题，要多做底层比较，这样才能得到真知灼见，能为高层次的比较提供可靠的基础。《中国民族语言学对发展语言学的重要性》一文从语言学理论、语言研究方法、语言事实、民族语言与汉语史研究的密切关系等角度出发，指出民族语研究对发展我国语言学理论的重要价值，呼吁今后有更多的人把汉语研究和少数民族语言研究有机地结合起来，更好地推动我国语言学的全面发展。

2. 社会语言学研究的理论。如：《论语言关系》《语言竞争与语言和谐》《语言的外部影响与内部机制》等论文阐述了我国少数民族的语言影响、语言兼用、语言转用等现象及其成因，指出，在多语社会中，语言竞争是语言演变的自然法则，必须坚定不移地坚持语言平等的原则，在民族语文工作中要按语言的实际情况区别对待，要制定必要的法规、政策、措施来保障民族语文的使用和发展。《语言接触研究必须处理好的几个问题》《语言接触与语言演变——以小陂流苗语为例》《互补和竞争：语言接触的杠杆——以阿昌语的语言接触为例》等论文阐述了语言接触导致的语言变异现象，提出语言接触研究要处理好的几个问题，如：鉴别语言影响成分是研究语言接触的基础和前提、在研究步骤上要由近及远、在研究范围上要由小到大、语言的敏锐性和耐心求证相结合。《论"跨境语言"》《论跨境语言研究的理论与方法》《论新时期我国少数民族的语言国情调查》《关于语言使用国情调查的几个问题——以基诺族语言使用个案调查为例》等论文，系统论述了开展跨境语言研究和语言国情研究的理论价值和应用价值、研究的方法、研究中要注意的问题，调查研究的主要问题等。

3. 民族语文政策的理论研究。在不同的历史时期，人们对民族语文有不同的态度，国家对民族语文工作出台了不同的政策。戴庆厦先生历经时代的变迁，目光始终关注着民族语文政策，并形成了自己的对不同历史时期民族语文政策的理论思考。他写了多篇理论性论文，如：《社会主义时期是民族语文繁荣发展的历史时期》《再论社会主义时期是民族语文繁荣发展的历史时期》《三论社会主义时期是民族语文繁荣发展的历史时期》《试论新时期的民族语文工作》，阐述了社会主义时期使用和发展民族语文的必要性和重要性，同时论述了在我们这样一个以汉族为主体的多民族国家，少数民族学习使用汉语文的必要性和可能性等问题，还提出，在改革开放的新时期，语言文字使用特点的变化尤为明显，必须科学、准确地把握这一变化，并制定正确的民族语文政策。

二　学术思想

思想是学术的灵魂。戴庆厦先生的学术思想是在他 60 多年民族语言研究的实践中逐步形成的，其最突出的特点可以归纳为以下四个方面：

（一）坚持语言事实是第一性的观点，重视田野调查

戴庆厦先生始终坚持语言事实是第一性的观点，坚持通过田野调查获取第一手语料。他的第一次田野调查是在 1953 年读大学时去瑞丽勐秀德昂族山寨做德昂语调查。1956—1960 年全国民族语言大调查中，他参加了中国科学院少数民族语言调查第三工作队，调查哈尼语各地方言及喀卓语、彝语等语言，为少数民族设计文字方案，通过民族文字来普及少数民族群众的文化教育，为少数民族群众扫盲。戴先生负责创制哈尼文字，设计了哈尼文字方案，还编写了《哈尼语词典》，并参加了哈尼族的哈尼文扫盲和汉语文扫盲工作。哈尼文创制之前，哈尼族的文盲率高达 95%以上，而有了哈尼文之后，哈尼族群众的扫盲率达到了 50%以上。哈尼群众对他们这些民族语文工作者一直铭记在心，至今戴庆厦先生仍被哈尼族父老乡亲亲切地称为"哈尼阿波"（意为"哈尼爷爷"）。20 世纪 80 年代以后，戴先生又对勒期语、波拉语、浪速语、小陂流苗语、喀卓语、基诺语、彝语、独龙语、怒语、仫佬语等十几种语言进行了深入调查研究，发表了多篇专题论文。如：《独龙语的长短元音》《仫佬族的语言观念》《语言接触与语言演变——以小陂流苗语为例》等。2000 年以后，戴庆厦先生主要开展濒危语言调查（土家语、仙岛语、赫哲语、满语）、语言国情调查（基诺、阿昌、景颇、西摩洛、耿马、片马、克木、喀卓、彝）和跨境语言调查（泰国阿卡、泰国拉祜、泰国优勉、老挝克木、哈萨克斯坦维吾尔、缅甸克钦、果敢）。60 年来，戴庆厦先生所做的田野调查至少有 60 多次，平均每年有一次，他是一个脚踏实地、名副其实的田野调查派。在长期的田野调查实践中，戴先生一直非常重视语言资料的积累，在他办公室的书柜里，整整齐齐地码放着经年累月积累下来的大量的卡片和手写稿。这些第一手语言材料，成为戴先生语言研

究的源泉，也给了戴先生理论思考的灵感。

（二）语言研究必须立足本土，重视国际视野和跨语言的视野

这一思想主要在《立足"本土"，讲究"视野"——漫谈当今语言研究之路》一文中进行了系统阐释。该文指出，立足"本土"是指重视利用、开发本国的语言资源，充分利用本土资源建立自己的优势。我国的语言保留着大量的对语言研究有价值的现象，这对认识语言本质、语言历史及演变有着重要启示作用。如汉藏语系藏缅语族羌语支保留了大量的复辅音声母，在一定程度上反映了原始汉藏语的声母特点，这对汉藏语、汉语的声韵系统的历史研究有着重要的价值。我国的语言长期以来处于相互交融、相互影响的状态，这对接触语言学、底层语言学等理论研究能够提供大量新鲜的语言事实。如对"倒话"的特征及地位的研究。他还以自己 58 年的学术路子为例，说明立足于本土发展语言学容易做出特色，能够做出别国做不出的特殊贡献。

两个"视野"体现了戴先生开放、包容的学术态度。"国际视野"是指要汲取国外创造的成果来为我所用。讲究"国际视野"，才会有高度。但利用国外的理论必须结合中国的语言实际，否则会出现一些偏颇。戴庆厦先生在调查了中国濒危语言的情况之后，发表了《"濒危语言热"二十年》一文，对濒危语言的判断，做出了不同于国外主流观点的论述。他认为中国的濒危语言问题并没有国外所说的那么严重，小语种的生命力并非那么脆弱，濒危语言的特点各国的情况不一样，不能笼统地照搬国外的理论。正因为如此，他提出，语言理论要受到语言事实的检验，要根据中国境内语言语料的发掘，提出符合中国事实的理论思想。

"跨语言视野"是指研究某一语言，要参照别的语言，即用别的语言来反观。这是深入发掘语言特点、深化语言认识的必由之路。关于"跨语言视野"的理论阐述，集中体现在《汉语非汉语结合的一些理论问题》《再论汉语非汉语研究相结合的必要性》2 篇论文中。前者论述了汉语结合非汉语研究的定位问题，汉语研究能从非汉语研究中得到什么，汉语结合非汉语研究要注意区分几种关系：同源、借贷、类型 3 种关系的区分；"同根同源"和"同根异源"的区分；语言现象先后顺序的区分。后者从现代语言学的发展趋势和我国的国情两个角度阐释了汉语非汉语研究相结合的必要性。戴先生用自己多年的研究践行了这一学术思想。他的许多论文，如《汉语研究与汉藏语》《跨语言视角与汉语研究》《汉语方言研究与少数民族语言结合的一些理论方法问题》《古汉语研究与少数民族语言》《关于汉藏语语法比较的一些理论方法问题》《藏缅语的述宾结构——兼与汉语比较》《藏缅语因果复句关联标记研究——兼与汉语比较》《藏缅语的强调

是施动句——与汉语被动句比较》等都是汉语与非汉语结合研究的典范。

（三）语言学研究必须从宏观上坚持与国家重大需求相结合的原则

戴庆厦先生始终将个人的语言学研究与国家不同时期的重大需求紧密结合在一起。如：20世纪五六十年代，为了民族识别和提高少数民族文化水平，他积极参加了少数民族语言大调查，调查景颇族语言、为哈尼族创制文字、帮少数民族开展扫盲教育。进入新时期，少数民族地区的语言文字使用情况发生了很大变化，他又组织了大量的语言国情调查，因为在他看来，语言国情是一个国家国情的重要组成部分，而我国过去尚未进行过系统的、全面的语言国情调查，对我国的语言国情认识处于一种朦胧的状态。在亲身参加了20余项田野调查之后，他逐渐形成了"构建和谐语言生活"的理念。这一理念提出之后，引起了少数民族地区领导干部的重视。贵州省2012年启动了"双语和谐环境建设省级示范点"的建设，希望构建双语和谐的语言生活环境，以语言关系的和谐促进民族关系的和睦，为示范点的经济、文化、教育事业的全面发展服务，使之成为民族团结与社会和谐的典范。近年来，我国周边形势日益复杂，影响着我国的边疆稳定和国家安全。为了促进跨境民族的文化交流，增进民族团结，戴庆厦先生又组织了一系列跨境语言调查研究。在戴先生心中，语言学不仅仅是一种纯学理性质的学科，它也是一种能够经世致用的学科。这体现了戴先生求实、务实的学术思想以及"以天下为己任"的情怀。

（四）坚持教学、科研相长的思想

戴庆厦先生认为，如果只搞教学不搞科研，就没有自己得心应手的科研体会教给学生；如果光搞科研不搞教学的话，就失去了有利的支柱和科研成果的检验。多年来，他一直坚持教学与科研的结合，具体做法就是经常组织学生一起做田野调查，一起写文章。几十年来他一直坚持教学，先后培养了上百名研究生，上千名本科生。还出版了一些教材，如《景颇语教程》《社会语言学》《语言学概论》《语言调查教程》等，有的已成为全国通用教材。戴先生认为教学、科研相长，在教学中，往往能发现一些新问题，出现一些新思想，获得一些新成果。

在60多年的学术生涯中，戴庆厦先生皓首穷经，孜孜以求，在少数民族语言的多个领域取得了丰硕的成果，成为这些领域的一个标杆。但他却说，人类对自己的语言所知甚少，语言是一个很不容易被认识的课题，有大量未知领域等待我们去研究。要立足田野，注重挖掘语言事实；要博于多种语言知识和语言理论，又能精于一种语言的研究，只有这样，才能在语言研究领域开创出一片新的天地。

参考文献

戴庆厦：《景颇语参考语法》，中国社会科学出版社 2012 年版。

戴庆厦、岳相昆：《景颇语的句尾词》，载《藏缅语族语言研究》（一），云南民族出版社 1990 年版。

戴庆厦：《再论景颇语的句尾词》，载《民族语文》1996 年第 4 期。

戴庆厦：《景颇语句尾词形成的结构机制》，载《中央民族大学学报》2003 年第 2 期。

戴庆厦：《景颇语谓语人称标记的多选择性》，载《中国语文》2008 年第 5 期。

戴庆厦：《景颇语使动范畴的结构系统和历史演变》，载《藏缅语族语言研究》（二），云南民族出版社 1998 年版。

戴庆厦：《景颇语名词的类称范畴》，载《民族语文》1999 年第 6 期。

戴庆厦：《景颇语的韵律与语法结构演变》，载《汉藏语学报》第 7 期，商务印书馆 2013 年版。

戴庆厦、蒋颖：《萌芽期量词的类型学特征——景颇语量词的个案研究》，载《吕叔湘先生百年诞辰纪念文集》，商务印书馆 2010 年版。

戴庆厦、邱月：《景颇语“给”字句的类型学特征》，载《中国语言学》第一辑，山东教育出版社 2008 年版。

戴庆厦、孙艳：《景颇语四音格词产生的机制及其类型学特征》，载《中国语文》2005 年第 5 期。

戴庆厦、丛铁华、蒋颖、李洁：《仙岛语研究》，中央民族大学出版社 2005 年版。

戴庆厦、黄布凡等：《藏缅语十五种》，北京燕山出版社 1991 年版。

戴庆厦：《我国藏缅语族松紧元音来源初探》，载《民族语文》1979 年第 1 期。

戴庆厦：《藏缅语族松紧元音研究》，载《藏缅语族语言研究》（一），云南民族出版社 1990 年版。

戴庆厦、傅爱兰：《藏缅语的形修名语序》，载《中国语文》2002 年第 4 期。

戴庆厦、朱艳华：《藏缅语选择疑问范畴句法结构的演变链》，载《汉语学报》2010 年第 2 期。

戴庆厦主编：《跨境语言研究》，中央民族学院出版社 1993 年版。

戴庆厦：《模仿与创新——以少数民族语言研究为例》，载《暨南学报》2005 年第 5 期。

戴庆厦：《汉藏语研究的一些思考》，载《南开学报》2000 年第 5 期。

戴庆厦：《关于汉藏语系语言的分类问题》，载《云南民族学院学报》1996 年第 2 期。

戴庆厦：《中国民族语言学对发展语言学的重要性》，载《中央民族学院学报》（哲学社会科学版）1983 年第 1 期。

戴庆厦：《论语言关系》，载《语言关系与语言工作》，天津古籍出版社 1990 年版。

戴庆厦：《语言竞争与语言和谐》，载《语言教学与研究》2006 年第 2 期。

戴庆厦、田静：《语言的外部影响与内部机制》，载《民族语文》2007 年第 4 期。

戴庆厦、罗自群：《语言接触研究必须处理好的几个问题》，载《语言研究》2006 年第 4 期。

戴庆厦、杨再彪、余金枝：《语言接触与语言演变——以小陂流苗语为例》，载《语言科学》2005 年第 4 期。

戴庆厦、袁焱：《语言接触的杠杆——以阿昌语的语言接触为例》，载《语文文字应用》2002 年第 1 期。

戴庆厦、傅爱兰：《论“跨境语言”》，载《跨境语言研究》，中央民族学院出版社 1993 年版。

戴庆厦、乔翔、邓凤民：《论跨境语言研究的理论与方法》，载《云南师范大学学报》2009 年第 3 期。

戴庆厦：《论新时期我国少数民族的语言国情调查》，载《云南师范大学学报》2008 年第 3 期。

戴庆厦、罗自群等：《关于语言使用国情调查的几个问题——以基诺族语言使用个案调查为例》，载《中国语言学报》第 13 期，商务印书馆 2008 年版。

戴庆厦：《社会主义时期是民族语文繁荣发展的历史时期》，载《中央民族学院学报》（哲学社会科学版）1980 年第 2 期。

戴庆厦：《再论社会主义时期是民族语文繁荣发展的历史时期》，载《民族研究》1989 年第 5 期。

戴庆厦：《三论社会主义时期是民族语文繁荣发展的历史时期》，载《中央民族大学学报》（哲学社会科学版）1997 年第 6 期。

戴庆厦：《试论新时期的民族语文工作》，载《民族团结》1989 年第 4 期。

戴庆厦：《立足“本土”，讲究“视野”——漫谈当今语言研究之路》，载《汉字文化》2013 年第 4 期。

戴庆厦:《濒危语言热"二十年》,载《云南师范大学学报》2012 年第 4 期。

戴庆厦:《汉语非汉语结合的一些理论问题》,载《长江学术》第一辑:长江文艺出版社 2012 年版。

戴庆厦:《再论汉语非汉语研究相结合的必要性》,载《语言与翻译》2005 年第 3 期。

（原载《文化学刊》2014 年第 3 期。作者朱艳华,北京语言大学副教授、博士）

附录一：戴庆厦论著目录

（2010 年 10 月—2015 年 6 月）

2010 年

《汉藏语学报》（第四期），商务印书馆 2010 年版。任主编。

《中国少数民族语言使用现状及其演变研究》，民族出版社 2010 年版。任主编。

《〈国家通用语言文字法〉是构建我国和谐语言生活的重要保障》，载《光明日报》2010 年 12 月 19 日。

《景颇语的泛指动词》，载《汉藏语研究四十年》，黑龙江大学出版社 2010 年 12 月。

2011 年

《汉朝语动词性结构对比与偏误分析·序》，民族出版社 2011 年版。

《语言和谐研究的几个理论问题》，载《澳门语言文化研究》2011 年版。

《新疆高校民族教育的理论与实践·序》，新疆人民出版社 2011 年版。

《澜沧拉祜族族语言使用现状及其演变》，商务印书馆 2011 年版。任主编。

《云南德宏州景颇族语言使用现状及其演变》，商务印书馆 2011 年版。任主编。

《语言接触与浊音恢复——以缅甸语的浊音演变为例》，载《民族语文》2011 年第 2 期。

《论亲属语言演变链》，载《贵州民族学院学报》（哲学社会科学版）2011 年第 2 期。

《云南省勐腊县曼迈村克木人语言使用情况及其成因》，载《南方语言学》第 1 辑，暨南大学出版社 2011 年版。

《初级维吾尔语会话教程·序》，民族出版社 2011 年版。

《汉藏语的"的"字结构》，载《汉语学报》2011 年第 4 期。

《20 年来汉藏语系的语言类型学研究》，载《云南民族大学学报》（哲学社会科学版）2011 年第 5 期。

《两全其美，和谐发展——解决少数民族双语问题的最佳模式》，载《中央民族大学学报》（哲学社会科学版）2011 年第 5 期。

《从非汉语反观汉语》，载《民俗典籍文字研究》2011 年第 8 期，《语言文字学》2012 年第 8 期转载。

《中国的语言国情及民族语言》，载《母语的消失与保存》，民族出版社2011 年版。

2012 年

《勐腊县克木语及其使用现状》，商务印书馆 2012 年版。任主编。

《老挝琅南塔省克木族及其语言》，中国社会科学出版社，2012 年 2 月。任主编。

《赵庄白语参考语法·序》，中国社会科学出版社 2012 年版。

《"濒危语言热"二十年》，载《云南师范大学学报》2012 年第 4 期，《新华文摘》2012 年第 19 期转载。

《20 年来汉藏语系的语言类型学研究》，载《云南师范大学学报》2012年第 5 期，《语言文字学》2012 年第 1 期转载，《高等学校文科学术文摘》2011 年第 6 期转摘。与朱艳华合写。

《戴庆厦文集》，中央民族大学出版社 2012 年版。

《景颇语参考语法》，中国社会科学出版社 2012 年版。

《汉语和非汉语结合研究是深化我国语言学研究的必由之路》，载《中国语文》2012 年第 5 期。

《"濒危语言热"二十年》，载《云南师范大学学报》2012 年第 7 期，《新华文摘》2012 年第 19 期转载，《中国社会科学文摘》2012 年第 12 期转载。

《语言研究重在服务的新气象》，载《中国社会科学报》2012 年 12 月31 日。

《关注国情：语言研究的应有之义》，载《中国社会科学报》2011 年 11月 22 日。

《深入田野，建构中国语言学理论体系——访云南师范大学汉藏语研究院院长戴庆厦》，载《中国社会科学报》2012 年 9 月 12 日。

2013 年

《语言调查教程》，商务印书馆 2013 年版。

《多角度、多方法才能深化中国少数民族语言研究——中国语言研究方法论刍议》，载《中央民族大学学报》（哲学社会科学版）2013 年第 4 期。

《论"科学保护各民族语言文字"》，载《语言文字应用》2013 年第 1 期。

《开展我国语言和谐研究的构想》，载《黔南民族师范学院学报》2013 年第 3 期。

《开展我国跨境语言研究的构想 》，载《百色学院学报》2013 年第 4 期。

《立足"本土"，讲究"视野"——漫谈当今语言研究之路》，载《汉字文化》2013 年第 4 期。

《中国少数民族双语面临的问题及对策》，载《今日民族》2013 年第 1 期。

《阿尔泰语言元音和谐研究·序》，载《语言与翻译》2013 年第 4 期。

《多角度深化中国少数民族语言研究》，载《中国社会科学报》2013 年 4 月 15 日。

《科学保护各民族语言文字》，载《贵州民族报》2013 年 5 月 27 日。

《从民族语言宝库中汲取"改进文风"的营养》，载《中国社会科学报》2013 年总第 401 期。

《领会纲要精神保护好各民族语言文字》，载《中国教育报》2013 年总第 8496 期。

《加强语言和谐的调查研究是当务之急》，载《语言文字报》2013 年 8 月 14 日。

《语言接触与数词衰变》，载《大江东去——王士元教授八十岁贺寿文集》，香港城市大学出版社 2013 年版。

2014 年

《科学推进双语建设的几个认识问题》，载《双语教育研究》2014 年创刊号。

《"科学保护各民族语言文字"研究的理论方法思考》，载《民族翻译》2014 年第 1 期。

《语言类型学的基本方法与理论框架》，商务印书馆 2014 年版。合著，并任主编。

《汉语研究的非汉语视野》，载《纪念〈语法修辞讲话〉发表六十周年学术论文集》，南开大学出版社 2014 年版。

《大兴壮语形容词研究·序》，中国社会科学出版社 2014 年版。

《跨境语言研究的历史和现状》，载《语言文字应用》2014 年第 2 期，《语言文字学》2014 年第 9 期转载。

《论开展全国第二次民族语言使用现状大调查的必要性》，载《民族翻译》2014 年第 3 期。

《丽江市古城区七河镇共和村的语言和谐》，载《青海民族研究》2014年第 3 期。与和智利、李旭芳合写。

《由单语向双语的历史转变——少数民族语言生活随想之一》，载《语言文字报》2014 年 6 月 11 日。

《加强语言和谐研究势在必行——少数民族语言生活随想之二》，载《语言文字报》2014 年 6 月 11 日。

《景颇语弱化音节语音性质的实验研究》，载《中央民族大学学报》2014年第 5 期。与王玲合写。

《汉语的特点是什么》，载《云南师范大学学报》2014 年第 5 期。

《类型学视野下的汉语"体"范畴——兼论必须充分利用我国语言资源发展语言学》，载《汉语方言时体问题新探索》，中央民族大学出版社 2014年版。

《汉族干部应加强学习少数民族语言——少数民族语言生活随想之三》，载《语言文字报》2014 年 9 月 17 日。

《云南玉龙县九河白族乡少数民族的语言生活》，商务印书馆 2014 年版。任主编。

《语言和谐论集》，四川大学出版社 2014 年版。任总主编。

《跨境俄罗斯语——新疆俄罗斯语研究 •序》，中国社会科学出版社 2012年版。

2015 年

《科学地、理智地深入开展濒危语言保护的研究》，载《北方民族大学学报》2015 年第 3 期。

《汉藏语并列复合词韵律词序的类型学特征——兼论汉藏语语法类型学研究的一些认识问题》，载《吉林大学学报》2015 年第 3 期。

《汉字规范有利于少数民族发展》，载教育部语言文字信息管理司编《信息时代汉字规范的新发展》，商务印书馆 2015 年版。

《论边疆地区的语言生活——芒海镇吕英村语言生活个案分析》，载《贵州民族研究》2015 年第 4 期。与和智利、杨露合写。

《中国濒危语言研究的四个认识问题》，载《玉溪师范学院学报》2015年第 1 期。

《语言类型学的基本方法与理论框架》，商务印书馆 2015 年版。与汪锋当主编。

《汉语的特点究竟是什么》，载《民俗典籍文字研究》2015 年第 15 期。

《景颇语弱化音节的历史来源》，载《庆祝梅祖麟先生八十华诞学术论文集》，首都师范大学出版社 2015 年版。

《中国语言国情及民族语文政策》，载王辉、周玉忠主编《语言规划与语言政策》（续），中国社会科学出版社 2015 年 5 版，原载《汉语国际教育》2010 年第 4 辑。

《语言国情调查的理论方法问题》，载《语言政策与语言教育》2015 年第 1 期。

《碧约哈尼语概况》，载《汉藏语学报》2015 年第 8 期。与经典合写。

《汉藏语研究的四个困惑及其前景》，载《民俗典籍文字研究》2015 第 16 辑，商务印书馆 2015 年版。

《边疆地区语言状况研究须有中国馆特色》，载《中央民族大学学报》（哲学社会科学版）2015 年第 6 期。

《论"语言国情学"》，载北京市语言学会编《历届语言学前沿论坛精选文集》，北京语言大学出版社 2015 年版。

《实体语法理论——哈萨克描写语法学方法论·序》，载张定京《实体语法理论——哈萨克描写语法学方法论》，中央民族大学出版社 2015 年版。

《民族语文活态保护与双语和谐乡村建设研究——云南马关县都龙镇个案调查研究》，中国社会科学出版社 2015 年 5 版。合著。

《景颇语的基数词——兼与汉语等亲属语言比较》，载《民族语文》2015 年第 5 期。与彭茹合写。

（彭茹　编）

附录二：经历照片

2011 年接受泰国王子授予荣誉博士称号

2012 年在哈萨克斯坦与校长谈判合作事项（右一）

2013 年在丽江七河白族村寨访谈

2014 年 10 月在边境调查缅甸景颇族语言使用情况

2014 年年初在缅甸曼德勒调查参观民族博物室（右四）

2014 年在菲律宾参加第 10 届国际双语学会议（左五）

2015 年 6 月在北京八十寿庆暨研讨会合影（前排右九）

2015 年 6 月与彭茹博士在校对这部文集

后　记

这部文集收集的大多是我 2010 年 6 月至 2015 年 5 月四年时间里发表的语言学论文，另有几篇是对我的访谈和有关我的学术思想的介绍。

今年初，中央民族大学中国少数民族语言文学学院为了庆祝我的"80 寿辰"，决定要把我近几年发表的论文汇集为《戴庆厦文集》（第六卷）出版。我听了后感到很高兴，一股感激之情油然而起。

回忆起 2011 年初，中央民族大学中国少数民族语言文学学院为了纪念我从事少数民族教学与研究 55 周年，把我多年来发表的论文汇集在一起，出版了五卷本的《戴庆厦文集》，当时，我在这套书第一卷的"自序"中写道："这五卷文集出版了，我相信还会有续卷。今后，我定会继续努力去探索未被认识的语言秘密。活到老，学到老，做到老，应该是我毕生的座右铭。"凭着这种信念，四年的时间里我又写了一些新的论文，可以汇成一册，成为《戴庆厦文集（第六卷）》。

光阴荏苒，不知不觉又过了四年。这段时间，我除了做一些语言本体的调查研究外，还花了很多精力去做有关语言国情、语言保护、双语问题和跨境语言等课题的调查研究。这些应用研究虽然不是我的"主业"，但也是我的兴趣所在。我除了在我国边疆地区做跨境语言调查研究外，还到过泰国、老挝、缅甸、哈萨克斯坦等国做跨境语言调查，见了许多过去未见过的语言现象，其喜悦的心情难以言表。通过一个个的个案调查，我深深体会到语言生活的研究大有可为，有取之不尽的知识，有揭示不完的奥妙。

这一文集中，有一些论文是我应邀到各地做报告写成的。我要感谢这些会议的主持人给我出了题目，并催促我去完成。人是有惰性的，需要有外来的催促力量来鞭策自己。

这一文集还收集了一些访谈记，介绍了我的经历、学术思想和学术主张。访谈者中，有的是我的朋友，有的曾经跟随我读过博士，还有一些是报社的记者。我要感谢他们热心对我的专访，使我能认真地去思考、反思过去自己走过的路。其中有些"过赞"之辞，只能当成对我的鼓励。

"人生八十才开始"，这是我最近想到的一句话。人老是自然规律，不可违抗。但在精神上不要老认为自己老了，可以放松不做事了，这无益于自己事业的延续，也无益于健康。语言学事业实在好，令我一生为之奋斗还嫌不够。

我要感谢中央民族大学中国少数民族语言文学学院院长阿不都热西提·亚库甫教授、语言文献所所长胡素华教授和语言文学系系主任木乃热哈教授以及众多的朋友们、同仁们对出版这本专辑的热心支持。

这个文集的编撰是临时决定才做的，时间紧，任务重。幸好我在北京语言大学还有一位即将毕业的关门弟子彭茹博士，她主动、热心地接受了这项细致、枯燥的工作。她一篇一篇地收集我发表过的论文，补好电子版和出版出处，并对全书的体例做了统一工作。我的 2010 年以来的成果目录（附录 1）是她辛苦地编出的。我要感谢她的真诚帮助。

最后，我还要再一次感谢我的妻子徐悉艰研究员多年来对我的照顾和支持。我对她的感激之情，随着年龄的增长不断增强。

戴庆厦

2015 年 5 月 26 日

于中央民族大学 507 工作室